Bilens felkodssystem

Handbok för avläsning och diagnostik

Charles White

System som behandlas

(3534 - 256/3472)

Bosch KE-Jetronic
Bosch KE-Motronic
Bosch LH-Jetronic
Bosch Mono-Jetronic
Bosch Mono-Motronic
Bosch Motronic
Daihatsu MPi
Bosch EZ-K och EZ-L-tändning
Fenix
Ford EEC IV och EEC V
GM/Delco SPi
GM Multec
Isuzu I-Tec
Lucas 11CU och 14CUX
Lucas LH
Magneti-Marelli G5 och G6
Magneti-Marelli 8F och 8P
Mazda EGi
Mercedes HFM och PMS
Mitsubishi ECI-Multi
Nissan ECCS
Proton ECI-Multi och ECI-SEFi
Renix
Rover MEMS
Rover PGM-Fi
Saab Trionic
Siemens Bendix MPi
Siemens MS4.0
Simos
Simtec
Subaru MPFi
Suzuki EPi
Toyota TCCS
VAG MPi och MPFi
VW Digifant
Weber-Marelli IAW

En bok i **Haynes Techbook-serie**

ISBN **978 0 85733 597 5**

British Library Cataloguing in Publication Data
En katalogpost för denna bok finns tillgänglig från British Library.

Haynes Group Limited
Haynes North America, Inc

www.haynes.com

Tillverkarens auktoriserade representant i EU för produktsäkerhet är:
HaynesPro BV
Stationsstraat 79 F, 3811MH Amersfoort, The Netherlands
gpsr@haynes.co.uk

Ansvarsfriskrivning

Det finns risker i samband med fordonsreparationer. Förmågan att utföra reparationer beror på individuell skicklighet, erfarenhet och lämpliga verktyg. Enskilda personer bör handla med vederbörlig omsorg samt inse och ta på sig risken som utförandet av bilreparationer medför.

Syftet med den här handboken är att tillhandahålla omfattande, användbar och lättillgänglig information om fordonsreparationer för att hjälpa dig få ut mesta möjliga av ditt fordon. Den här handboken kan dock inte ersätta en professionell certifierad tekniker eller mekaniker. Det finns risker i samband med fordonsreparationer.

Den här reparationshandboken är framtagen av en tredje part och är inte kopplad till någon enskild fordonstillverkare. Om det finns några tveksamheter eller avvikelser mellan den här handboken och ägarhandboken eller fabriksservicehandboken, se fabriksservicehandboken eller ta hjälp av en professionell certifierad tekniker eller mekaniker.

Även om vi har utarbetat denna handbok med stor omsorg och alla ansträngningar har gjorts för att se till att informationen i denna handbok är korrekt, kan varken utgivaren eller författaren ta ansvar för förlust, materiella skador eller personskador som orsakats av eventuell felaktig eller utelämnad information.

Innehåll

ALLMÄN INFORMATION

SYSTEMSPECIFIKATIONER (AV TILLVERKARNA)

Innehåll

REFERENSER

Den här boken ägnas helt åt framtagning av felkoder och åt att förstå och testa självdiagnoselementet i det moderna motorstyrningssystemet. Den här boken om diagnostiska felkoder hör ihop med Haynes teknikbok *'Motorstyrning och bränsleinsprutningssystem'* och innehållet i båda böckerna bör studeras för en bred förståelse av moderna motorstyrningssystem.

Boken ger först en teknisk översikt över självdiagnostiken. Andra kapitlet beskriver testutrustningen och allmänna testrutiner för enskilda komponenter som genom lagrade felkoder kan märkas som defekta. Slutligen har varje biltillverkare fått ett eget kapitel med en lista över specifika felkoder, anvisningar om hur koderna ska hämtas och annan viktig information. Även om läsaren inte har för avsikt att undersöka fel på sin egen bil ger boken värdefull insikt i självdiagnostik.

Å andra sidan, om du tycker om att arbeta med elektroniska feldiagnoser ger dig den här boken mycket av den bakgrundskunskap som behövs för att testa komponenterna och kretsarna på din motor. Vi beskriver allmänt hur man utför feldiagnoser med enkla verktyg och enkel utrustning, som bör finnas hos de flesta välsorterade bildelshandlare. Vi klargör när det är nödvändigt med mer specialiserad utrustning och beskriver några av de vanliga rutiner som följs av professionella verkstäder.

Biltillverkarna ställer sig inte alltid bakom alla våra tester och rutiner. Det beror huvudsakligen på att deras testrutiner alltmer fokuseras på deras egen anpassade testutrustning som inte är lätt att få tag i utanför deras eget återförsäljarnätverk. I nästan alla fall följer våra egna tester välpreciserade testmetoder som lärs ut inom oberoende utbildningar och som används av många fordonstekniska specialister på moderna bilar. Vi beskriver huvudsakligen enkla testmetoder som kan göras med en vanlig digital multimätare.

Se Haynes teknikbok *'Motorstyrning och bränsleinsprutningssystem'* för beskrivning av funktion och testprocedur för moderna motorstyrningssystem. Våra testprocedurer är allmänna. Ändå kan du genom att följa dem tillsammans med ett bra kretsschema hitta orsaken till de flesta fel.

Våra rutiner och testmetoder för elektroniska system är ofarliga så länge du följer vissa enkla regler. Reglerna går faktiskt bara ut på att följa vanliga föreskrifter om elsäkerhet. Kom ihåg att du kan skada mycket dyrbara elektroniska styrmoduler om du inte följer dessa regler. Läs igenom varningsavsnittet i slutet av boken - de här varningarna upprepas och refereras till där det är nödvändigt i de olika procedurerna.

De olika tillverkarna i Europa, USA och Fjärran Östern tenderar att använda sina egna speciella termer för en speciell komponent. Naturligtvis är dessa termer olika och problemet förvärras vid översättning till olika språk. Detta leder ofta till förvirring när flera termer används för det som i grunden är samma komponent. Det har gjorts flera försök att få tillverkarna att enas om en gemensam benämningsstandard. Det finns nu en sådan (J1930), men det verkar osannolikt att alla tillverkare ska anpassa sig till denna standard och vi är heller inte säkra på att standardtermerna alltid är så meningsfulla. Därför använder vi i den här boken termer som är vanliga i Sverige. För enkelhets skull använder vi dessa termer för alla tillverkare och eventuella alternativ återfinns i referensavsnittet i slutet.

Tack till...

Vi vill gärna tacka alla dem i Sparkford och annorstädes som har hjälpt oss att ta fram den här boken. Särskilt vill vi tacka Equiptech för tillståndet att använda illustrationer från "CAPS" databas för felsökning av bränsleinsprutning och för mycket av den tekniska information som vi har använt oss av. Vi tackar också Kate Eyres som sammanställt listor och tabeller, John Merritt för hans arbete med många av kapitlen och Simon Ashby på RA Engineering för ytterligare teknisk information.

Vi är mycket stolta över tillförlitligheten i den information som ges i den här boken, men biltillverkare modifierar och gör konstruktionsändringar under pågående tillverkning och informerar oss inte alltid om detta. Författarna och förlaget kan inte ta på sig något ansvar för förluster, skador eller personskador till följd av fel eller ofullständig information i denna bok.

Att arbeta på din bil kan vara farligt. Den här sidan visar potentiella risker och faror och har som mål att göra dig uppmärksam på och medveten om vikten av säkerhet i ditt arbete.

Allmänna faror

Skållning

• Ta aldrig av kylarens eller expansionskärlets lock när motorn är het.
• Motorolja, automatväxellådsolja och styrservovätska kan också vara farligt varma om motorn just varit igång.

Brännskador

• Var försiktig så att du inte bränner dig på avgassystem och motor. Bromsskivor och -trummor kan också vara heta efter körning.

Lyftning av fordon

• Vid arbete nära eller under ett lyft fordon, använd alltid extra stöd i form av pallbockar eller använd ramper. ***Arbeta aldrig under en bil som endast stöds av en domkraft.***

• När muttrar eller skruvar med högt åtdragningsmoment skall lossas eller dras, bör man lossa dem något innan bilen lyfts och göra den slutliga åtdragningen när bilens hjul åter står på marken.

Brand och brännskador

• Bränsle är mycket brandfarligt och bränsleångor är explosiva.
• Spill inte bränsle på en het motor.
• Rök inte och använd inte öppen låga i närheten av en bil under arbete. Undvik också gnistbildning (elektrisk eller från verktyg).
• Bensinångor är tyngre än luft och man bör därför inte arbeta med bränslesystemet med fordonet över en smörjgrop.
• En vanlig brandorsak är kortslutning i eller överbelastning av det elektriska systemet. Var försiktig vid reparationer eller ändringar.
• Ha alltid en brandsläckare till hands, av den typ som är lämplig för bränder i bränsle- och elsystem.

Elektriska stötar

• Högspänningen i tändsystemet kan vara farlig, i synnerhet för personer med hjärtbesvär eller pacemaker. Arbeta inte med eller i närheten av tändsystemet när motorn går, eller när tändningen är på.

• Nätspänning är också farlig. Se till att all nätansluten utrustning är jordad. Man bör skydda sig genom att använda jordfelsbrytare.

Giftiga gaser och ångor

• Avgaser är giftiga. De innehåller koloxid vilket kan vara ytterst farligt vid inandning. Låt aldrig motorn vara igång i ett trångt utrymme, t ex i ett garage, med stängda dörrar.
• Även bensin och vissa lösnings- och rengöringsmedel avger giftiga ångor.

Giftiga och irriterande ämnen

• Undvik hudkontakt med batterisyra, bränsle, smörjmedel och vätskor, speciellt frostskyddsvätska och bromsvätska. Sug aldrig upp dem med munnen. Om någon av dessa ämnen sväljs eller kommer in i ögonen, kontakta läkare.
• Långvarig kontakt med använd motorolja kan orsaka hudcancer. Bär alltid handskar eller använd en skyddande kräm. Byt oljeindränkta kläder och förvara inte oljiga trasor i fickorna.
• Luftkonditioneringens kylmedel omvandlas till giftig gas om den exponeras för öppen låga (inklusive cigaretter). Det kan också orsaka brännskador vid hudkontakt.

Asbest

• Asbestdamm kan ge upphov till cancer vid inandning, eller om man sväljer det. Asbest kan finnas i packningar och i kopplings- och bromsbelägg. Vid hantering av sådana detaljer är det säkrast att alltid behandla dem som om de innehöll asbest.

Speciella faror

Flourvätesyra

• Denna extremt frätande syra bildas när vissa typer av syntetiskt gummi i t ex O-ringar, tätningar och bränsleslangar utsätts för temperaturer över 400 °C. Gummit omvandlas till en sotig eller kladdig substans som innehåller syran. *När syran väl bildats är den farlig i flera år. Om den kommer i kontakt med huden kan det vara tvunget att amputera den utsatta kroppsdelen.*
• Vid arbete med ett fordon, eller delar från ett fordon, som varit utsatt för brand, bär alltid skyddshandskar och kassera dem på ett säkert sätt efteråt.

Batteriet

• Batterier innehåller svavelsyra som angriper kläder, ögon och hud. Var försiktig vid påfyllning eller transport av batteriet.
• Den vätgas som batteriet avger är mycket explosiv. Se till att inte orsaka gnistor eller använda öppen låga i närheten av batteriet. Var försiktig vid anslutning av batteriladdare eller startkablar.

Airbag/krockkudde

• Airbags kan orsaka skada om de utlöses av misstag. Var försiktig vid demontering av ratt och/eller instrumentbräda. Det kan finnas särskilda föreskrifter för förvaring av airbags.

Dieselinsprutning

• Insprutningspumpar för dieselmotorer arbetar med mycket högt tryck. Var försiktig vid arbeten på insprutningsmunstycken och bränsleledningar.

Varning: Exponera aldrig händer eller annan del av kroppen för insprutarstråle; bränslet kan tränga igenom huden med ödesdigra följder

Kom ihåg...

ATT

• Använda skyddsglasögon vid arbete med borrmaskiner, slipmaskiner etc, samt vid arbete under bilen.

• Använda handskar eller skyddskräm för att skydda händerna.

• Om du arbetar ensam med bilen, se till att någon regelbundet kontrollerar att allt står väl till.

• Se till att inte löst sittande kläder eller långt hår kommer i vägen för rörliga delar.

• Ta av ringar, armbandsur etc innan du börjar arbeta på ett fordon - speciellt med elsystemet.

• Försäkra dig om att lyftanordningar och domkraft klarar av den tyngd de utsätts för.

ATT INTE

• Ensam försöka lyfta för tunga delar - ta hjälp av någon.

• Ha för bråttom eller ta osäkra genvägar.

• Använda dåliga verktyg eller verktyg som inte passar. De kan slinta och orsaka skador.

• Låta verktyg och delar ligga så att någon riskerar att snava över dem. Torka upp olje- och bränslespill omgående.

• Låta barn eller husdjur leka nära en bil under arbetets gång.

Modell	Motorbeteckning	Årsmodell	System
ALFA ROMEO			
33, 1.7ie, Sportwagon, 4x4 kat	307.37	1993 till 1995	Bosch Motronic MP3.1
33, Boxer 16V, 4x4 och kat.	307.46	1990 till 1995	Bosch Motronic ML4.1
75 3.0i V6 kat	061.20	1987 till 1993	Bosch Motronic ML4.1
145 1.3ie SOHC	AR33501	1994 till 1997	Weber IAW 8F.6B
145 1.6ie SOHC	AR33201	1994 till 1996	Bosch Motronic MP3.1
145 1.6ie SOHC	AR33201	1994 till 1997	GM Multec XM
145 1.7 16V DOHC	AR33401	1994 till 1997	Bosch Motronic M2.10.3
145 2.0 16V DOHC	AR67204	1996 till 1997	Bosch Motronic M2.10.3
146 1.3ie SOHC	AR33501	1994 till 1997	Weber IAW 8F.6B
146 1.6ie SOHC	AR33201	1994 till 1996	GM Multec XM
146 1.7 16V DOHC	AR33401	1994 till 1997	Bosch Motronic M2.10.3
146 2.0 16V DOHC	AR67204	1996 till 1997	Bosch Motronic M2.10.3
155 T-Spark DOHC kat	AR671.03	1992 till 1992	Bosch Motronic 1.7
155 1.8 T-Spark DOHC kat	AR671.02	1992 till 1996	Bosch Motronic 1.7
155 2.0 T-Spark DOHC kat	AR671.02	1992 till 1996	Bosch Motronic 1.7
155 2.5 V6 SOHC kat	AR673.01/03	1992 till 1996	Bosch Motronic 1.7
155 2.0 16V DOHC T-Spark	AR67204	1996 till 1997	Bosch Motronic M2.10.3
164 2.0 T-Spark DOHC	064.20	1990 till 1993	Bosch Motronic ML4.1
164 2.0 T-Spark DOHC kat	064.16	1990 till 1993	Bosch Motronic ML4.1
164 2.0 T-Spark DOHC 16V	AR64.103	1993 till 1996	Bosch Motronic 1.7
164 V6	064.10	1988 till 1993	Bosch Motronic ML4.1
164 V6 och kat	064.12	1988 till 1993	Bosch Motronic ML4.1
164 V6 Quattrofoglio kat SOHC	064.301	1990 till 1993	Bosch Motronic ML4.1
164 V6 24V	066.301	1993 till 1995	Bosch Motronic 1.7
164 V6 24V	AR66.302	1995 till 1997	Bosch Motronic 1.7
164 V6 24V Quattrofoglio	064.304	1994 till 1997	Bosch Motronic 1.7
164 V6 24V Quattrofoglio	AR64.308	1995 till 1997	Bosch Motronic 1.7
GTV 2.0 16V DOHC	AR162.01	1996 till 1997	Bosch Motronic M2.10.3
Spider DOHC kat	015.88	1990 till 1994	Bosch Motronic ML4.1
Spider 2.0 16V DOHC	AR162.01	1996 till 1997	Bosch Motronic M2.10.3
AUDI			
Audi A3 1.6	AEH	1996 till 1997	Simos
Audi A3 1.8	AGN	1996 till 1997	Bosch Motronic 3.2
Audi A3 1.8i	AGN	1997 och senare	Bosch Motronic 3.8.2
Audi A3 1.8 Turbo	AGU	1996 till 1997	Bosch Motronic 3.2
Audi A4 1.6	ADP	1995 till 1997	Bosch Motronic 3.2
Audi A4 1.8	ADR	1995 till 1997	Bosch Motronic 3.2
Audi A4 1.8 Turbo	AEB	1995 till 1997	Bosch Motronic 3.2
Audi A4 2.6	ABC	1995 till 1997	VAG MPFi
Audi A4 2.8	AAH	1995 till 1996	VAG MPi
Audi A4 2.8	ACK	1996 till 1997	Bosch Motronic MPi
Audi A6 2.0i	ABK	1993 till 1996	VAG Digifant
Audi A6 2.8 30V	ACK	1995 till 1997	Bosch Motronic
Audi A6 S6 2.2 kat	AAN	1991 till 1997	Bosch Motronic M2.3.2
Audi A6 2.6	ABC	1992 till 1997	VAG MPFi
Audi A6 2.8	AAH	1991 till 1997	VAG MPi
Audi A6 S6 4.2	AHK	1996 till 1997	Bosch Motronic
Audi A6 S6 4.2	AEC	1994 till 1997	Bosch Motronic
Audi A8 2.8i V6	AAH	1994 till 1997	VAG MPFi
Audi A8 2.8	ACK	1996 till 1997	Bosch Motronic
Audi A8 3.7	AEW	1995 till 1997	Bosch Motronic
Audi A8 4.2	ABZ	1994 till 1997	Bosch Motronic M2.4
Audi V8 3.6 kat	PT	1989 till 1994	Bosch Motronic M2.4
Audi V8 4.2 kat	ABH	1992 till 1994	Bosch Motronic M2.4
Audi 80 1.6 kat	ABM	1992 till 1995	Bosch Mono-Motronic MA1.2
Audi 80 1.6 kat	ADA	1993 till 1995	VAG MPi
Audi 80 1.8i och 4x4 kat	JN	1986 till 1991	Bosch KE-Jetronic
Audi 80 1.8i och 4x4 kat	PM	1988 till 1989	Bosch Mono-Jetronic A2.2
Audi 80 1.8 och 4x4 kat	PM	1990 till 1991	Bosch Mono-Motronic
Audi 80 2.0i Quattro kat	ABT	1992 till 1995	Bosch Mono-Motronic
Audi 80 Kupé 16V 2.0 kat	6A	1990 till 1995	Bosch KE1.2 Motronic
Audi 80 Kupé 2.0 och 4x4 kat	3A	1988 till 1990	Bosch KE1.1 Motronic
Audi 80 Kupé och 4x4 2.0 kat	AAD	1990 till 1992	Bosch KE1.2 Motronic

Modell	Motorbeteckning	Årsmodell	System
Audi 80 2.0 kat	ABK	1992 till 1995	VAG Digifant
Audi 80, 90 Kupé och Cab 2.3	NG	1987 till 1995	Bosch KE3-Jetronic
Audi 80 2.3 kat	NG	1992 till 1994	Bosch KE3-Jetronic
Audi 80 2.6 kat	ABC	1992 till 1995	VAG MPFi
Audi 80, 90 2.0 kat	PS	1987 till 1991	Bosch KE Jetronic
Audi 80, 90 2.8 kat	AAH	1992 till 1994	VAG MPi
Audi 80 S2	ABY	1993 till 1995	Bosch Motronic + Turbo
Audi 90 Kupé 2.0 20V kat	NM	1988 till 1991	VAG MPi
Audi 90 Kupé och 4x4 2.3 kat	7A	1988 till 1991	VAG MPi
Audi 100 1.8i kat	4B	1988 till 1991	Bosch Mono-Jetronic
Audi 100 1.8i kat	PH	1985 till 1991	Bosch KE-Jetronic
Audi 100 2.0 kat	AAE	1991 till 1994	Bosch Mono-Motronic MA1.2
Audi 100 2.0i	ABK	1993 till 1996	VAG Digifant
Audi 100 2.0 kat	AAD	1991 till 1994	Bosch KE-Motronic
Audi 100 4x4 2.0 16V kat	ACE	1992 till 1994	Bosch KE-Motronic
Audi 100 S4 2.2 kat	AAN	1991 till 1997	Bosch Motronic 2.3.2
Audi 100 2.3E kat	NF	1986 till 1991	Bosch KE3-Jetronic
Audi 100 2.3 kat	AAR	1991 till 1994	Bosch KE3-Jetronic
Audi 100 2.6	ABC	1992 till 1997	VAG MPFi
Audi 100 2.8	AAH	1991 till 1997	VAG MPi
Audi 100 S4 4.2	ABH	1993 till 1994	Bosch Motronic
Audi 200 4x4 Turbo kat	3B	1989 till 1991	Bosch Motronic + Turbo
Audi Kupé S2	3B	1990 till 1993	Bosch Motronic + Turbo
Audi Kupé och Cab 2.0 kat	ABK	1992 till 1997	VAG Digifant
Audi Kupé och Cab 2.6 kat	ABC	1993 till 1997	VAG MPFi
Audi Kupé och Cab 2.8	AAH	1991 till 1997	VAG MPi
Audi Kupé S2	ABY	1993 till 1996	Bosch Motronic + Turbo
Audi Quattro 20V kat	RR	1989 till 1991	Bosch Motronic + Turbo
Audi RS2 Avant	ADU	1994 till 1996	Bosch Motronic + Turbo

BMW

Modell	Motorbeteckning	Årsmodell	System
316i (E30) och kat	M40/B16 164E1	1988 till 1993	Bosch Motronic 1.3
316i (E36) kat	M40/B16 164E1	1990 till 1993	Bosch Motronic 1.7
316i (E36) kat och Compact	M43/B16	1993 till 1997	Bosch Motronic 1.7
318i (E30) Touring och kat	M40/B18 184E11	1988 till 1993	Bosch Motronic 1.3
318i (E30) och Touring	M40/B18	1989 till 1992	Bosch Motronic 1.7
318i (E36) och kat	M40/B18 184E2	1991 till 1993	Bosch Motronic 1.7
318i (E36)	M43/B18	1993 till 1997	Bosch Motronic 1.7
318iS (E30) 16V Touring och kat	M42/B18 184S1	1990 till 1991	Bosch Motronic 1.7
318iS (E36) och Compact	M42/B18 184S1	1992 till 1996	Bosch Motronic 1.7
320i (E30)	M20/B20 206EE	1986 till 1988	Bosch Motronic 1.1
320i (E30) och Touring och kat	M20/B20 206EE	1988 till 1993	Bosch Motronic 1.3
320i (E36) 24V kat	M50/B20 206S1	1991 till 1993	Bosch Motronic 3.1
320i (E36) 24V kat	M50 2.0 Vanos	1993 till 1996	Bosch Motronic 3.1
320i (E36) 24V kat	M50/B20	1993 till 1996	Siemens MS4.0
325i (E30) och 4x4	M20/B25 6K1	1985 till 1987	Bosch Motronic 1.1
325i och Touring (E30)	M20/B25 6K1	1988 till 1993	Bosch Motronic 1.3
325iX (E30-4)	M20/B25 6E2	1985 till 1987	Bosch Motronic 1.1
325ix och Touring	M20/B25 6E2	1988 till 1993	Bosch Motronic 1.3
325i (E36) 24V kat	M50/B25 256S1	1991 till 1993	Bosch Motronic 3.1
325i (E36) 24V	M50 2.5 Vanos	1993 till 1996	Bosch Motronic 3.1
325e (E30) och kat	M20/B27	1986 till 1991	Bosch Motronic 1.1
518i (E34)	M40/B18	1988 till 1993	Bosch Motronic 1.3
518i (E34) kat	M43/B18	1993 till 1996	Bosch Motronic 1.7
520i (E34) och kat	M20/B20M 206KA	1988 till 1991	Bosch Motronic 1.3
520i (E34) 24V och Touring kat	M50/B20 206S1	1990 till 1993	Bosch Motronic 3.1
520i (E34) 24V och Touring kat	M50 2.0 Vanos	1993 till 1996	Bosch Motronic 3.1
520i (E34) 24V kat	M50/B20	1993 till 1996	Siemens MS4.0
525i (E34) och kat	M20/B25M 256K1	1988 till 1991	Bosch Motronic 1.3
525i (E34) 24V kat	M50/B25 256S1	1990 till 1993	Bosch Motronic 3.1
525i (E34) 24V	M50 2.5 Vanos	1993 till 1996	Bosch Motronic 3.1
530i (E34) och kat	M30/B30M 306KA	1988 till 1992	Bosch Motronic 1.3
540i (E34) V8 4.0 32V DOHC kat	M60	1993 till 1996	Bosch Motronic 3.3
535i (E34) och kat	M30/B35M 346KB	1988 till 1993	Bosch Motronic 1.3
635 CSi (E24)	M30/B34	1986 till 1987	Bosch Motronic 1.1

Modell	Motorbeteckning	Årsmodell	System
BMW (forts.)			
635 CSi (E24) och kat	M30/B35M 346EC	1988 till 1990	Bosch Motronic 1.3
M635 CSi (E24)	M88/3	1987 till 1989	Bosch Motronic 1.3
730i (E32) och kat	M30/B30M2 306KA	1986 till 1987	Bosch Motronic 1.1
730i (E32) och kat	M30/B30M2 306KA	1988 till 1994	Bosch Motronic 1.3
730i (E32) V8 3.0 kat	M60B330	1992 till 1994	Bosch Motronic 3.3
735i (E32) och kat	M30/B35M2	1986 till 1987	Bosch Motronic 1.1
735i (E32) och kat	M30/B35M2 346EC	1987 till 1992	Bosch Motronic 1.3
740iL (E32) V8 kat	M60/B40	1992 till 1994	Bosch Motronic 3.3
740i (E38) V8 4.0 32V DOHC kat	M60	1994 till 1997	Bosch Motronic 3.3
750i och kat	M70/B50 5012A	1992 till 1994	Bosch Motronic 1.7
750iL	M70/B50 5012A	1992 till 1994	Bosch Motronic 1.7
750i	M70/B54	1994 till 1997	Bosch Motronic 1.2
840i V8 4.0 32V DOHC kat	M60	1993 till 1997	Bosch Motronic 3.3
850i	M70/B50 5012A	1989 till 1994	Bosch Motronic 1.7
M3 (E36)	S50/B30	1993 till 1997	Bosch Motronic 3.3
M5 (E34)	S38/B38 386S1	1992 till 1996	Bosch Motronic 3.3
Z1 M20/B25	1988 till 1992	Bosch Motronic 1.3	
CITROEN			
AX 1.0i kat	TU9M/L.Z (CDY)	1992 till 1997	Bosch Mono-Motronic MA3.0
AX 1.0i kat	TU9M/L.Z (CDZ)	1992 till 1996	Bosch Mono-Motronic MA3.0
AX 1.1i kat	TU1M (HDZ)	1989 till 1992	Bosch Mono-Jetronic A2.2
AX 1.1i kat	TU1M/L.Z (HDY)	1992 till 1997	Magneti-Marelli G6-11
AX 1.1i kat	TU1M/L.Z (HDZ)	1992 till 1997	Magneti-Marelli G6-11
AX GT 1.4 kat	TU3M (KDZ)	1988 till 1990	Bosch Mono-Jetronic A2.2
AX GT och 1.4i kat	TU3FMC/L.Z (KDY)	1990 till 1992	Bosch Mono-Jetronic A2
AX 1.4i kat	TU3FM/L.Z (KDX)	1992 till 1996	Bosch Mono-Motronic MA3.0
AX 1.4 GTi	TU3J2/K (K6B)	1991 till 1992	Bosch Motronic MP3.1
AX 1.4 GTi kat	TU3J2/L.Z (KFZ)	1991 till 1996	Bosch Motronic MP3.1
Berlingo 1.1	TU1M (HDZ)	1996 till 1997	Bosch Motronic MA3.1
Berlingo 1.4	TU3JP (KFX)	1996 till 1997	Magneti-Marelli
BX 14i kat	TU3M (KDY)	1991 till 1994	Bosch Mono-Jetronic A2.2
BX 16i kat	XU5M (BDZ)	1990 till 1992	Bosch Mono-Jetronic eller MM G5/6
BX 16i kat	XU5M3Z (BDY)	1991 till 1994	Magneti-Marelli G6-10
BX19 GTi och 4X4	XU9J2 (D6D)	1990 till 1992	Bosch Motronic MP3.1
BX19 GTi 16V	XU9J4 (D6C)	1987 till 1991	Bosch Motronic ML4.1
BX19 TZi 8V kat	XU9JAZ (DKZ)	1990 till 1993	Bosch Motronic 1.3
BX19 16V DOHC kat	XU9J4Z (DFW)	1990 till 1992	Bosch Motronic 1.3
BX19 16V DOHC	XU9J4K (D6C)	1991 till 1992	Bosch Motronic 1.3
BX19i 4X4 kat	DDZ(XU9M)	1990 till 1993	Fenix 1B
C15E 1.1i Van kat	TU1M (HDZ)	1990 till 1997	Bosch Mono-Jetronic A2.2
C15E 1.4i Van kat	TU3F.M/Z (KDY)	1990 till 1995	Bosch Mono-Jetronic A2.2
C15E 1.4i Van kat	TU3F.M/W2 (KDY2)	1993 till 1995	Bosch Mono-Jetronic A2.2
Evasion 2.0i kat	XU10J2CZ/L (RFU)	1994 till 1997	Magneti-Marelli 8P22
Evasion 2.0i turbo kat	XU10J2CTEZ/L(RGX)	1994 till 1997	Bosch Motronic MP3.2
Jumper 2.0i kat	XU10J2U (RFW)	1994 till 1997	Magneti-Marelli DCM8P-11
Jumpy 1.6i	220 A2.000	1995 till 1997	Bosch Mono-Motronic MA1.7
Relay 2.0i kat	XU10J2U (RFW)	1994 till 1997	Magneti-Marelli DCM8P-11
Saxo 1.0	TU9M/L3/L	1996 till 1997	Bosch Mono-Motronic MA3.1
Saxo 1.1	TU1M/L3/L	1996 till 1997	Bosch Mono-Motronic MA3.1
Saxo 1.4	TU3JP/L3	1996 till 1997	Magneti-Marelli
Saxo 1.6	TU5JP/L3 (NFZ)	1996 till 1997	Bosch Motronic MA5.1
Synergie 2.0i kat	XU10J2CZ/L (RFU)	1994 till 1997	Magneti-Marelli 8P22
Synergie 2.0i turbo kat	XU10J2CTEZ/L(RGX)	1994 till 1997	Bosch Motronic MP3.2
Xantia 1.6i kat	XU5JP/Z (BFX)	1993 till 1997	Magneti-Marelli DCM8P13
Xantia 1.8i 16V	XU7JP4/L3 (LFY)	1995 till 1997	Bosch Motronic MP5.1.1
Xantia 1.8i och Break	XU7JP/Z (LFZ)	1993 till 1997	Bosch Motronic MP5.1
Xantia 2.0i och Break	XU10J2C/Z (RFX)	1993 till 1997	Magneti-Marelli DCM8P20
Xantia 2.0i 16V kat	XU10J4D/Z (RFY)	1993 till 1995	Bosch Motronic MP3.2
Xantia 2.0i 16V och Break	XU10J4R/Z/L3(RFV)	1995 till 1997	Bosch Motronic MP5.1.1
Xantia Activa 2.0i	XU10J4D/Z (RFT)	1994 till 1996	Bosch Motronic MP3.2
Xantia Turbo 2.0i CT	XU10J2CTE/L3(RGX)	1995 till 1996	Bosch Motronic MP3.2
XM 2.0i MPi	XU10J2 (R6A)	1990 till 1992	Magneti-Marelli BA G5
XM 2.0i kat	XU10J2/Z (RFZ)	1990 till 1992	Bosch Motronic MP3.1

Modell	Motorbeteckning	Årsmodell	System
XM 2.0i kat	XU10J2/Z (RFZ)	1992 till 1994	Bosch Motronic MP5.1
XM 2.0i 16V kat	XU10J4R/L/Z (RFV)	1994 till 1997	Bosch Motronic MP5.1.1
XM 2.0i turbo kat	XU10J2TE/Z (RGY)	1993 till 1994	Bosch Motronic MP3.2
XM 2.0i CT turbo kat	XU10J2TE/L/Z(RGX)	1994 till 1996	Bosch Motronic MP3.2
XM 3.0 V6 LHD	ZPJ (S6A)	1989 till 1993	Fenix 3B
XM 3.0 V6 kat	ZPJ (SFZ)	1989 till 1994	Fenix 3B
XM 3.0 V6 kat	ZPJ (UFZ)	1994 till 1997	Fenix 3B
XM 3.0 V6 kombi	ZPJ/Z (UFY)	1995 till 1996	Fenix 3B
XM 3.0 V6 24V kat	ZPJ4/Y3 (SKZ)	1990 till 1994	Fenix 4
XM 3.0 V6 24V	ZPJ4/Y3 (UKZ)	1994 till 1997	Fenix 4B
ZX 1.1i kat	TU1M/Z (HDY)	1991 till 1994	Bosch Mono-Jetronic A2.2
ZX 1.1i kat	TU1M/Z (HDZ)	1991 till 1994	Bosch Mono-Jetronic A2.2
ZX 1.1i kat	TU1M/Z (HDY)	1994 till 1997	Bosch Mono-Motronic MA3.0
ZX 1.1i kat	TU1M/Z (HDZ)	1994 till 1997	Bosch Mono-Motronic MA3.0
ZX 1.4i kat	TU3M/Z (KDY)	1991 till 1992	Bosch Mono-Jetronic A2.2
ZX 1.4i och Break kat	TU3M (KDX)	1992 till 1997	Bosch Mono-Motronic MA3.0
ZX 1.4i och Break kat	TU3M (KDX)	1994 till 1996	Magneti-Marelli G6-14
ZX 1.6i	XU5M.2K (B4A)	1991 till 1992	Magneti-Marelli G5 S2
ZX 1.6i	XU5M.3K (B4A)	1991 till 1993	Magneti-Marelli G6.12
ZX 1.6i kat	XU5M.3Z (BDY)	1992 till 1993	Magneti-Marelli G6.10
ZX 1.6i och Break kat	XU5JPL/Z (BFZ)	1994 till 1997	Magneti-Marelli 8P-13
ZX 1.6i och Break kat	XU5JPL/Z (BFZ)	1995 till 1996	Sagem/Lucas 4GJ
ZX 1.8i och Break kat	XU7JPL/Z (LFZ)	1992 till 1997	Bosch Motronic MP5.1
ZX 1.8i och Break kat	XU7JPL/Z (LFZ)	1995 till 1996	Magneti-Marelli 8P-10
ZX 1.9 8V	XU9JAZ (DKZ)	1992 till 1994	Bosch Motronic 1.3
ZX 1.9i	XU9JA/K (D6E)	1991 till 1992	Bosch Motronic MP3.1
ZX 2.0i kat	XUJ10J2/C/L/Z(RFX)	1992 till 1996	Magneti-Marelli 8P-20
ZX 2.0i 16V kat	XUJ10J4/D/L/Z(RFY)	1992 till 1995	Bosch Motronic MP3.2
ZX 2.0i 16V	XUJ10J4/D/L/Z(RFT)	1994 till 1997	Bosch Motronic MP3.2

DAEWOO

Modell	Motorbeteckning	Årsmodell	System
Nexia 1.5 8V SOHC	-	1995 till 1997	GM-Multec
Nexia 1.5 16V DOHC	-	1995 till 1997	GM-Multec
Espero 1.5 16V DOHC	-	1995 till 1997	GM-Multec
Espero 1.8 8V SOHC	-	1995 till 1997	GM-Multec
Espero 2.0 8V SOHC	-	1995 till 1997	GM-Multec

DAIHATSU

Modell	Motorbeteckning	Årsmodell	System
Applause	HD-E	1989 till 1996	Daihatsu EFi
Charade 1.3i kat SOHC 16V	HC-E	1991 till 1993	Daihatsu EFi
Charade 1.3 SOHC 16V	HC-E	1993 till 1997	Daihatsu MPi
Charade 1.5i SOHC 16V	HE-E	1996 till 1997	Daihatsu MPi
Charade 1.6i SOHC 16V	HD-E	1993 till 1996	Daihatsu MPi
Hi-Jet	CB42	1995 till 1997	Daihatsu MPi
Sportrak kat SOHC 16V	HD-E	1990 till 1997	Daihatsu EFi

FIAT

Modell	Motorbeteckning	Årsmodell	System
Brava 1.4 12V	182 AA.1AA	1996 till 1997	Bosch Mono-Motronic SPi
Brava 1.6 16V	182 A4.000	1996 till 1997	Weber Marelli IAW
Bravo 2.0	182 A1.000	1996 till 1997	Bosch Motronic M2.10.4
Cinquecento 899 OHV DIS kat	1170 A1.046	1993 till 1997	Weber-Marelli IAW SPi
Cinquecento 900 OHV DIS kat	170 A1.046	1992 till 1994	Weber-Marelli IAW SPi
Cinquecento Sporting	176 B2000	1995 till 1997	Weber-Marelli IAW SPi
Kupé 16V	836 A3.000	1994 till 1997	Weber-Marelli IAW MPi
Kupé 16V Turbo	175 A1.000	1994 till 1996	Weber-Marelli IAW MPi
Kupé 2.0 20V	-	1997	Bosch Motronic M2.10.4
Croma 2000ie	834 B.000	1986 till 1989	Weber-Marelli IAW MPi
Croma 2000ie DOHC 8V	154 C.000	1989 till 1991	Weber-Marelli IAW MPi
Croma 2.0ie DOHC	154 C3.000	1990 till 1992	Weber-Marelli IAW MPi
Croma 2.0ie DOHC DIS kat	154 C3.046	1991 till 1994	Weber-Marelli IAW MPi
Croma 2.0ie 16V kat	154 E1.000	1993 till 1995	Bosch Motronic M1.7
Fiorino 1500 SOHC kat	149 C1.000	1991 till 1995	Bosch Mono-Jetronic A2.4
Panda 1.0ie OHC och 4x4 kat	156 A2.246	1991 till 1996	Bosch Mono-Jetronic A2.4
Panda 1.1ie OHC kat	156 C.046	1991 till 1997	Bosch Mono-Jetronic A2.4

Modell	Motorbeteckning	Årsmodell	System
FIAT (forts.)			
Panda 899	1170A1.046	1992 till 1997	Weber-Marelli IAW SPi
Punto 55	176 A6.000	1994 till 1997	Weber-Marelli IAW SPi
Punto 60	176 A7.000	1994 till 1997	Weber-Marelli IAW SPi
Punto 75	176 A8.000	1994 till 1997	Weber-Marelli IAW MPi
Punto GT	176 A4.000	1994 till 1997	Bosch Motronic M2.7 MPi
Regata 100 Sie & Weekend 1.6 DOHC	149 C3.000	1986 till 1988	GM/Delco SPi
Regata 100 Sie & Weekend 1.6 DOHC	1149 C3.000	1988 till 1990	Weber MIW Centrajet SPi
Tempra 1.4ie SOHC DIS kat	160 A1.046	1992 till 1994	Bosch Mono-Jetronic A2.4
Tempra 1.6ie SOHC DIS kat	159 A3.046	1991 till 1992	Bosch Mono-Jetronic A2.4
Tempra 1.6ie SOHC kat	159 A3.046	1993 till 1994	Bosch Mono-Motronic MA1.7
Tempra 1.8ie DOHC 8V	159 A4.000	1990 till 1992	Weber-Marelli IAW MPi
Tempra 1.8ie DOHC 8V kat	159 A4.046	1992 till 1994	Weber-Marelli IAW MPi
Tempra 1.8 DOHC	835 C2.000	1993 till 1996	Weber-Marelli IAW MPi
Tempra 2.0ie och 4x4 DOHC 8V	159 A6.046	1991 till 1997	Weber-Marelli IAW MPi
Tipo 1.4ie kat	160 A1.046	1991 till 1996	Bosch Mono-Jetronic A2.4
Tipo 1.6ie SOHC DIS kat	159 A3.046	1990 till 1992	Bosch Mono-Jetronic A2.4
Tipo 1.6ie SOHC	835 C1.000	1994 till 1996	Bosch Mono-Motronic MA1.7
Tipo 1.6ie SOHC kat	159 A3.046	1993 till 1995	Bosch Mono-Motronic MA1.7
Tipo 1.8ie DOHC 8V	159 A4.000	1990 till 1992	Weber-Marelli IAW MPi
Tipo 1.8ie DOHC 8V	159 A4.000	1992 till 1995	Weber-Marelli IAW MPi
Tipo 1.8i DOHC 16V	160 A5.000	1990 till 1991	Weber-Marelli IAW MPi
Tipo 1.8ie DOHC 8V kat	159 A4.046	1992 till 1994	Weber-Marelli 8F
Tipo 2.0ie DOHC 8V kat	159 A5.046	1990 till 1992	Weber-Marelli IAW MPi
Tipo 2.0ie DOHC 8V kat	159 A6.046	1992 till 1995	Weber-Marelli IAW MPi
Tipo 2.0ie DOHC 16V kat	160 A8.046	1991 till 1995	Weber-Marelli IAW MPi
Ulysse 2.0 SOHC 89kW	ZFA220000	1995 till 1997	Weber-Marelli IAW MPi
Ulysse 2.0 Turbo	ZFA220000	1995 till 1997	Bosch Motronic 3.2
Uno 1.0ie SOHC och Van kat	156 A2.246	1992 till 1995	Bosch Mono-Jetronic
Uno 1.1ie SOHC	156 C.046	1989 till 1995	Bosch Mono-Jetronic
Uno 70 1.4 SOHC	146 C1.000	1990 till 1992	Bosch Mono-Jetronic
Uno 1.4 SOHC kat	160 A1.046	1990 till 1995	Bosch Mono-Jetronic
Uno 1.5ie SOHC DIS kat	149 C1.000	1993 till 1994	Bosch Mono-Jetronic
Uno 994	146 C7.000	1994 till 1996	Weber-Marelli IAW SPi
FORD			
Escort 1.3 kat	HCS	1991 till 1992	Ford EEC IV
Escort 1.3 kat	J6A	1991 till 1995	Ford EEC IV
Escort 1.3i och Van	JJA/J4C	1995 till 1997	Ford EEC V
Escort 1.4 CFi kat	F6D	1989 till 1990	Ford EEC IV
Escort 1.4 CFi kat	F6F	1990 till 1995	Ford EEC IV
Escort 1.4 CFi kat	F6G	1990 till 1995	Ford EEC IV
Escort 1.4i	PTE F4	1994 till 1997	Ford EEC V
Escort 1.6i XR3i	LJA	1989 till 1992	Ford EEC IV
Escort 1.6i XR3i kat	LJB	1989 till 1992	Ford EEC IV
Escort 1.6 16V kat	L1E	1992 till 1997	Ford EEC IV
Escort 1.6i	LJA	1989 till 1990	Ford EEC IV
Escort 1.6i och kat	LJE	1990 till 1992	Ford EEC IV
Escort XR3i 1.6 och kat	LJD	1989 till 1992	Ford EEC IV
Escort RS Cosworth DOHC turbo kat	N5F	1992 till 1996	Weber IAW
Escort RS2000 och kat	N7A	1991 till 1995	Ford EEC IV
Escort 1.8i 16V kat	RDA	1992 till 1995	Ford EEC IV
Escort 1.8i 16V kat	RQB	1992 till 1995	Ford EEC IV
Escort 2.0i 7 4x4 kat	N7A	1991 till 1997	Ford EEC IV
Fiesta 1.1 och Van kat	G6A	1989 till 1997	Ford EEC IV
Fiesta 1.25	DHA	1995 till 1997	Ford EEC V
Fiesta 1.3 Van Courier kat	HCS	1991 till 1994	Ford EEC IV
Fiesta 1.3i och Courier kat	J6B	1991 till 1996	Ford EEC IV
Fiesta 1.3 och Courier	JJA	1995 till 1997	Ford EEC V
Fiesta 1.4i och Van kat	F6E	1989 till 1995	Ford EEC IV
Fiesta 1.4	FHA	1995 till 1997	Ford EEC V
Fiesta Classic 1.4	PTE F4A	1995 till 1996	Ford EEC IV
Fiesta XR2i 1.6 kat	LJD	1989 till 1993	Ford EEC IV
Fiesta RS turbo 1.6	LHA	1990 till 1992	Ford EEC IV
Fiesta 1.6i och kat	LUC	1989 till 1992	Ford EEC IV

Modell	Motorbeteckning	Årsmodell	System
Fiesta XR2i 1.6	LJC	1989 till 1993	Ford EEC IV
Fiesta 1.6i 16V	L1G	1994 till 1995	Ford EEC IV
Fiesta XR2i 1.8i 16V kat	RDB	1992 till 1995	Ford EEC IV
Fiesta 1.8i 16V kat	RQC	1992 till 1995	Ford EEC IV
Galaxy 2.0	NSD	1995 till 1997	Ford EEC V
Galaxy 2.3	Y5B	1996 till 1997	Ford EEC V
Galaxy 2.8 och 4x4	AAA	1995 till 1997	Ford EEC V
Granada 2.0 EFi	NRA	1985 till 1989	Ford EEC IV
Granada 2.0i och kat	N9B	1989 till 1995	Ford EEC IV
Granada 2.0 EFi 4wd kat	N9D	1989 till 1992	Ford EEC IV
Granada 2.4 V6	ARC	1987 till 1993	Ford EEC IV
Granada 2.4 V6 kat	ARD	1987 till 1991	Ford EEC IV
Granada 2.9 V6 och 4x4	BRC	1987 till 1992	Ford EEC IV
Granada 2.9 V6 kat	BRD	1987 till 1994	Ford EEC IV
Granada 2.9 V6 kat	BRE	1987 till1992	Ford EEC IV
Granada 2.9 V6 kat	BOA	1991 till 1995	Ford EEC IV
Ka 1.3	JJB	1996 till 1997	Ford EEC V
Maverick 2.4i	KA24E	1993 till 1997	Nissan ECCS
Mondeo 1.6 DOHC kat	L1F/J	1993 till 1996	Ford EEC IV
Mondeo 1.6i 16V	L1J	1996 till 1997	Ford EEC V
Mondeo 1.8i 16V	RKB	1996 till 1997	Ford EEC V
Mondeo 1.8i och 4x4 kat	RKA/B	1993 till 1996	Ford EEC IV
Mondeo 2.0i 16V 4x4 kat	NGA	1993 till 1996	Ford EEC IV
Mondeo 2.0i 16V	NGA	1996 till 1997	Ford EEC V
Mondeo 2.5 V6 DOHC kat	SEA	1994 till 1996	Ford EEC IV
Mondeo 2.5i	SEA	1996 till 1997	Ford EEC V
Orion 1.3 kat	HCS	1991 till 1992	Ford EEC IV
Orion 1.3 kat	J6A	1991 till 1995	Ford EEC IV
Orion 1.4 CFi kat	F6D	1989 till 1990	Ford EEC IV
Orion 1.4 CFi kat	F6F	1990 till 1995	Ford EEC IV
Orion 1.4 CFi kat	F6G	1990 till 1995	Ford EEC IV
Orion 1.6i och kat	LJE	1990 till 1993	Ford EEC IV
Orion 1.6i kat	LJF	1990 till 1994	Ford EEC IV
Orion 1.6i	LJA	1989 till 1990	Ford EEC IV
Orion 1.6 DOHC 16V kat	L1E	1992 till 1997	Ford EEC IV
Orion 1.6i	LJA	1989 till 1990	Ford EEC IV
Orion 1.8i 16V DOHC kat	RDA	1992 till 1995	Ford EEC IV
Orion 1.8i 16V DOHC kat	RQB	1992 till 1995	Ford EEC IV
Probe 2.0i DOHC 16V kat	-	1994 till 1997	Mazda EGi
Probe 2.5i 24V kat	V6	1994 till 1997	Mazda EGi
Sapphire 1.6 CVH kat	L6B	1990 till 1993	Ford EEC IV
Sapphire 1.8 CVH kat	R6A	1992 till 1993	Ford EEC IV
Sapphire 2.0 EFi DOHC	N9A	1989 till 1992	Ford EEC IV
Sapphire 2.0 EFi 8V kat	N9C	1989 till 1992	Ford EEC IV
Scorpio 2.0i	NSD	1994 till 1997	Ford EEC IV
Scorpio 2.0 EFi	NRA	1985 till 1989	Ford EEC IV
Scorpio 2.0i 16V	N3A	1994 till 1996	Ford EEC V
Scorpio 2.0i och kat	N9B	1989 till 1995	Ford EEC IV
Scorpio 2.0i	NSD	1994 till 1997	Ford EEC V
Scorpio 2.3i 16V	Y5A	1996 till 1997	Ford EEC V
Scorpio 2.8 4x4	PRE	1985 till 1987	Ford EEC IV
Scorpio 2.9 V6 och 4x4	BRC	1987 till 1992	Ford EEC IV
Scorpio 2.9 V6 kat	BRD	1987 till 1995	Ford EEC IV
Scorpio 2.9 V6 kat	BRE	1987 till 1995	Ford EEC IV
Scorpio 2.9 V6 24V kat	BOA	1991 till 1995	Ford EEC IV
Scorpio 2.9i V6	BRG	1994 till 1997	Ford EEC V
Scorpio 2.9i V6 24V	BOB	1994 till 1997	Ford EEC V
Sierra 1.6 CVH kat	L6B	1990 till 1993	Ford EEC IV
Sierra 1.8 CVH kat	R6A	1992 till 1993	Ford EEC IV
Sierra 2.0 EFi DOHC 8V	N9A	1989 till 1992	Ford EEC IV
Sierra 2.0 EFi 8V kat	N9C	1989 till 1992	Ford EEC IV
Sierra 2.9 XR 4x4 V6	B4A	1989 till 1991	Ford EEC IV
Sierra 2.9 XR 4x4 V6 kat	B4B	1989 till 1993	Ford EEC IV
Transit Van 2.0 CFi kat	N6T	1990 till 1991	Ford EEC IV
Transit Van 2.0 CFi kat	-	1991 till 1992	Ford EEC IV
Transit 2.9 V6 EFi	BRT	1991 till 1994	Ford EEC IV

Modell	Motorbeteckning	Årsmodell	System
FORD (forts.)			
Transit och Tourneo 2.0i DOHC kat	NSG	1994 till 1997	Ford EEC V
Transit och Tourneo 2.0i	NSF	1994 till 1997	Ford EEC V
Transit 2.9 EFi	B4T	1989 till 1991	Ford EEC IV
HONDA			
Accord 1.8i	F18A3	1995 till 1997	Honda PGM-Fi
Accord EFi A4 SOHC	A2	1985 till 1989	Honda PGM-Fi
Accord 2.0i-16 A2 DOHC 16V	B20	1987 till 1989	Honda PGM-Fi
Accord 2.0i SOHC 16V & kat	F20A4	1989 till 1992	Honda PGM-Fi
Accord 2.0i F20A8 SOHC & kat	F20A5	1992 till 1996	Honda PGM-Fi
Accord 2.0i Kupé SOHC kat	F20A7	1992 till 1996	Honda PGM-Fi
Accord 2.2i SOHC 16V kat	F22A3/A7/A8	1989 till 1996	Honda PGM-Fi
Accord 2.2i	F22Z2	1996 till 1997	Honda PGM-Fi
Accord 2.3i DOHC 16V kat	H23A2	1993 till 1996	Honda PGM-Fi
Aerodeck EFi A4 SOHC	A20	1985 till 1989	Honda PGM-Fi
Aerodeck 2.2i SOHC 16V kat	F22A3/A7/A8	1989 till 1996	Honda PGM-Fi
Ballade EXi SOHC 3W	EW3	1986 till 1989	Honda PGM-Fi
Civic CRX	EW3	1984 till 1987	Honda PGM-Fi
Civic GT	EW3	1984 till 1987	Honda PGM-Fi
Civic 1.4i 5 dörrar	D14A2	1995 till 1997	Honda PGM-Fi
Civic 1.4i 3 dörrar	D14A4	1996 till 1997	Honda PGM-Fi
Civic 1.5 VEi SOHC 16V VTEC kat	D15Z1	1991 till 1995	Honda PGM-Fi
Civic 1.5 LSi SOHC 16V	D15B2	1991 till 1995	Honda PGM-Fi
Civic Kupé SOHC 16V kat	D15B2	1991 till 1995	Honda PGM-Fi
Civic 1.5i VTEC-E SOHC 16V	D15Z3	1995 till 1997	Honda PGM-Fi
Civic 1.5i 3 & 4 dörrar	D15Z6	1996 till 1997	Honda PGM-Fi
Civic 1.6i-16 DOHC 16V	D16A9	1987 till 1992	Honda PGM-Fi
CRX 1.6i-16 DOHC 16V	D16A9	1987 till 1992	Honda PGM-Fi
Civic 1.6 VT DOHC 16V VTEC kat	B16A1	1990 till 1991	Honda PGM-Fi
CRX 1.6 VT DOHC 16V VTEC kat	B16A1	1990 till 1991	Honda PGM-Fi
Civic 1.6 ESi SOHC 16V VTEC kat	D16Z6	1991 till 1997	Honda PGM-Fi
CRX 1.6 ESi SOHC 16V VTEC kat	D16Z6	1991 till 1996	Honda PGM-Fi
Civic 1.6 VTi DOHC 16V VTEC kat	B16A2	1991 till 1995	Honda PGM-Fi
CRX 1.6 VTi DOHC 16V VTEC kat	B16A2	1991 till 1995	Honda PGM-Fi
Civic 1.6i SOHC 16V	D16Y3	1995 till 1997	Honda PGM-Fi
Civic 1.6i VTEC SOHC 16V	D16Y2	1995 till 1997	Honda PGM-Fi
Civic 1.6i Kupé	D16Y7	1996 till 1997	Honda PGM-Fi
Civic 1.6i VTEC Kupé	D16Y8	1996 till 1997	Honda PGM-Fi
Concerto 1.5i SOHC 16V kat	D15B2	1991 till 1995	Honda PGM-Fi
Concerto 1.6 DOHC 16V	D16A9	1989 till 1991	Honda PGM-Fi
Concerto 1.6 DOHC 16V auto	D16Z4	1989 till 1991	Honda PGM-Fi
Concerto 1.6i SOHC 16V kat	D16Z2	1992 till 1995	Honda PGM-Fi
Concerto 1.6i DOHC 16V kat	D16A8	1992 till 1995	Honda PGM-Fi
Integra EX 16 A2 DOHC 16V	D16	1986 till 1990	Honda PGM-Fi
Legend	C25A2	1986 till 1988	Honda PGM-Fi
Legend 2.7 och Kupé SOHC	C27A2	1988 till 1991	Honda PGM-Fi
Legend 2.7 SOHC kat	C27A1	1990 till 1991	Honda PGM-Fi
Legend 3.2 SOHC 24V kat	C32A2	1992 till 1997	Honda PGM-Fi
NSX DOHC 24V VTEC kat	C30A	1991 till 1997	Honda PGM-Fi
Prelude Fi	B20A1	1985 till 1987	Honda PGM-Fi
Prelude 4WS 2.0i-16 DOHC 16V	B20A7	1987 till 1992	Honda PGM-Fi
Prelude 4WS 2.0i-16 DOHC kat	B20A9	1987 till 1992	Honda PGM-Fi
Prelude 2.0i 16V SOHC kat	F20A4	1992 till 1997	Honda PGM-Fi
Prelude 2.2i VTEC DOHC 16V	H22A2	1994 till 1997	Honda PGM-Fi
Prelude 2.3i 16V DOHC 16V kat	H23A2	1992 till 1997	Honda PGM-Fi
Shuttle 1.6i 4WD SOHC 16V	D16A7	1988 till 1990	Honda PGM-Fi
Shuttle 2.2i	F22B8	1995 till 1997	Honda PGM-Fi
HYUNDAI			
Accent 1.3i SOHC	-	1995 till 1997	Hyundai MPi
Accent 1.5i SOHC	-	1995 till 1997	Hyundai MPi
Kupé 1.6 DOHC 16V	G4GR	1996 till 1997	Hyundai MPi
Kupé 1.8 DOHC 16V	G4GM	1996 till 1997	Hyundai MPi

Modell	Motorbeteckning	Årsmodell	System
Kupé 2.0 DOHC 16V	G4GF	1996 till 1997	Hyundai MPi
Lantra 1.5i SOHC kat	4G15/G4J	1993 till 1995	Hyundai MPi
Lantra 1.6i DOHC kat	4G61	1991 till 1995	Hyundai MPi
Lantra 1.6 DOHC 16V	G4GR	1996 till 1997	Hyundai MPi
Lantra 1.8i DOHC kat	4G67	1992 till 1995	Hyundai MPi
Lantra 1.8 DOHC 16V	G4GM	1996 till 1997	Hyundai MPi
Pony X2 1.5i SOHC kat	4G15/G4J	1990 till 1994	Hyundai MPi
S Kupé 1.5i SOHC kat	4G15/G4J	1990 till 1992	Hyundai MPi
S Kupé 1.5i SOHC	Alpha	1992 till 1996	Bosch Motronic M2.10.1
S Kupé 1.5i turbo SOHC	Alpha	1992 till 1996	Bosch Motronic M2.7
Sonata 1.8 SOHC	4G62	1989 till 1992	Hyundai MPi
Sonata 2.0 SOHC	4G63	1989 till 1992	Hyundai MPi
Sonata 2.0 16V DOHC	-	1992 till 1997	Hyundai MPi
Sonata 2.4 SOHC	4G64	1989 till 1992	Hyundai MPi
Sonata 3.0i SOHC	V6	1994 till 1997	Hyundai MPi

ISUZU

Modell	Motorbeteckning	Årsmodell	System
Piazza Turbo	4Z C1T	1986 till 1990	Isuzu I-Tec + Turbo
Trooper 2.6	4ZE1	1988 till 1992	Isuzu I-Tec
Trooper 3.2i	6VD1	1993 till 1997	Isuzu I-Tec

JAGUAR

Modell	Motorbeteckning	Årsmodell	System
XJ6/Sovereign 3.2 DOHC kat	AJ-6	1990 till 1994	Lucas LH-15CU
XJ6/Sovereign 3.6 24V	AJ-6	1986 till 1989	Lucas LH-9CU
XJ6/Sovereign 4.0	AJ-6	1991 till 1997	Lucas LH-15CU
XJ-S 4.0	AJ-6	1991 till 1997	Lucas LH-15CU

KIA

Modell	Motorbeteckning	Årsmodell	System
Mentor 1.6i SOHC 8V	-	1995 till 1997	Kia EGi
Sportage 2.0i SOHC 8V	FE	1995 till 1997	Bosch Motronic M2.10.1
Sportage 2.0i DOHC 16V	FE	1995 till 1997	Bosch Motronic M2.10.1

LANCIA

Modell	Motorbeteckning	Årsmodell	System
Y10 LXie och 4wd 1108 SOHC FIRE	156 C.000	1989 till 1993	Bosch Mono-Jetronic A2.2
Y10 1108ie och 4x4 SOHC kat	156 C.046	1990 till 1992	Bosch Mono-Jetronic A2.2
Y10 1108ie och 4x4 SOHC kat	156 C.046	1992 till 1994	Bosch Mono-Motronic MA1.7
Dedra 1.6ie SOHC	835 A1.000	1990 till 1994	Weber MIW Centrajet 2
Dedra 1600ie SOHC kat	835 A1.046	1990 till 1994	Bosch Mono-Jetronic A2.2
Dedra 1.8ie DOHC	835 A2.000	1990 till 1993	Weber-Marelli IAW MPi
Dedra 1.8ie DOHC kat	835 A2.046	1990 till 1994	Weber-Marelli IAW MPi
Dedra 2.0ie DOHC	835 A5.000	1990 till 1992	Weber-Marelli IAW MPi
Dedra 2.0ie DOHC kat	835 A5.045	1990 till 1994	Weber-Marelli IAW MPi
Dedra 2.0ie DOHC kat	835 A5.046	1990 till 1994	Weber-Marelli IAW MPi
Dedra 2.0ie DOHC Turbo och kat	835 A8.000	1991 till 1996	Weber-Marelli IAW MPi
Dedra 2.0ie Integrale Turbo och kat	835 A7.000	1991 till 1996	Weber-Marelli IAW MPi
Delta 2.0 16V Turbo	836.A2.000	1993 till 1997	Weber-Marelli IAW MPi
Delta 1600ie DOHC	831 B7.000	1986 till 1989	Weber-Marelli IAW MPi
Delta 1600ie DOHC	831 B7.000	1989 till 1990	Weber-Marelli IAW MPi
Delta 1600ie DOHC static	831 B7.000	1991 till 1992	Weber-Marelli IAW MPi
Delta HF Turbo och Martini 1600 DOHC	831 B3.000	1986 till 1992	Weber-Marelli IAW MPi
Delta HF Turbo DOHC kat	831 B7.046	1991 till 1993	Weber-Marelli IAW MPi
Delta HF Integrale Turbo DOHC	831 B5.000	1988 till 1989	Weber-Marelli IAW MPi
Delta HF Integrale Turbo DOHC	831 C5.000	1988 till 1989	Weber-Marelli IAW MPi
Delta HF Integrale Turbo 16V DOHC	831 D5.000	1989 till 1992	Weber-Marelli IAW MPi
Delta HF Integrale Turbo 16V och kat	831 E5.000	1991 till 1994	Weber-Marelli IAW MPi
Prisma 1600ie DOHC	831 B7.000	1986 till 1989	Weber-Marelli IAW MPi
Prisma 1600ie DOHC	831 B7.000	1989 till 1990	Weber-Marelli IAW MPi
Prisma 1600ie DOHC static	831 B7.000	1991 till 1992	Weber-Marelli IAW MPi
Scudo 1.6i	220 A2.000	1996 till 1997	Bosch Motronic 1.7
Thema FL 2000ie 16V DOHC kat	834 F1.000	1992 till 1994	Bosch Motronic M1.7
Thema FL 2000ie Turbo 16V DOHC kat	834 F2.000	1992 till 1994	Bosch Motronic M2.7
Thema FL 3000 V6 SOHC kat	834 F.000	1992 till 1994	Bosch Motronic M1.7

Modell	Motorbeteckning	Årsmodell	System
LAND ROVER			
Discovery MPi 2.0 20HD DOHC 16V	M16i	1993 till 1995	Rover MEMS MPi
Discovery 2.0 MPi DOHC 16V	20T4	1995 till 1997	Rover MEMS MPi
Discovery 3.5 V8i	V8	1990 till 1992	Lucas 14CUX
Discovery 3.5 V8i kat	V8	1990 till 1995	Lucas 14CUX
Discovery 3.9i V8	V8	1995 till 1997	Lucas 14CUX
Range Rover 3.9 EFi V8	3.9L	1989 till 1996	Lucas 14CUX
Range Rover 4.0i	4.0L	1994 till 1997	Lucas 14CUX
Range Rover 4.2i kat	4.2L	1992 till 1994	Lucas 14CUX
LEXUS			
Lexus GS300	2JZ-GE	1993 on	Toyota TCCS
Lexus LS400	1UZ-FE	1990 till 1993	Toyota TCCS
MAZDA			
121 1.3 SOHC 16V kat	B3	1991 till 1995	Mazda EGi-S SPi
323 1.3i SOHC 16V kat	B3	1991 till 1995	Mazda EGi MPi
323 1.3i SOHC 16V	B3	1995 till 1997	Mazda EGi MPi
323 1.5i DOHC 16V	Z5	1994 till 1997	Mazda EGi MPi
323 1600i	B6	1985 till 1987	Mazda EGi MPi
323 1.6i Turbo 4x4 DOHC	B6	1986 till 1989	Mazda EGi MPi
323 1.6i SOHC 16V kat	B6	1991 till 1994	Mazda EGi MPi
323 1.6i kombi SOHC kat	B6E	1991 till 1994	Mazda EGi MPi
323 1.8i DOHC 16V kat	BP	1991 till 1994	Mazda EGi MPi
323 2.0i DOHC V6 24V	KF	1995 till 1997	Mazda EGi MPi
323 2.0i DOHC V6 24V	KF	1996 till 1997	Mazda EGi MPi
626 1.8i kat DOHC 16V	FP	1992 till 1997	Mazda EGi MPi
626 2000i fwd	FE	1985 till 1987	Mazda EGi MPi
626 2.0i GT DOHC 16V	FE	1987 till 1990	Mazda EGi MPi
626 2.0i DOHC 16V	FE	1990 till 1993	Mazda EGi MPi
626 2.0i DOHC 16V kat	FE	1990 till 1995	Mazda EGi MPi
626 2.0i DOHC 16V kat	FS	1992 till 1997	Mazda EGi MPi
626 2.2i 4x4 SOHC kat	F2	1990 till 1993	Mazda EGi MPi
626 2.5i DOHC V6 kat	KL	1992 till 1997	Mazda EGi MPi
E2000	FE	1994 till 1997	Mazda EGi MPi
MX-3 1.6i SOHC 16V	B6	1991 till 1997	Mazda EGi MPi
MX-3 1.8i DOHC V6	K8	1991 till 1997	Mazda EGi MPi
MX-5 1.8i DOHC 16V	BP	1995 till 1997	Mazda EGi MPi
MX-6 2.5i V6 DOHC kat	KL	1992 till 1997	Mazda EGi MPi
Xedos 6 1.6i DOHC 16V	B6	1994 till 1997	Mazda EGi MPi
Xedos 6 2.0i DOHC 24V	KF	1992 till 1997	Mazda EGi MPi
Xedos 9 2.0i DOHC 24V	KF	1994 till 1995	Mazda EGi MPi
Xedos 9 2.5i DOHC 24V	KL	1994 till 1997	Mazda EGi MPi
RX7	RE13B	1986 till 1990	Mazda EGi MPi
MERCEDES			
C180	111.920	1993 till 1997	PMS (Siemens)
190E kat	102.962	1988 till 1993	Bosch KE3.5-Jetronic
190E 2.3 kat	102.985	1989 till 1993	Bosch KE3.5-Jetronic
190E 2.5-16 & kat	102.990	1988 till 1993	Bosch KE3.1-Jetronic
190E 2.5-16 Evolution	102.991	1989 till 1992	Bosch KE3.1-Jetronic
190E 2.6	103.942	1989 till 1993	Bosch KE3.5-Jetronic
190E 2.6 kat	103.942	1987 till 1993	Bosch KE3.5-Jetronic
C200	111.941	1994 till 1997	PMS (Siemens)
E200	111.940	1992 till 1996	PMS/Motronic 6.0/6.1
200E & TE kat	102.963	1988 till 1993	Bosch KE3.5-Jetronic
C220	111.961	1993 till 1997	HFM
E220	111.960	1992 till 1997	HFM
C230 & Kompressor	-	1995 till 1997	HFM
230E, TE & CE kat	102.982	1988 till 1993	Bosch KE3.5-Jetronic
230GE	102.980	1989 till 1991	Bosch KE3.5-Jetronic
260E & kat	103.940	1989 till 1993	Bosch KE3.5-Jetronic
260E 4-Matic & kat	103.943	1988 till 1992	Bosch KE3.5-Jetronic

Modell	Motorbeteckning	Årsmodell	System
260SE & kat	103.941	1988 till 1992	Bosch KE3.5-Jetronic
C280	104.941	1993 till 1997	HFM
E280 kat	104.942	1992 till 1996	HFM
S280	104.944	1993 till 1997	HFM
SL280	104.943	1993 till 1997	HFM
E300	103.985	1992 till 1995	Bosch KE3.5-Jetronic
300SE, SEL & kat	103.981	1986 till 1992	Bosch KE3.5-Jetronic
300E, TE, CE & kat	103.983	1987 till 1993	Bosch KE3.5-Jetronic
300E & kat	103.985	1988 till 1993	Bosch KE3.5-Jetronic
300E-24, TE-24 & CE-24 kat	104.980	1989 till 1993	Bosch KE5.2-Jetronic/EZ-L tändning
300TE 4-Matic & kat	103.985	1988 till 1993	Bosch KE3.5-Jetronic
300SL & kat	103.984	1989 till 1995	Bosch KE5.2-Jetronic/EZ-L tändning
300SL-24 & kat	104.981	1989 till 1995	Bosch KE5.2-Jetronic/EZ-L tändning
E320	104.992	1992 till 1997	HFM
S320	104.994	1993 till 1997	HFM
SL320	104.991	1993 till 1997	HFM
400S, SE & SEL	119.971	1991 och senare	Bosch LH4.1-Jetronic/EZ-L tändning
E420	119.975	1992 till 1995	Bosch LH4.1-Jetronic/EZ-L tändning
S420	119.971	1993 till 1997	Bosch LH4.1-Jetronic/EZ-L tändning
500E	119.974	1992 och senare	Bosch LH4.1-Jetronic/EZ-L tändning
500SL	119.972	1992 och senare	Bosch LH4.1-Jetronic/EZ-L tändning
500SE & SEL	119.970	1991 och senare	Bosch LH4.1-Jetronic/EZ-L tändning
500SEC	119.970	1992 och senare	Bosch LH4.1-Jetronic/EZ-L tändning
500SL kat	119.960	1989 till 1994	Bosch KE5.2-Jetronic/EZ-L tändning
E500	119.974	1992 till 1995	Bosch LH4.1-Jetronic/EZ-L tändning
S500	119.970	1993 till 1997	Bosch LH4.1-Jetronic/EZ-L tändning
SL500	119.972	1993 till 1997	Bosch LH4.1-Jetronic/EZ-L tändning
600SEL	120.980	1991 till 1996	Bosch LH-Jetronic/EZ-L tändning
S600 kat	120.980	1991 till 1996	Bosch LH4.1-Jetronic/EZ-L tändning
S600	120.980	1996 till 1997	Bosch LH4.1-Jetronic/EZ-L tändning
SL600	120.981	1993 till 1997	Bosch LH4.1-Jetronic/EZ-L tändning

MITSUBISHI

3000 GT 24V	6G72	1992 till 1997	Mitsubishi ECI-Multi- MPi
Carisma 1.6 SOHC 16V	4G92	1996 till 1997	Mitsubishi ECI-Multi- MPi
Carisma 1.8 SOHC 16V	4G93	1996 till 1997	Mitsubishi ECI-Multi- MPi
Carisma 1.8 DOHC 16V	4G93	1996 till 1997	Mitsubishi ECI-Multi- MPi
Colt 1.3i SOHC 12V kat	4G13	1992 till 1996	Mitsubishi ECI-Multi- MPi
Colt 1.3 SOHC 12V	4G13	1996 till 1997	Mitsubishi ECI-Multi- MPi
Colt 1600 GTi DOHC	4G61	1988 till 1990	Mitsubishi ECI-Multi- MPi
Colt 1.6i SOHC 16V	4G92	1992 till 1996	Mitsubishi ECI-Multi- MPi
Colt 1.6i 4x4 SOHC 16V kat	4G92	1992 till 1996	Mitsubishi ECI-Multi- MPi
Colt 1.6 SOHC 16V	4G92	1996 till 1997	Mitsubishi ECI-Multi- SEFi
Colt 1800 GTi-16V DOHC 16V	4G67	1990 till 1993	Mitsubishi ECI-Multi- MPi
Colt 1.8 GTi DOHC 16V kat	4G93	1992 till 1995	Mitsubishi ECI-Multi- MPi
Cordia 1800 Turbo	4G62T	1985 till 1989	Mitsubishi ECI-Multi- MPi
Galant 1800 SOHC 16V kat	4G93	1993 till 1997	Mitsubishi ECI-Multi- MPi
Galant Turbo	4G63T	1985 till 1988	Mitsubishi ECI-Multi- Turbo
Galant 2000 GLSi SOHC	4G63	1988 till 1993	Mitsubishi ECI-Multi- MPi
Galant 2000 GTi 16V DOHC	4G63	1988 till 1993	Mitsubishi ECI-Multi- MPi
Galant 2000 4WD DOHC	4G63	1989 till 1994	Mitsubishi ECI-Multi- MPi
Galant 2000 4WS kat DOHC	4G63	1989 till 1994	Mitsubishi ECI-Multi- MPi
Galant 2.0i SOHC 16V kat	-	1993 till 1997	Mitsubishi ECI-Multi- MPi
Galant 2.0i V6 DOHC 24V	6A12	1993 till 1997	Mitsubishi ECI-Multi- MPi
Galant Sapporo 2400	4G64	1987 till 1989	Mitsubishi ECI-Multi- MPi
Galant 2.5i V6 DOHC 24V	6G73	1993 till 1995	Mitsubishi ECI-Multi- MPi
L300 SOHC 16V	4G63	1994 till 1997	Mitsubishi ECI-Multi- MPi
Lancer 1600 GTi 16V DOHC	4G61	1988 till 1990	Mitsubishi ECI-Multi- MPi
Lancer 1.6i SOHC 16V	4G92	1992 till 1996	Mitsubishi ECI-Multi- MPi
Lancer 1.6i 4x4 SOHC 16V kat	4G92	1992 till 1996	Mitsubishi ECI-Multi- MPi
Lancer 1800 GTi DOHC 16V	4G67	1990 till 1993	Mitsubishi ECI-Multi- MPi
Lancer 1.8 GTi DOHC 16V kat	4G93	1992 till 1995	Mitsubishi ECI-Multi- MPi
Lancer 1800 4WD kat	4G37-8	1989 till 1993	Mitsubishi ECI-Multi- MPi
Shogun 3.5i V6 DOHC 24V	6G74	1994 till 1997	Mitsubishi ECI-Multi- MPi
Sigma Kombi 12V	6G72	1993 till 1996	Mitsubishi ECI-Multi- MPi

Modell	Motorbeteckning	Årsmodell	System
MITSUBISHI (forts.)			
Sigma Wagon 12V kat	6G72	1993 till 1996	Mitsubishi ECI-Multi- MPi
Sigma 3.0i 24V kat	6G72	1991 till 1996	Mitsubishi ECI-Multi- MPi
Space Wagon 1.8i SOHC 16V	4G93	1991 till 1997	Mitsubishi ECI-Multi- MPi
Space Wagon 2.0i DOHC 16V	4G63	1992 till 1997	Mitsubishi ECI-Multi- MPi
Starion Turbo	4G63T	1986 till 1989	Mitsubishi ECI-Multi- + Turbo
Starion 2.6 Turbo kat	G54B1	1989 till 1991	Mitsubishi ECI-Multi- + Turbo
NISSAN			
4x4 Pick-up 2.4i	KA24E	1992 till 1997	Nissan ECCS MPi
4WD Pick-up 2.4i kat	Z24i	1990 till 1994	Nissan ECCS SPi
4WD Wagon 3.0i kat	VG30E	1990 till 1994	Nissan ECCS MPi
100NX 2.0 SOHC 16V kat	SR20DE	1991 till 1994	Nissan ECCS MPi
200 SX 16V Turbo kat	CA18DET	1989 till 1994	Nissan ECCS MPi
200 SX DOHC 16V Turbo	SR20DET	1994 till 1997	Nissan ECCS MPi
300 C	VG30E	1984 till 1991	Nissan ECCS MPi
300 ZX	VG30E	1984 till 1990	Nissan ECCS MPi
300 ZX Turbo	VG30ET	1984 till 1990	Nissan ECCS MPi + Turbo
300 ZX Twin-Turbo kat	VG30DETT	1990 till 1995	Nissan ECCS MPi + Turbo
Almera 1.4 DOHC 16V	GA14DE	1996 till 1997	Nissan ECCS MPi
Almera 1.6 DOHC 16V	GA16DE	1996 till 1997	Nissan ECCS MPi
Almera 2.0 GTi	SR20DE	1996 till 1997	Nissan ECCS MPi
Bluebird ZX Turbo SOHC	CA18T	1986 till 1990	Nissan ECCS MPi + Turbo
Bluebird 2.0i SOHC	CA20E	1988 till 1990	Nissan ECCS MPi
Micra 1.0i DOHC 16V kat	CG10DE	1993 till 1997	Nissan ECCS MPi
Micra 1.3i DOHC 16V kat	CG13DE	1993 till 1997	Nissan ECCS MPi
Maxima & kat	VG30E	1989 till 1994	Nissan ECCS MPi
Patrol 4.2i OHV 128kW	TB42E	1992 till 1997	Nissan ECCS MPi
Prairie 2.0i SOHC kat	CA20E	1989 till 1991	Nissan ECCS MPi
Primera 1.6i	GA16DE	1994 till 1997	Nissan ECCS SPi
Primera 1.6i DOHC 16V	GA16DE	1996 till 1997	Nissan ECCS MPi
Primera 2.0 DOHC kat	SR20Di	1990 till 1995	Nissan ECCS SPi med hettrådsgivare
Primera Kombi 2.0 DOHC 16V kat	SR20Di	1990 till 1996	Nissan ECCS SPi med hettrådsgivare
Primera 2.0e ZX DOHC 16V	SR20DE	1991 till 1995	Nissan ECCS MPi med hettrådsgivare
Primera 2.0e GT	SR20DE	1991 till 1995	Nissan ECCS MPi med hettrådsgivare
Primera 2.0e kat	SR20DE	1991 till 1995	Nissan ECCS MPi med hettrådsgivare
Primera 2.0i DOHC 16V	SR20DE	1994 till 1997	Nissan ECCS SPi
Primera 2.0i GT DOHC 16V	SR20DE	1994 till 1996	Nissan ECCS SPi
Primera 2.0i DOHC 16V	SR20DE	1996 till 1997	Nissan ECCS MPi
Primera 2.0i GT DOHC 16V	SR20DE	1996 till 1997	Nissan ECCS MPi
QX 2.0 DOHC 24V V6	VQ20DE	1994 till 1997	Nissan ECCS MPi
QX 3.0 DOHC 24V V6	VQ30DE	1994 till 1997	Nissan ECCS MPi
Serena 1.6i DOHC 16V	GA16DE	1993 till 1997	Nissan ECCS MPi
Serena 2.0i DOHC 16V	SR20DE	1993 till 1997	Nissan ECCS MPi
Silvia Turbo ZX	CA18ET	1984 till 1990	Nissan ECCS MPi + Turbo
Sunny 1.6i SOHC 12V kat	GA16i	1989 till 1991	Nissan ECCS SPi
Sunny ZX Kupé DOHC 16V	CA16DE	1987 till 1989	Nissan ECCS MPi
Sunny 1.8 ZX DOHC 16V kat	CA18DE	1989 till 1991	Nissan ECCS MPi
Sunny GTi-R DOHC 16V	SR20DET	1991 till 1994	Nissan ECCS MPi
Sunny 2.0 GTi DOHC 16V kat	SR20DE	1991 till 1994	Nissan ECCS MPi
Terrano II 2.4	KA24EBF	1993 till 1997	Nissan ECCS MPi
Urvan 2.4i kat	Z24i	1989 till 1994	Nissan ECCS SPi
Vanette 2.4i OHV kat	Z24i	1987 till 1994	Nissan ECCS SPi
PEUGEOT			
106 1.0 kat	TU9ML/Z (CDY, CDZ)	1993 till 1996	Bosch Mono-Motronic MA3.0
106 1.1	TU1M/L3/L (HDY, HDZ)	1996 till 1997	Bosch Mono-Motronic MA3.1
106 1.1i kat	TU1ML/Z (HDY, HDZ)	1991 till 1992	Bosch Mono-Jetronic A2.2
106 1.1i kat	TU1ML/Z (HDY, HDZ)	1993 till 1996	Magneti-Marelli FDG6
106 1.4	TU3JP/L3	1996 till 1997	Magneti-Marelli 1 AP
106 1.4i 8V SOHC Rallye kat	TU2J2L/Z (MFZ)	1993 till 1996	Magneti-Marelli 8P
106 1.4i	TU3J2K (K6B)	1991 till 1992	Bosch Motronic MP3.1
106 1.4i kat	TU3J2L/Z (KFZ)	1991 till 1996	Bosch Motronic MP3.1
106 1.4i kat	TU3MCL/Z (KDX)	1993 till 1996	Bosch Mono-Motronic MA3.0

Modell	Motorbeteckning	Årsmodell	System
106 1.6	TU5JPL/Z (NFZ)	1994 till 1996	Bosch Motronic MP5.1
106 1.6	TU5JP/L3	1996 till 1997	Bosch Motronic 5.2
106 1.6 MPi	TU5J2L/Z/K (NFY)	1994 till 1996	Magneti-Marelli 8P
205 1.1i kat	TU1ML/Z (HDZ)	1989 till 1992	Bosch Mono-Jetronic A2.2
205 1.1i kat	TU1ML/Z (HDZ)	1992 till 1996	Magneti-Marelli FDG6
205 1.4i LC kat	TU3MZ (KDZ)	1988 till 1991	Bosch Mono-Jetronic A2.2
205 1.4i HC kat	TU3ML/Z (KDY)	1991 till 1994	Bosch Mono-Jetronic A2.2
205 1.4i	TU3FM/L (KDY2)	1994 till 1996	Bosch Mono-Motronic MA3.0
205 1.6i kat	XU5M2L/Z (BDY)	1990 till 1991	Magneti-Marelli BAG5
205 1.6i och AT kat	XU5M3L/Z (BDY)	1992 till 1997	Magneti-Marelli FDG6
205 GTi 1.9 8V kat	XU9JAZ (DKZ)	1989 till 1993	Bosch Motronic 1.3
306 1.1i	TU1ML/Z (HDY, HDZ)	1993 till 1997	Magneti-Marelli FDG6
306 1.1i	TU1ML/Z (HDY, HDZ)	1993 till 1996	Bosch Mono-Motronic MA3.0
306 1.4i kat	TU3MCL/Z (KDX)	1993 till 1995	Bosch Mono-Motronic MA3.0
306 1.4i kat	TU3MCL/Z (KDX)	1994 till 1997	Magneti-Marelli FDG6
306 1.6i kat	TU5JPL/Z (NFZ)	1993 till 1997	Bosch Motronic MP5.1
306 1.8i Cab och kat	XU7JPL/Z (LFZ)	1993 till 1997	Magneti-Marelli 8P
306 2.0i Cab och kat	XU10J2CL/Z (RFX)	1994 till 1997	Magneti-Marelli 8P
306 2.0i 16V kat	XU10J4L/Z (RFY)	1994 till 1996	Bosch Motronic MP3.2
306 2.0I GT-6	XU10J4RS	1996 till 1997	Magneti-Marelli AP 10
309 1.1i kat	TU1ML/Z (HDZ)	1991 till 1994	Bosch Mono-Jetronic A2.2
309 1.4i kat	TU3MZ (KDZ)	1988 till 1991	Bosch Mono-Jetronic A2.2
309 1.4i kat	TU3ML/Z (KDY)	1991 till 1994	Bosch Mono-Jetronic A2.2
309 1.6i kat	XU5MZ (BDZ)	1989 till 1991	Magneti-Marelli BAG5
309 1.6i kat	XU5M2L/Z (BDY)	1991 till 1992	Magneti-Marelli G5
309 1.6i kat	XU5M3L/Z (BDY)	1992 till 1994	Magneti-Marelli FDG6
309 1.9 8V	XU9JA/Z (DKZ)	1988 till 1992	Bosch Motronic 1.3
309 1.9 16V DOHC	XU9J4K (D6C)	1990 till 1991	Bosch Motronic 4.1
309 1.9 16V DOHC	XU9J4K (D6C)	1991 till 1992	Bosch Motronic 1.3
309 1.9 16V kat	XU9J4L/Z (DFW)	1990 till 1992	Bosch Motronic 1.3
309 1.9 SPi kat	XU9M/Z (DDZ)	1988 till 1993	Fenix 1B
405 1.4i kat	TU3MCL/Z (KDX)	1992 till 1994	Mono Motronic MA3.0
405 1.6i kat	XU5MZ (BDZ)	1989 till 1991	Magneti-Marelli BAG5
405 1.6i kat	XU5M2L/Z (BDY)	1989 till 1991	Magneti-Marelli FDG5
405 1.6i kat	XU5M3Z (BDY)	1991 till 1992	Magneti-Marelli FDG6
405 1.6i kat	XU5M3L/Z (BDY)	1992 till 1993	Magneti-Marelli FDG6
405 1.6i kat	XU5JPL/Z (BFZ)	1989 till 1992	Bosch Motronic 1.3
405 1.6i kat	XU5JPL/Z (BFZ)	1993 till 1995	Magneti-Marelli DCM8P13
405 1.8i kat	XU7JPL/Z (LFZ)	1992 till 1997	Bosch Motronic MP5.1
405 1.9 8V kat	XU9JA/Z (DKZ)	1989 till 1992	Bosch Motronic 1.3
405 1.9 Mi16 och 4x4 16V	XU9J4K (D6C)	1988 till 1991	Bosch Motronic ML4.1
405 1.9 Mi16 och 4x4 16V	XU9J4K (D6C)	1990 till 1992	Bosch Motronic 1.3
405 1.9 Mi16 kat	XU9J4/Z (DFW)	1990 till 1992	Bosch Motronic 1.3
405 1.9i med fördelare	XU9J2K (D6D)	1990 till 1991	Bosch Motronic MP3.1
405 1.9i DIS	XU9J2K (D6D)	1991 till 1992	Bosch Motronic MP3.1
405 1.9 SPi kat	XU9M/Z (DDZ)	1989 till 1992	Fenix 1B
405 2.0i och 4x4 8V kat	XU10J2CL/Z (RFX)	1992 till 1997	Magneti-Marelli 8P
405 2.0i 16V kat	XU10J4/Z (RFY)	1992 till 1995	Bosch Motronic MP3.2
405 2.0i 16V turbo kat	XU10J4TEL/Z (RGZ)	1993 till 1995	Magneti-Marelli AP MPi
406 1.6i kat	XU5JPL3(BFZ)	1996 till 1997	Magneti-Marelli 8P
406 1.8i kat	XU7JPK(L6A)	1996 till 1997	Magneti-Marelli 8P
406 1.8 16V	XU7JP4L	1995 till 1997	Bosch Motronic MP5.1.1
406 2.0 16V	XU10J4RL	1995 till 1997	Bosch Motronic MP5.1.1
406 2.0 Turbo	XU10J2TE/L3	1996 till 1997	Bosch Motronic MP5.1.1
605 2.0i kat	XU10ML/Z (RDZ)	1989 till 1994	Magneti-Marelli G5
605 2.0i kat	XU10J2L/Z (RFZ)	1990 till 1995	Bosch Motronic MP3.1
605 2.0i 16V	XU10J4RL/Z/L3 (RFV)	1995 till 1997	Bosch Motronic MP5.1.1
605 2.0i turbo kat	XU10J2TEL/Z (RGY)	1993 till 1994	Bosch Motronic MP3.2
605 2.0i turbo	XU10J2CTEL/Z (RGX)	1995 till 1997	Bosch Motronic MP3.2
605 3.0i kat	ZPJL/Z (SFZ)	1990 till 1995	Fenix 3B
605 3.0i 24V DOHC kat	ZPJ4L/Z (SKZ)	1990 till 1994	Fenix 4
605 3.0i 24V V6	ZPJ4L/Z (UKZ)	1995 till 1997	Fenix 4
806 2.0	XU10J2CL/Z (RFU)	1995 till 1997	Magneti-Marelli 8P-22
806 2.0 Turbo	XU10J2CTEL/Z (RGX)	1995 till 1997	Bosch Motronic MP3.2
Boxer 2.0	XU10J2U (RFW)	1994 till 1997	Magneti-Marelli 8P11

Modell	Motorbeteckning	Årsmodell	System
PROTON			
1.3 MPi 12V SOHC kat	4G13-2	1992 till 1997	ECI-Multi- MPi
1.5 MPi 12V SOHC kat	4G15-2	1992 till 1997	ECI-Multi- MPi
Persona 1.3 Compact SOHC 12V	4G13-2	1995 till 1997	ECI-Multi- SEFi
Persona 1.5 SOHC 12V	4G15	1993 till 1997	ECI-Multi- SEFi
Persona 1.5 Compact SOHC 12V	4G15	1993 till 1997	ECI-Multi- SEFi
Persona 1.6 SOHC 16V	4G92	1993 till 1997	ECI-Multi- SEFi
Persona 1.6 Compact SOHC 16V	4G92	1993 till 1997	ECI-Multi- SEFi
Persona 1.8 12V SOHC	4G93	1996 till 1997	ECI-Multi- SEFi
Persona 1.8 16V DOHC	4G93	1996 till 1997	ECI-Multi- SEFi
RENAULT			
5 1.4 kat	C3J700 (B/C/F407)	1986 till 1990	Renix SPi
5 1.4 kat	C3J760 (B/C/F407)	1990 till 1997	Renix SPi
5 1.7i kat	F3NG716 (B/C408)	1987 till 1991	Renix SPi
5 1.7i kat	F3NG717 (B/C409)	1987 till 1991	Renix SPi
5 1.7 kat	F3N702 (C409)	1989 till 1992	Renix MPi
9 1721 kat	F3N718(L42F/BC37F)	1986 till 1989	Renix SPi
9 1.7 kat	F3N708(L42E/C37E)	1986 till 1989	Renix MPi
11 1721 kat	F3N718(L42F/BC37F)	1986 till 1989	Renix SPi
11 1.7 kat	F3N708 L42E/C37E)	1986 till 1989	Renix MPi
19 1.4i kat	C3J710 (B/C/L532)	1990 till 1992	Renix SPi
19 1.4i kat	C3J700	1991 till 1992	Renix SPi
19 1.4 kat	E7J700 (B/C/L53A)	1991 till 1995	Bosch SPi
19 1.7i kat	F3N740 (B/C/L53B	1990 till 1992	Renix SPi
19 1.7i kat auto	F3N741 (B/C/L53B)	1990 till 1992	Renix SPi
19 1.7 DOHC 16V	F7P700(B/C/L/D53D)	1991 till 1993	Renix MPi
19 1.7 DOHC 16V kat	F7P704(B/C/L/D53D)	1991 till 1995	Renix MPi
19 1.7 DOHC 16V kat	F7P704 (X53D)	1991 till 1995	Renix MPi
19 1.7i kat	F3N746 (B/C/L53F)	1992 till 1993	Renix MPi
19 1.7i kat	F3N742(B/C/L/X53C)	1990 till 1992	Renix MPi
19 1.7i auto kat	F3N743 (X53C)	1990 till 1992	Renix MPi
19 1.8i kat och Cab	F3P704 (X53Y)	1992 till 1996	Bosch SPi
19 1.8i kat och Cab	F3P705 (X53Y)	1992 till 1995	Bosch SPi
19 1.8i kat och Cab	F3P706 (X53Y)	1992 till 1995	Bosch SPi
19 1.8i kat och Cab	F3P707 (X53Y)	1992 till 1995	Bosch SPi
19 1.8 kat	F3P700 (X538)	1992 till 1996	Renix MPi
21 1.7i kat	F3N723 (X48F)	1991 till 1995	Renix SPi
21 1.7i kat	F3N722(B/K/L/48E)	1991 till 1995	Renix MPi
21 1721 kat	F3N 726(L42F/BC37F)	1986 till 1989	Renix SPi
21 2.0 12V och 4x4 kat	J7R740 (B/L/X48R)	1991 till 1995	Renix MPi
21 2.0 kat	J7R746 (B/K/L48C)	1991 till 1995	Renix MPi
21 2.0 auto kat	J7R747 (B/K/L48C)	1991 till 1995	Renix MPi
21 2.0 och 4x4	J7R750 (B/L/K483)	1986 till 1993	Renix MPi
21 2.0 och 4x4 auto	J7R751 (K483)	1986 till 1993	Renix MPi
21 2.0 TXi 12V	J7RG754(X48Q/Y/R)	1989 till 1994	Renix MPi
21 2.0 turbo och 4x4 kat	J7R756 (L48L)	1991 till 1994	Renix MPi
21 2.0 turbo	J7R752 (L485)	1988 till 1992	Renix MPi
21 2.0 turbo 4x4	J7R752 (L485)	1991 till 1992	Renix MPi
21 2.2 kat	J7T754 (B/K/L48K)	1992 till 1995	Renix MPi
21 2.2 auto kat	J7T755 (B/K/L48K)	1992 till 1995	Renix MPi
25 2.0	J7R722 (B29H)	1986 till 1992	Renix MPi
25 2.0 auto	J7R723 (B29H)	1986 till 1992	Renix MPi
25 2.0 TXi 12V	J7RG720 (B292)	1989 till 1992	Renix MPi
25 2.0 TXi 12V auto	J7RG721 (B292)	1989 till 1993	Renix MPi
25 2.0 TXi 12V kat	J7R726 (B294)	1991 till 1993	Renix MPi
25 2.2	J7TE706 (B29E)	1984 till 1987	Renix MPi
25 2.2 auto	J7TG707 (B29E)	1984 till 1987	Renix MPi
25 2.2	J7TJ730 (B29E)	1987 till 1990	Renix MPi
25 2.2 auto	J7TK731 (B29E)	1987 till 1990	Renix MPi
25 2.2 kat	J7T732 (B29B)	1990 till 1991	Renix MPi
25 2.2 auto kat	J7T733 (B29B)	1990 till 1991	Renix MPi
25 2.5 V6 turbo	Z7UA702 (B295	1985 till 1990	Renix MPi
25 2.5 V6 turbo kat	Z7U700 (B29G)	1991 till 1993	Renix MPi
25 V6 2.9i	Z7WA700 (B293)	1989 till 1993	Renix MPi

Modell	Motorbeteckning	Årsmodell	System
25 V6 2.9i auto	Z7W701 (B293)	1989 till 1992	Renix MPi
25 V6 2.9i auto	Z7W709 (B293)	1992 till 1993	Renix MPi
25 V6 2.9i kat	Z7W706 (B29F)	1991 till 1992	Renix MPi
25 V6 2.9i kat auto	Z7W707 (B29F)	1991 till 1992	Renix MPi
Alpine 2.5 GTA V6 turbo	Z7UC730 (D501)	1986 till 1992	Renix MPi
Alpine 2.5 GTA V6 turbo kat	Z7U734 (D502)	1990 till 1992	Renix MPi
Alpine 2.5 V6 turbo kat	Z7X744 (D503)	1992 till 1995	Renix MPi
Chamade 1.4i kat	(B/C/L532)C31710	1990 till 1992	Renix SPi
Chamade 1.4i kat	C3J700	1991 till 1992	Renix SPi
Chamade 1.4 kat	E7J700(B/C/L53A)	1991 till 1996	Bosch SPi
Chamade 1.7i kat	F3N742 (X53C)	1990 till 1992	Renix MPi
Chamade 1.7i auto kat	F3N743 (X53C)	1990 till 1992	Renix MPi
Chamade 19 1.7i kat	F3N740	1990 till 1992	Renix SPi
Chamade 19 1.7i auto kat	F3N741 (B/C/L53B)	1990 till 1992	Renix SPi
Chamade 1.8 kat	F3P700	1992 till 1994	Renix MPi
Clio 1.2 kat	E7F700 (B/C/S57A/R)	1991 till 1997	Bosch SPi
Clio 1.2 kat	E7F706 (B/C/S57A/R)	1991 till 1995	Bosch SPi
Clio 1.2i	C3G720 (B/C/S577)	1995 till 1997	Magneti-Marelli SPi
Clio 1.4 kat	E7J718 (B/C/S57T)	1991 till 1997	Bosch SPi
Clio 1.4 auto kat	E7J719 (B/C/S57T)	1991 till 1996	Bosch SPi
Clio 1.4 kat	E7J710 (B/C/S57B/57T)	1991 till 1995	Bosch SPi
Clio 1.4 auto kat	E7J711(B/C/S57B/57T)	1991 till 1995	Bosch SPi
Clio 16V/16S	F7P-7-22 (US87)	1991 till 1997	Siemens Bendix MPi
Clio 1.8 kat	F3P710 (B/C57C)	1991 till 1997	Bosch SPi
Clio 1.8 kat	F3P714 (B/C57U)	1991 till 1994	Bosch SPi
Clio 1.8 kat	F3P712 (C579)	1993 till 1996	Renix MPi
Clio 1.8i auto	F3P755	1995 till 1997	Siemens Bendix MPi
Clio 1.8i	F3P758	1995 till 1997	Siemens Bendix MPi
Clio 1.8 16V DOHC	F7P720 (C575)	1991 till 1992	Renix MPi
Clio 1.8 16V DOHC kat	F7P722 (C57D)	1991 till 1996	Renix MPi
Clio Williams 2.0 kat	F7P	1993 till 1995	Renix MPi
Espace 2.0i TXE och 4x4	J7RE760 (J116)	1988 till 1991	Renix MPi
Espace 2.0i kat	J7R768 (J636)	1991 till 1996	Renix MPi
Espace 2.2i TXE och 4x4 kat	J7T770 (J117)	1991 till 1992	Renix MPi
Espace 2.2i och 4x4 kat	J7T772 (J/S637)	1991 till 1997	Renix MPi
Espace 2.9i V6 och 4X4 kat	Z7W712 (J638)	1991 till 1997	Renix MPi
Espace 2.9i V6 och 4X4 kat	Z7W713 (J638)	1991 till 1997	Renix MPi
Extra 1.2	C3G710	1995 till 1997	Magneti-Marelli SPi
Extra 1.4 kat	C3J760 (B/C/F407)	1990 till 1995	Renix SPi
Extra 1.4 kat	C3J762 (F407)	1992 till 1995	Renix SPi
Extra 1.4 kat	E7J720 (F40V)	1992 till 1995	Bosch SPi
Extra 1.4 kat	E7J724 (F40U)	1992 till 1997	Bosch SPi
Express 1.2	C3G710	1995 till 1997	Magneti-Marelli SPi
Express 1.4 kat	C3J762 (F407)	1992 till 1995	Renix SPi
Express 1.4 kat	E7J720 (F40V)	1992 till 1995	Bosch SPi
Express 1.4 kat	E7J724 (F40U)	1992 till 1997	Bosch SPi
Laguna 1.8i	F3P720 (B56B)	1994 till 1997	Bosch SPi
Laguna 2.0i	N7Q 700/704	1996 till 1997	Siemens Bendix SEFi
Laguna 2.0i	F3R723/722	1994 till 1997	Siemens Bendix MPi
Laguna 2.0i	F3R722	1994 till 1995	Renix MPi
Laguna 3.0i V6	Z7X760 (B56E)	1994 till 1997	Siemens MPi
Master 2.2i kat	J7T782 (RxxA)	1991 till 1993	Renix MPi
Megane 1.4	E7J764 (BAOE)	1996 till 1997	Fenix 3
Megane 1.6	K7M 702/720	1996 till 1997	Fenix 5
Megane 1.6 Kupé	K7M 702/720	1996 till 1997	Fenix 5
Megane 2.0	F3R750	1996 till 1997	Fenix 5
Safrane 2.0i kat	J7R732 (B540)	1993 till 1997	Renix MPi
Safrane 2.0i auto kat	J7R733 (B540)	1993 till 1995	Renix MPi
Safrane 2.0i 12V kat	J7R734 (B542)	1993 till 1994	Renix MPi
Safrane 2.0i 12V kat	J7R735 (B542)	1993 till 1994	Renix MPi
Safrane 2.2i 12V kat	J7T760 (B543)	1993 till 1997	Renix MPi
Safrane 2.2i 12V auto kat	J7T761 (B543)	1993 till 1995	Renix MPi
Safrane 3.0i V6 kat	Z7X722 (B544)	1993 till 1997	Renix MPi
Safrane 3.0i V6 auto kat	Z7X723 (B544)	1993 till 1995	Renix MPi
Safrane Quadra 3.0i V6 kat	Z7X722 (B544)	1992 till 1994	Renix MPi
Savanna 1.7i kat	F3N722 (X48E)	1991 till 1995	Renix MPi

Modell	Motorbeteckning	Årsmodell	System
RENAULT (forts.)			
Savanna 1.7i kat	F3N723 (X48F)	1991 till 1995	Renix SPi
Savanna 2.0 och 4x4	J7R750 (K483)	1986 till 1993	Renix MPi
Savanna 2.0 och 4x4 auto	J7R751 (K483)	1986 till 1993	Renix MPi
Trafic 2.2i och 4x4 kat	J7T 780 (T/VxxA)	1991 till 1993	Renix MPi
Twingo 1.3	C3G (C063)	1994 till 1997	Magneti-Marelli SPi
ROVER			
111 1.1 SOHC	K8	1995 till 1997	Rover MEMS SPi
114 1.4 SOHC	K8	1995 till 1997	Rover MEMS SPi
200 Vi DOHC 16V	18K16	1995 till 1997	Rover MEMS MPi
214 1.4 DOHC 16V	K16	1989 till 1992	Rover MEMS SPi
214 1.4 DOHC 16V kat	K16	1990 till 1993	Rover MEMS SPi
214 1.4 DOHC 16V kat	K16	1992 till 1996	Rover MEMS MPi
214 SOHC 8V	14K8	1995 till 1997	Rover MEMS MPi
214 DOHC 16V	14K16	1995 till 1997	Rover MEMS MPi
216 SOHC 16V	D16A7	1989 till 1996	Honda PGM-Fi
216 SOHC 16V kat	D16A6	1989 till 1996	Honda PGM-Fi
216 SOHC 16V auto kat	D16Z2	1989 till 1996	Honda PGM-Fi
216 DOHC 16V	D16A9	1990 till 1994	Honda PGM-Fi
216 DOHC 16V auto	D16Z4	1990 till 1994	Honda PGM-Fi
216 DOHC 16V kat	D16A8	1990 till 1994	Honda PGM-Fi
216 DOHC 16V	16K16	1995 till 1997	Rover MEMS MPi
220 2.0 DOHC 16V kat	20M4 M16	1991 till 1994	Rover MEMS MPi
220 2.0 DOHC 16V turbo kat	20T4 T16	1992 till 1996	Rover MEMS MPi
220 2.0 DOHC 16V kat	20T4 T16	1992 till 1996	Rover MEMS MPi
414 1.4 DOHC 16V	K16	1990 till 1993	Rover MEMS SPi
414 1.4 DOHC 16V kat	K16	1990 till 1993	Rover MEMS SPi
414 1.4 DOHC 16V kat	K16	1992 till 1997	Rover MEMS MPi
414 1.4 DOHC 16V	K16	1995 till 1997	Rover MEMS MPi
416 SOHC 16V	D16A7	1989 till 1996	Honda PGM-Fi
416 SOHC 16V kat	D16A6	1989 till 1996	Honda PGM-Fi
416 SOHC 16V auto kat	D16Z2	1989 till 1996	Honda PGM-Fi
416 DOHC 16V	D16A9	1990 till 1994	Honda PGM-Fi
416 DOHC 16V auto	D16Z4	1990 till 1994	Honda PGM-Fi
416 DOHC 16V kat	D16A8	1990 till 1994	Honda PGM-Fi
416i 1.6 SOHC 16V auto	D16	1995 till 1996	Honda PGM-Fi
416 1.6 DOHC 16V	K16	1995 till 1996	Rover MEMS MPi
420 2.0 DOHC 16V kat	20M4 M16	1991 till 1994	Rover MEMS MPi
420 2.0 DOHC 16V turbo kat	20T4 T16	1992 till 1997	Rover MEMS MPi
420 2.0 DOHC 16V kat	20T4 T16	1992 till 1997	Rover MEMS MPi
618 SOHC 16V	F18A3	1995 till 1997	Honda PGM-Fi
620i SOHC 16V	F20Z2	1993 till 1997	Honda PGM-Fi
620i S SOHC 16V	F20Z1	1993 till 1997	Honda PGM-Fi
620 2.0 DOHC 16V turbo	20T4 T16	1994 till 1997	Rover MEMS MPi
623i DOHC 16V	H23A3	1993 till 1997	Honda PGM-Fi
820E SPi DOHC	20HD/M16e	1986 till 1990	Rover SPi 10CU
820SE SPi DOHC	20HD/M16e	1986 till 1990	Rover SPi 10CU
820i/Si DOHC kat	20HD-M16	1988 till 1990	Lucas MPi 11CU
820i 2.0 DOHC 16V kat	20T4	1991 till 1996	Rover MEMS MPi
820 2.0 DOHC 16V turbo kat	20T4	1992 till 1997	Rover MEMS MPi
820 DOHC 16V	20T4	1996 till 1997	Rover MEMS MPi
825 Sterling V6	KV6	1996 till 1997	Rover MEMS MPi
825i V6 SOHC 24V	V6 2.5	1986 till 1988	Honda PGM-Fi
827i V6 SOHC 24V	V6 2.7	1988 till 1991	Honda PGM-Fi
827i V6 SOHC 24V kat	V6 2.7	1988 till 1991	Honda PGM-Fi
827i V6 SOHC 24V kat	V6 2.7	1991 till 1996	Honda PGM-Fi
Kupé 1.6	16K16	1996 till 1997	Rover MEMS MPi
Kupé 1.8 16V VVC	18K16	1996 till 1997	Rover MEMS MPi
Cab 1.6	16K16	1996 till 1997	Rover MEMS MPi
Cab 1.8 16V VVC	18K16	1996 till 1997	Rover MEMS MPi
Tourer 1.6	16K16	1996 till 1997	Rover MEMS MPi
Tourer 1.8 16V VVC	18K16	1996 till 1997	Rover MEMS MPi
Metro 1.1i SOHC kat	K8	1991 till 1994	Rover MEMS SPi

Modell	Motorbeteckning	Årsmodell	System
Metro 1.4i SOHC	K8	1991 till 1992	Rover MEMS SPi
Metro 1.4i SOHC kat	K8	1991 till 1994	Rover MEMS SPi
Metro 1.4i GTa DOHC 16V kat	K16	1991 till 1992	Rover MEMS SPi
Metro 1.4 GTi DOHC 16V	K16	1990 till 1992	Rover MEMS SPi
Metro 1.4 GTi DOHC 16V kat	K16	1990 till 1993	Rover MEMS SPi
Metro 1.4 GTi DOHC 16V kat	K16	1991 till 1994	Rover MEMS MPi
MGF 1.8 DOHC 16V	K16	1995 till 1997	Rover MEMS 1.9 MPi
MGF 1.8 VVC DOHC 16V	K16	1995 till 1997	Rover MEMS 2J SFi
MG RV8 OHC 16V	V8 4.0	1993 till 1996	Lucas 14CUX MPi
Mini Cooper 1.3i	12A2DF75	1991 till 1996	Rover MEMS SPi
Mini Cooper 1.3i auto	12A2DF76	1991 till 1996	Rover MEMS SPi
Mini Cooper 1.3i Cablet	12A2EF77	1993 till 1994	Rover MEMS SPi
Mini 1.3i	12A2EK71	1996 till 1997	Rover MEMS SPi
Mini 1.3 MPi	12A2LK70	1996 till 1997	Rover MEMS MPi
Montego 2.0 EFi kat	20HF51	1990 till 1992	Lucas MPi 11CU
Montego 2.0 EFi auto kat	20HF52	1990 till 1992	Lucas MPi 11CU
Montego 2.0 EFi	20HE36	1989 till 1992	Rover MEMS MPi
Montego 2.0 EFi auto	20HE37	1989 till 1992	Rover MEMS MPi
Sterling V6 SOHC 24V	V6 2.5	1986 till 1988	Honda PGM-Fi

SAAB

Modell	Motorbeteckning	Årsmodell	System
900i 16V DOHC	B202i	1989 till 1990	Lucas 14CU LH-Jetronic
900 Turbo 16V DOHC	B202 2S	1988 till 1990	Lucas 14CU LH-Jetronic
900 2.0 16V DOHC kat	B202 2L	1989 till 1993	Lucas 14CU LH1-Jetronic
900i 16V DOHC kat	B202i	1990 till 1993	Lucas 14CU LH-Jetronic
900S Turbo kat	B202i	1990 till 1993	Lucas 14CU LH-Jetronic
900 2.0i 16V DOHC	B202i	1993 till 1997	Bosch Motronic 2.10.2
900 Turbo 16V DOHC	B202i	1994 till 1997	Saab Trionic
900i 16V DOHC	B206i	1994 till 1997	Bosch Motronic 2.10.2
900i 16V DOHC	B204L	1994 till 1997	Bosch Motronic 2.10.2
900 2.3i 16V DOHC	B234i	1993 till 1997	Bosch Motronic 2.10.2
900 2.5i 24V DOHC	B258i	1993 till 1997	Bosch Motronic 2.8.1
9000i 16V kat	B202i	1988 till 1993	Bosch LH2.4-Jetronic
9000 och CD16	B202	1991 till 1993	Bosch LH2.4.2-Jetronic
9000 16V kat	B202	1988 till 1993	Bosch LH2.4-Jetronic
9000 Turbo 16	B202	1991 till 1993	Bosch LH2.4.2-Jetronic
9000 Turbo 16 kat	B202	1989 till 1993	Bosch LH2.4-Jetronic
9000 2.0i kat	B204i	1994 till 1997	Saab Trionic
9000 2.0 Turbo kat	B204S	1994 till 1997	Saab Trionic
9000 2.0 Ecopower	B202S	1992 till 1993	Bosch LH2.4-Jetronic
9000 2.0 Turbo Intercooler	B204L	1994 till 1997	Saab Trionic
9000i 2.3 kat	B234i	1990 till 1991	Bosch LH2.4.1-Jetronic
9000i 2.3 kat	B234i	1991 till 1993	Bosch LH2.4.2-Jetronic
9000 2.3i kat	B234i	1994 till 1997	Saab Trionic
9000 2.3 Turbo kat	B234L	1994 till 1997	Saab Trionic
9000 2.3 Turbo kat	B234R	1994 till 1997	Saab Trionic
9000 2.3 Turbo kat	B234R	1993	Saab Trionic
9000 2.3 Turbo kat	B234L	1991 till 1993	Bosch LH2.4-Jetronic/ Saab Direct Ignition
9000 2.3 Ecopower L/P Turbo	B234E	1994 till 1997	Saab Trionic
9000 3.0 24V DOHC	B308i	1995 till 1997	Bosch Motronic 2.8.1

SEAT

Modell	Motorbeteckning	Årsmodell	System
Alhambra 2.0	ADY	1996 till 1997	Simos
Cordoba 1.4i SOHC 8V	ABD	1994 till 1997	Bosch Mono-Motronic
Cordoba 1.6i SOHC 8V	ABU	1993 till 1997	Bosch Mono-Motronic
Cordoba 1.8i SOHC 8V	ABS	1993 till 1995	Bosch Mono-Motronic
Cordoba 1.8i 16V	ADL	1994 till 1997	VAG Digifant
Cordoba 2.0i SOHC 8V	2E	1993 till 1997	VAG Digifant
Ibiza 1.05i SOHC 8V	AAU	1993 till 1997	Bosch Mono-Motronic
Ibiza 1.3i US83	AAV	1993 till 1994	Bosch Mono-Motronic
Ibiza 1.4i SOHC 8V	ABD	1994 till 1997	Bosch Mono-Motronic
Ibiza 1.6i SOHC 8V	ABU	1993 till 1997	Bosch Mono-Motronic
Ibiza 1.8i SOHC 8V	ABS	1993 till 1995	Bosch Mono-Motronic

Modell	Motorbeteckning	Årsmodell	System
SEAT (forts.)			
Ibiza 1.8i 16V	ADL	1994 till 1997	VAG Digifant
Ibiza 2.0i SOHC 8V	2E	1993 till 1997	VAG Digifant
Inca 1.4i	-	1995 till 1996	Bosch Motronic MP 9.0
Inca 1.6i	-	1995 till 1996	Bosch Mono-Motronic
Toledo 1.6i kat SOHC	1F	1991 till 1997	Bosch Mono-Jetronic
Toledo 1.6i SOHC	1F	1994 till 1997	Bosch Mono-Motronic
Toledo 1.8i SOHC	RP	1991 till 1995	Bosch Mono-Jetronic
Toledo 1.8i kat SOHC	RP	1991 till 1995	Bosch Mono-Jetronic
Toledo 1.8i kat SOHC	RP	1991 till 1996	Bosch Mono-Motronic
Toledo 1.8i SOHC 8V	ABS	1994 till 1997	Bosch Mono-Motronic
Toledo 2.0i	2E	1991 till 1997	VAG Digifant
SKODA			
Favorit 1.3i kat	135B	1992 till 1996	Bosch Mono-Motronic MA1.2.2
Favorit 1.3i kat	136B	1994 till 1996	Bosch Mono-Motronic MA1.2.3
Foreman 1.3i kat	135B	1992 till 1996	Bosch Mono-Motronic MA1.2.2
Foreman 1.3i kat	136B	1994 till 1996	Bosch Mono-Motronic MA1.2.3
Felicia 1.3i	135B	1995 till 1997	Bosch Mono-Motronic MA1.2.2
Felicia 1.3i	136B	1995 till 1997	Bosch Mono-Motronic MA1.2.3
Freeway 1.3i	135B	1992 till 1997	Bosch Mono-Motronic MA1.2.2
Freeway 1.3i	136B	1995 till 1997	Bosch Mono-Motronic MA1.2.3
SUBARU			
1.8 Turbo Kupé 4x4	EA82	1986 till 1989	Subaru MPFi + Turbo
Impreza 1.6i SOHC 16V	-	1993 till 1997	Subaru MPFi
Impreza 1.8i SOHC 16V	-	1993 till 1997	Subaru MPFi
Impreza 2.0 Turbo DOHC 16V	-	1994 till 1997	Subaru MPFi
Impreza 2.0i 16V	-	1996 till 1997	Subaru MPFi
Justy (J12) 1.2i kat	-	1992 till 1997	Subaru MPFi
Legacy 1.8i SOHC 16V	AY/EJ18	1991 till 1993	Subaru SPFi
Legacy 2.0 SOHC 16V kat	AY/EJ20EN	1991 till 1996	Subaru MPFi
Legacy 2.0 4 Cam Turbo DOHC 16V	AY/EJ20-GN	1991 till 1994	Subaru MPFi
Legacy 2.2 & kat	EJ22	1989 till 1997	Subaru MPFi
L-serien Kupé 1.8	EA82	1988 till 1990	Subaru MPFi
L-serien Turbo 4x4	EA82	1985 till 1989	Subaru MPFi + Turbo
SVX DOHC 24V	-	1992 till 1997	Subaru MPFi
Vivio SOHC 8V	-	1992 till 1996	Subaru MPFi
XT Turbo Kupé	EA82	1985 till 1989	Subaru MPFi + Turbo
XT Turbo Kupé	EA82	1989 till 1991	Subaru MPFi + Turbo
SUZUKI			
Alto 1.0	G10B	1997	Suzuki EPi-MPi
Baleno 1.3	G13BB	1995 till 1997	Suzuki EPi-MPi
Baleno 1.6	G16B	1995 till 1997	Suzuki EPi-MPi
Baleno 1.8	J18A	1996 till 1997	Suzuki EPi-MPi
Cappuccino DOHC 12V	F6A	1993 till 1996	Suzuki EPi-MPi
Swift 1.0i kat SOHC 6V	G10A	1991 till 1997	Suzuki EPi-SPi
Swift GTi DOHC 16V	-	1986 till 1989	Suzuki EPi-MPi
Swift SF 413 GTi DOHC	G13B	1988 till 1992	Suzuki EPi-MPi
Swift SF 413 DOHC kat	G13B	1988 till 1992	Suzuki EPi-MPi
Swift 1.3i DOHC 16V	G13B	1992 till 1995	Suzuki EPi-MPi
Swift Cab DOHC kat	G13B	1992 till 1995	Suzuki EPi-MPi
Swift 1.3i kat SOHC 8V	G13BA	1992 till 1997	Suzuki EPi-SPi
Swift SF 416i SOHC 16V	G16B	1989 till 1992	Suzuki EPi-SPi
Swift SF 416i 4x4 SOHC	G16B	1989 till 1992	Suzuki EPi-SPi
Swift SF 416i 4x4 kat	G16B	1989 till 1992	Suzuki EPi-SPi
Vitara EFi SOHC 16V	-	1991 till 1997	Suzuki EPi-MPi
Vitara Sport SPi SOHC	-	1994 till 1997	Suzuki EPi-SPi
Vitara 2.0 V6	-	1995 till 1997	Suzuki EPi-MPi
X-90 1.6	G16B	1996 till 1997	Suzuki EPi-MPi

Modell	Motorbeteckning	Årsmodell	System
TOYOTA			
Camry 2.0i OHC	3S-FE	1987 till 1991	Toyota TCCS
Camry 2.0i OHC 4WD	3S-FE	1988 till 1989	Toyota TCCS
Camry 2.2i 16V DOHC kat	5S-FE	1991 till 1996	Toyota TCCS
Camry 2.2 16V DOHC	5S-FE	1997	Toyota TCCS
Camry 2.5i V6 OHC kat	2VZ-FE	1989 till 1991	Toyota TCCS
Camry 3.0i V6 24V DOHC kat	3VZ-FE	1991 till 1996	Toyota TCCS
Camry 3.0 V6 DOHC	1MZ-FE	1997	Toyota TCCS
Carina E 1.6i 16V DOHC	4A-FE	1992 till 1997	Toyota TCCS
Carina E 1.6i 16V DOHC kat	4A-FE	1992 till 1996	Toyota TCCS
Carina E 1.8 16V DOHC	7A-FE	1995 till 1997	Toyota TCCS
Carina II 1.8i OHC	1S-E	1986 till 1988	Toyota TCCS
Carina II 2.0i OHC & kat	3S-FE	1988 till 1992	Toyota TCCS
Carina E 2.0i DOHC kat	3S-FE	1992 till 1997	Toyota TCCS
Carina E 2.0i DOHC kat	3S-GE	1992 till 1995	Toyota TCCS
Celica 1.8i 16V DOHC	7A-FE	1995 till 1997	Toyota TCCS
Celica 2.0 16V DOHC & kat	3S-GE	1990 till 1994	Toyota TCCS
Celica 2.0i 16V DOHC	3S-GE	1994 till 1997	Toyota TCCS
Celica 2.0 16V DOHC	3S-GEL	1985 till 1990	Toyota TCCS
Celica 2.0 GT-4 turbo 16V kat	3S-GTE	1988 till 1990	Toyota TCCS
Celica 2.0 GT-4 turbo 16V kat	3S-GTE	1990 till 1993	Toyota TCCS
Celica 2.2i 16V DOHC kat	5S-FE	1991 till 1994	Toyota TCCS
Celica Supra 2.8i DOHC kat	5M-GE	1984 till 1986	Toyota TCCS
Corolla 1.3i OHC kat	2E-E	1990 till 1992	Toyota TCCS
Corolla 1.3i 16V DOHC kat	4E-FE	1992 till 1997	Toyota TCCS
Corolla 1.6 GT OHC	4A-GEL	1985 till 1987	Toyota TCCS
Corolla 1.6 GT Kupé OHC	4A-GE	1984 till 1987	Toyota TCCS
Corolla 1.6 GTi OHC & kat	4A-GE	1987 till 1989	Toyota TCCS
Corolla 1.6 GTi OHC	4A-GE	1989 till 1992	Toyota TCCS
Corolla 1.6 GTi OHC kat	4A-GE	1989 till 1992	Toyota TCCS
Corolla 1.6i och 4x4 OHC kat	4A-FE	1989 till 1992	Toyota TCCS
Corolla 1.6i 16V DOHC kat	4A-FE	1992 till 1997	Toyota TCCS
Corolla 1.8i 16V DOHC kat	7A-FE	1993 till 1995	Toyota TCCS
Hi-Ace 2.4i OHC	2RZ-E	1989 till 1994	Toyota TCCS
Hi-Ace 2.4i 4x4 OHC	2RZ-E	1989 till 1996	Toyota TCCS
Land Cruiser Colorado	5VZ-FE	1996 till 1997	Toyota TCCS
Land Cruiser 4.5	1FZ-FE	1995 till 1997	Toyota TCCS
MR2 1.6 OHC	4A-GEL	1984 till 1990	Toyota TCCS
MR2 2.0 16V DOHC GT kat	3S-GE	1990 till 1997	Toyota TCCS
MR2 2.0 16V DOHC kat	3S-FE	1990 till 1994	Toyota TCCS
Paseo 1.5	5E-FE	1996 till 1997	Toyota TCCS
Picnic 2.0 16V DOHC	3S-FE	1997	Toyota TCCS
Previa 2.4i 16V DOHC kat	2TZ-FE	1990 till 1997	Toyota TCCS
RAV 4 2.0i 16V DOHC	3S-FE	1994 till 1997	Toyota TCCS
Starlet 1.3i 12V SOHC	2E-E	1993 till 1996	Toyota TCCS
Starlet 1.3 16V DOHC	4E-FE	1996 till 1997	Toyota TCCS
Supra 3.0i 24V DOHC	7M-GE	1986 till 1993	Toyota TCCS
Supra 3.0i 24V DOHC kat	7M-GE	1986 till 1993	Toyota TCCS
Supra 3.0i Turbo DOHC DIS kat	7M-GTE	1989 till 1993	Toyota DIS
Supra 3.0i Turbo DOHC DIS kat	2JZ-GTE	1993 till 1994	Toyota DIS
Tarago 2.4i 16V DOHC kat	2TZ-FE	1990 till 1997	Toyota TCCS
4-Runner 3.0i 4wd V6 SOHC 12V kat	3VZ-E	1991 till 1995	Toyota TCCS
VAUXHALL/OPEL			
Astra-F 1.4i kat	C14NZ	1990 till 1996	GM-Multec CFi-he
Astra-F 1.4i kat	C14SE	1991 till 1997	GM-Multec MPi
Astra-F 1.4i kat	C14SE	1993 till 1994	GM-Multec MPi-DIS
Astra 1.4i kat	C14NZ	1990 till 1993	GM-Multec ZE CFi
Astra-F 1.4i	X14NZ	1997	GM-Multec CFi
Astra-F 1.4i 16V	X14XE	1996 till 1997	GM-Multec-S MPi
Astra-F 1.6 kat	C16NZ	1990 till 1995	GM-Multec CFi
Astra Van 1.6i kat	C16NZ	1991 till 1994	GM-Multec CFi
Astra-F 1.6i kat	C16SE	1992 till 1997	GM-Multec MPi
Astra-F 1.6i	X16SZ	1993 till 1996	GM-Multec CFi
Astra-F 1.6i kat	C16SE	1992 till 1994	GM-Multec MPi

Modell	Motorbeteckning	Årsmodell	System
VAUXHALL/OPEL (forts.)			
Astra 1.6 kat	C16NZ	1987 till 1993	GM-Multec ZE CFi
Astra-F 1.6i kat	C16NZ	1991 till 1995	GM-Multec ZE CFi
Astra-F 1.6i	X16SZR	1996 till 1997	GM-Multec CFi
Astra-F 1.6i 16V	X16XEL	1995 till 1997	GM-Multec-S
Astra-F 1.8i kat	C18NZ	1991 till 1994	GM-Multec CFi
Astra-F 1.8i 16V	C18XE	1995 och senare	Simtec 56.1
Astra-F 1.8i 16V	C18XEL	1995 till 1996	Simtec 56.1
Astra-F 1.8i 16V	C18XE	1993 till 1995	Simtec 56
Astra-F 2.0i 16V	X20XEV	1995 till 1996	Simtec 56.1
Astra-F 2.0i kat	C20NE	1991 till 1995	Bosch Motronic 1.5.2
Astra-F 2.0i kat	C20XE	1991 till 1993	Bosch Motronic 2.5
Astra-F 2.0i kat	C20XE	1993 till 1997	Bosch Motronic 2.8
Astra 1.8i	18SE	1987 till 1991	Bosch EZ61 tändning
Astra 1.8i	18E	1984 till 1987	GM-Multec ZE CFi
Astra-F 1.8i 16V	X18XE	1996 till 1997	Simtec 56.5
Astra GTE 2.0	20NE	1987 till 1990	Bosch Motronic ML4.1
Astra GTE 2.0	20SEH	1987 till 1990	Bosch Motronic ML4.1
Astra 2.0i	20SEH	1990 till 1993	Bosch Motronic 1.5
Astra 2.0i kat	C20NE	1991 till 1995	Bosch Motronic 1.5
Astra 2.0i 16V DOHC	20XEJ	1988 till 1991	Bosch Motronic 2.5
Astra 2.0i 16V DOHC kat	C20XE	1990 till 1995	Bosch Motronic 2.5
Astra-F 2.0i 16V DOHC	-	1993 och senare	Bosch Motronic 2.5
Belmont 1.4i kat	C14NZ	1990 till 1993	GM-Multec CFi
Belmont 1.6 kat	C16NZ	1987 till 1993	GM-Multec ZE CFi
Belmont 1.8i	18E	1984 till 1987	GM-Multec ZE CFi
Belmont 1.8i	18SE	1987 till 1991	Bosch EZ61 tändning
Belmont 1.8i kat	C18NZ	1990 till 1992	GM-Multec CFi
Calibra 2.0i 16V	X20XEV	1995 till 1996	Simtec 56.1
Calibra 2.0i 16V	X20XEV	1997	Simtec 56.5
Calibra 2.0i SOHC och 4x4 kat	C20NE	1990 till 1996	Bosch Motronic 1.5
Calibra 2.0i 16V 4x4 DOHC kat	C20XE	1990 till 1993	Bosch Motronic 2.5
Calibra 2.0i 16V 4x4 DOHC kat	C20XE	1993 och senare	Bosch Motronic 2.8
Calibra 2.5i 24V	C25XE	1993 till 1996	Bosch Motronic 2.8
Calibra 2.5i	X25XE	1997	Bosch Motronic 2.8
Carlton 2.0i	20SE	1987 till 1990	Bosch Motronic ML4.1
Carlton 2.0i SOHC	20SE	1990 till 1994	Bosch Motronic 1.5
Carlton 2.0i SOHC kat	C20NEJ	1990 till 1993	Bosch Motronic 1.5
Carlton 2.4i CIH kat	C24NE	1990 till 1993	Bosch Motronic 1.5
Carlton 2.6i CIH kat	C26NE	1990 till 1994	Bosch Motronic 1.5
Carlton 3.0i CIH kat	C30NE	1990 till 1994	Bosch Motronic 1.5
Carlton 24V DOHC 24V kat	C30SE	1989 till 1994	Bosch Motronic 1.5
Carlton 24V Kombi DOHC 24V kat	C30SEJ	1990 till 1994	Bosch Motronic 1.5
Cavalier 1.6i kat	C16NZ	1990 till 1993	GM-Multec CFi
Cavalier 1.6i kat	C16NZ2	1993 till 1994	GM-Multec CFi
Cavalier 1.6i 7 kat	E16NZ	1988 till 1995	GM-Multec ZE CFi
Cavalier 1.6i E-Drive	X16XZ	1993 till 1995	GM-Multec ZE CFi
Cavalier 1.6i	C16NZ	1995 och senare	GM-Multec CFi
Cavalier 1.6i	C16NZ2	1995 och senare	GM-Multec CFi
Cavalier 1.8i kat	C18NZ	1990 till 1995	GM-Multec CFi
Cavalier 2.0	20NE	1987 till 1988	Bosch Motronic ML4.1
Cavalier SRi 130	20SEH	1987 till 1988	Bosch Motronic ML4.1
Cavalier 2.0 SRi	20SEH	1988 till 1990	Bosch Motronic ML4.1
Cavalier 2.0i SOHC	20NE	1990 till 1993	Bosch Motronic 1.5
Cavalier 2.0i SRi SOHC	20SEH	1990 till 1993	Bosch Motronic 1.5
Cavalier 2.0i 4x4 SOHC	20SEH	1990 till 1993	Bosch Motronic 1.5
Cavalier 2.0i kat SOHC	C20NE	1990 till 1993	Bosch Motronic 1.5
Cavalier 2.0i 16V DOHC	20XEJ	1989 till 1991	Bosch Motronic 2.5
Cavalier 2.0 16V	C20XE	1989 till 1995	Bosch Motronic 2.5
Cavalier 2.0i 16V	X20XEV	1995	Simtec 56.1
Cavalier Turbo kat	C20LET	1993 till 1995	Bosch Motronic 2.7
Cavalier 2.5i 24V	C25XE	1993 till 1995	Bosch Motronic 2.8
Corsa 1.2i kat	X12SZ	1993 till 1996	GM-Multec CFi
Corsa 1.2i kat	C12NZ	1990 till 1994	GM-Multec CFi

Modell	Motorbeteckning	Årsmodell	System
Corsa-B och Combo 1.2i	C12NZ	1993 till 1997	GM-Multec CFi
Corsa-B 1.2i E-Drive	X12SZ	1993 till 1997	Multec ZE CFi
Corsa 1.4i kat	C14NZ	1990 till 1993	GM-Multec CFi
Corsa-B 1.4i och Van	C14NZ	1993 till 1997	GM-Multec ZE CFi
Corsa 1.4i kat	C14SE	1993 till 1994	GM-Multec MPi
Corsa-B 1.4i och Van	C14NZ	1993 till 1996	GM-Multec CFi
Corsa-B 1.4i 16V	X14XE	1995 till 1997	GM-Multec XS
Corsa-B och Combo 1.4i	X14SZ	1996 till 1997	GM-Multec CFi
Corsa 1.4i kat	C14SE	1992 till 1993	GM-Multec MPi
Corsa 1.6i kat	C16NZ	1990 till 1992	GM-Multec CFi
Corsa 1.6i kat	C16SE	1992 till 1993	GM-Multec MPi
Corsa 1.6i kat	C16SE	1993 till 1994	GM-Multec MPi
Corsa-A 1.6i SPi kat	C16NZ	1988 till 1991	GM-Multec ZE CFi
Corsa-B 1.6 GSi	C16XE	1993 till 1995	GM-Multec MPi
Corsa 1.6 MPi kat	C16SEI	1990 till 1992	Bosch Motronic 1.5
Corsa-B 1.6i	X16XE	1995 till 1997	GM-Multec XS
Frontera 2.0i kat SOHC	C20NE	1991 till 1995	Bosch Motronic 1.5
Frontera 2.0i	X20SE	1995 till 1997	Bosch Motronic 1.5.4
Frontera 2.2i	X22XE	1995 till 1997	Bosch Motronic 1.5.4
Frontera 2.4i kat CIH	C24NE	1991 till 1995	Bosch Motronic 1.5
Kadett-E 1.4i kat	C14NZ	1990 till 1993	GM-Multec CFi
Kadett-E 1.6 kat	C16NZ	1990 till 1993	GM-Multec CFi
Kadett-E 1.8i kat	C18NZ	1990 till 1991	GM-Multec CFi
Kadett 2.0i	20NE	1987 till 1990	Bosch Motronic ML4.1
Kadett 2.0i	20SEH	1987 till 1990	Bosch Motronic ML4.1
Kadett GSi 8V 2.0i SOHC	20SEH	1990 till 1993	Bosch Motronic 1.5
Kadett 2.0i kat SOHC	C20NE	1990 till 1993	Bosch Motronic 1.5
Kadett 2.0i 16V DOHC	C20XEJ	1990 till 1991	Bosch Motronic 2.5
Kadett 2.0i 16V DOHC kat	C20XE	1990 till 1992	Bosch Motronic 2.5
Kadett 1.6 kat	C16NZ	1987 till 1993	Multec ZE CFi
Nova 1.2i kat	C12NZ	1990 till 1994	GM-Multec CFi
Nova 1.4i kat	C14NZ	1990 till 1993	GM-Multec CFi
Nova 1.4i kat	C14SE	1992 till 1993	GM-Multec MPi
Nova 1.6i kat	C16NZ	1990 till 1992	GM-Multec CFi
Nova 1.6i kat	C16SE	1992 till 1993	GM-Multec MPi
Nova 1.6i kat	C16SE	1993 till 1994	GM-Multec MPi
Nova 1.6 MPi kat	C16SEI	1990 till 1992	Bosch Motronic 1.5
Omega-B 2.01	X20SE	1994 till 1997	Bosch Motronic 1.5.4
Omega 2.0i	20SE	1987 till 1990	Bosch Motronic ML4.1
Omega 2.0i SOHC	20SE	1990 till 1993	Bosch Motronic 1.5
Omega 2.0i SOHC kat	C20NE	1990 till 1993	Bosch Motronic 1.5
Omega 2.0i SOHC kat	C20NEJ	1990 till 1993	Bosch Motronic 1.5
Omega-B 2.0i 16V	X20XEV	1994 till 1996	Simtec 56.1
Omega-B 2.0i 16V	X20XEV	1997	Simtec 56.5
Omega 2.4i CIH kat	C24NE	1990 till 1993	Bosch Motronic 1.5
Omega 2.5i	X25XE	1994 till 1997	Bosch Motronic 2.8.1
Omega 2.6i CIH kat	C26NE	1990 till 1993	Bosch Motronic 1.5
Omega 3.0i	X30XE	1994 till 1997	Bosch Motronic 2.8.1
Omega 3.0i CIH kat	C30NE	1990 till 1994	Bosch Motronic 1.5
Omega 24V DOHC kat	C30SE	1989 till 1994	Bosch Motronic 1.5
Omega 24V DOHC kombi kat	C30SEJ	1990 till 1994	Bosch Motronic 1.5
Senator 2.6i CIH kat	C26NE	1990 till 1993	Bosch Motronic 1.5
Senator 3.0i CIH kat	C30NE	1990 till 1994	Bosch Motronic 1.5
Senator 24V DOHC kat	C30SE	1989 till 1994	Bosch Motronic 1.5
Senator 24V DOHC kombi kat	C30SEJ	1990 till 1992	Bosch Motronic 1.5
Tigra 1.4i 16V	X14XE	1994 till 1997	GM-Multec MPi
Tigra 1.6i	X16XE	1994 till 1997	GM-Multec MPi
Vectra 1.6i kat	C16NZ	1990 till 1993	GM-Multec CFi
Vectra 1.6i kat	C16NZ2	1993 till 1994	GM-Multec CFi
Vectra 1.6i & kat	E16NZ	1988 till 1995	GM-Multec ZE CFi
Vectra-A 1.6i E-Drive	X16XZ	1993 till 1995	GM-Multec ZE CFi
Vectra-B 1.6i	X16SZR	1995 till 1997	GM-Multec SPi
Vectra-B 1.6i 16V	X16XEL	1995 till 1997	GM-Multec-S SEFi
Vectra 1.8i kat	C18NZ	1990 till 1994	GM-Multec CFi
Vectra-B 1.8i 16V	X18XE	1995 till 1997	Simtec 56.5

Modell	Motorbeteckning	Årsmodell	System
VAUXHALL/OPEL (forts.)			
Vectra-B 2.0i 16V	X20XEV	1995 till 1997	Simtec 56.5
Vectra 2.0i	20SEH	1987 till 1990	Bosch Motronic ML4.1
Vectra 2.0i kat	C20NE	1991 till 1992	Bosch Motronic 1.5
Vectra 2.0 SOHC	20NE	1990 till 1993	Bosch Motronic 1.5
Vectra 2.0i och 4x4 SOHC	20SEH	1990 till 1993	Bosch Motronic 1.5
Vectra 2.0i SOHC kat	-	1990 till 1993	Bosch Motronic 1.5
Vectra GSi 200016V DOHC	-	1989 till 1991	Bosch Motronic 2.5
Vectra 2.0 16V 4x4 DOHC kat	C20XE	1989 till 1992	Bosch Motronic 2.5
Vectra-A 2.0i 16V	X20XEV	1995	Simtec 56.1
Vectra-A Turbo kat	C20LET	1993 till 1995	Bosch Motronic 2.7
Vectra-A 2.5i 24V	C25XE	1993 till 1995	Bosch Motronic 2.8
Vectra-B 2.5i V6	X25XE	1995 till 1997	Bosch Motronic 2.8.3
VOLKSWAGEN			
Caddy Pick-up	AEE	1997	Magneti-Marelli 1AV
Caravelle 2.0i och kat	AAC	1991 till 1997	VAG Digifant
Caravelle 2.0i kat	AAC	1994 till 1995	VAG Digifant
Caravelle 2.5i	ACU	1994 till 1997	VAG Digifant
Caravelle 2.8	AES	1996 till 1997	Bosch Motronic
Corrado 1.8i (G60 supercharger) kat	PG	1992 till 1993	VAG
Corrado 2.0 16V	9A	1992 till 1996	Bosch KE-Motronic 1.2
Corrado 2.0 8V	ADY	1994 till 1996	Simos
Corrado VR6	ABV	1992 till 1996	Bosch Motronic 2.9
Corrado 2.0i kat	2E	1993 till 1994	VAG Digifant
Golf 1.3i kat	AAV	1991 till 1992	Bosch Mono-Motronic 1.2.1
Golf 1.4i kat	ABD	1991 till 1995	Bosch Mono-Motronic 1.2.3R
Golf 1.4i	AEX	1995 till 1997	Bosch Motronic MP9.0
Golf 1.6i kat	ABU	1993 till 1995	Bosch Mono-Motronic 1.2.3
Golf 1.6i kat	AEA	1994 till 1995	Bosch Mono-Motronic 1.3
Golf 1.6i	AEK	1994 till 1995	Bosch Motronic
Golf 1.6i 8V	AEE	1995 till 1997	Magneti-Marelli 1AV
Golf 1.6 8V	AFT	1996 till 1997	Simos 4S2
Golf 1.8i	GX	1984 till 1992	Bosch KE-Jetronic
Golf 1.8i kat	GX	1984 till 1992	Bosch KE-Jetronic
Golf 16V kat	PL	1986 till 1992	Bosch KE-Jetronic
Golf Syncro 2.9	ABV	1994 till 1997	Bosch Motronic 2.9 MPi
Golf 1.8i kat	AAM	1992 till 1997	Bosch Mono-Motronic 1.2.3
Golf 1.8i kat	ABS	1992 till 1994	Bosch Mono-Motronic 1.2.2
Golf 1.8i och 4x4	ADZ	1994 till 1997	Bosch Mono-Motronic
Golf 1.8i kat	RP	1987 till 1992	Bosch Mono-Jetronic A2.2
Golf 2.0i kat	2E	1991 till 1995	VAG Digifant
Golf 2.0i 16V kat	ABF	1992 till 1997	VAG Digifant
Golf 2.0i	ADY	1994 till 1997	Simos
Golf 2.0	AGG	1996 till 1997	Simos 4S MPi
Golf VR6	AAA	1992 till 1996	Bosch Motronic 2.7
Jetta 16V kat	PL	1986 till 1992	Bosch KE-Jetronic
Jetta 1.8i kat	RP	1987 till 1992	Bosch Mono-Jetronic A2.2
Jetta 1.8i	GX	1986 till 1992	Bosch KE-Jetronic
Jetta 1.8i kat	GX	1986 till 1992	Bosch KE-Jetronic
LT 2.3	AGL	1997	Bosch Motronic
Passat 1.6i kat	1F	1988 till 1990	Bosch Mono-Jetronic
Passat 16V kat	9A	1988 till 1993	Bosch KE1.2-Motronic
Passat 1.6i	AEK	1994 till 1996	Bosch M2.9 Motronic
Passat 1.8 kat	JN	1984 till 1988	Bosch KE-Jetronic
Passat 1.8i och kat	RP	1988 till 1991	Bosch Mono-Jetronic A2.2
Passat 1.8i	RP	1990 till 1991	Bosch Mono-Motronic 1.2.1
Passat 1.8i och kat	RP	1990 till 1991	Bosch Mono-Motronic 1.2.1
Passat 1.8i kat	AAM	1990 till 1992	Bosch Mono-Motronic 1.2.1
Passat 1.8i kat	AAM	1992 till 1994	Bosch Mono-Motronic 1.2.3
Passat 1.8i kat	AAM	1993 till 1994	Bosch Mono-Motronic 1.2.3
Passat 1.8i kat	AAM	1994 till 1995	Bosch Mono-Motronic 1.3
Passat 1.8i	ABS	1991 till 1993	Bosch Mono-Motronic 1.2.1
Passat 1.8i	AAM	1993 till 1996	Bosch Mono-Motronic 1.2.1

Modell	Motorbeteckning	Årsmodell	System
Passat 1.8i	ABS	1991 till 1992	Bosch Mono-Motronic 1.2.1
Passat 1.8i	ABS	1992 till 1994	Bosch Mono-Motronic 1.2.3
Passat 1.8i kat	ABS	1992 till 1994	Bosch Mono-Motronic 1.2.3
Passat 1.8i kat	ADZ	1994 till 1997	Bosch Mono-Motronic 1.2.3
Passat 2.0 och Syncro	ADY	1994 till 1996	Simos
Passat 2.0i	AGG	1995 till 1997	Simos
Passat VR6	AAA	1991 till 1993	Bosch Motronic M2.7/2.9
Passat 2.0i och 4 x 4 kat	2E	1992 till 1994	VAG Digifant
Passat 2.0i kat	ABF	1994 till 1995	VAG Digifant
Passat 2.8 VR6	AAA	1993 till 1996	Bosch Motronic M2.7/2.9
Passat 2.9 Syncro	ABV	1994 till 1996	Bosch Motronic M2.9
Polo 1.05i kat	AAK	1989 till 1990	Bosch Mono-Jetronic A2.2
Polo 1.0i kat	AEV	1994 till 1997	Bosch Mono-Motronic 1.2.3
Polo 1.05i kat	AAU	1990 till 1993	Bosch Mono-Motronic 1.2.1
Polo 1.05i kat	AAU	1993 till 1994	Bosch Mono-Motronic 1.2.3
Polo 1.3i kat	AAV	1991 till 1994	Bosch Mono-Motronic 1.2.3
Polo 1.3i kat	ADX	1994 till 1995	Bosch Mono-Motronic 1.3
Polo Classic/Caddy 1.4	AEX	1996 till 1997	Bosch Motronic MP9.0 MPi
Polo Classic/Caddy 1.6	1F	1996 till 1997	Bosch Mono-Motronic
Polo 1.4 8V 44kW	AEX	1995 till 1997	Bosch Motronic MP9.0
Polo 1.4 16V	AFH	1996 till 1997	Magneti-Marelli 1AV
Polo 1.6i 8V	AEE	1995 till 1997	Magneti-Marelli 1AV
Polo Classic 1.6 8V	AFT	1996 till 1997	Simos MPi
Polo 1.6i kat	AEA	1994 till 1996	Bosch Mono-Motronic 1.3
Santana 1.8 kat	JN	1984 till 1988	Bosch KE-Jetronic
Sharan 2.0	ADY	1995 till 1997	Simos
Sharan 2.8	AAA	1995 till 1997	Bosch Motronic 3.8.1
Transporter 2.0i och kat	AAC	1991 till 1997	VAG Digifant
Transporter 2.5i kat	AAF	1991 till 1995	VAG Digifant
Transporter 2.5i kat	ACU	1994 till 1997	VAG Digifant
Transporter 2.8	AES	1996 till 1997	Bosch Motronic
Vento 1.4i kat	ABD	1992 till 1995	Bosch Mono-Motronic 1.2.3R
Vento 1.4i	AEX	1995 till 1997	Bosch Motronic MP9.0
Vento 1.6i 8V	AEE	1995 till 1997	Magneti-Marelli 1AV
Vento 1.6i kat	ABU	1993 till 1994	Bosch Mono-Motronic 1.2.3
Vento 1.6i kat	AEA	1994 till 1995	Bosch Mono-Motronic 1.3
Vento 1.6i	AEK	1994 till 1995	Bosch Motronic
Vento 1.8i kat	AAM	1992 till 1997	Bosch Mono-Motronic 1.2.3
Vento 1.8i kat	ABS	1992 till 1994	Bosch Mono-Motronic 1.2.2
Vento 1.8i och 4x4	ADZ	1994 till 1997	Bosch Mono-Motronic
Vento 2.0i	ADY	1994 till 1997	Simos
Vento VR6	AAA	1992 till 1997	Bosch Motronic 2.7/2.9
Vento 2.0i kat	2E	1992 till 1994	VAG Digifant

VOLVO

Modell	Motorbeteckning	Årsmodell	System
240 2.0i kat	B200F	1991 till 1993	Bosch LH2.4-Jetronic
240 2.3 kat	B230F	1984 till 1991	Bosch LH2.4-Jetronic
240 2.3i kat	B230F	1989 till 1993	Bosch LH2.4-Jetronic
240 2.3i kat	B230FD	1993 till 1994	Bosch LH2.4-Jetronic
400 1.7i SOHC	B18ED-104	1986 till 1990	Fenix 1 eller 3.2
400 1.7i SOHC kat	B18ES-105	1986 till 1990	Fenix 1 eller 3.2
400 1.7i SOHC 8V	B18EP-115	1990 till 1994	Fenix 3B
400 1.7i SOHC 8V kat	B18FP-115	1990 till 1995	Fenix 3B
400 1.8i SOHC kat	B18U-103	1992 till 1997	Fenix 3BF SPi
400 1.8i SOHC kat	B18U-103	1996 till 1997	Fenix 3BF SPi
400 2.0i SOHC 8V kat	B20F-116/118	1993 till 1996	Fenix 3B MPi
400 2.0i SOHC 8V kat	B20F-208/209	1994 till 1997	Fenix 3B MPi
440 1.6i SOHC 8V	B16F-109	1991 till 1997	Fenix 3B MPi
460 1.6i SOHC 8V	B16F-109	1991 till 1997	Fenix 3B MPi
740 2.0 kat	B200F	1990 till 1992	Bosch LH2.4-Jetronic
740 2.3i 16V kat	B234F	1989 till 1991	Bosch LH2.4-Jetronic
740 2.3 Turbo kat	B230FT	1985 till 1989	Bosch LH2.4-Jetronic
740 2.3 Turbo kat	B230FT	1990 till 1992	Bosch LH2.4-Jetronic
760 2.3 Turbo kat	B230FT	1985 till 1989	Bosch LH2.4-Jetronic
760 2.3 Turbo kat	B230FT	1990 till 1991	Bosch LH2.4-Jetronic

Modell	Motorbeteckning	Årsmodell	System
VOLVO (forts.)			
850 2.0i 20V	B5204S	1992 till 1997	Bosch LH3.2-Jetronic
850 2.5i 20V	B5254S	1992 till 1997	Bosch LH3.2-Jetronic
850 2.0 20V Turbo	B5204T	1994 till 1997	Bosch Motronic M4.3 SEFI
850 T5 DOHC 20V	B5234T	1994 till 1997	Bosch Motronic M4.3 SEFI
850 T-5R	B5234T-5	1994 till 1997	Bosch Motronic M4.3 SEFI
850R	B5234T-5	1994 till 1997	Bosch Motronic M4.3 SEFI
850 2.0i 10V SOHC	B5202S	1995 till 1997	Fenix 5.2 SEFI
850 2.5i 10V SOHC	B5252S	1993 till 1997	Fenix 5.2 SEFI
900 2.3i LPT Turbo	B230FK	1995 till 1997	Bosch LH2.4-Jetronic
940 2.0i kat	B200F	1990 till 1996	Bosch LH2.4-Jetronic
940 2.3i	B230F	1992 till 1994	Bosch LH2.4-Jetronic
940 2.0i Turbo kat	B200FT	1990 till 1996	Bosch LH2.4-Jetronic

Kapitel 1
Introduktion till självdiagnostik

Innehåll

1 Inledning

Målet med självdiagnosfunktionen (eng. även On-Board Diagnosis, OBD) är att minimera mängden miljöfarliga avgaser från bilar. Självdiagnostiken utgör grunden för kontroll av motorns prestanda för att ge så goda förutsättningar som möjligt för effektiv drift.

Haynes teknikbok om motorstyrning

Allmänna kunskaper om motorstyrning och det kemiska förloppet av förbränningen i förbränningsmotorer gör det lättare att förstå varför självdiagnostikenen har blivit en så viktig del av den moderna bilen. Du hittar en beskrivning av modern motorstyrning i boken *"Bilens motorstyrning och bränsleinsprutningssystem"* (bok nr 3390 från samma förlag).

Det kemiska förloppet av förbränningen

Bränslen för gnistantändning och för dieselmotorer består av olika kolväteföreningar som förenas med syre i intagningsluften. Kväve och andra gaser förenas också i förbränningsprocessen. Med perfekt förbränning skulle inga giftiga ämnen produceras. Under verkliga driftsförhållanden blandas icke-giftiga gaser som kvävgas (N_2), vattenånga (H_20) och koldioxid (CO_2) med den ofullständiga förbränningens giftiga restprodukter. Bland de giftiga ämnena finns koloxid (CO), delvis oförbrända kolväten, svaveldioxid (SO_2), blyföreningar och sot **(se bild 1.1 och 1.2)**. Den höga koncentrationen av giftiga ämnen i bilavgaser orsakar hälsoproblem, t.ex. andningsproblem och miljöförstöring.

Idén att minska giftiga utsläpp samtidigt som man förbättrade, eller åtminstone bibehöll en effektiv drift av bilmotorn kom från California Air Resources Board (CARB). 1968 infördes regler ("Clean Air Act") i Kalifornien av den kaliforniska delstatsregeringen för att begränsa de giftiga avgaserna hos personbilar.

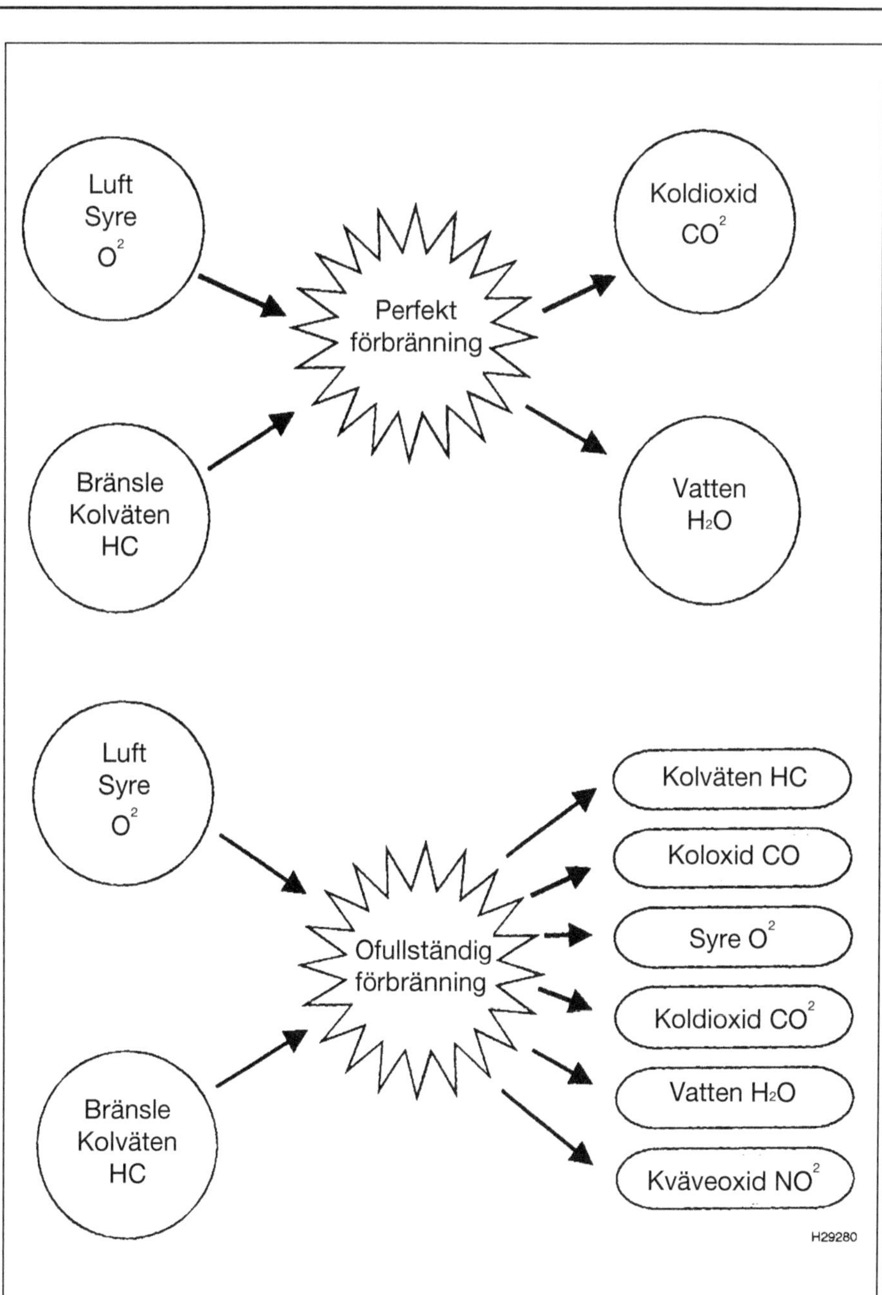

1.1 Förbränningsdiagram

1.2 Avgasdiagram som visar giftiga ämnen i % av avgaserna

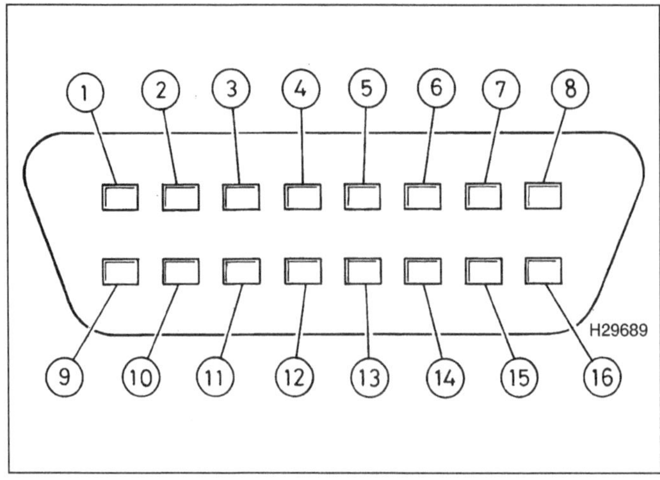

1.3 16-stifts diagnostikuttag

Styrfunktioner, övervakning och diagnostisk kommunikation

1978 presenterade Bosch det första motorstyrningssystemet, Bosch Motronic, som installerades i BMW 732i. Motorstyrningen får motorkomponenter att fungera effektivt med hjälp av en elektronisk styrmodul som styr, övervakar och i vissa fall anpassar sig för att få till en så effektiv motordrift som möjligt.

Motorstyrningen utvecklades och fick en självdiagnosfunktion som inte bara kontrollerar och övervakar komponenter i motorsystemet utan också gör det möjligt för föraren eller mekanikern att identifiera fel som annars är svåra att upptäcka. Det blev möjligt med hjälp av ett datakommunikationssystem och ett databaserat minne i styrmodulen. Fel kunde då lagras i styrmodulen och hämtas senare. På några modeller finns det en varningslampa för självdiagnostiksystemet. Den tänds om ett fel har uppstått, eller också kan lampan användas för att visa de lagrade felen genom blinkkoder. 1981 blev Cadillac först med att montera in en styrmodul med självdiagnos i en av sina bilar, och deras system hette Bendix Digital.

Sedan tidigt 80-tal har utvecklingen av motorstyrning gått ganska snabbt och de flesta biltillverkarna utrustar nu sina bilar med ett motorstyrningssystem som inte har många likheter med de tidiga systemen. De senaste motorstyrningssystemen har nästan alla en självdiagnosfunktion och dessutom omfattar självdiagnostiken ofta automatiska växellådor, ABS-bromsar och annan extrautrustning som t.ex. airbag som styrs av styrmodulen. En anpassningsfunktion har införts så att komponenterna övervakas och justeras kontinuerligt för optimal funktion.

En kort definition av självdiagnostik

Självdiagnosfunktionen kontrollerar signalerna från styrmodulens kretsar mot en serie kontrollparametrar. Om en signal inte ligger inom kontrollparametrarnas toleranser, lagras ett fel i styrmodulens minne. De lagrade felen motsvaras i minnet av koder som kallas felkoder. När felkoderna hämtas från styrmodulen utgör de en ovärderlig hjälp vid diagnosen.

Standardisering av självdiagnostiken

Självdiagnostiken skapade tre viktiga kriterier som tillverkare, fordonstekniker och ingenjörer fick anpassa bilarna till från och med modellåret 1988. För det första måste bilarna vara utrustade med ett elektroniskt självdiagnostiksystem. För det andra måste alla fel som påverkar avgasutsläppen visas med en varningslampa på instrumentpanelen. För det tredje måste felet registreras i styrmodulens minne och kunna hämtas med en felkodsläsare eller via blinkkoder.

Från 1988 till 1991 utformade och uppdaterade den Internationella Standardiseringsorganisationen ISO 9141 till ISO9141-2, som ska standardisera:

Självdiagnosenhetens anslutning
Diagnostikutrustningen och omfattningen av diagnoser
Regelverkets innehåll
Omfattningen av datautbyte

Denna standard baserade sig på USA-regler, men anammas nu av europeiska regeringar och regeringar på alla kontinenter i samråd med biltillverkare.

Ytterligare krav ställdes av en andra generation regler (OBD II) som gäller fr.o.m. modellåret 1994. Dieselmotorer omfattas också av reglerna fr.o.m. modellåret 1996. Följande ytterligare krav ställdes:

Ytterligare blinkfunktion hos varningslampan för självdiagnostik.

Övervakning av funktioner och komponenter, inte bara för fel utan även för att säkerställa att tillåtna avgasvärden hålls.

Förutom att fel lagras som digitala felkoder kan driftsförhållandena "frysas". Man måste kunna hämta felen med en felkodsläsare i stället för via blinkkoder.

Observera: *System konstruerade efter OBD II har ett 16-stifts diagnostikuttag* ***(se bild 1.3)****.*

Övervakningsfunktionen i motorstyrningssystem har också utvecklats och reglerats. OBD II kräver kontinuerlig övervakning av följande komponenter och områden:

Förbränning
Katalysator
Syresensor
Sekundärt luftsystem
Förgasningssystem
EGR-system

Dieselmotorer omfattas av samma regler och målsättningar, men har andra komponenter, t.ex. glödstift, som övervakas för att fungera optimalt med aktuell teknologi i dessa system.

ISO, SAE och en hel rad transport- och miljömedvetna enskilda organisationer argumenterar för ytterligare och mer konsekventa regler. De amerikanska "Clean Air Acts" har följt CARBs standarder som ett minimum för skydd av allmän hälsa och välmående och liknande lagstiftning har skapats av många lokalstyren och regeringar sedan 1968. Introduktionen av katalysatorer, bränsleinsprutningssystem, den ökade användningen av moderna dieselmotorer och bensinmotorer för blyfri bensin under de senaste 30 åren har bidragit ytterligare till att minska problemen som uppstår med miljöfarliga avgaser.

Europeisk självdiagnostik

Europeiska biltillverkare väntar på en definition av en europeisk självdiagnostik (eng. European On-Board Diagnosis, EOBD) som ska stärka ISO 9141-CARB-definitionen och den förväntas presenteras år 2000. En europeisk arbetsgrupp har satts ihop för att bestämma detaljerna i EOBD-standarden. EOBD lär omfatta många av OBD II-kraven, men man överväger ytterligare krav.

2 Självdiagnostiksystemets funktion

Självdiagnosfunktion

Självdiagnosfunktionen i modern motorstyrning undersöker kontinuerligt signalvärdena från olika givare och aktiverare i motorn. Signalerna jämförs sedan med förprogrammerade kontrollparametrar. Kontrollparametrarna kan variera från system till system och kan omfatta övre och lägre gränsvärden för mätningar, ett specifikt antal felsignaler med en förinställd tidsbegränsning, orimliga signaler, signaler utanför anpassningsgränserna och andra parametrar fastställda av systemkonstruktör eller biltillverkare. Om signalvärdet ligger utanför kontrollparametrarna (t.ex. en kortslutning eller en bruten krets) bestämmer styrmodulen att ett fel föreligger och lagrar en kod i styrmodulens minne.

Tidiga självdiagnossystem kunde bara generera och lagra ett fåtal koder. Men efter 10 år kan många av de mer avancerade systemen generera över 100 koder och antalet kan öka snabbt under nästa decennium allt eftersom motorstyrningar blir kapabla att diagnosticera många fler feltillstånd.

Till exempel kan en ensam kod i ett självdiagnostiksystem genereras som täcker alla möjliga fel i en särskild krets. I ett annat system kan en hel rad koder genereras som noggrant kan specificera orsaken till felet i just den givaren. Låt oss ta kretsen för kylvätskans temperaturgivare som exempel. Då kan den första koden indikera ett allmänt fel på givaren. Andra koder kan genereras för att indikera bruten krets eller kortslutning. Som följd av detta komponentfel kan koder genereras som indikerar mager eller fet bränsleblandning. Där styrmodulen använder en anpassad styrning av den idealiska bränsleblandningen kan ett fel få gränserna för anpassning att överskridas och ännu fler koder kommer upp. Men om ett sådant fel skulle uppstå skulle styrmodulen säkert gå över i nödläge, eller "Linka-hem"-läge, vilket skulle minska blandningsproblemen och det förmodade antalet koder som skulle kunna genereras.

Med utvecklingen av styrmodulen kommer många fler komponenter att styras och övervakas av modulen och självdiagnosen kommer säkert att utökas för att omfatta även dessa ytterligare komponenter. Den här boken behandlar främst testområden som rör motorn men även koder som genereras av andra system, som luftkonditioneringen eller den automatiska växellådan, listas i felkodstabellerna i slutet av varje kapitel.

Självdiagnostikens begränsningar

Självdiagnostiken har vissa begränsningar , och vissa givarfel resulterar inte nödvändigtvis i att en felkod lagras. Fel lagras inte för komponenter för vilka det inte finns någon kod eller för tillstånd som inte täcks av den diagnostiska programvaran. Det betyder också att mekaniska problem och fel på den sekundära tändningskretsen inte täcks direkt av självdiagnostiksystemet. Däremot kan bieffekter av t.ex. vakuumläckage eller en felaktig avgasventil skapa blandnings- och tomgångsproblem, vilket kan få rätt koder att lagras. Konsten är då att hitta sambandet mellan felkoden och motorns tillstånd. Det kan bli nödvändigt att undersöka motorn för att hitta felet.

Dessutom pekar en felkod oftast på en felaktig krets. En kod som indikerar ett fel på temperaturgivaren för kylvätskan kan t.ex. orsakas av fel på själva givaren, fel på kablaget eller en korroderad kontakt.

Några system kan lagra periodiska fel - andra kan det inte. I vissa fall förloras en felkod i det ögonblick tändningen slås av. Med denna typ av system måste man vara försiktig när man hämtar koder eller undersöker fel.

En smart tekniker använder felkoden som en utgångspunkt som snabbt kan hjälpa honom i rätt riktning. Om det inte finns några felkoder betyder det å andra sidan inte att systemet är felfritt, och därför måste man vara noggrann vid diagnosen.

Falska signaler

Felaktiga högspänningssignaler eller defekta elkomponenter kan skapa radiostörningar som kan störa motorstyrningen eller orsaka falska felsignaler. En störd motorstyrning kan resultera i felfunktion hos styrmodulen.

Givare med begränsat eller felaktigt mätområde

Om givaren håller sig inom sina parametrar ges ingen felkod, även om parametrarna är fel för vissa driftsförhållanden. Till exempel, en defekt temperaturgivare för kylvätskan ger en felkod om kretsen är öppen eller kortsluts till jord. Om däremot givarens motstånd inte förändras under en temperaturändring genereras ingen felkod även om motorn absolut mår dåligt i vissa temperaturer. De flesta aktuella självdiagnostiksystem skulle inte upptäcka ett fel i det här fallet eftersom signalen skulle ligga inom kontrollparametrarna. Nästa stycke beskriver möjliga metoder att lösa det här problemet.

Orimliga signaler

Programvaran i nyare system blir alltmer sofistikerad och kan övervaka ändringar i spänning och ström över längre tid. Om utsignalen inte förändras som väntat genereras en felkod. Dessutom skulle tidigare system generera en felkod om en krets låg utanför parametrarna utan referens till andra data eller kretsar. Modernare system kan ta hänsyn till flera komponenter och relatera en signal till en annan. En felkod kan genereras utifrån rimligheten i en signal i dess förhållande till andra signaler. Till exempel, om motorvarvtalet ökar och gasspjällägesgivaren indikerar ett vidöppet gasspjäll men luftflödesmätaren inte signalerar någon ökning av luftflödet kan luftflödesmätarens signal anses orimlig och en felkod genereras.

Varningslampa för självdiagnos

Många bilar har en varningslampa, som regel på instrumentpanelen **(se bild 1.4 till 1.6)**. Alternativt kan en lysdiod sitta i styrmodulens hölje. Så fort tändningen slås på lyser varningslampan eller lysdioden för att indikera att lampkretsen fungerar. Efter att motorn startats ska lampan slockna och förbli släckt så länge självdiagnostiksystemet inte upptäcker något fel. Om styrmodulen upptäcker

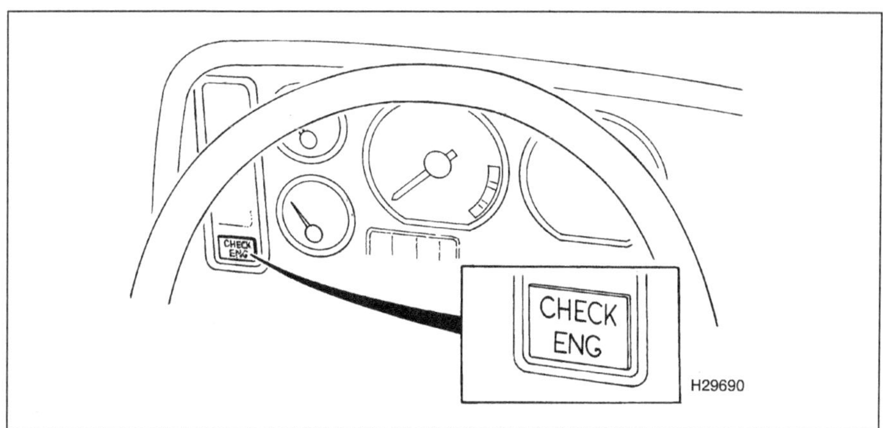

1.4 Exempel på varningslampa för självdiagnos placerad på instrumentpanelen

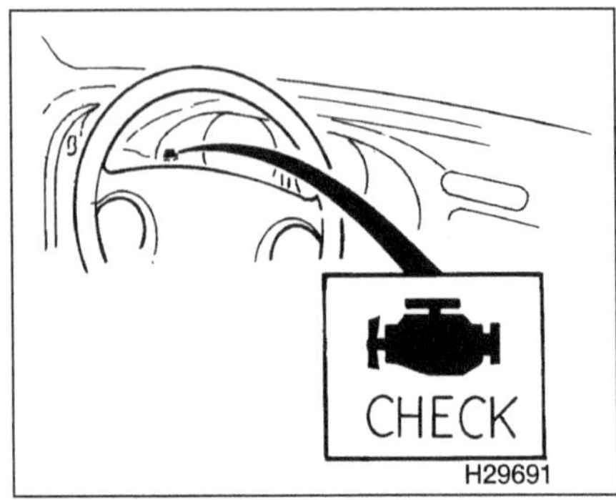

1.5 Ett annat exempel på varningslampa för självdiagnos på instrumentpanelen

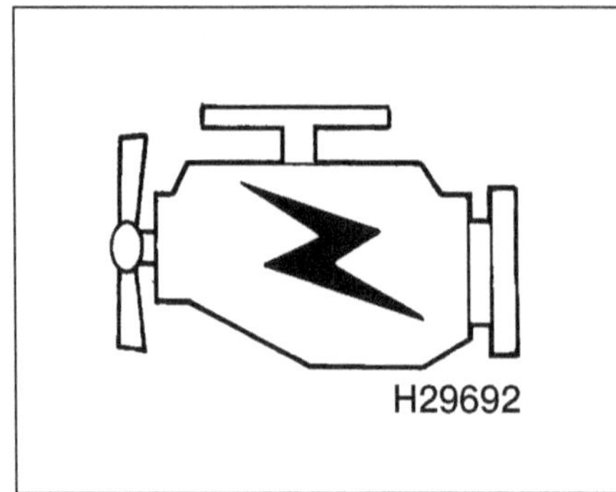

1.6 Exempel på symbol för varningslampa för självdiagnos

ett fel tänds lampan. Lampan förblir tänd tills det upptäckta felet är avhjälpt. Om felet försvinner slocknar lampan som regel, men koden kan lagras tills styrmodulens felminne raderats. Ett fel kan i vissa system klassificeras som ett mindre fel och även om styrmodulen loggar felet tänds inte lampan.

Alla bilar har inte en varningslampa. Systemen hos dem som inte har det kräver en manuell fråga från en felkodsläsare eller blinkkodsdisplay för att tala om huruvida det finns fel lagrade eller inte.

Snabba och långsamma koder

Koder som sänds av en styrmodul kan kallas "långsamma" eller "snabba" koder. Långsamma koder är koder som sänds långsamt nog för att kunna visas med en lysdiod eller varningslampa på instrumentpanelen. Snabba koder är digitala felkoder som är för snabba för att hinna visas med lysdioden eller varningslampan. Det behövs en digital felkodsläsare för att hinna med snabba koder.

Andra självdiagnosfunktioner

Till stor del är det biltillverkaren som bestämmer format och typ av data som ska sändas. Felkodsläsarens eller den manuella kodhämtningens uppgift är att starta biltillverkarens program och göra det bästa av det som finns att hämta. Med andra ord, om det finns information som biltillverkaren inte lämnar ut går det inte att få tag i den genom den seriella porten.

Förutom att hämta koder och radera koder har självdiagnostiken en rad andra funktioner:

Hämtning av koder
Radering av koder
Test av aktiverare och komponenter
Servicejusteringar
Kodning av styrmodul
Löpande data
"Playback"-funktion
***Observera:** Alla ovanstående funktioner finns inte i alla system och en felkodsläsare behövs för många av de mer avancerade funktionerna.*

Hämtning av felkoder

Felkoder kan hämtas från styrmodulen via diagnostikuttaget (ibland kallat den seriella porten) genom att man ansluter en passande felkodsläsare eller genom att starta en manuell hämtningsrutin. Även om manuell hämtning (se nedan) är möjlig i de flesta äldre system är rutinen på utgående. I de flesta moderna system kan hämtningen bara ske med en felkodsläsare.

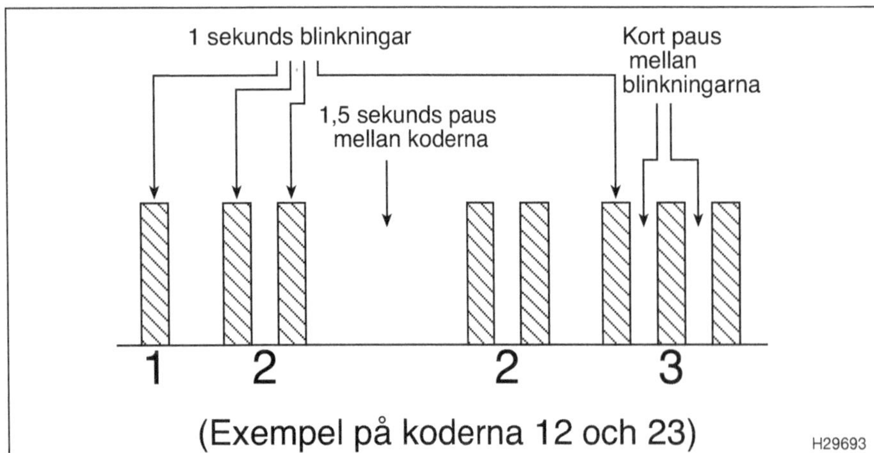

1.7 Exempel på 2-siffriga blinkkoder som de visas av en varningslampa för självdiagnos eller en inkopplad lysdiod. Blinkningarna varar lika länge för tiotal som för ental.

Felkodsläsare eller scanner?

Verktyget för att hämta koder från självdiagnostiksystemet på bilar kallas felkodsläsare. Ett annat uttryck som förekommer är scanner. Termen scanner kommer från USA och definierar ett verktyg som kan scanna data till skillnad från ett verktyg vars enda funktion är att hämta data. Båda termerna kan användas för att beskriva utrustning som hämtar koder, men i den här boken kommer vi som regel att använda uttrycket felkodsläsare.

Manuell hämtning av felkoder ("blinkkoder")

Några av de tidiga självdiagnostiksystemen tillåter manuell hämtning av felkoder. Metoden kan vara mycket användbar som en enkel metod att hämta felkoder utan sofistikerad utrustning, men den är begränsad, långsam och har vissa tendenser till att bli fel. Dessutom går det inte att hämta koder som skickas så snabbt som de moderna systemen. Normalt hämtar man koder manuellt genom att lägga en brygga mellan vissa kontakter i diagnostikuttaget. Koderna visas sedan genom att varningslampan på instrumentpanelen eller lysdioden på styrmodulen blinkar (där dessa komponenter finns installerade). Koder som hämtas på det här sättet kallas ofta blinkkoder **(se bild 1.7 till 1.9)**. Genom att räkna antalet blinkningar eller mäta svepen och se efter i felkodstabellen i slutet av varje kapitel kan man fastställa fel. Där det inte finns någon varningslampa eller lysdiod installerad kan man i vissa system använda en separat lysdiod eller en voltmätare **(se varning nr 5 i referensavsnittet i slutet av boken)**.

Radera felkoder

Det har funnits en hel del olika sätt att radera felmeddelanden genom åren. System från mitten av 80-talet lagrades inte koderna som automatiskt raderades när tändningen slogs av. Snart fick styrmodulen en permanent batterispänning som gjorde att koder och data kunde lagras även efter att tändningen slagits av. Koder som genereras av dessa system raderas normalt med felkodsläsaren (att föredra) även om det ofta går att göra manuellt. Att lossa en batterikabel eller styrmodulens multikontakt kan också radera koderna från minnet. Några av de senaste systemen använder minnen som lagrar koderna även om batteriet kopplas från. Dessa minnen måste raderas aktivt med en felkodsläsare **(se bild 1.10)**.

Observera: *Koder bör alltid raderas efter att komponenter testats eller efter reparationer under vilka motorstyrningskomponenter tagits bort.*

Radera koder manuellt

Det går ofta att radera koder genom att starta en manuell process liknande den som används för att hämta blinkkoder.

Test av aktiverare och komponenter

Felkodsläsaren kan användas för att testa kablage och komponenter i vissa aktiverarkretsar. Tomgångsventilen, t.ex. kan spänningssättas. Om ventilen aktiveras visar det att kretsen fungerar. Vilka kretsar som går att testa beror på systemet (det går inte att testa en viss aktiverare om inte funktionen finns i självdiagnostiksystemet). Det kan också vara möjligt att testa signalerna från vissa givare. Ett vanligt test är att kontrollera signalen från gasspjällägesgivaren då gasspjället öppnas helt och sedan stängs helt. Om potentiometern bedöms vara defekt blir det registrerat som fel.

Manuellt test och aktivering av komponenter

Aktivering av komponenter ligger oftast inom felkodsläsarens område, men i några få system går det att aktivera och testa komponenter manuellt. I de fall det går beskrivs rutinerna i respektive kapitel.

Servicejusteringar

I de flesta moderna motorer går det inte att justera tomgångsblandningen eller tändinställningen. Några äldre system går heller inte att justera externt, utan en felkodsläsare behövs för vissa justeringar. Till exempel vissa Fordbilar med EEC IV, Rover 800 SPi och nyare Roverbilar med MEMS. Alla dessa bilar behöver en felkodsläsare för olika justeringar inklusive tändinställning och/eller bränsleblandning.

Kodning av styrmodulen

I vissa system kan en felkodsläsare användas för att koda styrmodulen för vissa program. Denna funktion förbehålls oftast biltillverkarens generalagent och gör att färre varianter på styrmoduler kan byggas för flera funktioner. Genom att koda styrmodulen kan man anpassa den till en speciell bil.

Löpande data

Löpande data kommer kontinuerligt från givare och aktiverare och kan visas på felkodsläsarens skärm. Funktionen är mycket bra för snabba test av misstänkta givare och aktiverare. Du kan göra dynamiska test och lagra givarnas respons. Där en komponent verkar misstänkt utan att en felkod genereras kan löpande data studeras över ett område motorvarvtal och -temperaturer. Till exempel kan kylvätskans temperaturgivare studeras med motorn kall och sedan följas medan motorn värms upp. Alla avvikelser i signalen bör kunna studeras medan motorn blir varm.

Även om signaler kan studeras med hjälp av ett oscilloskop eller en multimätare som kopplats till den aktuella kretsen är det ofta snabbare och smidigare att läsa data på felkodsläsarens skärm. Funktionen är bara tillgänglig med en felkodsläsare – manuell visning av löpande data är inte möjlig. En del felkodsläsare kan kopplas till en vanlig PC och data från alla övervakade komponenter kan visas samtidigt på skärmen, vilket löser problemet med att visa data från flera komponenter på felkodsläsarens lilla skärm. När de dynamiska testen startas kan du lättare se responsen från de olika komponenterna. Dessutom kan PC:n med lämplig programvara kartlägga och lagra varje signal allt eftersom olika test genomförs. Alla signaler (eller vissa valda) kan sedan spelas upp och studeras vid ett senare tillfälle.

Playbackfunktion

Playback är en funktion som finns i en del felkodsläsare och/eller självdiagnostiksystem. Om ett fel uppträder oregelbundet eller är svårt att diagnosticera kan du avgöra de olika komponenternas tillstånd när felet uppstår utifrån utsignalerna just i det ögonblicket, vilket kan bidra till lösningen på problemet.

Felkodsläsaren måste anslutas till diagnostikuttaget och bilen provköras. Playbackfunktionen initieras ofta på ett tidigt stadium under provkörningen. Data samlas

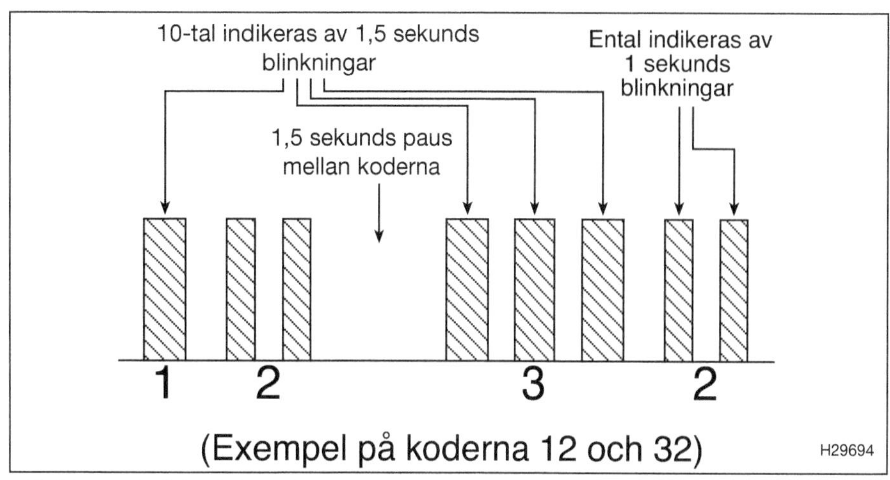

1.8 Exempel på 2-siffriga blinkkoder som de visas av en varningslampa för självdiagnos eller en inkopplad lysdiod. Blinkningarna är längre för tiotal än för ental

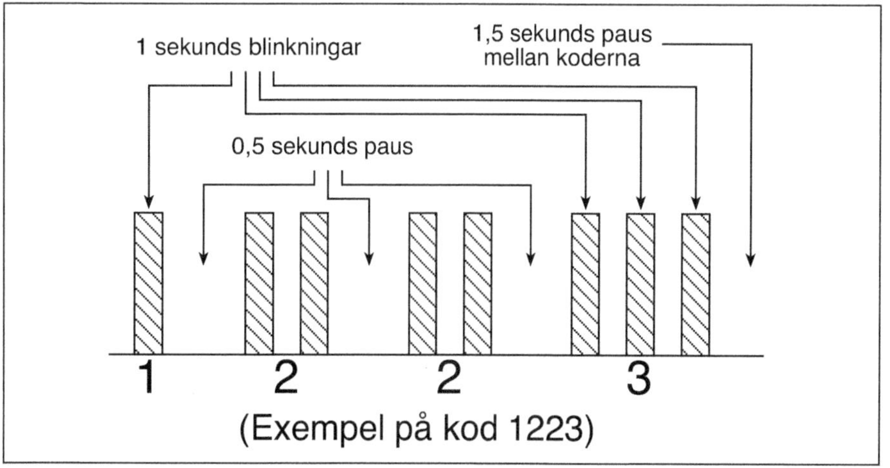

1.9 Exempel på 4-siffrig blinkkod som den visas av en varningslampa för självdiagnos eller en inkopplad lysdiod

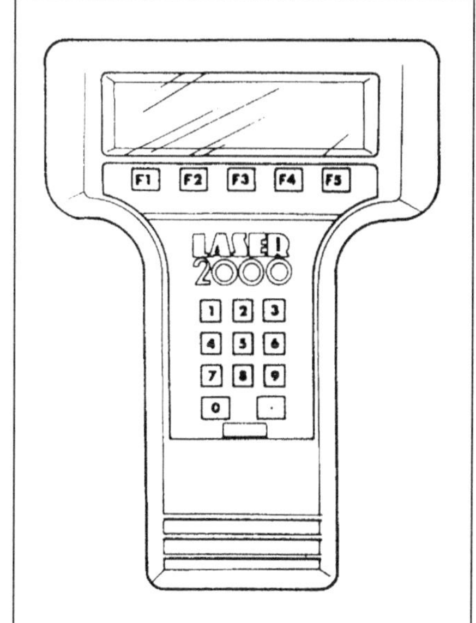

1.10 En vanlig felkodsläsare

och registreras under körningen. Men eftersom styrmodulens och felkodsläsarens minne är begränsat lagras bara data för en kort tidsperiod. När felet uppstår trycker du på en knapp, varvid ett förutbestämt antal registreringar från tiden före och efter att felet uppstått lagras. När du kommit tillbaka till verkstaden kan dessa löpande data spelas upp en registrering i taget och stoppas där det behövs. Data från alla givare och aktiverare kan bidra till lösningen. Alla självdiagnostiksystem eller felkodsläsare har dock inte denna funktion.

3 Nödprogram - "linka-hem"-läge

De flesta moderna självdiagnostiksystem har också ett nödprogram eller "linka-hem"-läge. Det betyder att om ett fel skulle uppstå i vissa givarkretsar (oftast där felet uppstått, även om inte alla kretsar styr över till nödprogrammet) går styrmodulen automatiskt över till nödprogrammet med programmerade grundinställningar snarare än att följa givarsignalerna. Detta gör att bilen tryggt kan köras till en verkstad för reparation eller test. Så snart felet avhjälpts återgår styrmodulen till normaldrift.

Nödprogrammet är ett säkerhetssystem som låter motorn gå på en reducerad effektnivå. En del nödprogram är så bra att föraren kan vara omedveten om att ett fel har uppstått om inte varningslampan lyser (om det finns någon).

Eftersom grundinställningarna i nödprogrammet ofta baseras på en varm eller halvvarm motor kan en kallstart och uppvärmningsperioden därefter lämna en hel del övrigt att önska. Dessutom kan bortfallet av en viktigare givare, som t.ex. luftflödesmätaren eller insugningsrörets tryckgivare, tvinga styrmodulen att begränsa motorns prestanda. Om t.ex. Ford EEC IV-systemet upptäcker ett större fel på styrmodulen går motorn med tändningen ställd till 10° (ingen förställning) och bränslepumpen går kontinuerligt.

I vissa system kan ett fel på kylvätskans temperaturgivare eller lufttemperaturgivaren få styrmodulen att använda den andra givaren som utgångsläge. Om t.ex. kylvätskans temperaturgivare fallerar skulle styrmodulen använda lufttemperaturgivarens värde. Dessutom skulle grundinställningen kunna användas så länge motorn är kall och sedan, när motorn har gått i 10 minuter, växlas till ett värde nära värdet för en varm motor. Om inte varningslampan för självdiagnostiksystemet lyser kan det alltså vara svårt att veta om ett fel verkligen uppstått.

4 Adaptiv styrfunktion

Imånga moderna motorstyrningssystem anpassar sig styrmodulen till varierande motordriftskarakteristik. Där motorstyrningsprogramvaran är adaptiv övervakas data från olika motorfunktioner kontinuerligt och data lagras i minnet så att modulen på sikt kan bygga upp signalgenomsnitt.

Under normal motordrift refererar styrmodulen till flera tredimensionella diagram för tändinställning, bränsleinsprutning, tomgångsvarvtal etc. Beroende på de varierande signalerna från de olika givarna korrigerar styrmodulen kontinuerligt utsignalerna till de olika aktiverarna. Genom att anta de lagrade anpassade värdena som en korrigering av grunddiagrammet kan styrmodulen mycket snabbare anpassa sig till nästan alla ändrade driftsförhållanden.

Allt eftersom motorn eller dess komponenter slits eller t.o.m. fel uppstår läggs de ändrade signalerna till det lagrade adaptiva minnet och signalgenomsnitten ändras gradvis. Styrmodulen reagerar kontinuerligt på det adaptiva minnet och anpassar sig till de ändrade förhållandena. Om det adaptiva värdet överskrider kontrollparametern kan resultatet bli en genererad felkod.

Den adaptiva styrningen påverkar huvudsakligen följande områden, och anpassning och korrigering av de olika diagrammen sker vanligen under tomgångskörning eller vid delbelastad motor:

Tomgångskörning
Bränsleblandningsjustering
Knackreglering
Kolfilterventilens funktion
EGR-system

När det adaptiva diagrammet används tillsammans med syresensorn i den katalytiska avgasreningen, kan styrmodulen svara mycket fortare och upprätthålla kontrollen över de föränderliga gaserna i avgassystemet. Under drift med sluten slinga styrs det grundläggande bränsleinsprutningsvärdet utifrån värden som lagrats för ett visst varvtal vid en viss last. Om de grundläggande insprutningsvärdena skulle orsaka avgasvärden utanför lambdavärdet (0,98 till 1,02 luft-bränsleförhållande) är blandningen för fet eller för mager och syresensorn skulle signalera till styrmodulen, som i sin tur skulle justera blandningen. Responsen tar dock lite tid och därför registrerar styrmodulen ett korrektionsvärde och lägger detta "adaptiva" värde till det grundläggande diagrammet. Från och med nu skulle avgasvärdena ligga mycket nära lambdavärdet och därför behöver styrmodulen efter referens till syresensorn och det adaptiva digrammet bara göra små justeringar för att hålla det värdet.

Vid tomgång går systemet ner på det varvtal som är bäst för varje individuellt tillfälle. Kolfilterventilen ger en förbränningsbar blandning som kompenseras av den adaptiva korrigeringen av förgasningsvärdena efter syresensorns reaktion.

Adaptiva värden lärs in av styrmodulen under en tid och tenderar att bli ett genomsnitt av ett stort antal registreringar. Det betyder att om förändringen i driftstillstånd sker gradvis sker även anpassningen gradvis. Om däremot en plötslig och stor förändring skulle ske kan den adaptiva funktionen ta en del tid på sig för att anpassa sig till de förändrade förhållandena. Sådana förändringar i förhållandena kan inträffa när ett fel uppstår i systemet eller till och med efter att en systemkomponent har ändrats.

När en eller fler systemkomponenter har förnyats måste styrmodulen lära in de nya värdena och det kan ibland ge upphov till driftsproblem tills styrmodulen är färdig med inlärningsprocessen. Det kan resultera i körproblem som särskilt kan inträffa efter att större reparationer har gjorts på systemet. Problemen bör minska allt eftersom styrmodulen anpassar sig.

Som exempel kan tas en läckande bränsleinsprutare som gör att styrmodulen anpassar sig genom att ge en magrare blandning. Så snart bränsleinsprutaren bytts ut eller rengjorts är blandningen för mager och motorn kan gå dåligt tills styrmodulen återanpassat sig och ger korrekt blandning. I vissa system är det möjligt att använda felkodsläsaren för att återställa styrmodulens adaptiva minne till grundinställningen efter att en komponent bytts ut.

De flesta adaptiva system förlorar sina inställningar om batteriet kopplas från. Så snart batteriet anslutits igen och motorn startats på nytt måste systemet gå igenom en återinlärningsprocess. Det går ofta ganska fort, även om motorn kan gå dåligt på tomgång tills adaptionsprocessen är färdig.

Inte alla system påverkas av frånkoppling av batteriet. Rover MEMS är ett exempel på ett system som har ett minne som behåller de adaptiva inställningarna även om batteriet kopplas från.

Fel i den adaptiva funktionen

Risken med den adaptiva funktionen är att en felaktig signal ibland antas som ett giltigt värde, vilket kan ge driftsproblem. O m inte felsignalen är allvarlig nog att generera en felkod kan felet förbli oupptäckt.

Ibland kan styrmodulen bli förvirrad och de adaptiva värdena fel. Det kan leda till driftsproblem och en systemkontroll avslöjar inga fel. Att koppla från batteriet kan vara ett sätt att reparera problemet eftersom omkalibreringen kan återställa styrmodulens grundvärden. Det är dock bättre att återställa värdena med en felkodsläsare för att undvika att förlora andra lagrade värden, vilket skulle ske vid frånkoppling av batteriet.

Kapitel 2
Testutrustning

Innehåll

1 Inledning

Att kontrollmäta en modern bilmotor är inte enkelt. För att göra ett bra jobb måste du investera inom tre områden. Vi kan likna dessa områden vid en trebent stol. I liknelsen utgörs de tre benen av utrustning, utbildning och information. Tar du bort ett ben får stolen svårt att stå stadigt. Den som verkligen är seriöst intresserad av diagnostik bör investera i alla tre områdena.

Det innebär inte att alla som saknar den bästa testutrustningen eller all information är helt chanslösa. Det behövs bara lite mer tid och tålamod.

Feldiagnostiken och den använda diagnosmetoden kommer att bero på tillgänglig utrustning och dina kunskaper. Det finns ett entydigt samband mellan tidsåtgång och kostnad. Ju större investeringar i utrustning och utbildning, desto snabbare diagnos. Mindre investeringar gör att det tar längre tid. Naturligt, egentligen.

2.1 Haynes felkodsläsare. En digital kod visas på skärmen

2 Utrustning

I det här kapitlet ska vi titta närmare på felkodsläsaren och annan utrustning som är lämplig för kontrollmätning av olika komponenter i motorstyrningssystemet. En del av utrustningen är billig, en del är dyr.

Felkodsläsare

Ett antal tillverkare marknadsför testutrustning för anslutning till motorstyrningens seriella port **(se bild 2.1 och 2.2)**. Med dessa felkodsläsare kan man hämta data i ett stort antal bilar och system. Man kan hämta och radera felkoder, visa löpande information om status för givare och aktiverare, initiera aktiveringar, ändra kodningen av styrmodulen, justera tändinställningen och/eller tomgångsblandningen och utnyttja playbackfunktionen. Alla felkodsläsare har dock inte alla dessa funktioner och dessutom är det inte säkert att funktionen finns i alla system.

Med felkodsläsaren är det mycket lättare för teknikern att hitta felet. Felsökningen kan begränsas av graden av självdiagnos som är möjlig med bilens styrmodul och du kan behöva mer testutrustning för att hitta det verkliga felet.

Felkodsläsare finns i många olika former och storlekar (och i många prisklasser!) och kan allmänt delas in i tre nivåer. På grundnivån kan inte felkodsläsaren mycket mer än att kommunicera med diagnostikuttaget och läsa koder som blinkkoder. Du bör ha en samling kablar och kontakter tillsammans med instruktioner om hur du ska ansluta felkodsläsaren samt hämta och radera koder från olika bilar och system. Du behöver en handbok med blinkkodtabeller för att förstå koderna. En enkel felkodsläsare kan inte läsa snabba koder och därför kan den inte användas på så många bilar. Så avancerade funktioner som justering eller aktiverartest finns absolut inte.

Felkodsläsare på den andra nivån är ofta ganska avancerade och innehåller alla funktionerna från basnivån och en hel del därtill. Den här felkodsläsaren visar förmodligen koden tillsammans med en textrad som beskriver felet. Data för varje bilmodellserie eller system följer ofta med i en löstagbar enhet eller på ett minneskort, vilket gör att du som regel kan uppdatera läsaren. Många av de mer avancerade funktionerna finns med och ofta kan du koppla den till en PC med skrivare.

De dyrare felkodsläsarna innehåller fler funktioner än själva kodläsningsfunktionen och skulle kunna kallas provare för elektroniska system. Dessa verktyg kan testa de allra flesta bilar och innehåller ofta gränssnitt till en

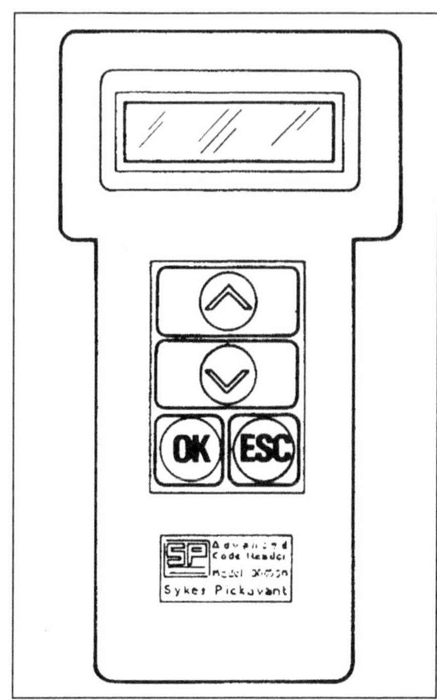

2.2 Sykes Pickavant felkodsläsare. Det finns ett antal olika datakortstillsatser för att kunna testa en mängd olika system och bilar

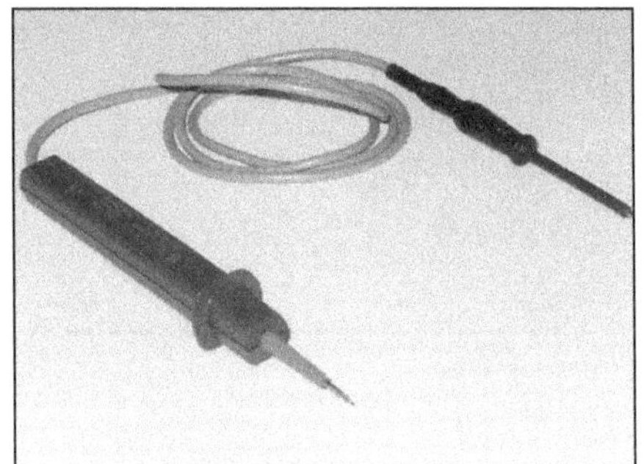

2.3 Testlampa med lysdiod

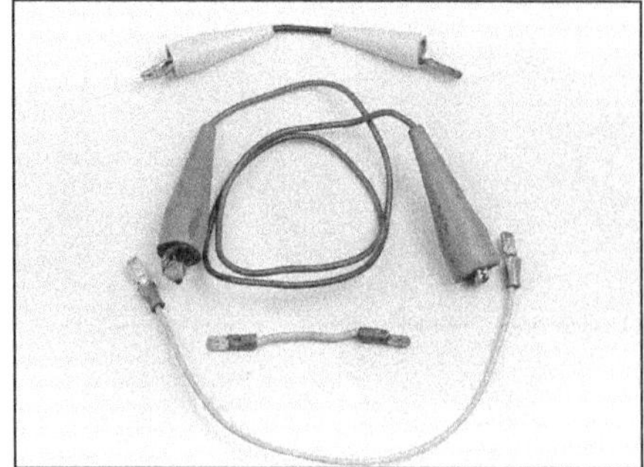

2.4 Olika kopplingskablar för bryggor

kopplingslåda. Det finns programvara för många ytterligare testrutiner och dokumentationen och systemdata som följer med verktyget är förmodligen ganska omfattande.

Några felkodsläsartillverkare har telefonsupport och det kan också finnas kurser.

Testlampa med lysdiod

En testlampa med lysdiod **(se bild 2.3)** är ett bra verktyg för att hämta manuella blinkkoder när det inte finns någon varningslampa. Lampan måste uppfylla minimikraven för verktyg som ska anslutas till elektroniska kretsar **(se varning nr 5 i referensavsnittet i slutet av boken)**. Testlampan kan också användas för att läsa digitala signaler från styrmodulen eller tändningsmodulen.

Bryggkablar

Används som brygga mellan anslutningar i diagnostikuttaget för att hämta blinkkoder eller för att kontrollera kretsar och brygga eller koppla förbi reläet **(se bild 2.4)**.

Franchiseåterförsäljare

Franchiseåterförsäljaren använder oftast anpassad testutrustning som bygger på programmerade testmetoder. Utrustningen har ett gränssnitt gentemot styrmodulen, ofta genom den seriella porten, och leder teknikern genom en programmerad testmetod. Beroende på hur sofistikerad testutrustningen är kan den testa de felsta kretsar eller kan hänvisa teknikern till testprocedurer som kräver ytterligare utrustning. Utrustningen är anpassad för en biltillverkare och finns kanske inte tillgänglig utanför franchisenätverket **(se bild 2.5)**.

2.5 Rovers Testbook, en bärbar datorutrustning som innehåller ett mycket sofistikerat och interaktivt testprogram

Programmerad testutrustning

Den här typen av anpassad utrustning utgör ett gränssnitt mellan styrmodulen och dess multikontakt och finns som alternativ till den seriella porten och felkodsläsaren. Den här utrustningen kontrollerar in- och utsignaler mellan styrmodulen och dess givare och aktiverare. Om en eller fler av signalerna ligger utanför de programmerade parametrarna kommer utrustningen att visa den felaktiga signalen som ett fel. Återigen kan annan utrustning behövas för att komma fram till det egentliga felet **(se bild 2.6)**.

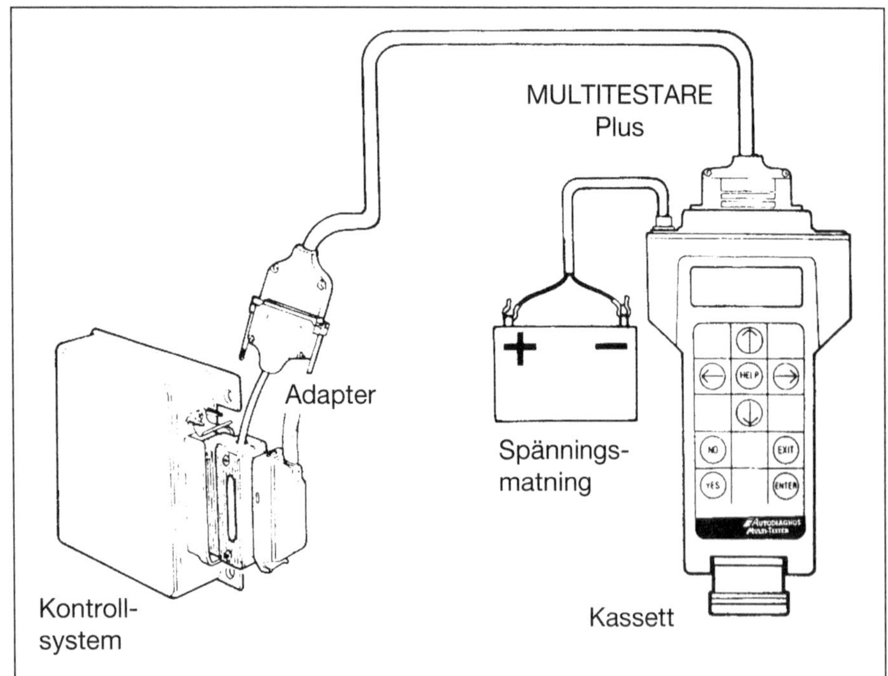

2.6 Programmerad testutrustning

Testutrustning för styrmodulen

Finns som regel bara hos de företag som specialiserat sig på att reparera styrmoduler och kan sällan köpas av verkstäder. Ett företag (ATP) erbjuder ett styrmodultest via modem över nätet om modulen tas med till en av deras agenter. Andra testföretag kräver att styrmodulen skickas till dem för utvärdering.

Multimätare

Detta är utrustningen som behövs för de mest grundläggande testerna. Nu för tiden är mätaren som regel digital och konstruerad för att kunna användas på elektroniska kretsar. En analog mätare eller till och med en testlampa kan användas så länge de uppfyller samma krav som den digitala mätaren. Beroende på hur avancerad mätaren är kan multimätaren användas för att mäta spänningar (AC och DC), resistans, frekvenser, varvtal, arbetscykler, temperaturer etc. **(se bild 2.7 och 2.8)**. Ett urval tunna sonder och banankontakter för anslutning till en kopplingslåda är också bra att ha **(se bild 2.13)**.

Om felet är ett regelrätt elektriskt problem räcker det med en multimätare. Nackdelen är att en multimätare inte kan analysera de komplexa elektriska vågformerna som kommer från många elektroniska givare och aktiverare, och testresultaten kan därför ibland vara missvisande.

Ett oscilloskop (med eller utan digital multimätare och motoranalyserare)

Ett oscilloskop **(se bild 2.9)** är i princip en grafisk voltmätare. Spänningen står sällan stilla och varierar ofta med tiden. Oscilloskopet mäter spänning över tid och visar den i vågform. Även om spänningsförändringen är mycket snabb hinner oscilloskopet oftast med att visa förändringarna. Kretsfel upptäcks ofta mycket snabbare än med andra typer av testinstrument. Oscilloskopet har i många år använts för att bestämma fel i tändsystemets primär- och sekundärkretsar i bilar utan elektronisk motorstyrning. I och med de elektroniska systemen har oscilloskopet blivit ännu viktigare och om en "labscope"-funktion finns tillgänglig kan komplexa vågformer analyseras. Den här utrustningen används ofta tillsammans med annan utrustning för en snabb diagnos av ett stort antal problem. De stora oscilloskopen och instrumenten för motoranalys ersätts idag av en mängd mindre handhållna instrument med oscilloskopfunktion som innehåller många diagnosfunktioner i ett portabelt format.

Avgasanalyserare

Nu för tiden kan en bra avgasanalyserare mäta fyra av de gaser som avgaserna består av: syre, koldioxid, koloxid och kolväten. Den kan också räkna ut Lambdavärdet. Enklare typer av avgasanalyserare kan mäta en, två eller tre gaser. Men ju bättre analyserare, desto enklare blir det. Avgasanalyseraren är idag ett erkänt instrument för felsökning. Det går att diagnosticera många fel på tändningen, bränslesystemet och diverse mekaniska motorproblem om man utgår från mängden olika gaser i avgaserna.

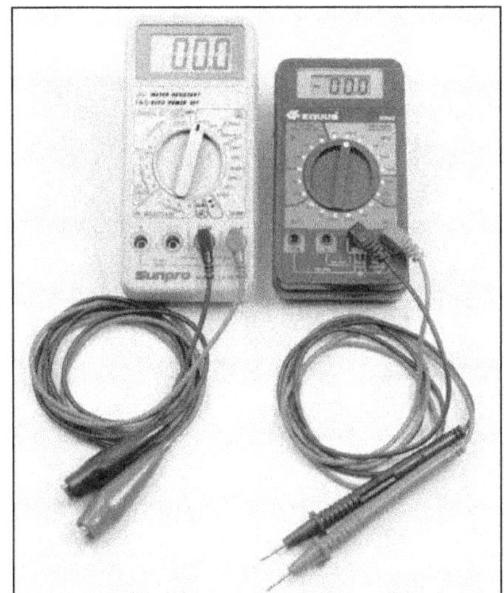

2.7 Två multimätare med hög impedans och jämförbara data men olika kablar och sonder. Den vänstra mätaren har krokodilklämmor och den högra testpinnar. Krokodilklämmorna gör att man får händerna lediga för annat, medan testpinnarna är användbara för mätning på kontakter

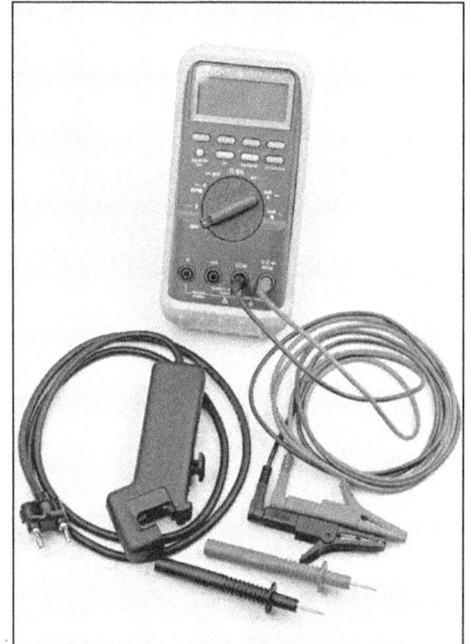

2.8 Professionell multimätare från Fluke med en mängd funktioner och tillbehör

Sats för bränsletrycksprov

Bränsletryck är av avgörande betydelse för insprutningsmotorer och för att mäta trycket behövs en tryckmätare som kan mäta upp till 7,0 bar. Tryckmätaren levereras normalt med en uppsättning adaptrar för att det ska gå att ansluta den till flera olika bränslesystem **(se bild 2.10)**.

Variabel potentiometer

Eftersom det ofta finns ett nödprogram, s k "linka-hem"-program i modern motorstyrning påverkas motordriften inte nödvändigtvis särskilt mycket om man kopplar ur en givare som t.ex. temperaturgivaren för kylvätskan. Styrmodulen antar att ett fel föreligger och tilldelar givaringången ett fast värde. Det kan dock vara bra att kunna variera motståndet som sänds till styrmodulen för att se vad som händer. För detta behövs en potentiometer. Om du ansluter en sådan i stället för temperaturgivarens motstånd, kan du kontrollera styrmodulens reaktion, insprutningstiden och CO-halten vid olika motståndsvärden som motsvarar olika temperaturer **(se bild 2.11)**.

Testdiod för bränsleinsprutare

Detta är en liten billig lampa som används till att kontrollera signalen till insprutarna. Insprutarnas kablage kopplas vid insprutarna och testdioden ansluts till kabelhärvan. Om motorn dras runt med startmotorn blinkar

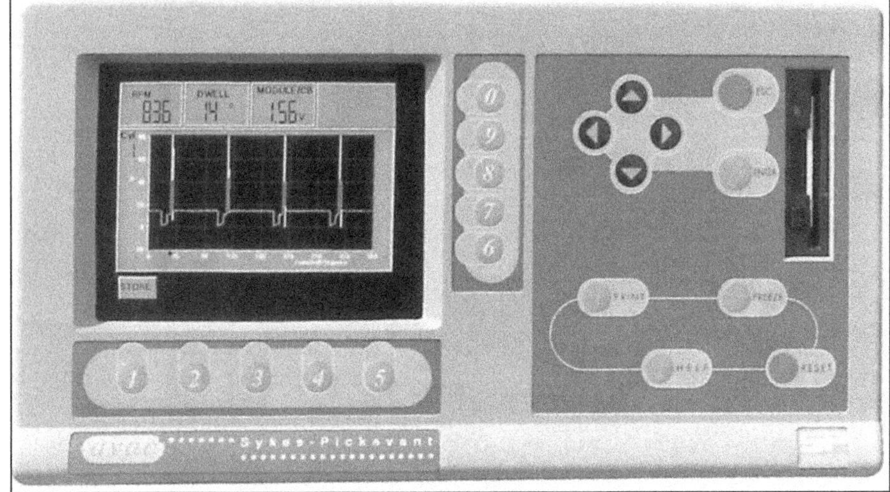

2.9 Oscilloskop

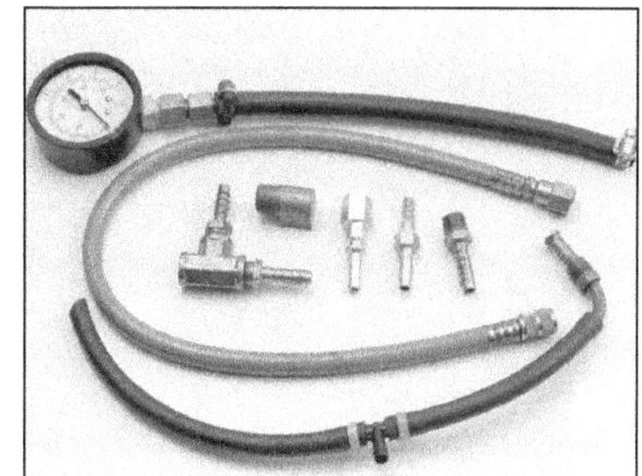

2.10 Bränsletrycksmätare och tillsatser

2.11 **Användning av en potentiometer för simulering av varierande motstånd för temperaturgivare. Spänningsändringar kan mätas och motorn kan luras att tro att den är kall när den är varm och tvärtom. Detta innebär att det går att simulera körningar med kall motor fastän den är varm utan att behöva vänta på att den ska svalna**

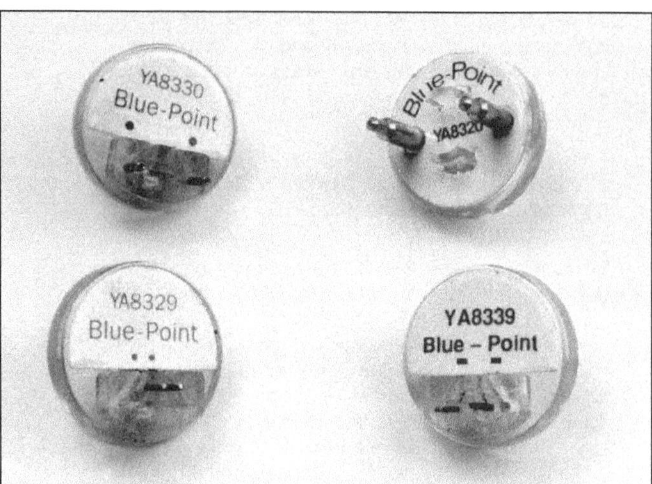

2.12 **Testdioder för bränsleinsprutare**

dioden om insprutaren får ström från styrmodulen **(se bild 2.12)**.

Kopplingslåda

Kopplingslådan **(se bild 2.13)** är en låda med ett antal kontakter som gör det enklare att komma åt styrmodulens ingångar och utgångar utan att direkt komma åt stiften. Kopplingslådans kablage slutar i en universalkontakt. Ett kablage med en multikontakt kopplas in mellan styrmodulen och dess kontakt och den andra änden ansluts till kopplingslådan. Kopplingslådan tar nu emot alla signaler som går till och från styrmodulen. Det går nu att mäta styrmodulens signaler med ett oscilloskop eller en multimätare. Den största nackdelen är att det behövs ett antal olika kontakter för att täcka in de vanligaste styrmodulerna. Det finns också mindre kopplingslådor för att mäta värden för komponenter där det är svårt att fästa testutrustningen.

Det finns tre huvudanledningar till varför en kopplingslåda bör användas vid mätning:

2.13 **Användning av en kopplingslåda vid spänningsmätning över styrmodulens stift**

1) *Den bästa anslutningspunkten för mätning av signaler från givare och aktiverare är vid styrmodulens kontakt (med multikontakten inkopplad). Alla inkommande och utgående signaler passerar kontakten, och dynamiska mätningar vid denna punkt anses ge noggrannare resultat.*
2) *I moderna fordon är styrmodulens kontakt mycket välisolerad. Det gör det svårt eller ibland omöjligt att ta bort isoleringen för att ta isär kontakten när mätningar ska göras. I viss mån gäller det även en del av komponenterna.*
3) *Styrmodulens kontaktpunkter (stift) är ömtåliga och upprepade mätningar kan skada dem. Vissa stift är guldpläterade och konduktiviteten kan minskas om pläteringen skrapas av vid upprepad mätning. Med en kopplingslåda undviks sådana problem.*

Batteribackup

Denna enhet förser vissa kretsar med ström när batteriet kopplas bort eller byts. Exempel på sådana kretsar är radions stöldskydd och stationsminne eller styrmodulens adaptiva minne.

Startkablar med överspänningsskydd

Styrmodulen kan förstöras om oskyddade startkablar används för att starta bilen. Ladda därför batteriet innan du försöker starta bilen. Dålig jordning, urladdat batteri, dålig startmotor eller oskyddade startkablar kan vara förödande.

Vakuummätare

Alltid lika användbar. Vakuummätaren känner av motorns undertryck från en anslutning till insugningsröret. Den kan användas för felsökning av en mängd olika tändlägesfel och mekaniska problem som t.ex. ett blockerat avgassystem eller vakuumläckage **(se bild 2.14)**.

Vakuumpump

Vakuumpumpen kan användas för att kontrollera de olika vakuumstyrda enheter som finns i dagens bilar **(se bild 2.15)**. Det går att tillverka en enkel vakuumpump av en cykelpump. Vänd på tätningsbrickan i pumpen och den kommer att suga i stället för att pumpa.

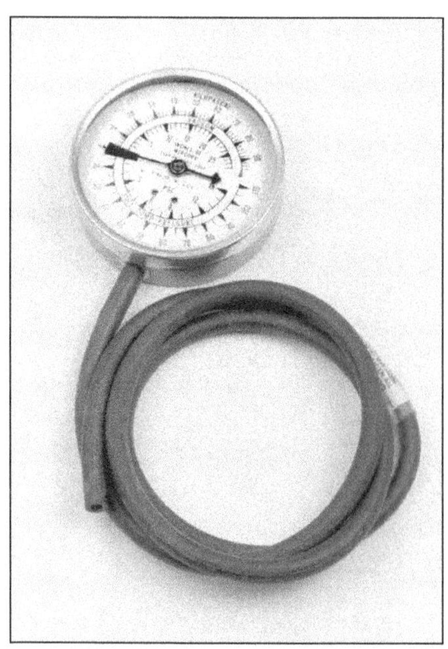

2.14 **Vakuummätare**

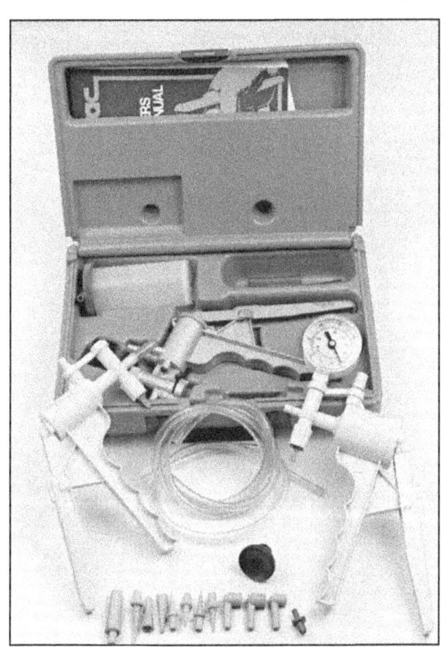
2.15 Vakuumpumpsats

Gnistprovare

Praktisk att fästa på en tändkabel när du ska testa gnistan. Om du skulle hålla tändkabeln själv i ett modernt tändningssystem kunde du få en ganska ordentlig stöt när du testar gnistan. Förutom att ditt hår bli krulligt kan även tändningssystemet ta skada.

Bladmått

Användbart för att mäta olika avstånd i vevaxelns vinkelgivare, gasspjällbrytaren, tändstiften, ventilspel etc.

Hårtork eller varmluftpistol och kylspray

Användbart för att försiktigt värma eller kyla komponenter under test när du misstänker att ändringar i temperaturen kan påverka felet.

Tändkabeltång

Idealisk för att bryta tätningen mellan kabel och tändstift och därefter koppla loss kabeln

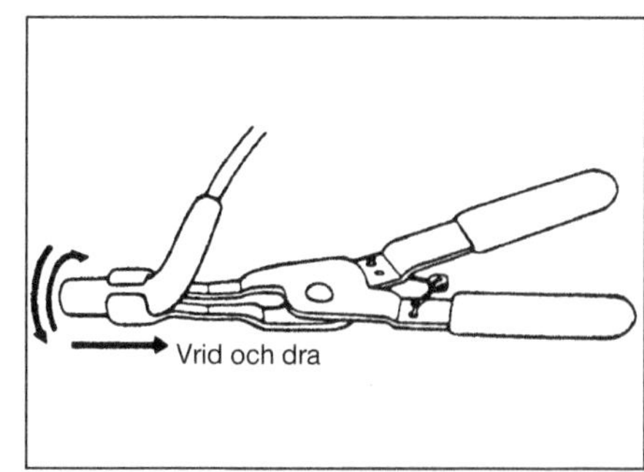

2.16 Tändkabeltång

(se bild 2.16). Hur många gånger har inte tändkablar gått sönder när de lossats?

Testenhet för baktryck i avgassystemet

Används för att kontrollera baktrycket i avgassystemet. Skruvas in i hålet i syresensorn. Om det föreligger baktryck är avgassystemet blockerat.

Anteckningar

Kapitel 3
Allmänna testmetoder

Innehåll

Allmän feldiagnos

1 Inledning

1 Som grundregel är det bra att genomföra kontrollerna under "Grundläggande inspektion" innan man kopplar in felkodsläsaren. Anledningen är enkel - elektriska fel och högspänningsfel kan påverka styrmodulens funktion och ge felaktigt resultat och orsaka mycket förvirring. Du bör därför vänta med undersökningen av styrmodulen och dess givare tills du har löst elektriska problem och högspänningsproblem.

2 Felkodsläsaren kan användas till följande ändamål:

a) Hämta felkoder
b) Radera felkoder
c) Test med löpande data (en del system, t.ex. Ford EEC IV har inte denna funktion)
d) Test av aktiverare och komponenter
e Servicejusteringar
f) Kodning av styrmodul
g) Playbackfunktion

Begränsningar i självdiagnossystem

3 En del kanske ser felkodsläsaren som en patentlösning på hur man löser alla elektroniska problem i bilen, men att hämta och läsa felkoder är bara början. I stor utsträckning är det programvaran i styrmodulen som ger informationen som ska avkodas av felkodsläsaren. Felkodsläsaren gör det bästa den kan av den här informationen men om det finns funktioner eller data som inte är programmerade att skickas till den seriella porten kommer de inte heller att nå felkodsläsaren.

4 I många fall kan felkodsläsaren ge lösningen på svåra problem mycket snabbt. Däremot kan den inte ge alla svar eftersom en del fel (inklusive fel på styrmodulen) kanske inte ens genererar en felkod.

5 Det finns ett antal klara begränsningar i självdiagnossystem:

a) Biltillverkaren bestämmer vilka data som kan hämtas från motorstyrningssystemet med en felkodsläsare, vilket sätter gränser för självdiagnossystemets och felkodsläsarens möjligheter.
b) Ingen kod lagras om inte styrmodulen är konstruerad för att känna att en viss komponent är defekt.
c) Elektriska fel eller högspänningsfel kan ge upphov till falska felsignaler.
d) En defekt komponent kan ge upphov till en eller flera falska signaler.
e) Felkoden indikerar en defekt krets och inte nödvändigtvis den defekta komponenten. Exempelvis kan en kod som indikerar fel på kylvätskans temperaturgivare ha uppstått genom fel på själva givaren, kablaget eller en korroderad kontakt. Kontrollera alltid kablage och anslutningar och testa komponenten noga innan du dömer ut den som defekt.
f) Givare som har begränsat mätområde eller vars område ligger fel. Om givaren håller sig inom sina parametrar, även om parametrarna är fel för vissa driftsförhållanden, ges ingen felkod. T.ex. genererar kylarvätskans temperaturgivare en felkod om kretsen bryts eller om den kortsluts. Om givaren däremot fastnat på varm- eller kallmotstånd kanske inte en felkod genereras även om motorn kommer att gå dåligt på vissa temperaturer.
g) En del system kan registrera periodiska fel, andra inte.
h) I vissa fall förloras en felkod i det ögonblick tändningen slås av. Med denna typ av system måste man vara försiktig när man hämtar koder eller undersöker fel.
i) Äldre bilar med enkla bränsleinsprutningssystem har inte självdiagnos.

Testa självdiagnossystem

6 Lyser varningslampan (om det finns någon) för motorstyrningssystemet när motorn går? Om den gör det betyder det att det finnsfel på systemet.
Observera: *Kom ihåg att en del lampor inte tänds för fel som betraktas som småfel.*

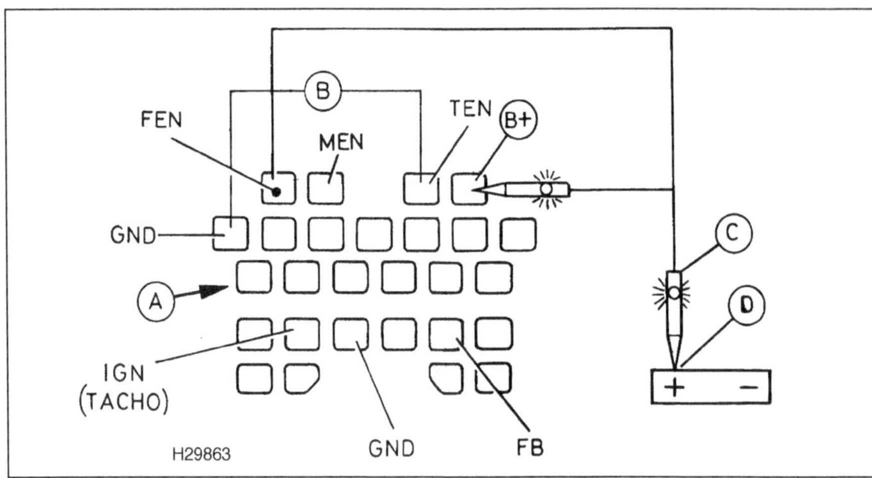

3.1 Hämta blinkkoder med hjälp av en lysdiod och en bryggkabel kopplade till ett diagnostikuttag

A 17-stifts diagnostikuttag
B Brygga
C Lysdiodlampa
D Batteriets positiva pol

7 Anslut en felkodsläsare till diagnostikuttaget och hämta felkoder från styrmodulen. Hämta annars blinkkoder, om det går **(se bild 3.1)**. *Det är särskilt viktigt att du följer instruktionerna för felkodsläsaren vid anslutning till systemet och hämtning av felkoder. De flesta driftsproblem som uppstår vid användning av felkodsläsarutrustning orsakas av att instruktionerna inte följts.*

8 När felkoderna har hämtats, jämför med felkodstabellen och identifiera felet. Se kapitel 4 och följ respektive testmetod för komponenter för att kontrollera kretsarna. Några system kan hjälpa till vid diagnosen genom att generera koder som talar om varför signalen bedöms som felaktig.

Exempel

a) Avbrott på (hög) givarkrets eller kortsluten (låg) givarkrets: Det typiska spänningsområdet för en givare med 5,0 V referensmatning kan ligga mellan 0,2 och 4,8 V. Om styrmodulen upptäcker en spänning på över 4,8 V vid den högre gränsen eller under 0,2 V vid den lägre gränsen genereras en felkod. Orsakerna till hög spänning är ofta en defekt komponent, ett avbrott, ingen 5,0 V spänningsmatning eller också kan referensspänningen vara kortsluten till batteriets pluspol. Orsakerna till låg spänning kan vara en defekt komponent eller kortslutning till jord.

b) Om aktiverarsignalen är hög är felet förmodligen en bruten drivarkrets eller också sluter inte styrmodulen kretsen genom att leda kretsen genom rätt stift till jord.

c) Om aktiverarsignalen är låg är signalen kortsluten till jord eller också får komponenten ingen spänningsmatning.

d) Orimliga koder skapas med referens till andra kretsar och där styrmodulen inte har något konkret bevis på ett fel. Till exempel, om motorvarvtalet ökar, gasspjällägesgivaren indikerar ett vidöppet gasspjäll men luftflödesmätaren inte signalerar någon ökning av luftflödet kan luftflödesmätarens signal anses orimlig och en felkod genereras.

e) Fel av typen "Utanför området" lagras om signalspänningen eller strömmen inte förändras som väntat över tiden.

f) Adaptiva fel uppstår vanligen på grund av yttre påverkan. Exempelvis kan ett bränsleblandningsproblem påverka syresensorns adaptiva styrning, och ett kylsystemfel kan ge överhettning, vilket i sin tur kan påverka den adaptiva knackregleringen.

9 Om inte felkoderna lagras, använd felkodsläsaren för att studera löpande data för givare och aktiverare (finns inte i alla system) eller följ de symptombaserade feldiagnosdiagrammen i Haynes teknikbok 'Motorstyrning och bränsleinsprutningssystem'.

10 Använd en felkodsläsare för att hämta felkoder från styrmodulen via diagnostikuttaget.

11 När felkodsläsaren har hämtat ett eller flera fel behövs oftast flera test. Reparatören kan använda felkodsläsaren om möjligt – annars kan det vara nödvändigt med en digital multimätare eller ett oscilloskop för att göra hela diagnosen. Jämför komponenttesten i kapitel 4. Du behöver testspecifikationer och särskilda kretsscheman för att genomföra dessa test korrekt.

12 Om mer än en kod genereras är det vanligen bäst att korrigera felen i den ordning de uppstått.

13 När felkodsläsaren har upptäckt ett fel kan en visning av löpande data var ett snabbt sätt att upptäcka var felet kan ligga. Dessa data kan anta olika former, men består huvudsakligen av elektriska data för spänning, frekvens, arbetscykel, temperatur etc. som kommer från olika givare och aktiverare. Olyckligtvis finns inte dessa data tillgängliga i alla bilar, och löpande data fungerar heller inte om du arbetar med blinkkoder. Eftersom data sänds i realtid kan du genomföra olika test och värdera reaktionen från den aktuella givaren eller aktiveraren.

14 Att utlösa systemets aktiverare som t.ex. tomgångsventilen, relän och insprutare via styrmodulen är ett utmärkt sätt att testa aktiveraren och tillhörande kabelkrets. Om aktiveraren fungerar när den drivs på detta sätt är det inte mycket fel på kretsen eller komponenten.

15 Det kan också gå att testa signalerna från olika givare (fast bara där systemets programvara tillåter). Ett vanligt test är att kontrollera signalen från gasspjällägesgivaren då gasspjället öppnas helt och sedan stängs helt. Om potentiometern bedöms vara defekt blir det registrerat som fel. Om detta senaste test görs på en Volvo genererar styrmodulen en kod som kvitterar ett positivt resultat. Om ingen kod genereras indikerar detta ett fel på komponenten eller kretsen.

16 Använd ett oscilloskop eller en digital multimätare för att kontrollera spänningar över den defekta komponenten. Se testerna av givare och aktiverare i kapitlet för det aktuella systemet.

17 Använd en ohmmätare för att kontrollera den defekta kretsen med avseende på kablage och komponentmotstånd. Se testerna av givare och aktiverare i kapitlet för det aktuella systemet.

18 En defekt krets måste testas och alla fel som upptäcks måste repareras. Radera sedan felkoden med felkodsläsaren och sök i styrmodulen för att se om andra felkoder fortfarande finns kvar.

19 Det är viktigt att komma ihåg att styrmodulen bara lagrar fel som rör de elektroniska kretsarna. Mekaniska fel, fel i sekundära tändningskretsen eller bränsleproblem kräver fortfarande klassiska metoder för diagnos.

20 Provkör bilen och gå igenom självdiagnossystemet igen för att se om det finns något fel. Om fel har återkommit, eller finns kvar, behövs fler test.

Viktigt: *Testmetoder kan omfatta rutiner som kan resultera i att ytterligare felkoder kan lagras. Kom ihåg detta under tester och radera alla felkoder så snart testet är genomfört.*

Periodiska fel

21 Ryck lätt i komponentkablaget, värm försiktigt med hårtork eller kyl med kylspray.

22 Periodiska fel kan vara ytterst svåra att upptäcka och ofta behövs en provkörning, då felkoder och löpande information kan lagras då felet uppstår. Provkör bilen med felkodsläsare eller digital multimätare inkopplad.

23 Om bilens styrmodul och din felkodsläsare har ett playbackläge, koppla in felkodsläsaren och ta en provtur tillsammans med en medhjälpare. Be medhjälparen starta playbackfunktionen när felet uppstår. Kör tillbaka till verkstaden och gör en utvärdering av data.

Grundläggande inspektion

Oberoende av vilka problem som uppstått är det mycket viktigt att genomföra följande undersökningar innan du börjar med diagnostikutrustningen. Ofta upptäcks felet under dessa undersökningar. Gör en visuell undersökning av detaljerna nedan. Alla undersökningar gäller inte alla motorer. Denna grundläggande inspektion kan spara mycket värdefull diagnostid. Slitna men elektriskt friska delar kan mycket väl klara ett test.

- ☐ Kontrollera oljenivån och oljans tillstånd. Underhåll av smörjningssystemet är särskilt viktigt för motorns välmående. I bilar med katalysator kan förorenad olja, ett dåligt underhållet vevhusventilationssystem eller en oljebrännande motor förorena katalysatorn mycket snabbt.
- ☐ Kontrollera vevhusventilationens tillstånd. Rengör alla filter (det finns minst ett till luftrenaren), avlägsna all lagrad smuts och se till att slangarna är rena.
- ☐ Kontrollera kylvätskenivån och kylsystemets skick. Det är mycket viktigt för motorns funktion att kylsystemet underhålls noga. En motor som går för kall eller blir överhettad resulterar i att en felaktig signal från kylvätskans temperaturgivare går till styrmodulen, vilket kan resultera i fel utsignaler. Detta påverkar tändlägesinställning och bränsleinsprutning.
- ☐ Kontrollera den automatiska växellådans oljenivå och tillstånd, om aktuellt.
- ☐ Kontrollera batteriets tillstånd.
- ☐ Kontrollera att batteriet sitter säkert.
- ☐ Kontrollera elektrolytnivån i batteriet.
- ☐ Kontrollera batterikablar och anslutningar.
- ☐ Kontrollera fläktremmar och andra remmars tillstånd och spänning.
- ☐ Kontrollera laddningssystemets funktion (generatorn med tillhörande kablage).
- ☐ Ta ur tändstiften och kontrollera deras skick.
- ☐ Kontrollera att elektrodavståndet är korrekt.
- ☐ Kontrollera att du har rätt typ av tändstift för bilen.
- ☐ Kontrollera tändkablarna noggrant. En defekt på en tändkabel kan du inte alltid se med blotta ögat. Om du inte vet hur gamla kablarna är, eller om olika kablar har använts, byt ut hela tändkabelsatsen.
- ☐ Om tändkablarna är i gott skick, kontrollera att kablarna ligger riktigt i motorrummet. Se till att ingen tändkabel ligger i kontakt med metall eller någon motordel som blir varm. Tändkablar ska böjas så lite som möjligt. Om en kabel viks kan ledaren brytas eller isoleringen gå sönder.
- ☐ Lossa fördelarlocket och kontrollera dess skick, utvändigt och invändigt. Titta noga efter sprickor eller spår.
- ☐ Titta noga efter olja eller vatten som kan ha läckt in genom en defekt tätning.
- ☐ Kontrollera rotorarmen och mät motståndet. Var försiktig när du lossar rotorarmen, för den kan vara limmad till fördelaraxeln.
- ☐ Kontrollera tändspolen. Titta noga efter sprickor eller spår.
- ☐ Undersök alla anslutningar, kontakter och uttag visuellt. Håll utkik efter rost och lösa eller felplacerade kablar.
- ☐ Kontrollera luft- och vakuumsystem för läckor. Kontrollera vakuumslangar, insugningsrör, luftkanaler, oljestickans tätning och ventilkåpans packning.
- ☐ Kontrollera luftfiltret. Byt ut det om det är det minsta smutsigt.
- ☐ Undersök avgassystemet.
- ☐ Kontrollera bränslesystemets tillstånd. Kontrollera om det finns något bränsleläckage, eller slitna eller defekta komponenter. Om det finns en gasanalysator med kolvätemätare, för den över bränslerör och slangar. Om kolvätemätaren gör en registrering kan komponenten läcka bränsle eller ångor.
- ☐ Kontrollera gasspjällets hus med avseende på kolbeläggning – ofta ett resultat av ångor från vevhusventilationen. Kolet kan göra att gasspjället fastnar eller inte kan stängas, vilket kan resultera i problem med tomgången eller med vanlig körning. Rengöringsvätska för förgasare avlägsnar kolet mycket effektivt.

Mätningar med digital multimätare

2 Inledning

Rent allmänt är mätningar med voltmätare eller oscilloskop (där detta rekommenderas) tillförlitligare och avslöjar fler fel än ohmmätaren. Spänningsmätningar är mycket mer dynamiska och utförs med spänning till kretsen. Ett fel avslöjas mycket lättare på detta sätt än om kretsen är defekt och komponentens motstånd mäts. I en del fall kan du genom att koppla loss en kontakt bryta den defekta anslutningen, och testet av kretsen kan då ge signalen "inget fel".

Dessutom kan oscilloskopet avslöja en del fel som inte går att upptäcka med voltmätaren. Oscilloskopet är särskilt användbart för att analysera och visa komplexa signaler och vågformer från givare och aktiverare. Även om dagens små, portabla, handhållna oscilloskop för under 25 000 kronor överskrider hemmamekanikers budget, bör varje verkstad som vill utföra feldiagnoser seriöst ha ett.

Med tanke på den här bokens inriktning testar vi dock de flesta komponenter med referens till en voltmätare. Motstånds- och kontinuitetsmätningar med ohmmätare beskrivs i gällande fall.

Den bästa anslutningspunkten för att mäta data från givare och aktiverare är styrmodulens kontakt (ansluten). Alla ingående och utgående signaler går genom styrmodulens kontakt och dynamisk testning i denna punkt anses ge noggrannare resultat. Av olika anledningar är det dock inte alltid möjligt att mäta vid kontakten, men då kan ändå andra mätpunkter ge tillfredsställande resultat.

3.2 Hur man mäter likspänning – kretsens multikontakt ansluten och tändningen påslagen. Anslut minussonden till jord på motorn och tryck plussonden förbi isoleringen tills den kommer i kontakt med anslutningen

3 Spänningstest

Anslutning av utrustningssonder

1 Anslut voltmätarens minussond till jord på motorn.

2 Använd plussonden för att mäta spänningen över olika komponenters kontakter **(se bild 3.2 och 3.3)**.

Observera: *Den här metoden ger acceptabla mätresultat i de flesta fall och vi rekommenderar den för icke-professionella mekaniker.*

3 Alternativt kan du, om möjligt, dra tillbaka isoleringen på styrmodulens kontakt och mäta över kontakterna.

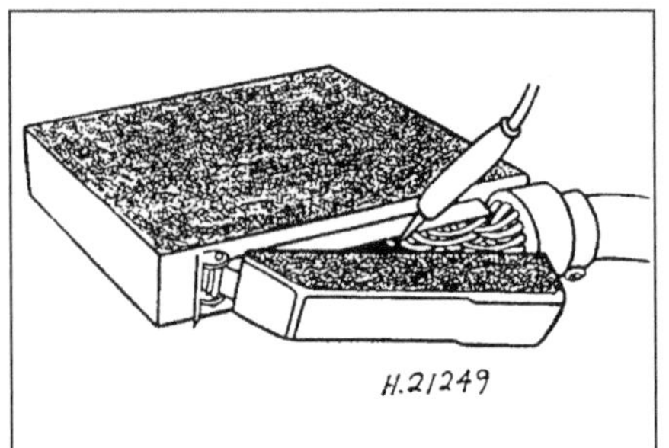

3.3 Mätning vid styrmodulkontakterna

4 Om du inte kommer åt styrmodulens kontakter, anslut då en kopplingslåda mellan styrmodulen och kontakten. Det är det bästa sättet och du riskerar inte att skada styrmodulens kontakter. Annars kan du koppla loss kontakten och mäta på den. **Observera:** *Den här metoden används huvudsakligen för att mäta spänningsmatningen till styrmodulen samt jordanslutningarnas tillstånd.*

Varning: Se varning nr 3 (i referensavsnittet i slutet av boken) innan du kopplar loss styrmodulens kontakt.

5 Om inte annat anges, koppla voltmätarens minussond till jord på motorn och mät över aktuell komponentkontakt med voltmätarens plussond.

Varning: Tryck ALDRIG in runda testsonder i kvadratiska eller avlånga anslutningar. Det kan leda till skador på anslutningen och dålig kontakt. Ett delat stift är rätt form för att sätta i kvadratiska eller avlånga anslutningar.

6 I den här boken visar kontaktschemat vanligen anslutningarna på kabelhärvans kontakt. När du mäter på kontakten ("baksondering") (eller tittar på givarens anslutningar) blir anslutningarna omvända.

Mätning av matnings- eller referensspänning

7 Med tändningen på och den aktuella komponentens kontakt ansluten eller losskopplad (se aktuell testbeskrivning), mät batterispänning eller referensspänningen 5,0 V.

Mätning av signalspänning

8 Slå på tändningen. Den aktuella komponentens kontakt ska vara ansluten. Mät batterispänningen eller referensspänningen 5,0 V.

Jordning

Metod 1

9 Slå på tändningen och anslut komponentens kontakt. Kontrollmät att spänningen inte överstiger 0,25 V i jordningspunkten. Spänningen i jordningspunkten eller de flesta givares returanslutning bör ligga under 0,15 V.

Metod 2

10 Komponentens kontakt ska vara ansluten eller losskopplad (se beskrivning av testet). Sätt voltmätarens plussond till matnings- eller referensstiftet och minussonden till jord eller returanslutningen. voltmätaren ska ange matningsspänning om jordanslutningen är i ordning.

4 Motståndstest

1 Slå av tändningen och se till att kretsen eller komponenten inte får någon matning.

Varning: Tryck ALDRIG in runda testsonder i kvadratiska eller avlånga anslutningar. Det kan leda till skador på anslutningen och dålig kontakt. Ett delat stift är rätt form för att sätta i kvadratiska eller avlånga anslutningar.

2 Motståndet och kontinuiteten i de kretsar som börjar vid styrmodulen mäts lämpligast vid styrmodulens kontakt när den har lossats **(se bild 3.4)**.

Varning: Se varning nr 3 (i referensavsnittet i slutet av boken) innan du kopplar loss styrmodulens kontakt.

3 Det går även att använda kopplingslådan för motståndsmätningar, dock måste den anslutas till styrmodulens kontakt, **inte** direkt till styrmodulen.

4 Om motståndsmätningen för en givarkrets görs vid styrmodulens kontakt och givaren har en gemensam anslutning till styrmodulen (antingen genom 5,0 V referensspänning och/eller en jordförbindelse) måste kontakterna till de andra komponenterna kopplas loss. Om du inte gör på detta sätt kan mätningarna bli felaktiga.

5 Vid mätning av en krets kontinuitet eller jord ska motståndet vara mindre än 1,0 ohm.

6 När du mäter motståndet i en komponent mot specifikationerna, var försiktig med utvärderingen av komponentens tillstånd utifrån testresultatet. En komponent vars motstånd ligger utanför specifikationerna behöver inte vara defekt. Omvänt gäller att en komponent som ligger innanför parametrarna ändå kan vara defekt. Ett avbrott eller ett mycket högt motstånd tyder dock nästan säkert på ett fel. Ohmmätaren är mer användbar för att kontrollera kontinuitet i kretsar än för felsökning på komponenter **(se bild 3.5)**.

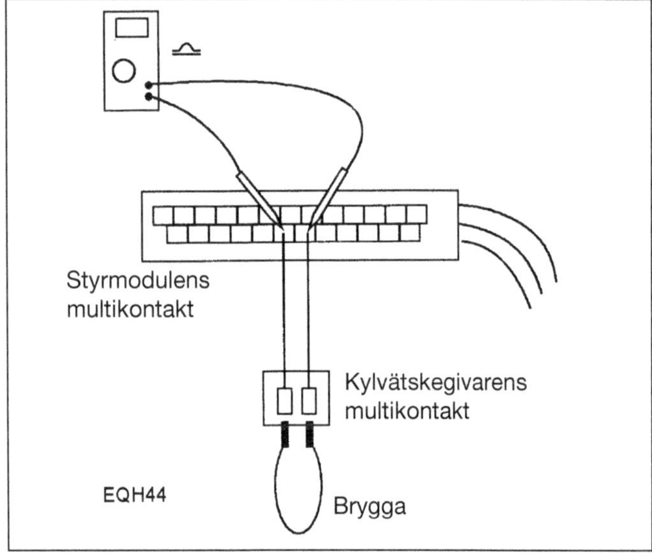

3.4 Mät kontinuiteten mellan styrmodulen och en komponents kontakt

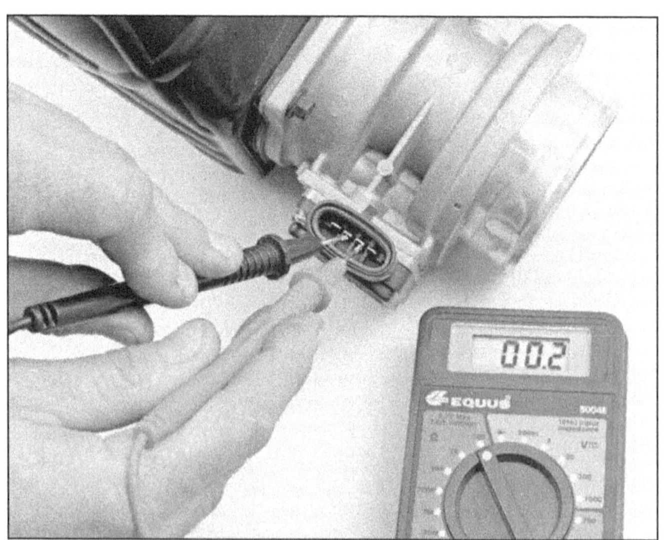

3.5 Motståndsmätning: Lossa kretsens multikontakt, välj rätt motståndsområde och anslut sonderna till de två kontakterna du testar

3.6 Anslut kamvinkelmätarens plussond till spolens minusstift 1 och mät arbetscykeln vid olika varvtal

3.7 Användning av en potentiometer för simulering av varierande motstånd för temperaturgivare. Spänningsändringar kan mätas och motorn kan luras att tro att den är kall när den är varm och tvärtom. Detta innebär att det går att simulera körningar med kall motor fastän den är varm utan att behöva vänta på att den ska svalna

Kontroll av en krets kontinuitet

Observera: *Dessa tester kan användas för att snabbt kontrollera kontinuiteten mellan de flesta komponenter (givare och aktiverare) och styrmodulen.*

7 Koppla från styrmodulens kontakt.

Varning: Se varning nr 3 (i referensavsnittet i slutet av boken) innan du kopplar loss styrmodulens kontakt.

8 Koppla loss komponentens kontakt och gör en temporär brygga mellan stift 1 och 2 i kontakten.

9 Identifiera de två stift på styrmodulen som är kopplade till den komponent som testas.

10 Anslut en ohmmätare mellan de två stiften på styrmodulens kontakt. Ohmmätaren ska visa 0 ohm.

11 Om det inte finns någon kontinuitet, kontrollera förbindelsen mellan stiftet i styrmodulens kontakt och givarens kontakt.

12 Flytta en av ohmmätarens sonder till jord. Ohmmätaren ska nu visa ett oändligt högt motstånd.

13 Om komponenten är ansluten till styrmodulen med mer än två stift, upprepa mätningen med två stift i taget.

5 Mätning av arbetscykler

Anslut utrustningssonder

1 Anslut kamvinkelmätarens minussond till jord.

2 Använd plussonden för att mäta signalstiftet på aktuell komponent **(se bild 3.6)**.

3 Genomför arbetscykeltest vid olika motortemperaturer, vid motorstart och vid olika varvtal.

Möjliga problem med kamvinkelmätare

Användning av kamvinkelmätare vid starttester av tändsystemets primärsida

4 Även om det går att få meningsfulla mätvärden med de flesta moderna digitala multimätare är vissa inte helt tillförlitliga vid test av tändningen när motorn dras runt med startmotorn. Detta inträffar när mätarens egna förinställda tröskelnivå är för hög för att känna av signalen från den komponent som ska testas.

Användning av kamvinkelmätare vid test av bränsleinsprutare

5 När insprutaren är strömstyrd eller av "peak and hold"-typ är det mycket få kamvinkelmätare som kan registrera den mycket snabba jordningen eller strömstyrningen som sker under pulsens andra del. Mätaren registrerar eventuellt bara inkopplingskretsen på ca. 1,0 eller 2,0 %. Det betyder att avläsningen av insprutarens arbetscykel blir felaktig och inte motsvarar den totala pulsbredden i kretsen.

6 Variabel potentiometer

1 Det kan vara bra att genomföra vissa tester med motorn vid olika driftstemperaturer. Om mekanikern måste vänta tills motorn är kall, når normal arbetstemperatur eller någon annan önskad temperatur, kan mätningarna ta mycket lång tid. De flesta styrmoduler och en del elektroniska tändsystem känner av motorns temperatur via spänningen från kylvätskans temperaturgivare.

Observera: *I sällsynta fall tas denna signal från oljetemperaturgivaren i tillägg till, eller i stället för kylvätskans temperaturgivare.*

2 Om en variabel potentiometer kopplas till olje- eller kylvätsketemperaturgivarens stift **(se bild 3.7)** går det att simulera motorns samtliga arbetstemperaturer. En enkel potentiometer kan du köpa i en elektronikbutik. Även om en enkel potentiometer duger till de flesta test rekommenderar vi att du använder en potentiometer av högsta kvalitet. En kvalitetspotentiometer ger en bättre känsla och bättre kontroll över motorn. Potentiometern bör ha ett mätområde på 1 till 100 000 ohm.

Testmetoder

3 Följ dessa instruktioner när du ska använda potentiometern tillsammans med antingen olje- eller kylvätsketemperaturgivaren:

a) Koppla loss kylvätsketemperaturgivarens kontakt.
b) Anslut potentiometern mellan de två stiften.
c) Justera potentiometern till ett motstånd som motsvarar den temperatur du vill simulera.
d) Variera motståndet och genomför de test som behövs.
e) På vissa motorer kommer testen att generera felkoder, och dessa koder måste raderas när du är färdig med testen.
f) Se avsnittet med felkoder i respektive kapitel för instruktioner om hur du raderar felkoderna.

Anteckningar

Kapitel 4
Test av komponenter

Innehåll

1 Inledning

1 Du hittar en beskrivning av varje komponents funktion i boken *"Bilens motorstyrning och bränsleinsprutningssystem"* (bok nr 3390 från samma förlag).

2 Kontrollera följande innan du börjar testa någon av motorstyrningskomponenterna:

a) Undersök komponentens kontakt med avseende på korrosion och skador.

b) Kontrollera att kontaktstiften i kontakten är ordentligt inskjutna och har god anslutning till komponenten ***(se bild 4.1)****.*

Observera: *Testmetoderna som beskrivs här är allmänt hållna och bör användas tillsammans med kretsschema och mätvärden för det aktuella systemet.*

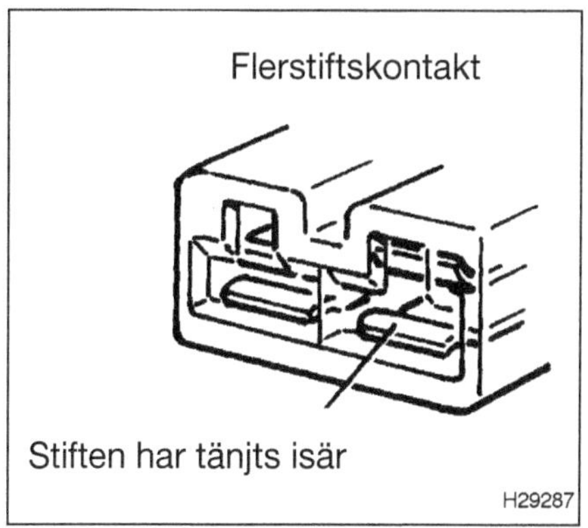

4.1 Kontrollera att stiften i kontakten sitter ordentligt, att de inte är skadade och att de har god kontakt med komponenten som testas

Test av primärutlösare

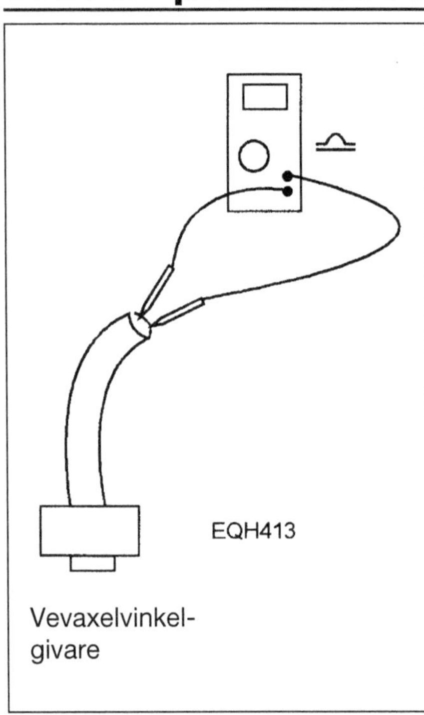

4.2 Mätning av vevaxelvinkelgivarens motstånd

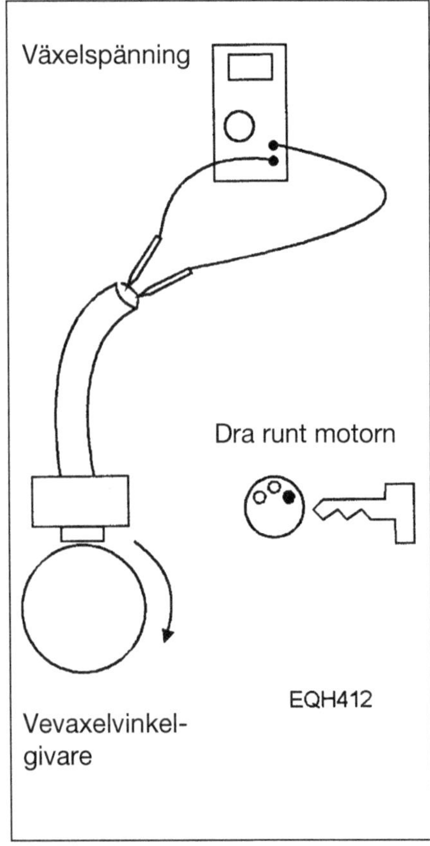

4.3 Kontroll av vevaxelvinkelgivaren med en växelströmsvoltmätare

2 Allmän information

1 Primärutlösaren är den viktigaste givaren i systemet. Innan styrmodulen får någon signal från primärutlösaren sker ingen aktivering av bränslepumprelä, tändning eller bränsleinsprutning. Testmetoder för de olika huvudtyperna av primärutlösare beskrivs nedan.

2 Om primärutlösaren är defekt kommer motorn antingen att misstända eller inte starta alls. Både tändning och bränsleinsprutning bryts eller störs, beroende på hur allvarligt felet är.

Observera: *Några nyare system använder cylinderidentifieringen eller kamaxelsignalen om primärutlösaren är defekt, och systemet går över i nödläge ("linka-hem"-läge).*

3 Några system genererar en felkod om tändningen slås på och motorn inte vill starta (t.ex. Vauxhall och VW/Audi-gruppen). Koden raderas från minnet så snart motorn har startat.

3 Vevaxelns induktiva vinkelgivare

Observera: *Dessa test gäller normalt också varvtals- och övre dödpunktsgivaren samt de induktiva givarna i fördelaren.*

1 Ta bort vevaxelns vinkelgivare från motorblocket och undersök om det finns rost och andra skador på ändytan.

2 Mät motståndet i vinkelgivaren **(se bild 4.2)** och jämför med data för den testade bilen. Vinkelgivarens motstånd brukar ligga mellan 200 och 1500 ohm.

Observera: *Även om motståndet ligger inom angivna gränsvärden betyder det inte att vinkelgivaren kan generera en acceptabel signal.*

3 Kontrollera vevaxelns vinkelgivarsignal **(se bild 4.3)**:

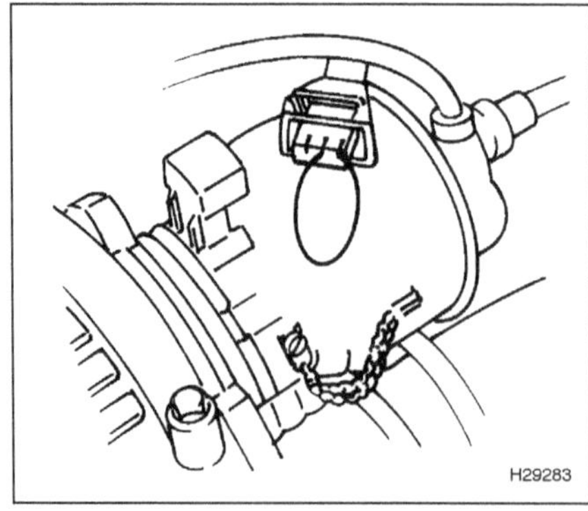

4.4 Sammankoppla temporärt anslutningarna 0 och - vid Halleffektgivarens kontakt för att se om någon gnista bildas

a) Om det är möjligt, använd ett oscilloskop vid kontrollen. Du bör få ett minimivärde för växelspänningen mellan topparna på ca. 4,0 till 5,0 V. Kontrollera att topparna är jämna. Om en eller flera toppar är mycket mindre än de andra tyder det på en saknad eller skadad lob på vinkelgivaren.

b) Lossa vinkelgivarens eller styrmodulens kontakt.

Varning: Se varning nr 3 (i referensavsnittet i slutet av boken) innan du kopplar loss styrmodulens kontakt.

c) Anslut en voltmätare (AC) mellan de två kontakterna som leder till vevaxelns vinkelgivare. Om det finns en tredje ledare är det en skärm.

d) Dra runt motorn. Spänningen ska vara minst 0,7 V omräknat växelströmsvärde. De flesta bra givare kan dock ge över 1,4 V omräknat växelströmsvärde.

Observera: *AC-voltmätaren visar att det åtminstone kommer en signal från vevaxelns vinkelgivare. AC-signalen är dock en medelvärdessignal och pekar inte entydigt på en skadad vinkelgivarlob eller att sinussignalen från givaren har korrekt form.*

4 I vissa system är vevaxelns vinkelgivare skärmad. Gör så här för att testa skärmen:

a) Leta upp givarens kontakt eller lossa styrmodulens kontakt **(se varning 3 i referensavsnittet)**.

b) Anslut en ohmmätare till ett av givarens stift.

c) Anslut ohmmätarens andra sond till skärmens stift. Motståndet ska vara oändligt.

d) Flytta den ena sonden från skärmens stift till jord. Även nu ska motståndet vara oändligt.

Observera: *Skärmen till vevaxelns vinkelgivare är i vissa system ansluten till givarens jord. I så fall kommer ohmmätaren att visa ett lågt värde, vilket är normalt. Se kretsschema för det aktuella systemet för att se hur givaren är ansluten.*

4 Halleffektgivare

Snabbt test (motorn avstängd, ingen gnista)

Observera: *I de flesta system är Halleffektgivaren monterad i fördelaren. I vissa VW/Audi-system är den dock monterad vid svänghjulet.*

1 Lossa tändspolens tändkabel från mittanslutningen och anslut den till topplocket via en gnistprovare.

2 Lossa Halleffektgivarens kontakt från fördelaren **(se bild 4.16)**.

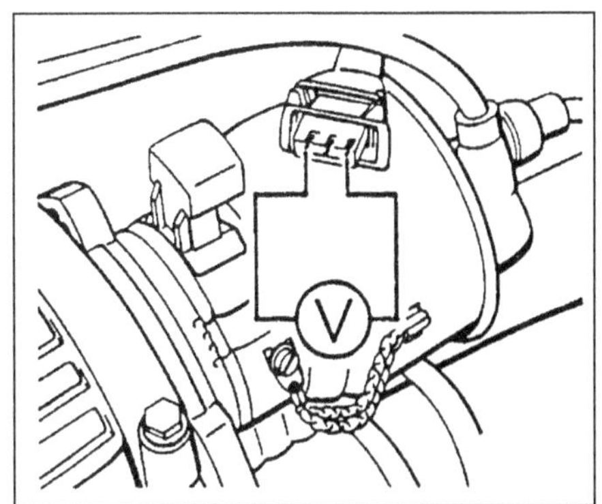

4.5 Anslut en voltmätare mellan Halleffektgivarens (+)- och (-)-anslutningar. Du bör få en spänning på på 10 till 12 V

3 Identifiera matnings-, signal- och jordstiften.

4 Lägg tillfälligt en brygga mellan (O) och (-) stiften på Halleffektgivarens kontakt **(se bild 4.4)**.

5 Om en gnista hoppar från gnistprovaren till topplocket kan spolen och förstärkaren ge gnista och då är Halleffektgivaren i fördelaren misstänkt.

Test av Halleffektgivaren

6 Rulla tillbaka gummidamasken på Halleffektgivarens kontakt.

7 Anslut voltmätarens minussond eller kamvinkelmätarens sond till jord.

8 Identifiera matnings-, signal- och jordstiften.

9 Anslut voltmätarens plussond eller kamvinkelmätarens sond till ledaren som är ansluten till Halleffektgivarens signalstift.

10 Låt motorn gå på tomgång.

11 Mätningen ska ge en genomsnittlig spänning på ca. 7 till 8 V eller en arbetscykel på ca. 35%.

Ingen signalspänning eller arbetscykelsignal

12 Stäng av motorn och ta bort fördelarlocket.

13 Se till att Halleffektgivarens kontakt är ansluten och tändningen på. Anslut voltmätarens plussond till signalstiftet **(se bild 4.5)**.

14 Dra runt motorn långsamt. När spåret i skivan går in och ut ur luftgapet ska spänningen växla mellan 10 – 12 V och 0 V.

Ingen signalspänning

15 Koppla från Halleffektgivarens kontakt från fördelaren.

16 Kontrollera stift 2 (O) på kontakten med voltmätarens plussond. Spänningen ska vara mellan 10 och 12 V.

17 Om det inte finns någon spänning från styrmodulen till stift 2, kontrollera signalkablarna mellan Halleffektgivaren och styrmodulen. Kontrollera spänningen vid styrmodulen. Om styrmodulen inte får någon spänning, kontrollera spänningsmatningen till styrmodulen och modulens jordanslutningar. Om matning och jord är i ordning kan styrmodulen vara defekt.

18 Kontrollera matningen (10 till 12 volt) vid Halleffektgivarens stift 1 (+). Om matningen inte är bra måste du kontrollera förbindelsen mellan Halleffektgivaren och styrmodulen.

19 Kontrollera jordförbindelsen vid Halleffektgivarens stift 3 (-).

20 Om spänningsmatningen och jordningen är i ordning är Halleffektgivaren i fördelaren misstänkt.

5 Vevaxelns optiska vinkelgivare

1 Vi rekommenderar ett oscilloskop för mätning av vevaxelns optiska vinkelgivarsignal. Det går dock att läsa av en grundläggande signal med en digital multimätare som kan mäta spänning, arbetscykler, varvtal och frekvens.

Observera: *Nissan och andra tillverkare i Fjärran Östern använder ofta den optiska fördelaren som primärutlösare.*

2 Ta bort fördelarlocket och kontrollera att rotorplattan inte är skadad eller excentrisk. Lossa om nödvändigt fördelaren från motorn och rotera axeln. Axeln och rotorplattan måste rotera jämnt och utan avvikelser eller förskjutningar **(se bild 4.6)**.

Mätning av utsignalen för varvtalet

Observera: *Kontakterna för vevaxelns vinkelgivare och styrmodulen måste vara anslutna till varandra under utsignaltest. Följande test är allmänt hållna och kan behöva vissa ändringar på grund av olika kopplingsscheman.*

Observera: *För att mäta varvtals- och övre dödpunktssignalen kan du också lossa fördelaren från motorn, slå på tändningen och rotera fördelaraxeln för hand.*

3 Anslut testutrustningen mellan stift 1 (jord eller signalretur) och 4 (varvtalssignal) på vevaxelns vinkelgivarkontakt eller mellan motsvarande stift på styrmodulens kontakt.

4.6 Optisk vinkelgivare för vevaxeln. Pilen pekar på den optiska pickupen. Under pickupen sitter rotorplattan med två rader med urtag. Det stora rektangulära urtaget indikerar läget för cylinder nr 1

4 Dra runt eller starta motorn.

5 Med ett oscilloscop ska du få en högfrekvent fyrkantvåg som växlar mellan 0 och 5 V. Kontrollera att topparna är jämna. En eller flera toppar som är mycket mindre än de andra kan betyda ett skadat spår.

6 En digital voltmätare ska indikera växling mellan 0 och 5 V. Mätarna för arbetscykel, varvtal och frekvens ska indikera utsignal. Varvtalssignalens frekvens ska vara högre än signalen för övre dödpunkt (se nedan).

7 Om det inte finns någon signal eller om den är mycket svag eller oregelbunden, kontrollera spänningsmatningen till stift 2 på vevaxelns vinkelgivare och jordningen på stift 1. Kontrollera också att givaren är oskadad och ren, att fördelaren och rotorplattan är hela samt att kablaget mellan signalstiftet på vinkelgivaren och stiftet på styrmodulen är intakt.

8 Kör motorn på olika varvtal och titta efter en signal som motsvarar kraven för vevtestet.

Mätning av utsignalen för övre dödpunkt

Observera: *Kontakterna för vevaxelns vinkelgivare och styrmodulen måste vara anslutna till varandra under utsignaltest.*

9 Anslut testutrustningen mellan stift 1 (jord eller signalretur) och 9 (signalen för övre dödpunkt) på vevaxelns vinkelgivarkontakt eller mellan motsvarande stift på styrmodulens kontakt.

10 Dra runt eller starta motorn.

11 Med ett oscilloscop ska du få en högfrekvent fyrkantvåg som växlar mellan 0 och 5 V. Kontrollera att topparna är jämna. En eller flera toppar som är mycket mindre än de andra kan betyda ett skadat spår.

12 En digital voltmätare ska indikera växling mellan 0 och 5 V. Mätarna för arbetscykel, varvtal och frekvens ska indikera utsignal. Frekvensen för signalen för övre dödpunkt ska vara lägre än frekvensen för varvtalssignalen (se ovan).

13 Om det inte finns någon signal eller om den är mycket svag eller oregelbunden, kontrollera spänningsmatningen till stift 2 på vevaxelns vinkelgivare och jordningen på stift 1. Kontrollera också att givaren är oskadad och ren, att fördelaren och rotorplattan är hela samt att kablaget mellan signalstiftet på vinkelgivaren och stiftet på styrmodulen är intakt.

14 Kör motorn på olika varvtal och titta efter en signal som motsvarar kraven för vevtestet.

Skärmning av vevaxelns vinkelgivare

15 Signalkablarna till vevaxelns vinkelgivare är skärmade mot radiostörningar. Leta rätt på kontakten eller lossa styrmodulens kontakt. Anslut en ohmmätarsond till ledaren som är ansluten till givarens signalstift 3 och anslut den andra sonden till jord. Motståndet ska vara oändligt.

16 Flytta den första sonden till ledaren som är ansluten till givarens signalstift 4. Även nu ska motståndet vara oändligt.

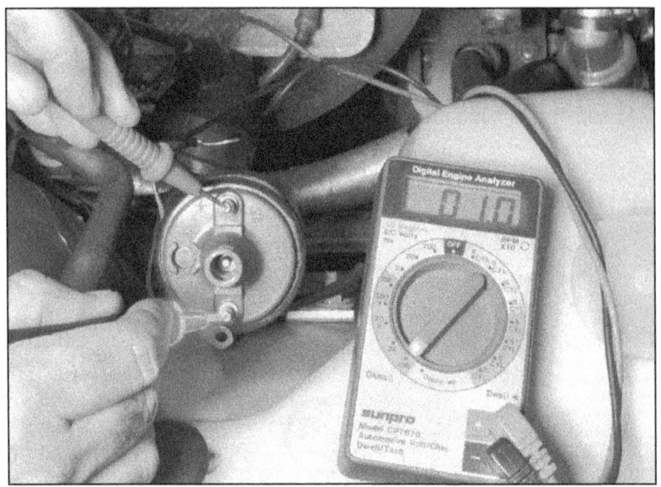

4.7 **Kontrollera primärmotståndet. Ta loss lågspänningskablarna och anslut ohmmätaren mellan plus- och minusanslutningarna**

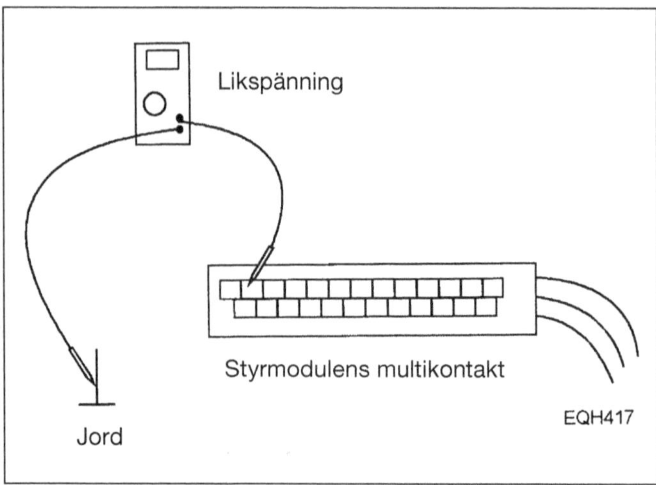

4.8 **Dra ut styrmodulens kontakt och kontrollera spänningen vid stiften till tändningens primärsida**

Test av primärtändning

6 Primärtändning

Allmänt

1 Kontrollera att spolens anslutningar är felfria. Ta bort smuts och rester från sprayer. Sådana rester drar annars åt sig smuts, vilket kan leda till överslag av högspänningen.

2 Undersök tändspolen vad gäller tecken på överslag, i synnerhet vid högspänningens anslutning.

Observera: *Trots att följande mätningar kan genomföras med en vanlig kamvinkelmätare är ett oscilloskop lämpligare för att analysera de signaler som genereras på tändningens primärsida.*

Testmetoder för stillastående motor

3 Anslut kamvinkelmätarens minussond till motorns jord.

4 Anslut kamvinkelmätarens plussond till spolens minusanslutning (normalt markerad med 1 i Boschsystem).

5 Dra runt motorn med startmotorn.

6 En arbetscykel på ca 5 till 20% ska visas. Om det finns en tillfredsställande primärsignal ger tändsystemets primärkrets (inklusive primärutlösaren) en acceptabel signal.

Primärsignal saknas (intern förstärkare)

7 Kontrollera primärsidans utlösningssignal (se test av vevaxelns vinkelgivare respektive Halleffektgivare).

8 Slå på tändningen.

9 Kontrollera att plusanslutningen (15) får spänning. Om ingen spänning finns, kontrollera ledningarna till matningen (vanligtvis tändningslåset, men det kan även vara något av reläerna).

10 Kontrollera att spolens minuspol - (1) får spänningsmatning. Om det inte finns någon spänning, ta bort ledaren till spolens minusstift - och kontrollera igen. Om spänningen fortfarande är noll, kontrollera spolens primärmotstånd **(se bild 4.7)**.

11 Med normal batterispänningsnivå, kontrollera om det finns en kortslutning till jord vid spolstift 1 och tillhörande stift på styrmodulen. Om det fortfarande inte finns någon spänning kan spolen vara defekt.

12 Lossa styrmodulens kontakt och kontrollera att det finns normal batterispänning vid rätt stift på kontakten **(se bild 4.8)**. Om det inte finns någon spänning, kontrollera förbindelsen mellan spolens stift 1 och tillhörande stift på styrmodulen.

Varning: Se varning nr 3 (i referensavsnittet i slutet av boken) innan du kopplar loss styrmodulens kontakt.

13 Om kablaget är i ordning, kontrollera spänningsmatningen till styrmodulen och modulens jordanslutning. Om testet inte visar några fel är styrmodulen misstänkt. Prova dock med en ny tändspole innan du byter ut styrmodulen.

14 Om det är ett brytarlöst tändsystem, upprepa testerna på den andra eller tredje spolen. Anslutningen till styrmodulen skiljer sig mellan olika system.

Primärsignal ej tillgänglig (separat extern förstärkare)

15 Kontrollera primärsidans utlösningssignal (se test av vevaxelns vinkelgivare respektive Halleffektgivare).

16 Slå på tändningen.

17 Kontrollera att det finns spänning vid spolens plusstift (15). Om spänningen är noll, kontrollera ledningarna till matningspunkten (vanligtvis tändningslåset eller ett av systemreläerna).

18 Kontrollera spänningen vid spolens minusstift (1). Om det inte finns någon spänning, ta bort ledaren till spolens minusstift och kontrollera igen. Om det fortfarande inte finns någon spänning kan spolen vara defekt **(se bild 4.4)**.

19 Om spänningen är lika med batterispänningen måste du undersöka om det finns en kortslutning mellan spolens stift nr 1 och förstärkaren. Om kablaget är i ordning kan förstärkaren vara defekt.

20 Lossa förstärkarens kontakt.

Varning: Se varning nr 3 (i referensavsnittet i slutet av boken) innan du kopplar loss kontakten.

21 Kontrollera spänningen vid det förstärkarstift som är kopplat till spolens stift 1 **(se bild 4.9)**. Om spänningen är noll, kontrollera

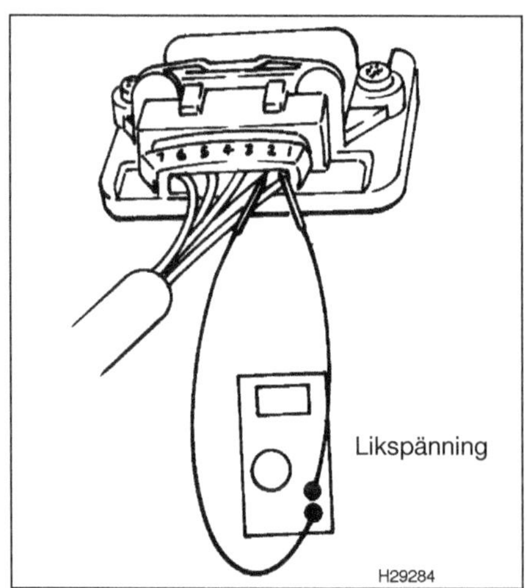

4.9 Kontroll av spänningen vid förstärkaranslutningen (1) som är kopplad till tändspolens stift 1. Voltmätarens minussond är kopplad till förstärkarens jordanslutning (2)

ledningarna mellan förstärkaren och tändspolens stift 1.

22 Kontrollera matningen till förstärkaren från tändningslåset.

23 Kontrollera förstärkarens jordning.

24 Dra runt motorn med startmotorn och kontrollera signalen från styrmodulen till förstärkaren.

Observera: *Trots att det är möjligt att använda en kamvinkelmätare för att kontrollera pulssignalen från styrmodulen till förstärkaren, kan det vara svårt att mäta upp signalen korrekt. Ett oscilloskop är bättre för detta ändamål.*

25 Om det inte finns någon styrsignal, kontrollera ledningarna mellan förstärkaren och styrmodulens tillhörande stift.

26 Om det inte kommer någon utsignal från förstärkaren trots att styrsignalen är OK kan förstärkaren vara defekt.

27 Om ledningarna är OK, kontrollera matningen till styrmodulen och jordningen. Om testet inte visar några fel kan styrmodulen vara defekt. Prova dock med en ny spole och/eller förstärkare innan styrmodulen byts ut.

28 Om det är ett brytarlöst tändsystem, upprepa testerna på den andra spolen. Anslutningen till styrmodulen skiljer sig mellan olika system.

Tester med motorn i gång

29 Anslut kamvinkelmätarens minussond till jord.

30 Anslut kamvinkelmätarens positiva sond till spolens minusstift – (normalt markerad med 1 i Boschsystem).

31 Kör motorn på tomgång och med olika varvtal. Anteckna de olika arbetscyklerna. Följande gäller som riktvärden:

Tomgång – 5 till 20%
2 000 varv/min – 15 till 35%
3 000 varv/min – 25 till 45%

32 Det är viktigt att arbetscykeln i procent ökar när varvtalet stiger. Om multimätaren kan mäta arbetscykeln i ms ska värdet inte ändras i någon större utsträckning när varvtalet ökar.

33 Kontrollera förstärkarens jordförbindelse.

34 Kontrollera att enheter som radiostörningsskydd eller stöldlarm inte har kopplats till spolens primära (–) stift.

35 Alla andra tester och detaljerade analyser av primärkretsen kräver ett oscilloskop.

Test av givare

7 Luftflödesmätare

Allmänt

1 Inspektera lufttrummorna från luftflödesmätaren och kontrollera om det finns sprickor, om den sitter dåligt eller om den är skadad. Ett större läckage i dessa trummor gör att motorn tänder, men att den stannar. Ett mindre läckage påverkar bränsleblandningen negativt.

2 Luftflödesmätaren kan vara av följande slag: klaff, KE-Jetronic, hettråd, hetfilm eller vortex, beroende på system.

Luftflödesmätare med klaff

3 Anslut voltmätarens minussond till motorns jord.

4 Identifiera matnings-, signal- och jordstiften.

5 Anslut voltmätarens plussond till den ledare som är kopplad till luftflödesmätarens signalstift **(se bild 4.10)**.

6 Demontera lufttrummorna.

7 Demontera luftfilterhuset så att luftflödesmätarens klaff enkelt kan öppnas och stängas.

8 Öppna och stäng luftflödesmätarens klaff flera gånger och kontrollera att den löper jämnt. Kontrollera också att klaffen inte fastnar.

9 Slå på tändningen utan att starta motorn. Du ska nu få en spänning på ca 0,2 till 0,3 V.

10 Öppna och stäng klaffen flera gånger. Kontrollera att spänningen ökar jämnt till max 4 till 4,5 V.

Observera: *Om du använder en digital voltmätare är det bra om den har funktionen stapeldiagram. Då kan du lättare se om spänningsökningen är jämn.*

11 Montera lufttrummorna igen. Starta motorn och låt den gå på tomgång. Du bör få en spänning på ca 0,5 till 1,5 V.

12 Öka gaspådraget till max. 3 000 varv/min. Du bör få en spänning på ca 2 till 2,5 V.

13 Snäpp upp gasspjället. Spänningen bör överstiga 3,0 V.

Ojämn utsignal

14 Ojämna signaler uppstår när spänningen ökar stegvis, faller till noll eller när kretsen bryts.

15 Om luftflödesmätarens utgångssignal är ojämn betyder detta vanligtvis att signalbanan är defekt eller att klaffen fastnar. Om så är fallet kan den enda lösningen vara att byta till en ny eller nyrenoverad luftflödesmätare.

16 Ibland ligger släpskon inte dikt an mot spåret på vissa punkter. Detta kan också ge en ojämn signal.

17 Ta bort luftflödesmätarens kåpa och kontrollera att släpskon hela tiden ligger an mot spåret, från helt öppet till helt stängt läge. Du kan försiktigt böja armen om den inte ligger an hela tiden.

Ingen signalspänning

18 Kontrollera att det finns 5,0 V referensspänning vid luftflödesmätarens matningsstift.

19 Kontrollera jord vid luftflödesmätarens jordningsstift.

20 Om matning och jordning är tillfredsställande, kontrollera signalförbindelsen mellan luftflödesmätaren och styrmodulen.

21 Om matning och/eller jordning är otillfredsställande, kontrollera ledningarna mellan luftflödesmätaren och styrmodulen.

22 Om kablaget till luftflödesmätaren är i ordning, kontrollera spänningsmatningen till styrmodulen och modulens jordanslutning. Om matning och jord är i ordning kan styrmodulen vara defekt.

Signal eller matningsspänning vid batterispänningsnivå

23 Leta efter en kortslutning till batteriets pluspol (+) eller en defekt matning.

Motståndsmätning

24 Anslut en ohmmätare till luftflödesmätarens signal- och matningsstift eller till dess signal- och jordstift.

25 Öppna och stäng luftflödesmätarens klaff flera gånger och kontrollera att motståndsförändringen är jämn. När klaffen flyttas långsamt från det stängda till det öppna läget kan motståndet ändras i ett antal steg. Detta är normalt. Om du mäter upp avbrott eller kortslutning i kretsen pekar detta på ett fel.

26 Vi tillhandahåller inte motståndsspecifikationer för luftflödesmätaren i denna bok. Det är viktigare att givaren fungerar korrekt än att motståndet ligger mellan vissa värden.

27 Anslut en ohmmätare mellan luftflödesmätarens jordnings- och matningsstift. Mätresultatet bör vara stabilt.

28 Byt luftflödesmätare om motståndet är oändligt eller noll mot jord. Se kommentarerna beträffande motståndsmätning i kapitel 3.

Luftflödesmätare KE-Jetronic

29 Luftflödesmätaren i KE-Jetronic-systemen sitter på mätenhetens givarplatta. När givarplattan rör sig varierar signalen på ungefär samma sätt som hos mätarna med klaff i andra system.

30 Den vanliga testmetoden, liksom motstånds- och spänningsvärdena, liknar de för mätarna med klaff som beskrivits ovan.

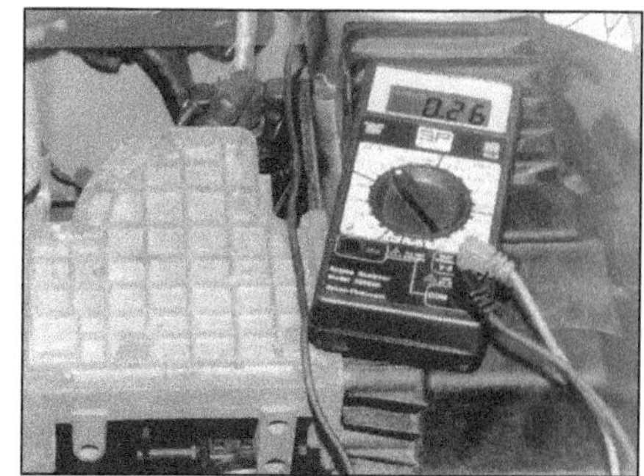

4.10 Spänningsmätning vid luftflödesmätaren

Luftflödesmätare med hettråd/hetfilm

Observera: *De angivna spänningarna är baserade på Opels motorer med 16 ventiler och Motronic 2.5. Liknande värden bör erhållas på övriga fordon.*

Signaltråd

31 Slå på tändningen. Spänningen bör vara ca 1,4 V.

32 Starta motorn och låt den gå på tomgång. Spänningen bör vara ca. 2.0 V.

33 Snäpp upp gasspjället så att det öppnas helt några gånger. Spänningen ska inte öka nämnvärt över tomgångsvärdet vid denna test utan belastning.

Observera: *Om du använder en digital voltmätare är det bra om den har funktionen stapeldiagram. Då kan du lättare se om spänningsökningen är jämn.*

34 Det är svårare att testa en utgång på en luftflödesmätare med hettråd eftersom det är omöjligt att simulera full belastning i verkstaden om du inte har tillgång till en "rullande landsväg". Dock räcker oftast följande test för att konstatera om signalutgången är OK.

35 Lossa lufttrumman så att hettråden kommer fram.

36 Slå på tändningen.

37 Använd ett plaströr och blås luft på hettråden.

38 Det bör vara möjligt att rita en spänningskurva även om denna kurva kommer att vara mycket brantare än när motorn är i gång.

Ojämn utsignal

39 Ojämn utgångssignal betyder att utgångsspänningen ökar stegvis eller minskar till noll V eller att det blir avbrott i kretsen.

40 Kontrollera luftflödesmätarens motstånd genom att koppla en ohmmätare till luftflödesmätarens stift 2 och 3. Motståndet bör vara ca 2,5 till 3,1 ohm.

41 Om luftflödesmätarens signal är ojämn när all matning och jordning är i ordning tyder detta på en defekt givare. I detta fall kan en ny eller renoverad givare vara det enda som hjälper.

Ingen signalspänning

42 Kontrollera batterimatningen till luftflödesmätarens stift 5.

4.11 Mätning av signal vid lufttemperaturgivare monterad i luftfilterhuset

43 Kontrollera jorden vid givarens stift 2.

44 Kontrollera jorden vid givarens stift 1.

45 Om matning och jordning är i ordning, kontrollera förbindelsen mellan luftflödesmätaren och styrmodulen.

46 Om matning och/eller jord är otillfredsställande, kontrollera ledningarna för matning och/eller jord från luftflödesmätaren och styrmodulen.

47 Om luftflödesmätarens kablage är i ordning, kontrollera alla matningar och jordanslutningar till styrmodulen. Om matning och jord är i ordning kan styrmodulen vara defekt.

Vortex luftflödesmätare

48 Luftflödesmätare av typen Vortex använder sig av insugningsrörets utformning för att skapa ett turbulent luftflöde. En radiosignal sänds genom luftflödet som går genom givaren. Variationer i turbulensen orsakar en frekvensförändring som mätaren sänder tillbaka till styrmodulen som ett mått på luftflödet in i motorn.

49 Identifiera och mät frekvensen på signalstiftet. Vid tomgång ska signalvärdet ligga på ca. 27 till 33 Hz. Frekvensen ökar med motorvarvtalet.

50 Identifiera och mät jordningsstiften. Spänningen ska vara lägre än 0,2 V.

51 Identifiera matningsstiftet. Spänningen ska vara lika med batterispänningen.

52 Förmodligen finns också lufttemperatur- och lufttrycksgivare i mätaren. Dessa givare bör testas enligt testmetoderna för respektive givare.

8 Lufttemperaturgivare med negativ temperaturkoefficient

1 De flesta lufttemperaturgivare som används i bilar har negativ temperaturkoefficient. En negativ temperaturkoefficientgivare består av en termistor där motståndet minskar allt eftersom temperaturen ökar. En positiv temperaturkoefficientgivare är en termistor där motståndet ökar med ökande temperatur.

2 Lufttemperaturgivaren kan sitta i inflödet till luftflödesmätaren eller i insugningsröret. Om lufttemperaturgivaren sitter i luftflödesmätaren delar givarna jord. Båda typerna av lufttemperaturgivare har två ledningar och de kontrolleras på liknande sätt.

3 Anslut voltmätarens minussond till motorns jord.

4 Identifiera signal- och jordstiften.

5 Anslut voltmätarens plussond till den ledare som är kopplad till lufttemperaturgivarens signalstift **(se bild 4.11)**.

6 Slå på tändningen utan att starta motorn.

7 Spänningen ska vara 2 till 3 V beroende på lufttemperaturen. Se tabellen för normala spänningar vid olika temperaturer.

8 Signalspänningen kommer att variera med hänsyn till lufttemperaturen vid luftflödesmätarens insug eller i insugningsröret. När lufttemperaturen i motorrummet eller insugningsröret stiger sjunker spänningen på signalen till styrmodulen. När motorn är kall kommer lufttemperaturen att motsvara den omgivande temperaturen. När motorn har startats ökar lufttemperaturen i motorrummet och i insugningsröret. Lufttemperaturen i insugningsröret kommer att öka till ca. 70° eller 80°C, vilket är mycket varmare än luften i motorrummet.

9 Vid tester vid olika temperaturer kan lufttemperaturgivaren värmas med en hårtork och kylas med kylspray, som säljs i elektronikbutiker. När lufttemperaturgivaren värms eller kyls kommer motstånd och spänning också att ändras.

Spännings- och motståndstabell för lufttemperaturgivare (normalvärden för givare med negativ temperaturkoefficient)

Temp. (°C)	Motstånd (Ohm)	Volt
0	*4 800 till 6 600*	*4,00 till 4,50*
10	*4000*	*3,75 till 4,00*
20	*2200 till 2800*	*3,00 till 3,50*
30	*1300*	*3,25*
40	*1000 till 1200*	*2,50 till 3,00*
50	*1000*	*2,50*
60	*800*	*2,00 till 2,50*
80	*270 till 380*	*1,00 till 1,30*
110		*0,50*
	Kretsen bruten	*5,0 ± 0,1*
	Kortslutn. till jord	*0*

10 Kontrollera att lufttemperaturgivarens spänning motsvarar korrekt temperatur. För detta behövs en termometer.

11 Starta motorn och låt den komma upp i normal arbetstemperatur. När motorn värms upp ska spänningen minska enligt tabellen.

12 Genomför följande tester och kontrollera om spänningen från temperaturgivaren är noll (matningsspänning saknas eller är kortsluten mot jord) eller vid 5,0 V spänningsnivå (givarens krets är bruten).

0 V vid givarens signalstift

13 Kontrollera att givarens signalstift inte är kortslutet mot jord.

14 Kontrollera att ledningarna mellan givaren och styrmodulen är intakta.

15 Om givarens ledningar fungerar men ingen spänning erhålls från styrmodulen, kontrollera alla spänningsmatningar och jordanslutningar till modulen. Om matning och jord är i ordning kan styrmodulen vara defekt.

5,0 V vid givarens signalstift

16 Om spänningen är 5,0 V betyder det brott på kretsen, vilket uppstår i ett eller flera av följande fall:

a) Förbindelsen mellan givarens (eller luftflödesmätarens) signalstift och givaren är bruten.

b) Det finns ett avbrott i givaren.

c) Givarens jord är bruten.

Signal eller matningsspänning vid batterispänningsnivå

17 Leta efter en kortslutning till batteriets pluspol (+) eller en defekt matning.

Motståndsmätningar

18 Motståndsmätningarna kan göras vid olika temperaturer varefter de jämförs med temperatur-/motståndstabellen. Se spänningsmätningarna ovan för uppvärmning och kylning av lufttemperaturgivaren.
19 När temperaturgivarens motstånd är inom angivna gränser för en kall motor (20°C) ska kylvätsketemperaturen också vara ± 5°C kring detta värde.

9 Lufttemperaturgivare med positiv temperaturkoefficient

1 Temperaturgivare med en positiv temperaturkoefficient finns i ett fåtal system (huvudsakligen i Renaultbilar). En sådan givare är en termistor där motståndet ökar med ökande temperatur.
2 Rent allmänt är testmetoden väldigt lik den för givarna med negativ temperaturkoefficient som beskrivits ovan, men med referens till värdena i tabellen nedan för givare med positiv temperaturkoefficient.

Spännings- och motståndstabell för lufttemperaturgivare (normalvärden för givare med positiv temperaturkoefficient)

Temp. (°C)	Motstånd (Ohm)	Volt
0	*254 till 266*	
20	*283 till 297*	*0,5 till 1,5*
40	*315 till 329*	*1,5*
	Kretsen bruten	*5,0 ± 0,1*
	Kortslutn. till jord	*0*

10 Atmosfärstryckgivare

1 Atmosfärstryckgivaren upptäcker skillnader i det atmosfäriska trycket och sänder informationen till styrmodulen i form av en spänning **(se bild 4.12)**.

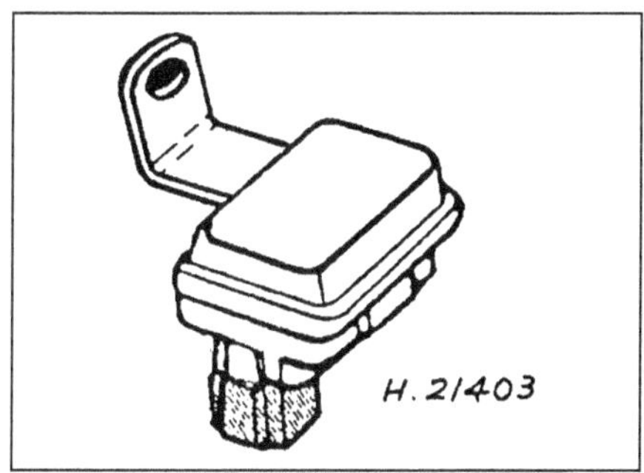

4.12 Atmosfärstryckgivare

2 Anslut oscilloskopets eller voltmätarens minussond till jord eller till jordstiftet 1 på atmosfärtryckgivaren.
3 Anslut oscilloskopets eller voltmätarens plussond till ledningen som går till givarens signalstift.
4 Slå på tändningen.
5 Spänningen som genereras vid havsnivå kan ligga på runt 3,0 V. Spänningen kan variera lite på grund av ändringar i lufttrycket och även när bilen körs på olika höjder. Spänningsförändringarna är sannolikt rätt små. Om spänningen inte ligger inom de förväntade gränserna måste du göra följande test.

Ingen signalspänning

6 Kontrollera referensspänningsmatningen (5,0 volt).
7 Kontrollera jordningen. Spänningen ska vara mindre än 0,25 V.
8 Om matning och jordning är i ordning, kontrollera signalförbindelsen mellan atmosfärtryckgivaren och styrmodulen.
9 Om matning och/eller jordning inte är i ordning, kontrollera förbindelsen mellan atmosfärtryckgivaren och styrmodulen.
10 Om atmosfärtryckgivarens kablage är i ordning, kontrollera all matning och jordning av styrmodulen. Om matning och jord är i ordning kan styrmodulen vara defekt.

Signal eller matningsspänning vid batterispänningsnivå

11 Leta efter en kortslutning till batteriets pluspol (+) eller en defekt matning.

11 CO-potentiometer

1 CO-potentiomentern kan vara placerad i luftflödesmätaren eller så kan det vara en separat givare som sitter i motorrummet eller är direkt ansluten till styrmodulen. Om CO-potentiomentern sitter i luftflödesmätaren delar givarna jord.
2 CO-potentiomentern är en treledargivare och testmetoderna är ganska lika oberoende av var potentiometern sitter.
3 CO-potentiomentern som sitter på styrmodulen kan inte testas separat, och om CO-potentiomentern går sönder måste hela styrmodulen bytas ut.
4 Rulla tillbaka gummidamasken på CO-potentiometerns kontakt (eller luftflödesmätarens kontakt om potentiometern sitter i luftflödesmätaren).
5 Anslut voltmätarens minussond till motorns jord.
6 Identifiera matnings-, signal- och jordstiften.
7 Anslut voltmätarens plussond till ledningen som är ansluten till signalstiftet på CO-potentiometern.
8 Hos de flesta system ska du få en spänning på ca. 2,5 V **(se bild 4.13)**.
9 Notera den exakta spänningen så att spänningen kan återställas till exakt det värdet efter testen.
10 Ta bort låshättan från justeringsskruven.
11 Vrid skruven växelvis åt båda hållen. Spänningen ska variera mjukt.

CO-potentiometerns spänning ändras inte under justeringen

12 Kontrollera att det finns 5,0 V referensspänning vid givarens matningsstift.
13 Kontrollera givarens jordning.
14 Om matning och jordning är i ordning, kontrollera förbindelsen mellan CO-potentiomentern och styrmodulen.
15 Om matning och/eller jord är otillfredsställande, kontrollera ledningarna för matning och/eller jord från CO-potentiometern eller luftflödesmätaren och styrmodulen.
16 Om kablaget till luftflödesmätaren är i ordning, kontrollera spänningsmatningen till styrmodulen och modulens jordanslutning. Om matning och jord är i ordning kan styrmodulen vara defekt.

12 Kylvätsketemperaturgivare med negativ temperaturkoefficient

1 De flesta temperaturgivare för kylvätska som används i bilar har negativ temperaturkoefficient. En sådan givare består av en termistor där motståndet minskar allt eftersom temperaturen ökar. En givare med positiv temperaturkoefficient är en termistor där motståndet ökar med ökande temperatur.
2 Rulla tillbaka gummidamasken på temperaturgivarens kontakt.
3 Anslut voltmätarens minussond till motorns jord.
4 Identifiera signal- och jordstiften.
5 Anslut voltmätarens plussond till ledningen som är ansluten till signalstiftet på temperaturgivaren.

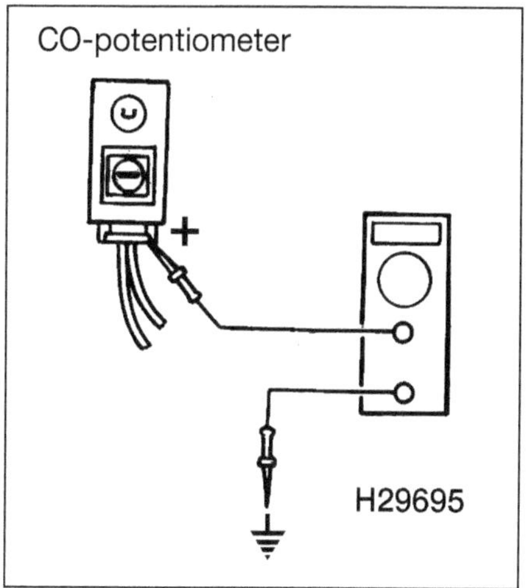

4.13 Kontroll av signalspänning vid CO-potentiometern – ett normalt värde är 2,5 V

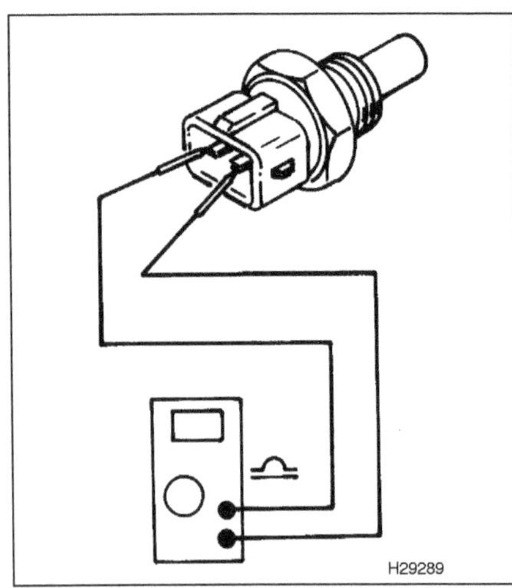

4.14 Kontroll av kylvätsketemperaturgivarens motstånd

6 Slå på tändningen med kall motor men starta inte motorn.

7 Spänningen ska vara 2 till 3 V beroende på lufttemperaturen. Se tabellen nedan för normala spänningar vid olika temperaturer.

Spännings- och motståndstabell för kylvätsketemperaturgivare (normalvärden för givare med negativ temperaturkoefficient)

Temp. (°C)	Motstånd (Ohm)	Volt
0	*4 800 till 6 600*	*4,00 till 4,50*
10	*4 000*	*3,75 till 4,00*
20	*2 200 till 2 800*	*3,00 till 3,50*
30	*1 300*	*3,25*
40	*1 000 till 1 200*	*2,50 till 3,00*
50	*1 000*	*2,50*
60	*800*	*2,00 till 2,50*
80	*270 till 380*	*1,00 till 1,30*
110		*0,50*
	Bruten krets	*5,0 ± 0,1*
	Kortslutn. till jord	*0*

8 Kontrollera att temperaturgivarens spänning motsvarar korrekt temperatur. För detta behövs en termometer.

9 Starta motorn och låt den gå på tomgång tills den når normal arbetstemperatur. När motorn värms upp ska spänningen minska enligt tabellen.

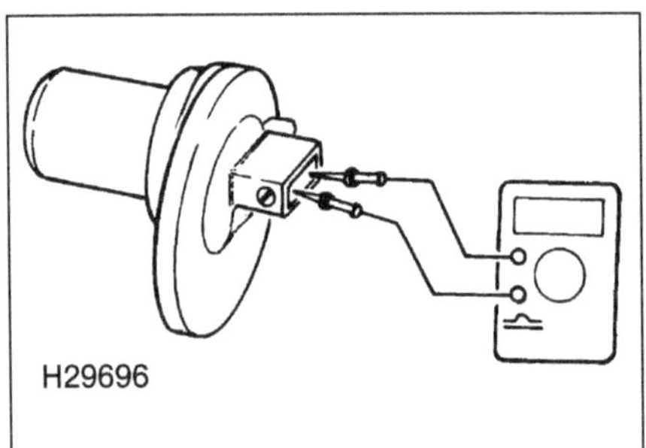

4.15 En ohmmätare ansluts mellan de två stiften för att mäta motståndet i den induktiva fasgivaren

10 Ett vanligt problem kan uppstå när temperaturgivaren avviker från sina normalvärden. Om givarens spänning normalt är 2 V kall och 0,5 V varm kan en defekt givare ge t.ex. 1,5 V kall och 1,25 V varm, vilket resulterar i att motorn blir svårstartad när den är kall och får en fetare blandning än normalt när den är varm. Detta ger dock ingen felsignal (om inte styrmodulen är programmerad att känna igen spänningsförändringar över tid) eftersom temperaturgivaren fortfarande rör sig inom de parametrar den är konstruerad för. Byt ut temperaturgivaren om det här felet uppstår.

Observera: *Ovanstående är ett exempel och är inte avsett att motsvara en verklig spänning i ett verkligt system under test.*

11 Genomför följande tester och kontrollera om spänningen från temperaturgivaren är noll (matningsspänning saknas eller är kortsluten mot jord) eller vid 5,0 V spänningsnivå (givarens krets är bruten).

0 V vid givarens signalstift

12 Kontrollera att givarens signalstift inte är kortslutet mot jord.

13 Kontrollera att ledningarna mellan givaren och styrmodulen är intakta.

14 Om givarens ledningar fungerar men ingen spänning erhålls från styrmodulen, kontrollera alla matningar och jordanslutningar till modulen. Om matning och jord är i ordning kan styrmodulen vara defekt.

5,0 V vid givarens signalstift

15 Om spänningen är 5,0 V betyder det brott på kretsen, vilket uppstår i ett eller flera av följande fall:

a) Förbindelsen mellan givarens signalstift och givaren är bruten.

b) Det finns ett avbrott i givaren.

c) Givarens jord är bruten.

Signal eller matningsspänning vid batterispänningsnivå

16 Leta efter en kortslutning till batteriets pluspol (+) eller en defekt matning.

Motståndstest med en ohmmätare

Givaren i fordonet

17 Ett motståndstest kan göras vid olika temperaturer **(se bild 4.14)**. Jämför med temperatur/motståndstabellen. När temperaturgivarens motstånd är inom angivna gränser för en kall motor (20°C) ska kylvätsketemperaturen också vara ±5°C.

18 Hänsyn måste tas till temperaturer utanför givaren eller kylvätskekanalen. Detta för att kylvätskans verkliga temperatur kan vara högre än givarens yttemperatur.

Givaren demonterad

19 Placera givaren i en lämplig behållare med vatten och mät vattentemperaturen.

20 Mät givarens motstånd och jämför värdet med tabellen.

21 Värm upp vattnet och mät temperaturen och givarens motstånd med jämna mellanrum. Jämför värdena med tabellen.

13 Kylvätsketemperaturgivare med positiv temperaturkoefficient

1 Dessa givare finns i ett litet fåtal system (huvudsakligen Renaultbilar). En sådan givare är en termistor där motståndet ökar med ökande temperatur.

2 Rent allmänt är testmetoden väldigt lik den för givarna med negativ temperaturkoefficient som beskrivits ovan, men med referens till värdena i tabellen nedan för givare med positiv temperaturkoefficient.

Spännings- och motståndstabell för kylvätsketemperaturgivare (normalvärden för givare med positiv temperaturkoefficient)

Temp. (°C)	Motstånd (Ohm)	Volt
0	*254 till 266*	
20	*283 till 297*	*0,6 till 0,8*
80	*383 till 397*	*1,0 till 1,2*
	Bruten krets	*5,0 ± 0,1*
	Kortslutn. till jord	*0*

14 Cylinderidentifiering – induktiv givare

1 Den induktiva fasgivaren som identifierar cylindrarna för den sekventiella insprutningen kan vara placerad i fördelaren eller på kamaxeln.

2 Mät motståndet i fasgivaren **(se bild 4.15)** och jämför med data för den testade bilen. Fasgivarens motstånd brukar ligga mellan 200 och 900 ohm.

3 Lossa fasgivarens eller styrmodulens kontakt.

Varning: Se varning nr 3 (i referensavsnittet i slutet av boken) innan du kopplar loss styrmodulens kontakt.

4 Koppla in en voltmätare mellan de två stiften på fasgivaren eller mellan motsvarande stift på styrmodulen.

Observera: *Du får ofta bättre resultat genom att ansluta till plusstiftet, även om signalen ofta kan hämtas på fasgivarens jord.*

5 Dra runt motorn. Du ska få en minimispänning på 0,40 V omräknat växelströmsvärde.

6 Återanslut fasgivarens eller styrmodulens kontakt.

7 Kontrollmät fasgivarsignalen och jordstiften.

8 Starta motorn och låt den gå på tomgång. Du ska få en minimispänning på 0,75 V omräknat växelströmsvärde.

15 Cylinderidentifiering - Halleffektgivare

1 Fasgivaren av Halleffekttyp som identifierar cylindrarna för den sekventiella insprutningen kan vara placerad i fördelaren eller på kamaxeln. Följande procedurer visar hur du testar givaren om den sitter i fördelaren. Testen för givare som sitter på kamaxeln följer samma linjer.

2 Anslut voltmätarens minussond eller kamvinkelmätarens sond till jord.

3 Identifiera matnings-, signal- och jordstiften. Stiften kan vara markerade så här:

0 Ut
+ Signal
- Jord

4 Anslut voltmätarens plussond eller kamvinkelmätarens sond till ledaren som är ansluten till Halleffektgivarens signalstift **(se bild 4.16)**.

Observera: *Kontakten måste vara ansluten.*

5 Låt motorn gå på tomgång. Du ska få en genomsnittlig spänning på 2,5 V eller en arbetscykel på ca. 50 %.

Ingen signalspänning eller arbetscykelsignal

6 Slå av motorn.

7 Ta av fördelarlocket.

8 Slå på tändningen med Halleffektgivaren ansluten.

9 Anslut voltmätarens plussond till signalstiftet.

10 Dra runt motorn långsamt. När spåret i skivan går in och ut ur luftgapet ska spänningen växla mellan 5,0 V och 0 V.

Ingen signalspänning

11 Koppla från Halleffektgivarens kontakt från fördelaren.

12 Kontrollera stift 2 (O) på kontakten med voltmätarens plussond.

13 Om det inte finns någon spänning från styrmodulen till stift 2, kontrollera signalkablarna mellan Halleffektgivaren och styrmodulen.

14 Kontrollmät spänningen vid styrmodulens stift.

15 Om styrmodulen inte får någon spänning, kontrollera spänningsmatningen till styrmodulen och modulens jordanslutningar. Om matning och jord är i ordning kan styrmodulen vara defekt.

16 Kontrollera matningen (5,0 volt) vid Halleffektgivarens stift 1 (+). Om matningen inte är bra måste du kontrollera förbindelsen mellan Halleffektgivaren och styrmodulen.

17 Kontrollera jordförbindelsen vid Halleffektgivarens stift 3 (–).

18 Om spänningsmatningen och jordningen är i ordning kan Halleffektgivaren i fördelaren vara defekt.

4.16 Halleffektfasgivare med lossad kontakt

16 Cylinderidentifiering och primärutlösare - fasgivarfel

1 Synkroniseringen av fasgivaren och primärutlösaren är särskilt viktig i sekvensinsprutningsmotorer. Om faserna är felsynkroniserade blir resultatet i bästa fall att motorn går över i nödläge med effektförlust och ökade avgaser. I värsta fall startar inte motorn.

2 Orsaker till fasfel:

a) Feljusterad fördelare. (Bara om fördelaren kan justeras.)
b) Lös kamrem (mycket vanligt fel).
c) Kamremmen inte i linje.

17 EGR-system

1 Huvudkomponenterna i ett EGR-system är EGR-ventilen med styrsolenoiden, lyftgivaren (vissa system) och vakuumslangarna (där sådana finns) **(se bild 4.17)**. Komponenterna kan testas enligt följande.

2 Kontrollera att vakuumslangarna är i gott skick.

3 Värm upp motorn till normal arbetstemperatur (vid alla av de följande testen).

Styrsolenoidtest

4 Starta motorn och låt den gå på tomgång.

5 Lossa styrsolenoidens kontakt.

6 Koppla in en temporär brygga från batteriets pluspol till matningsanslutningen på solenoiden.

7 Koppla in en temporär brygga från solenoidens jordanslutning till motorn.

8 EGR-ventilen ska aktiveras och tomgångskvaliteten försämras. Om inte kan EGR-ventilen eller styrsolenoiden vara defekt.

9 Kontrollera att styrventilens matning får spänning.

10 Kontrollera kontinuiteten i solenoiden och jämför med specifikationerna.

Lyftgivartest

11 Kontrollera givarens kontakt om möjligt eller anslut en kopplingslåda mellan styrmodulens kontakt och styrmodulen.

12 Anslut voltmätarens minussond till motorns jord eller till lyftgivarens jord.

13 Anslut voltmätarens plussond till ledningen som är ansluten till signalstiftet på lyftgivaren.

14 Starta motorn och låt den gå på tomgång. EGR-signalens spänning ska ligga på ca. 1,2 V.

15 Lossa kontakten från styrsolenoiden och lägg en brygga över solenoiden enligt beskrivningen ovan.

16 EGR-ventilen ska aktiveras fullt och styrsignalspänningen ska öka till över 4,0 V.

Observera: *Det är mycket svårt att öppna EGR-ventilen så att du får en mjuk signal från ventilen. Att kontrollera givarspänningen i helt stängt respektive öppet läge bör dock göra det möjligt att bedöma om givaren fungerar som den ska.*

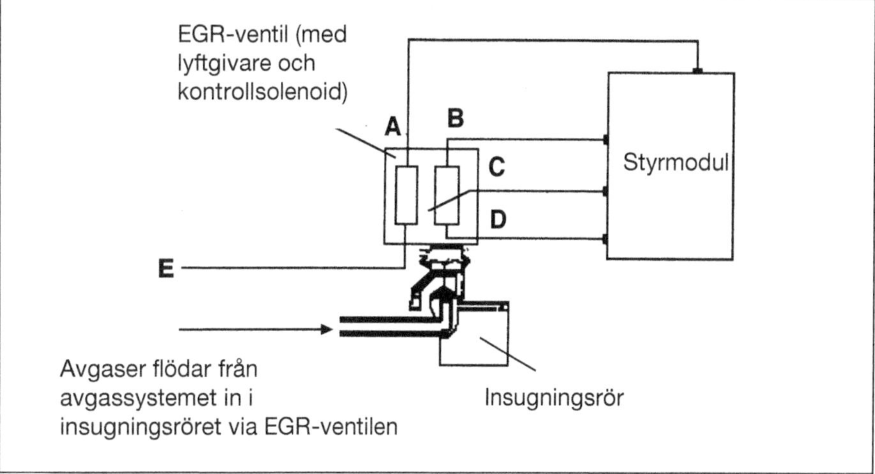

4.17 EGR-ventil med lyftgivare

A Kontrollsolenoid i jordläge
B Referensspänning till lyftgivaren
C Lyftgivarsignal
D Lyftgivarens jord via styrmodulen
E Matning från relä eller tändning

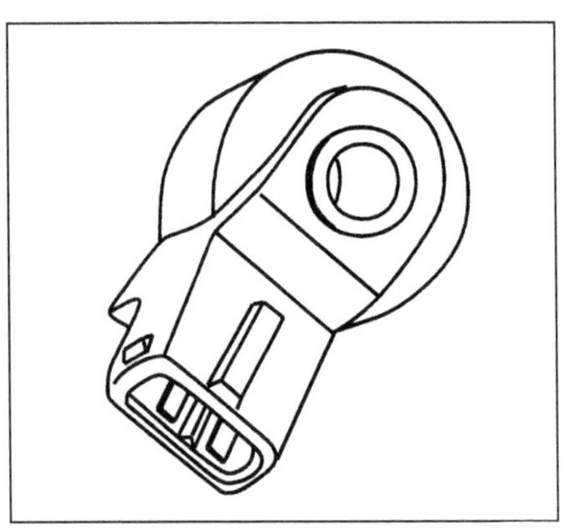

4.18 Vanlig knackgivare

17 Ta bort bryggan från solenoiden. Givarens signalspänning bör minska.
18 Om lyftgivarens signalspänning inte uppför sig som den ska gör du ett kontrolltest enligt följande beskrivning.

Felaktig utsignal

19 Ojämna signaler uppstår när spänningen ökar stegvis, faller till noll eller när kretsen bryts, och det tyder oftast på en defekt lyftgivare.
20 Kontrollera att spänningsmatningen är 5,0 V och att de andra ledarna är väl jordade.

Signal eller matningsspänning vid batterispänningsnivå

21 Leta efter en kortslutning till batteriets pluspol.

18 Bränsletemperaturgivare med negativ temperaturkoefficient

1 Bränsletemperaturgivaren mäter temperaturen på bränslet i bränsleröret.
2 De flesta bränsletemperaturgivare som används i bilar har negativ temperaturkoefficient. En negativ temperaturkoefficientgivare består av en termistor där motståndet minskar allt eftersom temperaturen (på bränslet) ökar.
3 Rent allmänt är testmetoden och testvärdena lika dem för kylvätskegivaren med negativ temperaturkoefficient som beskrivits ovan.

19 Bränsletemperaturbrytare – testmetod

1 Bränsletemperaturbrytaren slår till när bränsletemperaturen i bränsleröret överskrider ett bestämt värde.
2 Brytarens matning är normalt 12 V från en kopplad batterimatning.
3 Batterispänning finns på jordsidan av brytaren när temperaturen ligger under omkopplingstemperaturen.
4 När temperaturen ligger över omkopplingstemperaturen finns det ingen spänning på jordsidan av brytaren.

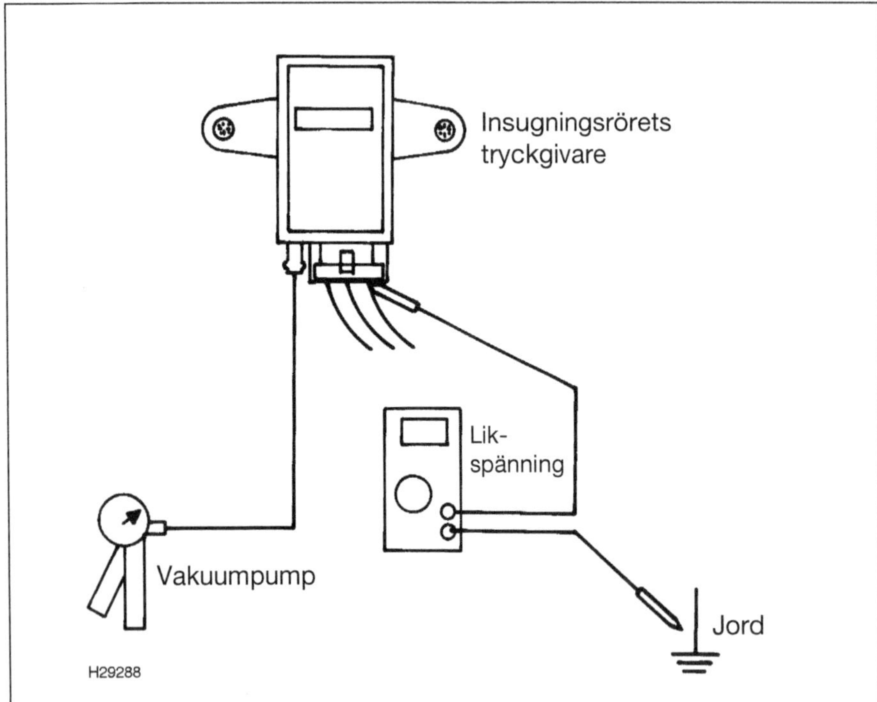

4.19 Användning av vakuumpump och voltmätare för att kontrollera signalen från insugningsrörets tryckgivare

20 Knackgivare

1 Anslut en sond från en induktiv tändinställningslampa till tändkabeln för cylinder nr 1 **(se bild 4.18)**.
2 Anslut en växelströmsvoltmätare eller ett oscilloskop till knackgivarstiften.
3 Låt motorn gå på tomgång.
4 Knacka lätt på motorblocket nära cylinder nr 1.
5 Tändningen ska sacka efter och en låg spänning ska visas på voltmätaren eller oscilloskopet.

21 Insugningsrörets tryckgivare – analog

Observera: *Där tryckgivaren sitter internt i styrmodulen går det inte att göra spänningstest.*

1 Använd en T-koppling för att ansluta en vakuummätare mellan insugningsröret och tryckgivaren.
2 Låt motorn gå på tomgång. Om motorns vakuum är lågt (mindre än 425 till 525 mm Hg), leta efter följande fel:
a) En vakuumläcka.
b) Ett skadat eller försvunnet vakuumrör.
c) En strypt vakuumanslutning.
d) Motorproblem, t.ex. kamremmen inte i linje.
e) Läckande tryckgivarmembran (inuti styrmodulen om tryckgivaren är intern).
3 Koppla loss vakuummätaren och koppla in en vakuumpump i stället.
4 Använd pumpen för att skapa ett undertryck i tryckgivaren på ca. 560 mm Hg.
5 Sluta pumpa. Tryckgivarmembranet ska hålla på undertrycket i minst 30 sekunder.

Endast extern tryckgivare för insugningsröret

6 Anslut voltmätarens minussond till motorns jord.
7 Identifiera matnings-, signal- och jordstiften.
8 Anslut voltmätarens plussond till ledningen som är ansluten till signalstiftet på insugningsrörets tryckgivare.
9 Lossa vakuumröret från insugningsrörets tryckgivare.
10 Anslut en vakuumpump till givaren **(se bild 4.19)**.
11 Slå på tändningen.
12 Jämför tändningsspänningen med specifikationen.
13 Skapa vakuum enligt tabellen och kontrollera att du får en mjuk spänningsförändring.
14 I turboladdade motorer blir resultaten lite annorlunda än vid vanliga motorer.

Ojämn utsignal

15 Ojämna signaler uppstår när spänningen ökar stegvis, faller till noll eller när kretsen bryts. Det tyder vanligtvis på en defekt tryckgivare. I så fall är en ny tryckgivare det enda alternativet.

Spänningstabell (signalstift)

16 Mätförhållanden - motorn avslagen, vakuum skapat med pump.

Vakuum	Volt	Tryck i insugningsrör (bar)
0	*4,3 till 4,9*	*1,0 ± 0,1*
200 mbar	*3,2*	*0,8*
400 mbar	*2,2*	*0,6*
500 mbar	*1,2 till 2,0*	*0,5*
600 mbar	*1,0*	*0,4*

Tillstånd	Volt (ca.)	Tryck i insugn.rör (bar)	Vakuum (bar)
Full gas	*4,35*	*1,0 ± 0,1*	*0*
Tändn. på	*4,35*	*1,0 ± 0,1*	*0*
Tomgång	*1,5*	*0,28-0,55*	*0,72-0,45*
Retardation	*1,0*	*0,20-0,25*	*0,80-0,75*

Turboladdade motorer

Tillstånd	Volt (ca.)	Tryck i insugn.rör (bar)	Vakuum (bar)
Full gas	*2,2*	*1,0 ± 0,1*	*0*
Tändn. på	*2,2*	*1,0 ± 0,1*	*0*
Tomgång	*0,2-0,6*	*0,28-0,55*	*0,72-0,45*

Turbotryck	Volt
0,9 bar	*4,75*

(Test av turbons laddningstryck)

Ingen signalspänning

17 Kontrollera referensspänningsmatningen (5,0 volt).

18 Kontrollera jordningen.

19 Om matning och jordning är i ordning, kontrollera kontinuiteten i signalförbindelsen mellan insugningsrörets tryckgivare och styrmodulen.

20 Om matning och/eller jordning inte är i ordning, kontrollera kontinuiteten i förbindelsen mellan tryckgivaren och styrmodulen.

21 Om kablaget till insugningsrörets tryckgivare är i ordning, kontrollera spänningsmatningen till styrmodulen och modulens jordning. Om matning och jord är i ordning kan styrmodulen vara defekt.

Signal- eller matningsspänning vid batterispänningsnivå

22 Leta efter en kortslutning till batteriets pluspol (+) eller en defekt matning.

Andra kontroller

23 Kontrollera om det finns överflödigt bränsle i vakuumfällan eller i slangen.

24 Kontrollera att vakuumslangen är hel och att det inte finns någon vakuumläcka.

25 Leta mekaniska fel, tändningsfel eller bränslefel som ger ett lågt motorvakuum.

22 Insugningsrörets tryckgivare - digital

1 Koppla in voltskalan på den digitala multimätaren.

2 Slå på tändningen.

3 Identifiera matnings-, signal- och jordstift.

4 Anslut voltmätarens plussond till ledningen som är ansluten till signalstiftet på insugningsrörets tryckgivare. Du bör få en spänning på ca 2,5 V. Om inte, jämför med testen *"Ingen signalspänning"* nedan.

5 Ställ in mätaren för 4-cylindriga motorer (oberoende av vilken motor du har).

6 Lossa vakuumslangen från insugningsrörets tryckgivare.

7 Anslut den digitala multimätarens plussond till signalstiftet och minussonden till jordningsstiftet.

8 Du ska få en indikation på 4 500 till 4 900 varv/min.

9 Koppla in en vakuumpump på tryckgivarens slanganslutning. Under följande test ska vakuumet hållas stadigt på alla trycknivåer.

Lägg på 200 mbar – varvtalet bör sjunka med 525 ± 120 varv/min.

Lägg på 400 mbar – varvtalet bör sjunka med 1 008 ± 120 varv/min.

Lägg på 600 mbar – varvtalet bör sjunka med 1 460 ± 120 varv/min.

Lägg på 800 mbar – varvtalet bör sjunka med 1 880 ± 120 varv/min.

10 Lätta på trycket. Varvtalet ska gå tillbaka till utgångsläget 4 500 till 4 900 varv/min.

11 Om du inte får dessa värden måste du byta ut tryckgivaren.

Ingen signalspänning

12 Kontrollera referensspänningsmatningen (5,0 volt).

13 Kontrollera jordningen.

14 Om matning och jordning är i ordning, kontrollera kontinuiteten i signalförbindelsen mellan insugningsrörets tryckgivare och styrmodulen.

15 Om matning och jordning inte är i ordning, kontrollera kontinuiteten i förbindelsen mellan tryckgivaren och styrmodulen.

16 Om kablaget till insugningsrörets tryckgivare är i ordning, kontrollera spänningsmatningen till styrmodulen och modulens jordning. Om matning och jord är i ordning kan styrmodulen vara defekt.

Signal eller matningsspänning vid batterispänningsnivå

17 Leta efter en kortslutning till batteriets pluspol (+) eller en defekt matning.

Andra kontroller

18 Kontrollera om det finns överflödigt bränsle i vakuumfällan eller i slangen.

19 Kontrollera att vakuumslangen är hel och att det inte finns någon vakuumläcka.

20 Leta mekaniska fel, tändningsfel eller bränslefel som ger ett lågt motorvakuum.

23 Oljetemperaturgivare med negativ temperaturkoefficient

1 De flesta oljetemperaturgivare som används i bilar har negativ temperaturkoefficient. En sådan givare består av en termistor där motståndet minskar allt eftersom temperaturen ökar.

2 Rent allmänt är testmetoden och testvärdena lika dem för kylvätskegivaren med negativ temperaturkoefficient som beskrivits ovan.

24 Servostyrningens tryckvakt

1 Servostyrningens tryckvakt är i funktion när ratten vrids **(se bild 4.20)**. Informationen från tryckvakten används för att öka motorns tomgångsvarvtal som kompensation för den extra belastning av motorn som servostyrningens pump utgör.

2 Matning till tryckvakten sker vanligen genom en kopplad batterimatning eller från styrmodulen.

3 Batterispänning finns på både matnings- och jordsida när hjulen står rakt fram.

4 När hjulen vrids finns det ingen spänning på jordsidan av brytaren.

Observera: *I vissa system är spänningen 0 när hjulen står rakt fram medan batterispänning erhålls så snart hjulen vrids.*

25 Gasspjällbrytare

Observera: *Följande tester gäller för en vanlig gasspjällbrytare med tre ledare. I vissa fall ansluts bara tomgångsbrytaren eller fullastbrytaren ensam. I andra fall finns det separata tomgångs- och fullastbrytare. På en del*

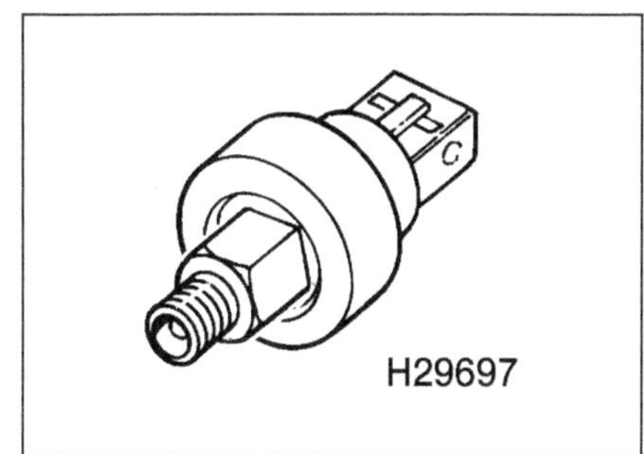

4.20 Tryckvakt för servostyrning

Rovermodeller sitter gasspjällbrytaren på gaspedalen. Oberoende av system kan de grundläggande testen göras på samma sätt.

Spänningsmätning

1 De tre ledarna till gasspjällbrytarens kontakt utgörs av jord, tomgångssignal och fullgassignal.
2 Anslut voltmätarens minussond till motorns jord.
3 Identifiera tomgångs-, fullgas- respektive jordningsstift.
4 Slå på tändningen men starta inte motorn.
5 Anslut voltmätarens plussond till ledningen som är ansluten till tomgångssignalstiftet.
6 Spänningen ska vara lika med noll. Om mätaren visar 5,0 V, lossa skruvarna och justera gasspjällbrytaren så att du får 0 V.
Observera: *På en del bilar kan du inte justera gasspjällbrytaren.*

Nollspänning går ej att uppnå med stängt gasspjäll

7 Kontrollera gasventilens läge.
8 Kontrollera gasspjällbrytarens jordning.
9 Genomför motståndstesten med gasspjällbrytaren (se nedan).
10 Om spänningen är som den ska med stängt gasspjäll, snäpp upp spjället. Brytaren ska klicka till och spänningen stiga till 5,0 V.

Låg spänning eller ingen spänning med öppet spjäll

11 Kontrollera att gasspjällets tomgångssignalstift inte är kortslutet mot jord.
12 Koppla loss gasspjällbrytarens kontakt och kontrollera att du har 5,0 V på kontaktens tomgångsstift. Om du inte får någon spänning, gör följande test.
13 Kontrollera att tomgångsledningarna mellan gasspjällbrytaren och styrmodulen är intakta.
14 Om kablaget till gasspjällbrytaren är i ordning, kontrollera spänningsmatningen till styrmodulen och modulens jordning. Om matning och jord är i ordning kan styrmodulen vara defekt.

Spänningen tillfredsställande (öppet spjäll)

15 Anslut voltmätarens plussond till ledningen som är ansluten till fullgassignalstiftet.
16 Med gasspjället i antingen tomgångsläge eller en aning öppet läge ska mätaren visa 5,0 V.

Låg eller ingen spänning (spjället stängt eller en aning öppet)

17 Kontrollera gasspjällbrytarens jordning.
18 Kontrollera att gasspjällets fullgassignalstift inte är kortslutet mot jord.
19 Koppla loss gasspjällbrytarens kontakt och kontrollera att du har 5,0 V på kontaktens fullgasstift. Om du inte får någon spänning, gör följande test.
20 Kontrollera att fullgasledningarna mellan gasspjällbrytaren och styrmodulen är intakta.
21 Om kablaget till gasspjällbrytaren är tillfredsställande, kontrollera spänningsmatningen till styrmodulen och modulens jordning. Om matning och jord är i ordning kan styrmodulen vara defekt.

Spänningen tillfredsställande (spjället stängt eller en aning öppet)

22 Öppna gasspjället helt. När spjällets vinkel blir större än 72° ska spänningen falla till noll. Om spänningen inte faller kan gasspjällbrytaren vara defekt.

Motståndstest

23 Koppla loss brytarens kontakt.
24 Anslut en ohmmätare mellan brytarens jordstift (ibland märkt 18) och tomgångsstiftet (stift 2).
25 Om gasspjällbrytaren är sluten ska ohmmätaren visa ett motstånd nära noll.
26 Öppna gasspjället långsamt. När brytaren öppnas ska den klicka – kretsen bryts och ska förbli bruten, även med fullt öppnat spjäll.
27 Anslut ohmmätaren mellan brytarens jordstift (ibland märkt 18) och fullgasstiftet (stift 3).
28 Med gasspjällbrytaren sluten ska ohmmätaren visa oändligt motstånd.
29 Öppna gasspjället långsamt. När brytaren öppnas ska den klicka. Motståndet ska vara oändligt tills spjällvinkeln överskrider 72°, då motståndet ska sjunka till ca. 0 ohm.
30 Om gasspjällbrytaren inte reagerar som beskrivet och inte hindras av länkar att stänga eller öppna helt är det risk för att den är defekt.

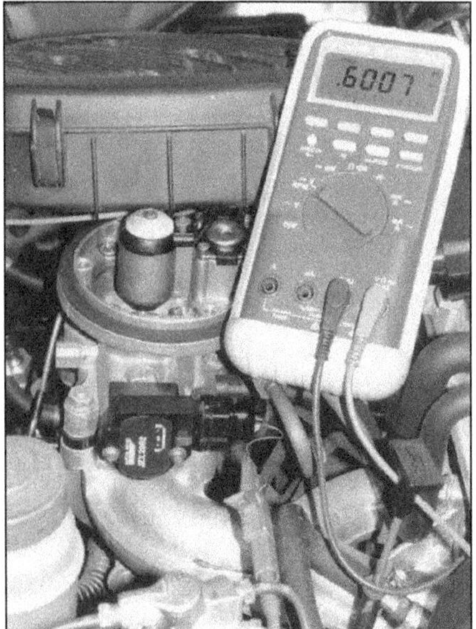

4.21 Gasspjällpotentiometerns utsignal mäts med en voltmätare. Här har ett gem satts in bak i givaren för att voltmätaren ska kunna anslutas

26 Gasspjällpotentiometer

Spänningsmätning

1 Anslut voltmätarens minussond till motorns jord.
2 Identifiera matnings-, signal- och jordstiften.
Observera: *Även om de flesta gasspjällpotentiometrar vanligen är av treledartyp kan en del ha ytterligare stift som gör att de kan fungera som gasspjällbrytare. Om så är fallet, testa brytaren enligt rutinerna ovan för gasspjällbrytaren.*
3 Anslut voltmätarens plussond till den ledare som är kopplad till gasspjällpotentiometerns signalstift **(se bild 4.21)**.
4 Slå på tändningen utan att starta motorn. I de flesta system ska spänningen ligga under 0,7 V.
5 Öppna och stäng spjället flera gånger. Kontrollera att spänningen ökar jämnt till max 4 till 4,5 V.
Observera: *Om du använder en digital voltmätare är det bra om den har funktionen stapeldiagram. Då kan du lättare se om spänningsökningen är jämn.*

Felaktig utsignal

6 Ojämna signaler uppstår när spänningen ökar stegvis, faller till noll eller när kretsen bryts.
7 När gasspjällpotentiometerns signal är ojämn, tyder det oftast på en defekt potentiometer. Om så är fallet kan den enda lösningen vara att byta till en ny eller nyrenoverad gasspjällpotentiometer.

Ingen signalspänning

8 Kontrollera att det finns 5,0 V referensspänning vid gasspjällpotentiometerns matningsstift.
9 Kontrollera jordreturanslutningen vid gasspjällpotentiometerns jordningsstift.
10 Om matning och jordning är tillfredsställande, kontrollera kontinuiteten i signalförbindelsen mellan gasspjällpotentiometern och styrmodulen.
11 Om matning och/eller jordning är otillfredsställande, kontrollera kontinuiteten i ledningarna mellan gasspjällpotentiometern och styrmodulen.
12 Om gasspjällpotentiometerns kablage är i ordning, kontrollera all matning till och jordning av styrmodulen. Om matning och jord är tillfredsställande kan styrmodulen vara defekt.

Signal eller matningsspänning vid batterispänningsnivå

13 Leta efter en kortslutning till batteriets pluspol (+) eller en defekt matning.

Motståndsmätning

14 Anslut en ohmmätare till gasspjällpotentiometerns signal- och matningsstift eller till dess signal- och jordstift.

15 Oppna och stäng gasspjället flera gånger och kontrollera att motståndsförändringen är jämn. Om du mäter upp avbrott eller kortslutning i kretsen pekar detta på ett fel.

16 Vi har inte publicerat motståndsspecifikationer för gasspjällpotentiometrarna som beskrivs i den här boken. För det första vill många biltillverkare inte publicera några siffror. För det andra är de exakta motståndsvärdena mindre intressanta än själva funktionen.

17 Anslut en ohmmätare mellan gasspjällpotentiometerns jordnings- och matningsstift. Mätresultatet bör vara stabilt.

18 Byt gasspjällpotentiometer om motståndet är oändligt eller noll mot jord.

Mono-Motronic och Mono-Jetronic

19 I dessa system finns ofta dubbla gasspjällägesgivare. Genom att använda två signaler kan styrmodulen mer noggrant beräkna motorbelastningen och andra faktorer. För att kunna ställa in och testa dessa givare behöver du fordonsspecifika data, även om det går att kontrollera en jämn signal på båda signalledarna på liknande sätt som beskrivits ovan för andra gasspjällägesgivare. Signalen från den ena givaren kan ligga mellan 0 och 4,0 V och från den andra mellan 1,0 och 4,5 V.

27 Fordonets hastighetsgivare

Spänningsmätning

Observera: *Dessa testmetoder gäller de vanligaste hastighetsgivarna som bygger på Hall-effektprincipen.*

1 Hastighetsgivaren kan sitta på växellådan, på hastighetsmätarvajern bakom instrumentpanelen, eller på bakaxeln.

2 Anslut voltmätarens minussond eller kamvinkelmätarens sond till jord.

3 Identifiera matnings-, signal- och jordningsstiften **(se bild 4.22 och 4.23)**.

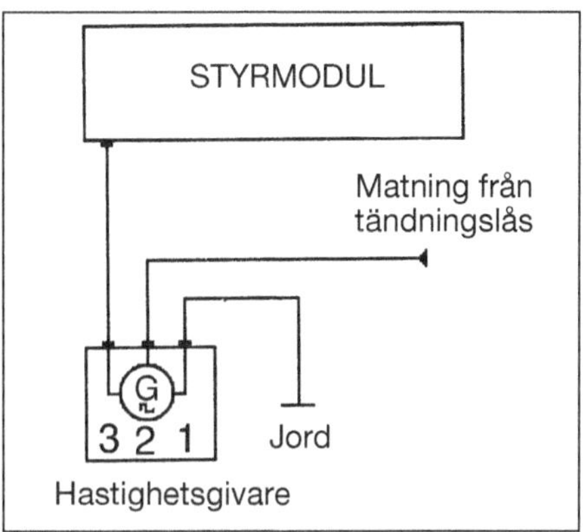

4.22 Exempel på koppling av fordonets hastighetsgivare

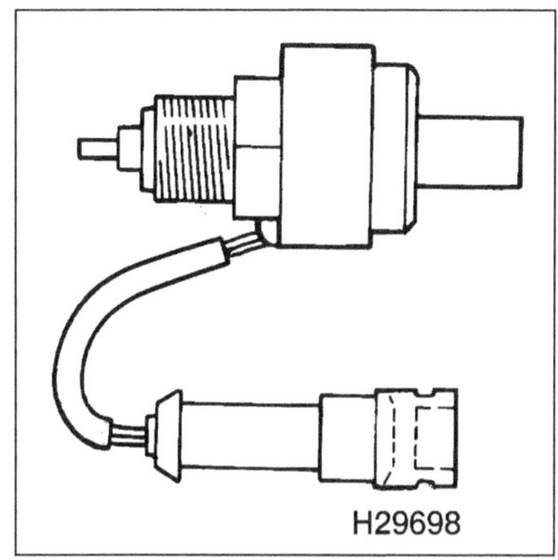

4.23 Hastighetsgivare för fordon (GM-typ)

4 Anslut voltmätarens plussond eller kamvinkelmätarens sond till ledaren som är ansluten till hastighetsgivarens signalstift.

5 Drivhjulen måste rotera för att en signal ska kunna genereras. Det kan ske på följande sätt:

a) Rulla bilen framåt.

b) Placera bilen på en ramp eller hissa upp bilen så att de drivande hjulen kan rulla fritt.

6 Dra runt hjulen för hand så att du får en signal.

Ingen signal eller ojämn arbetscykel eller spänning

7 Lossa givarens kontakt och slå på tändningen utan att starta motorn.

8 Mät spänningen vid signalstiftet. Spänningen ska vara mellan 8,5 och 10,0 V.

9 Kontrollera spänningsmatningen till givarens matningsstift. Spänningen ska ligga strax under batterispänningen.

10 Kontrollera givarens jordning.

Matning och jordning tillfredsställande

11 Givaren kan vara defekt eller så påverkas den inte av hastighetsmätarens drivning (dvs. defekt vajer eller växellåda).

Ingen signalspänning

12 Kontrollera spänningen vid styrmodulens kontakt.

13 Om spänningen är tillfredsställande vid styrmodulen, kontrollera dioden i ledningen mellan styrmodulen och givaren samt signalledningarna.

14 Om styrmodulen inte får någon spänning, kontrollera spänningsmatningen till styrmodulen och modulens jordanslutningar. Om matning och jord är tillfredsställande kan styrmodulen vara defekt.

Andra typer av hastighetsgivare

15 Förutom Hall-effekttypen finns det en brytare av tungelementtyp och en induktiv variant.

Tungelementtyp

16 Utsignalen när de drivande hjulen roterar har i princip fyrkantig vågform. Den växlar mellan 0 och 5 V eller mellan 0 V och batterispänning. Du kan också få en arbetscykel på 40 till 60%.

Induktiv typ

17 Utsignalen när de drivande hjulen roterar har i princip växelströmsvågform. Utsignalen varierar med hastigheten ungefär på samma sätt som för vevaxelns vinkelgivare som beskrivits tidigare.

Test av aktiverare

28 Kolfilterventil

1 Identifiera matnings- och signalstiften.

2 Slå på tändningen.

3 Kontrollera att du har batterispänning vid kolfilterventilens matningsstift. Om du inte har spänning där, följ kablaget tillbaka till batteriet, tändningslåset eller reläet.

4 Kontrollera kolfilterventilens motstånd. Lossa kontakten och mät motståndet mellan ventilens två stift. Det ska vara ca 40 ohm.

5 Koppla från den elektroniska styrmodulens kontakt.

Varning: Se varning nr 3 (i referensavsnittet i slutet av boken) innan du kopplar loss styrmodulens kontakt.

6 Använd en kabel för att helt kort skapa kontakt mellan styrstiftet i styrmodulens kontakt och jord.

7 Om kolfilterventilen aktiveras, kontrollera huvudspänningsmatningen till styrmodulen och modulens jordförbindelse. Om testet inte visar några fel kan det vara fel på styrmodulen.

8 Om kolfilterventilen inte aktiveras, kontrollera kablaget mellan kolfilterventilen och styrmodulen.

9 På en del bilar kan du läsa av en arbetscykel på signalstiftet. Motorn ska ha normal arbetstemperatur och varvtalet ska ökas över tomgången.

29 Tomgångsstyrning

Funktionskontroll

1 Låt motorn gå på tomgång.

2 Kontrollera att tomgångsvarvtalet är normalt.

3 Belasta motorn genom att tända strålkastarna, koppla på den uppvärmda bakrutan

4.24 Kläm ihop en luftslang för tomgångsstyrning medan motorn går på tomgång för att kontrollera tomgångsventilens funktion

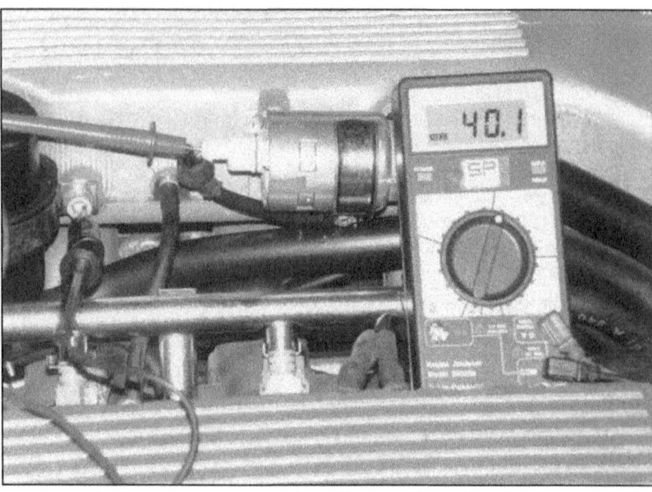

4.25 Mätning av arbetscykel vid tomgångsventilen medan motorn går på tomgång

och värmefläkten. Tomgången ska inte påverkas mer än obetydligt.

4 Om du kan, kläm ihop en av luftslangarna. Tomgångsvarvtalet ska öka och sedan återgå till det normala **(se bild 4.24)**.

5 Om tomgången fungerar som beskrivits är det osannolikt att det är något fel på tomgångsventilen.

6 Följande fel påverkar tomgången och kan generera tomgångsrelaterade felkoder. Kontrollera komponenterna innan du söker fel på tomgångsventilen eller stegmotorn.

a) Mekaniskt motorfel
b) Felaktig tändlägesinställning
c) Läckage i insugningssystemet
d) Felaktig CO-nivå
e) Igensatt luftfilter
f) Feljusterad gasventil
g) Sotig gasspjällplatta
h) Feljusterad gasspjällbrytare eller -givare

Testmetod (ventil med två ledningar)

7 En voltmätare eller en kamvinkelmätare är lämpliga instrument för att kontrollera tomgångsventiler med två ledningar i de flesta system. **Observera:** *En kamvinkelmätare ger inte bra resultat vid kontroll av Fordsystem. Där fungerar en voltmätare eller ett oscilloskop bättre.*

8 Anslut minussonden till motorns jord.

9 Anslut voltmätarens plussond eller kamvinkelmätarens sond till ledaren som är ansluten till tomgångsventilens signalstift.

10 Starta motorn och låt den gå på tomgång.

11 När motorn är varm ska du få en spänning varierande mellan 7,0 och 9,0 V, en arbetscykel mellan 40 och 44%, och en frekvens på 110 Hz **(se bild 4.25)**.

12 När motorn är kall eller belastas minskas spänningen och arbetscykeln ökas. Frekvensen kommer sannolikt att förbli stabil för de flesta tomgångsventiler (men förändras vanligtvis på Ford).

Observera: *Avläsningen på en digital voltmätare indikerar genomsnittsspänningen.*

13 Belasta motorn genom att tända strålkastarna, koppla på den uppvärmda bakrutan och värmefläkten. Genomsnittsspänningen minskar och arbetscykeln ökar. Pulsfrekvensen ska förbli konstant.

14 Om en luftläcka eller ett annat fel förekommer som gör att mer luft går genom gasspjället minskar tomgångsventilens arbetscykel eftersom styrmodulen styr tomgångsventilen mot mindre öppning.

15 När motorn belastas mer öppnar styrmodulen gasspjället (större arbetscykel) för att öka tomgångsvarvtalet.

16 Om motorn inte är helt felfri mekaniskt eller om gasspjället är smutsigt, kan styrmodulen öppna tomgångsventilen lite för att öka tomgångsvarvtalet. Det kan resultera i ojämn tomgång och en större arbetscykel än normalt.

Ingen signal från tomgångsventilen

17 Kontrollera tomgångsventilens motstånd. Motståndet ska vara mellan 8 och 16 ohm.

18 Kontrollera batterispänningen över matningsstiftet med tändningen på. Om du inte har spänning där, följ kablaget tillbaka till huvudreläet eller tändningslåset.

19 Koppla från tomgångsventilens kontakt.

20 Slå på tändningen. Använd en kabel för att helt kort skapa kontakt mellan styrstiftet på tomgångsventilens kontakt och jord.

21 Om tomgångsventilen aktiveras, kontrollera huvudspänningsmatningen till styrmodulen och modulens jordanslutning. Om testet inte visar några fel är styrmodulen misstänkt.

22 Om tomgångsventilen inte aktiveras, kontrollera kablaget mellan tomgångsventilen och styrmodulen.

Testmetod (Bosch ventil med tre ledningar)

23 En voltmätare eller en kamvinkelmätare är lämpliga instrument för att kontrollera Bosch tomgångsventiler med tre ledningar.

24 Anslut voltmätarens minussond eller kamvinkelmätarens sond till jord.

25 Anslut voltmätarens plussond eller kamvinkelmätarens sond till ett av tomgångsventilens två signalstift.

26 Starta motorn och låt den gå på tomgång.

27 När motorn är varm ska du få en varierande spänning och en arbetscykel på antingen ca. 31 % eller ca. 69 %. Arbetscykeln beror på vilket stift du har anslutit instrumentet till.

28 När motorn är kall eller belastas minskas spänningen och arbetscykeln ökas.

Observera: *Avläsningen på en digital voltmätare indikerar genomsnittsspänningen.*

29 Belasta motorn genom att tända strålkastarna, koppla på den uppvärmda bakrutan och värmefläkten. Genomsnittsspänningen minskar och arbetscykeln ökar.

30 Om en luftläcka eller ett annat fel förekommer som gör att mer luft går genom gasspjället minskar tomgångsventilens arbetscykel eftersom styrmodulen styr tomgångsventilen mot mindre öppning.

31 När motorn belastas mer öppnar styrmodulen gasspjället (större arbetscykel) för att öka tomgångsvarvtalet.

32 Om motorn inte är helt felfri mekaniskt eller om gasspjället är smutsigt kan styrmodulen öppna tomgångsventilen lite för att öka tomgångsvarvtalet. Det kan resultera i ojämn tomgång och en större arbetscykel än normalt.

33 Anslut voltmätarens plussond eller kamvinkelmätarens sond till det andra av tomgångsventilens två signalstift.

34 Med varm motor ska du få en varierande spänning och en arbetscykel på antingen ca. 31 % eller ca. 69 %. Arbetscykeln beror på vilket stift du har anslutit instrumentet till.

Ingen signal från tomgångsventilen

35 Mät tomgångsventilens motstånd (se nedan).

36 Kontrollera batterispänningen över matningsstiftet med tändningen på.

37 Om du inte har spänning där, följ kablaget tillbaka till huvudreläet eller tändningslåset.
38 Koppla från tomgångsventilens kontakt.
39 Slå på tändningen. Använd en kabel för att helt kort ge kontakt mellan styrstiftet på tomgångsventilens kontakt och jord.
40 Om tomgångsventilen aktiveras, kontrollera huvudspänningsmatningen till styrmodulen och modulens jordanslutning. Om testet inte visar några fel kan det vara fel på styrmodulen.
41 Om tomgångsventilen inte aktiveras, kontrollera kablaget mellan tomgångsventilen och styrmodulen.
42 Använd den extra kabeln till att helt kort skapa kontakt mellan det andra styrstiftet på tomgångsventilens kontakt och jord. Jämför resultaten från punkterna 40 och 41 ovan.

Tomgångsventilens motstånd (tre ledningar)

43 Lossa tomgångsventilens kontakt.
44 Anslut en ohmmätare mellan stiftet i mitten och ett av de yttre stiften. Motståndet ska vara 20 ohm.
45 Anslut nu ohmmätaren mellan stiftet i mitten och det andra av de yttre stiften. Motståndet ska även nu vara 20 ohm.
46 Anslut nu ohmmätaren mellan de två yttre stiften. Motståndet ska vara 20 ohm.

Stegmotorer

47 Det finns flera olika sorters stegmotorer i bilar. Du hittar särskilda testmetoder för flera vanliga typer i Haynes teknikbok *"Bilens motorstyrning och bränsleinsprutningssystem"*.
48 Ibland finns det en brytare i stegmotorn. Se testen av gasspjällbrytaren för en beskrivning av jordnings- och matningstest. Tomgångsbrytarens funktion är särskilt viktig för tomgångskvaliteten. Om inte styrmodulen känner av tomgången kan den inte styra tomgången.
49 En vanlig stegmotor har två motorlindningar. Styrmodulen justerar stegmotorns läge genom att aktivera lindningarna i en riktning och sedan i den andra riktningen. Använd en voltmätare eller ett oscilloskop för att testa stegmotorsignalen. Även om du normalt kan få en signal från alla motorns stift är signalen flytande och genereras bara när en lindning är aktiverad.
50 Kontrollera båda lindningarnas motstånd och jämför med fordonsspecifikationerna. Normalt ligger motstånden under 100 ohm.

VW/Audi tomgångsreglermotorer

51 De reglermotorer som finns i många nya VW/Audi-bilar har en reversibel stegmotorlindning, en Hall-effektgivare som ger signal om motorns position, en gasspjällägesgivare och en tomgångsventil. En 8-stifts kontakt ansluter motorn till kabelhärvan. De komponenter som utgör reglermotorn kan testas enligt testmetoderna som beskrivits under rubrikerna för respektive komponent.

30 Bränsleinsprutare – flerpunktsinsprutning

1 Kontrollera att kontakterna mellan reläet och bränsleinsprutaren samt mellan styrmodulen och insprutaren har korroderat. Korrosion i anslutningskontakter är en vanlig orsak till dålig insprutarfunktion.
2 Anslut arbetscykelns minussond till motorns jord.
3 Identifiera matnings- och signalstiften.
Observera: *Du kan bara läsa av en arbetscykel för insprutaren på det signalstift vars ledning ansluter insprutaren till styrmodulen. Om du inte får något resultat, anslut sonden till det andra stiftet och försök igen.*
4 Anslut kamvinkelmätarens plussond till insprutarens signalstift.
5 Trots att följande mätningar kan genomföras med en vanlig kamvinkelmätare är ett oscilloskop lämpligare för att analysera de signaler som genereras av bränsleinsprutarkretsarna.
6 Från början kan du ansluta sonden till vilken som helst av insprutarna.

Strömstyrda eller "peak-and-hold" insprutningskretsar (kamvinkelmätare)

7 När insprutaren är av den strömstyrda typen är det mycket få kamvinkelmätare som kan registrera pulsens andra stadium. Mätaren registrerar eventuellt bara inkopplingskretsen på ca. 1,0 eller 2,0 %. Det betyder att avläsningen av insprutarens arbetscykel blir felaktig och inte motsvarar den totala pulsbredden i kretsen. Väldigt få digitala multimätare klarar av att läsa den här kretsen på ett riktigt sätt.

Testmetoder för stillastående motor

8 Dra runt motorn med startmotorn.
9 En arbetscykel (för insprutaren) på ca 5 till 10% ska visas. Om kamvinkelmätaren kan läsa värdet i millisekunder är det ännu bättre.

Bra insprutarsignal

10 Kontrollera insprutarpulsen på de andra insprutarna.
11 Om insprutaren är i ordning och primärtändningen också ger en acceptabel signal är det sannolikt inget fel på styrmodulen.

Svag eller ingen signal från en eller flera insprutare

Observera: *I en del Motronicsystem ökar insprutningsfrekvensen i flera sekunder under själva starten.*
12 Kontrollera bränsletryck och bränsleflöde.
13 Kontrollera primärutlösarens (vevaxelns vinkelgivare eller Halleffektgivaren) signal.
14 Kontrollera spänningen över signalstiftet på insprutarens kontakt. Spänningen ska vara lika med batterispänningen.
15 Om det inte finns någon spänning, kontrollera insprutarens motstånd och spänningsmatningen till insprutaren.
16 Koppla från styrmodulens kontakt.

Varning: Se varning nr 3 (i referensavsnittet i slutet av boken) innan du kopplar loss styrmodulens kontakt.

17 Slå på tändningen.
18 Använd en kabel för att helt kort skapa kontakt mellan var och en av insprutarnas aktiveringsstift i styrmodulens kontakt och jord **(se bild 4.26)**.
19 Om insprutarna aktiveras, kontrollera spänningsmatningen till styrmodulen och modulens jordanslutning. Om testet inte visar några fel kan det vara fel på styrmodulen.
20 Om inte insprutaren aktiveras, kontrollera batterispänningen över styrmodulens stift. Om det finns spänning kan det vara fel på insprutaren. Om det inte finns någon spänning, kontrollera kablaget mellan insprutarnas kontakter och styrmodulens kontakt.
21 Om insprutarkretsen är indelad i bankar

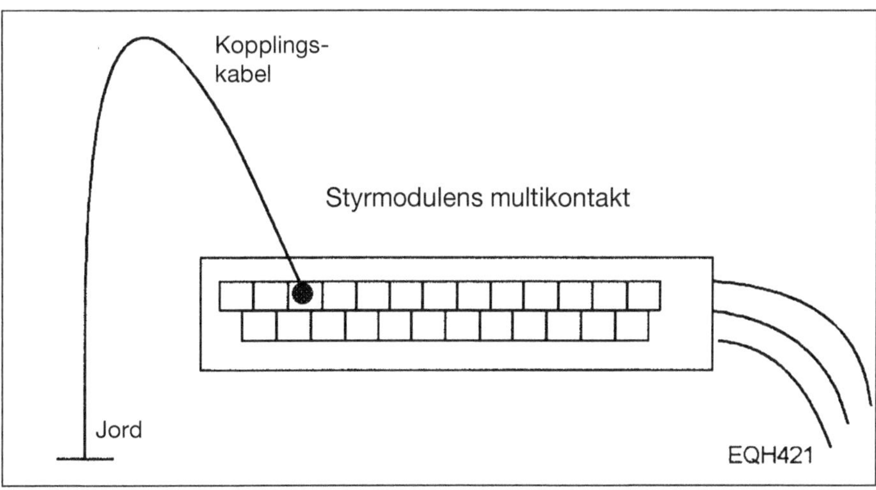

4.26 Använd en kopplingskabel för att temporärt ansluta ett aktiveringsstift för en insprutare i styrmodulens kontakt till jord

eller om den är sekventiell, kontrollera varje förbindelse med styrmodulen.

Arbetscykeln för lång eller för kort

22 Kontrollera kylvätskans temperaturgivare och därefter luftflödesmätaren eller insugningsrörets tryckgivare.

Observera: *Om styrmodulen har gått över till nödprogrammet på grund av ett fel i en av givarna kan motorn mycket väl uppföra sig ordentligt så länge den är varm men den kan vara svårstartad när den är kall.*

Test med motorn i gång

23 Låt motorn gå vid olika varvtal. Registrera arbetscykeln och jämför med de ungefärliga värdena i följande tabell. När motorn är kall ligger värdena något högre.

Motorvarvtal	Arbetscykel
Tomgång	*3 till 6 %*
2 000 varv/min	*7 till 14 %*
3 000 varv/min	*11 till 16 %*
Långsam ökning av varvtalet	*Som ovan*
Snabb ökning av varvtalet	*20 % eller mer*
*Retardation**	*0*

**Öka motorvarvtalet till ca. 3 000 varv/min och släpp gaspedalen*

24 Gör en utvärdering på följande sätt:

a) *Arbetscykeln i % ska öka när motorvarvtalet ökar.*
b) *Vid snabb acceleration ska arbetscykeln öka avsevärt.*
c) *Vid motorbromsning med varm motor ska arbetscykeln minska till noll (digitalmätare) och öka igen när varvtalet sjunker under ca. 1 200 varv/min.*
d) *Om mätvärdet inte sjunker till noll, kontrollera att gasventilen är rätt justerad och att gasspjällpotentiometern och gasspjällbrytaren fungerar ordentligt.*
e) *Ljudet från insprutarna ska också upphöra temporärt när arbetscykeln är lika med noll.*
f) *att en långsam digital mätare inte alltid hinner med att registrera minskningen till noll.*

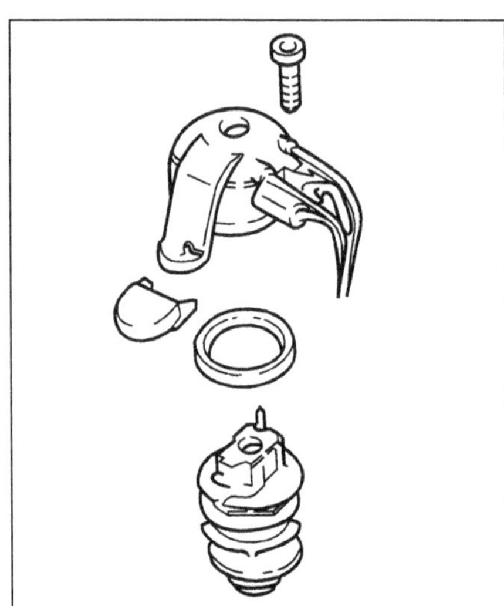

4.27 Enpunktsinsprutare

Arbetscykeln för lång eller för kort

25 Kontrollera temperaturgivaren för kylvätskan och därefter luftflödesmätaren eller insugningsrörets tryckgivare.

Observera: *Om styrmodulen har gått över till nödprogrammet på grund av ett fel i en av givarna kan motorn mycket väl uppföra sig ordentligt så länge den är varm men den kan vara svårstartad när den är kall.*

Mätning av insprutarnas motstånd

26 Lossa varje insprutares kontakt och mät motståndet mellan de två stiften. På strömstyrda insprutare ska motståndet vara 4 ohm och på de flesta andra 16 ohm.

27 Om du har parallella insprutarkretsar eller insprutare i bankar kan det vara svårare att upptäcka en defekt insprutare. Om vi antar att motståndet i en ensam insprutare är 16 ohm kommer du sannolikt att få följande värden vid olika konfigurationer av insprutarkretsen:

Fyra insprutare i en bank

Motstånd (Ohm)	Tillstånd
4 till 5	*Alla insprutare OK*
5 till 6	*En insprutare misstänkt*
8 till 9	*Två insprutare misstänkta*
16 till 17	*Tre insprutare misstänkta*

Tre insprutare i en bank

Motstånd (Ohm)	Tillstånd
5 till 6	*Alla insprutare OK*
8 till 9	*En insprutare misstänkt*
16 till 17	*Två insprutare misstänkta*

Två insprutare i en bank

Motstånd (Ohm)	Tillstånd
8 till 9	*Båda insprutarna OK*
16 till 17	*En insprutare misstänkt*

31 Bränsleinsprutare – enpunktsinsprutning

1 Anslut kamvinkelmätarens minussond till motorns jord.

2 Identifiera matnings- och signalstiften.

3 Anslut kamvinkelmätarens plussond till insprutarens signalstift.

Observera: *De flesta enpunktsinsprutningssystem använder strömstyrning och en genomsnittlig kamvinkelmätare klarar inte av att läsa den sortens insprutningssignal. Därför rekommenderar vi ett oscilloskop för signaltest på de flesta enpunktsinsprutningssystem.*

Test med stillastående motor

4 Dra runt motorn med startmotorn.

5 Någon form av arbetscykelmätning bör visas. Om kamvinkelmätaren kan mäta pulsbredden i millisekunder är det ännu bättre. Får du en signal visar det åtminstone att styrmodulen kan jorda insprutningskretsen. Det visar dock inte att signalen är helt i ordning.

Bra insprutarsignal

6 Om insprutaren är i ordning och primärtändningen också ger en acceptabel signal är det sannolikt inget fel på styrmodulen.

Dålig eller ingen signal

7 Kontrollera bränsletryck och bränsleflöde.

8 Kontrollera primärutlösarens (vevaxelns vinkelgivare, Halleffektgivaren eller någon annan) signal.

9 Kontrollera spänningen över signalstiftet på insprutarens kontakt. Spänningen ska vara lika med batterispänningen. Om det inte finns någon spänning:

a) *Kontrollera insprutarens motstånd.*
b) *Kontrollera ballastmotståndet (i förekommande fall).*
c) *Kontrollera kablaget mellan insprutarens kontakt och styrmodulens kontakt.*
d) *Kontrollera spänningsmatningen till insprutaren.*

10 Koppla från styrmodulens kontakt.

Varning: Se varning nr 3 (i referensavsnittet i slutet av boken) innan du kopplar loss styrmodulens kontakt.

11 Slå på tändningen.

12 Använd en kabel för att helt kort skapa kontakt mellan insprutarens aktiveringsstift i styrmodulens kontakt och jord **(se bild 4.26)**.

13 Om insprutaren aktiveras, kontrollera spänningsmatningen till styrmodulen och modulens jordanslutning. Om testet inte visar några fel är styrmodulen misstänkt.

14 Om inte insprutaren aktiveras, kontrollera batterispänningen över styrmodulens stift. Om det finns spänning kan det vara fel på insprutaren. Om det inte finns någon spänning, kontrollera kablaget mellan insprutarnas kontakter och styrmodulens kontakt.

Fel på pulsbredden (om en noggrann mätning kan göras)

15 Kontrollera kylvätskans temperaturgivare och insugningsrörets tryckgivare.

Observera: *Om styrmodulen har gått över till nödprogrammet på grund av ett fel i en av givarna kan motorn mycket väl uppföra sig ordentligt så länge den är varm men den kan vara svårstartad när den är kall.*

Test med motorn i gång

16 Se avsnittet om flerpunktsinsprutning ovan. Testet med motorn i gång som beskrivs där gäller även för enpunktsinsprutning.

Motståndsmätning

17 Lossa insprutarens kontakt **(se bild 4.27)** och mät insprutarens motstånd mellan de två stiften. Motståndet för de flesta enpunktsinsprutare är mindre än 2 ohm, men studera fordonsdata för den bil du testar.

18 Om det finns ett ballastmotstånd: Lossa insprutarens kontakt och mät motståndet mellan de två stiften för ballastmotståndet. Jämför med data för den bil du håller på att testa.

32 Variabel induktionssolenoid

Allmän information

1 Under vissa förhållanden kan man få bättre respons från motorn med en andra gasventil som hjälper till att variera luftflödet genom insugningsröret. Styrmodulen aktiverar den variabla induktionssolenoiden som i sin tur aktiverar den sekundära gasventilen **(se bild 4.28)**.

Test

2 Kontrollera att vakuumslangarna är i gott skick.
3 Lossa induktionssolenoidens kontakt.
4 Koppla in en temporär brygga från batteriets pluspol till matningsanslutningen på solenoiden.
5 Koppla in en temporär brygga från solenoidens jordanslutning till motorn.
6 Solenoidventilen och den sekundära gasventilen ska aktiveras. Om inte kan solenoiden och/eller gaspjällmekanismen vara defekt (a).
7 Kontrollera att styrventilens kontakt får spänning.
8 Kontrollera att styrventilen fungerar.
9 Kontrollera kablaget från styrventilen till den elektroniska styrmodulen.
10 Om allt kablage och alla komponenter är intakta är det troligt att felet ligger hos den elektroniska styrmodulen.

33 Värmare för gasspjällhus och insugningsrör

Snabbkontroll

1 Starta motorn i kallt tillstånd och känn på området runt gasspjällhuset och insugningsröret. Om värmaren fungerar ska det här området bli mycket varmt väldigt fort. Akta så att du inte bränner fingrarna!

Test av värmare för gasspjällhus- och insugningsrör

2 Låt motorn gå på tomgång.

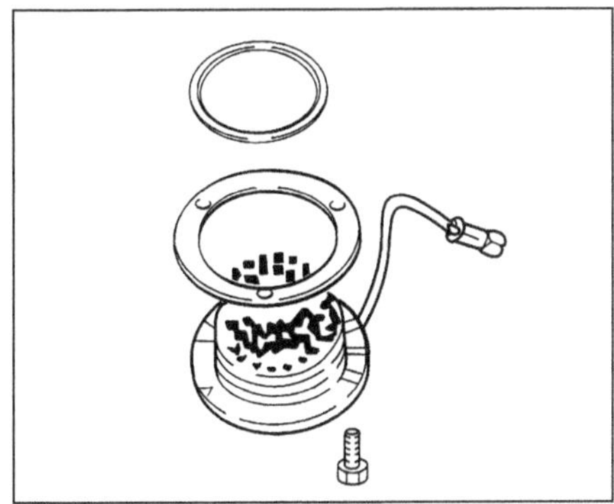

4.29 Värmare för insugningsrör

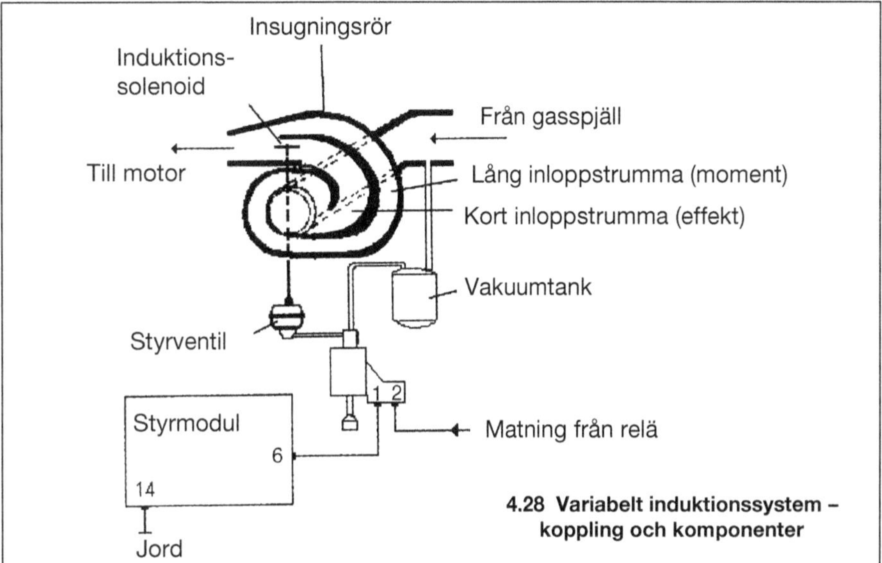

4.28 Variabelt induktionssystem – koppling och komponenter

3 Anslut voltmätarens minussond till jord.
4 Anslut voltmätarens plussond till värmarens matningsanslutning **(se bild 4.29)**; mätaren ska visa batterispänning.
5 Om du inte får någon spänning, kontrollera värmarens matning. Kontrollera att förbindelsen mellan reläet och värmaren är intakt.
6 Om du får spänning men värmaren inte fungerar, kontrollera värmarens motstånd och dess jord.

34 Variabel kamtidsstyrningssolenoid

Allmän information

1 Under en del förhållanden kan man få bättre respons från motorn med en styrsolenoid för att variera kamtiderna efter motorns effektivitet. Styrmodulen aktiverar den variabla kamtidsstyrningssolenoiden som i sin tur aktiverar kamtidsstyrningen. Det finns flera metoder för att styra kamtiderna, men kontrollmetoderna skiljer sig inte mycket från den som beskrivs här.

Test

2 Kontrollera vakuumslangarnas skick (i förekommande fall).
3 Lossa solenoidens kontakt.
4 Koppla in en temporär brygga från batteriets pluspol till matningsanslutningen på solenoiden.
5 Koppla in en temporär brygga från solenoidens jordanslutning till motorn.
6 Solenoidventilen ska aktiveras. Om inte kan solenoiden vara defekt.
7 Kontrollera att styrventilens kontakt får spänning.
8 Kontrollera att styrventilen fungerar.
9 Kontrollera kablaget från styrventilen till den elektroniska styrmodulen.
10 Om allt kablage och alla komponenter är intakta är det troligt att felet ligger hos den elektroniska styrmodulen.

35 Övertrycksventilens styrsolenoid – turboladdade motorer

1 De två ledningarna till övertrycksventilens styrsolenoidkontakt utgör matning och styrmodulsaktiverad jord **(se bild 4.30)**.
2 Kontrollmät solenoidens kontakt.
3 Anslut voltmätarens minussond till motorns jord.
4 Anslut voltmätarens plussond till ledningen som är ansluten till signalstiftet på solenoiden.
5 Slå på tändningen och kontrollera batterispänningen.
6 Om du inte får någon spänning, undersök om det är fel på matningen.
7 Använd en ohmmätare för att kontrollera kontinuiteten i solenoiden.

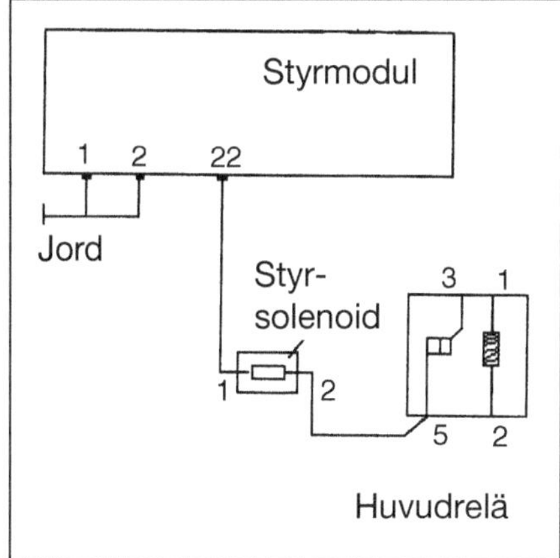

4.30 Koppling av övertrycksventilens styrsolenoid för turboladdare

Test av styrmodul och bränslesystem

36 Fel på styrmodulen

1 När en felkod genereras som indikerar fel på styrmodulen bör du genomföra följande test innan styrmodulen ersätts.
2 Kontrollera styrmodulens jord, spänningsmatning och reläer enligt beskrivning nedan.
3 Om det är möjligt, försök med en ersättningsstyrmodul (av välkänt fabrikat) och kontrollera att felkoden inte dyker upp igen.

37 Styrmodulens matning och jord

Varning: Se varning nr 3 (i referensavsnittet i slutet av boken) innan du kopplar loss styrmodulens kontakt.

1 Undersök om styrmodulens kontakt är rostig eller har andra skador.
2 Kontrollera att konktaktstiften i styrmodulens kontakt är ordentligt inskjutna och har god kontakt med styrmodulens stift.
Observera: *Felaktiga signaler från styrmodulen beror ofta på dålig kontakt och korrosion.*
3 Matning och jord mäts enklast vid styrmodulens kontakt. Använd en av följande testmetoder:
- *a) Rulla tillbaka damasken på styrmodulens kontakt (går inte alltid) och kontrollmät kontaktstiften.*
- *b) Anslut en kopplingslåda mellan styrmodulen och dess kontakt och mät spänningarna på lådan.*
- *c) Lossa styrmodulens kontakt och mät spänningarna vid kontaktstiften.*

4 Anslut voltmätarens minussond till motorjord för mätningar i anslutning till styrmodulen.
5 Identifiera de olika typerna av anslutning och de motsvarande stiften i styrmodulens kontakt med hjälp av ett kopplingsschema.
Observera: *Det är inte alla system som har alla följande anslutningar.*

Styrmodulens matningsstift

6 Det här stiftet är direkt anslutet till batteriets pluspol och spänningen ska vara permanent, även med tändningen avslagen.
7 Med styrmodulens kontakt ansluten:
- *a) Kontrollmät det aktuella stiftet på styrmodulen. Normal batterispänning ska finnas. Om spänningen är låg eller obefintlig, kontrollera batteriets tillstånd och matningskretsen.*
- *b) Starta motorn och öka varvtalet till 2 500 varv/min. Se till att spänningen stiger till mellan 13,0 och 15,0 V (se fordonsspecifikationerna). Kontrollera generatorn om spänningen förblir låg.*

8 Utan styrmodulens kontakt ansluten:
- *a) Anslut voltmätarens minussond till styrmodulens jordstift.*
- *b) Anslut voltmätarens plussond till aktuellt stift på styrmodulen. Normal batterispänning ska finnas. Om spänningen är låg eller obefintlig, kontrollera batteriets tillstånd och matningskretsen.*
- *c) Starta motorn och öka varvtalet till 2 500 varv/min. Se till att spänningen stiger till mellan 13,0 och 15,0 V (se fordonsspecifikationerna). Kontrollera generatorn om spänningen förblir låg.*

Styrmodulens startstift

9 Det här stiftet är anslutet till tändningslåsets startstift. Det innebär att batterispänning bara finns när motorn startas.
10 Med styrmodulens kontakt ansluten:
- *a) Kontrollera aktuellt styrmodulsstift igen.*
- *b) Dra runt motorn med startmotorn – batterispänning ska bara finnas så länge du drar runt motorn.*

11 Utan styrmodulens kontakt ansluten:
- *a) Anslut voltmätarens minussond till styrmodulens jordstift.*
- *b) Anslut voltmätarens plussond till aktuellt stift på styrmodulen.*
- *c) Dra runt motorn med startmotorn – batterispänning ska bara finnas så länge du drar runt motorn.*

12 I båda fallen – om du inte får någon spänning eller om den är låg, kontrollera startmotorn eller matningen till tändningslåsets startstift.

Styrmodulens matning från tändningslåset

13 Det här stiftet är anslutet till tändningslåset och spänningen ska finnas permanent så länge tändningen är på eller motorn går.
14 Med styrmodulens kontakt ansluten:
- *a) Kontrollera aktuellt styrmodulsstift igen.*
- *b) Slå på tändningen – du ska då ha nominell batterispänning. Om spänningen är låg eller obefintlig, kontrollera batteriets tillstånd och matningskretsen.*
- *c) Starta motorn och öka varvtalet till 2 500 varv/min. Se till att spänningen stiger till mellan 13,0 och 15,0 V (se fordonsspecifikationerna). Kontrollera generatorn om spänningen förblir låg.*

15 Utan styrmodulens kontakt ansluten:
- *a) Anslut voltmätarens minussond till styrmodulens jordstift.*
- *b) Anslut voltmätarens plussond till aktuellt stift på styrmodulen.*
- *c) Slå på tändningen – du bör ha nominell batterispänning. Om spänningen är låg eller obefintlig, kontrollera batteriets tillstånd och matningskretsen.*
- *d) Starta motorn och öka motorvarvtalet till 2 500 varv/min. Se till att spänningen stiger till mellan 13,0 och 15,0 V (se fordonsspecifikationerna). Kontrollera generatorn om spänningen förblir låg.*

Styrmodulens matning från systemets huvudrelä

16 Det här stiftet är anslutet till huvudreläet och spänningen ska finnas permanent så länge tändningen är på eller motorn går. Den här matningen kan gå till mer än ett stift.
17 Med styrmodulens kontakt ansluten:
- *a) Kontrollera aktuellt styrmodulsstift igen.*
- *b) Slå på tändningen. Du ska då ha nominell batterispänning. Om spänningen är låg eller obefintlig, kontrollera batteriets tillstånd och matningskretsen tillbaka till huvudsystemets relä, och även själva reläet.*
- *c) Starta motorn och öka varvtalet till 2 500 varv/min. Se till att spänningen stiger till mellan 13,0 och 15,0 V (se fordonsspecifikationerna). Kontrollera generatorn om spänningen förblir låg.*

18 Utan styrmodulens kontakt ansluten:
- *a) Anslut voltmätarens minussond till styrmodulens jordstift.*
- *b) Anslut voltmätarens plussond till aktuellt stift på styrmodulen.*
- *c) Slå på tändningen – du bör ha nominell batterispänning. Om spänningen är låg eller obefintlig, kontrollera batteriets tillstånd och matningskretsen tillbaka till huvudsystemets relä. Kontrollera också själva reläet.*
- *d) Starta motorn och öka motorvarvtalet till 2 500 varv/min. Se till att spänningen stiger till mellan 13,0 och 15,0 V (se fordonsspecifikationerna). Kontrollera generatorn om spänningen förblir låg.*

Styrmodulens jordförbindelser

19 Med styrmodulens kontakt ansluten:
- *a) Slå på tändningen.*
- *b) Anslut voltmätarens minussond till motorns jord.*
- *c) Anslut voltmätarens plussond till jordstift som ska testas – spänningen ska vara max. 0,25 V.*

20 Utan styrmodulens kontakt ansluten (tändningen av eller på):
- *a) Anslut voltmätarens minussond till det jordstift som ska testas.*
- *b) Anslut voltmätarens plussond till styrmodulens batterimatning eller direkt till batteriets pluspol. Voltmätaren ska visa batterispänning om jordningen är i ordning.*

Styrmodulens kodningsstift

Observera: *Kodningsstiften är till för att koda styrmodulen för vissa fordonskonfigurationer (endast i vissa system).*
21 Med styrmodulens kontakt ansluten:
- *a) Slå på tändningen.*
- *b) Anslut voltmätarens minussond till motorns jord.*
- *c) Anslut voltmätarens minussond till det kodningsstift som ska testas. Voltmätaren ska visa max. 0,25 V om kodningsstiftet är jordat och 5,0 V om det inte är jordat.*

Styrmodulens stift för relädrivning

22 Beroende på system kan styrmodulen koppla huvudreläet, bränslepumpreläet eller syresensorn till jord.

23 Om inte annat anges ska reläet och styrmodulens kontakt vara anslutna under testet.

Huvudrelädrivningen

24 Identifiera styrmodulens drivstift.

25 Slå av tändningen och kontrollmät styrmodulens drivstift för huvudreläet med voltmätarens plussond. Normal batterispänning ska finnas. Om det inte finns någon spänning, kontrollera reläet och reläkablaget.

26 Slå på tändningen. Spänningen ska då falla till nära noll. Om inte, slå av tändningen och lossa styrmodulens kontakt (se varning 3 i referensavsnittet i slutet av boken).

27 Anslut en temporär ledning mellan drivstiftet och jord. Om reläet fungerar, kontrollera all spänningsmatning till styrmodulen och modulens jordanslutningar - om kablaget är i ordning kan det vara fel på styrmodulen. Om reläet inte fungerar, kontrollera reläet och reläkablaget.

Observera: *I vissa system är huvudreläets spole ansluten direkt till jord.*

Pumprelädrivningen

28 Huvudreläets drivning måste fungera (se föregående test) innan detta test genomförs, även när huvudreläets lindning är direkt kopplad till jord.

29 Slå på tändningen och kontrollmät pumprelädrivningen med voltmätarens plussond. Normal batterispänning ska finnas. Om det inte finns någon spänning, kontrollera reläet och reläkablaget.

30 Dra runt eller starta motorn. Spänningen ska falla till nära noll. Om inte, slå av tändningen och lossa styrmodulens kontakt (se varning 3 i referensavsnittet i slutet av boken).

31 Anslut en temporär ledning mellan stift 3 och jord. Om reläet fungerar, kontrollera all spänningsmatning till styrmodulen och modulens jordanslutningar - om kablaget är i ordning kan det vara fel på styrmodulen. Om reläet inte fungerar, kontrollera reläet och reläkablaget.

32 Testen för andra relädrivningar är i princip liknande de för pumpens relädrivning.

38 Systemrelä

Snabbtest

1 Om motorn inte går att starta eller om en relästyrd komponent inte fungerar är följande metod ett enkelt sätt att avgöra om reläet är defekt.

2 Kontrollera matningsspänningen vid de komponenter som matas av reläet.

3 Om spänning saknas, koppla förbi reläet (se nedan) och kontrollera spänningen vid komponenten igen eller försök starta motorn.

4 Om motorn startar eller om det finns spänning, testa reläet (se nedan) eller byt ut det.

5 Om det inte finns någon spänning, kontrollera jordning samt matnings- och utgångsspänning vid relästiften. Spåra matningsfel till källan **(se bild 4.31)**. Kontrollera säkringar respektive avsäkringsledningar i matningsledningen.

Relästiftens anslutningar (standardreläer)

Stift nr	Funktion
Huvudrelä, stift nr 30	Matning från batteriets pluspol; konstant spänning
Huvudrelä, stift nr 86	Matning från batteriets pluspol eller från tändningslåset; konstant spänning eller styrd med tändningsnyckeln
Huvudrelä, stift nr 85	Relälindning, ansluten till jord eller till styrmodulens styrstift; spänningen nära noll när tändningen är påslagen
Huvudrelä, stift nr 87	Utgång för spänning till styrmodul, tomgångsventil, insprutare etc; batterispänning när tändningen är påslagen
Pumprelä, stift nr 30	Matning från batteriets pluspol; konstant spänning
Pumprelä, stift nr 86	Matning från huvudreläets stift 87 eller från tändningslåset; konstant spänning eller styrd med tändningsnyckeln
Pumprelä, stift nr 85	Relälindning, styrmodulens drivstift; spänningen mindre än 1,25 V när motorn dras runt med startmotorn eller är i gång
Pumprelä, stift nr 87	Utgång för spänning till bränslepump och ibland värmare av syresensorn; batterispänning när motorn dras runt med startmotorn eller är i gång

Stift 85a och 85b liknar stift 85 beroende på användning.

4.31 Kontrollera reläet genom att mäta spänningarna

Stift 87a och 87b liknar stift 87 beroende på användning.

Dubbla reläer fungerar på liknande sätt men kan använda andra nummer.

En del system från Citroën, Peugeot, Renault och några system från Fjärran Östern (inklusive Japan) använder nummersystem från 1 till 5 eller 6, eller ända upp till 15, beroende på antalet stift.

Reläanslutning med 15 stift för Citroën, Peugeot och Fiat (normalversion)

Stift nr	Funktion
1	Reläets utkontakt; vanligen kopplad till bränslepumpkretsen
2	Batterimatning till relä; matning från batteriets pluspol med konstant spänning
3	Batterimatning till relä; matning från batteriets pluspol med konstant spänning
4	Reläets utkontakt; komponenterna varierar beroende på system
5	Reläets utkontakt; komponenterna varierar beroende på system
6	Reläets utkontakt; komponenterna varierar beroende på system
7	Reläets jord eller styrstift
8	Batterimatning till relä; matning från batteriets pluspol med konstant spänning
9	Reläets utkontakt; vanligen kopplad till bränslepumpkretsen
10	Reläets jord eller styrstift
11	Batterimatning till relä; matning från batteriets pluspol med konstant spänning
12	Används ej
13	Reläets utkontakt; komponenterna varierar beroende på system
14	Matning från tändningslåset; spänningen styrs med tändningsnyckeln
15	Batterimatning till relä; matning från batteriets pluspol med konstant spänning

Observera: *Även om reläernas stift normalt har ovanstående funktioner kan reläerna vara kopplade på en mängd olika sätt beroende på systemtyp.*

Förbikoppling av relä

6 Ta ut reläet ur reläsockeln.

7 Anslut en avsäkrad (15 A) ledning mellan batterimatningen (vanligtvis stift 30) och utgången (vanligtvis stift 87) på den kopplingsplint där bränslepumpen eller andra insprutningskomponenter får matning **(se bild 4.32)**.

8 Kör inte bränslepumpen kontinuerligt på detta sätt, utan koppla loss förbikopplingen så snart det aktuella testet är avslutat.

Test av 4-stiftsrelä

9 Ta ut reläet ur reläsockeln och anslut en ohmmätare mellan stiften 30 och 87.

10 Koppla en ledning mellan stift 86 och en 12 V matning.

11 Koppla en ledning mellan stift 85 och jord.

12 Ohmmätaren ska visa kontinuitet.

39 Syresensor

1 Anslut voltmätarens minussond till motorns jord.

2 Identifiera stiften. Beroende på system finns det upp till fyra stift:

Syresensorns värmare, jord
Syresensorns värmare, matning
Syresensorn, signal
Syresensorns retur eller jord

3 Anslut voltmätarens plussond till ledningen som är ansluten till signalstiftet på syresensorn.

4 Om en gasanalysator av den typ som bilprovningen använder är kopplad till avgassystemet ska följande värden uppmätas.

CO: enligt fordonsspecifikationen.
HC: mindre än 50 ppm
CO_2: mer än 15,0
O_2: mindre än 2,0
Lambda: 1,0 ± 0,03

5 Låt motorn gå tills den når normal arbetstemperatur.

6 Öka motorvarvtalet till 3 000 varv/min i 30 sekunder. Detta kommer att höja syesensorns temperatur så att den aktiveras.

7 Låt motorn gå med ett konstant varvtal på 2 500 varv/min. Om motorn får gå på tomgång under längre perioder kallnar syresensorn och kopplas ur.

8 Kontrollera att syresensorns signal pulserar. Se nedan för närmare information.

Test av syresensorns värmare

9 Kontrollera batterimatningen till sensorvärmarens matningsstift. Om du inte har spänning där, följ kablaget tillbaka till huvudreläet eller tändningslåset. Kontrollera sensorvärmarens jordning.

Syresensorns utsignal

Tillstånd	Spänning
Motorn i gång (varm vid 2 500 varv/min)	*200 till 1 000 mV*
Helt öppet gasspjäll	*1,0 V konstant*
Avstängd bränsleförsörjning	*0 V konstant*
Omkopplingsfrekvens	*1 sekunds invervall (ca.)*

Test av syresensorns omkoppling

10 På alla bilar med katalysator kontrolleras avgasernas syrehalt och insprutarna justeras så att bränsleblandningen gör att Lambdavärdet är lika med 1,0 ± 0,03. Omkopplingen av syresensorn är av avgörande betydelse för att insprutningssystemet ska fungera korrekt. Därför är det mycket viktigt att kontrollera syresensorns funktion.

11 Anslut ett oscilloskop eller en voltmätare till syresensorns omkopplingsledning.

12 Öka motorns varvtal till mellan 2 500 och 3 000 varv/min under 3 minuter så att syresensorn och katalysatorn värms upp.

13 Låt motorn gå på snabb tomgång och kontrollera syresensorns omkoppling.

14 Syresensorns spänning ska slå om från ca. 200 mV till 800 mV ungefär 8 till 10 gånger på 10 sekunder (1 Hz) **(se bild 4.33)**.

Observera: *En digital voltmätare kommer att visa en genomsnittlig spänning på ca. 450 mV. En långsam syresensor kan ge intrycket av att koppla ordentligt och det kan vara svårt att se att spänningen ligger lite för högt. Det är bättre att mäta med ett oscilloskop som avslöjar de flesta fel. Om voltmätaren har en maximi- och minimifunktion går det dock bättre att studera omkopplingsbeteendet.*

Syresensorn kopplar inte om

15 Kontrollera självdiagnossystemet för felkoder. Om syresensorn är defekt går styrmodulen antingen över i öppen slinga eller också använder den en fast spänning på ca. 0,45 V för att få ett Lambdavärde på 1,0.

16 Kontrollera syresensorns värmekrets (endast uppvärmd sensor med 2, 3 eller 4 ledningar). Se syresensortesten i respektive kapitel.

17 Om syresensorns värmekrets är defekt kommer sensorn aldrig (eller bara ibland) att nå arbetstemperatur.

18 Öka motorns varvtal hastigt. När bränsleblandningen blir fet ska syresensorn ge hög spänning.

19 Om avgassystemet har en öppning för CO-mätning före katalysatorn, mät CO- och HC-halten där. Om katalysatorn fungerar korrekt är följande tester ibland inte så effektiva när CO-halten mäts vid avgasröret.

20 Öka motorns varvtal till mellan 2 500 och 3 000 varv/min under 3 minuter så att syresensorn och katalysatorn värms upp.

21 Låt motorn gå på snabb tomgång.

22 Placera systemet i öppen slinga genom att koppla från kontakten till syresensorn.

Flerpunkts insprutningsmotorer

23 Lossa vakuumslangen från bränslets tryckregulator och plugga igen slangänden.

4.32 Förbikoppla reläet genom att koppla en kabel mellan stiften 30 och 87 så att komponenterna anslutna till stift 87 får spänning

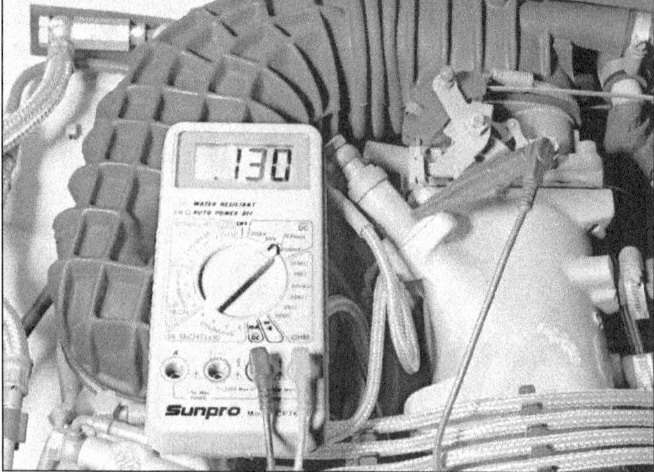

4.33 Syresensorns utspänning låg. 0,130 V är lika med 130 mV och indikerar mager blandning

Enpunkts insprutningsmotorer

24 Kläm tillfälligt ihop bränslereturledningen från tryckregulatorn till bränsletanken.

Alla motorer

25 CO-halten ska stiga och syresensorns spänning ska höjas.
26 Återgå till drift med sluten slinga genom att åter koppla in kontakten till syresensorn.
27 CO-halten ska återgå till normala värden då motorn reagerar på den feta blandningen. Det visar att syresensorn och styrmodulen kan hantera en fet blandning.

Flerpunkts insprutningsmotorer

28 Anslut slangen till tryckregulatorn.

Alla motorer

29 Placera systemet i öppen slinga genom att koppla från kontakten till syresensorn.
30 Dra ut oljestickan halvvägs eller koppla loss en vakuumslang för att simulera en vakuumläcka.
31 CO-halten ska minska och syresensorns spänning ska vara låg.
32 Återgå till drift med sluten slinga genom att åter koppla in kontakten till syresensorn.
33 CO-halten ska återgå till normala värden då motorn reagerar på den magra blandningen. Det visar att syresensorn och styrmodulen kan hantera en mager blandning.

40 Tröghetsbrytare

1 Tröghetsbrytaren är en säkerhetsdetalj som ska isolera bränslepumpen eller koppla ur det elektriska systemet vid en kollision. Kraftig retardation eller ett slag i närheten kan ibland också påverka den.
2 Återställ tröghetsbrytaren genom att trycka på återställningsknappen.
3 Om det inte kommer tillbaka spänning till bränslepumpen eller andra skyddade kretsar, fortsätt med följande test.

Kontroll av tröghetsbrytarens funktion

4 Kontrollera att tröghetsbrytarens stift och anslutningar inte har rostat eller är skadade.
5 Kontrollera att anslutningarna ger god kontakt till brytaren.
6 Ta med hjälp av ett kopplingsschema reda på vilken krets tröghetsbrytaren skyddar. Vanliga kretsar är:

a) Reläutgången till bränslepumpen
b) Relämatning
c) Reladrivarkrets till styrmodulen

7 Kontrollera spänningsmatningen till tröghetsbrytaren och dess jordanslutning.

41 Bränslepump och krets

Testmetoder för bränslepumpen

1 Leta reda på bränslepumpen. Oftast är den monterad med skruvar på tankens utsida eller också i själva tanken. Det går ofta att komma åt den genom ett lock under baksätet eller i bagageutrymmets golv.
2 Anslut voltmätarens minussond till jord.
3 Identifiera matnings- och jordstiften.
4 Anslut voltmätarens plussond till ledningen som är ansluten till bränslepumpens matningsstift.
5 Dra runt motorn eller koppla förbi bränslepumpreläet. Normal batterispänning bör finnas.

Ingen matningsspänning

a) Kontrollera bränslepumpens säkring (i förekommande fall)
b) Kontrollera bränslepumpreläet
c) Kontrollera/återställ tröghetsbrytaren (förekommande fall)
d) Kontrollera ledningarna

6 Anslut voltmätarens minussond till bränslepumpens jordningsstift.
7 Dra runt motorn eller koppla förbi reläet. Spänningen bör vara maximalt ca. 0,25 V.

42 Fel på blandningsstyrningen eller adaptiva fel

1 Det finns en hel rad olika orsaker till felkoder som indikerar problem med bränsleblandningen eller adaptiva problem. Andra koder kan dock hjälpa dig att hitta rätt.

Fet blandning eller adaptiv funktion över gränserna

2 Undersök följande: motorläckage (slitna kolvringar), högt bränsletryck, kylvätskans temperaturgivare, luftflödesmätare, insugningsrörets tryckgivare, förgasningsstyrning, EGR-system, samt om bränsleinsprutarna läcker.

Mager blandning eller adaptiv funktion över gränserna

3 Om en cylinder strejkar eller om motorn misständer, kontrollera tändstift, bränsletryck, tomgång, induktionssystemet för vakuumläckage, motorns kompression, ventilstyrning, topplockspackning och det sekundära tändningssystemet.

Kapitel 5
Alfa Romeo

Innehåll

Bilförteckning

Modell	**Motorkod**	**Årsmodell**	**System**
33, 1.7ie, Sportwagon, 4x4 kat	307.37	1993 till 1995	Bosch Motronic MP3.1
33, Boxer 16V, 4x4 och kat.	307.46	1990 till 1995	Bosch Motronic ML4.1
75 3.0i V6 kat	061.20	1987 till 1993	Bosch Motronic ML4.1
145 1.3ie SOHC	AR33501	1994 till 1997	Weber IAW 8F.6B
145 1.6ie SOHC	AR33201	1994 till 1996	Bosch Motronic MP3.1
145 1.6ie SOHC	AR33201	1994 till 1997	GM Multec XM
145 1.7 16V DOHC	AR33401	1994 till 1997	Bosch Motronic M2.10.3
145 2.0 16V DOHC	AR67204	1996 till 1997	Bosch Motronic M2.10.3
146 1.3ie SOHC	AR33501	1994 till 1997	Weber IAW 8F.6B
146 1.6ie SOHC	AR33201	1994 till 1996	GM Multec XM
146 1.7 16V DOHC	AR33401	1994 till 1997	Bosch Motronic M2.10.3
146 2.0 16V DOHC	AR67204	1996 till 1997	Bosch Motronic M2.10.3
155 T-Spark DOHC kat	AR671.03	1992 till 1992	Bosch Motronic 1.7
155 1.8 T-Spark DOHC kat	AR671.02	1992 till 1996	Bosch Motronic 1.7
155 2.0 T-Spark DOHC cat	AR671.02	1992 till 1996	Bosch Motronic 1.7
155 2.5 V6 SOHC kat	AR673.01/03	1992 till 1996	Bosch Motronic 1.7
155 2.0 16V DOHC T-Spark	AR67204	1996 till 1997	Bosch Motronic M2.10.3
164 2.0 T-Spark DOHC	064.20	1990 till 1993	Bosch Motronic ML4.1
164 2.0 T-Spark DOHC kat	064.16	1990 till 1993	Bosch Motronic ML4.1
164 2.0 T-Spark DOHC 16V	AR64.103	1993 till 1996	Bosch Motronic 1.7
164 V6	064.10	1988 till 1993	Bosch Motronic ML4.1
164 V6 och kat	064.12	1988 till 1993	Bosch Motronic ML4.1
164 V6 Quattrofoglio kat SOHC	064.301	1990 till 1993	Bosch Motronic ML4.1
164 V6 24V	066.301	1993 till 1995	Bosch Motronic 1.7
164 V6 24V	AR66.302	1995 till 1997	Bosch Motronic 1.7
164 V6 24V Quattrofoglio	064.304	1994 till 1997	Bosch Motronic 1.7
164 V6 24V Quattrofoglio	AR64.308	1995 till 1997	Bosch Motronic 1.7
GTV 2.0 16V DOHC	AR162.01	1996 till 1997	Bosch Motronic M2.10.3
Spider DOHC kat	015.88	1990 till 1994	Bosch Motronic ML4.1
Spider 2.0 16V DOHC	AR162.01	1996 till 1997	Bosch Motronic M2.10.3

Självdiagnostik

1 Inledning

Motorstyrningssystemet i Alfa Romeos bilar kommer huvudsakligen från Bosch och omfattar: Bosch Motronic, version ML4.1, 1.7, 2.10.3/4, MP3.1 samt även Multec XM och Weber IAW 8F 6B. Alla Alfa Romeos motorstyrningssystem styr primärtändning samt bränsle- och tomgångsfunktioner från samma styrmodul.

Självdiagnosfunktion

Varje styrmodul har en självdiagnosfunktion som kontinuerligt undersöker signalerna från vissa givare och aktiverare i motorn och sedan jämför varje signal med en tabell med programmerade värden. Om diagnostikprogramvaran konstaterar att ett fel föreligger lagrar styrmodulen en eller fler felkoder. Koder kan inte lagras för komponenter för vilka det inte finns någon kod, eller för tillstånd som inte täcks av programvaran.

Bosch Motronic ML4.1 och 1.7

I dessa system genererar motorstyrningssystemet 4-siffriga koder som får hämtas manuellt. När en felkodsläsare används för att hämta felkoder kan de kodnummer som visas på felkodsläsarens display mycket väl vara annorlunda. Se felkodstabellen i slutet av kapitlet med kolumnerna "Blinkkod" och "Felkod".

Alla övriga system

Alfa Romeos programvara genererar inte felkodsnummer för andra system än Bosch Motronic ML4.1 och 1.7, och felkodsläsaren visar normalt felen på sin display utan referens till ett särskilt kodnummer. Även om själva kodnumren inte finns tillgängliga kommer fel på en eller flera kretsar eller komponenter att resultera i att fel lagras.

Nödprogram

Alfa Romeo-system i det här kapitlet har nödprogram (s.k. "linka-hem"-läge). Så snart ett av vissa fel har identifierats (alla fel startar inte nödprogrammet) går styrmodulen över i nödprogrammet och använder förprogrammerade grundvärden i stället för givarsignalerna. Detta gör att bilen tryggt kan köras till en verkstad för reparation eller test. Så snart felet avhjälpts återgår styrmodulen till normaldrift.

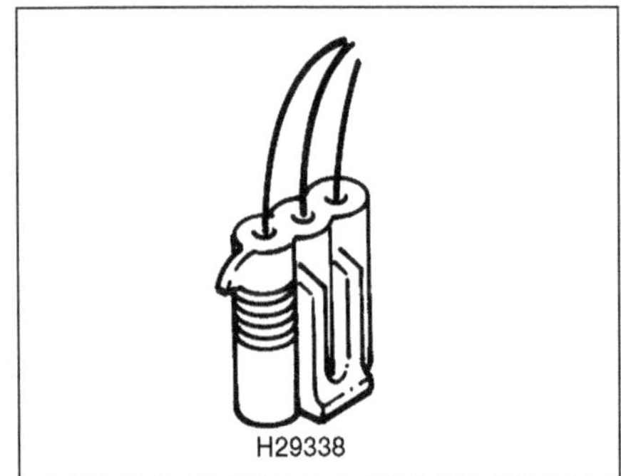

5.1 3-stifts diagnostikuttag för felkodsläsare

Adaptiv funktion

Alfa Romeos system har en adaptiv funktion som anpassar inprogrammerade värden efter vanlig körning och tar hänsyn till motorslitage.

Självdiagnos, varningslampa

Modeller för den amerikanska marknaden har en varningslampa, "Check Engine", på instrumentpanelen i enlighet med föreskrifter från US OBDII. Felkoder som indikerar fel på komponenter i avgasreningen kan läsas av genom lampblinkning. Europeiska modeller har ingen varningslampa.

2 Diagnostikuttagets placering

Bosch Motronic ML4.1

De två diagnostikuttagen sitter under instrumentbrädan på passagerarsidan. 3-stiftskontakten är till för en anpassad felkodsläsare **(se bild 5.1)** och 4-stiftskontakten är till för hämtning av blinkkoder.

Bosch Motronic M1.7

3-stiftskontakten är till för både felkodsläsare och för att hämta blinkkoder. Den är normalt placerad under instrumentbrädan på passagerarsidan, nära styrmodulen.

Andra system

3-stiftskontakten är bara till för felkodsläsare och den sitter på höger innerskärm i motorrummet, nära styrmodulen i mittkonsolen eller nära styrmodulen under instrumentbrädan på passagerarsidan.

3 Hämta felkoder utan felkodsläsare – blinkkoder

Observera: *Under en del av testen kan ytterligare felkoder genereras. Se till att inga koder som genereras under testning påverkar diagnosen. Alla koder måste raderas när du har testat klart. Blinkkodnummer som du hämtar manuellt kan vara annorlunda än de kodnummer som visas med hjälp av felkodsläsaren. Se kolumnen "Felkod" i felkodstabellen i slutet av kapitlet.*

Bosch Motronic ML4.1

1 Anslut en lysdiodlampa och en extrabrytare till diagnostikuttaget med 4 stift **(se bild 5.2)**.

2 Slå på tändningen – lysdioden ska tändas.

3 Slut extrabrytaren i 2,5 till 5,0 sekunder och öppna den sedan igen. Lysdioden lyser i 2,5 sekunder och börjar sedan blinka.

4 De 4-siffriga felkoderna visas genom att lysdioden blinkar enligt följande:

a) *De fyra siffrorna indikeras av fyra serier blinkningar.*

b) *Den första serien blinkningar indikerar den första siffran, den andra serien den andra siffran och så vidare tills alla fyra siffrorna har blinkats.*

c) *Varje serie består av 1 eller 2 sekunders blinkningar, åtskilda av korta pauser. Varje heltal mellan 1 och 9 motsvaras av 1 sekunds blinkningar och varje nolla motsvaras av en 2 sekunders blinkning.*

d) *En 2,5 sekunders paus skiljer varje serie blinkningar.*

e) *Kod "1213" indikeras av en 1 sekunds blinkning, en kort paus, två 1 sekunds blinkningar, en kort paus, en 1 sekunds blinkning, en kort paus och tre 1 sekunds blinkningar. Efter 2,5 sekunders paus upprepas koden.*

5 Räkna antalet blinkningar i varje serie och registrera varje kod. Se tabellerna i slutet av kapitlet för att se vad felkoden betyder.

6 Varje kod upprepas tills extrabrytaren sluts mellan 2,5 och 5,0 sekunder och sedan öppnas igen. Då visas nästa kod. ML4.1 kan lagra max. 5 koder samtidigt.

7 Fortsätt hämta koder tills kod "0000" sänds. Kod "0000" indikerar att inga flera koder finns lagrade.

8 Om kod "4444" sänds finns inga lagrade felkoder.

9 Slå av tändningen och ta bort extrabrytaren och lysdioden för att avsluta felkodsläsningen.

Bosch Motronic 1.7

10 Se till att gasspjällpotentiometern fungerar. Följande test kan inte göras om

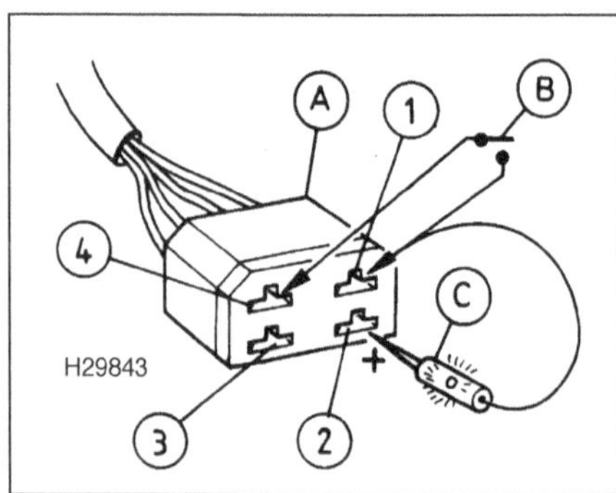

5.2 Motronic ML4.1 – anslut en extrabrytare och en lysdiodlampa till diagnostikuttaget med 4 stift för att hämta blinkkoder

A Diagnostikuttag
B Extrabrytare
C Lysdiodlampa

styrmodulen inte får korrekt signal från gasspjällpotentiometern.

11 Anslut en lysdiodlampa mellan batteriets pluspol och styrmodulens stift nummer 8 **(se bild 5.3)**.

Observera: *Du måste lossa bakstycket på styrmodulens kontakt så att lysdiodens minussond kan kontrollera styrmodulens stift med kontakten ansluten. Var försiktig så att du inte skadar styrmodulens stift. Se också till att du inte kortsluter mellan två stift.*

12 Slå på tändningen utan att starta motorn. Trampa gasen i botten och släpp upp den helt fem gånger i följd. Du måste vara färdig inom 5,0 sekunder efter att du har slagit på tändningen.

13 Lysdioden lyser i 2,5 sekunder och börjar sedan blinka.

14 De 4-siffriga felkoderna indikeras genom att lysdioden blinkar enligt följande:

a) De fyra siffrorna indikeras av fyra serier blinkningar.
b) Den första serien blinkningar indikerar den första siffran, den andra serien den andra siffran och så vidare tills alla fyra siffrorna har blinkats.
c) Varje serie består av 1 eller 2 sekunders blinkningar, åtskilda av korta pauser. Varje heltal mellan 1 och 9 motsvaras av 1 sekunds blinkningar och varje nolla motsvaras av en 2 sekunders blinkning.
d) En 2,5 sekunders paus skiljer varje serie blinkningar.
e) Kod "1213" indikeras genom en 1 sekunds blinkning, en kort paus, två 1 sekunds blinkningar, en kort paus, en 1 sekunds blinkning, en kort paus och tre 1 sekunds blinkningar. Efter 2,5 sekunders paus upprepas koden.

15 Räkna antalet blinkningar i varje serie och registrera varje kod. Se tabellerna i slutet av kapitlet för att se vad felkoden betyder.

16 Varje kod upprepas tills gaspedalen trycks i botten och släpps upp helt fem gånger i följd inom 5,0 sekunder. Då visas nästa kod.

17 Fortsätt hämta koder tills kod "0000" eller "1000" sänds. Kod "0000" (eller "1000") indikerar att inga flera koder finns lagrade.

18 Om kod "4444" sänds finns inga lagrade felkoder.

19 Slå av tändningen och ta bort lysdioden för att avsluta felkodsläsningen.

Alla övriga system

20 Det ges inga blinkkoder. Du måste ha en anpassad felkodsläsare för att kunna hämta felkoder.

4 Radera felkoder utan felkodsläsare

Bosch Motronic ML4.1

1 Följ proceduren som beskrivs i avsnitt 3 för att hämta felkoder.

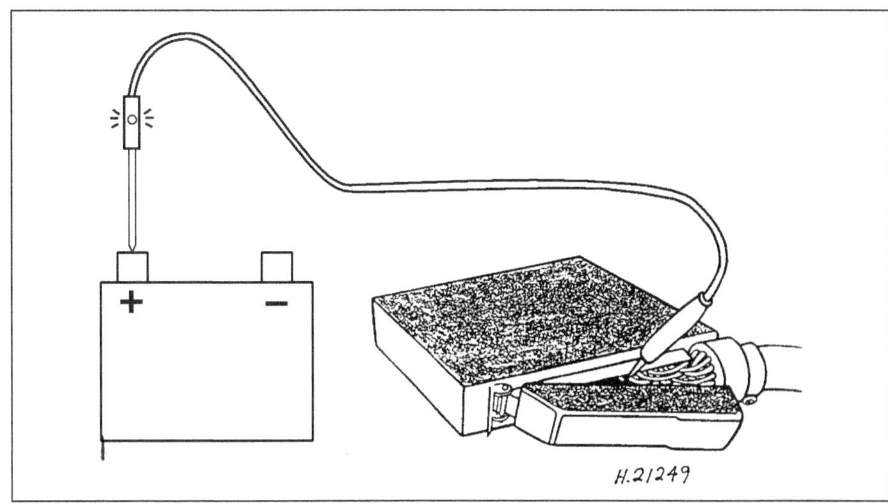

5.3 Motronic 1.7 – anslut en lysdiodlampa mellan batteriets pluspol och styrmodulens stift 8 för att hämta blinkkoder

2 När kod "0000" sänds, slut extrabrytaren i ca. 10 sekunder och öppna den sedan igen. Alla felkoder raderas nu från styrmodulens minne.

3 Slå av tändningen och ta bort extrabrytaren.

Bosch Motronic M1.7

4 Följ proceduren som beskrivs i avsnitt 3 för att hämta felkoder.

5 När kod "0000" eller "1000" sänds, trampa gaspedalen i botten under ca. 10 sekunder och släpp sedan upp den igen. Alla felkoder raderas nu från styrmodulens minne.

6 Slå av tändningen.

Alla system (alternativ metod)

7 Slå av tändningen och koppla bort batteriets minuspol under ca. 5 minuter.

8 Anslut batteriets minuspol igen.

Observera: *Den första nackdelen med den här metoden är att frånkoppling av batteriet initierar alla styrmodulens anpassade värden. Återinlärning av lämpliga anpassade värden kräver att du startar motorn kall och kör med olika varvtal under ca. 20 - 30 minuter. Motorn ska också gå på tomgång i 10 minuter. Den andra nackdelen är att radiosäkerhetskoder, klockans inställning och andra lagrade värden går förlorade och måste programmeras in igen när batteriet återanslutits. Om det är möjligt ska du använda en felkodsläsare för att radera minnet.*

5 Test av aktiverare utan felkodsläsare

Endast Bosch Motronic ML4.1

1 Anslut en lysdiodlampa och en extrabrytare till diagnostikuttaget med 4 stift **(se bild 5.2)**.

2 Slut extrabrytaren och slå på tändningen.

3 Vänta 2,5 till 5,0 sekunder och öppna sedan extrabrytaren. Lysdioden sänder kod "1411" och insprutarkretsen aktiveras. Du ska höra insprutarsolenoiderna arbeta.

Varning: Insprutarna aktiveras så länge som kretsen är sluten och det finns en allvarlig risk för att cylindrarna fylls med bensin. Om du måste testa under mer än en sekund, koppla från bränslepumpens tillförsel (eller ta bort bränslepumpens säkring) innan du påbörjar testet.

4 Avbryt insprutartestet genom att sluta extrabrytaren igen.

5 Vänta 2,5 till 5,0 sekunder och öppna sedan extrabrytaren. Lysdioden sänder kod "1412" och tomgångsventilkretsen aktiveras. Du ska höra tomgångsventilen arbeta.

6 Avbryt testet av tomgångsventilen genom att sluta extrabrytaren igen.

7 Vänta 2,5 till 5,0 sekunder och öppna sedan extrabrytaren. Lysdioden blinkar kod "1414" och kamtidsstyrningskretsen aktiveras (i förekommande fall). Du ska höra kamtidsstyrningens solenoid arbeta.

8 Avbryt testet av kamtidsstyrningens aktiverare genom att sluta extrabrytaren igen.

9 Vänta 2,5 till 5,0 sekunder och öppna sedan extrabrytaren. Lysdioden blinkar kod "1414" och kolfilterventilkretsen aktiveras (i förekommande fall). Du ska höra kolfilterventilerna arbeta.

10 Avbryt kolfilterventiltestet genom att sluta extrabrytaren igen.

11 Vänta 2,5 till 5,0 sekunder och öppna sedan extrabrytaren. Lysdioden blinkar kod "0000" och aktiverartesten är avslutade.

12 Slå av tändningen och ta bort lysdiodlampan och extrabrytaren.

Alla övriga system

13 En anpassad felkodsläsare behövs för att testa aktiverarna för dessa system.

6 Självdiagnos med felkodsläsare

Observera: *Under en del av testen kan ytterligare felkoder genereras. Se till att inga koder som genereras under test lurar diagnosen.*

Alla modeller

1 Anslut en felkodsläsare till diagnostikuttaget. Använd felkodsläsaren (enligt tillverkarens instruktioner) till följande ändamål:

a) Hämta felkoder eller visa fel

b) Återställning av felkoder eller fel

c) Testa aktiverarna

2 I Bosch Motronic ML4.1 och 1.7 kan koden som visas på felkodsläsaren vara annorlunda än den kod du får vid manuell hämtning och som beskrivs i avsnitt 3. Se felkodstabellen i slutet av kapitlet, i kolumnen "Felkod".

3 Koder måste alltid återställas efter komponenttest eller efter reparationer där komponenter i motorstyrningssystemet avlägsnas eller byts ut.

7 Guide till testmetoder

1 Använd en felkodsläsare för att hämta felkoder från styrmodulen eller hämta koder manuellt enligt avsnitt 3 eller 6.

Lagrade koder

2 Om du får en eller flera felkoder, titta i felkodstabellen i slutet av det här kapitlet för att fastställa betydelsen.

3 Om du får flera felkoder, leta efter gemensamma faktorer som t.ex. en felaktig jordanslutning eller matning.

4 Se testprocedurerna i kapitel 4 där du hittar sätt att testa de flesta komponenter och kretsar som återfinns i ett modernt motorstyrningssystem.

5 När felet har avhjälpts, radera koderna och kör motorn under olika förhållanden för att se om problemet är borta.

6 Kontrollera styrmodulen igen. Upprepa ovanstående procedurer om det fortfarande finns felkoder kvar.

7 Se kapitel 3 för mer information om hur du effektivt testar motorstyrningssystemet.

Inga koder lagrade

8 När ett driftsproblem uppstår utan att du får en felkod ligger felet utanför de parametrar som inprogrammerats i självdiagnossystemet. Se kapitel 3 för mer information om hur du effektivt kan testa motorstyrningssystemet.

9 Om problemet pekar mot en speciell komponent, se testprocedurerna i kapitel 4 där du hittar sätt att testa de flesta komponenter och kretsar som återfinns i ett modernt motorstyrningssystem.

Felkodstabell

Bosch Motronic ML4.1 och 1.7

Blinkkod	Felkod	Beskrivning
0000	-	Slut på felkoder
1000	-	Slut på felkoder
1211	037	Batteri
1212	052	Gasspjällbrytare, tomgångsbrytare
1213	053	Gasspjällbrytare, fullastbrytare
1214	045	Kylvätskans temperaturgivare eller dess krets
1215	043	CO-potentiometer eller CO-krets
1216	012	Gasspjällpotentiometer eller -krets
1221	007	Vane luftflödesmätare eller -krets
1222	004	Tomgångsventil eller -krets
1223	010	Syresensor eller -krets
1224	028	Syresensor eller -krets
1225	044	Lufttemperaturgivare eller -krets
1226	100	Elektronisk styrmodul
1227	-	Insprutare eller insprutarkrets
1228	-	Insprutare eller insprutarkrets
1229	-	Luftkonditionering (A/C), värmekontroll eller A/C-krets
1231	031	Fordonets hastighetsgivare (automatisk växellåda) eller -krets
1232	032	Insprutare (4-cylindrig motor: 1 & 3, 6-cylindrig motor: 1, 2 & 4) eller insprutarkrets
1233	002	Insprutare (4-cylindrig motor: 2 & 4, 6-cylindrig motor: 3, 5 & 6) eller insprutarkrets
1234	013	Automatisk växellåda eller -krets
1235	085	Luftkonditionering (A/C) eller -krets
1236	021	Luftkonditionering (A/C), kompressorstyrning, eller -krets
1243	1003	Bränslepumprelä eller krets
1244	034	Kolfilterventil eller -krets
1245	023	Aktiverare för variabel kamtid (Twin Spark-modeller) eller krets
1251	001	Elektronisk styrmodul
1252	009	Vevaxelns vinkelgivare eller -krets
1254	-	Gasspjällpotentiometer eller -krets
1255	-	Kamaxelgivare eller -krets
1265	015	Självdiagnos, varningslampa eller -krets
2111	1	Knackgivare eller -krets
2112	2	Knackgivare eller -krets
2113	-	Elektronisk styrmodul
2116	-	Elektronisk styrmodul
4444	-	Inga fel upptäckta i den elektroniska styrmodulen. Fortsätt med normala diagnostikmetoder

Alla system utom Bosch Motronic ML4.1 och 1.7

Alfa Romeos programvara genererar normalt inte felkoder, och felkodsläsaren visar därför att ett fel förekommer utan att ange en specifik felkod. Fel i en eller flera kretsar eller komponenter lagras även om det inte finns några kodnummer tillgängliga.

Kapitel 6
Audi

Innehåll

Bilförteckning

Modell	Motorkod	Årsmodell	System
Audi A3 1.6	AEH	1996 till 1997	Simos
Audi A3 1.8	AGN	1996 till 1997	Bosch Motronic 3.2
Audi A3 1.8i	AGN	1997 och senare	Bosch Motronic 3.8.2
Audi A3 1.8 Turbo	AGU	1996 till 1997	Bosch Motronic 3.2
Audi A4 1.6	ADP	1995 till 1997	Bosch Motronic 3.2
Audi A4 1.8	ADR	1995 till 1997	Bosch Motronic 3.2
Audi A4 1.8 Turbo	AEB	1995 till 1997	Bosch Motronic 3.2
Audi A4 2.6	ABC	1995 till 1997	VAG MPFi
Audi A4 2.8	AAH	1995 till 1996	VAG MPi
Audi A4 2.8	ACK	1996 till 1997	Bosch Motronic MPi
Audi A6 2.0i	ABK	1993 till 1996	VAG Digifant
Audi A6 2.8 30V	ACK	1995 till 1997	Bosch Motronic
Audi A6 S6 2.2 kat	AAN	1991 till 1997	Bosch Motronic M2.3.2
Audi A6 2.6	ABC	1992 till 1997	VAG MPFi
Audi A6 2.8	AAH	1991 till 1997	VAG MPi
Audi A6 S6 4.2	AHK	1996 till 1997	Bosch Motronic
Audi A6 S6 4.2	AEC	1994 till 1997	Bosch Motronic
Audi A8 2.8i V6	AAH	1994 till 1997	VAG MPFi
Audi A8 2.8	ACK	1996 till 1997	Bosch Motronic
Audi A8 3.7	AEW	1995 till 1997	Bosch Motronic
Audi A8 4.2	ABZ	1994 till 1997	Bosch Motronic M2.4
Audi V8 3.6 kat	PT	1989 till 1994	Bosch Motronic M2.4
Audi V8 4.2 kat	ABH	1992 till 1994	Bosch Motronic M2.4
Audi 80 1.6 kat	ABM	1992 till 1995	Bosch Mono-Motronic MA1.2
Audi 80 1.6 kat	ADA	1993 till 1995	VAG MPi
Audi 80 1.8i och 4x4 kat	JN	1986 till 1991	Bosch KE-Jetronic
Audi 80 1.8i och 4x4 kat	PM	1988 till 1989	Bosch Mono-Jetronic A2.2
Audi 80 1.8 och 4x4 kat	PM	1990 till 1991	Bosch Mono-Motronic
Audi 80 2.0i Quattro kat	ABT	1992 till 1995	Bosch Mono-Motronic
Audi 80 kupé 16V 2.0 kat	6A	1990 till 1995	Bosch KE1.2 Motronic
Audi 80 kupé 2.0 och 4x4 kat	3A	1988 till 1990	Bosch KE1.1 Motronic
Audi 80 kupé och 4x4 2.0 kat	AAD	1990 till 1992	Bosch KE1.2 Motronic
Audi 80 2.0 kat	ABK	1992 till 1995	VAG Digifant
Audi 80, 90 kupé och Cab 2.3	NG	1987 till 1995	Bosch KE3-Jetronic
Audi 80 2.3 kat	NG	1992 till 1994	Bosch KE3-Jetronic
Audi 80 2.6 kat	ABC	1992 till 1995	VAG MPFi
Audi 80, 90 2.0 kat	PS	1987 till 1991	Bosch KE Jetronic
Audi 80, 90 2.8 kat	AAH	1992 till 1994	VAG MPi
Audi 80 S2	ABY	1993 till 1995	Bosch Motronic + Turbo

Modell	Motorkod	Arsmodell	System
Audi 90 kupé 2.0 20V kat	NM	1988 till 1991	VAG MPi
Audi 90 kupé och 4x4 2.3 kat	7A	1988 till 1991	VAG MPi
Audi 100 1.8i kat	4B	1988 till 1991	Bosch Mono-Jetronic
Audi 100 1.8i kat	PH	1985 till 1991	Bosch KE-Jetronic
Audi 100 2.0 kat	AAE	1991 till 1994	Bosch Mono-Motronic MA1.2
Audi 100 2.0i	ABK	1993 till 1996	VAG Digifant
Audi 100 2.0 kat	AAD	1991 till 1994	Bosch KE-Motronic
Audi 100 4x4 2.0 16V kat	ACE	1992 till 1994	Bosch KE-Motronic
Audi 100 S4 2.2 kat	AAN	1991 till 1997	Bosch Motronic 2.3.2
Audi 100 2.3E kat	NF	1986 till 1991	Bosch KE3-Jetronic
Audi 100 2.3 kat	AAR	1991 till 1994	Bosch KE3-Jetronic
Audi 100 2.6	ABC	1992 till 1997	VAG MPFi
Audi 100 2.8	AAH	1991 till 1997	VAG MPi
Audi 100 S4 4.2	ABH	1993 till 1994	Bosch Motronic
Audi 200 4x4 Turbo kat	3B	1989 till 1991	Bosch Motronic + Turbo
Audi kupé S2	3B	1990 till 1993	Bosch Motronic + Turbo
Audi kupé och Cab 2.0 kat	ABK	1992 till 1997	VAG Digifant
Audi kupé och Cab 2.6 kat	ABC	1993 till 1997	VAG MPFi
Audi kupé och Cab 2.8	AAH	1991 till 1997	VAG MPi
Audi kupé S2	ABY	1993 till 1996	Bosch Motronic + Turbo
Audi Quattro 20V kat	RR	1989 till 1991	Bosch Motronic + Turbo
Audi RS2 Avant	ADU	1994 till 1996	Bosch Motronic + Turbo

Självdiagnostik

1 Inledning

Motorstyrnings- och bränsleinsprutningssystemen i Audibilar kommer huvudsakligen från Bosch. Aktuella system är Bosch Motronic versionerna 2.3.2, 2.4, 3.2 och 3.8.2, Mono-Jetronic, Mono-Motronic 1.1 och 1.2, KE-Motronic 1.1 och 1.2, KE-3 Jetronic, Simos, VAG Digifant, VAG MPi och VAG MPFi.

Alla Audis motorstyrningssystem styr primärtändning samt bränsle- och tomgångsfunktioner från samma styrmodul. Undantag är Mono-Jetronic och KE-3 Jetronic som bara styr bränsle- och tomgångsfunktionerna.

Självdiagnosfunktion

Varje elektronisk styrmodul har en självtestfunktion som kontinuerligt undersöker signalerna från vissa givare och aktiverare i motorn och sedan jämför signalerna med en tabell av inprogrammerade värden. Om diagnostikprogramvaran konstaterar att ett fel föreligger lagrar styrmodulen en eller fler felkoder. Koder kan inte lagras för komponenter för vilka det inte finns någon kod, eller för tillstånd som inte täcks av programvaran.

Audis system kan generera två sorters felkoder – 4-siffriga blinkkoder och 5-siffriga felkoder.

Utvecklingen av Audis system har lett till att de koder som genereras och avläsningsmetoderna nu delas in i tre grupper. Övergången till detta system är inte alltid lätt att se för alla modeller.

a) En del tidiga system genererar bara 4-siffriga blinkkoder som kan hämtas med varningslampa (i förekommande fall), lysdiodlampa eller en anpassad felkodsläsare. Till dessa system hör Mono-Jetronic och Mono-Motronic MA1.2.1.

b) Senare system kan generera både 4-siffriga blinkkoder och 5-siffriga felkoder. De 4-siffriga blinkkoderna genereras via varningslampan (där sådan finns) eller genom en lysdiod, medan du behöver en anpassad felkodsläsare för att hämta 5-siffriga koder. Till dessa system hör Bosch Motronic, versionerna 2.3, 2.4 och 2.7, KE-3 Jetronic, KE-Motronic och Mono-Motronic (tidiga 45-stifts styrmoduler).

c) De allra senaste systemen kan bara generera 5-siffriga felkoder och dessa måste hämtas med hjälp av en anpassad felkodsläsare. Till dessa system hör Bosch Motronic, versionerna 2.9, 3.2 och 3.8.2, Mono-Motronic MA1.2.2 (senare 45-stifts styrmodul), Simos, VAG Digifant (68-stifts styrmodul) samt VAG MPi och MPFi.

Nödprogram

Audis system som behandlas i det här kapitlet har nödprogram (s.k. "linka-hem"-läge). Så snart vissa fel identifierats (alla fel initierar inte nödprogrammet) startar styrmodulen nödprogrammet och går över till ett programmerat grundvärde snarare än att gå efter givarsignaler. Detta gör att bilen tryggt kan köras till en verkstad för reparation eller test. Så snart felet avhjälpts återgår styrmodulen till normaldrift.

Anpassning

Audis system har också en adaptiv funktion som anpassar inprogrammerade värden efter vanlig körning och tar hänsyn till motorslitage.

Självdiagnos, varningslampa

Vissa modeller har en varningslampa för självdiagnos på instrumentpanelen.

2 Diagnostikuttagets placering

Mono-Jetronic (Audi 80 och 100 1.8i t.o.m. juli 1988)

Ovanpå bränslepumpreläet **(se bild 6.1)**, endast för blinkkodshämtning.

Mono-Jetronic (Audi 80 och 100 1.8i fr.o.m. augusti 1988)

Dubbla 2-stifts diagnostikuttag finns i passagerarsidans fotutrymme **(se bild 6.2)** för blinkkoder och för felkodsläsare.

Bosch Mono-Motronic

Dubbla 2-stifts diagnostikuttag för blinkkoder och för felkodsläsare finns i passagerarsidans fotutrymme, under instrumentbrädan, **(se bild 6.2)** eller i motorrummets vänstra säkringsbox nära torpedväggen **(se bild 6.3)**. Styrmodulen sitter vanligtvis i endera fotutrymmet eller i motorrummet bakom torpedväggen.

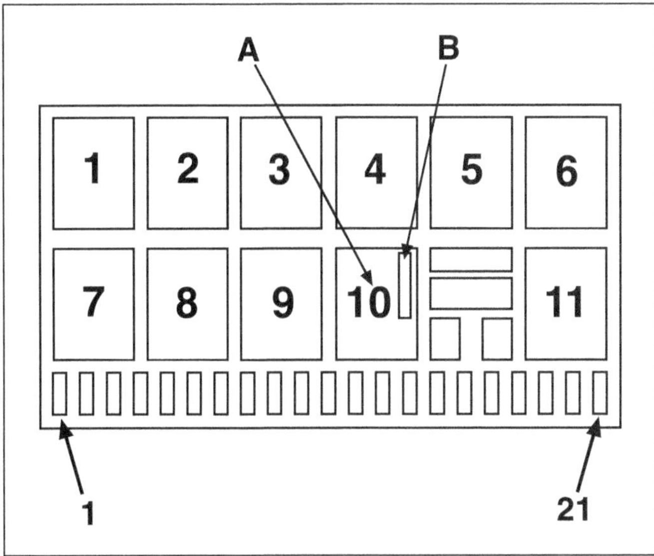

6.1 **Använd en säkring för att förbinda testkontakterna i reläboxen i Audi 80 och 100 t.o.m. juli 1988**

A Bränslepumprelä *B Testkontakter*

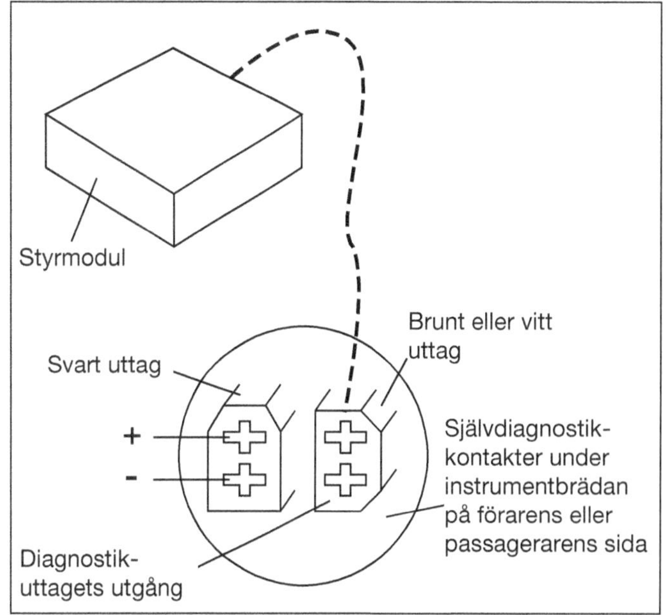

6.2 **Diagnostikuttagets placering under instrumentbrädan**

Bosch KE3-Jetronic och KE-Motronic 1.1

Dubbla 2-stifts diagnostikuttag för blinkkoder och för felkodsläsare finns under en lucka ovanför pedalerna i förarens fotutrymme.

Bosch KE-Motronic 1.2 och Motronic 2.3

Dubbla 2-stifts diagnostikuttag för blinkkoder eller för felkodsläsare finns under en lucka ovanför pedalerna i förarens fotutrymme, eller tre 2-stifts uttag under en lucka ovanför pedalerna i förarens fotutrymme eller i motorrummets säkringsbox nära torpedväggen.

Bosch Motronic 2.4

Fyra 2-stifts diagnostikuttag för blinkkoder och för felkodsläsare finns i passagerarsidans fotutrymme under instrumentbrädan.

VAG Digifant

Dubbla 2-stifts diagnostikuttag för felkodsläsare finns i passagerarsidans fotutrymme, under instrumentbrädan, **(se bild 6.2)** eller i motorrummets vänstra säkringsbox nära torpedväggen **(se bild 6.3)**.

VAG MPi och MPFi

Dubbla 2-stifts diagnostikuttag för felkodsläsare finns under en lucka ovanför pedalerna i förarens fotutrymme.

16-stifts diagnostikuttag (A3 modeller inklusive Bosch Motronic 3.2, 3.8.2 och Simos)

Under ett lock i främre konsolen.

16-stifts diagnostikuttag (andra modeller)

Under en lucka i den bakre konsolen, bredvid askkoppen **(se bild 6.4)**

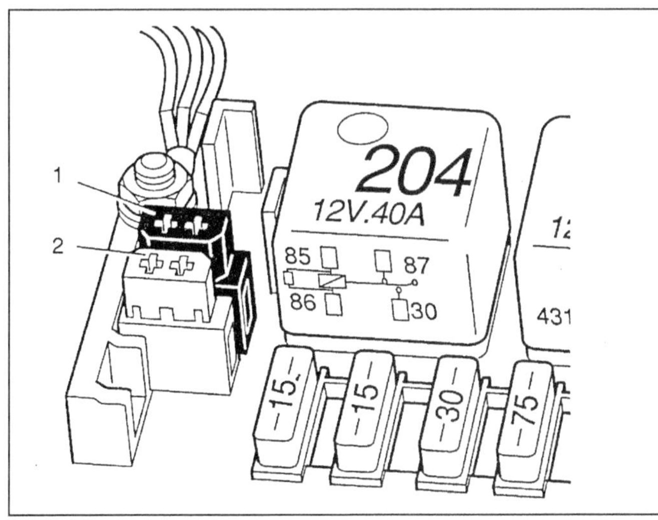

6.3 **Diagnostikuttagets placering i motorrummets säkringsbox**

1 Effektförsörjning *2 Dataöverföring*

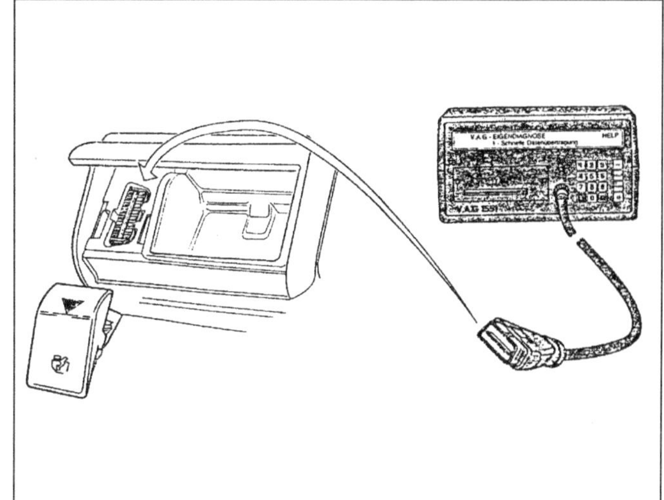

6.4 **Diagnostikuttaget med 16 stift finns som regel under en lucka bredvid askkoppen i baksätespassagerarnas konsol**

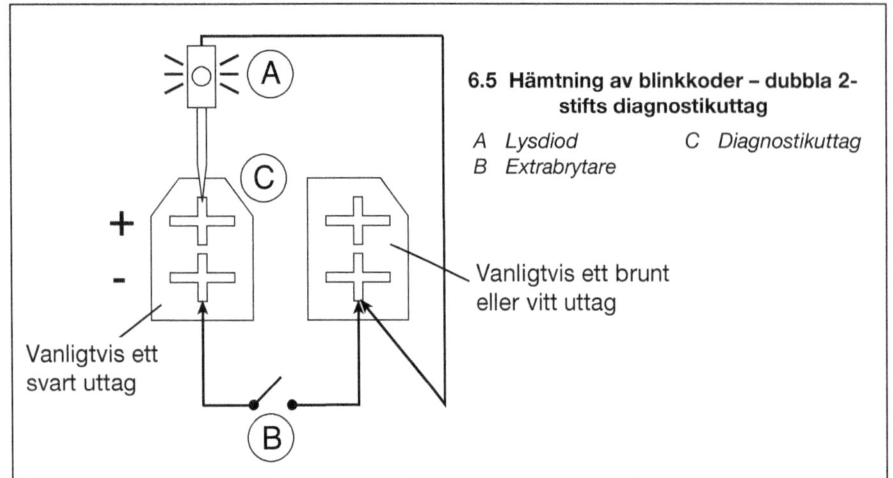

6.5 Hämtning av blinkkoder – dubbla 2-stifts diagnostikuttag

A Lysdiod *B Extrabrytare* *C Diagnostikuttag*

3 Hämta felkoder utan felkodsläsare - blinkkoder

Observera: *Under en del av testen kan ytterligare felkoder genereras. Se till att inga koder som genereras under test lurar diagnosen. Alla koder måste raderas när testet har genomförts. 4-siffriga blinkande koder som hämtas manuellt kan vara annorlunda än de koder som visas med hjälp av en felkodsläsare. Se kolumnen "Felkod" i felkodstabellen i slutet av kapitlet.*

Mono-Jetronic (t.o.m juli 1988)

1 Starta motorn och låt den gå på tomgång tills den når normal arbetstemperatur.

Observera: *Felkoder för syresensorn kan bara hämtas efter 10 minuters provkörning.*

2 Slå av motorn och slå på tändningen.

3 Om motorn inte startar, dra runt motorn med startmotorn i minst sex sekunder och lämna tändningen på.

4 Använd en säkring för att förbinda testkontakterna på bränslepumpreläet i minst 5,0 sekunder **(se bild 6.1)**.

5 Ta bort säkringen. Varningslampan för självdiagnos blinkar för att indikera den 4-siffriga koden på följande sätt:

a) De fyra siffrorna indikeras av fyra serier blinkningar.

b) Den första serien blinkningar indikerar den första siffran, den andra serien den andra siffran och så vidare tills alla fyra siffrorna har blinkats.

c) Varje serie består av 1 eller 2 sekunders blinkningar, åtskilda av korta pauser. Varje heltal mellan 1 och 9 motsvaras av 1 sekunds blinkningar och varje nolla motsvaras av en 2 sekunders blinkning.

d) En 2,5 sekunders paus skiljer varje serie blinkningar.

e) Kod "1231" indikeras genom en 1 sekunds blinkning, en kort paus, två 1 sekunds blinkningar, en kort paus, tre 1 sekunds blinkningar, en kort paus och en 1 sekunds blinkning. Efter 2,5 sekunders paus upprepas koden.

6 Räkna antalet blinkningar i varje serie och registrera varje kod. Se tabellerna i slutet av kapitlet för att se vad felkoden betyder.

7 Varje kod upprepas tills du kopplar in säkringen igen. Ta bort säkringen efter 6,0 sekunder. Då visas nästa kod.

8 Fortsätt hämta koder tills kod "0000" sänds. Koden "0000" indikerar att det inte finns fler koder lagrade och den visas genom att ljuset blinkar på och av med 2,5 sekunders intervall.

9 Om kod "4444" sänds lagras inga felkoder.

10 Slå av tändningen för att avsluta felkodsläsningen.

Bosch Mono-Jetronic (fr.o.m. augusti 1988), KE-Jetronic, KE-Motronic 1.1 och 1.2, Motronic 2.3 och 2.4

11 Anslut en extrabrytare till de dubbla 2-, 3- eller 4-stifts diagnostikuttagen **(se bild 6.5 till 6.7)**. Om bilen inte har en varningslampa för självdiagnos på instrumentpanelen, anslut en lysdiod mellan batteriets pluspol och diagnostikuttaget som visas i bilderna.

12 Starta motorn och låt den komma upp i normal arbetstemperatur.

Observera: *Felkoder för syresensorn kan bara hämtas efter 10 minuters provkörning.*

13 Slå av motorn och slå på tändningen.

14 Om motorn inte startar, dra runt den med startmotorn i minst sex sekunder och lämna tändningen på.

15 Slut extrabrytaren i minst 5 sekunder. Öppna brytaren, varningslampan eller lysdioden börjar då blinka för att indikera felkoder enligt följande:

a) De fyra siffrorna indikeras av fyra serier blinkningar.

b) Den första serien blinkningar indikerar den första siffran, den andra serien den andra

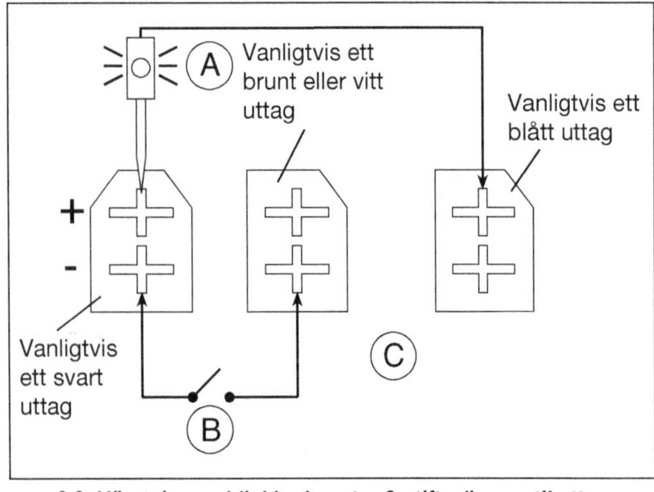

6.6 Hämtning av blinkkoder – tre 2-stifts diagnostikuttag

A Lysdiod *B Extrabrytare* *C Diagnostikuttag*

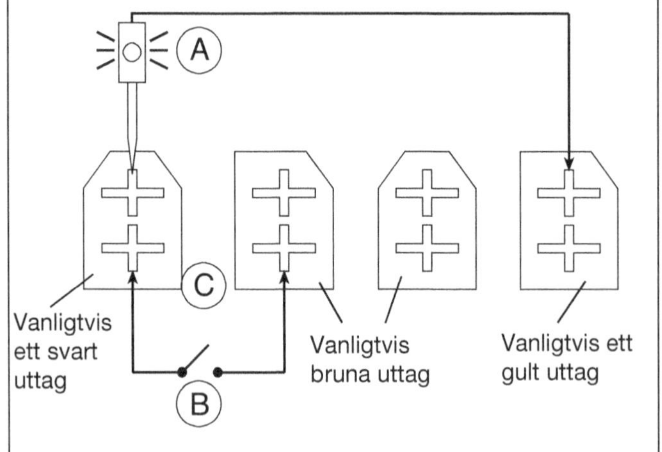

6.7 Hämtning av blinkkoder – fyra 2-stifts diagnostikuttag

A Lysdiod *B Extrabrytare* *C Diagnostikuttag*

siffran och så vidare tills alla fyra siffrorna har blinkats.

c) *Varje serie består av 1 eller 2 sekunders blinkningar, åtskilda av korta pauser. Varje heltal mellan 1 och 9 motsvaras av 1 sekunds blinkningar och varje nolla motsvaras av en 2 sekunders blinkning.*

d) *En 2,5 sekunders paus skiljer varje serie blinkningar.*

e) *Kod "1231" indikeras av en 1 sekunds blinkning, en kort paus, två 1 sekunds blinkningar, en kort paus, tre 1 sekunds blinkningar, en kort paus och en 1 sekunds blinkning. Efter 2,5 sekunders paus upprepas koden.*

16 Räkna antalet blinkningar i varje serie och registrera varje kod. Se tabellerna i slutet av kapitlet för att se vad felkoden betyder.

17 Koden upprepas tills extrabrytaren sluts igen under minst 5 sekunder. Öppna brytaren för att visa nästa kod.

18 Fortsätt hämta koder tills kod "0000" sänds. Koden "0000" indikerar att det inte finns fler koder lagrade och den visas genom att ljuset blinkar på och av med 2,5 sekunders intervall.

19 Om kod "4444" sänds finns inga lagrade felkoder.

20 Slå av tändningen och ta bort extrabrytaren och lysioden för att avsluta felkodsläsningen.

Bosch Mono-Motronic (35-stifts version 1.2.1 och 45-stifts version 1.2.2)

21 Anslut en extrabrytare till de dubbla 2-stifts diagnostikuttagen. Om bilen inte har en varningslampa för självdiagnos på instrumentpanelen, anslut en lysdiodlampa mellan batteriets pluspol och styrmodulens stift nr 35 (35-stifts) eller nr 4 (45-stifts styrmodul) **(se bild 6.8)**.

Observera: *Du måste lossa bakstycket på styrmodulens kontakter så att lysdiodens minussond kan sättas mot styrmodulens stift med kontakten ansluten.*

22 Starta motorn och låt den gå på tomgång tills den når normal arbetstemperatur.

Observera: *Felkoder för syresensorn kan bara hämtas efter 10 minuters provkörning.*

23 Slå av motorn och slå på tändningen.

24 Om motorn inte startar, dra runt den med startmotorn i minst sex sekunder och lämna tändningen på.

25 Slut extrabrytaren i minst 5 sekunder. Öppna brytaren, varningslampan eller lysdioden börjar då blinka för att indikera felkoder enligt följande:

a) *De fyra siffrorna indikeras av fyra serier blinkningar.*

b) *Den första serien blinkningar indikerar den första siffran, den andra serien den andra siffran och så vidare tills alla fyra siffrorna har blinkats.*

c) *Varje serie består av 1 eller 2 sekunders blinkningar, åtskilda av korta pauser. Varje heltal mellan 1 och 9 motsvaras av 1 sekunds blinkningar och varje nolla motsvaras av en 2 sekunders blinkning.*

d) *En 2,5 sekunders paus skiljer varje serie blinkningar.*

e) *Kod "1231" indikeras genom en 1 sekunds blinkning, en kort paus, två 1 sekunds blinkningar, en kort paus, tre 1 sekunds blinkningar, en kort paus och en 1 sekunds blinkning. Efter 2,5 sekunders paus upprepas koden.*

26 Räkna antalet blinkningar i varje serie och registrera varje kod. Se tabellerna i slutet av kapitlet för att se vad felkoden betyder.

27 Koden upprepas tills extrabrytaren sluts igen under minst 5 sekunder. Öppna brytaren för att visa nästa kod.

28 Fortsätt hämta koder tills kod "0000" sänds. Koden "0000" indikerar att det inte finns fler koder lagrade och den visas genom att ljuset blinkar på och av med 2,5 sekunders intervall.

29 Om kod "4444" sänds finns inga lagrade felkoder.

30 Slå av tändningen och ta bort extrabrytaren och lysdioden för att avsluta felkodsläsningen.

System med 16-stifts dianostikuttag eller 68-stifts kontakt till styrmodulen

31 Det finns inga blinkande koder, utan du måsta använda en anpassad felkodsläsare för att hämta felkoder.

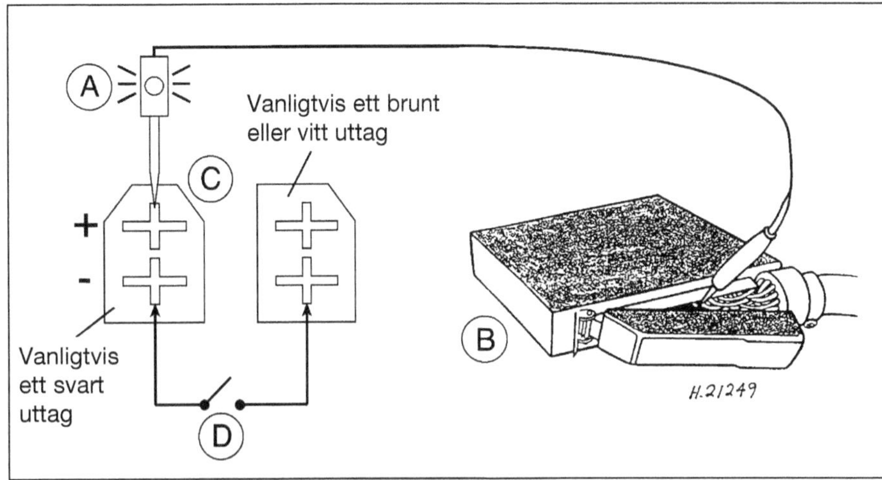

6.8 Hämtning av blinkkoder med 35-stifts och vissa 45-stifts Mono-Motronic system (se texten)

A Lysdiod *B Styrmodul* *C Diagnostikuttag* *D Extrabrytare*

4 Återställa felkoder utan felkodsläsare

Bosch Mono-Jetronic, Mono-Motronic, KE-Jetronic och KE-Motronic

1 Följ proceduren som beskrivs i avsnitt 3 för att hämta felkoder.

2 Slå av tändningen.

3 Använd en säkring för att förbinda kontakterna på bränslepumpreläet (endast Mono-Jetronic t.o.m. juli 1988) eller slut extrabrytaren (alla andra system).

4 Slå på tändningen.

5 Öppna extrabrytaren efter 5 sekunder eller ta bort säkringen. Alla felkoder ska nu vara raderade.

6 Slå av tändningen.

Radera felkoderna 2341 eller 2343 (syresensorn)

7 Slå av tändningen (ta ur nyckeln). Lossa styrmodulens kontakt från styrmodulen under minst 30 sekunder. ***Se varning nr 3 i referensavsnittet i slutet av boken.***

Alla system (alternativ)

8 Slå av tändningen och koppla bort batteriets minuspol under ca. 5 minuter.

9 Anslut batteriets minuspol igen.

Observera: *Den första nackdelen med den här metoden är att frånkoppling av batteriet initierar alla styrmodulens anpassade värden (inte Mono-Jetronic). Återinlärning av lämpliga anpassade värden kräver att du startar motorn kall och kör med olika varvtal under ca. 20 - 30 minuter. Motorn ska också gå på tomgång i 10 minuter. Den andra nackdelen är att radiosäkerhetskoder, klockans inställning och andra lagrade värden går förlorade och måste programmeras in igen när batteriet återanslutits. Om det är möjligt ska du använda en felkodsläsare för att radera minnet.*

5 Självdiagnos med felkodsläsare

Observera: *Under en del av testen kan ytterligare felkoder genereras. Se till att inga koder som genereras under test lurar diagnosen.*

Alla modeller

1 Anslut en felkodsläsare till diagnostik-uttaget. Använd felkodsläsaren (enligt till-verkarens instruktioner) till följande ändamål:

a) Hämta felkoder eller visa fel

b) Radera felkoder

c) Testa aktiverarna

d) Göra servicejusteringar

e) Visa data

f) Koda styrmodulen

2 Felkodsläsaren kan visa både 4-siffriga blinkkoder och/eller 5-siffriga felkoder. Se felkodstabellen i slutet av kapitlet.

3 Felkoder måste alltid återställas efter komponenttest eller efter reparationer där komponenter i motorstyrningssystemet tas bort eller byts ut.

6 Guide till testmetoder

1 Använd en felkodsläsare för att hämta felkoder från styrmodulen eller hämta koder manuellt enligt avsnitt 3 eller 5.

Lagrade koder

2 Om du får en eller flera felkoder, titta i felkodstabellen i slutet av det här kapitlet för att fastställa betydelsen.

3 Om du får flera felkoder, leta efter gemensamma faktorer som t.ex. en felaktig jordanslutning eller matning.

4 Se testprocedurerna i kapitel 4 där du hittar sätt att testa de flesta komponenter och kretsar som återfinns i ett modernt motorstyrningssystem.

5 När felet har avhjälpts, radera koderna och kör motorn under olika förhållanden för att se om problemet är borta.

6 Kontrollera styrmodulen igen. Upprepa ovanstående procedurer om det fortfarande finns felkoder kvar.

7 Se kapitel 3 för mer information om hur du effektivt testar motorstyrningssystemet.

Inga koder lagrade

8 När ett driftsproblem uppstår utan att du får en felkod ligger felet utanför de parametrar som inprogrammerats i självdiagnossystemet. Se kapitel 3 för mer information om hur du effektivt kan testa motorstyrningssystemet.

9 Om problemet pekar på en särskild komponent, läs om testprocedurer i kapitel 4, där du hittar ett sätt att testa de flesta komponenter och kretsar som finns i motorstyrningssystemet.

Felkodstabell

Observera: *Liknande koder genereras av varje system, även om några av koderna kan ha andra betydelser beroende på vilket system och vilka komponenter som monterats. Exempelvis kan en kod indikera en luftflödesmätare eller en tryckgivare för insugningsröret, beroende på vilken av komponenterna som monterats. När en kod med en alternativ betydelse genereras är ursprungsbetydelsen ofta uppenbar.*

Blinkkod	Felkod	Beskrivning
4444	00000	Inga fel upptäckta i den elektroniska styrmodulen. Fortsätt med normala diagnostikmetoder
0000	-	Slut på felkoder
1111	65535	Internt fel – elektronisk styrmodul
1231	00281	Fordonets hastighetsgivare eller -krets
1232	00282	Gasspjällpotentiometer eller -krets
1232	00282	Stegmotor för tomgång eller krets (alternativ kod).
2111	00513	Motorns varvtalsgivare eller -krets
2112	00514	Övre dödpunktsgivare eller -krets
2112	00514	Vevaxelns vinkelgivare
2113	00515	Halleffektgivare eller -krets

Observera: *Felkodsnummer 2113 visas alltid när tändningen slås på och motorn stoppas i system med en Halleffektgivare som primärutlösare.*

Blinkkod	Felkod	Beskrivning
2114	00535	Fördelare
2121	00516	Tomgångskontakter för stegmotor för tomgångsvarvtal
2121	00516	Fel på tändinställningsventilens krets (alternativ kod)
2122	-	Ingen signal för motorvarvtal
2123	00517	Gasspjällbrytare, fullastbrytare
2141	00535	Knackreglering 1 (elektronisk styrmodul)
2142	00524	Knackgivare eller -krets
2142	00545	Signal för automatisk växellåda saknas (alternativ kod)
2143	00536	Knackreglering 2 (elektronisk styrmodul)
2144	00540	Knackgivare 2 eller -krets
2212	00518	Fel på gasspjällpotentiometer eller -krets
2214	00543	Max. motorvarvtal överskridet
2222	00519	Insugningsrörets tryckgivare eller -krets
2223	00528	Insugningsrörets tryckgivare eller -krets
2224	00544	Turbons maximala laddningstryck överskridet
2231	00533	Tomgångsstyrning
2232	00520	Vane luftflödesmätare eller -krets
2232	00520	Luftflödesmätare eller -krets (alternativ kod)
2233	00531	Vane luftflödesmätare eller -krets
2233	00531	Luftflödesmätare eller -krets (alternativ kod)
2234	00532	Fel matningsspänning
2242	00521	CO-potentiometer eller krets
2312	00522	Kylvätskans temperaturgivare eller -krets
2314	00545	Elektrisk anslutning motor/växellåda
2322	00523	Lufttemperaturgivare eller -krets
2323	00522	Vane luftflödesmätare
2323	00522	Luftflödesmätare (alternativ kod)
2324	00553	Vane luftflödesmätare
2324	00553	Luftflödesmätare (alternativ kod)
2341	00537	Syresensorn ur funktion
2342	00525	Syresensorvärmare eller -krets
2343	00558	Bränsleblandningsjustering, mager
2344	00559	Bränsleblandningsjustering, fet
2413	00561	Gränser för blandningsjustering
4332	00750	Elektronisk styrmodul
4343	01243	Kolfilterventil eller -krets
4411	01244	Insprutare nr 1 eller insprutarkretsen
4412	01247	Insprutare nr 2 eller insprutarkretsen
4413	01249	Insprutare nr 3 eller insprutarkretsen
4414	01250	Insprutare nr 4 eller insprutarkretsen
4421	01251	Insprutare nr 5 eller insprutarkretsen
4431	01253	Tomgångsventil eller -krets
4442	01254	Turbons laddningstryckventil eller -krets
-	00527	Temperatur i insugningsröret

Blinkkod	Felkod	Beskrivning
-	00530	Gasspjällpotentiometer eller -krets
-	00532	Fel matningsspänning
-	00543	Max motorvarvtal överskridet
-	00549	Konsumtionssignal
-	00545	Elektrisk anslutning motor/växellåda
-	00554	Syresensorstyrning 2
-	00555	Syresensor eller -krets
-	00560	EGR-ventil eller -krets
-	00561	Blandningsjustering 1
-	00575	Insugningsrörets tryckgivare eller -krets
-	00577	Knackreglering cylinder 1 eller krets
-	00578	Knackreglering cylinder 2 eller krets
-	00579	Knackreglering cylinder 3 eller krets
-	00580	Knackreglering cylinder 4 eller krets
-	00581	Knackreglering cylinder 5 eller krets
-	00582	Knackreglering cylinder 6 eller krets
-	00585	EGR-systemets temperaturgivare eller -krets
-	00586	EGR-ventil eller -krets
-	00609	Förstärkare 1 eller förstärkarkrets
-	00610	Förstärkare 2 eller förstärkarkrets
-	00611	Förstärkare 3 eller förstärkarkrets
-	00624	Luftkonditionering (A/C)
-	00625	Fordonets hastighetsgivare eller -krets
-	00635	Syresensorvärmare eller -krets
-	00640	Syresensor eller -krets
-	00670	Stegmotor för tomgång, potentiometer eller krets
-	00689	Överskott på luft i insugningsröret
-	00750	Varningslampa för självdiagnos
-	01025	Varningslampa för självdiagnos
-	01087	Grundinställning ej färdig
-	01088	Blandningsjustering 2
-	01119	Igenkänningssignal för växel
-	01120	Kamaxelinställning
-	01165	Gasspjällpotentiometer eller -krets
-	01182	Höjdanpassning
-	01235	Sekundär luftventil
-	01242	Elektronisk styrmodul eller -krets
-	01247	Kolfilterventil eller -krets
-	01252	Insprutarventil nr 4 eller -krets
-	01257	Tomgångsventil eller -krets
-	01259	Bränslepumprelä eller krets
-	01262	Turbons laddningstryckventil eller -krets
-	01264	Sekundär luftpump
-	01265	EGR-ventil eller -krets
-	16486	Luftflödesmätare eller -krets, låg signal
-	16487	Luftflödesmätare eller -krets, hög signal
-	16496	Lufttemperaturgivare eller -krets, låg signal
-	16497	Lufttemperaturgivare eller -krets, hög signal
-	16500	Kylvätskans temperaturgivare eller -krets
-	16501	Kylvätskans temperaturgivare eller -krets, låg signal
-	16502	Kylvätskans temperaturgivare eller -krets, hög signal
-	16504	Gasspjällpotentiometer eller -krets
-	16505	Gasspjällpotentiometer eller -krets, orimlig signal

Blinkkod	Felkod	Beskrivning
-	16506	Gasspjällpotentiometer eller -krets, låg signal
-	16507	Gasspjällpotentiometer eller -krets, hög signal
-	16514	Syresensor eller -krets
-	16515	Syresensor eller -krets
-	16516	Syresensor eller -krets, hög signal
-	16518	Syresensor eller -krets
-	16519	Syresensor eller -krets
-	16534	Syresensor eller -krets
-	16535	Syresensor eller -krets
-	16536	Syresensor eller -krets, hög signal
-	16538	Syresensor eller -krets
-	16554	Insprutarbank 1
-	16555	Insprutarbank 1, bränsleblandning för mager
-	16556	Insprutarbank 1, bränsleblandning för fet
-	16557	Insprutarbank 2
-	16558	Insprutarbank 2, bränsleblandning för mager
-	16559	Insprutarbank 2, bränsleblandning för fet
-	16684	Misständning
-	16685	Cylinder nr 1 misständer
-	16686	Cylinder nr 2 misständer
-	16687	Cylinder nr 3 misständer
-	16688	Cylinder nr 4 misständer
-	16689	Cylinder nr 5 misständer
-	16690	Cylinder nr 6 misständer
-	16691	Cylinder nr 7 misständer
-	16692	Cylinder nr 8 misständer
-	16705	Varvtalsgivare eller krets
-	16706	Varvtalsgivare eller krets
-	16711	Knackgivare 1, signal, eller -krets, låg signal
-	16716	Knackgivare 2, signal, eller -krets, låg signal
-	16721	Vevaxelns vinkelgivare eller -krets
-	16785	Avgaser
-	16786	Avgaser
-	16885	Fordonets hastighetsgivare eller -krets
-	16989	Elektronisk styrmodul
-	17509	Syresensor eller -krets
-	17514	Syresensor eller -krets
-	17540	Syresensor eller -krets
-	17541	Syresensor eller -krets
-	17609	Insprutarventil nr 1 eller insprutarkrets
-	17610	Insprutarventil nr 4 eller insprutarkrets
-	17611	Insprutarventil nr 3 eller insprutarkrets
-	17612	Insprutarventil nr 4 eller insprutarkrets
-	17613	Insprutarventil nr 5 eller insprutarkrets
-	17614	Insprutarventil nr 6 eller insprutarkrets
-	17615	Insprutarventil nr 7 eller insprutarkrets
-	17616	Insprutarventil nr 8 eller insprutarkrets
-	17621	Insprutarventil nr 1 eller insprutarkrets
-	17622	Insprutarventil nr 2 eller insprutarkrets
-	17623	Insprutarventil nr 3 eller insprutarkrets
-	17624	Insprutarventil nr 4 eller insprutarkrets
-	17625	Insprutarventil nr 5 eller insprutarkrets
-	17626	Insprutarventil nr 6 eller insprutarkrets
-	17627	Cylinder nr 7 misständer
-	17628	Cylinder nr 8 misständer
-	17733	Knackreglering cylinder 1 eller -krets
-	17734	Knackreglering cylinder 2 eller -krets

Blinkkod	Felkod	Beskrivning
-	17735	Knackreglering cylinder 3 eller -krets
-	17736	Knackreglering cylinder 4 eller -krets
-	17737	Knackreglering cylinder 5 eller -krets
-	17738	Knackreglering cylinder 6 eller -krets
-	17739	Knackreglering cylinder 7 eller -krets
-	17740	Knackreglering cylinder 8 eller -krets
-	17747	Signaler för vevaxelns vinkelgivare och fordonets hastighetsgivare omkastade
-	17749	Tändspänning 1, kortslutning till jord
-	17751	Tändspänning 2, kortslutning till jord
-	17753	Tändspänning 3, kortslutning till jord
-	17799	Kamaxelgivare eller -krets
-	17800	Kamaxelgivare eller -krets
-	17801	Tändspänning 1
-	17802	Tändspänning 2
-	17803	Tändspänning 3
-	17808	EGR-ventil eller -krets
-	17810	EGR-ventil eller -krets
-	17815	EGR-ventil eller -krets, för låg signal
-	17816	EGR-ventil eller -krets, för hög signal
-	17817	Kolfilterventil eller -krets
-	17818	Kolfilterventil eller -krets
-	17908	Bränslepumprelä eller krets
-	17910	Bränslepumprelä eller krets
-	17912	Insugningssystem
-	17913	Gasspjällbrytare eller -krets
-	17914	Gasspjällbrytare eller -krets
-	17915	Tomgångsventil eller -krets
-	17916	Tomgångsventil eller -krets
-	17917	Tomgångsventil eller -krets
-	17918	Tomgångsventil eller -krets
-	17919	Insugningsrörventil eller -krets
-	17920	Insugningsrörventil eller -krets
-	17966	Gasspjälldrivning
-	17978	Elektronisk körspärr
-	18008	Spänningsmatning
-	18010	Batteri
-	18020	Elektronisk styrmodul felkodad

Kapitel 7
BMW

Innehåll

Bilförteckning

Modell	Motorkod	Årsmodell	System
316i (E30) och kat	M40/B16 164E1	1988 till 1993	Bosch Motronic 1.3
316i (E36) kat	M40/B16 164E1	1990 till 1993	Bosch Motronic 1.7
316i (E36) kat och Compact	M43/B16	1993 till 1997	Bosch Motronic 1.7
318i (E30) Touring och kat	M40/B18 184E11	1988 till 1993	Bosch Motronic 1.3
318i (E30) och Touring	M40/B18	1989 till 1992	Bosch Motronic 1.7
318i (E36) och kat	M40/B18 184E2	1991 till 1993	Bosch Motronic 1.7
318i (E36)	M43/B18	1993 till 1997	Bosch Motronic 1.7
318iS (E30) 16V Touring och kat	M42/B18 184S1	1990 till 1991	Bosch Motronic 1.7
318iS (E36) och Compact	M42/B18 184S1	1992 till 1996	Bosch Motronic 1.7
320i (E30)	M20/B20 206EE	1986 till 1988	Bosch Motronic 1.1
320i (E30) och Touring och kat	M20/B20 206EE	1988 till 1993	Bosch Motronic 1.3
320i (E36) 24V kat	M50/B20 206S1	1991 till 1993	Bosch Motronic 3.1
320i (E36) 24V kat	M50 2.0 Vanos	1993 till 1996	Bosch Motronic 3.1
320i (E36) 24V kat	M50/B20	1993 till 1996	Siemens MS4.0
325i (E30) och 4x4	M20/B25 6K1	1985 till 1987	Bosch Motronic 1.1
325i och Touring (E30)	M20/B25 6K1	1988 till 1993	Bosch Motronic 1.3
325iX (E30-4)	M20/B25 6E2	1985 till 1987	Bosch Motronic 1.1
325ix och Touring	M20/B25 6E2	1988 till 1993	Bosch Motronic 1.3
325i (E36) 24V kat	M50/B25 256S1	1991 till 1993	Bosch Motronic 3.1
325i (E36) 24V	M50 2.5 Vanos	1993 till 1996	Bosch Motronic 3.1
325e (E30) och kat	M20/B27	1986 till 1991	Bosch Motronic 1.1
518i (E34)	M40/B18	1988 till 1993	Bosch Motronic 1.3
518i (E34) kat	M43/B18	1993 till 1996	Bosch Motronic 1.7
520i (E34) och kat	M20/B20M 206KA	1988 till 1991	Bosch Motronic 1.3
520i (E34) 24V och Touring kat	M50/B20 206S1	1990 till 1993	Bosch Motronic 3.1
520i (E34) 24V och Touring kat	M50 2.0 Vanos	1993 till 1996	Bosch Motronic 3.1
520i (E34) 24V kat	M50/B20	1993 till 1996	Siemens MS4.0
525i (E34) och kat	M20/B25M 256K1	1988 till 1991	Bosch Motronic 1.3
525i (E34) 24V kat	M50/B25 256S1	1990 till 1993	Bosch Motronic 3.1
525i (E34) 24V	M50 2.5 Vanos	1993 till 1996	Bosch Motronic 3.1
530i (E34) och kat	M30/B30M 306KA	1988 till 1992	Bosch Motronic 1.3
540i (E34) V8 4.0 32V DOHC kat	M60	1993 till 1996	Bosch Motronic 3.3
535i (E34) och kat	M30/B35M 346KB	1988 till 1993	Bosch Motronic 1.3
635 CSi (E24)	M30/B34	1986 till 1987	Bosch Motronic 1.1
635 CSi (E24) och kat	M30/B35M 346EC	1988 till 1990	Bosch Motronic 1.3
M635 CSi (E24)	M88/3	1987 till 1989	Bosch Motronic 1.3
730i (E32) och kat	M30/B30M2 306KA	1986 till 1987	Bosch Motronic 1.1
730i (E32) och kat	M30/B30M2 306KA	1988 till 1994	Bosch Motronic 1.3
730i (E32) V8 3.0 kat	M60B330	1992 till 1994	Bosch Motronic 3.3
735i (E32) och kat	M30/B35M2	1986 till 1987	Bosch Motronic 1.1
735i (E32) och kat	M30/B35M2 346EC	1987 till 1992	Bosch Motronic 1.3
740iL (E32) V8 kat	M60/B40	1992 till 1994	Bosch Motronic 3.3
740i (E38) V8 4.0 32V DOHC kat	M60	1994 till 1997	Bosch Motronic 3.3
750i och kat	M70/B50 5012A	1992 till 1994	Bosch Motronic 1.7
750iL	M70/B50 5012A	1992 till 1994	Bosch Motronic 1.7
750i	M70/B54	1994 till 1997	Bosch Motronic 1.2
840i (E31) V8 4.0 32V DOHC kat	M60	1993 till 1997	Bosch Motronic 3.3
850i	M70/B50 5012A	1989 till 1994	Bosch Motronic 1.7
M3 (E36)	S50/B30	1993 till 1997	Bosch Motronic 3.3
M5 (E34)	S38/B38 386S1	1992 till 1996	Bosch Motronic 3.3
Z1	M20/B25	1988 till 1992	Bosch Motronic 1.3

Självdiagnostik

1 Inledning

BMWs motorstyrningssystem kommer huvudsakligen från Bosch och omfattar Bosch Motronic, versionerna 1.1/1.3, 1.2, 1.7, 3.1, 3.3 och Siemens MS4.0. Alla BMWs motorstyrningssystem styr primärtändning, bränsle- och tomgångsfunktioner från en och samma styrmodul.

Självdiagnosfunktion

Varje elektronisk styrmodul har en självtestfunktion som kontinuerligt undersöker signalerna från vissa givare och aktiverare i motorn och sedan jämför signalerna med en tabell av inprogrammerade värden. Om diagnostikprogramvaran konstaterar att ett fel föreligger lagrar styrmodulen en eller fler felkoder. Koder kan inte lagras för komponenter för vilka det inte finns någon kod, eller för tillstånd som inte täcks av programvaran. Beroende på system genererar BMWs styrmoduler 2- eller 3-siffriga felkoder och det behövs en anpassad felkodsläsare för att hämta koderna. Blinkkoder som kan hämtas utan felkodsläsare finns bara i modeller för den amerikanska marknaden.

Bosch Motronic 1.2

Tidiga BMW V12-motorer är utrustade med Bosch Motronic M1.2, som har två styrmoduler. Varje modul är tilldelad en bank med 6 cylindrar (styrmodul 1 för höger bank och styrmodul 2 för vänster bank) och hämtar data från sina egna givare. Varje styrmodul lagrar sina egna felkoder och ska testas för sig.

Nödprogram

BMWs system som behandlas i det här kapitlet har nödprogram (s.k. "linka-hem"-läge). Så snart vissa fel identifierats (alla fel initierar inte nödprogrammet) startar styrmodulen nödprogrammet och går över till ett programmerat grundvärde snarare än att gå efter givarsignaler. Detta gör att bilen tryggt kan köras till en verkstad för reparation eller test. Så snart felet avhjälpts återgår styrmodulen till normaldrift.

Anpassning

BMWs system har också en adaptiv funktion som anpassar inprogrammerade värden efter vanlig körning och tar hänsyn till motorslitage.

Självdiagnos, varningslampa

Modeller för den amerikanska marknaden har en varningslampa, "Check Engine", på instrumentpanelen i enlighet med föreskrifter från US OBDII. Felkoder som indikerar fel på komponenter i avgasreningen kan läsas av genom lampblinkning. Europeiska modeller har ingen varningslampa.

2 Diagnostikuttagets placering

Diagnostikuttaget är bara till för felkodsläsare och är placerat i motorrummet på vänster eller höger innerskärm, antingen nära torpedväggen eller fjäderbenet **(se bild 7.1)**.

3 Hämta felkoder utan felkodsläsare - blinkkoder

Bosch Motronic 1.1, 1.2 och 1.3 (endast för USA-modeller)

Det finns ett begränsat antal blinkkoder som kan hämtas via varningslampan "Check Engine" på instrumentpanelen. Se blinkkodtabellen i slutet av kapitlet för att för att se vad blinkkoden betyder.

4 Radera felkoder utan felkodsläsare

1 Slå av tändningen och koppla bort batteriets minuspol under ca. 2 minuter.
2 Anslut batteriets minuspol igen.

Observera: *Den första nackdelen med den här metoden är att frånkoppling av batteriet initierar alla styrmodulens anpassade värden. Återinlärning av lämpliga anpassade värden kräver att du startar motorn kall och kör med olika varvtal under ca. 20 - 30 minuter. Motorn ska också gå på tomgång i 10 minuter. Den andra nackdelen är att radiosäkerhetskoder, klockans inställning och andra lagrade värden går förlorade och måste programmeras in igen när batteriet återanslutits. Om det är möjligt ska du använda en felkodsläsare för att radera minnet.*

7.1 BMWs 20-stifts diagnostikuttag. Skruva av locket och anslut felkodsläsaren till kontakten

5 Självdiagnos med felkodsläsare

Observera: *Under en del av testen kan ytterligare felkoder genereras. Se till att inga koder som genereras under test lurar diagnosen.*

Alla BMW-modeller

1 Anslut en felkodsläsare till diagnostikuttaget. Använd felkodsläsaren (enligt tillverkarens instruktioner) till följande ändamål:
a) Hämta felkoder
b) Radera felkoder
c) Testa aktiverarna
d) Visa data

2 Felkoder måste alltid raderas efter komponenttest eller efter reparationer där komponenter i motorstyrningssystemet tas bort eller byts ut.

Observera: *Många av felkoderna motsvarar styrmodulens stiftnummer – t.ex. motsvarar felkod "04" styrmodulens stift nr 4.*

6 Guide till testmetoder

1 Använd en felkodsläsare för att hämta felkoder från styrmodulen eller (om möjligt) hämta koder manuellt enligt avsnitt 3 eller 5.

Lagrade koder

2 Om du får en eller flera felkoder, titta i felkodstabellerna i slutet av det här kapitlet för att fastställa betydelsen.
3 Om du får flera felkoder, leta efter gemensamma faktorer som t.ex. en felaktig jordanslutning eller matning.
4 Se testprocedurerna i kapitel 4 där du hittar sätt att testa de flesta komponenter och kretsar som återfinns i ett modernt motorstyrningssystem.
5 När felet har avhjälpts, radera koderna och kör motorn under olika förhållanden för att se om problemet är borta.
6 Kontrollera styrmodulen. Upprepa ovanstående procedurer om det fortfarande finns felkoder kvar.
7 Se kapitel 3 för mer information om hur du effektivt testar motorstyrningssystemet.

Inga koder lagrade

8 När ett driftsproblem uppstår utan att du får en felkod ligger felet utanför de parametrar som inprogrammerats i självdiagnossystemet. Se kapitel 3 för mer information om hur du effektivt kan testa styrmodulen.
9 Om problemet pekar på en särskild komponent, läs om testprocedurer i kapitel 4, där du hittar ett sätt att testa de flesta komponenter och kretsar som finns i motorstyrningssystemet.

Felkodstabeller

Bosch Motronic 1.1, 1.2, 1.3 (blinkkoder)

Blinkkod	Beskrivning
01	Vane luftflödesmätare eller -krets
02	Syresensor eller -krets
03	Kylvätskans temperaturgivare eller -krets
04	Gasspjällbrytare, fullastkontakt

Bosch Motronic 1.1, 1.2, 1.3

Felkod	Beskrivning
01	Elektronisk styrmodul eller -krets
03	Bränslepumprelä eller krets
04	Tomgångsventil eller -krets
05	Kolfilterventil eller -krets
07	Luftflödesmätare eller -krets
10	Syresensor eller -krets, avgaserna för feta eller för magra
15	Varningslampa (endast USA) eller krets
16	Insprutare (cylindrarna 1+3) eller insprutarkrets
17	Insprutare (cylindrarna 2+4) eller insprutarkrets
23	Syresensorns värmarrelä eller -krets
28	Syresensor eller -krets
29	Fordonets hastighetsgivare eller -krets
33	Ventil för kickdownhinder eller krets
37	Elektronisk styrmodul, matningen överskrider 16 V
43	CO-potentiometer (modeller utan kat) eller -krets
44	Lufttemperaturgivare eller -krets
45	Kylvätsketemperaturgivare eller -krets
51	Tändlägesintervention (endast modeller med elektronisk växellådsstyrning)
52	Gasspjällbrytare eller -krets
53	Gasspjällbrytare eller -krets
54	Momentomvandlarkopplingen (endast modeller med elektronisk växellådsstyrning) eller krets
100	Utmatningssteget (endast Bosch Motronic 1.3)
101	Motorn kan inte köras

Bosch Motronic 1.7 och 3.1

Felkod	Beskrivning
000	Inga fel upptäckta i den elektroniska styrmodulen. Fortsätt med normala diagnostikmetoder
001	Bränslepumprelä eller krets
001	Vevaxelns vinkelgivare eller -krets (alternativ kod)
002	Tomgångsventil eller -krets
003	Insprutare nr 1 eller insprutargrupp 1, krets
004	Insprutare 3 eller krets
005	Insprutare 2 eller krets
006	Insprutare eller insprutarkrets
012	Gasspjällpotentiometer eller -krets
016	Vevaxelns vinkelgivare eller -krets
018	Förstärkare till styrmodulens stift nr 18 eller förstärkarkretsen
019	Styrmodul
023	Tändningsförstärkare, cylinder 2, eller krets
024	Tändningsförstärkare, cylinder 3, eller krets
025	Tändningsförstärkare, cylinder 1, eller krets
026	Styrmodul, matning
029	Tomgångsventil eller -krets
031	Insprutare 5 eller insprutarkrets
032	Insprutare 6 eller insprutargrupp 2, krets
033	Insprutare 4 eller insprutarkrets
036	Kolfilterventil eller -krets
037	Syresensor eller -krets
041	Luftflödesmätare eller -krets
046	Styrmodul
048	Luftkonditionering (A/C), kompressor eller krets
050	Tändningsförstärkare, cylinder 4, eller krets
051	Tändningsförstärkare, cylinder 6, eller krets
054	Styrmodul
055	Tändningsförstärkare eller -krets
062	Elektronisk gasspjällstyrning eller -krets
064	Tändlägesinställning (elektronisk aut. växellåda)
067	Fordonets hastighetsgivare eller -krets
067	Vevaxelns vinkelgivare eller -krets
070	Syresensor eller -krets
073	Fordonets hastighetsgivare eller -krets
076	CO-potentiometer (ej kat)
077	Lufttemperaturgivare för luftintaget eller krets
078	Kylvätskans temperaturgivare eller -krets
081	Alarmsystem eller krets
082	Antispinnsystem eller -krets
083	Fjädringskontroll eller -krets
085	Luftkonditionering (A/C), kompressor eller krets
100	Styrmodul
200	Styrmodul
201	Syresensorstyrning eller -krets
202	Styrmodul
203	Primärtändning eller -krets
204	Signal för elektronisk gasspjällstyrning eller krets
300	Motor

Kapitel 8
Citroën

Innehåll

Bilförteckning

Modell	Motorkod	År	System
AX 1.0i kat	TU9M/L.Z (CDY)	1992 till 1997	Bosch Mono-Motronic MA3.0
AX 1.0i kat	TU9M/L.Z (CDZ)	1992 till 1996	Bosch Mono-Motronic MA3.0
AX 1.1i kat	TU1M (HDZ)	1989 till 1992	Bosch Mono-Jetronic A2.2
AX 1.1i kat	TU1M/L.Z (HDY)	1992 till 1997	Magneti-Marelli G6-11
AX 1.1i kat	TU1M/L.Z (HDZ)	1992 till 1997	Magneti-Marelli G6-11
AX GT 1.4 kat	TU3M (KDZ)	1988 till 1990	Bosch Mono-Jetronic A2.2
AX GT och 1.4i kat	TU3FMC/L.Z (KDY)	1990 till 1992	Bosch Mono-Jetronic A2
AX 1.4i kat	TU3FM/L.Z (KDX)	1992 till 1996	Bosch Mono-Motronic MA3.0
AX 1.4 GTi	TU3J2/K (K6B)	1991 till 1992	Bosch Motronic MP3.1
AX 1.4 GTi kat	TU3J2/L.Z (KFZ)	1991 till 1996	Bosch Motronic MP3.1
Berlingo 1.1	TU1M (HDZ)	1996 till 1997	Bosch Motronic MA3.1
Berlingo 1.4	TU3JP (KFX)	1996 till 1997	Magneti-Marelli
BX 14i kat	TU3M (KDY)	1991 till 1994	Bosch Mono-Jetronic A2.2
BX 16i kat	XU5M (BDZ)	1990 till 1992	Bosch Mono-Jetronic eller MM G5/6
BX 16i kat	XU5M3Z (BDY)	1991 till 1994	Magneti-Marelli G6-10
BX19 GTi och 4X4	XU9J2 (D6D)	1990 till 1992	Bosch Motronic MP3.1
BX19 GTi 16V	XU9J4 (D6C)	1987 till 1991	Bosch Motronic ML4.1
BX19 TZi 8V kat	XU9JAZ (DKZ)	1990 till 1993	Bosch Motronic 1.3
BX19 16V DOHC kat	XU9J4Z (DFW)	1990 till 1992	Bosch Motronic 1.3
BX19 16V DOHC	XU9J4K (D6C)	1991 till 1992	Bosch Motronic 1.3
BX19i 4X4 kat	DDZ(XU9M)	1990 till 1993	Fenix 1B
C15E 1.1i Van kat	TU1M (HDZ)	1990 till 1997	Bosch Mono-Jetronic A2.2
C15E 1.4i Van kat	TU3F.M/Z (KDY)	1990 till 1995	Bosch Mono-Jetronic A2.2
C15E 1.4i Van kat	TU3F.M/W2 (KDY2)	1993 till 1995	Bosch Mono-Jetronic A2.2
Evasion 2.0i kat	XU10J2CZ/L (RFU)	1994 till 1997	Magneti-Marelli 8P22
Evasion 2.0i turbo kat	XU10J2CTEZ/L(RGX)	1994 till 1997	Bosch Motronic MP3.2
Jumper 2.0i kat	XU10J2U (RFW)	1994 till 1997	Magneti-Marelli DCM8P-11
Jumpy 1.6i	220 A2.000	1995 till 1997	Bosch Mono-Motronic MA1.7
Relay 2.0i kat	XU10J2U (RFW)	1994 till 1997	Magneti-Marelli DCM8P-11
Saxo 1.0	TU9M/L3/L	1996 till 1997	Bosch Mono-Motronic MA3.1
Saxo 1.1	TU1M/L3/L	1996 till 1997	Bosch Mono-Motronic MA3.1
Saxo 1.4	TU3JP/L3	1996 till 1997	Magneti-Marelli
Saxo 1.6	TU5JP/L3 (NFZ)	1996 till 1997	Bosch Motronic MA5.1
Synergie 2.0i kat	XU10J2CZ/L (RFU)	1994 till 1997	Magneti-Marelli 8P22
Synergie 2.0i turbo kat	XU10J2CTEZ/L(RGX)	1994 till 1997	Bosch Motronic MP3.2
Xantia 1.6i kat	XU5JP/Z (BFX)	1993 till 1997	Magneti-Marelli DCM8P13
Xantia 1.8i 16V	XU7JP4/L3 (LFY)	1995 till 1997	Bosch Motronic MP5.1.1
Xantia 1.8i och Break	XU7JP/Z (LFZ)	1993 till 1997	Bosch Motronic MP5.1
Xantia 2.0i och Break	XU10J2C/Z (RFX)	1993 till 1997	Magneti-Marelli DCM8P20
Xantia 2.0i 16V kat	XU10J4D/Z (RFY)	1993 till 1995	Bosch Motronic MP3.2
Xantia 2.0i 16V och Break	XU10J4R/Z/L3(RFV)	1995 till 1997	Bosch Motronic MP5.1.1
Xantia Activa 2.0i	XU10J4D/Z (RFT)	1994 till 1996	Bosch Motronic MP3.2
Xantia Turbo 2.0i CT	XU10J2CTE/L3(RGX)	1995 till 1996	Bosch Motronic MP3.2

XM 2.0i MPi	XU10J2 (R6A)	1990 till 1992	Magneti-Marelli BA G5
XM 2.0i kat	XU10J2/Z (RFZ)	1990 till 1992	Bosch Motronic MP3.1
XM 2.0i kat	XU10J2/Z (RFZ)	1992 till 1994	Bosch Motronic MP5.1
XM 2.0i 16V kat	XU10J4R/L/Z (RFV)	1994 till 1997	Bosch Motronic MP5.1.1
XM 2.0i turbo kat	XU10J2TE/Z (RGY)	1993 till 1994	Bosch Motronic MP3.2
XM 2.0i CT turbo kat	XU10J2TE/L/Z(RGX)	1994 till 1996	Bosch Motronic MP3.2
XM 3.0 V6 LHD	ZPJ (S6A)	1989 till 1993	Fenix 3B
XM 3.0 V6 kat	ZPJ (SFZ)	1989 till 1994	Fenix 3B
XM 3.0 V6 kat	ZPJ (UFZ)	1994 till 1997	Fenix 3B
XM 3.0 V6 kombi	ZPJ/Z (UFY)	1995 till 1996	Fenix 3B
XM 3.0 V6 24V kat	ZPJ4/Y3 (SKZ)	1990 till 1994	Fenix 4
XM 3.0 V6 24V	ZPJ4/Y3 (UKZ)	1994 till 1997	Fenix 4B
ZX 1.1i kat	TU1M/Z (HDY)	1991 till 1994	Bosch Mono-Jetronic A2.2
ZX 1.1i kat	TU1M/Z (HDZ)	1991 till 1994	Bosch Mono-Jetronic A2.2
ZX 1.1i kat	TU1M/Z (HDY)	1994 till 1997	Bosch Mono-Motronic MA3.0
ZX 1.1i kat	TU1M/Z (HDZ)	1994 till 1997	Bosch Mono-Motronic MA3.0
ZX 1.4i kat	TU3M/Z (KDY)	1991 till 1992	Bosch Mono-Jetronic A2.2
ZX 1.4i och Break kat	TU3M (KDX)	1992 till 1997	Bosch Mono-Motronic MA3.0
ZX 1.4i och Break kat	TU3M (KDX)	1994 till 1996	Magneti-Marelli G6-14
ZX 1.6i	XU5M.2K (B4A)	1991 till 1992	Magneti-Marelli G5 S2
ZX 1.6i	XU5M.3K (B4A)	1991 till 1993	Magneti-Marelli G6.12
ZX 1.6i kat	XU5M.3Z (BDY)	1992 till 1993	Magneti-Marelli G6.10
ZX 1.6i och Break kat	XU5JPL/Z (BFZ)	1994 till 1997	Magneti-Marelli 8P-13
ZX 1.6i och Break kat	XU5JPL/Z (BFZ)	1995 till 1996	Sagem/Lucas 4GJ
ZX 1.8i och Break kat	XU7JPL/Z (LFZ)	1992 till 1997	Bosch Motronic MP5.1
ZX 1.8i och Break kat	XU7JPL/Z (LFZ)	1995 till 1996	Magneti-Marelli 8P-10
ZX 1.9 8V	XU9JAZ (DKZ)	1992 till 1994	Bosch Motronic 1.3
ZX 1.9i	XU9JA/K (D6E)	1991 till 1992	Bosch Motronic MP3.1
ZX 2.0i kat	XUJ10J2/C/L/Z(RFX)	1992 till 1996	Magneti-Marelli 8P-20
ZX 2.0i 16V kat	XUJ10J4/D/L/Z(RFY)	1992 till 1995	Bosch Motronic MP3.2
ZX 2.0i 16V	XUJ10J4/D/L/Z(RFT)	1994 till 1997	Bosch Motronic MP3.2

Självdiagnostik

1 Inledning

Citroëns motorstyrningssystem kommer huvudsakligen från Bosch och omfattar Bosch Motronic, versionerna 1.3, 3.1, 3.2, 4.1 och 5.1. Andra förekommande system är Bosch Mono-Jetronic A2.2 och Mono-Motronic MA3.0, Fenix 1B, 3B, 4 och 4B, Magneti-Marelli G5, G6, och 8P.

De flesta av Citroëns motorstyrningssystem styr primärtändning samt bränsle- och tomgångsfunktioner från samma styrmodul. Tidiga versioner av Bosch Motronic 4.1 och 1.3 hade en hjälpluftventil som inte styrdes av styrmodulen. Mono-Jetronic-systemet styr bara bränslet och tomgången.

Självdiagnosfunktion

Varje elektronisk styrmodul har en självtestfunktion som kontinuerligt undersöker signalerna från vissa givare och aktiverare i motorn och sedan jämför signalerna med en tabell av inprogrammerade värden. Om diagnostikprogramvaran konstaterar att ett fel föreligger lagrar styrmodulen en eller fler felkoder. Koder kan inte lagras för komponenter för vilka det inte finns någon kod, eller för tillstånd som inte täcks av programvaran. I Citroënsystemen genererar styrmodulen 2-siffriga felkoder som kan hämtas antingen manuellt eller med en felkodsläsare.

Nödprogram

Citroëns system som behandlas i det här kapitlet har nödprogram (s.k. "linka-hem"-läge). Så snart vissa fel identifierats (alla fel initierar inte nödprogrammet) startar styrmodulen nödprogrammet och går över till ett programmerat grundvärde snarare än att gå efter givarsignaler. Detta gör att bilen tryggt kan köras till en verkstad för reparation eller test. Så snart felet avhjälpts återgår styrmodulen till normaldrift.

Anpassning

Citroëns system har också en adaptiv funktion som anpassar inprogrammerade värden efter vanlig körning och tar hänsyn till motorslitage.

Självdiagnos, varningslampa

De flesta av Citroëns modeller har en varningslampa för självdiagnos på instrumentpanelen. När du slår på tändningen tänds lampan. Så snart motorn startats slocknar lampan om diagnostikprogrammet inte känner av något större fel. Om lampan tänds under det att motorn går har styrmodulen upptäckt ett större fel. Observera att fel på vissa komponenter som betraktas som "mindre" fel inte får varningslampan att tändas. Varningslampan kan aktiveras för att sända blinkkoder.

2 Diagnostikuttagets placering

Diagnostikuttaget med två stift är grönt och finns i motorutrymmet. Uttaget sitter vanligtvis på vänster eller höger innerskärm, antingen nära styrmodulen, batteriet eller kylsystemets expansionskärl. I vissa bilar finns diagnostikuttaget i reläboxen på höger eller vänster sida. Uttaget är till för både manuell hämtning av blinkkoder och för en anpassad felkodsläsare.

Diagnostikuttaget med 30 stift som finns i många senare modeller sitter i passagerarutrymmet, antingen under instrumentbrädan eller under en lucka på brädan **(se bild 8.1)**. 30-stiftsuttaget är endast till för en anpassad felkodsläsare.

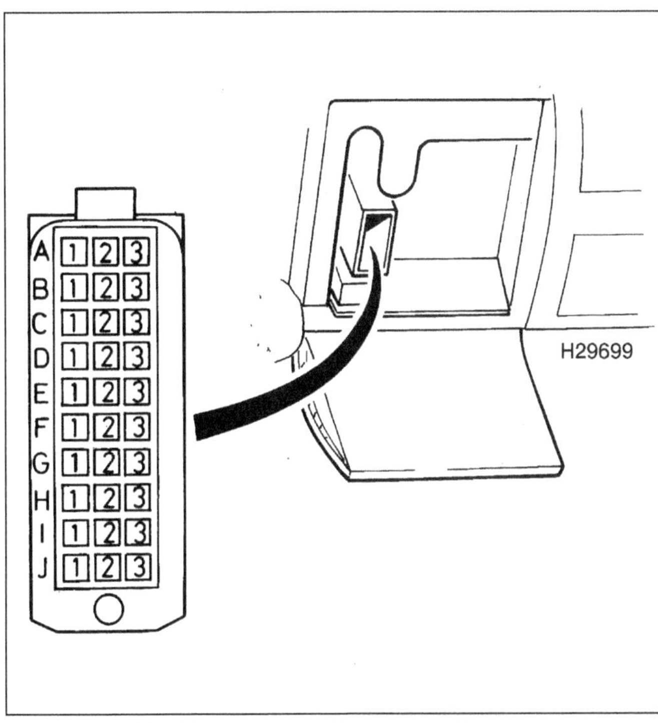

8.1 30-stifts diagnostikuttag och vanlig placering

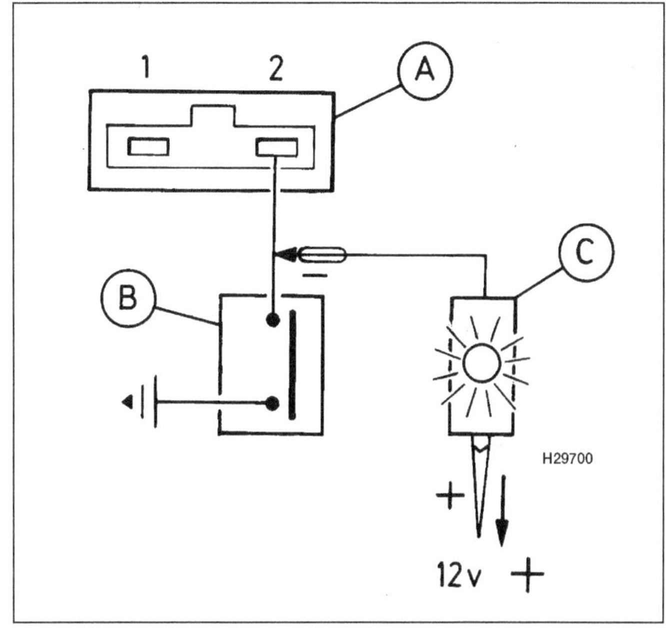

8.2 Hämta blinkkoder genom att koppla en extrabrytare och en lysdiodlampa (om ingen varningslampa finns) till stift 2 i diagnostikuttaget med 2 stift

A Diagnostikuttag B Extrabrytare C Lysdiodlampa

3 Hämta felkoder utan felkodsläsare – blinkkoder

Observera: *Under en del av testen kan ytterligare felkoder genereras. Se till att inga koder som genereras under test lurar diagnosen. Alla koder måste raderas när testet har genomförts.*

Bosch Motronic ML4.1

1 Koppla in en extra till/från-brytare på det gröna 2-stifts diagnostikuttaget **(se bild 8.2)**.

2 Slå på tändningen. Varningslampan ska tändas.

3 Slut extrabrytaren – lampan ska slockna.

4 Öppna brytaren efter 3 sekunder. Varningslampan börjar blinka de 2-siffriga felkoderna enligt följande:

a) De två siffrorna indikeras av två serier blinkningar.

b) Den första serien blinkningar anger tiotal och den andra serien ental.

c) Varje serie består av ett antal 1 sekunds blinkningar åtskilda av en 1,5 sekunders paus.

d) Kod "13" indikeras av en 1 sekunds blinkning, en 1,5 sekunders paus och tre 1 sekunds blinkningar. Efter 2,5 sekunders paus upprepas koden.

5 Räkna antalet blinkningar i varje serie och registrera varje kod. Se tabellerna i slutet av kapitlet för att se vad felkoden betyder.

6 Den första koden som visas blir kod "12", vilket betyder att diagnosen startats.

7 Varningslampan slocknar. Vänta i 3 sekunder innan du hämtar nästa kod.

8 Slut extrabrytaren i 3 sekunder.

9 Öppna brytaren. Varningslampan börjar blinka för att indikera nästa felkod.

10 Varningslampan slocknar. Vänta i 3 sekunder innan du fortsätter.

11 Upprepa samma procedur för att hämta ytterligare koder.

12 Fortsätt hämta koder tills kod "11" sänds. Kod "11" indikerar att inga flera koder finns lagrade.

13 Om motorn inte startar, dra runt motorn med startmotorn i fem sekunder och lämna tändningen på. Slå inte av tändningen.

14 Om kod "11" är den första kod som sänds efter "12", finns inga fel lagrade i styrmodulen.

15 Efter att kod 11 har sänts kan hela testet göras om från början.

16 Slå av tändningen för att avsluta felkodsläsningen.

Alla övriga system med grönt 2-stifts diagnostikuttag

17 Koppla in en extra till/från-brytare på det gröna 2-stifts diagnostikuttaget. Om bilen inte har en varningslampa för självdiagnos, anslut en lysdiodlampa till diagnostikuttaget enligt bild 8.1.

18 Slå på tändningen. Varningslampan eller lysdioden ska tändas.

19 Slut extrabrytaren. Lampan ska förbli tänd.

20 Öppna brytaren efter 3 sekunder. Varningslampan eller lysdioden börjar blinka de 2-siffriga felkoderna som följer:

a) De två siffrorna indikeras av två serier blinkningar.

b) Den första serien blinkningar anger tiotal och den andra serien ental.

c) Varje serie består av ett antal 1 sekunds blinkningar åtskilda av en 1,5 sekunders paus.

d) Kod "13" indikeras av en 1 sekunds blinkning, en 1,5 sekunders paus och tre 1 sekunds blinkningar. Efter 2,5 sekunders paus upprepas koden.

21 Räkna antalet blinkningar i varje serie och registrera varje kod. Se tabellerna i slutet av kapitlet för att se vad felkoden betyder.

22 Den första koden som visas blir kod "12", vilket betyder att diagnosen startats.

23 Vänta i tre sekunder på att varningslampan eller lysdioden ska tändas innan du fortsätter.

24 Slut extrabrytaren i 3 sekunder.

25 Öppna brytaren. Varningslampan börjar blinka för att indikera nästa felkod.

26 Vänta i 3 sekunder på att varningslampan eller lysdioden ska tändas innan du fortsätter.

27 Upprepa samma procedur för att hämta ytterligare koder.

28 Fortsätt hämta koder tills kod "11" sänds. Kod "11" indikerar att inga flera koder finns lagrade.

29 Om motorn inte startar, dra runt motorn med startmotorn i 5 sekunder och lämna tändningen på. Slå inte av tändningen.

30 Om kod "11" är den första kod som sänds efter "12", finns inga fel lagrade i styrmodulen.

31 Efter att kod 11 har sänts kan hela testet göras om från början.
32 Slå av tändningen för att avsluta felkodsläsningen.

Alla övriga system med 30-stifts diagnostikuttag

33 Du behöver en felkodsläsare för system med ett 30-stifts diagnostikuttag.

4 Radera felkoder utan felkodsläsare

Alla system med ett 2-stifts diagnostikuttag

1 Reparera alla kretsar som indikerats med felkoder.
2 Slå på tändningen.
3 Gå igenom ovanstående rutiner tills du kommer till kod "11" (inga felkoder).
4 Slut extrabrytaren i minst 10 sekunder och öppna den sedan igen.
5 Alla felkoder ska nu vara raderade.

Alla system (alternativ)

6 Slå av tändningen och koppla bort batteriets minuspol under ca. 2 minuter.
7 Anslut batteriets minuspol igen.
Observera: *Den första nackdelen med den här metoden är att frånkoppling av batteriet initierar alla styrmodulens anpassade värden. Återinlärning av lämpliga anpassade värden kräver att du startar motorn kall och kör med olika varvtal under ca. 20 - 30 minuter. Motorn ska också gå på tomgång i 10 minuter. Den andra nackdelen är att radiosäkerhetskoder, klockans inställning och andra lagrade värden går förlorade och måste programmeras in igen när batteriet återanslutits. Om det är möjligt ska du använda en felkodsläsare för att radera minnet.*

5 Test av aktiverare utan felkodsläsare

Bosch Motronic ML4.1

1 Koppla in en extra till/från-brytare på det gröna 2-stifts diagnostikuttaget **(se bild 8.1)**.
2 Slut extrabrytaren.
3 Slå på tändningen.
4 Vänta 3 sekunder och öppna sedan extrabrytaren. Varningslampan blinkar rätt kod (se tabellen för val av aktiverare) och insprutarkretsen aktiveras. Du ska höra insprutarsolenoiderna arbeta.

Varning: Insprutarna aktiveras så länge som kretsen är sluten och det finns en allvarlig risk för att cylindrarna fylls med bensin. Om du måste testa under mer än en sekund, koppla från bränslepumpens tillförsel (eller ta bort bränslepumpens säkring) innan du påbörjar testet.

5 Avbryt insprutartestet och fortsätt med nästa test genom att sluta extrabrytaren en gång till.
6 Vänta 3 sekunder och öppna sedan extrabrytaren. Varningslampan blinkar rätt kod (se tabellen för val av aktiverare) och nästa aktiverarkrets träder i funktion.
7 Upprepa för att testa alla aktiverare en efter en.
8 Slå av tändningen för att avsluta testet.

System med 30-stifts diagnostikuttag

9 En anpassad felkodsläsare behövs för att testa aktiverarna för dessa system.

6 Självdiagnos med felkodsläsare

Observera: *Under en del av testen kan ytterligare felkoder genereras. Se till att inga koder som genereras under test lurar diagnosen.*

Alla Citroënmodeller

1 Anslut en felkodsläsare till diagnostikuttaget. Använd felkodsläsaren (enligt tillverkarens instruktioner) till följande ändamål:

a) Hämta felkoder
b) Radera felkoder
c) Testa aktiverarna
d) Visa data
e) Justera tändlägesinställningen eller blandningen (vissa Magneti-Marellisystem)

2 Felkoder måste alltid raderas efter komponenttest eller efter reparationer där komponenter i motorstyrningssystemet tas bort eller byts ut.

7 Guide till testmetoder

1 Använd en felkodsläsare för att hämta felkoder från styrmodulen eller hämta koder manuellt enligt avsnitt 3 eller 6.

Lagrade koder

2 Om du får en eller flera felkoder, titta i felkodstabellerna i slutet av det här kapitlet för att fastställa betydelsen.
3 Om du får flera felkoder, leta efter gemensamma faktorer som t.ex. en felaktig jordanslutning eller matning.
4 Se testprocedurerna i kapitel 4 där du hittar sätt att testa de flesta komponenter och kretsar som återfinns i ett modernt motorstyrningssystem.
5 När felet har avhjälpts, radera koderna och kör motorn under olika förhållanden för att se om problemet är borta.
6 Kontrollera styrmodulen igen. Upprepa ovanstående procedurer om det fortfarande finns felkoder kvar.
7 Se kapitel 3 för mer information om hur du effektivt testar motorstyrningssystemet.

Inga koder lagrade

8 När ett driftsproblem uppstår utan att du får en felkod ligger felet utanför de parametrar som inprogrammerats i självdiagnossystemet. Se kapitel 3 för mer information om hur du effektivt kan testa styrmodulen.
9 Om problemet pekar på en särskild komponent, läs om testprocedurer i kapitel 4, där du hittar ett sätt att testa de flesta komponenter och kretsar som finns i motorstyrningssystemet.

Felkodstabeller

Felkod	Beskrivning
11	Slut på diagnos
12	Start av diagnos
13x	Lufttemperaturgivare eller -krets
14x	Kylvätskans temperaturgivare eller -krets
15	Bränslepumprelä, matningsfel eller bränslepumpens styrkrets
18	Turbons kylarpumpstyrning
21x	Gasspjällpotentiometer eller -krets
21x	Gasspjällbrytare, tomgångskontakt eller -krets
22	Tomgångsventil, matningsfel
23	Tomgångsventil eller -krets
25x	Variabel induktionsventil L eller -krets
26x	Variabel induktionsventil C eller -krets
27x	Fordonets hastighetsgivare eller -krets
31x	Gasspjällbrytare, tomgångskontakt eller -krets
31x	Syresensor, blandningsreglering eller -krets (alternativ kod)
32	Blandningsjustering, avgas- eller insugningsläckage eller bränsletryck
33x	Luftflödesmätare eller -krets
33x	Insugningsrörets tryckgivare eller -krets (alternativ kod)
33x	Gasspjällpotentiometer eller -krets (alternativ kod, endast Mono-Jetronic)
34	Kolfilterventil eller -krets
35	Gasspjällbrytare, fullastkontakt
36	Syresensorns värmestyrning eller -krets
41	Vevaxelns vinkelgivare eller -krets
42	Insprutare eller insprutarkrets
43x	Knackgivare, knackreglering
44x	Knackgivare, knacksökning
45	Tändspolestyrning (spole 1)
46	Turbons laddningstryckventil eller -krets
47	Turbons tryckreglering
51x	Syresensor eller -krets
52	Blandningsjustering, matningsspänning, luft- eller avgasläckage
53x	Batterispänning, laddning eller batterifel
54	Styrmodul
55x	CO-potentiometer eller -krets
56	Startspärrsystem
57	Tändspole 2
58	Tändspole 3
59	Tändspole 4
61	Variabel turboreglerventil eller krets
62x	Knackgivare 2 eller -krets
63x	Syresensor eller -krets
64	Blandningsjustering B
65x	Cylinderidentifiering eller -krets
71	Insprutare 1 styrning eller insprutarkrets
72	Insprutare 2 styrning eller insprutarkrets
73	Insprutare 3 styrning eller insprutarkrets
74	Insprutare 4 styrning eller insprutarkrets
75	Insprutare 5 styrning eller insprutarkrets
76	Insprutare 6 styrning eller insprutarkrets
79x	Insugningsrörets tryckgivare eller -krets
x	Fel som normalt ställer om styrmodulen till nödläge för att använda ett förinställt värde i stället för givarens.

Vissa fel betecknas som "större" fel och tänder varningslampan. De "större" felen varierar dock från system till system och det är säkrast att undersöka med en felkodsläsare om du misstänker ett fel. Koder angivna som "mindre" fel tänder inte varningslampan.

Aktiverarkod

Kod	Beskrivning
81	Bränslepumprelä
82	Insprutare eller insprutarkrets
83	Tomgångsventil eller -krets
84	Kolfilterventil eller -krets
85	Luftkonditioneringens (A/C) kompressorrelä
91	Bränslepump eller bränslepumprelä
92	Insprutare eller insprutarkrets
93	Tomgångsventil eller -krets
94	Kolfilterventil eller -krets
95	Luftkonditioneringens (A/C) kompressorrelä

Koderna ovan visas under aktiverartestet när den aktuella kretsen har aktiverats. Alla komponenter ingår inte i alla system.

Kapitel 9
Daewoo

Innehåll

Bilförteckning

Modell	Motorkod	Årsmodell	System
Nexia 1.5 8V SOHC	-	1995 till 1997	GM-Multec
Nexia 1.5 16V DOHC	-	1995 till 1997	GM-Multec
Espero 1.5 16V DOHC	-	1995 till 1997	GM-Multec
Espero 1.8 8V SOHC	-	1995 till 1997	GM-Multec
Espero 2.0 8V SOHC	-	1995 till 1997	GM-Multec

Självdiagnostik

1 Inledning

Motorstyrningssystemen som förekommer i Daewoobilar är GM-Multec IEFI-6 och IEFI-S. Daewoos motorstyrningssystem styr primärtändning samt bränsle- och tomgångsfunktioner från samma styrmodul.

Självdiagnosfunktion

Varje elektronisk styrmodul har en självtestfunktion som kontinuerligt undersöker signalerna från vissa givare och aktiverare i motorn och sedan jämför signalerna med en tabell av inprogrammerade värden. Om diagnostikprogramvaran konstaterar att ett fel föreligger lagrar styrmodulen en eller fler felkoder. Koder kan inte lagras för komponenter för vilka det inte finns någon kod, eller för tillstånd som inte täcks av programvaran. I Daewoosystemen genererar styrmodulen 2-siffriga felkoder som kan hämtas antingen manuellt eller med en felkodsläsare.

Nödprogram

Daewoos system som behandlas i det här kapitlet har nödprogram (s.k. "linka-hem"-läge). Så snart vissa fel identifierats (alla fel initierar inte nödprogrammet) startar styrmodulen nödprogrammet och går över till ett programmerat grundvärde snarare än att gå efter givarsignaler. Detta gör att bilen tryggt kan köras till en verkstad för reparation eller test. Så snart felet avhjälpts återgår styrmodulen till normaldrift.

Anpassning

Daewoos system har också en adaptiv funktion som anpassar inprogrammerade värden efter vanlig körning och tar hänsyn till motorslitage.

Självdiagnos, varningslampa

Daewoos modeller har en varningslampa för självdiagnos på instrumentpanelen.

2 Diagnostikuttagets placering

Alla modeller

Diagnostikuttaget sitter i förarens fotutrymme, nära styrmodulen bakom högerpanelen **(se bild 9.1)**. Uttaget är till för både manuell hämtning av blinkkoder och för en anpassad felkodsläsare.

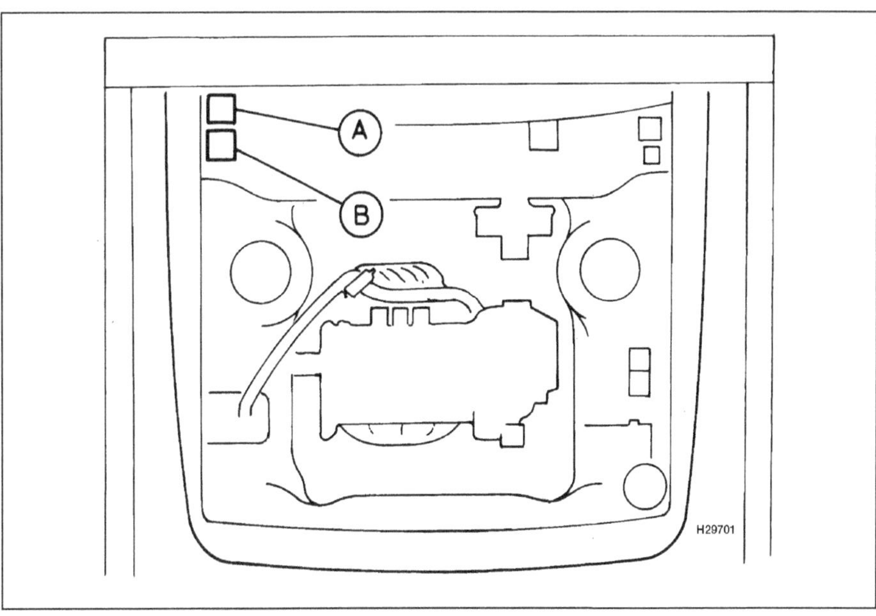

9.1 Diagnostikuttagets placering och styrmodul
A Styrmodul *B Diagnostikuttag*

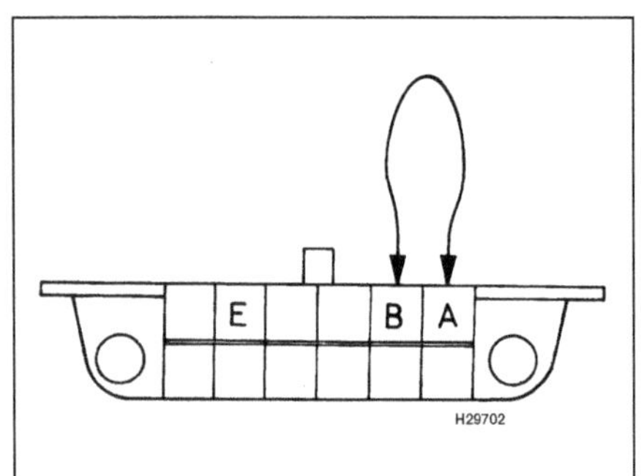

9.2 Hämta blinkkoder genom att lägga en brygga mellan stiften A och B på diagnostikuttaget

3 Hämta felkoder utan felkodsläsare – blinkkoder

Observera: *Under en del av testen kan ytterligare felkoder genereras. Se till att inga koder som genereras under test lurar diagnosen. Alla koder måste raderas när testet har genomförts.*

1 Lägg en brygga mellan uttagen A och B i diagnostikuttaget **(se bild 9.2)**.

2 Slå på tändningen utan att starta motorn.

3 Koderna visas i varningslampan för självdiagnos på instrumentpanelen. Blinkningarna för 2-siffriga felkoder visas på följande sätt:

a) De två siffrorna indikeras av två serier blinkningar.

b) Den första serien blinkningar anger tiotal och den andra serien ental.

c) En 0,4 sekunders blinkning följd av en 1,2 sekunders paus indikerar tiotal. En 0,4 sekunders blinkning snabbt följd av en till indikerar ental.

d) De enskilda koderna skiljs åt av en 3,2 sekunders paus.

e) Kod nr "12" indikeras alltså av en kort (0,4 sekunders) blinkning, följd av en 1,2 sekunders paus och sedan 2 0,4 sekunders blinkningar i snabb följd.

4 Räkna antalet blinkningar i varje serie och registrera varje kod vartefter den sänds. Se tabellen i slutet av kapitlet för att se vad felkoden betyder.

5 Först sänds kod "12", vilket betyder att diagnosen startats.

6 Varje blinkkod upprepas tre gånger och följs av nästa kod i sekvensen.

7 Fortsätt hämta koder tills alla lagrade koder har hämtats och registrerats.

8 Slå av tändningen och ta bort bryggan för att avsluta felkodsläsningen.

4 Radera felkoder utan felkodsläsare

Alla system

1 Slå av tändningen och koppla bort batteriets minuspol under ca. 5 minuter.

2 Anslut batteriets minuspol igen.

Observera: *Den första nackdelen med den här metoden är att frånkoppling av batteriet initierar alla styrmodulens anpassade värden. Återinlärning av lämpliga anpassade värden kräver att du startar motorn kall och kör med olika varvtal under ca. 20 - 30 minuter. Motorn ska också gå på tomgång i 10 minuter. Den andra nackdelen är att radiosäkerhetskoder, klockans inställning och andra lagrade värden går förlorade och måste programmeras in igen när batteriet återanslutits. Om det är möjligt ska du använda en felkodsläsare för att radera minnet.*

5 Självdiagnos med felkodsläsare

Observera: *Under en del av testen kan ytterligare felkoder genereras. Se till att inga koder som genereras under test lurar diagnosen.*

Alla modeller

1 Anslut en felkodsläsare till diagnostikuttaget. Använd felkodsläsaren (enligt tillverkarens instruktioner) till följande ändamål:

a) Hämta felkoder

b) Radera felkoder

c) Visa data

2 Felkoder måste alltid raderas efter komponenttest eller efter reparationer där komponenter i motorstyrningssystemet tas bort eller byts ut.

6 Guide till testmetoder

1 Använd en felkodsläsare för att hämta felkoder från styrmodulen eller hämta koder manuellt enligt avsnitt 3 eller 5.

Lagrade koder

2 Om du får en eller flera felkoder, titta i felkodstabellen i slutet av det här kapitlet för att fastställa betydelsen.

3 Om du får flera felkoder, leta efter gemensamma faktorer som t.ex. en felaktig jordanslutning eller matning.

4 Se testprocedurerna i kapitel 4 där du hittar sätt att testa de flesta komponenter och kretsar som återfinns i ett modernt motorstyrningssystem.

5 När felet har avhjälpts, radera koderna och kör motorn under olika förhållanden för att se om problemet är borta.

6 Kontrollera styrmodulen igen. Upprepa ovanstående procedurer om det fortfarande finns felkoder kvar.

7 Se kapitel 3 för mer information om hur du effektivt testar motorstyrningssystemet.

Inga koder lagrade

8 När ett driftsproblem uppstår utan att du får en felkod ligger felet utanför de parametrar som inprogrammerats i självdiagnossystemet. Se kapitel 3 för mer information om hur du effektivt kan testa styrmodulen.

9 Om problemet pekar mot en speciell komponent, se testprocedurerna i kapitel 4 där du hittar sätt att testa de flesta komponenter och kretsar som återfinns i ett modernt motorstyrningssystem.

Felkodstabell

Blink-/felkod	Beskrivning	Blink-/felkod	Beskrivning
12	Inga fel upptäckta i styrmodulen. Fortsätt med normala diagnostikmetoder	32	EGR-system eller -krets
13	Syresensor eller -krets	33	Insugningsrörets tryckgivare eller -krets
14	Kylvätskans temperaturgivare eller -krets	42	Fel på tändningsstyrningskretsen
21	Gasspjällpotentiometer eller -krets	44	Syresensor eller -krets
23	Lufttemperaturgivare eller -krets	45	Syresensor eller -krets
24	Fordonets hastighetsgivare eller -krets	51	Elektronisk styrmodul
		54	Fel på CO-justeringen

Kapitel 10
Daihatsu

Innehåll

Bilförteckning

Modell	Motorkod	År	System
Applause	HD-E	1989 till 1996	Daihatsu EFi
Charade 1.3i kat SOHC 16V	HC-E	1991 till 1993	Daihatsu EFi
Charade 1.3 SOHC 16V	HC-E	1993 till 1997	Daihatsu MPi
Charade 1.5i SOHC 16V	HE-E	1996 till 1997	Daihatsu MPi
Charade 1.6i SOHC 16V	HD-E	1993 till 1996	Daihatsu MPi
Hi-Jet	CB42	1995 till 1997	Daihatsu MPi
Sportrak kat SOHC 16V	HD-E	1990 till 1997	Daihatsu EFi

Självdiagnostik

1 Inledning

Motorstyrningssystemet som finns i Daihatsu är Daihatsus eget MPi/EFi-system, som styr primärtändning, bränsleinsprutning, turbons laddningstryck (i förekommande fall) samt tomgångsfunktioner från samma styrmodul.

Självdiagnosfunktion

Varje elektronisk styrmodul har en självtest-funktion som kontinuerligt undersöker signalerna från vissa givare och aktiverare i motorn och sedan jämför signalerna med en tabell av inprogrammerade värden. Om diagnostik-programvaran konstaterar att ett fel föreligger lagrar styrmodulen en eller fler felkoder. Koder kan inte lagras för komponenter för vilka det inte finns någon kod, eller för tillstånd som inte täcks av programvaran. I Daihatsus system genererar styrmodulen 2-siffriga felkoder att hämtas manuellt i form av blinkkoder.

Nödprogram

Daihatsus system som behandlas i det här kapitlet har ett nödprogram (s.k. "linka-hem"-läge). Så snart vissa fel identifierats (alla fel initierar inte nödprogrammet) startar styrmodulen nödprogrammet och går över till ett programmerat grundvärde snarare än att gå efter givarsignaler. Detta gör att bilen tryggt kan köras till en verkstad för reparation eller test. Så snart felet avhjälpts återgår styrmodulen till normaldrift.

Anpassning

Daihatsus system har också en adaptiv funktion som anpassar inprogrammerade värden efter vanlig körning och tar hänsyn till motorslitage.

Självdiagnostik, varningslampa

Daihatsus modeller har en varningslampa för självdiagnostik på instrumentpanelen.

2 Diagnostikuttagets placering

Charade GT-Ti

Diagnostikuttaget sitter nära tändspolen **(se bild 10.1)**, och är enbart till för manuell hämtning av blinkkoder.

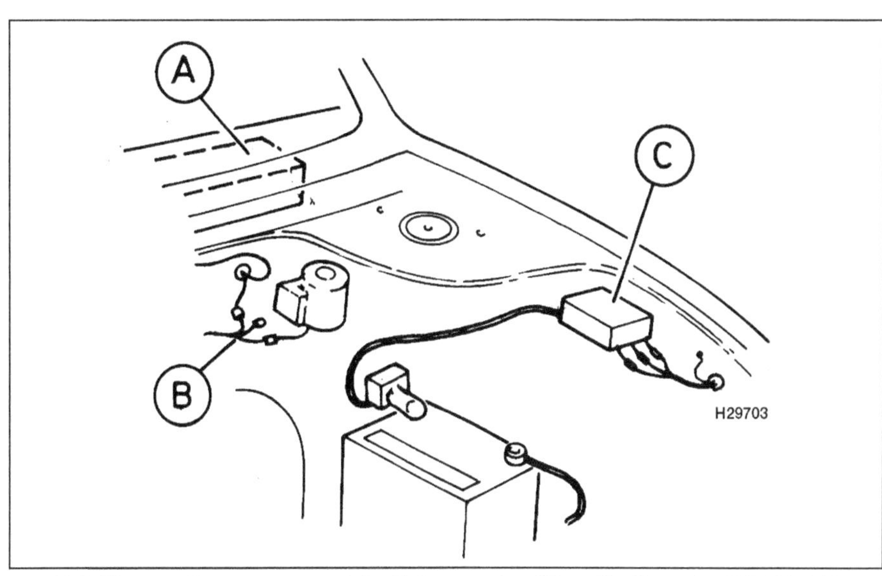

10.1 Diagnostikuttag, styrmodul, säkrings- och reläbox för Charade 1987 till 1993

A Styrmodul
B Tändspole och diagnostikuttag
C Säkrings- och reläbox

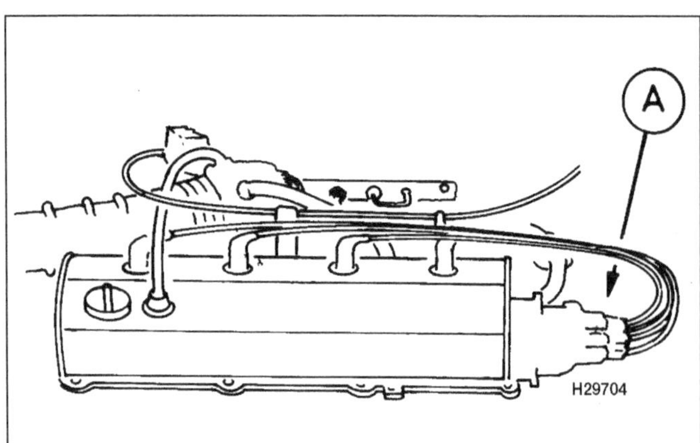

10.2 Diagnostikuttagets placering för Applause 1989 till 1995 och Sportrak 1991 till 1996

A Diagnostikuttag nära fördelaren

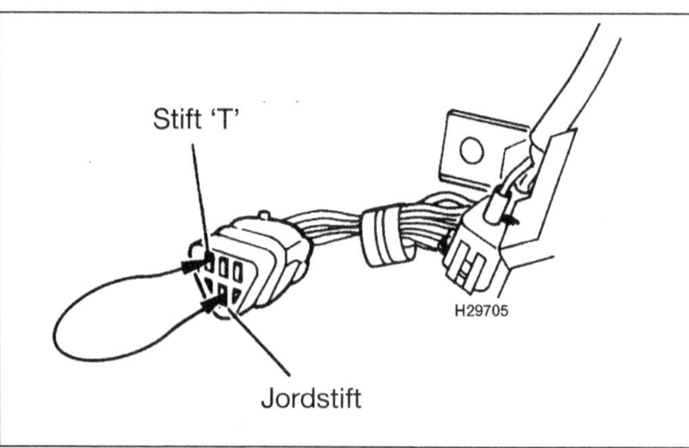

10.3 Diagnostikuttagets stift för Charade 1987 till 1993

Applause 1.6i och Sportrak 1.6i

Diagnostikuttagen sitter nära fördelaren **(se bild 10.2)**, och är enbart till för manuell hämtning av blinkkoder.

3 Hämta felkoder utan felkodsläsare – blinkkoder

Observera: *Under en del av testen kan ytterligare felkoder genereras. Se till att inga koder som genereras under test lurar diagnosen. Alla koder måste raderas när testet har genomförts.*

Charade

1 Lägg en brygga mellan stiftet T och jordningsstiftet i diagnostikuttaget **(se bild 10.3)**.

Applause och Sportrak

2 Lägg en brygga mellan sitften 5 och 6 i diagnostikuttaget **(se bild 10.4)**.

Alla modeller

3 Slå på tändningen utan att starta motorn.

4 Koderna visas i varningslampan för självdiagnostik på instrumentpanelen. Blinkningarna för 2-siffriga felkoder visas på följande sätt:

a) En 4,5 sekunders paus betyder att kodsändningen börjar.

b) De två siffrorna indikeras av två serier blinkningar.

c) Den första serien blinkningar anger tiotal och den andra serien ental.

d) Tiotal indikeras med en 0,5 sekunders blinkning, medan ental indikeras av 0,5 sekunders blinkningar åtskilda av 1,2 sekunders pauser.

e) En 2,5 sekunders paus skiljer tiotalen från entalen.

f) En 4,5 sekunders paus skiljer sändningen av en kod från nästa.

g) Kod nr "12" indikeras alltså av en kort (0,5 sekunders) blinkning, följd av en 2,5 sekunders paus och sedan två 0,5 sekunders blinkningar i snabb följd.

5 Räkna antalet blinkningar i varje serie och registrera varje kod vartefter den sänds. Se tabellen i slutet av kapitlet för att se vad felkoden betyder.

6 Felkoderna visas i följd och upprepas sedan efter en 4,5 sekunders paus.

7 Fortsätt hämta koder tills alla lagrade koder har hämtats och registrerats.

8 Om den första kod som sänds är "1" (och upprepas tre gånger), finns inga felkoder lagrade.

9 Slå av tändningen och ta bort bryggan för att avsluta felkodsläsningen.

4 Radera felkoder utan felkodsläsare

Metod 1

1 Ta bort styrmodulens reservsäkring i minst 10 sekunder **(se bild 10.5)**.

Metod 2

2 Slå av tändningen och koppla bort batteriets minuspol under minst 10 sekunder.

3 Anslut batteriets minuspol igen.

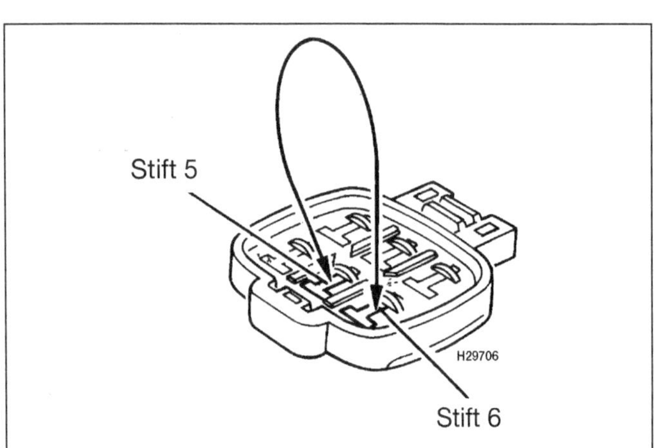

10.4 Diagnostikuttagets stift för Applause 1989 till 1995 och Sportrak 1991 till 1996

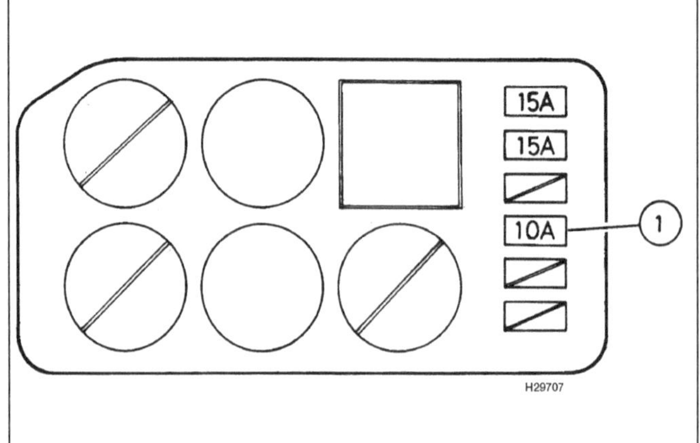

10.5 Placering av styrmodulens reservsäkring (1) i säkringsboxen i Applause 1989 till 1995 och Sportrak 1991 till 1996

Observera: *Den första nackdelen med den här metoden är att frånkoppling av batteriet initierar alla styrmodulens anpassade värden. Återinlärning av lämpliga anpassade värden kräver att du startar motorn kall och kör med olika varvtal under ca. 20 - 30 minuter. Motorn ska också gå på tomgång i 10 minuter. Den andra nackdelen är att radiosäkerhetskoder, klockans inställning och andra lagrade värden går förlorade och måste programmeras in igen när batteriet återanslutits.*

5 Självdiagnos med felkodsläsare

Det fanns inga felkodsläsare för Daihatsu-bilarna som behandlas i denna bok vid den tiden då boken skrevs.

6 Guide till testmetoder

1 Hämta koder manuellt enligt avsnitt 3.

Lagrade koder

2 Om du får en eller flera felkoder, titta i felkodstabellen i slutet av det här kapitlet för att fastställa betydelsen.

3 Om du får flera felkoder, leta efter gemensamma faktorer som t.ex. en felaktig jordanslutning eller matning.

4 Se testprocedurerna i kapitel 4 där du hittar sätt att testa de flesta komponenter och kretsar som återfinns i ett modernt motorstyrningssystem.

5 När felet har avhjälpts, radera koderna och kör motorn under olika förhållanden för att se om problemet är borta.

6 Kontrollera styrmodulen igen. Upprepa ovanstående procedurer om det fortfarande finns felkoder kvar.

7 Se kapitel 3 för mer information om hur du effektivt testar motorstyrningssystemet.

Inga koder lagrade

8 När ett driftsproblem uppstår utan att du får en felkod ligger felet utanför de parametrar som inprogrammerats i självdiagnossystemet. Se kapitel 3 för mer information om hur du effektivt kan testa styrmodulen.

9 Om problemet pekar mot en speciell komponent, se testprocedurerna i kapitel 4 där du hittar sätt att testa de flesta komponenter och kretsar som återfinns i ett modernt motorstyrningssystem.

Felkodstabell

Daihatsu MPi/EFi

Blinkkod	Beskrivning
01	Inga fel upptäckta i styrmodulen. Fortsätt med normala diagnostikmetoder
02	Insugningsrörets tryckgivare eller -krets
03	Tändningssignal
04	Kylvätskans temperaturgivare eller givarens krets
05	CO-justering (ej kat)
05	Syresensor eller -krets (alternativ kod)
06	Motorvarvtalsgivare (fördelare)
07	Gasspjällpotentiometer med tomgångsbrytare eller potentiometerns krets
08	Lufttemperaturgivare eller -krets
09	Fordonets hastighetsgivare eller -krets
10	Startmotorsignal
11	Tomgångsbrytarsignal, auto eller A/C.05
12	EGR-system eller -krets
15	Syresensor eller -krets, spänning för låg
16	Syresensor eller -krets, spänning för hög

Kapitel 11
Fiat

Innehåll

Bilförteckning

Modell	Motorkod	Årsmodell	System
Brava 1.4 12V	182 AA.1AA	1996 till 1997	Bosch Mono-Motronic SPi
Brava 1.6 16V	182 A4.000	1996 till 1997	Weber Marelli IAW
Bravo 2.0	182 A1.000	1996 till 1997	Bosch Motronic M2.10.4
Cinquecento 899 OHV DIS kat	1170 A1.046	1993 till 1997	Weber-Marelli IAW SPi
Cinquecento 900 OHV DIS kat	170 A1.046	1992 till 1994	Weber-Marelli IAW SPi
Cinquecento Sporting	176 B2000	1995 till 1997	Weber-Marelli IAW SPi
Kupé 16V	836 A3.000	1994 till 1997	Weber-Marelli IAW MPi
Kupé 16V Turbo	175 A1.000	1994 till 1996	Weber-Marelli IAW MPi
Kupé 2.0 20V	-	1997	Bosch Motronic M2.10.4
Croma 2000ie	834 B.000	1986 till 1989	Weber-Marelli IAW MPi
Croma 2000ie DOHC 8V	154 C.000	1989 till 1991	Weber-Marelli IAW MPi
Croma 2.0ie DOHC	154 C3.000	1990 till 1992	Weber-Marelli IAW MPi
Croma 2.0ie DOHC DIS kat	154 C3.046	1991 till 1994	Weber-Marelli IAW MPi
Croma 2.0ie 16V kat	154 E1.000	1993 till 1995	Bosch Motronic M1.7
Fiorino 1500 SOHC kat	149 C1.000	1991 till 1995	Bosch Mono-Jetronic A2.4
Panda 1.0ie OHC och 4x4 kat	156 A2.246	1991 till 1996	Bosch Mono-Jetronic A2.4
Panda 1.1ie OHC kat	156 C.046	1991 till 1997	Bosch Mono-Jetronic A2.4
Panda 899	1170A1.046	1992 till 1997	Weber-Marelli IAW SPi
Punto 55	176 A6.000	1994 till 1997	Weber-Marelli IAW SPi
Punto 60	176 A7.000	1994 till 1997	Weber-Marelli IAW SPi
Punto 75	176 A8.000	1994 till 1997	Weber-Marelli IAW MPi
Punto GT	176 A4.000	1994 till 1997	Bosch Motronic M2.7 MPi
Regata 100 Sie & Weekend 1.6 DOHC	149 C3.000	1986 till 1988	GM/Delco SPi
Regata 100 Sie & Weekend 1.6 DOHC	1149 C3.000	1988 till 1990	Weber MIW Centrajet SPi
Tempra 1.4ie SOHC DIS kat	160 A1.046	1992 till 1994	Bosch Mono-Jetronic A2.4
Tempra 1.6ie SOHC DIS kat	159 A3.046	1991 till 1992	Bosch Mono-Jetronic A2.4
Tempra 1.6ie SOHC kat	159 A3.046	1993 till 1994	Bosch Mono-Motronic MA1.7
Tempra 1.8ie DOHC 8V	159 A4.000	1990 till 1992	Weber-Marelli IAW MPi
Tempra 1.8ie DOHC 8V kat	159 A4.046	1992 till 1994	Weber-Marelli IAW MPi
Tempra 1.8 DOHC	835 C2.000	1993 till 1996	Weber-Marelli IAW MPi
Tempra 2.0ie och 4x4 DOHC 8V	159 A6.046	1991 till 1997	Weber-Marelli IAW MPi
Tipo 1.4ie kat	160 A1.046	1991 till 1996	Bosch Mono-Jetronic A2.4
Tipo 1.6ie SOHC DIS kat	159 A3.046	1990 till 1992	Bosch Mono-Jetronic A2.4
Tipo 1.6ie SOHC	835 C1.000	1994 till 1996	Bosch Mono-Motronic MA1.7
Tipo 1.6ie SOHC kat	159 A3.046	1993 till 1995	Bosch Mono-Motronic MA1.7
Tipo 1.8ie DOHC 8V	159 A4.000	1990 till 1992	Weber-Marelli IAW MPi
Tipo 1.8ie DOHC 8V	159 A4.000	1992 till 1995	Weber-Marelli IAW MPi
Tipo 1.8i DOHC 16V	160 A5.000	1990 till 1991	Weber-Marelli IAW MPi
Tipo 1.8ie DOHC 8V kat	159 A4.046	1992 till 1994	Weber-Marelli 8F
Tipo 2.0ie DOHC 8V kat	159 A5.046	1990 till 1992	Weber-Marelli IAW MPi
Tipo 2.0ie DOHC 8V kat	159 A6.046	1992 till 1995	Weber-Marelli IAW MPi
Tipo 2.0ie DOHC 16V kat	160 A8.046	1991 till 1995	Weber-Marelli IAW MPi
Ulysse 2.0 SOHC 89kW	ZFA220000	1995 till 1997	Weber-Marelli IAW MPi
Ulysse 2.0 Turbo	ZFA220000	1995 till 1997	Bosch Motronic 3.2
Uno 1.0ie SOHC och Van kat	156 A2.246	1992 till 1995	Bosch Mono-Jetronic
Uno 1.1ie SOHC	156 C.046	1989 till 1995	Bosch Mono-Jetronic
Uno 70 1.4 SOHC	146 C1.000	1990 till 1992	Bosch Mono-Jetronic
Uno 1.4 SOHC kat	160 A1.046	1990 till 1995	Bosch Mono-Jetronic
Uno 1.5ie SOHC DIS kat	149 C1.000	1993 till 1994	Bosch Mono-Jetronic
Uno 994	146 C7.000	1994 till 1996	Weber-Marelli IAW SPi

Självdiagnostik

1 Inledning

De vanligaste motorstyrningssystemen som används i Fiats bilar är Bosch Motronic, versionerna 1.7, 2.7 och 2.10.4 samt Weber-Marelli IAW. Bosch Mono-Jetronic A2.4, Mono-Motronic MA1.7 och GM SPi förekommer också. Förutom Mono-Jetronic styr Fiats motorstyrningssystem primärtändningen samt bränsle- och tomgångsfunktionerna från samma styrmodul. Mono-Jetronicsystem styr bara bränslet och tomgången.

Självdiagnosfunktion

Varje elektronisk styrmodul har en självtestfunktion som kontinuerligt undersöker signalerna från vissa givare och aktiverare i motorn och sedan jämför signalerna med en tabell av inprogrammerade värden. Om diagnostikprogramvaran konstaterar att ett fel föreligger lagrar styrmodulen felet. Koder kan inte lagras för komponenter för vilka det inte finns någon kod, eller för tillstånd som inte täcks av programvaran.

GM-Delco SPi

I GM-Delco SPi-systemet genererar styrmodulen 2-siffriga felkoder att hämtas antingen manuellt eller med en felkodsläsare.

Övriga Fiatsystem

De flesta Fiatsystemen får inga felkodsnummer genererade av Fiats programvara. En felkodsläsare visar normalt felen på felkodsläsarskärmen utan att referera till något speciellt kodnummer. Fel i en eller flera kretsar eller komponenter lagras även om det inte finns några kodnummer tillgängliga.

Nödprogram

Fiats system som behandlas i det här kapitlet har nödprogram (s.k. "linka-hem"-läge). Så snart vissa fel identifierats (alla fel initierar inte nödprogrammet) startar styrmodulen nödprogrammet och går över till ett programmerat grundvärde snarare än att gå efter givarsignaler. Detta gör att bilen tryggt kan köras till en verkstad för reparation eller test. Så snart felet avhjälpts återgår styrmodulen till normaldrift.

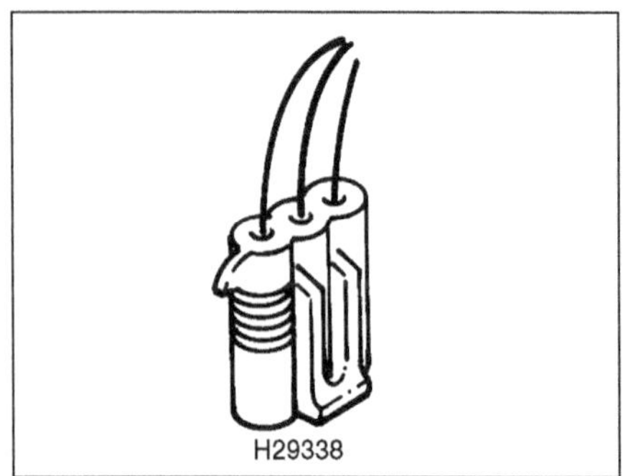

11.1 3-stifts diagnostikuttag för hämtning av felkoder från Fiatsystem

Anpassning

Fiats system har också en adaptiv funktion som anpassar inprogrammerade värden efter vanlig körning och tar hänsyn till motorslitage.

Självdiagnos, varningslampa

Många Fiatmodeller har en varningslampa för självdiagnos på instrumentpanelen. När du slår på tändningen tänds lampan. Så snart motorn startats slocknar lampan om diagnostikprogrammet inte känner av något fel. Om lampan förblir tänd under det att motorn går har styrmodulen upptäckt ett systemfel.

2 Diagnostikuttagets placering

GM-Delco SPi

Diagnostikuttaget med 3 stift **(se bild 11.1)** är placerat under passagerarsidans handskfack, nära styrmodulen. Både manuell hämtning av blinkkoder och en anpassad felkodsläsare fungerar.

Bosch Mono-Jetronic

3-stiftskontakten sitter vanligtvis på torpedväggen i motorrummet. Annars kan det sitta nära styrmodulen under passagerarsidans handsk-fack eller i mittkonsolen. Diagnostikuttaget är endast avsett för en anpassad felkodsläsare.

Bosch Mono-Motronic MA 1.7

3-stiftskontakten sitter vanligtvis bredvid styrmodulen på höger innerskärm i motorrummet. Annars kan det sitta nära styrmodulen under passagerarsidans handskfack eller i mittkonsolen. Diagnostikuttaget är endast avsett för en anpassad felkodsläsare.

Bosch Motronic 1.7 MPi

3-stiftskontakten sitter oftast nära styrmodulen under passagerarsidans handskfack och är bara till för anpassade felkodsläsare.

Bosch Motronic 2.7 MPi

3-stiftskontakten sitter oftast nära styrmodulen på torpedväggen i motorrummet och är bara till för anpassade felkodsläsare.

Bosch Motronic 2.10.4

3-stiftskontakten sitter oftast nära höger fjäderben i motorrummet och är bara till för anpassade felkodsläsare.

Hitachi

3-stiftskontakten sitter vanligtvis nära styrmodulen bakom panelen i passagerarens fotutrymme och är bara till för anpassade felkodsläsare.

Weber-Marelli MPi

3-stiftskontakten sitter oftast nära styrmodulen på torpedväggen i motorrummet eller i passagerarutrymmet under instrumentbrädan och är bara till för anpassade felkodsläsare. Diagnostikuttaget är endast avsett för en anpassad felkodsläsare.

Weber-Marelli SPi

3-stiftskontakten sitter vanligtvis i motorrummet bredvid styrmodulen på vänster innerskärm (Cinquecento) eller bredvid styrmodulen på höger innerskärm (andra modeller). Diagnostikuttaget är endast avsett för en anpassad felkodsläsare.

3 Hämta felkoder utan felkodsläsare – blinkkoder

Observera: *Under en del av testen kan ytterligare felkoder genereras. Se till att inga koder som genereras under test lurar diagnosen. Alla koder måste raderas när testet har genomförts.*

Fiat GM (Delco) SPi

1 Slå på tändningen. Varningslampan ska tändas.

2 Lägg en brygga mellan uttagen A och B i diagnostikuttaget (ljusblå/vit och svart).

3 Stegmotorn går en gång så att kolven går ut helt och sedan tillbaka.

4 Koderna visas i varningslampan för självdiagnos på instrumentpanelen. Blinkningarna för 2-siffriga felkoder visas på följande sätt:

a) *De två siffrorna indikeras av två serier blinkningar.*

b) *Den första serien blinkningar anger tiotal och den andra serien ental.*

c) *En ensam blinkning indikerar tiotal, medan en blinkning snabbt följd av en eller flera blinkningar indikerar ental.*

d) *De enskilda koderna skiljs åt av en 3,2 sekunders paus.*

e) *Kod nr "12" indikeras alltså av en blinkning, följd av en 1,2 sekunders paus och sedan två blinkningar i snabb följd.*

5 Räkna antalet blinkningar i varje serie och registrera varje kod vartefter den sänds. Se tabellerna i slutet av kapitlet för att se vad felkoden betyder.

6 Först sänds kod "12" tre gånger,vilket betyder att diagnosen startats.

7 Efter att ha sänt kod "12" slocknar varningslampan.

8 Efter en paus på 3,2 sekunder börjar varningslampan sända alla lagrade felkoder. Varje kod sänds tre gånger med en paus på 3,2 sekunder mellan varje kod.

9 Om inga felkoder finns lagrade sänder varningslampan kontinuerligt kod "12".
10 Slå av tändningen och ta bort bryggan för att avsluta felkodsläsningen.

Alla övriga system

11 Du behöver en felkodsläsare för att kunna visa felkoder som genererats av självdiagnostiksystem i andra Fiatbilar.

4 Radera felkoder utan felkodsläsare

Alla system

1 Slå av tändningen och koppla bort batteriets minuspol under ca. 2 minuter.
2 Anslut batteriets minuspol igen.

Observera: *Den första nackdelen med den här metoden är att frånkoppling av batteriet initierar alla styrmodulens anpassade värden. Återinlärning av lämpliga anpassade värden kräver att du startar motorn kall och kör med olika varvtal under ca. 20 - 30 minuter. Motorn ska också gå på tomgång i 10 minuter. Den andra nackdelen är att radiosäkerhetskoder, klockans inställning och andra lagrade värden går förlorade och måste programmeras in igen när batteriet återanslutits. Om det är möjligt ska du använda en felkodsläsare för att radera minnet.*

5 Självdiagnos med felkodsläsare

Observera: *Under en del av testen kan ytterligare felkoder genereras. Se till att inga koder som genereras under test lurar diagnosen.*

Alla Fiatmodeller

1 Anslut en felkodsläsare till diagnostikuttaget. Använd felkodsläsaren (enligt tillverkarens instruktioner) till följande ändamål:

a) Visa felkoder (GM)
b) Visa systemfel (övriga system)
c) Radera lagrade felkoder eller systemfel
d) Testa aktiverarna
e) Visa data
f) Justera tändinställningen eller bränsleblandningen (vissa fordon)

2 Koder eller lagrade fel måste alltid raderas efter komponenttest eller efter reparationer där komponenter i motorstyrningssystemet avlägsnas eller byts ut.

6 Guide till testmetoder

1 Använd en felkodsläsare för att hämta felkoder från styrmodulen eller (om möjligt) hämta koder manuellt enligt avsnitt 3 eller 5.

Lagrade koder

2 Om du får en eller flera felkoder, titta i felkodstabellen i slutet av det här kapitlet för att fastställa betydelsen.
3 Om du får flera felkoder, leta efter gemensamma faktorer som t.ex. en felaktig jordanslutning eller matning.
4 Se testprocedurerna i kapitel 4 där du hittar olika sätt att testa de flesta komponenter och kretsar som återfinns i ett modernt motorstyrningssystem.
5 När felet har avhjälpts, radera koderna och kör motorn under olika förhållanden för att se om problemet är borta.
6 Kontrollera igen om det finns felkoder i styrmodulen. Upprepa ovanstående procedurer om det fortfarande finns felkoder kvar.
7 Se kapitel 3 för mer information om hur du effektivt testar motorstyrningssystemet.

Inga koder lagrade

8 När ett driftsproblem uppstår utan att du får en felkod ligger felet utanför de parametrar som inprogrammerats i självdiagnostiksystemet. Se kapitel 3 för mer information om hur du effektivt kan testa styrmodulen.
9 Om problemet pekar mot en speciell komponent, se testprocedurerna i kapitel 4 där du hittar sätt att testa de flesta komponenter och kretsar som återfinns i ett modernt motorstyrningssystem.

Felkodstabell

GM-Delco SPi

Blink-/felkod	Beskrivning
14	Kylvätskans temperaturgivare eller -krets
15	Kylvätskans temperaturgivare eller -krets
21	Gasspjällägesgivare eller -krets
22	Gasspjällägesgivare eller -krets
23	Lufttemperaturgivare eller -krets
25	Lufttemperaturgivare eller -krets
33	Insugningsrörets tryckgivarsignal eller krets
34	Insugningsrörets tryckgivarsignal eller krets
42	Fel på tändningskretsen
51	Styrmodul
52	Styrmodul
55	Styrmodul

Övriga system

Fiats programvara genererar normalt inte felkoder. Felkodsläsaren visar normalt fel på felkodsdisplayen utan referens till något särskilt kodnummer. Fel i en eller flera av kretsarna eller komponenterna i följande lista över kretsar och komponenter lagras även om det inte finns några kodnummer tillgängliga.

Lista över kretsar som kontrolleras av Fiats självdiagnossystem

Anpassningsbara kontrollgränser. När gränserna nås pekar det på ett allvarligt (mekaniskt) tillstånd hos motorn.
Lufttemperaturgivare eller -krets
Batterispänningen för låg eller för hög
Vevaxelns vinkelgivare eller -krets, ingen signal
Kolfilterventil eller -krets
Temperaturgivare för kylvätskan eller -krets
Elektronisk styrmodul
Fördelarens fasgivarkrets
Fel på tändspolestyrningen eller kretsen
Insprutarstyrning eller insprutarkrets
Knackgivare eller -krets
Syresensor eller -krets
Insugningsrörets tryckgivare eller -krets
Insugningsrörets tryckgivare, ingen överensstämmelse mellan tryckgivarsignalen och signalerna från gasspjällägesgivaren och vevaxelns vinkelgivare
Ingen överensstämmelse mellan vevaxelns vinkelgivarsignal och fördelarens fasgivarsignal eller krets
Syresensor eller -krets
Relästyrning eller -krets
Självdiagnostik, varningslampa eller -krets
Tomgångens stegmotor eller -krets
Varvräknare
Gasspjällägesgivare eller -krets

Kapitel 12
Ford

Innehåll

Bilförteckning

Modell	Motorkod	Årsmodell	System
Escort 1.3 kat	HCS	1991 till 1992	Ford EEC IV
Escort 1.3 kat	J6A	1991 till 1995	Ford EEC IV
Escort 1.3i och Van	JJA/J4C	1995 till 1997	Ford EEC V
Escort 1.4 CFi kat	F6D	1989 till 1990	Ford EEC IV
Escort 1.4 CFi kat	F6F	1990 till 1995	Ford EEC IV
Escort 1.4 CFi kat	F6G	1990 till 1995	Ford EEC IV
Escort 1.4i	PTE F4	1994 till 1997	Ford EEC V
Escort 1.6i XR3i	LJA	1989 till 1992	Ford EEC IV
Escort 1.6i XR3i kat	LJB	1989 till 1992	Ford EEC IV
Escort 1.6 16V kat	L1E	1992 till 1997	Ford EEC IV
Escort 1.6i	LJA	1989 till 1990	Ford EEC IV
Escort 1.6i och kat	LJE	1990 till 1992	Ford EEC IV
Escort XR3i 1.6 och kat	LJD	1989 till 1992	Ford EEC IV
Escort RS Cosworth DOHC turbo kat	N5F	1992 till 1996	Weber IAW
Escort RS2000 och kat	N7A	1991 till 1995	Ford EEC IV
Escort 1.8i 16V kat	RDA	1992 till 1995	Ford EEC IV
Escort 1.8i 16V kat	RQB	1992 till 1995	Ford EEC IV
Escort 2.0i 7 4x4 kat	N7A	1991 till 1997	Ford EEC IV
Fiesta 1.1 och Van kat	G6A	1989 till 1997	Ford EEC IV
Fiesta 1.25	DHA	1995 till 1997	Ford EEC V
Fiesta 1.3 Van Courier kat	HCS	1991 till 1994	Ford EEC IV
Fiesta 1.3i och Courier kat	J6B	1991 till 1996	Ford EEC IV
Fiesta 1.3 och Courier	JJA	1995 till 1997	Ford EEC V
Fiesta 1.4i och Van kat	F6E	1989 till 1995	Ford EEC IV
Fiesta 1.4	FHA	1995 till 1997	Ford EEC V
Fiesta Classic 1.4	PTE F4A	1995 till 1996	Ford EEC IV
Fiesta XR2i 1.6 kat	LJD	1989 till 1993	Ford EEC IV
Fiesta RS turbo 1.6	LHA	1990 till 1992	Ford EEC IV
Fiesta 1.6i och kat	LUC	1989 till 1992	Ford EEC IV
Fiesta XR2i 1.6	LJC	1989 till 1993	Ford EEC IV
Fiesta 1.6i 16V	L1G	1994 till 1995	Ford EEC IV
Fiesta XR2i 1.8i 16V kat	RDB	1992 till 1995	Ford EEC IV
Fiesta 1.8i 16V kat	RQC	1992 till 1995	Ford EEC IV
Galaxy 2.0	NSD	1995 till 1997	Ford EEC V
Galaxy 2.3	Y5B	1996 till 1997	Ford EEC V
Galaxy 2.8 och 4x4	AAA	1995 till 1997	Ford EEC V
Granada 2.0 EFi	NRA	1985 till 1989	Ford EEC IV
Granada 2.0i och kat	N9B	1989 till 1995	Ford EEC IV
Granada 2.0 EFi 4wd kat	N9D	1989 till 1992	Ford EEC IV
Granada 2.4 V6	ARC	1987 till 1993	Ford EEC IV
Granada 2.4 V6 kat	ARD	1987 till 1991	Ford EEC IV
Granada 2.9 V6 och 4x4	BRC	1987 till 1992	Ford EEC IV
Granada 2.9 V6 kat	BRD	1987 till 1994	Ford EEC IV
Granada 2.9 V6 kat	BRE	1987 till1992	Ford EEC IV
Granada 2.9 V6 kat	BOA	1991 till 1995	Ford EEC IV
Ka 1.3	JJB	1996 till 1997	Ford EEC V

Modell	Motorkod	Arsmodell	System
Maverick 2.4i	KA24E	1993 till 1997	Nissan ECCS
Mondeo 1.6 DOHC kat	L1F/J	1993 till 1996	Ford EEC IV
Mondeo 1.6i 16V	L1J	1996 till 1997	Ford EEC V
Mondeo 1.8i 16V	RKB	1996 till 1997	Ford EEC V
Mondeo 1.8i och 4x4 kat	RKA/B	1993 till 1996	Ford EEC IV
Mondeo 2.0i 16V 4x4 kat	NGA	1993 till 1996	Ford EEC IV
Mondeo 2.0i 16V	NGA	1996 till 1997	Ford EEC V
Mondeo 2.5 V6 DOHC kat	SEA	1994 till 1996	Ford EEC IV
Mondeo 2.5i	SEA	1996 till 1997	Ford EEC V
Orion 1.3 kat	HCS	1991 till 1992	Ford EEC IV
Orion 1.3 kat	J6A	1991 till 1995	Ford EEC IV
Orion 1.4 CFi kat	F6D	1989 till 1990	Ford EEC IV
Orion 1.4 CFi kat	F6F	1990 till 1995	Ford EEC IV
Orion 1.4 CFi kat	F6G	1990 till 1995	Ford EEC IV
Orion 1.6i och kat	LJE	1990 till 1993	Ford EEC IV
Orion 1.6i kat	LJF	1990 till 1994	Ford EEC IV
Orion 1.6i	LJA	1989 till 1990	Ford EEC IV
Orion 1.6 DOHC 16V kat	L1E	1992 till 1997	Ford EEC IV
Orion 1.6i	LJA	1989 till 1990	Ford EEC IV
Orion 1.8i 16V DOHC kat	RDA	1992 till 1995	Ford EEC IV
Orion 1.8i 16V DOHC kat	RQB	1992 till 1995	Ford EEC IV
Probe 2.0i DOHC 16V kat	-	1994 till 1997	Mazda EGi
Probe 2.5i 24V kat	V6	1994 till 1997	Mazda EGi
Sapphire 1.6 CVH kat	L6B	1990 till 1993	Ford EEC IV
Sapphire 1.8 CVH kat	R6A	1992 till 1993	Ford EEC IV
Sapphire 2.0 EFi DOHC	N9A	1989 till 1992	Ford EEC IV
Sapphire 2.0 EFi 8V kat	N9C	1989 till 1992	Ford EEC IV
Scorpio 2.0i	NSD	1994 till 1997	Ford EEC IV
Scorpio 2.0 EFi	NRA	1985 till 1989	Ford EEC IV
Scorpio 2.0i 16V	N3A	1994 till 1996	Ford EEC V
Scorpio 2.0i och kat	N9B	1989 till 1995	Ford EEC IV
Scorpio 2.0i	NSD	1994 till 1997	Ford EEC V
Scorpio 2.3i 16V	Y5A	1996 till 1997	Ford EEC V
Scorpio 2.8 4x4	PRE	1985 till 1987	Ford EEC IV
Scorpio 2.9 V6 och 4x4	BRC	1987 till 1992	Ford EEC IV
Scorpio 2.9 V6 kat	BRD	1987 till 1995	Ford EEC IV
Scorpio 2.9 V6 kat	BRE	1987 till 1995	Ford EEC IV
Scorpio 2.9 V6 24V kat	BOA	1991 till 1995	Ford EEC IV
Scorpio 2.9i V6	BRG	1994 till 1997	Ford EEC V
Scorpio 2.9i V6 24V	BOB	1994 till 1997	Ford EEC V
Sierra 1.6 CVH kat	L6B	1990 till 1993	Ford EEC IV
Sierra 1.8 CVH kat	R6A	1992 till 1993	Ford EEC IV
Sierra 2.0 EFi DOHC 8V	N9A	1989 till 1992	Ford EEC IV
Sierra 2.0 EFi 8V kat	N9C	1989 till 1992	Ford EEC IV
Sierra 2.9 XR 4x4 V6	B4A	1989 till 1991	Ford EEC IV
Sierra 2.9 XR 4x4 V6 kat	B4B	1989 till 1993	Ford EEC IV
Transit Van 2.0 CFi kat	N6T	1990 till 1991	Ford EEC IV
Transit Van 2.0 CFi kat	-	1991 till 1992	Ford EEC IV
Transit 2.9 V6 EFi	BRT	1991 till 1994	Ford EEC IV
Transit och Tourneo 2.0i DOHC kat	NSG	1994 till 1997	Ford EEC V
Transit och Tourneo 2.0i	NSF	1994 till 1997	Ford EEC V
Transit 2.9 EFi	B4T	1989 till 1991	Ford EEC IV

Självdiagnostik

1 Inledning

Det motorstyrningssystem som monterades i de flesta Fordbilar från 1985 till 1996 var Ford EEC IV. 1996 började EEC V ersätta EEC IV på vissa modeller och på sikt ska EEC V ersätta EEC IV i alla modeller. Andra motorstyrningssystem som sitter i europeiska Fordbilar är Weber IAW (Ford Cosworth), Mazda EGi (Ford Probe) och Nissan ECCS (Ford Maverick).

De olika motorstyrningssystemen i Fordbilarna styr primärtändningen samt bränsle- och tomgångsfunktionerna från samma styrmodul.

Självdiagnosfunktion

Varje motorstyrningssystem har en självtestfunktion som kontinuerligt undersöker signalerna från vissa givare och aktiverare i motorn och sedan jämför signalerna med en tabell av inprogrammerade värden. Om diagnostikprogramvaran konstaterar att ett fel föreligger lagrar styrmodulen en eller fler felkoder. Koder kan inte lagras för komponenter för vilka det inte finns någon kod, eller för tillstånd som inte täcks av programvaran. Särskilt EEC IV-systemet har utvecklats under åren. När det först presenterades 1985 genererade det mindre än tio 2-siffriga koder. 1996 kunde den senaste versionen, som nu har vidareutvecklats till EEC V generera över 100 3-siffriga koder.

EEC V system

Fords EEC V programvara genererar inte felkodsnummer, och felkodsläsaren visar normalt felen på displayen utan referens till ett särskilt kodnummer. Fel i en eller flera kretsar eller komponenter lagras även om det inte finns några kodnummer tillgängliga.

Nödprogram

1988 utrustades EEC IV med ett permanentminne som använder ett nödprogram, eller "linka-hem"-program. Innan permanentminnet installerades fanns inget nödprogram. Så snart vissa koder genererats (alla koder initierar inte nödprogrammet) startar styrmodulen nödprogrammet och går över till ett programmerat grundvärde snarare än att gå efter givarsignaler. Detta gör att bilen tryggt kan köras till en verkstad för reparation eller test. Så snart felet avhjälpts återgår styrmodulen till normaldrift. Andra Fordbilar som har ett nödprogram är de som utrustats med EEC V samt Ford Probe (Mazda EGi) och Ford Maverick (Nissan ECCS). Ford Cosworth-bilar med Weber IAW har inget nödprogram.

Anpassning

Alla Fordbilar med EEC IV (med permanentminne), EEC V, Mazda EGi och Nissan ECCS har också en adaptiv funktion som anpassar inprogrammerade värden efter vanlig körning och tar hänsyn till motorslitage. Ford Cosworth (Weber IAW) har däremot inte denna funktion.

Självdiagnostik, varningslampa

Endast Ford Maverick har en varningslampa för självdiagnostik på instrumentpanelen. Dessutom finns det en lysdiod på styrmodulens kåpa. När du slår på tändningen tänds både varningslampan och lysdioden. Så snart motorn startats slocknar lampan om diagnostikprogrammet inte känner av något systemfel. Om lampan eller lysdioden tänds medan motorn går har styrmodulen upptäckt ett systemfel. Varningslampan och lysdioden kan också fås att sända blinkkoder.

2 Diagnostikuttagets placering

Ford EEC IV: 2.0 SOHC, 2.0 DOHC, 2.4, 2.8 och 2.9 V6

Diagnostikuttaget med 3 eller 5 stift sitter i motorrummet, nära batteriet **(se bild 12.1)**.

Ford EEC IV: CFi, EFi och Zetec (Escort och Fiesta)

3-stiftsuttaget sitter i motorrummet, bakom den vänstra strålkastaren eller på vänster innerskärm **(se bild 12.2)**.

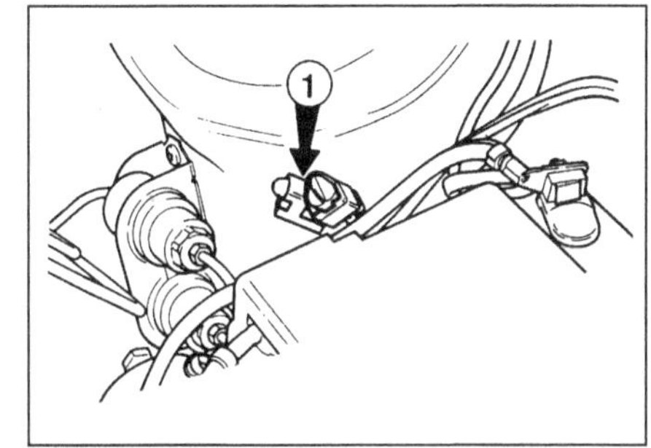

12.1 Diagnostikuttaget för EEC IV (2.0 liter/V6) sitter nära batteriet

Ford EEC IV: Zetec (Mondeo)

3-stiftsuttaget sitter på en platta på torpedväggen tillsammans med oktanpluggen och FDS2000-kontakten **(se bild 12.3)**.

Ford EEC IV och V (16-stifts)

Diagnostikuttaget med 16 stift **(se bild 12.4)** sitter vanligtvis i motorrummet, under rattstången, i passagerarens fotutrymme bakom panelen eller bakom askkoppen i mittkonsolen (Ford Galaxy).

Ford Probe (Mazda EGi)

Diagnostikuttaget sitter nära batteriet i motorutrymmet **(se bild 12.5)**.

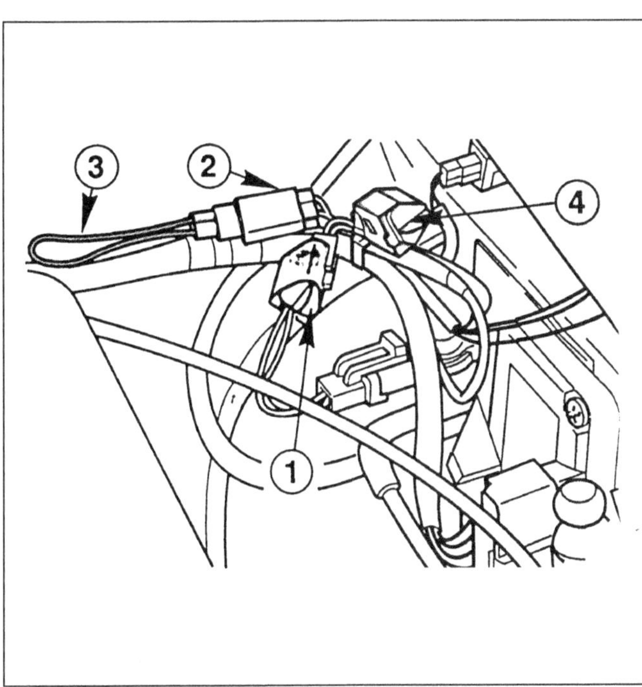

12.2 Diagnostikuttaget för EEC IV i Escort/Fiesta sitter bakom vänster strålkastare eller på vänster innerskärm

1 FDS2000 diagnostikuttag
2 Oktankontakt
3 Oktanslinga
4 Diagnostikuttag

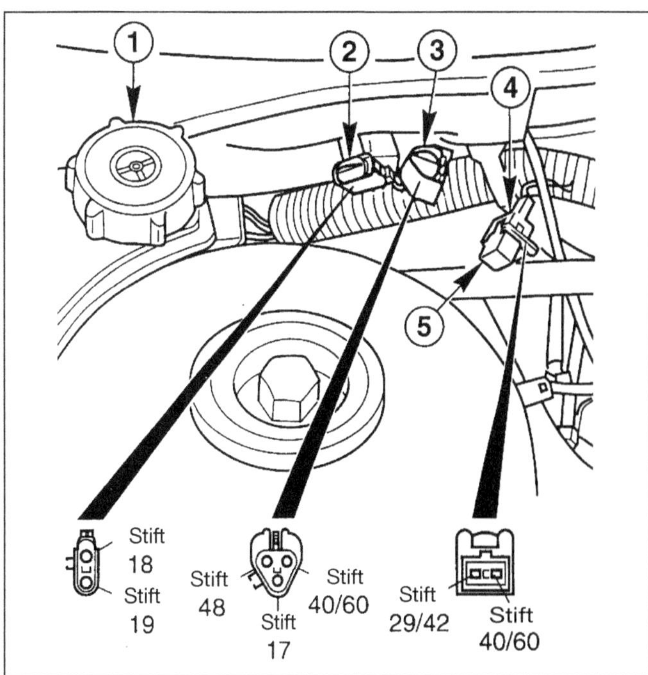

12.3 Diagnostikuttaget för EEC IV i Mondeo sitter på en platta tillsammans med oktankontakten och FDS2000

1 Styrservobehållare
2 FDS2000 diagnostikuttag
3 Diagnostikuttag
4 Oktankontakt
5 Oktanplugg

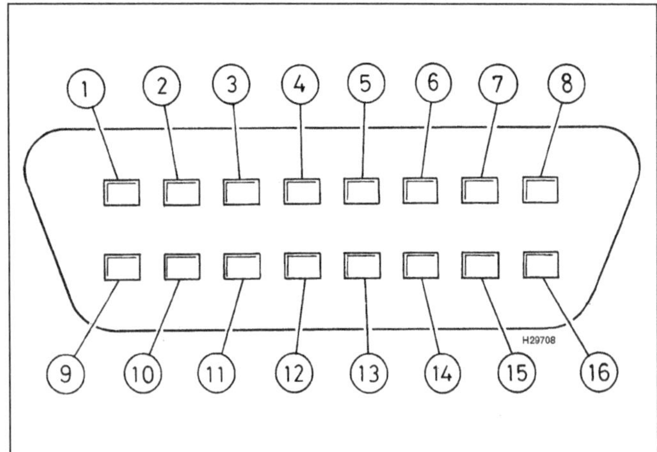

12.4 Diagnostikuttag med 16 stift (Ford EEC IV och V)

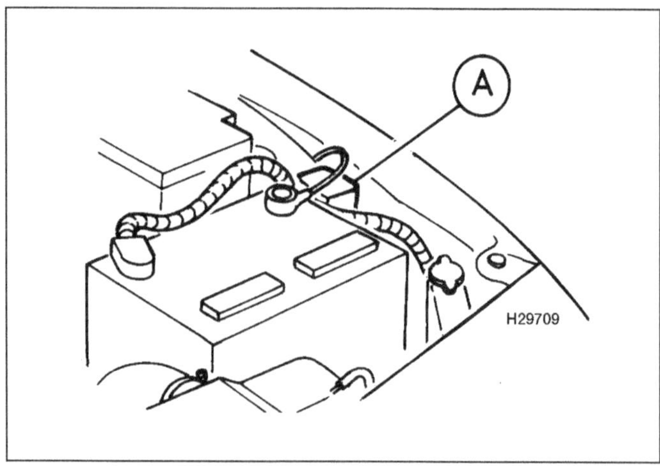

12.5 Diagnostikuttaget (A) sitter nära batteriet i Ford Probe

Ford Cosworth (Weber IAW)

Diagnostikuttaget sitter bakom handskfacket, bredvid styrmodulen **(se bild 12.6)**.

Ford Maverick (Nissan ECCS)

Diagnostikuttaget sitter på passagerarsidan, under instrumentpanelen **(se bild 12.7)**.

3 Ford EEC IV, nyare versioner, hämtning av 2-siffriga felkoder - allmänt

1 Anmärkningarna i det här avsnittet bör läsas i samband med avsnitten om att hämta felkoder med eller utan felkodsläsare.

2 Modeller äldre än 1988 har inget permanentminne. Referenser till permanentminnet gäller inte för bilar som inte är utrustade med det.

3 "Hårda" felkoder är sådana koder som genereras av fel som föreligger vid undersökningen. "Mjuka" felkoder är koder som genererats av fel som uppstått någon gång under de senaste 10 eller 40 körcyklerna (beroende på bil) men som inte förekommer vid tidpunkten för testet. Mjuka koder lagras i permanentminnet.

Observera: *En körcykel definieras som en period när motorn startas med en kylvätsketemperatur på under 49°C, och fortsätter att gå tills temperaturen överstiger 65°C.*

4 Nyare Ford EEC IV-system (2-sifffriga) har tre lägen för test och service:

1: Tändningen på, motorn avslagen: Ett statiskt test av motorgivarna och inläsning av hårda felkoder och mjuka koder ur permanentminnet.

2: Kontinuerlig gång: Ett test av motorgivarna under vanlig drift, vid tomgång eller vid provkörning.

3: Motorn i gång och serviceläge: Ett dynamiskt test av motorgivarna. Du kan ställa in tändningen och tomgångsvarvtalet i serviceläget. Du kan inte göra de här inställningarna om du inte är i serviceläge.

5 Följande testsekvens rekommenderas för noggrannare testning, även om testen är oberoende av varandra och kan utföras enskilt.

6 Genomför test 1 (se avsnitt 5). Registrera alla koder som lagrats i permanentminnet men försök inte reparera fel som indikerats av minnet på det här stadiet. Alla hårda fel måste avhjälpas (vartefter de sänds), och testet måste avslutas med kod "11" (Inga hårda fel förekommer) innan du kan fortsätta med test 2. Fortsätt ignorera minneskoder för tillfället.

7 Genomför test 2. Detta kan göras med stillastående bil eller under provkörning. Avhjälp alla fel innan du fortsätter med test 3.

Observera: *Test 2 gäller bara europeiska bilar (inte USA). Undantag: Bilar med 2.4 and 2.9 V6-motorer med katalysator.*

8 Kör test 3, rätta till alla indikerade fel och gör nödvändiga justeringar i serviceläge.

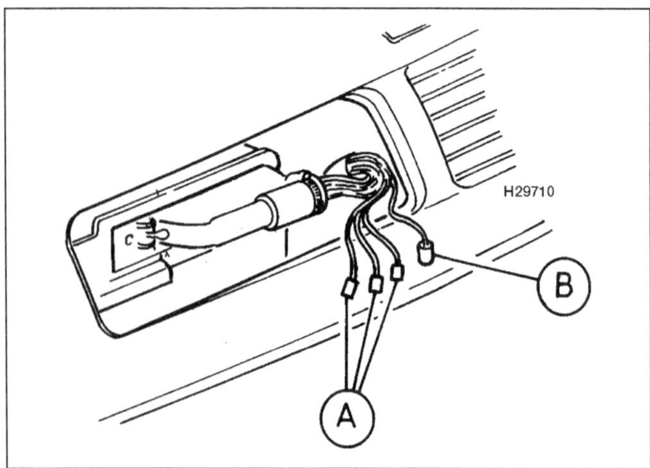

12.6 Diagnostikuttaget för Weber IAW sitter bredvid styrmodulen bakom handskfacket (Cosworth)

A Anslutningar för tändlägesinställning *B Diagnostikuttag*

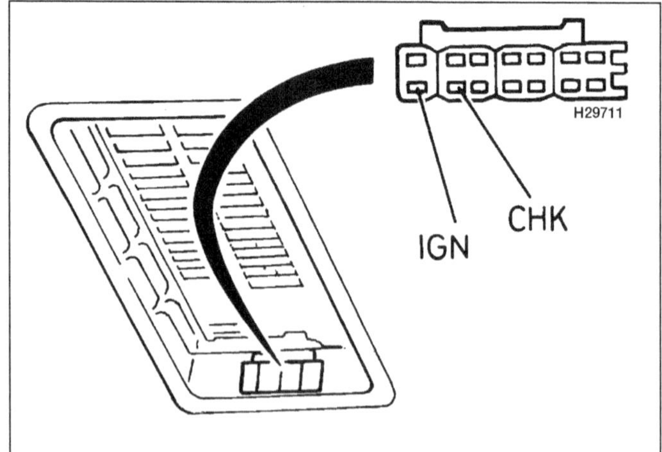

12.7 Diagnostikuttaget i Ford Maverick sitter under instrumentpanelen

Observera: *Ett motortest kan inte göras för fordon från 1988 eller senare om en hård felkod återfinns innan testet påbörjas.*

9 Felkoder som hämtats från permanentminnet kan nu undersökas och rättas till om nödvändigt. Att avhjälpa hårda fel som genererats under de tre testprocedurerna kan lösa problem som genererat mjuka fel utan att du behöver göra ytterligare test.

10 Du bör slå av tändningen och vänta i tio sekunder mellan testen för att undvika felaktigheter i självdiagnostestet.

11 Se till att följande villkor är uppfyllda innan du börjar på ett självdiagnostest:

a) Motorn har nått normal arbetstemperatur.
b) Den automatiska växellådan ligger i neutral- eller parkeringsläge.
c) Handbromsen är ordentligt åtdragen.
d) Luftkonditioneringen är frånslagen.
e) Ledningarna till oktan- resp. tomgångsjusteringen har kopplats loss.

4 Ford EEC IV, nyare versioner, hämtning av 3-siffriga felkoder - allmänt

1 Anmärkningarna i det här avsnittet bör läsas i samband med avsnitten om att hämta felkoder med felkodsläsare.

2 "Hårda" felkoder är sådana koder som genereras av fel som föreligger vid undersökningen. "Mjuka" felkoder är koder som genererats av fel som uppstått någon gång under de senaste 40 körcyklerna (de flesta bilarna) eller de senaste 80 körcyklerna (24-ventilers V6), men som inte förekommer vid tidpunkten för testet. Mjuka koder lagras i permanentminnet.

Observera: *En körcykel definieras som en period när motorn startas med en kylvätsketemperatur på under 49°C, och fortsätter att gå tills temperaturen överstiger 65°C.*

3 De nyare Ford EEC IV-systemen (3-siffriga) har två lägen för test och service:

Läge 1

4 Test med tändningen på, motorn avslagen:

i) Statiskt test av motorgivare och hämtning av felkoder för hårda resp mjuka fel (ur permanentminnet).
ii) Ett statiskt "rycktest" av givare och anslutningar.
iii) Ett brytartest av valda aktiverare.

Läge 2

5 Test med motorn i gång och serviceläge:

i) Dynamiskt test av motorgivare.
ii) Ett serviceläge där tomgången och cylinderbalansen kan kontrolleras.
iii) Ett dynamiskt "rycktest" av givare och anslutningar.

6 Följande testsekvens rekommenderas för noggrannare testning, även om testen är oberoende av varandra och kan utföras enskilt.

7 Genomför test 1 (se avsnitt 6). Registrera alla koder som lagrats i permanentminnet men försök inte reparera fel som indikerats av minnet på det här stadiet. Alla hårda fel måste avhjälpas (vartefter de sänds), och testet måste avslutas med kod "111" (Inga hårda fel förekommer) innan du kan fortsätta med test 2. Fortsätt ignorera minneskoder för tillfället.

8 Kör test 2, rätta till alla indikerade fel och gör nödvändiga justeringar i serviceläge.

Observera: *Ett motortest kan inte göras för fordon från 1988 eller senare om en hård felkod återfinns innan testet påbörjas.*

9 Felkoder som hämtats från permanentminnet kan nu undersökas och rättas till om nödvändigt. Att avhjälpa hårda fel som genererats under de två testprocedurerna kan lösa problem som genererat mjuka fel utan att du behöver göra ytterligare test.

10 Du bör slå av tändningen och vänta i tio sekunder mellan testen för att undvika felaktigheter i självdiagnostestet.

11 Se till att följande villkor är uppfyllda innan du börjar på ett självdiagnostest:

a) Motorn har nått normal arbetstemperatur.
b) Den automatiska växellådan ligger i neutral- eller parkeringsläge.
c) Handbromsen är ordentligt åtdragen.
d) Luftkonditioneringen är frånslagen.
e) Ledningarna till oktan- resp. tomgångsjusteringen har kopplats loss.

5 Hämta felkoder utan felkodsläsare - blinkkoder

Observera: *Under en del av testen kan ytterligare felkoder genereras. Se till att inga koder som genereras under test lurar diagnosen. Alla koder måste raderas när testet har genomförts.*

Ford EEC IV, äldre system

1 Se till att motorn har uppnått normal arbetstemperatur innan du påbörjar testen.

2 Koppla en lysdiod mellan uttag 3 i diagnostikuttaget (minuspol) och batteriets pluspol.

Observera: *Det är också möjligt att hämta blinkkoder genom att ansluta en analog voltmätare på liknande sätt och räkna antalet pendlingar med nålen* **(se bild 12.8)**.

3 Lägg en brygga mellan uttagen 1 och 2 i diagnostikuttaget.

4 Starta motorn och låt den gå på tomgång.

Observera: *Om motorn inte startar, dra runt den med startmotorn.* Efter ca. 45 sekunder börjar lysdiodlampan blinka de 2-siffriga felkoderna enligt följande:

a) De två siffrorna indikeras av två serier blinkningar.
b) Den första serien blinkningar anger tiotal och den andra serien ental.
c) Både tiotal och ental indikeras av 1 sekunds blinkningar åtskilda av 1 sekunds pauser.
d) En 4 sekunders paus skiljer tiotalen från entalen och de enskilda koderna skiljs åt av en 6 sekunders paus.
e) Kod nr "12" indikeras av en 1 sekunds blinkning, följd av en 4 sekunders paus och sedan två 1 sekunds blinkningar åtskilda av en 1 sekunds paus.

5 Räkna antalet blinkningar i varje serie och registrera varje kod vartefter den sänds. Se tabellerna i slutet av kapitlet för att se vad felkoden betyder.

Observera: *Tomgångsvarvtalet pendlar under hämtning av felkoderna. Om tomgångsvarvtalet inte pendlar visar detta på en felaktig tomgångsventil eller -krets.*

6 Felkoder genererade av de äldre EEC IV-systemen finns bara så länge felet förekommer och tändningen är påslagen. Om felet är permanent lagras motsvarande kod varje gång tändningen slås på. Om felet däremot är oregelbundet och tändningen slås av försvinner felkoden tills felet återuppstår.

7 Fortsätt hämta koder tills alla lagrade koder har hämtats och registrerats.

8 Om kod "11" sänds finns inga lagrade felkoder.

9 Slå av tändningen och ta bort bryggan och lysdiodlampan för att avsluta felkodsläsningen.

Ford EEC IV, nyare versioner, hämtning av 2-siffriga koder

10 Läs anmärkningarna i avsnitt 3 innan du genomför testen i det här avsnittet.

Observera: *På grund av komplexiteten i att hämta felkoder i en Fordbil med en nyare variant av EEC IV och opålitligheten i manuella metoder rekommenderar vi starkt att du använder en felkodsläsare för att undvika fel.*

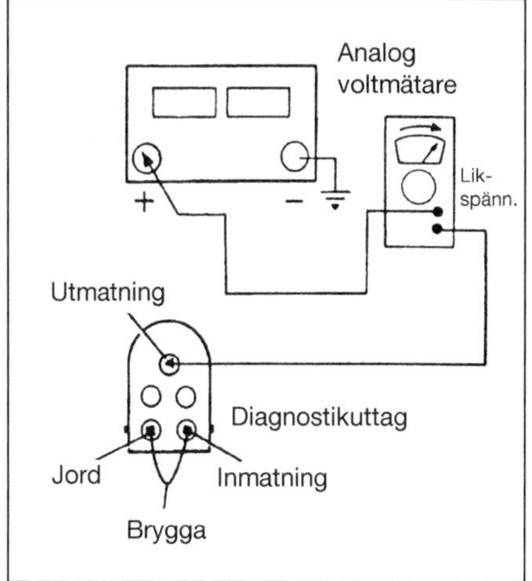

12.8 Hämta koder från 5-stifts Ford EEC IV och Weber IAW system

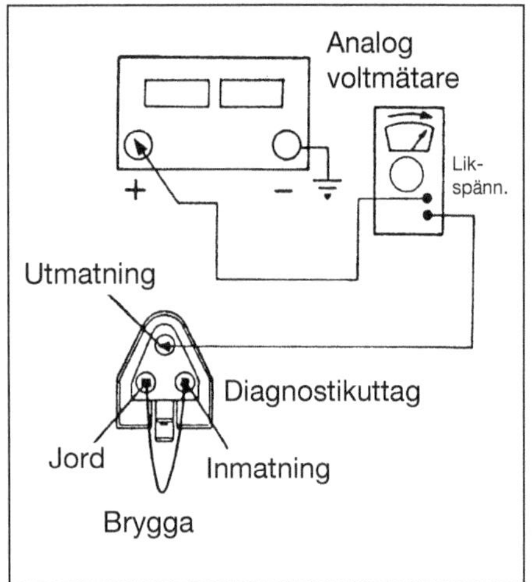

12.8 Hämta koder från 5-stifts Ford EEC IV och Weber IAW system

11 Koppla en lysdiodlampa mellan uttag 3 i diagnostikuttaget (minuspol) och batteriets pluspol **(se bild 12.9)**.

12 Lägg en brygga mellan uttagen 1 och 2 i diagnostikuttaget.

Test 1

13 Slå på tändningen (dra inte runt motorn om den inte startar). Efter ca. 45 sekunder börjar lysdioden blinka de 2-siffriga felkoderna enligt följande:

a) De två siffrorna indikeras av två serier blinkningar.

b) Den första serien blinkningar anger tiotal och den andra serien ental.

c) Kodsifferpulserna är 0,5 sekunder på och 0,5 sekunder av.

d) En 2 sekunders paus skiljer siffrorna i varje kod och en 4 sekunders paus skiljer en kod från nästa. EEC IV med permanentminne: Efter att alla koder har skickats följer en paus på 6-9 sekunder och sedan en enkel blinkning (separationskod). En andra paus på 6 till 9 sekunder följs av ännu en blinkning och sedan sänds de mjuka felkoderna som finns lagrade i permanentminnet.

e) Kod nr "12" indikeras av en 0,5 sekunders blinkning, följd av en 2 sekunders paus och sedan två 0,5 sekunders blinkningar åtskilda av en 0,5 sekunders paus.

f) Efter att den sista hårda koden har sänts kommer en paus på 6-9 sekunder som följs av en enkel blinkning (separationskod). Därefter kommer ytterligare en paus och sedan sänds de mjuka minneskoderna.

14 Räkna antalet blinkningar i varje serie och registrera varje kod vartefter den sänds. Se tabellerna i slutet av kapitlet för att se vad felkoden betyder.

15 Kommandokoder sänds vid vissa punkter under proceduren. När du hämtar en kommandokod måste du vidta vissa åtgärder. Om inte dessa åtgärder vidtas lagras ett fel och kodhämtningen i testet måste upprepas.

16 Om kod "10" visas (en del bilar med automatisk växellåda från 1991), tryck ner gaspedalen och bromspedalen i botten och släpp upp dem igen (kickdown måste aktiveras). Om du inte är klar inom 10 sekunder efter att kod "10" visats lagrar styrmodulen en felkod. Om du hämtar procedurkoder, slå av tändningen, vänta 10 sekunder och starta test 1 igen.

17 Felkoder genererade av det nyare systemet (utan permanentminne) finns bara så länge felet förekommer och tändningen är påslagen. Om felet är permanent lagras motsvarande kod varje gång tändningen slås på. Om felet däremot är oregelbundet och tändningen slås av försvinner felkoden tills felet återuppstår.

18 Alla felkoder som sänds under detta stadium indikerar förekommande hårda fel.

19 Om kod "11" sänds finns inga lagrade felkoder.

20 Efter att alla koder har skickats från permanentminnet upprepas de en gång. Nästa händelse beror på bilen.

21 Modeller utan permanentminne:

a) Kod "10" visas, vilket betyder att styrmodulen har påbörjat "rycktestet".

b) Fortsätt till avsnitt 23 och följ proceduren för "rycktest".

22 Modeller med permanentminne:

a) En separationskod visas (kod "10", 2.4/2.9 V6 katalysator, eller kod "20" för alla andra) och sedan sänds alla koder ur minnet.

Observera: *Om kod "11" sänds finns inga felkoder lagrade i minnet.*

b) Efter att en kod har skickats från minnet upprepas den en gång. Koderna i minnet raderas och kod "10" visas, vilket betyder att styrmodulen har gått till "rycktestet".

c) Fortsätt till avsnitt 23 och följ proceduren för "rycktest".

Rycktest

23 Knacka nu lätt på, eller ryck försiktigt i, alla misstänkta komponenter, kablar och anslutningar. Om styrmodulen upptäcker ett fel under processen lagras det i permanentminnet. Upprepa test 1 för att hämta koder som uppkommit under rycktestet och lagrats i minnet. Registrera alla koder för bilar utan permanentminne för de sparas inte i styrmodulens minne.

24 Avhjälp alla fel i exakt den ordning koderna sänds. Upprepa test 1 tills det inte längre genereras några hårda felkoder och gå sedan till test 2.

Observera: *För att undvika fel i självdiagnosen, slå av tändningen och vänta i 10 sekunder innan du initierar ett nytt test 1 eller innan du börjar på test 2.*

25 Slå av tändningen och ta bort bryggan och lysdiodlampan för att avsluta felkodsläsningen.

Test 2

26 Koppla en lysdiod mellan uttag 3 på diagnostikuttaget (minuspol) och batteriets pluspol **(se bild 12.8 och 12.9)**. **Observera:** *Test 2 finns inte för katalysatorutrustade europeiska bilar med 2.4 och 2.9 V6-motorer.*

27 Starta motorn. Vänta i fyra sekunder och lägg sedan en brygga mellan stiften 1 och 2 i diagnostikuttaget.

28 Efter några sekunder börjar lysdiodlampan blinka de 2-siffriga felkoderna. Se beskrivningen av test 1 för att hitta mer information om vad blinkningarna betyder.

29 Räkna antalet blinkningar i varje serie och registrera varje kod vartefter den sänds. Se tabellerna i slutet av kapitlet för att se vad felkoden betyder.

30 Felkoder kommer att visas kontinuerligt så länge motorn går. Kod "11" indikerar "inget fel upptäckt".

31 Knacka nu lätt på, eller ryck försiktigt i, alla misstänkta komponenter, kablar och anslutningar och/eller provkör fordonet för kontroll.

32 Avhjälp alla fel i exakt den ordning koderna sänds. Upprepa testen 1 och 2 tills båda testen kan avslutas utan att några hårda fel genereras. Först då kan du gå till test 3.

Observera: *För att undvika fel i självdiagnosen, slå av tändningen och vänta i 10 sekunder innan du initierar ett nytt test 1 eller test 2 eller innan du börjar på test 3.*

33 Slå av tändningen och avlägsna bryggan och lysdiodlampan för att avsluta felkodsläsningen.

Observera: *Bryggan och lysdiodlampan kan sitta kvar om du vill genomföra ytterligare ett test 1 eller 2.*

Test 3 (och serviceläge)

Observera: *EEC IV-versionen som finns på de flesta motorer från 1988 och senare kan inte genomföra ett test med motorn i gång om det finns hårda koder innan testet börjar.*

34 Slå av tändningen.

35 Koppla en lysdiod mellan uttag 3 på diagnostikuttaget (minuspol) och batteriets pluspol **(se bild 12.8 och 12.9)**.

36 Lägg en brygga mellan stiften 1 och 2 i diagnostikuttaget.

37 Slå på tändningen och vänta i 3 sekunder. Starta motorn och låt den gå på tomgång.

38 Kör motorn på 2 000 varv/min tills den har nått normal arbetstemperatur.

39 Så snart självtestproceduren börjar skickas kod "50" (identifiering av europeisk elektronisk styrmodul). Om den här koden sänds ensam eller tillsammans med andra felkoder från temperaturgivaren för kylvätskan är antingen motorns temperatur för låg eller också signalerar givaren en för låg temperatur. Det senare kan bero på ett fel i motorkylningssystemet eller en felaktig givare som ändå ligger inom givarens parametrar och därför inte genererar en felkod. Test 3 börjar inte innan styrmodulen har verifierat att normal arbetstemperatur har uppnåtts.

40 Så snart styrmodulen har bekräftat temperaturen kan testet börja. Motorvarvtalet stiger till en snabb tomgång när EEC IV genomgår en rad förutbestämda test av givare och aktiverare.

Observera: *Om varvtalet inte stiger inom 60 sekunder, kontrollera att motorn har nått arbetstemperatur och gör om testet. Om någon av servicekontakterna är anslutna visas en kod för det och testet avbryts.*

41 När kod "10" visas, öka gasen kort så att motorvarvtalet tillfälligt går över 3 000 varv/min (4 000 varv/min på katalysatormodeller). Låt motorn gå på tomgång igen. "Duttningstestet" matar in luftflödesmätaren eller insugningsrörets tryckgivare, gasspjällpotentiometern och andra dynamiska givare. Felkoderna lagras om signalen (-erna) inte motsvarar de vanliga parametrarna eller om signalen saknas eller inte sänds korrekt.

42 Felkoder som upptäckts under test 3 kommer nu att sändas. Om det förekommer felkoder måste felen avhjälpas innan du kan gå till serviceläge.

43 Om inga fel upptäcks sänds kod "11" följd av kod "60" vilket betyder övergång till serviceläge.

Observera: *Ford 2.4 och 2.9 V6-motorer med katalysator kan inte sända kod "60". Så snart kod "11" har sänts har systemet övergått till serviceläge.*

Serviceläge

44 När styrmodulen går in i serviceläge avregleras tändinställningen och tomgångsvarvtalet, och du kan justera den grundläggande tändinställningen (endast modeller med fördelare) och utgångsläget för tomgångsvarvtalet (om möjligt). Även om det inte går att justera den grundläggande tändlägesinställningen (DIS-modeller) eller tomgången kan värdena ändå kontrolleras och jämföras med specifikationerna. Om de uppmätta värdena är fel tyder det på ett systemfel eller fel på styrmodulen.

45 Efter 2 minuter (katalysatormodeller) eller 10 minuter (europeiska modeller utan katalysator) visas kod "70". Det betyder slutet på serviceläget och att styrmodulen har återtagit kontroll över tändinställning och tomgångsvarvtal. Om justeringarna inte är avslutade, gå till kod "60" igen genom att upprepa test 3 och servicerutinerna.

46 Slå av tändningen och avlägsna bryggan och lysdiodlampan för att avsluta felkodsläsningen.

47 Kom ihåg att koppla in oktan- och tomgångsjusteringen igen om de kopplats bort innan självtestet påbörjades.

Ford EEC IV (3-siffrigt) och EEC V

48 Du behöver en felkodsläsare för att visa felkoder som genereras av Ford EEC IV (3-siffrigt) och EEC V.

Weber IAW (Ford Cosworth)

49 Se till att motorn har uppnått normal arbetstemperatur innan du påbörjar testen.

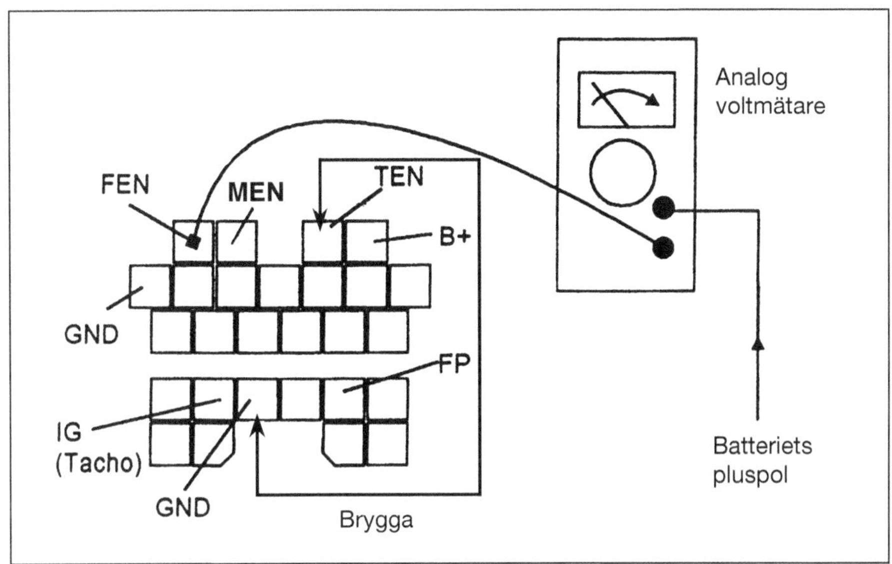

12.10 Hämta koder från Ford Probe modeller

50 Koppla en lysdiodlampa mellan uttag 3 på diagnostikuttaget (minuspol) och batteriets pluspol **(se bild 12.8)**.

51 Lägg en brygga mellan uttagen 1 och 2 i diagnostikuttaget.

52 Slå på tändningen eller starta motorn och låt den gå på tomgång.

Observera: *Om motorn inte startar, dra runt den med startmotorn.* Efter ca. 45 sekunder börjar lysdioden blinka de 2-siffriga felkoderna enligt följande:

a) De två siffrorna indikeras av två serier blinkningar.

b) Den första serien blinkningar anger tiotal och den andra serien ental.

c) Både tiotal och ental indikeras av 1 sekunds blinkningar åtskilda av 1 sekunds pauser.

d) En 4 sekunders paus skiljer tiotalen från entalen och de enskilda koderna skiljs åt av en 6 sekunders paus.

e) Kod nr "12" indikeras av en 1 sekunds blinkning, följd av en 4 sekunders paus och sedan två 1 sekunds blinkningar åtskilda av en 1 sekunds paus.

53 Räkna antalet blinkningar i varje serie och registrera varje kod vartefter den sänds. Se tabellerna i slutet av kapitlet för att se vad felkoden betyder.

54 Felkoder genererade av Weber IAW-systemet finns bara så länge felet förekommer och tändningen är påslagen. Om felet är permanent lagras motsvarande kod varje gång tändningen slås på. Om felet däremot är oregelbundet och tändningen slås av försvinner felkoden.

55 Fortsätt hämta koder tills alla lagrade koder har hämtats och registrerats.

56 Slå av tändningen och ta bort bryggan och lysdiodlampan för att avsluta felkodsläsningen.

Mazda EGi (Ford Probe)

57 Mazda EGi har följande tre test i feldiagnosen:

i) Test 1 – tändningen på, motorn avslagen: Ett statiskt test av motorgivarna. Alla fel måste avhjälpas (i den ordning de sänds) innan du fortsätter med test 2 med motorn i gång.

ii) Test 2 – motorn i gång: Ett dynamiskt test av motorgivarna.

iii) Test 3 – strömbrytartest: Ett test av olika kopplingar som går genom styrmodulen.

Observera: *Du måste följa ovanstående ordning för en korrekt diagnos.*

Test 1 - hämta koder

58 Koppla en analog voltmätare mellan stiftet FEN på diagnostikuttaget (voltmätarens minussond) och batteriets pluspol (voltmätarens plussond) **(se bild 12.10)**.

59 Lägg en brygga mellan anslutningarna TEN och GND i diagnostikuttaget.

60 Slå på tändningen. Om styrmodulen har lagrat en eller flera felkoder, börjar voltmätarnålen pendla mellan 12 och 9 V. Om inga koder lagrats ligger nålen kvar på 12 volt.

a) Den första serien pendlingar anger tiotal och den andra anger ental.

b) Tiotal indikeras med svep på 1,2 sekunder "på" (9 volt) och mindre än 1 sekund "av" (12 volt). Siffrorna i en kod skiljs av en 1,6 sekunders paus (12 volt).

c) Ental indikeras av svep på 0,4 sekunder "på" (9 volt) och mindre än 1 sekund "på" (12 volt).

d) En 4 sekunders paus (12 volt) skiljer sändningen av en kod från nästa.

61 Räkna antalet svep i varje serie och registrera varje kod vartefter den sänds. Se tabellerna i slutet av kapitlet för att se vad felkoden betyder.

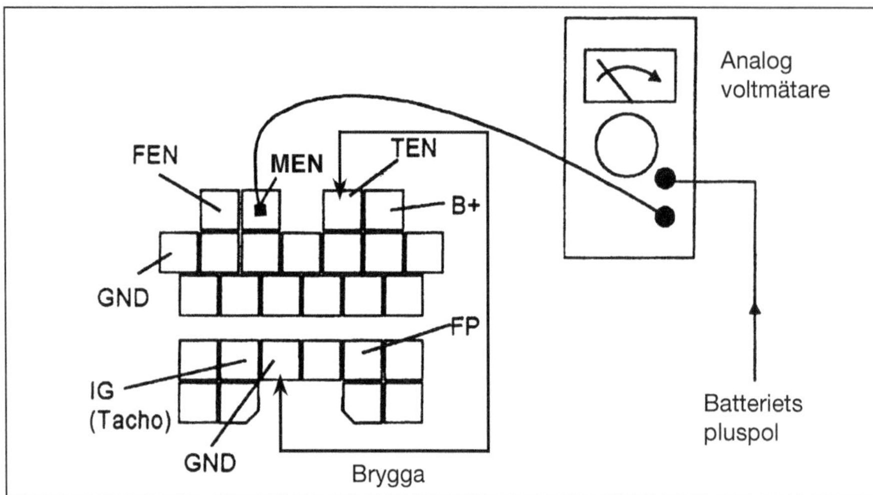

12.11 Använd en voltmätare för att kontrollera brytarfunktionen i Ford Probe modeller

62 Fortsätt hämta koder tills alla lagrade koder har hämtats och registrerats.

63 Slå av tändningen och ta bort bryggan och den analoga voltmätaren för att avsluta felkodsläsningen.

Test 2 - hämta koder

64 Starta motorn, låt den gå på tomgång tills den når normal arbetstemperatur och slå sedan av den igen.

65 Koppla en analog voltmätare mellan stiftet FEN på diagnostikuttaget (voltmätarens minussond) och batteriets pluspol (voltmätarens plussond) **(se bild 12.5)**.

66 Lägg en brygga mellan anslutningarna TEN och GND i diagnostikuttaget.

67 Starta motorn och låt den gå på tomgång. Om styrmodulen har lagrat en eller flera felkoder, börjar voltmätarnålen pendla mellan 12 och 9 volt. Om inga koder lagrats ligger nålen kvar på 12 volt.

a) Den första serien svep anger tiotal och den andra anger ental.

b) Tiotal indikeras med svep på 1,2 sekunder "på" (9 volt) och mindre än 1 sekund "av" (12 volt). Siffrorna i en kod skiljs av en 1,6 sekunders paus (12 volt).

c) Ental indikeras av svep på 0,4 sekunder "på" (9 volt) och mindre än 1 sekund "på" (12 volt).

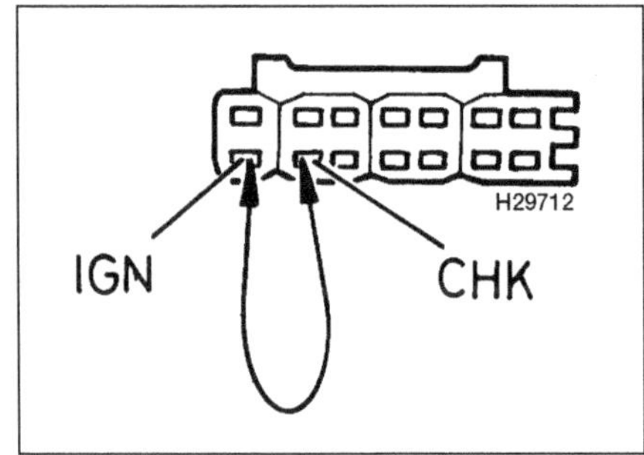

12.12 Hämta koder från Ford Maverick modeller. Lägg en brygga mellan uttagen IGN och CHK

d) En 4 sekunders paus (12 volt) skiljer sändningen av en kod från nästa.

68 Räkna antalet svep i varje serie och registrera varje kod vartefter den sänds. Se tabellerna i slutet av kapitlet för att se vad felkoden betyder.

69 Fortsätt hämta koder tills alla lagrade koder har hämtats och registrerats.

70 Slå av tändningen och ta bort bryggan och den analoga voltmätaren för att avsluta felkodsläsningen.

Test 3 - strömbrytartest:

71 Koppla en analog voltmätare **(se bild 12.11)** mellan stiftet MEN på diagnostikuttaget (voltmätarens minussond) och batteriets pluspol (voltmätarens plussond).

72 Lägg en brygga mellan anslutningarna TEN och GND i diagnostikuttaget.

73 Voltmätarens nål stannar på 12 volt. När en av brytarna på följande lista slås på faller voltmätarens nål till 9 volt. Om voltmätaren inte reagerar när en brytare aktiveras ska du kontrollera brytarens funktion och brytarens kablage.

Strömbrytare	Krets
A/C på/av	*Luftkonditionering (A/C)*
A/C-fläkt på/av	*Luftkonditionering (A/C)*
Fläkten på, hög hastighet	*Fläktmotor*
Tryck på gaspedalen	*Tomgångsbrytare*
Gaspedalen i botten	*Kylfläktrelä (hög hastighet)*
Strålkastarna på	*Strålkastare*
Drive (automatisk växellåda)	*Parkering/neutral-krets*
Koppling nedtrampad (manuell växellåda)	*Kopplingspedalbrytare och -krets*
Bromspedalen hårt nedtrampad	*Bromsar på/av, brytare och krets*
Elbakrutan på	*Elbakruta*

Nissan ECCS (Ford Maverick)

74 Det finns två sätt att hämta koder och tillhörande information. Utsignalerna från respektive test varierar beroende på om motorn går:

a) Test 1– tändningen på, motorn av: Kontroll av varningslampan och lysdioden i styrmodulen

b) Test1– tändningen på, motorn i gång: Om lampan eller lysdioden lyser föreligger ett systemfel

c) Test 2 – tändningen på, motorn av: Felkoder sänds

d) Test 2 – tändningen på, motorn i gång: Kontroll av styrsystemet med sluten slinga

75 Slår du av tändningen eller motorn återgår självdiagnossystemet till test 1.

76 Slå på tändningen utan att starta motorn. Varningslampan ska tändas.

77 Starta motorn och låt den gå på tomgång. Om ett systemfel föreligger tänds varningslampan eller lysdioden.

78 Slå av motorn. Slå på tändningen utan att starta motorn.

79 Lägg en brygga mellan stiften IGN och CHK på diagnostikuttaget **(se bild 12.12)**.

80 Ta bort bryggan efter 2 sekunder. Varningslampan eller lysdioden börjar blinka de 2-siffriga felkoderna som följer:

a) De två siffrorna indikeras av två serier blinkningar.

b) Den första serien blinkningar anger tiotal och den andra serien ental.

c) Tiotalet indikeras av 0,6 sekunders blinkningar åtskilda av 0,6 sekunders pauser. Entalen indikeras genom 0,3 sekunders blinkningar åtskilda av 0,3 sekunders pauser.

d) En 0,9 sekunders paus skiljer tiotalen från entalen och de enskilda koderna skiljs åt av en 2,1 sekunders paus.

e) Kod "42" indikeras genom fyra 0,6 sekunders blinkningar, en 0,9 sekunders paus och sedan två 0,3 sekunders blinkningar.

f) När alla koder har sänts i numerisk, stigande ordning gör lampan en paus på 2,1 sekunder innan sekvensen upprepas. Detta fortsätter tills kontakterna bryggas igen.

81 Om kod "55" sänds finns inga lagrade felkoder.

82 Lägg en brygga mellan anslutningarna IGN och CHK i diagnostikuttaget. Ta bort bryggan efter 2 sekunder. Styrmodulen återgår till test 1.

Kontrollera blandningsstyrningen i sluten slinga (endast katalysatormodeller)

83 Slå av motorn och slå på tändningen.

84 Lägg en brygga mellan anslutningarna IGN och CHK i diagnostikuttaget. Ta bort bryggan efter 2 sekunder. Varningslampan eller lysdioden börjar blinka de 2-siffriga felkoderna enligt punkt 80.

85 Starta motorn och låt den gå tills den når normal arbetstemperatur.

86 Öka varvtalet till 2 000 varv/min under 2 minuter.

87 Håll ögonen på varningslampan eller lysdioddisplayen:

Lampan eller lysdioden tänds och släcks ca. 5 gånger på 10 sekunder: Motorn styrs med sluten slinga.

Lampan eller lysdioden förblir släckt eller tänd: Motorn styrs med öppen slinga.

Om varningslampan eller lysdioden lyser är bränsleblandningen mager.

Om varningslampan eller lysdioden är släckt är bränsleblandningen fet.

88 Varningslampan eller lysdioden visar om bränsleblandningen är mager eller fet för ögonblicket genom att vara tänd eller släckt omedelbart innan omkoppling till styrning med öppen slinga.

6 Radera felkoder utan felkodsläsare

Ford EEC IV (versioner utan permanentminne), Weber IAW

1 Tidiga versioner av EEC IV och Weber IAW förlorar lagrade felkoder då tändningen slås av.

Ford EEC IV, nyare versioner med permanentminne

2 Felkoder som lagrats i minnet (mjuka koder) raderas automatiskt när hämtningen är klar och styrmodulen går över till "rycktest"-läge. Hårda felkoder lagras inte i minnet efter att tändningen har slagits av.

Ford EEC V

3 Det enda manuella sättet att radera felkoder genererade i Ford EEC V är att koppla från batteriet - se punkterna 9 och 10.

Mazda EGi (Ford Probe)

4 Slå av tändningen.

5 Koppla från batteriets minuspol.

6 Trampa gaspedalen i botten under 5-10 sekunder.

7 Anslut batteriets minuspol igen. Se anmärkningen efter punkt 10 nedan.

Nissan ECCS (Ford Maverick)

8 Du kan radera koderna på något av följande sätt:

a) *Efter att du har hämtat koderna (Läge 2) kopplar du tillbaka självdiagnosfunktionen till Läge 1.*

b) *Koppla från batteriet under 24 timmar - se anmärkningen efter punkt 10 nedan.*

c) *Felet raderas automatiskt då startmotorn har använts 50 gånger efter att felet åtgärdats. Om felet uppstår igen innan motorn startats 50 gånger nollställs räknaren och 50 nya starter måste göras innan felet automatiskt raderas ur minnet. Detta sker individuellt för varje fel, och varje kod raderas bara efter 50 starter utan att samma fel har återuppstått.*

Alternativ metod - Ford EEC IV och EEC V

9 Slå av tändningen och koppla bort batteriets minuspol under ca. 2 minuter.

10 Anslut batteriets minuspol igen.

Observera: *Den första nackdelen med den här metoden är att frånkoppling av batteriet initierar alla styrmodulens anpassade värden. Återinlärning av lämpliga anpassade värden kräver att du startar motorn kall och låter den gå på tomgång under ca. 3 minuter. Värm motorn till normal arbetstemperatur och höj varvtalet till 1 200 varv/min under ca. 2 minuter. Återinlärning kan avslutas genom att du kör med olika motorvarvtal under 20-30 minuter under olika körförhållanden. Den andra nackdelen är att radiosäkerhetskoder, klockans inställning och andra lagrade värden går förlorade och måste programmeras in igen när batteriet återanslutits. Du bör använda en felkodsläsare för att radera felkoder på Fordbilar om det är möjligt.*

7 Självdiagnos med felkodsläsare

Observera: *Under en del av testen kan ytterligare felkoder genereras. Se till att inga koder som genereras under test lurar diagnosen. Ett misslyckande med att hämta felkoder från Ford EEC IV orsakas ofta av felaktig användning av felkodsläsaren eller att testinstruktionerna följs noga.*

Ford EEC IV (äldre) och Weber IAW

1 Anslut en felkodsläsare till diagnostikuttaget, använd felkodsläsaren för att hämta felkoder och följ tillverkarens instruktioner noga.

2 Både EEC IV (äldre versioner) och Weber IAW kan bara generera ett mindre antal felkoder och de saknar många av de avancerade funktionerna i nyare system.

3 Med äldre EEC IV-system pendlar tomgångsvarvtalet under felkodshämtningen. Om tomgångsvarvtalet inte pendlar visar detta på en felaktig tomgångsventil eller -krets.

Ford EEC IV (hämtning av 2-siffriga koder)

4 Anslut en felkodsläsare till diagnostikuttaget, använd felkodsläsaren för följande ändamål och följ tillverkarens instruktioner noga:

i) ***Test 1*** *– Tändningen på, motorn avslagen: Ett statiskt test av motorgivarna och inläsning av hårda felkoder och mjuka koder ur minnet.*

ii) ***Test 2*** *– Kontinuerlig gång: Ett test av motorgivarna under vanlig drift, vid tomgång eller vid provkörning (inte 2.4 och 2.9 kat).*

iii) ***Test 3*** *– Motorn i gång och serviceläge: Ett dynamiskt test av motorgivarna. Du kan ställa in tändningen och tomgångsvarvtalet i serviceläget. Du kan inte göra de här inställningarna om du inte är i serviceläge.*

5 Läs anmärkningarna i avsnitt 3 innan du genomför testen i det här avsnittet.

Test 1

6 Slå på felkodsläsaren och slå sedan på tändningen. Efter ca. 45 sekunder kommer felkodsläsaren att visa de 2-siffriga felkoderna.

7 Registrera varje kod när den sänds. Se tabellerna i slutet av kapitlet för att se vad felkoden betyder.

8 Kommandokoder sänds vid vissa punkter under proceduren. När du hämtar en kommandokod måste du vidta vissa åtgärder. Om inte dessa åtgärder vidtas lagras ett fel och kodhämtningen i test 1 måste upprepas.

9 Om kod "10" visas (i vissa bilar med automatisk växellåda från 1991), tryck ner gaspedalen och bromspedalen i botten och släpp upp dem igen (kickdown måste aktiveras). Om inte rätt åtgärder vidtas inom 10 sekunder efter att kod 10 visats lagrar styrmodulen en felkod. Om du hämtar procedurkoder, slå av tändningen, vänta 10 sekunder och starta test 1 igen.

10 Felkoder genererade av det nyare systemet (utan permanentminne) finns bara så länge felet förekommer och tändningen är påslagen. Om felet är permanent lagras motsvarande kod varje gång tändningen slås på. Om felet däremot är oregelbundet och tändningen slås av försvinner felkoden tills felet återuppstår.

11 Alla felkoder som sänds under detta stadium indikerar förekommande hårda fel. Om kod "11" sänds finns inga felkoder lagrade.

12 Efter att alla koder har skickats från minnet upprepas de en gång. Nästa händelse beror på bilen.

13 Modeller utan permanentminne:

a) *Kod "10" visas, vilket betyder att styrmodulen har påbörjat "rycktestet".*

b) *Fortsätt till avsnitt 15 och följ proceduren för "rycktest".*

14 Modeller med permanentminne:

a) *En separationskod visas (kod "10" för 2.4/2.9 V6 katalysator, eller kod "20" för alla andra) och sedan sänds alla koder ur minnet.*

Observera: *Om kod "11" sänds finns inga felkoder lagrade i minnet.*

b) *Efter att en kod har skickats från minnet upprepas den en gång. Koderna i permanentminnet raderas och kod "10" visas, vilket betyder att styrmodulen har gått till "rycktestet".*

c) Fortsätt till avsnitt 15 och följ proceduren för "rycktest".

Rycktest

15 Knacka nu lätt på, eller ryck försiktigt i, alla misstänkta komponenter, kablar och anslutningar. Om styrmodulen upptäcker ett fel under processen lagras det i permanentminnet (om sådant finns).

Observera: *Vissa felkodsläsare piper eller har en lysdiod som blinkar för att indikera ett fel eller en dålig anslutning under den här proceduren.* Upprepa test 1 för att hämta koder som uppkommit under rycktestet och lagrats i minnet. Registrera alla koder för bilar utan permanentminne för de sparas inte i styrmodulens minne.

16 Avhjälp alla fel i exakt den ordning koderna sänds. Upprepa test 1 tills det inte längre genereras några hårda felkoder och gå sedan till test 2.

Observera: *För att undvika fel i självdiagnosen, slå av tändningen och vänta i 10 sekunder innan du initierar ett nytt test 1 eller innan du börjar på ett test 2.*

17 Slå av tändningen för att avsluta felkodsläsningen.

Test 2

Observera: *Test 2 finns inte för katalysatorutrustade europeiska bilar med 2.4 och 2.9 V6-motorer.*

18 Starta motorn. Vänta i 4 sekunder och koppla sedan på felkodsläsaren för att hämta felkoder.

19 Efter några sekunder börjar felkodsläsaren visa de 2-siffriga felkoderna.

20 Registrera varje kod när den sänds. Se tabellerna i slutet av kapitlet för att se vad felkoden betyder.

21 Felkoder kommer att visas kontinuerligt så länge motorn går. Kod "11" indikerar "inget fel upptäckt".

22 Knacka nu lätt på, eller ryck försiktigt i, alla misstänkta komponenter, kablar och anslutningar och/eller provkör fordonet för kontroll.

23 Avhjälp alla fel i exakt den ordning koderna sänds. Upprepa testen 1 och 2 tills båda testen kan avslutas utan att några hårda fel genereras. Först då kan du gå till test 3.

Observera: *För att undvika fel i självdiagnosen, slå av tändningen och vänta i 10 sekunder innan du initierar ett nytt test 1 eller test 2 eller innan du börjar på ett test 3.*

24 Slå av felkodsläsaren för att avsluta felkodsläsningen.

Test 3 (och serviceläge)

Observera: *EEC IV-versionen som finns på de flesta motorer från 1988 och senare kan inte genomföra test 3 om det finns hårda koder innan testet börjar.*

25 Slå av tändningen och slå på felkodsläsaren för att hämta felkoder.

26 Slå på tändningen och vänta i 3 sekunder. Starta motorn och låt den gå på tomgång.

27 Kör motorn på 2 000 varv/min tills den har nått normal arbetstemperatur.

28 Så snart självtestproceduren börjar skickas kod "50" (identifiering av europeisk elektronisk styrmodul). Om den här koden sänds ensam eller tillsammans med andra felkoder från temperaturgivaren för kylvätskan är antingen motorns temperatur för låg eller också signalerar givaren en för låg temperatur. Det senare kan bero på ett fel i motorkylningssystemet eller en felaktig givare som ändå ligger inom givarens parametrar och därför inte genererar en felkod. Test 3 börjar inte innan styrmodulen har verifierat att normal arbetstemperatur har uppnåtts.

29 Så snart styrmodulen har bekräftat temperaturen kan testet börja. Motorvarvtalet stiger till en snabb tomgång när EEC IV genomgår en rad förutbestämda test av givare och aktiverare.

Observera: *Om varvtalet inte stiger inom 60 sekunder, kontrollera att motorn har nått arbetstemperatur och gör om testet. Om någon av servicekontakterna är anslutna visas en kod för det och testet avbryts.*

30 När kod "10" visas, öka gasen kort så att motorvarvtalet tillfälligt går över 3 000 varv/min (4 000 varv/min på katalysatormodeller). Låt motorn gå på tomgång igen. Gasimpulstestet matar in luftflödesmätaren eller insugningsrörets tryckgivare, gasspjällpotentiometern och andra dynamiska givare. Felkoderna lagras om signalen (-erna) inte motsvarar de vanliga parametrarna eller om signalen saknas eller inte sänds korrekt.

31 Felkoder som upptäckts under test 3 kommer nu att sändas. Om det förekommer felkoder måste felen avhjälpas innan du kan gå till serviceläge.

32 Om inga fel upptäcks sänds kod "11" följd av kod "60" vilket betyder övergång till serviceläge.

Observera: *Ford 2.4 och 2.9 V6-motorer med katalysator kan inte sända kod "60". Så snart kod "11" har sänts har systemet övergått till serviceläge.*

Serviceläge

33 När styrmodulen går in i serviceläge avregleras tändinställningen och tomgångsvarvtalet, och du kan justera den grundläggande tändinställningen (endast modeller med fördelare) och utgångsläget för tomgångsvarvtalet (om möjligt). Även om det inte går att justera den grundläggande tändlägesinställningen (DIS-modeller) eller tomgången kan värdena ändå kontrolleras och jämföras med specifikationerna. Om de uppmätta värdena är fel tyder det på ett systemfel eller fel på styrmodulen.

34 På Transitmodeller med katalysator kan inställningen av gasspjällplattan kontrolleras, justeras och återställas.

35 Efter 2 minuter (katalysatormodeller) eller 10 minuter (europeiska modeller utan katalysator) visas kod "70". Det betyder slutet på serviceläget och att styrmodulen har återtagit kontroll över tändinställning och tomgångsvarvtal. Om justeringarna inte är avslutade, gå till kod "60" igen genom att upprepa test 3 och servicerutinerna.

36 Slå av tändningen och ta bort felkodsläsaren för att avsluta felkodsläsningen.

37 Kom ihåg att koppla in oktan- och tomgångsjusteringen igen om de kopplats bort innan självtestet påbörjades.

Ford EEC IV (hämtning av 3-siffriga koder)

38 Anslut en felkodsläsare till diagnostikuttaget, använd felkodsläsaren för följande ändamål och följ tillverkarens instruktioner noga.

39 **Test 1 -** Tändningen på, motorn avslagen:

- *i) Statiskt test av motorgivare och hämtning av felkoder för hårda resp mjuka fel (ur minnet).*
- *ii) Ett statiskt "rycktest" av givare och anslutningar.*
- *iii) Ett brytartest av valda aktiverare.*

40 **Test 2 -** Motorn i gång och serviceläge:

- *i) Dynamiskt test av motorgivare.*
- *ii) Ett serviceläge där tomgången och cylinderbalansen kan kontrolleras.*
- *iii) Ett dynamiskt "rycktest" av givare och anslutningar.*

41 Läs anmärkningarna i avsnitt 4 innan du genomför testen i det här avsnittet.

Test 1

42 Slå på felkodsläsaren och slå sedan på tändningen. Efter några sekunder kommer felkodsläsaren att visa de 3-siffriga felkoderna.

43 Registrera varje kod när den sänds. Se tabellerna i slutet av kapitlet för att se vad felkoden betyder.

44 Kommandokoder sänds vid vissa punkter under proceduren. När du hämtar en kommandokod måste du vidta vissa åtgärder. Om inte dessa åtgärder vidtas lagras ett fel och kodhämtningen i test 1 måste upprepas.

45 När kod "010" visas, trampa gaspedalen i botten och släpp upp den igen (har bilen automatisk växellåda måste kickdown aktiveras). Om du inte är klar inom 10 sekunder efter att kod "010" visats lagrar styrmodulen en felkod. Om du hämtar procedurkoder, slå av tändningen, vänta 10 sekunder och starta test 1 igen.

46 Alla felkoder som sänds under detta stadium indikerar förekommande hårda fel. Om kod "111" sänds finns inga felkoder lagrade.

47 Efter att alla hårda koder har skickats från minnet upprepas de en gång.

48 En separationskod ("10") visas och sedan kan alla mjuka felkoder som lagrats i permanentminnet sändas.

Observera: *Om kod "111" sänds finns inga felkoder lagrade i permanentminnet.*

49 Efter att alla koder i minnet har skickats upprepas de en gång.

Aktiverartest

50 Kod "111" visas, vilket betyder att styrmodulen kan påbörja aktiverartest.

Kretsarna för följande aktiverare kan nu testas (i förekommande fall).

Kolfilterventil
Elektronisk vakuumregulator
Tomgångsventil
Helt öppet gasspjäll (luftkonditioneringen avslagen)
Momentomvandlarens spärrkopplingsventil
Diagnostikuttag

51 Anslut en voltmätare till varje aktiverar-uttag i tur och ordning (kontrollera kretsen eller anslut en kopplingslåda mellan styr-modulens kontakt och styrmodulen). Volt-mätaren visar normal batterispänning om kretsen är i ordning.

52 Tryck gaspedalen i botten och släpp sedan upp den. Styrmodulen ger ström till alla aktiverare och voltmätaren indikerar nära 0 volt för den aktiverare som testas. En del aktiverare avger ett klickande ljud när de aktiveras.

53 Tryck gaspedalen i botten och släpp sedan upp den. Strömmen till aktiverarna bryts och voltmätaren visar igen normal batterispänning för den aktiverare som testas. En del aktiverare avger ett klickande ljud när de slår från.

54 Varje gång gaspedalen trampas i botten slås aktiverarna till eller från, och en svart punkt visas och försvinner som indikation i felkodsläsarens fönster. Flytta voltmätaren till varje komponent i tur och ordning och testa funktionen genom att trampa gaspedalen i botten.

55 Om komponenten inte aktiveras eller om voltmätaren inte visar den spänning som angetts ovan, testa komponenten enligt kapitel 4.

56 Hur du gör nu beror på instruktionerna för den felkodsläsare du använder. Vanligtvis brukar man trycka två gånger på en knapp på felkodsläsarens kontrollpanel.

Rycktest

57 Systemet ska nu i rycktestas. Knacka lätt på, eller ryck försiktigt i, alla misstänkta komponenter, kablar och anslutningar. Om styrmodulen upptäcker ett fel under processen lagras det i minnet.

Observera: *Vissa felkodsläsare piper eller har en lysdiod som blinkar för att indikera ett fel eller en dålig anslutning under den här proceduren.* Upprepa test 1 för att hämta koder som uppkommit under rycktestet och lagrats i minnet.

58 Slå av felkodsläsaren och sedan tändningen för att avsluta felkodsläsningen.

59 Radera koderna genom att upprepa test 1 fram till själva kodhämtningen. Normalt kan du trycka på en knapp på felkodsläsaren för att radera koderna i minnet.

60 Avhjälp alla fel i exakt den ordning koderna sänds. Upprepa test 1 tills det inte längre genereras några hårda felkoder och gå sedan till test 2. **Observera:** *För att undvika fel i självdiagnosen, slå av tändningen och vänta i 10 sekunder innan du initierar ett nytt test 1 eller innan du börjar på test 2.*

Test 2

Observera: *EEC IV-versionen som finns på de flesta motorer från 1988 och senare kan inte genomföra test 2 om det finns hårda koder innan testet börjar.*

61 Slå av tändningen och slå sedan på felkodsläsaren för att hämta felkoder.

62 Slå på tändningen och vänta i 3 sekunder. Starta motorn och låt den gå på tomgång.

63 Kör motorn på 2 000 varv/min tills den har nått normal arbetstemperatur.

64 Om den här koden sänds ensam eller tillsammans med andra felkoder från temperaturgivaren för kylvätskan är antingen motorns temperatur för låg eller också signalerar givaren en för låg temperatur. Det senare kan bero på ett fel i motor-kylningssystemet eller en felaktig givare som ändå ligger inom givarens parametrar och därför inte genererar en felkod. Test 2 börjar inte innan styrmodulen har verifierat att normal arbetstemperatur har uppnåtts.

65 Så snart styrmodulen har bekräftat temperaturen kan testet börja. Motorvarvtalet stiger till en snabb tomgång när EEC IV genomgår en rad förutbestämda test av givare och aktiverare.

Observera: *Om varvtalet inte stiger inom 60 sekunder, kontrollera att motorn har nått arbetstemperatur och gör om testet. Om luftkonditioneringen är påslagen, eller om en bil med automatisk växellåda står i "D"-läge får du en motsvarande kod och testet avbryts.*

66 När självtestet börjar sänds kod "020" (kommandokod för Zetecmotorer) eller kod "030" (kommandokod för V6-motorer).

67 Följande punkter måste genomföras inom 10 sekunder efter att kommandokoden visas:

a) *Trampa bromspedalen i botten och släpp upp den igen. Annars lagras felkod "536".*
b) *Vrid ratten till fullt utslag åt ett håll och räta sedan upp hjulen. Detta aktiverar servostyrningens tryckvakt. Om tryckvakten är defekt lagras felkod "519". Om tryckvakten inte aktiveras lagras felkod "521". Om bilen inte har servostyrning visas denna kod ändå, men kan då ignoreras.*
c) *Endast bilar med automatisk växellåda: Koppla in och ur överväxel-spärren (i förekommande fall) och slå sedan på och av effekt-/avbrytningsfunktionen (i förekommande fall).*

68 Efter ca. 20 sekunder visas kod "010". Följande punkt måste genomföras inom 10 sekunder efter att kommandokoden visas:

a) *Öka varvtalet hastigt så att det tillfälligt når över 3 000 varv/min. Gasimpulstestet matar in luftflödesmätaren eller insugningsrörets tryckgivare, gasspjällpotentiometern och andra dynamiska givare. Felkoderna lagras om signalen (-erna) inte motsvarar de vanliga parametrarna eller om signalen saknas eller inte sänds korrekt.*

69 Låt motorn gå på tomgång igen. Felkoder som upptäckts under test 2 kommer nu att sändas. Under sändning av koderna blinkar den svarta punkten på felkodsläsarens display.

70 Kod "998" visas eventuellt, följd av en kod som refererar till en av givarna nedan. Om detta sker, fortsätt enligt punkt 71. Om inte, fortsätt till punkt 72.

a) *Luftflödesmätare*
b) *Lufttemperaturgivare*
c) *Temperaturgivare för kylvätskan*
d) *Gasspjällpotentiometern*
e) *Delta elektronisk tryckåterkopplingsgivare (EGR)*
f) *Elektronisk tryckgivare*

71 Om kod "998" sänds och följs av en kod som refererar till en av givarna som listas under punkt 70, fortsätt enligt följande:

a) *Gå ur test 2.*
b) *Slå av motorn.*
c) *Testa komponenten enligt instruktionerna i kapitel 4 och åtgärda alla fel.*
d) *Gör om test 2.*

72 Om det förekommer felkoder måste felen avhjälpas innan du kan gå till serviceläge.

73 Om koderna "536" eller "521" sänds har ett fel gjorts under testet. Gör om test 2.

74 Kod "111" sänds om inga fel upptäcks. När den svarta punkten slutar blinka indikerar detta övergång till serviceläge. Den senast sända koden blir kvar på felkodsläsarens display, och det bör vara kod "111".

Serviceläge

75 När styrmodulen går över i serviceläge släpps tomgångsvarvtalet och sätts till grundvärdet (vanligtvis en aning högre än normal tomgång). Du kan inte göra några justeringar, men jämför ändå varvtalet med specifikationerna. Om de uppmätta värdena är fel tyder det på ett systemfel eller fel på styrmodulen.

76 På motorer med sekventiell insprutning kan du få styrmodulen att testa cylinder-balansen genom att i serviceläget trampa gaspedalen i botten och hålla den där under 2 minuter. Varje insprutare slås av i turordning under en förinställd tid. Styrmodulen mäter kalibrerat fall i varv/min och genererar en felkod om det verkar vara något fel. Efter 2 minuter stiger motorvarvtalet kort för att sedan lägga sig på normalt tomgångsvarvtal. Detta indikerar slutet på serviceläget.

Rycktest

77 Styrmodulen ska nu rycktestas.

78 Knacka nu lätt på, eller ryck försiktigt i, alla misstänkta komponenter, kablar och anslutningar. Om styrmodulen upptäcker ett fel under processen lagras det i minnet.

Observera: *Vissa felkodsläsare piper eller har en lysdiod som blinkar för att indikera ett fel eller en dålig anslutning under den här proceduren.* Upprepa test 1 för att hämta koder som uppkommit under rycktestet och lagrats i minnet.

79 Avhjälp alla fel i exakt den ordning koderna sänds. Upprepa test 1 tills det inte längre genereras några hårda felkoder.

Observera: *För att undvika fel i självdiagnosen, slå av tändningen och vänta i 10 sekunder innan du initierar ett nytt test 1 eller innan du börjar på ett test 2.*

80 Slå av felkodsläsaren och sedan tändningen för att avsluta felkodsläsningen. Koppla bort felkodsläsaren från diagnostikuttaget.

Ford EEC V

81 Anslut en felkodsläsare till diagnostikuttaget, använd felkodsläsaren för följande ändamål och följ tillverkarens instruktioner noga:

a) Visa systemfel
b) Radera systemfel
c) Testa aktiverarna
d) Visa data

82 Felkoder måste alltid raderas efter komponenttest eller efter reparationer där komponenter i motorstyrningssystemet demonteras eller byts ut.

Ford Probe och Maverick

83 Anslut en felkodsläsare till diagnostikuttaget, använd felkodsläsaren för följande ändamål och följ tillverkarens instruktioner noga:

a) Hämta felkoder
b) Radera felkoder
c) Testa brytarsignaler till styrmodulen.

84 Felkoder måste alltid raderas efter komponenttest eller efter reparationer där komponenter i motorstyrningssystemet tas bort eller byts ut.

8 Guide till testmetoder

1 Använd en felkodsläsare för att hämta felkoder från styrmodulen eller hämta koder manuellt enligt avsnitt 5 eller 7.

Lagrade koder

2 Om du får en eller flera felkoder, titta i felkodstabellerna i slutet av det här kapitlet för att fastställa betydelsen.

3 Om du får flera felkoder, leta efter gemensamma faktorer som t.ex. en felaktig jordanslutning eller matning.

4 Se procedurerna i kapitel 4 där du hittar sätt att testa de flesta komponenter och kretsar som finns i moderna motorstyrningssystem.

5 När felet har avhjälpts, radera koderna och kör motorn under olika förhållanden för att se om problemet är borta.

6 Kontrollera styrmodulen igen. Upprepa ovanstående procedurer om det fortfarande finns felkoder kvar.

7 Se kapitel 3 för mer information om hur du effektivt testar motorstyrningssystemet.

Inga koder lagrade

8 När ett driftsproblem uppstår utan att du får en felkod ligger felet utanför de parametrar som inprogrammerats i självdiagnossystemet. Se kapitel 3 för mer information om hur du effektivt kan testa styrmodulen.

9 Om problemet pekar mot en speciell komponent, se testprocedurerna i kapitel 4 där du hittar sätt att testa de flesta komponenter och kretsar som återfinns i ett modernt motorstyrningssystem.

Felkodstabeller

EEC IV, äldre, (2.0 SOHC och 2.8 V6-motorer)

Kod	Beskrivning
11	Inga fel upptäckta i styrmodulen. Fortsätt med normala diagnostikmetoder
12	Luftflödesmätare nr 1 eller -krets
13	Temperaturgivare för kylvätska eller -krets
14	Lufttemperaturgivare eller krets (i luftflödesmätare)
15	Gasspjällpotentiometer eller -krets
22	Luftflödesmätare nr 2 eller -krets
23	Luftflödesmätare nr 1 och 2 eller -krets
31	Kabel/modulfel
32	Kabel/modulfel

EEC IV, nyare , 2-siffriga koder (utom 2.4/2.9 V6 med katalysator eller 1.8 CFi)

Kod	Beskrivning
10	Kommandokod. Följande måste göras: Tändningen på, motorn av: rycktest Test med motorn i gång: belasta motorn genom att "dutta" på gasen. Motorvarvtalet måste överskrida 2 500 varv/min
11	Inga fel påträffade (systemet godkänt). Fortsätt med normala diagnostikmetoder
13	Temperaturgivare för kylvätska eller -krets
14	Lufttemperaturgivare eller -krets
15	Gasspjällpotentiometer eller -krets
16	Luftflödesmätare nr 2 eller -krets
17	Insugningsrörets tryckgivare eller -krets
18	Låg batterispänning
19	Permanentminne eller minneskrets, slut och omstart av självdiagnostest. Om koden upprepas, kontrollera styrmodulens krets
20	Separationskod. Skiljer mjuka koder i permanentminnet från hårda koder (permanenta koder)
21	Tändning, avvikande signal
22	Luftflödesmätare nr 1 eller -krets, hög spänning
23	Temperaturgivare för kylvätskan eller -krets, spänning för hög
24	Lufttemperaturgivare eller -krets
25	Gasspjällpotentiometer eller -krets, spänning för hög
26	Luftflödesmätare nr 2 eller -krets, spänning för hög
27	Insugningsrörets tryckgivare eller -krets, värdet för högt
28	Syresensor eller -krets
28	Syresensor 1 eller -krets (endast 2.0 DOHC 16V), fet blandning eller felaktig givare
29	Syresensor 2 eller -krets (endast 2.0 DOHC 16V), fet blandning eller felaktig givare
30	Markörkod, identifierar styrmodulen i 6-cylindriga motorer
31	Styrmodul eller -krets, ROM/RAM-fel
32	Luftflödesmätare eller -krets nr 2, låg spänning
33	Kylvätskans temperaturgivare eller -krets, spänning för låg
34	Lufttemperaturgivare eller -krets
35	Gasspjällpotentiometer eller -krets, spänning för låg
36	Luftflödesmätare nr 2 eller -krets, låg spänning
37	Insugningsrörets tryckgivare eller -krets, värdet för lågt
38	Syresensor 1 eller -krets (endast 2.0 DOHC 16V), mager blandning eller defekt givare
39	Syresensor 2 eller -krets (endast 2.0 DOHC 16V), mager blandning eller defekt givare
42	Insugningsrörets tryckgivare eller -krets
43	Gasspjällpotentiometer eller -krets
44	"Duttningstestet" inte gjort eller sen respons
45	Fordonshastighetsgivare eller -krets
46	Fel på tomgångsventil eller -krets, maxvarv ej uppnått
47	Fel på tomgångsventil eller -krets, minvarv ej uppnått
48	Tomgångsventil eller -krets
50	Europeisk styrmodul monterad
51	Luftkonditionering påslagen, stäng av A/C och upprepa självdiagnostestet
52	Automatisk växellåda: Växelväljaren i "D" under test. Välj "N" eller "P" och upprepa testet

Kod	Beskrivning
53	Oktanväljarledning nr 1 jordad. Lossa ledningen och upprepa självdiagnosen
54	Oktanväljarledning nr 2 jordad. Lossa ledningen och upprepa självdiagnosen
55	Tomgångsjusteringsledningen jordad. Lossa ledningen och upprepa självdiagnosen
57	Gasspjällets läge ändrat under test (innan kod "10"), upprepa test
58	Fasning av grundtändlägessignalen och den modifierade retursignalen
59	CO-potentiomenter eller -krets, utanför testgränser
60	Start serviceläge
61	Effektförlust - cylinder 1
62	Effektförlust - cylinder 2
63	Effektförlust - cylinder 3
64	Effektförlust - cylinder 4
65	Broms på/av-brytare
66	Kickdown-kontakt eller -krets
67	Bränsletemperaturbrytare eller -krets
68	Laddningstryckventil eller -krets
69	Laddningstryckventil eller -krets
70	Slut på serviceläge
72	Övertrycksventilens styrsolenoid (endast 1.6 CVH Turbo) eller -krets
73	Kolfilterventil eller -krets
74	Växelsolenoid 3/4, automatisk växellåda
75	Kopplingsomvandlarens låssolenoid
76	Broms "på" indikerat
77	Kickdown indikerat
78	Servostyrningens tryckvakt inte aktiverad under självdiagnostestet. Kontrollera om det finns någon tryckvakt. Om det gör det, gör om testet
91	Syresensor eller -krets, anslutningarna ombytta (2.0 16V DOHC)

EEC IV, nyare , 2-siffriga koder (2.4/2.9 V6 med katalysator och 1.8 CFi)

Kod	Beskrivning
10	Kommandokod/separationskod för permanentminnet
10	Följande måste göras: Test med motorn i gång: Belasta motorn genom att "dutta" på gasen. Motorvarvtalet måste överskrida 2 500 varv/min
11	Inga fel påträffade (systemet godkänt). Fortsätt med vanliga diagnosmetoder
12	Tomgångsventil eller -krets
12	Stegmotor för tomgång eller -krets, tomgångskontakter (1.8 CFi)
13	Tomgångsventil eller -krets Stegmotor för tomgång eller -krets, tomgångskontakter (1.8 CFi)
14	Ojämn tändsignal
15	Fel på permanentminne/ROM (modulfel) eller resp. krets
16	Motorns testvarvtal för lågt
17	Stegmotor för tomgång eller -krets, tomgångskontakter (1.8 CFi)
18	Tändmodulens funktion eller -krets
19	Spänningsmatning till modul
20	4-cylinders identifieringsläge (1.8 CFi)
21	Kylvätskans temperaturgivare eller -krets
22	Insugningsrörets tryckgivare eller -krets
23	Gasspjällpotentiometer eller -krets
24	Lufttemperaturgivare eller -krets
25	Knackgivare eller -krets
27	Farthållare, eftersläpning
28	Farthållare, hastighet för hög
29	Fordonets hastighetsgivare eller -krets
30	Markörkod, identifierar styrmodulen i 6-cylindriga motorer

Kod	Beskrivning
31	Elektronisk tryckgivare eller -krets, spänning för låg
32	Elektronisk tryckgivare eller -krets, ej enligt specifikation
33	Ingen EGR-funktion
34	Elektronisk tryckgivare eller -krets, ej enligt specifikation
35	Elektronisk tryckgivare eller -krets, spänning för hög
36	Ingen ökning av motorns testvarvtal
37	Minskning av motorns testvarvtal
38	Stegmotor för tomgång eller -krets, tomgångskontakter (1.8 CFi)
39	Momentomvandlarens kopplingslås
40	Oanvänd
41	Uppvärmd syresensor 1 (cylindrarna 1,2,3) eller -krets, mager blandning
42	Uppvärmd syresensor 1 (cylindrarna 1,2,3) eller -krets, fet blandning
43	Stegmotor för tomgång eller -krets, tomgångskontakter
45	Stegmotor för tomgång eller -krets, tomgångskontakter (1.8 CFi)
46	Oanvänd
47	Farthållaromkopplare eller -krets
48	Farthållaromkopplare fastnat eller -krets
49	Farthållarens signal eller krets
50	Oanvänd
51	Kylvätskans -krets, spänning för hög
52	Servostyrningens tryckvakt eller -krets
53	Gasspjällpotentiometer eller -krets, spänning för hög
54	Lufttemperaturgivare eller -krets
55	Oanvänd
56	Oanvänd
57	Oktanväljare – servicekontakt
58	Insprutningen sen pga. servicejustering
59	Tomgångsjustering – servicekontakt
60	Oanvänd
61	Kylvätskans temperaturgivare eller -krets, spänning för låg
62	Växelsolenoid 4/3, aut. växellåda, sluten
63	Gasspjällpotentiometer eller -krets, spänning för låg
64	Lufttemperaturgivare eller -krets, spänning för låg
65	Oanvänd
66	Oanvänd
67	A/C påslagen, eller aut. växellåda i "D"
68	Stegmotor för tomgång eller -krets, tomgångskontakter (1.8 CFi)
69	Växelsolenoid 3/2, aut.växellåda, öppen
70	Oanvänd
71	Stegmotor för tomgång eller -krets, tomgångskontakter (1.8 CFi)
72	Insugningsrörets tryckgivare eller -krets
73	Gasspjällpotentiometer, ingen reaktion på test
74	Bromsljuskontakt, avbrott i kretsen
75	Bromsljuskontakt, kortslutning
76	Oanvänd
77	Sen respons på kommandokod för "duttningstest"
78	Oanvänd
79	Oanvänd
80	Oanvänd
81	Insugningsrörets tryckgivare eller -krets (Transit V6)
82	Sekundärluftventil eller krets (sekundär förbränning)
83	Fläktströmbrytare
84	Vakuumreglering eller -krets
84	EGR-ventil eller -krets (1.8 CFi)
85	Kolfilterventil eller -krets
86	Oanvänd
87	Elektrisk bränslepump
88	Elektrisk fläkt (i förekommande fall)
89	Momentomvandlarens kopplingslåssolenoid
90	Oanvänd

Kod	Beskrivning
91	Uppvärmd syresensor 2 (cylindrarna 4,5,6) eller -krets, mager blandning
92	Uppvärmd syresensor 2 (cylindrarna 4,5,6) eller -krets, fet blandning
93	Stegmotor för tomgång eller -krets, tomgångskontakter (1.8 CFi)
96	Gasspjällpotentiometer eller -krets
98	Laddningslufttemperaturgivare eller -krets
98	Kylvätskans temperaturgivare eller -krets
98	Insugningsrörets tryckgivare eller -krets
98	Gasspjällpotentiometer eller -krets
99	Gasspjällpotentiometer eller -krets

EEC IV, nyare, 3-siffriga koder

Kod	Beskrivning
010	Separations-/kommandokod. Tryck gaspedalen i botten för ett ögonblick
020	Kommandokod. Tryck bromspedalen i botten för ett ögonblick
10	Cylinder 1 låg
20	Cylinder 2 låg
30	Cylinder 3 låg
40	Cylinder 4 låg
50	Cylinder 5 låg
60	Cylinder 6 låg
70	Cylinder 7 låg
80	Cylinder 8 låg
90	Cylinderbalanstest OK
111	Alla system OK (systemen godkända)
112	Lufttemperaturgivare eller -krets
113	Lufttemperaturgivare eller -krets
114	Lufttemperaturgivare eller -krets
116	Kylvätskans temperaturgivare eller -krets, normal arbetstemperatur ej uppnådd
117	Kylvätskans temperaturgivare eller -krets, normal arbetstemperatur ej uppnådd
118	Kylvätskans temperaturgivare eller -krets, normal arbetstemperatur ej uppnådd
121	Gasspjällpotentiometer eller -krets
122	Gasspjällpotentiometer eller -krets
123	Gasspjällpotentiometer eller -krets
124	Gasspjällpotentiometer eller -krets
125	Gasspjällpotentiometer eller -krets
129	Luftflödesmätare eller -krets. Ingen ändring i flödesmätarens signal. Upprepa testet medan du håller gaspedalen nedtryckt
136	Syresensor eller -krets
137	Syresensor eller -krets
139	Syresensor eller -krets
144	Syresensor eller -krets
157	Luftflödesmätare eller -krets
158	Luftflödesmätare eller -krets
159	Luftflödesmätare eller -krets
167	Gasspjällpotentiometer eller -krets, ingen förändring i givaren vid nedtryckning av gaspedalen under testet. Upprepa testet
171	Syresensor eller -krets
172	Syresensor eller -krets, blandningen för mager
173	Syresensor eller -krets, blandningen för fet
174	Syresensor eller -krets
175	Syresensor eller -krets
176	Syresensor eller -krets
177	Syresensor eller -krets
178	Syresensor eller -krets
179	Bränslesystem eller -krets, blandningen för mager
181	Bränslesystem eller -krets, blandningen för fet
182	Tomgångsblandningen för mager

Kod	Beskrivning
183	Tomgångsblandningen för fet
184	Luftflödesmätare eller -krets
185	Luftflödesmätare eller -krets
186	Insprutare eller insprutarkrets, öppningstid för lång
187	Insprutare eller insprutarkrets, öppningstid för kort
188	Syresensor eller -krets, spänning för låg
189	Syresensor eller -krets, spänning för hög
191	Tomgångsblandningen för mager
192	Tomgångsblandningen för mager
194	Syresensor eller -krets
195	Syresensor eller -krets
211	Tändsignal
212	Varvräknarkrets
213	Tändsignal
214	Cylinderidentifieringsgivare eller -krets
215	Tändspole eller -krets i fördelarlöst tändsystem
216	Tändspole eller -krets i fördelarlöst tändsystem
217	Tändspole eller -krets i fördelarlöst tändsystem
218	Varvräknarkrets
222	Varvräknarkrets
226	Modul eller -krets i fördelarlöst tändsystem
227	Vevaxelns vinkelgivare eller -krets
227	Motorvarvtalsgivare eller -krets (EEC V)
228	Tändspolens lindning 1 eller -krets i fördelarlöst tändsystem
229	Tändspolens lindning 2 eller -krets i fördelarlöst tändsystem
231	Tändspolens lindning 3 eller -krets i fördelarlöst tändsystem
232	Tändspolens primärkrets
233	Modul eller -krets i fördelarlöst tändsystem
234	Tändspole eller -krets
235	Tändspole eller -krets
236	Tändspole eller -krets
237	Tändspole eller -krets
238	Modul eller -krets i fördelarlöst system
239	Tändsignal vid runddragning av motorn
241	Styrmodul, felaktiga data, upprepa självdiagnosen
243	Fel på spolen
311	Luftpulssystem eller -krets defekt
312	Luftpulssystem eller -krets defekt
313	Luftpulssystem eller -krets defekt
314	Luftpulssystem eller -krets defekt
315	Luftpulssystem eller -krets defekt
316	Luftpulssystem eller -krets defekt
326	Elektronisk tryckgivare (EPT) eller återföringssystem (DPFE), eller dessa systems kretsar
327	Elektronisk tryckgivare (EPT) eller återföringssystem (DPFE), eller dessa systems kretsar
328	Vakuumreglering eller -krets
332	EGR-system eller -krets
334	Vakuumreglering eller -krets
335	Elektronisk tryckgivare eller -krets
335	Delta återföringssystem (DPFE) eller -krets (alternativ kod)
336	Avgastryck för högt
337	Elektronisk tryckgivare (EPT) eller återföringssystem (DPFE), eller dessa systems kretsar, eller vakuumreglering eller -krets
338	Kylvätskans temperaturgivare eller -krets
339	Kylvätskans temperaturgivare eller -krets
341	Oktanväljare eller -krets
411	Självdiagnostest. Motorns testvarvtal för lågt. Kontrollera att det inte finns några läckor i insuget och upprepa sedan testet
412	Självdiagnos. Motorns testvarvtal för högt
413	Tomgångsventil eller -krets
414	Tomgångsventil eller -krets

Kod	Beskrivning
415	Tomgångsventil eller -krets
416	Tomgångsventil eller -krets
452	Fordonshastighetsgivare eller -krets
511	Defekt ROM eller -krets
512	Defekt permanentminne eller -krets
513	Styrmodulens referensspänning
519	Servostyrningens tryckvakt eller -krets. Servostyrningens tryckvakt ej aktiv under självdiagnos. Kontrollera om det finns en tryckvakt för servostyrningen. Om så är fallet, gör en ny självdiagnos och testa sedan tryckvaktkretsen
521	Servostyrningens tryckvakt eller -krets Servostyrningens tryckvakt ej aktiv under självdiagnos. Kontrollera om det finns en tryckvakt för servostyrningen. Om så är fallet, gör en ny självdiagnos och testa sedan tryckvaktkretsen
522	Kör-/neutrallägeskontakt eller krets
523	Kör-/neutrallägeskontakt eller krets
528	Kopplingskontakt eller -krets
536	Bromskontakt eller -krets. Kontakten aktiveras inte under självdiagnostestet. Upprepa testet
538	Operatörsfel under självdiagnostest. Upprepa testet
539	Luftkonditionering (A/C) på under självdiagnostest. Upprepa testet
542	Bränslepump eller -krets
543	Bränslepump eller -krets
551	Tomgångsventil eller -krets
552	Luftpulskrets
556	Bränslepump eller -krets
558	Vakuumreglering eller -krets
563	Högfartsfläkt eller -krets
564	Elektronisk fläkt, relä/krets
565	Kolfilterventil eller -krets
566	3/4 växelsolenoid, aut. växellåda
573	Elektronisk fläkt, relä/krets
574	Högfartsfläkt eller -krets
575	Bränslepump eller -krets, eller tröghetsbrytare eller -krets
576	Kickdown-brytare eller -krets. Gör ett systemtest
577	Kickdown-brytare eller -krets, ingen aktivering under självdiagnostest. Upprepa testet
612	4/3-brytare defekt, aut. växellåda
613	4/3-brytare defekt, aut. växellåda
614	3/2-brytare defekt, aut. växellåda
615	3/2-brytare defekt, aut. växellåda
621	Växlingssolenoid 1 eller krets fel
622	Växlingssolenoid 2 eller krets fel
624	Automatväxellådans tryckregleringssolenoid eller -krets
625	Automatväxellådans tryckregleringssolenoid eller -krets
628	Automatväxellådans låsningssolenoid (MLUS) eller -krets
629	Momentomvandlarens kopplingslåssolenoid
634	Kör-/neutrallägeskontakt eller krets
635	Växellådans temperaturgivare eller krets
636	Växellådans temperaturgivare eller krets
637	Växellådans temperaturgivare eller krets
638	Växellådans temperaturgivare eller krets
639	Gasspjällets stopp eller -krets
645	1:a växeln defekt
645	2:a växeln defekt
645	3:e växeln defekt
645	4:e växeln defekt
649	Växellådsventil eller krets (automatisk växellåda)
651	Växellådsventil eller krets (automatisk växellåda)
652	Automatisk växellådas låsningssolenoid eller -krets
653	Växellådans styrkontakt inte aktiverad under test. Upprepa testet
658	Omkopplaren mellan effekt/ekonomi (automatisk växellåda) inte aktiverad under test
998	Atgärdskoder efter "998" (se avsnitt 7, punkt 70). Temperaturgivare för kylvätskan, lufttemperaturgivare, luftflödesmätare eller gasspjällägesgivare. Upprepa testet

Ford EEC V

Ford EEC V programvara genererar inte felkoder. Eventuella fel på systemet visas på felkodsläsarskärmen utan referens till något speciellt kodnummer. Fel på en eller flera systemkretsar eller komponenter lagras. Allmänt är de kretsar och komponenter som kontrolleras av EEC V mycket lika de som kontrolleras av EEC IV.

Ford Weber IAW

Kod	Beskrivning
11	ÖD-givare (övre dödpunkt) eller -krets
12	Fördelarens fasgivare eller -krets
13	Felsynkronisering mellan givarsignalen för övre dödpunkt och fördelarens fasgivarsignal
21	Lufttemperaturgivare eller -krets
22	Lufttemperaturgivare eller -krets
22	Knackgivare eller -krets (alternativ kod)
23	Kylvätskans temperaturgivare eller -krets
31	Kylvätskans temperaturgivare eller -krets
31	Syresensor eller -krets (alternativ kod)
32	Insugningsrörets tryckgivare eller -krets
33	Insugningsrörets tryckgivare eller -krets
33	Gasspjällpotentiometer eller -krets (alternativ kod)

Ford Probe (Mazda EGi)

Kod	Beskrivning
02	Vevaxelns vinkelgivare eller -krets
03	Cylinderidentifieringsgivare eller -krets
04	Vevaxelns vinkelgivare eller -krets
05	Knackgivare eller -krets
08	Luftflödesmätare eller -krets
09	Kylvätskans temperaturgivare eller -krets
10	Lufttemperaturgivare eller -krets
12	Gasspjällpotentiometer eller -krets
14	Barometrisk tryckgivare eller -krets
15	Uppvärmd syresensor eller -krets
16	EGR-ventil eller -krets
17	Uppvärmd syresensor eller -krets
23	Uppvärmd syresensor eller -krets
24	Uppvärmd syresensor eller -krets
25	Bränsletryckregleringsventil eller -krets
26	Kolfilterventil eller -krets
28	EGR-ventil eller krets
29	EGR-ventil eller krets
34	Tomgångsventil eller -krets
41	System för variabel resonansinduktion eller -krets
46	System för variabel resonansinduktion eller -krets
67	Lågt kylfläktsrelä eller -krets

Ford Maverick (Nissan ECCS)

Kod	Beskrivning
11	Varvtalsgivare
12	Luftflödesmätare eller -krets
13	Kylvätskans temperaturgivare eller -krets
21	Tändningssignal eller krets
34	Knackgivare eller -krets
41	Lufttemperaturgivare eller -krets
42	Bränsletemperaturgivare eller -krets
43	Gasspjällpotentiometer eller -krets
54	Automatisk växellåda, ingen signal
55	Inga fel påträffade

Kapitel 13
Honda

Innehåll

Bilförteckning

Modell	**Motorkod**	**År**	**System**
Accord 1.8i	F18A3	1995 till 1997	Honda PGM-Fi
Accord EFi A4 SOHC	A2	1985 till 1989	Honda PGM-Fi
Accord 2.0i-16 A2 DOHC 16V	B20	1987 till 1989	Honda PGM-Fi
Accord 2.0i SOHC 16V & kat	F20A4	1989 till 1992	Honda PGM-Fi
Accord 2.0i F20A8 SOHC & kat	F20A5	1992 till 1996	Honda PGM-Fi
Accord 2.0i Kupé SOHC kat	F20A7	1992 till 1996	Honda PGM-Fi
Accord 2.2i SOHC 16V kat	F22A3/A7/A8	1989 till 1996	Honda PGM-Fi
Accord 2.2i	F22Z2	1996 till 1997	Honda PGM-Fi
Accord 2.3i DOHC 16V kat	H23A2	1993 till 1996	Honda PGM-Fi
Aerodeck EFi A4 SOHC	A20	1985 till 1989	Honda PGM-Fi
Aerodeck 2.2i SOHC 16V kat	F22A3/A7/A8	1989 till 1996	Honda PGM-Fi
Ballade EXi SOHC 3W	EW3	1986 till 1989	Honda PGM-Fi
Civic CRX	EW3	1984 till 1987	Honda PGM-Fi
Civic GT	EW3	1984 till 1987	Honda PGM-Fi
Civic 1.4i 5 dörrar	D14A2	1995 till 1997	Honda PGM-Fi
Civic 1.4i 3 dörrar	D14A4	1996 till 1997	Honda PGM-Fi
Civic 1.5 VEi SOHC 16V VTEC kat	D15Z1	1991 till 1995	Honda PGM-Fi
Civic 1.5 LSi SOHC 16V	D15B2	1991 till 1995	Honda PGM-Fi
Civic Kupé SOHC 16V kat	D15B2	1991 till 1995	Honda PGM-Fi
Civic 1.5i VTEC-E SOHC 16V	D15Z3	1995 till 1997	Honda PGM-Fi
Civic 1.5i 3 & 4 dörrar	D15Z6	1996 till 1997	Honda PGM-Fi
Civic 1.6i-16 DOHC 16V	D16A9	1987 till 1992	Honda PGM-Fi
CRX 1.6i-16 DOHC 16V	D16A9	1987 till 1992	Honda PGM-Fi
Civic 1.6 VT DOHC 16V VTEC kat	B16A1	1990 till 1991	Honda PGM-Fi
CRX 1.6 VT DOHC 16V VTEC kat	B16A1	1990 till 1991	Honda PGM-Fi
Civic 1.6 ESi SOHC 16V VTEC kat	D16Z6	1991 till 1997	Honda PGM-Fi
CRX 1.6 ESi SOHC 16V VTEC kat	D16Z6	1991 till 1996	Honda PGM-Fi
Civic 1.6 VTi DOHC 16V VTEC kat	B16A2	1991 till 1995	Honda PGM-Fi
CRX 1.6 VTi DOHC 16V VTEC kat	B16A2	1991 till 1995	Honda PGM-Fi
Civic 1.6i SOHC 16V	D16Y3	1995 till 1997	Honda PGM-Fi
Civic 1.6i VTEC SOHC 16V	D16Y2	1995 till 1997	Honda PGM-Fi
Civic 1.6i Kupé	D16Y7	1996 till 1997	Honda PGM-Fi
Civic 1.6i VTEC Kupé	D16Y8	1996 till 1997	Honda PGM-Fi
Concerto 1.5i SOHC 16V kat	D15B2	1991 till 1995	Honda PGM-Fi
Concerto 1.6 DOHC 16V	D16A9	1989 till 1991	Honda PGM-Fi
Concerto 1.6 DOHC 16V auto	D16Z4	1989 till 1991	Honda PGM-Fi
Concerto 1.6i SOHC 16V kat	D16Z2	1992 till 1995	Honda PGM-Fi
Concerto 1.6i DOHC 16V kat	D16A8	1992 till 1995	Honda PGM-Fi
Integra EX 16 A2 DOHC 16V	D16	1986 till 1990	Honda PGM-Fi
Legend	C25A2	1986 till 1988	Honda PGM-Fi
Legend 2.7 och Kupé SOHC	C27A2	1988 till 1991	Honda PGM-Fi
Legend 2.7 SOHC kat	C27A1	1990 till 1991	Honda PGM-Fi
Legend 3.2 SOHC 24V kat	C32A2	1992 till 1997	Honda PGM-Fi

Modell	Motorkod	Ar	System
NSX DOHC 24V VTEC kat	C30A	1991 till 1997	Honda PGM-Fi
Prelude Fi	B20A1	1985 till 1987	Honda PGM-Fi
Prelude 4WS 2.0i-16 DOHC 16V	B20A7	1987 till 1992	Honda PGM-Fi
Prelude 4WS 2.0i-16 DOHC kat	B20A9	1987 till 1992	Honda PGM-Fi
Prelude 2.0i 16V SOHC kat	F20A4	1992 till 1997	Honda PGM-Fi
Prelude 2.2i VTEC DOHC 16V	H22A2	1994 till 1997	Honda PGM-Fi
Prelude 2.3i 16V DOHC 16V kat	H23A2	1992 till 1997	Honda PGM-Fi
Shuttle 1.6i 4WD SOHC 16V	D16A7	1988 till 1990	Honda PGM-Fi
Shuttle 2.2i	F22B8	1995 till 1997	Honda PGM-Fi

Självdiagnostik

1 Inledning

Motorstyrningssystemet som finns i Honda är Hondas eget PGM-Fi-system, som styr primärtändning, bränsleinsprutning och tomgångsfunktioner från samma styrmodul.

Självdiagnosfunktion

Styrmodulen har en självtestfunktion som kontinuerligt undersöker signalerna från vissa givare och aktiverare och sedan jämför signalerna med en tabell med inprogrammerade värden. Om diagnostikprogramvaran konstaterar att ett fel föreligger lagrar styrmodulen en eller fler felkoder. Koder kan inte lagras för komponenter för vilka det inte finns någon kod, eller för tillstånd som inte täcks av programvaran. I modeller tillverkade fram till 1992 genererar styrmodulen 2-siffriga felkoder som visas på en lysdiodsdisplay i styrmodulens kåpa. I modeller tillverkade efter 1992 genererar styrmodulen 2-siffriga felkoder som visas med en varningslampa på instrumentpanelen. Det går inte att hämta felkoder med felkodsläsare i fordon med Honda PGM-Fi.

Nödprogram

Hondas system som behandlas i det här kapitlet har nödprogram (s.k. "linka-hem"-läge). Så snart vissa fel identifierats (alla fel initierar inte nödprogrammet) startar styrmodulen nödprogrammet och går över till ett programmerat grundvärde snarare än att gå efter givarsignaler. Detta gör att bilen tryggt kan köras till en verkstad för reparation eller test. Så snart felet avhjälpts återgår styrmodulen till normaldrift.

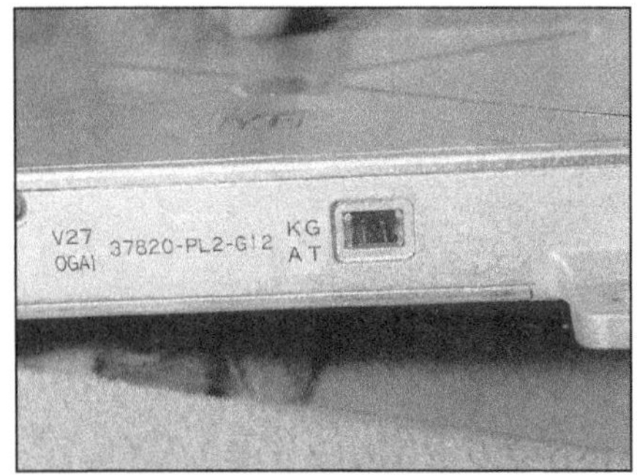

13.1 Lysdiodens placering i styrmodulen (antingen bara en röd, eller en röd och en gul)

Anpassning

Hondas system har också en adaptiv funktion som anpassar inprogrammerade värden efter vanlig körning och tar hänsyn till motorslitage.

Självdiagnos, varningslampa

De flesta av Hondas modeller före 1992 hade en varningslampa för självdiagnos på instrumentpanelen och en röd lysdiod på styrmodulen **(se bild 13.1)**. Honda Legend 2.5i och 2.7i hade både en röd och en gul lysdiod, där den gula bara var till för varvtalsjustering (dessa modeller hade inget diagnostikuttag). Så snart tändningen slagits på tänds varningslampan för självdiagnos för lampkontroll i några sekunder. Om varningslampan för självdiagnosen tänds medan motorn går betyder det att ett fel har identifierats i systemet. Lysdioden i felkodsläsaren blinkar för att visa en felkod medan varningslampan för självdiagnos förblir tänd. När du slår av tändningen slocknar både varningslampan och lysdioden. När du slår på tändningen igen lyser varningslampan om felet fortfarande finns kvar och lysdioden börjar åter att blinka felkoden. Koden lagras i minnet tills den raderats enligt instruktionerna nedan.

Från 1992 fick de flesta Hondabilar ett diagnostikuttag och en varningslampa, medan lysdioden (-erna) på styrmodulen försvann. Så snart tändningen slagits på tänds varningslampan för självdiagnos för lampkontroll i några sekunder. Om varningslampan för självdiagnosen tänds medan motorn går betyder det att ett fel har identifierats i systemet. Om ett fel indikeras kan du genom att brygga stiften i diagnostikuttaget starta självdiagnosen (se beskrivning längre fram).

2 Diagnostikuttagets placering

Observera: *Det går inte alltid att fastställa ett övergångsdatum från lysdioder till diagnostikuttag i Hondaprogrammet. Om styrmodulen har en lysdiod och det inte finns något diagnostikuttag hör bilen till den första gruppen. Om det finns ett diagnostikuttag och styrmodulen inte har en lysdiod hör bilen till den andra gruppen.*

Modeller fram till 1992

Styrmodulen sitter antingen under förarsätet eller under ett metallock under mattan i passagerarsidans fotutrymme **(se bild 13.2)**. Du gör självdiagnosen genom att studera lysdioden som sitter i styrmodulen. Det finns inget diagnostikuttag på dessa bilar.

Modeller efter 1992

Diagnostikuttaget sitter under instrumentbrädan på passagerarsidan **(se bild 13.3)**. Det finns ingen lysdiod på styrmodulen på dessa bilar.

3 Hämta felkoder utan felkodsläsare – blinkkoder

Observera: *Under en del av testen kan ytterligare felkoder genereras. Se till att inga*

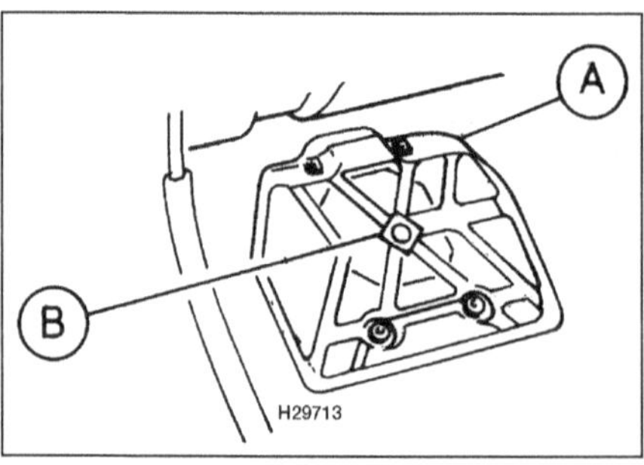

13.2 Styrmodulens placering under ett lock under mattan på passagerarsidan

A Metallock *B Hål för att se lysdioden*

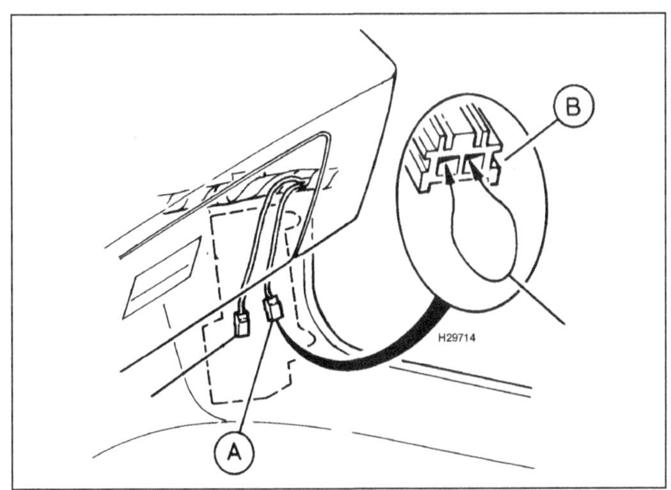

13.3 Hondas diagnostikuttag (1992 och senare)

A Diagnostikuttagets placering *B Diagnostikuttagets anslutningar bryggade*

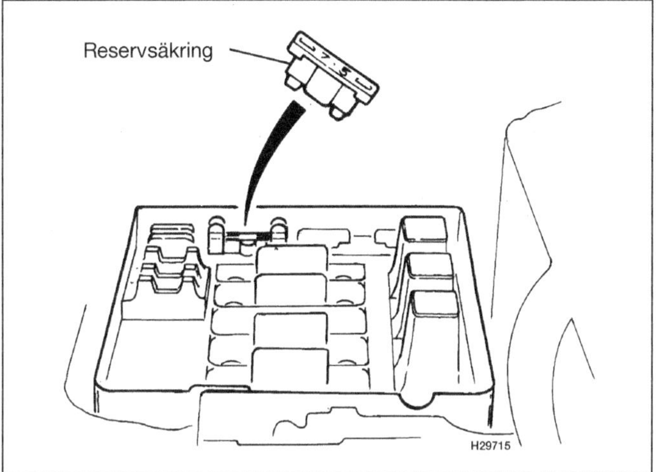

13.4 Säkringsboxen i motorrummet

Reservsäkringens placering

koder som genereras under test lurar diagnosen. Alla koder måste raderas när testet har genomförts.

Hondamodeller fram till 1992 (lysdiod på styrmodulen)

Observera: *Registrera bara koderna som signaleras av den röda lysdioden. Den gula lysdioden, där sådan finns, är bara till för varvtalsjustering.*

1 Slå på tändningen.

2 Studera den röda lysdioden som sitter i styrmodulens kåpa **(se bild 13.1)**:

a) Koderna blinkas i rak räkning. 15 blinkningar indikerar således kod "15".

b) Lysdioden gör en paus på 2 sekunder innan den blinkar nästa kod.

c) När alla koder har sänts gör lysdioden en paus på 2 sekunder och upprepar sedan sekvensen.

3 Räkna antalet blinkningar och registrera varje kod vartefter den sänds. Se tabellen i slutet av kapitlet för att se vad felkoden betyder.

4 Om antalet blinkningar indikerar ett nummer som inte utgör någon kod kan det vara fel på styrmodulen. Kontrollera flera gånger och kontrollera sedan jordning och matningsspänningarna till styrmodulen innan du byter ut den.

5 När du slår av tändningen slocknar lysdioden. Lysdioden fortsätter dock att blinka när du slår på tändningen.

6 Om felet (felen) avhjälpts kommer lysdioden att fortsätta blinka tills styrmodulens minne raderats. Hur du raderar beskrivs nedan.

Hondamodeller efter 1992 (diagnostikuttag)

7 Slå på tändningen.

8 Lägg en brygga mellan de två stiften i diagnostikuttaget.

Varning: Det finns en 3-stifts "servicekontroll"-anslutning bredvid diagnostikuttaget i vissa modeller. Du får inte lägga en brygga i den här anslutningen för att hämta felkoder.

9 Koderna visas i varningslampan för självdiagnos på instrumentpanelen. Blinkningarna för 2-siffriga felkoder visas på följande sätt:

a) De två siffrorna indikeras av två serier blinkningar.

b) Den första serien blinkningar anger tiotal och den andra serien ental.

c) 2 sekunders blinkningar som skiljs åt av korta pauser indikerar tiotal, 1 sekunds blinkningar åtskilda av korta intervall indikerar ental.

d) De enskilda koderna skiljs åt genom en kort paus.

e) Kod nr "12" indikeras av en 2 sekunders blinkning, följd av en kort paus och sedan 2 stycken 1 sekunds blinkningar åtskilda av en kort paus.

f) Kod nr "8" indikeras av 8 blinkningar i rad på 1 sekund var.

10 Räkna antalet blinkningar och registrera varje kod vartefter den sänds. Se tabellen i slutet av kapitlet för att se vad felkoden betyder.

11 Om antalet blinkningar indikerar ett nummer som inte utgör någon kod det kan vara fel på styrmodulen. Kontrollera kodsignalerna flera gånger och kontrollera sedan jordning och matningsspänningarna till styrmodulen innan du byter ut den.

12 Efter att den första koden sänts, gör varningslampan en paus innan nästa kod sänds.

13 Varningslampan slocknar när alla koder sänts och upprepar sedan sekvensen.

14 Slå av tändningen och ta bort bryggan för att avsluta felkodsläsningen.

4 Radera felkoder utan felkodsläsare

Metod att föredra

1 Ta ut en säkring från säkringsboxen under minst 10 sekunder. Då raderas felkoderna. Vilken säkring du ska ta ut anges nedan.

Accord 2.0i (1990 och senare) 2.2i, 2.3i, Prelude 2.0i, 2.2i, 2.3i, Civic och CRX

2 Ta ut styrmodulens reservsäkring (7,5 A) **(se bild 13.4)**.

Civic DX, Bali, Ballade, Integra, Concerto, Accord 2.0i (1986-89)

3 Ta ut varningsblinkerssäkringen **(se bild 13.5)**.

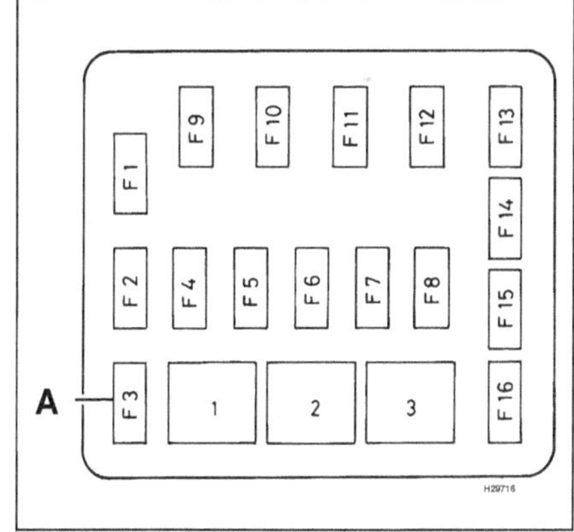

13.5 Säkringsboxen placerad i motorrummet

A Varningsblinkerssäkring

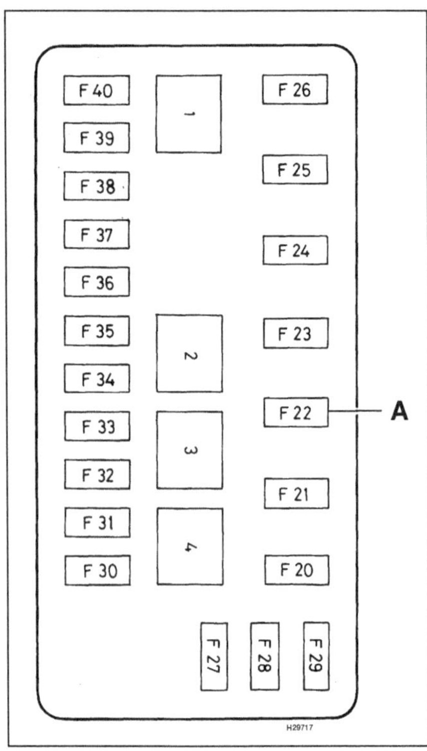

13.6 Säkringsboxen placerad i motorrummet

A Generatorsäkring

Legend 2.5i och 2.7i

4 Ta ut generatorsäkringen **(se bild 13.6)**.

Alternativ metod

5 Slå av tändningen och koppla bort batteriets minuspol under ca. 2 minuter.

6 Anslut batteriets minuspol igen.

Observera: *Den första nackdelen med den här metoden är att frånkoppling av batteriet initierar alla styrmodulens anpassade värden. Återinlärning av lämpliga anpassade värden kräver att du startar motorn kall och kör med olika varvtal under ca. 20 - 30 minuter. Motorn ska också gå på tomgång i 10 minuter. Den andra nackdelen är att radiosäkerhetskoder, klockans inställning och andra lagrade värden går förlorade och måste programmeras in igen när batteriet återanslutits. Så långt möjligt bör du radera koderna genom att ta ut rätt säkring.*

5 Självdiagnos med felkodsläsare

Seriell kommunikation finns inte i bilar med Honda PGM-Fi och det går därför inte att hämta felkoder med en felkodsläsare.

6 Guide till testmetoder

1 Hämta koder manuellt enligt avsnitt 3.

Lagrade koder

2 Om du får en eller flera felkoder, titta i felkodstabellen i slutet av det här kapitlet för att fastställa betydelsen.

3 Om du får flera felkoder, leta efter gemensamma faktorer som t.ex. en felaktig jordanslutning eller matning.

4 Se testprocedurerna i kapitel 4 där du hittar sätt att testa de flesta komponenter och kretsar som återfinns i ett modernt motorstyrningssystem.

5 När felet har avhjälpts, radera koderna och kör motorn under olika förhållanden för att se om problemet är borta.

6 Kontrollera styrmodulen igen. Upprepa ovanstående procedurer om det fortfarande finns felkoder kvar.

7 Se kapitel 3 för mer information om hur du effektivt testar motorstyrningssystemet.

Inga koder lagrade

8 När ett driftsproblem uppstår utan att du får en felkod ligger felet utanför de parametrar som inprogrammerats i självdiagnossystemet. Se kapitel 3 för mer information om hur du effektivt kan testa motorstyrningssystemet.

9 Om problemet pekar mot en speciell komponent, se testprocedurerna i kapitel 4 där du hittar sätt att testa de flesta komponenter och kretsar som återfinns i ett modernt motorstyrningssystem.

Felkodstabell

Honda PGM-Fi

Kod	Beskrivning
0	Styrmodul eller -krets
1	Syresensor eller -krets (utom D16A9-motorn)
3	Insugningsrörets tryckgivare eller -krets
5	Insugningsrörets tryckgivare eller -krets
4	Vevaxelns vinkelgivare eller -krets
6	Kylvätskans temperaturgivare eller -krets
7	Gasspjällpotentiometer eller -krets
8	Övre dödpunktsgivare eller -krets
9	Cylinderidentifieringsgivare 1
10	Lufttemperaturgivare eller -krets
11	CO-potentiometer eller krets
12	EGR-system eller -krets
13	Atmosfärtryckgivare eller -krets
14	Tomgångsventil eller -krets
15	Tändsignal
16	Bränsleinsprutare eller -krets (D15B2-motor)
17	Fordonets hastighetsgivare eller -krets
18	Tändlägesinställning
19	Lock-upventil A/B för automatisk växellåda
20	Elektronisk lastgivare eller -krets
21	Spolens solenoidventil eller -krets
22	Ventilinställningens oljetryckvakt
30	Automatväxellådans bränsleinsprutningssignal A
31	Automatväxellådans bränsleinsprutningssignal B
41	Syresensorvärmare eller -krets (D16Z6, D16Z7, B16A2-motor)
41	Linjärflödesgivarens värmare eller -krets (D15Z1-motor)
43	Bränslesystem eller krets (D16Z6, D16Z7, B16Z2-motor)
48	Linjärflödesgivarens värmare eller -krets (D15Z1-motor)

Kapitel 14
Hyundai

Innehåll

Bilförteckning

Modell	Motorkod	År	System
Accent 1.3i SOHC	-	1995 till 1997	Hyundai MPi
Accent 1.5i SOHC	-	1995 till 1997	Hyundai MPi
Kupé 1.6 DOHC 16V	G4GR	1996 till 1997	Hyundai MPi
Kupé 1.8 DOHC 16V	G4GM	1996 till 1997	Hyundai MPi
Kupé 2.0 DOHC 16V	G4GF	1996 till 1997	Hyundai MPi
Elantra 1.5i SOHC kat	4G15/G4J	1993 till 1995	Hyundai MPi
Elantra 1.6i DOHC kat	4G61	1991 till 1995	Hyundai MPi
Elantra 1.6 DOHC 16V	G4GR	1996 till 1997	Hyundai MPi
Elantra 1.8i DOHC kat	4G67	1992 till 1995	Hyundai MPi
Elantra 1.8 DOHC 16V	G4GM	1996 till 1997	Hyundai MPi
Pony X2 1.5i SOHC kat	4G15/G4J	1990 till 1994	Hyundai MPi
S Kupé 1.5i SOHC kat	4G15/G4J	1990 till 1992	Hyundai MPi
S Kupé 1.5i SOHC	Alpha	1992 till 1996	Bosch Motronic M2.10.1
S Kupé 1.5i turbo SOHC	Alpha	1992 till 1996	Bosch Motronic M2.7
Sonata 1.8 SOHC	4G62	1989 till 1992	Hyundai MPi
Sonata 2.0 SOHC	4G63	1989 till 1992	Hyundai MPi
Sonata 2.0 16V DOHC	-	1992 till 1997	Hyundai MPi
Sonata 2.4 SOHC	4G64	1989 till 1992	Hyundai MPi
Sonata 3.0i SOHC	V6	1994 till 1997	Hyundai MPi

Självdiagnostik

1 Inledning

Motorstyrningssystemen som används i Hyundais bilar omfattar Bosch Motronic versioner 2.7, 2.10.1 och Hyundai MPi. Alla Hyundais motorstyrningssystem styr primärtändningen, bränsleinsprutningen och tomgångsfunktioner från samma styrmodul.

Självdiagnosfunktion

Varje elektronisk styrmodul har en självtestfunktion som kontinuerligt undersöker signalerna från vissa givare och aktiverare i motorn och sedan jämför signalerna med en tabell av inprogrammerade värden. Om diagnostikprogramvaran konstaterar att ett fel föreligger lagrar styrmodulen en eller fler felkoder. Koder kan inte lagras för komponenter för vilka det inte finns någon kod, eller för tillstånd som inte täcks av programvaran.

I Hyundai MPi genererar styrmodulen 2-siffriga felkoder att hämtas antingen med felkodsläsare eller manuellt i form av blinkkoder. Bosch Motronic M2.7 och M2.10.1 bygger på 4-siffriga blinkkoder som hämtas manuellt samt 2- och 3-siffriga koder som hämtas med felkodsläsare. Se felkodstabellerna i slutet av kapitlet.

Nödprogram

Hyundais system som behandlas i det här kapitlet har nödprogram (s.k. "linka-hem"-läge). Så snart vissa fel identifierats (alla fel initierar inte nödprogrammet) startar styrmodulen nödprogrammet och går över till ett programmerat grundvärde snarare än att gå efter givarsignaler. Detta gör att bilen tryggt kan köras till en verkstad för reparation eller test. Så snart felet avhjälpts återgår styrmodulen till normaldrift.

Anpassning

Hyundais system har också en adaptiv funktion som anpassar inprogrammerade värden efter vanlig körning och tar hänsyn till motorslitage.

Självdiagnos, varningslampa

De flesta av Hyundais modeller har en varningslampa för självdiagnos på instrumentpanelen. Om lampan tänds under det att motorn går har styrmodulen upptäckt ett systemfel. Varningslampan kan också fås att sända blinkkoder.

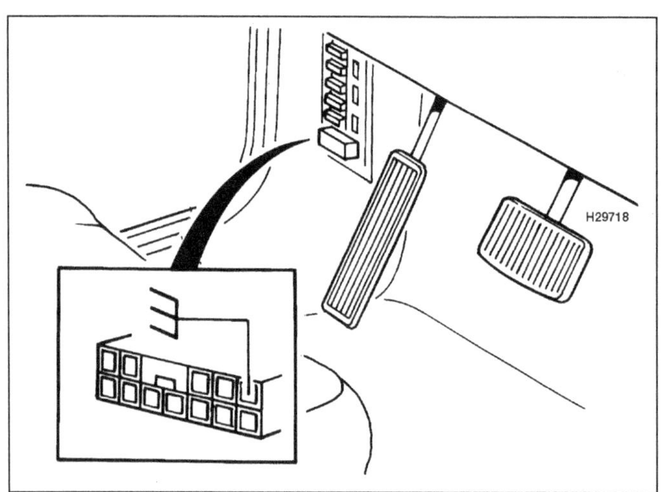

14.1 Diagnostikuttagets placering i säkringsboxen

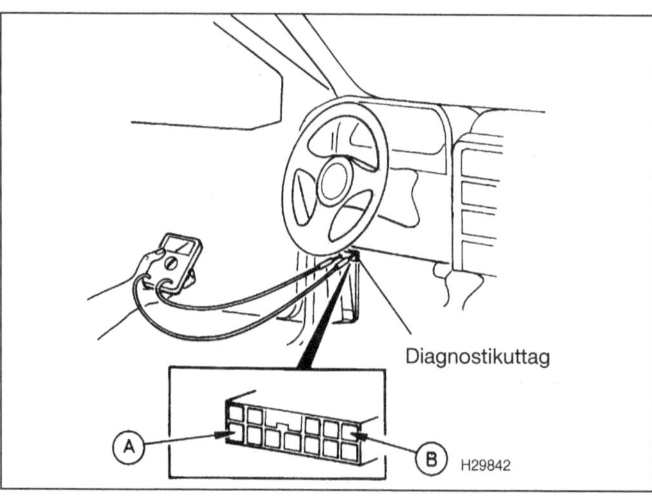

14.2 Analog voltmätare ansluten till uttagen A och B i diagnostikuttag

2 Diagnostikuttagets placering

Alla Hyundai-modeller

Hyundais diagnostikuttag sitter i säkringsboxen under instrumentbrädan till höger eller till vänster om föraren **(se bild 14.1 och 14.2)**. Diagnostikuttaget kan användas för både blinkkodshämtning och felkodsläsare.

3 Hämta felkoder utan felkodsläsare – blinkkoder

Observera: *Under en del av testen kan ytterligare felkoder genereras. Se till att inga koder som genereras under test lurar diagnosen. Alla koder måste raderas när testet har genomförts.*

Hyundai MPi utan varningslampa (voltmätarmetod)

1 Anslut en analog voltmätare mellan uttagen A och B i diagnostikuttaget **(se bild 14.2)**.
2 Slå på tändningen.
3 Om styrmodulen har lagrat en eller flera felkoder, börjar voltmätarnålen pendla mellan en högre och en lägre nivå. Om det inte finns några felkoder lagrade påverkas inte nålen. Voltmätarens pendlingar tolkas så här:

a) Den första serien pendlingar anger tiotal och den andra anger ental.
b) Voltmätarnålen aktiveras under en längre period när den sänder tiotal i koder och under en kortare period för ental. Om inga fel påträffas indikerar voltmätaren regelbundna på/av pulser.

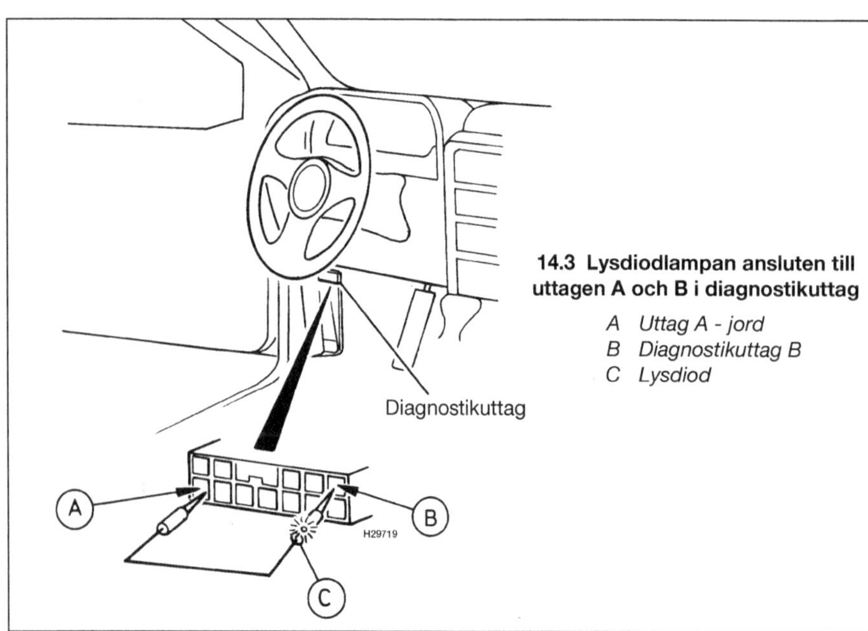

14.3 Lysdiodlampan ansluten till uttagen A och B i diagnostikuttag

A Uttag A - jord
B Diagnostikuttag B
C Lysdiod

4 Räkna antalet svep i varje serie och registrera varje kod vartefter den sänds. Se tabellerna i slutet av kapitlet för att se vad felkoden betyder.
5 Slå av tändningen och ta bort voltmätaren för att avsluta felkodsläsningen.

Hyundai MPi utan varningslampa (metod med lysdiodlampa)

6 Anslut en lysdiodlampa mellan uttagen A och B i diagnostikuttaget **(se bild 14.3)**.
7 Slå på tändningen.
8 Efter ca. 3 sekunder börjar lysdiodlampan blinka de 2-siffriga felkoderna enligt följande:

a) De två siffrorna indikeras av två serier blinkningar.
b) Den första serien blinkningar anger tiotal och den andra serien ental.
c) Tiotalet indikeras av 1,5 sekunders blinkningar åtskilda av 0,5 sekunders pauser. Ental indikeras med 0,5 sekunders blinkningar, åtskilda av 0,5 sekunders pauser.
d) En 2 sekunders paus skiljer tiotalen från entalen.
e) Kod "42" indikeras genom fyra 1,5 sekunders blinkningar, en 2 sekunders paus och sedan två 0,5 sekunders blinkningar.

9 Räkna antalet blinkningar i varje serie och registrera varje kod vartefter den sänds. Se tabellerna i slutet av kapitlet för att se vad felkoden betyder.
10 Koderna visas sekventiellt och upprepas efter en paus på 3 sekunder.
11 Om du får åtta 0,5 sekunders blinkningar som upprepas efter en paus på 3 sekunder finns inga fel.
12 Slå av tändningen och ta bort lysdioden för att avsluta felkodsläsningen.

Hyundai MPi med varningslampa

13 Slå på tändningen.
14 Lägg en brygga mellan uttagen A och B i diagnostikuttaget **(se bild 14.4)**.

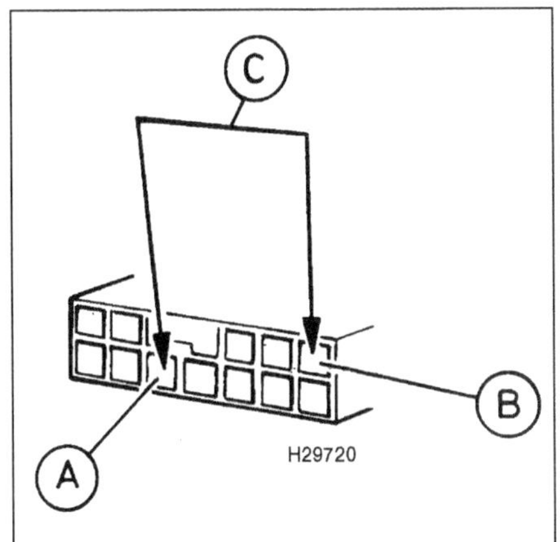

14.4 Hyundai MPi: Brygga ansluten till uttagen A och B i diagnostikuttaget

A Uttag A - jord
B Uttag B
C Brygga

15 Efter ca. 3 sekunder visas felkoderna som 2-siffriga blinkkoder med varningslampan på samma sätt som med en separat lysdiodlampa (se punkterna 8-11 ovan).
16 Slå av tändningen och ta bort bryggan för att avsluta felkodsläsningen.

Bosch Motronic M2.7 och 2.10.1

Observera: *4-siffriga blinkande koder som hämtas manuellt kan vara annorlunda än de koder som visas med hjälp av en felkodsläsare. Se kolumnen "Blinkkod" i felkodstabellen i slutet av kapitlet.*
17 Slå på tändningen.
18 Lägg en brygga mellan uttagen A och B i diagnostikuttaget **(se bild 14.5)**.
19 Ta bort bryggan efter ca. 2-3 sekunder.
20 Varningslampan börjar blinka de 4-siffriga felkoderna som följer:

a) De fyra siffrorna indikeras av fyra serier blinkningar.
b) Den första serien blinkningar indikerar den första siffran, den andra serien den andra siffran och så vidare tills alla 4 siffrorna har blinkats.
c) Varje serie består av 1 eller 2 sekunders blinkningar, åtskilda av korta pauser (på 0,5 sekunder). Varje heltal mellan 1 och 9 motsvaras av 1,5 sekunders blinkningar.
d) En 2,5 sekunders paus skiljer varje serie blinkningar.
e) Koden "1233" indikeras genom en 1,5 sekunders blinkning, en 0,5 sekunders paus, två 1,5 sekunders blinkningar, en 0,5 sekunders paus, tre 1,5 sekunders blinkningar, en 0,5 sekunders paus och tre 1,5 sekunders blinkningar. Efter 2,5 sekunders paus upprepas koden.

21 Räkna antalet blinkningar i varje serie och registrera varje kod. Se tabellerna i slutet av kapitlet för att se vad felkoden betyder.
22 Koden upprepas kontinuerligt tills bryggan läggs mellan uttagen A och B i diagnostikuttaget igen. Ta bort bryggan efter ca. 2-3 sekunder för att visa nästa felkod.

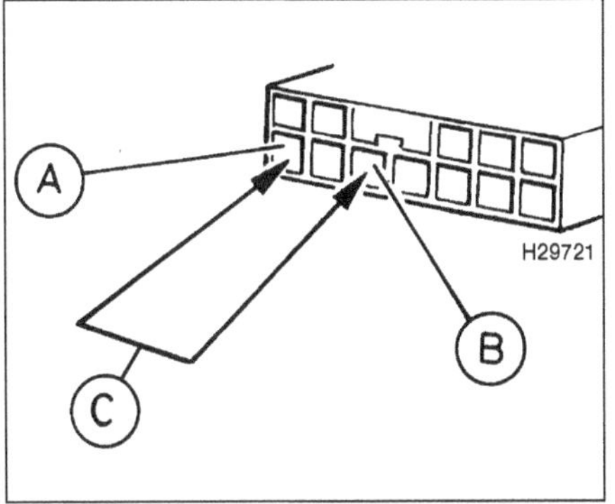

14.5 Bosch Motronic: Brygga ansluten till uttagen A och B i diagnostikuttaget

A Uttag A - jord
B Uttag B
C Brygga

23 Fortsätt tills alla lagrade koder har visats. Avslutad felkodssändning indikeras genom koden "3333".
24 Slå av tändningen och ta bort bryggan för att avsluta felkodsläsningen.

4 Radera felkoder utan felkodsläsare

Hyundai MPi

1 Slå av tändningen och koppla bort batteriets minuspol under ca. 15 sekunder.
2 Anslut batteriets minuspol igen.
Observera: *Den första nackdelen med den här metoden är att frånkoppling av batteriet initierar alla styrmodulens anpassade värden. Återinlärning av lämpliga anpassade värden kräver att du startar motorn kall och kör med olika varvtal under ca. 20 - 30 minuter. Motorn ska också gå på tomgång i 10 minuter. Den andra nackdelen är att radiosäkerhetskoder, klockans inställning och andra lagrade värden går förlorade och måste programmeras in igen när batteriet återanslutits. Om det är möjligt ska du använda en felkodsläsare för att radera minnet.*

Bosch Motronic M2.7 och 2.10.1

3 Hämta koder från styrmodulen enligt ovan tills kod "3333" sänds.
4 Lägg bryggan mellan uttagen A och B i diagnostikuttaget under 10 sekunder. Då raderas alla koder.

5 Självdiagnos med felkodsläsare

Observera: *Under en del av testen kan ytterligare felkoder genereras. Se till att inga koder som genereras under test lurar diagnosen.*

Alla Hyundai-modeller

1 Anslut en felkodsläsare till diagnostikuttaget, använd felkodsläsaren för följande ändamål och följ tillverkarens instruktioner noga **(se bild 14.6)**:

a) Hämta felkoder
b) Radera felkoder

2 Felkodsläsaren kan visa både 4-siffriga blinkkoder och/eller 2-siffriga felkoder. Se kolumnen *"Blinkkod"* eller *"Felkod"* i felkodstabellen i slutet av kapitlet.
3 Felkoder måste alltid raderas efter komponenttest eller efter reparationer där komponenter i motorstyrningssystemet tas bort eller byts ut.

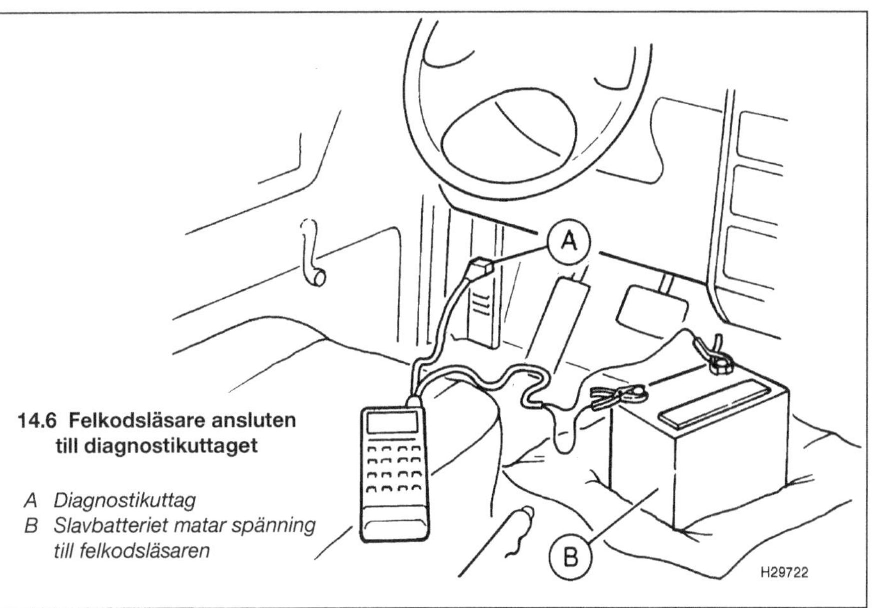

14.6 Felkodsläsare ansluten till diagnostikuttaget

A Diagnostikuttag
B Slavbatteriet matar spänning till felkodsläsaren

6 Guide till testmetoder

1 Använd en felkodsläsare för att hämta felkoder från styrmodulen eller hämta koder manuellt enligt avsnitt 3 eller 5.

Lagrade koder

2 Om du får en eller flera felkoder, titta i felkodstabellerna i slutet av det här kapitlet för att fastställa betydelsen.

3 Om du får flera felkoder, leta efter gemensamma faktorer som t.ex. en felaktig jordanslutning eller matning.

4 Se testprocedurerna i kapitel 4 där du hittar sätt att testa de flesta komponenter och kretsar som återfinns i ett modernt motorstyrningssystem.

5 När felet har avhjälpts, radera koderna och kör motorn under olika förhållanden för att se om problemet är borta.

6 Kontrollera styrmodulen igen. Upprepa ovanstående procedurer om det fortfarande finns felkoder kvar.

7 Se kapitel 3 för mer information om hur du effektivt testar motorstyrningssystemet.

Inga koder lagrade

8 När ett driftsproblem uppstår utan att du får en felkod ligger felet utanför de parametrar som inprogrammerats i självdiagnossystemet. Se kapitel 3 för mer information om hur du effektivt kan testa motorstyrningssystemet.

9 Om problemet pekar mot en speciell komponent, se testprocedurerna i kapitel 4 där du hittar sätt att testa de flesta komponenter och kretsar som återfinns i ett modernt motorstyrningssystem.

Felkodstabeller

Hyundai MPi

Blink-/felkod	Beskrivning
11	Syresensor eller -krets
12	Luftflödesmätare eller -krets
13	Lufttemperaturgivare eller -krets
14	Gasspjällägesgivare eller -krets
15	Motorlägesgivare
21	Kylvätskans temperaturgivare -krets
22	Vevaxelns vinkelgivare eller -krets
23	Givare för övre dödpunkt, cylinder nr 1, eller krets
24	Fordonets hastighetsgivare eller -krets
25	Atmosfärtryckgivare eller -krets
41	Insprutare eller insprutarkrets
42	Bränslepump eller -krets
43	Inga fel funna i styrmodulen. Fortsätt med normala diagnostikmetoder
44	Tändspole
59	Bakre syresensor eller -krets

Bosch Motronic 2.7 och 2.10.1

Blinkkod	Felkod	Beskrivning
1121	36	Styrmodul eller -krets (Motronic 2.7)
1122	-	Styrmodul
1233	-	Styrmodul, ROM-fel
1234	-	Styrmodul, RAM-fel
2121	-	Insugningsrörets tryckgivare eller -krets
2121	21	Turbons övertrycksventil eller -krets (Motronic 2.7)
2222	-	Start, felkodssignaler
3112	17	Insprutare nr 1 eller insprutarkretsen
3114	04	Tomgångsventil eller -krets
3116	16	Insprutare nr 3 eller insprutarkretsen
3117	07	Vane luftflödesmätare eller -krets
3121	49	Insugningsrörets tryckgivare eller -krets (Motronic 2.7)
3122	22	Tomgångsventil eller -krets
3128	28	Syresensor eller -krets
3135	05	Kolfilterventil eller -krets
3137	37	Batterimatning till styrmodul eller krets
3145	45	Kylvätskans temperaturgivare -krets
3149	40	Luftkonditionering (A/C)
3152	226	Laddningstrycksignal eller krets (Motronic 2.7)
3152	-	Insugningsrörets tryckgivare eller -krets
3153	53	Gasspjällpotentiometer eller -krets
3159	09	Vevaxelns givare eller -krets
3211	11	Knackgivare eller -krets
3222	08	Kamaxelgivare eller -krets
3224	222	Knackgivare eller -krets (Motronic 2.10.1)
3224	-	Styrmodul (Motronic 2.7)
3232	-	Kamaxelgivare eller -krets
3232	229	Cylinderidentifierare eller -krets
3233	-	Styrmodul (Motronic 2.7)
3233	-	Knackgivare eller -krets
3234	34	Insprutare nr 2 eller insprutarkretsen
3235	35	Insprutare nr 4 eller insprutarkretsen
3241	141	Styrmodul eller -krets (Motronic 2.10.1)
3242	142	Styrmodul eller -krets (Motronic 2.10.1)
3243	143	Styrmodul eller -krets (Motronic 2.10.1)
3333	-	Slut på felkoder
4133	133	Bränslepump eller -krets (Motronic 2.10.1)
4151	101	Syresensor eller -krets (Motronic 2.10.1)
4151	-	Fel på styrningen luft/bränsle (Motronic 2.7)
4152	103	Syresensor eller -krets
4153	102	Syresensor eller -krets
4154	104	Syresensor eller -krets
4155	-	Styrmodul
4156	-	Insugningsrörets tryckgivare eller -krets
4156	227	Laddningstrycksignal eller krets (Motronic 2.7)
4444	-	Inga fel upptäckta i styrmodulen. Fortsätt med normala diagnostikmetoder

Kapitel 15
Isuzu

Innehåll

Bilförteckning

Modell	Motorkod	År	System
Piazza Turbo	4Z C1T	1986 till 1990	Isuzu I-Tec + Turbo
Trooper 2.6	4ZE1	1988 till 1992	Isuzu I-Tec
Trooper 3.2i	6VD1	1993 till 1997	Isuzu I-Tec

Självdiagnostik

1 Inledning

Motorstyrningssystemet som finns i Isuzubilar är Isuzus eget I-Tec-system, som styr primärtändning, bränsleinsprutning och tomgångsfunktioner från samma styrmodul.

Självdiagnosfunktion

Styrmodulen har en självtestfunktion som kontinuerligt undersöker signalerna från vissa givare och aktiverare i motorn och sedan jämför signalerna med en tabell av inprogrammerade värden. Om diagnostikprogramvaran konstaterar att ett fel föreligger lagrar styrmodulen en eller fler felkoder. Koder kan inte lagras för komponenter för vilka det inte finns någon kod, eller för tillstånd som inte täcks av programvaran. I Isuzus I-Tec-system genererar styrmodulen 2-siffriga felkoder att hämtas antingen manuellt eller med en felkodsläsare.

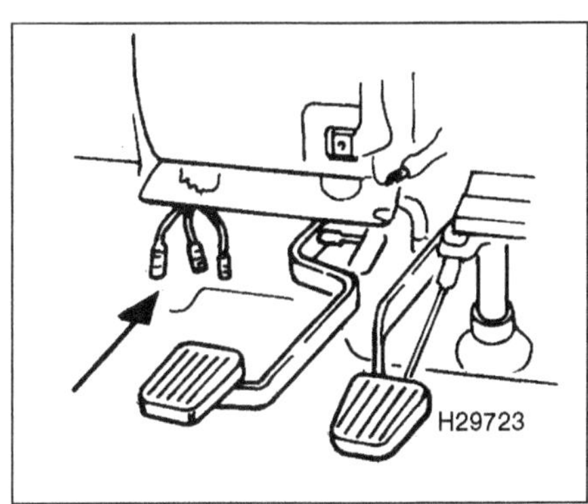

15.1 Diagnostikuttagens placering i Piazzamodeller

Nödprogram

I-Tec-systemet har ett nödprogram (s.k. "linka-hem"-läge). Så snart vissa koder genererats (alla koder initierar inte nödprogrammet) startar styrmodulen nödprogrammet och går över till ett programmerat grundvärde snarare än att gå efter givarsignaler. Detta gör att bilen tryggt kan köras till en verkstad för reparation eller test. Så snart felet avhjälpts återgår styrmodulen till normaldrift.

Självdiagnos, varningslampa

Isuzumodeller har en varningslampa för självdiagnos på instrumentpanelen.

2 Diagnostikuttagets placering

Piazza Turbo

Diagnostikuttagen sitter ovanför pedalerna under instrumentbrädan **(se bild 15.1 och 15.2)**. Piazza Turbo har två 1-stifts kontakter (hane och hona) och en 3-stifts kontakt. 3-stiftskontakten är till för en anpassad felkodsläsare och de två 1-stiftskontakterna är till för hämtning av blinkkoder.

Trooper

Diagnostikuttagen sitter ovanför pedalerna under instrumentpanelen **(se bild 15.1)**. Trooper har en 3-stifts kontakt **(se bild 15.3).** Kontakten är till för både manuell hämtning av blinkkoder och för en anpassad felkodsläsare.

3 Hämta felkoder utan felkodsläsare - blinkkoder

Observera: *Under en del av testen kan ytterligare felkoder genereras. Se till att inga koder som genereras under test lurar diagnosen. Alla koder måste raderas när testet har genomförts.*

1 Hitta diagnostikuttaget.
2 På Piazza Turbomodeller, koppla ihop hanen och honan (1-stiftskontakterna) **(se bild 15.2)**.
3 På Troopermodeller, lägg en brygga mellan terminalerna 1 och 3 i diagnostikuttaget med 3 stift **(se bild 15.3).**
4 Slå på tändningen utan att starta motorn.
5 Koderna visas i varningslampan för självdiagnos på instrumentpanelen. Blinkningarna för 2-siffriga felkoder visas på följande sätt:

a) De två siffrorna indikeras av två serier blinkningar.
b) Den första serien blinkningar anger tiotal och den andra serien ental.

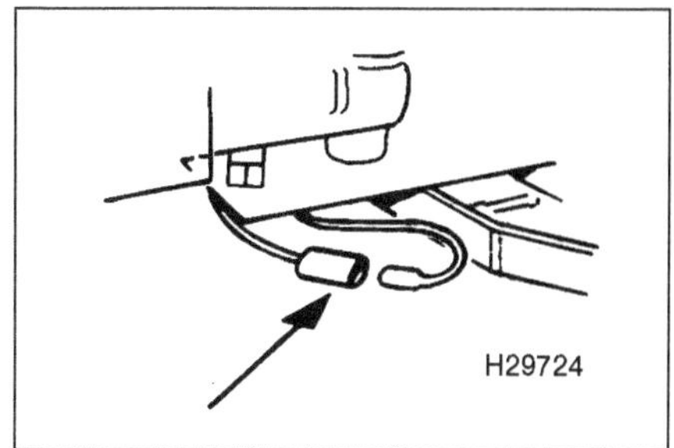

15.2 Starta självdiagnostestet genom att koppla ihop hane och hona (1-stiftskontakterna)

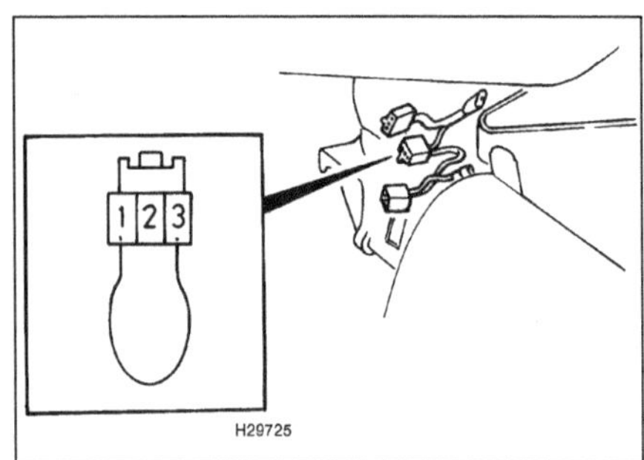

15.3 Diagnostikuttagets placering i Troopermodeller. Starta självdiagnostestet genom att brygga terminalerna

c) Både tiotal och ental indikeras av 0,4 sekunders blinkningar åtskilda av korta pauser.

d) En 1,2 sekunders paus skiljer tiotalen från entalen.

e) De enskilda koderna skiljs av en 3,2 sekunders paus.

f) Kod nr "12" indikeras alltså av en 0,4 sekunders blinkning, följd av en 1,2 sekunders paus och sedan två 0,4 sekunders blinkningar i snabb följd.

6 Räkna antalet blinkningar i varje serie och registrera varje kod vartefter den sänds. Se tabellen i slutet av kapitlet för att se vad felkoden betyder.

7 Felkoder visas i sekvens och upprepas tre gånger innan nästa kod sänds.

8 För Piazza Turbomodeller indikerar kod nr "12" att testet startar. Om "12" upprepas kontinuerligt finns inga fel lagrade.

9 För Troopermodeller indikerar kod nr "12" att motorn inte har startats och att fel därför inte har lagrats.

10 Fortsätt hämta koder tills alla lagrade koder har hämtats och registrerats.

11 Slå av tändningen och lossa kontakterna eller ta bort bryggan för att avsluta felkodshämtningen.

4 Radera felkoder utan felkodsläsare

Piazza Turbomodeller

1 Slå av tändningen och ta bort säkring nr 4 i säkringsboxen.

Observera: *Nackdelen med den här metoden är att radiosäkerhetskoder, klockans inställning och andra lagrade värden går förlorade och måste programmeras in igen när säkringen sätts tillbaka. Om det är möjligt ska du använda en felkodsläsare för att radera minnet.*

Troopermodeller

2 Slå av tändningen och ta bort säkring 13 från säkringsboxen. Du kan ta bort säkring 4 i stället, men tar du bort nr 13 behöver du inte ställa in radion och klockan.

5 Självdiagnos med felkodsläsare

Observera: *Under en del av testen kan ytterligare felkoder genereras. Se till att inga koder som genereras under test lurar diagnosen.*

Alla Isuzumodeller

1 Anslut en felkodsläsare till diagnostikuttaget. Använd felkodsläsaren (enligt tillverkarens instruktioner) till följande ändamål:

a) Hämta felkoder

b) Radera felkoder

2 Felkoder måste alltid raderas efter komponenttest eller efter reparationer där komponenter i motorstyrningssystemet demonteras eller byts ut.

6 Guide till testmetoder

1 Använd en felkodsläsare för att hämta felkoder från styrmodulen eller hämta koder manuellt enligt avsnitt 3 eller 5.

Lagrade koder

2 Om du får en eller flera felkoder, titta i felkodstabellen i slutet av det här kapitlet för att fastställa betydelsen.

3 Om du får flera felkoder, leta efter gemensamma faktorer som t.ex. en felaktig jordanslutning eller matning.

4 Se testprocedurerna i kapitel 4 där du hittar sätt att testa de flesta komponenter och kretsar som återfinns i ett modernt motorstyrningssystem.

5 När felet har avhjälpts, radera koderna och kör motorn under olika förhållanden för att se om problemet är borta.

6 Kontrollera styrmodulen igen. Upprepa ovanstående procedurer om det fortfarande finns felkoder kvar.

7 Se kapitel 3 för mer information om hur du effektivt testar motorstyrningssystemet.

Inga koder lagrade

8 När ett driftsproblem uppstår utan att du får en felkod ligger felet utanför de parametrar som inprogrammerats i självdiagnossystemet. Se kapitel 3 för mer information om hur du effektivt kan testa motorstyrningssystemet.

9 Om problemet pekar mot en speciell komponent, se testprocedurerna i kapitel 4 där du hittar sätt att testa de flesta komponenter och kretsar som återfinns i ett modernt motorstyrningssystem.

Felkodstabell

Isuzu I-Tec

Blink-/felkod	Beskrivning
12	Motorn ej startad (Trooper)
12	Start felkodssignaler (Piazza)
13	Syresensor eller -krets
14	Kylvätskans temperaturgivare -krets
15	Kylvätskans temperaturgivare -krets
21	Gasspjällbrytare, tomgångs- och fullastkontakterna slutna
22	Startmotorns signalkrets
23	Krafttransistor för tändning eller krets
25	Vakuumventilsystem för tryckregulator eller krets
26	Kolfilterventil eller -krets, hög spänning
27	Kolfilterventil eller -krets, låg spänning
33	Bränsleinsprutningssystem eller bränsleinsprutarkrets
35	Krafttransistor för tändning eller krets
41	Vevaxelns vinkelgivare eller -krets
43	Gasspjällbrytare, fullastkontakt
44	Syresensor eller -krets
45	Syresensor eller -krets
51	Styrmodul eller -krets
52	Styrmodul eller -krets
53	Vakuumventilsystem för tryckregulator eller krets
54	Tändningsstyrning
61	Luftflödesmätare eller -krets
62	Luftflödesmätare eller -krets
63	Fordonshastighetsgivare eller -krets
64	Bränsleinsprutningssystem eller bränsleinsprutarkrets
65	Gasspjällbrytare, fullastkontakt
66	Knackgivare
72	EGR-system eller -krets
73	EGR-system eller -krets

Kapitel 16
Jaguar

Innehåll

Bilförteckning

Modell	Motorkod	Årsmodell	System
Detta kapitel			
XJ6/Sovereign 3.2 DOHC kat	AJ-6	1990 till 1994	Lucas LH-15CU
XJ6/Sovereign 3.6 24V	AJ-6	1986 till 1989	Lucas LH-9CU
XJ6/Sovereign 4.0	AJ-6	1991 till 1997	Lucas LH-15CU
XJ-S 4.0	AJ-6	1991 till 1997	Lucas LH-15CU
Andra Jaguarbilar och -system, som inte behandlas i denna bok			
Double-Six 6.0 SOHC kat	V12	1993 till 1994	Lucas LH-36CU
V12 6.0 SOHC kat	V12	1993 till 1994	Lucas LH-36CU
XJ6 3.2 DOHC 24V	AJ16	1994 till 1997	Lucas GEMS
XJ6 4.0 Sport	AJ16	1994 till 1997	Lucas GEMS
XJR 4.0 Supercharged	AJ16	1994 till 1997	Lucas GEMS
XJ-S V12 6.0	V12	1993 till 1996	Lucas LH-36CU
XJ-S V12 6.0 R-kat	V12	1993 till 1997	Lucas LH-36CU
XJ12 6.0 V12 SOHC	V12	1994 till 1997	Lucas LH-36CU
XJ-S & XJSC V12 OHC	V12	1990 till 1993	Lucas LH-26CU
XJ-S & XJSC V12 R-kat	V12	1990 till 1993	Lucas LH-26CU

Självdiagnostik

1 Inledning

Motorstyrningssystemen som sitter i Jaguars bilar kommer huvudsakligen från Lucas och omfattar Lucas LH-9CU, LH-15CU, LH-26CU och LH-36CU. Alla Jaguars motorstyrningssystem styr primärtändning samt bränsle- och tomgångsfunktioner från samma styrmodul. I denna bok behandlas bara Lucas LH-9CU och LH-15CU. Felkodstabeller och metoder för felkodshämtning saknades för de andra systemen vid tiden för tryckning av boken. Däremot vet vi att du behöver en anpassad felkodsläsare för att hämta felkoder och andra data för de flesta Jaguarmodeller.

Självdiagnosfunktion

Styrmodulen har en självtestfunktion som kontinuerligt undersöker signalerna från vissa givare och aktiverare och sedan jämför signalerna med en tabell med inprogrammerade värden. Om diagnostikprogramvaran konstaterar att ett fel föreligger lagrar styrmodulen en eller fler felkoder. Koder kan inte lagras för komponenter för vilka det inte finns någon kod, eller för tillstånd som inte täcks av programvaran.

Systemen Lucas LH-9CU och LH-15CU genererar 2-siffriga felkoder för hämtning och visning med bilens kontrollskärm på instrumentpanelen eller med en anpassad felkodsläsare.

Nödprogram

Systemen som behandlas i det här kapitlet har nödprogram (s.k. "linka-hem"-läge). Så snart vissa fel identifierats (alla fel initierar inte nödprogrammet) startar styrmodulen nödprogrammet och går över till ett programmerat grundvärde snarare än att gå efter givarsignaler. Detta gör att bilen tryggt kan köras till en verkstad för reparation eller test. Så snart felet avhjälpts återgår styrmodulen till normaldrift.

Anpassning

Jaguars system har också en adaptiv funktion som anpassar inprogrammerade värden efter vanlig körning och tar hänsyn till motorslitage.

Självdiagnosdisplay (bilens kontrollskärm)

Jaguar har en självdiagnosdisplay som kallas bilens kontrollskärm som sitter på instrumentpanelen.

2 Diagnostikuttagets placering

Diagnostikuttaget för felkodsläsaren sitter framför batteriet i motorutrymmet. Kontakten är vanligtvis brun och rund, och den har 6 stift. Bilarna har dessutom en kontrollskärm för felkodshämtning som sitter på instrumentpanelen **(se bild 16.1)**.

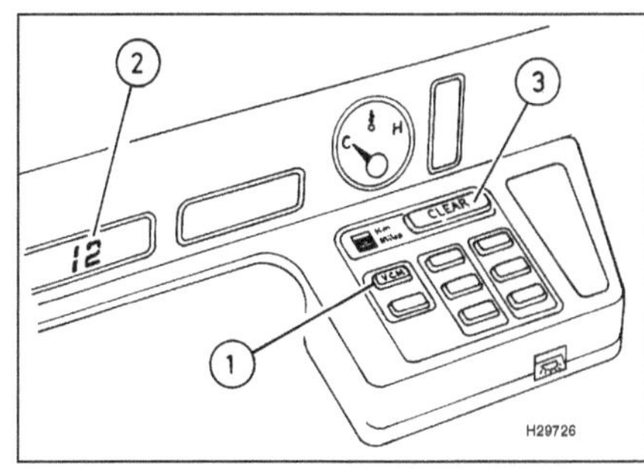

16.1 Bilens kontrollskärm

1 *VCM-knapp (Vehicle Control Monitor)*
2 *Kodfönster*
3 *Radera-knapp för koder i bilens kontrollskärm*

3 Hämta felkoder utan felkodsläsare

Observera: *Under vissa test kan ytterligare felkoder genereras. Se till att inga koder som genereras under test lurar diagnosen. Alla koder måste raderas när testet har slutförts.*

1 I Jaguarer kan du hämta felkoder via bilens kontrollskärm.

2 Om motorn går, slå av motor och tändning och vänta i minst fem sekunder innan du fortsätter.

3 Slå på tändningen.

4 Tryck på VCM-knappen (vehicle condition monitor) på instrumentpanelen för att visa koderna på kontrollskärmen. Om en asterisk visas på skärmen har flera fel påträffats.

5 När du slår av tändningen avslutas felkodsläsningen.

4 Radera felkoder utan felkodsläsare

1 Slå av tändningen och koppla bort batteriets minuspol under ca. 30 sekunder.

2 Anslut batteriets minuspol igen.

Observera: *En nackdel med den här metoden är att frånkoppling av batteriet initierar alla styrmodulens anpassade värden. Återinlärning av lämpliga anpassade värden kräver att du startar motorn kall och kör med olika varvtal under ca. 20 - 30 minuter. Motorn ska också gå på tomgång i 10 minuter. En annan nackdel är att radiosäkerhetskoder, klockans inställning och andra lagrade värden går förlorade och måste programmeras in igen när batteriet återanslutits. Du bör använda en felkodsläsare för att radera felkoder på dessa bilar om det är möjligt.*

5 Självdiagnos med felkodsläsare

Observera 1: *Under en del testprocedurer är det möjligt att ytterligare felkoder genereras. Se till att inga koder som genereras under test lurar diagnosen.*

Observera 2: *Det fanns när boken gick till tryckning bara felkodstabeller och metoder att hämta data för Lucas LH-9CU och LH-15CU. Däremot vet vi att du behöver en anpassad felkodsläsare för att hämta felkoder och andra data för de flesta Jaguarmodeller.*

Alla Jaguarmodeller

1 Anslut en felkodsläsare till diagnostikuttaget. Använd felkodsläsaren (enligt tillverkarens instruktioner) till följande ändamål:

a) Hämta felkoder

b) Radera felkoder

2 Felkoder måste alltid raderas efter komponenttest eller efter reparationer där komponenter i motorstyrningssystemet avlägsnas eller byts ut.

6 Guide till testmetoder

1 Använd en felkodsläsare för att hämta felkoder från styrmodulen eller visa koderna på bilens kontrollskärm, se avsnitt 3 och 5.

Lagrade koder

2 Om du får en eller flera felkoder, titta i felkodstabellerna i slutet av det här kapitlet för att fastställa betydelsen.

3 Om du får flera felkoder, leta efter gemensamma faktorer, t.ex. en felaktig jordanslutning eller matning.

4 Se testprocedurerna i kapitel 4 där du hittar sätt att testa de flesta komponenter och kretsar som återfinns i ett modernt motorstyrningssystem.

5 När felet har avhjälpts, radera koderna och kör motorn under olika förhållanden för att se om problemet är borta.

6 Kontrollera styrmodulen igen. Upprepa ovanstående procedurer om det fortfarande finns felkoder kvar.

7 Se kapitel 3 för mer information om hur du effektivt testar motorstyrningssystemet.

Inga koder lagrade

8 När ett driftsproblem uppstår utan att du får en felkod ligger felet utanför de parametrar som inprogrammerats i självdiagnossystemet. Se kapitel 3 för mer information om hur du effektivt kan testa motorstyrningssystemet.

9 Om problemet pekar mot en speciell komponent, se testprocedurerna i kapitel 4 där du hittar sätt att testa de flesta komponenter och kretsar som återfinns i ett modernt motorstyrningssystem.

Felkodstabeller

Lucas LH-9CU

Felkod	Beskrivning
01	Gasspjällpotentiometer eller -krets
02	Luftflödesmätare eller -krets
03	Kylvätskans temperaturgivare eller -krets
04	Gasspjällpotentiometer eller -krets
05	Gasspjällpotentiometer eller -krets/Luftflödesmätare eller -krets
06	Gasspjällpotentiometer eller -krets/Luftflödesmätare eller -krets
07	Fordonets hastighetsgivare eller -krets

Lucas LH-15CU

Felkod	Beskrivning
11	Gasspjällpotentiometer eller -krets
12	Luftflödesmätare eller -krets
14	Kylvätskans temperaturgivare eller -krets
16	Lufttemperaturgivare eller -krets
17	Gasspjällpotentiometer eller -krets
18	Gasspjällpotentiometer eller -krets, signalmotståndet lågt vid tomgång
18	Luftflödesmätare eller -krets, signalmotståndet lågt vid tomgång (alternativ kod)
19	Gasspjällpotentiometer eller -krets, signalmotståndet högt vid tomgång
19	Luftflödesmätare eller -krets, signalmotståndet högt vid tomgång (alternativ kod)
22	Syresensorvärmare eller -krets
22	Bränslepump eller -krets
23	Bränsletillförsel eller -krets, feta avgaser
24	Tändningsförstärkare eller -krets
26	Syresensor eller -krets, magra avgaser/vakuumläckage
29	Styrmodul, självtest
33	Bränsleinsprutare eller krets
34	Bränsleinsprutare eller krets
37	EGR-ventil
39	EGR-system
44	Syresensor eller -krets, fett eller magert tillstånd
46	Tomgångsventil spole 1 eller -krets
47	Tomgångsventil spole 2 eller -krets
48	Tomgångsventil eller -krets
68	Fordonets hastighetsgivare eller -krets, felaktig signalspänning
69*	Säkerhetsbrytaren för neutralläge; motorn drar runt i driveläge
89	Kolfilterventil eller -krets

***Observera:** *Årsmodellerna 1990 och 1991: Kod "69" kan sättas fel om spänningen sjunker tillräckligt mycket under runddragning. Kontrollera batteriet och sedan vridomkopplarens inställning för att åtgärda problemet.*

Kapitel 17
Kia

Innehåll

Bilförteckning

Modell	Motorkod	År	System
Mentor 1.6i SOHC 8V	-	1995 till 1997	Kia EGi
Sportage 2.0i SOHC 8V	FE	1995 till 1997	Bosch Motronic M2.10.1
Sportage 2.0i DOHC 16V	FE	1995 till 1997	Bosch Motronic M2.10.1

Självdiagnostik

1 Inledning

Kiabilar är utrustade med motorstyrningssystemen Kia EGi eller Bosch Motronic som bägge styr primärtändning, bränsleinsprutning och tomgångsfunktioner från samma styrmodul.

Självdiagnosfunktion

Styrmodulen har en självtestfunktion som kontinuerligt undersöker signalerna från vissa givare och aktiverare och sedan jämför signalerna med en tabell med inprogrammerade värden. Om diagnostikprogramvaran konstaterar att ett fel föreligger lagrar styrmodulen en eller fler felkoder i styrmodulminnet. Koder kan inte lagras för komponenter för vilka det inte finns någon kod, eller för tillstånd som inte täcks av programvaran. Kiabilarnas motorstyrningssystem genererar 2-siffriga (Kia EGi) eller 3-siffriga felkoder (Bosch Motronic 2.10.1) att hämtas manuellt eller med en anpassad felkodsläsare.

Nödprogram

Systemen som behandlas i det här kapitlet har nödprogram (s.k. "linka-hem"-läge). Så snart vissa fel identifierats (alla fel initierar inte nödprogrammet) startar styrmodulen nödprogrammet och går över till ett programmerat grundvärde snarare än att gå efter givarsignaler. Detta gör att bilen tryggt kan köras till en verkstad för reparation eller test. Så snart felet avhjälpts återgår styrmodulen till normaldrift.

Anpassning

Kias system har också en adaptiv funktion som anpassar inprogrammerade värden efter vanlig körning och tar hänsyn till motorslitage.

2 Diagnostikuttagets placering

Observera: *Uttaget är till för både manuell hämtning av blinkkoder och för en anpassad felkodsläsare.*

Mentor 1.6i (EGi)

Diagnostikuttaget sitter på torpedväggen i motorrummet **(se bild 17.1)**.

Sportage 2.0i (Bosch Motronic)

Diagnostikuttaget sitter bakom luftflödesmätaren, intill vänster innerskärm **(se bild 17.2)**.

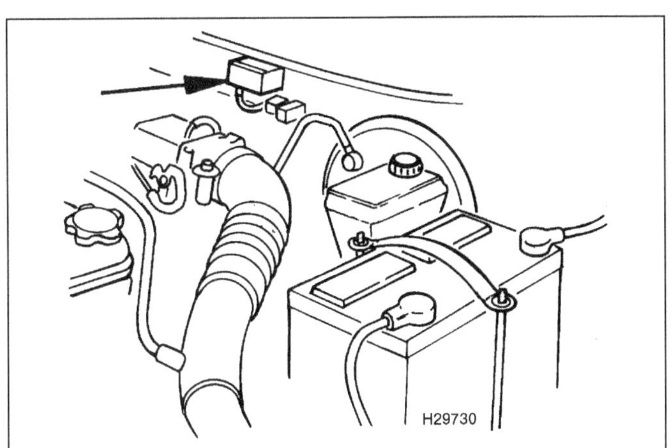

17.1 Diagnostikuttaget på torpedväggen i motorrummet (vid pilen)

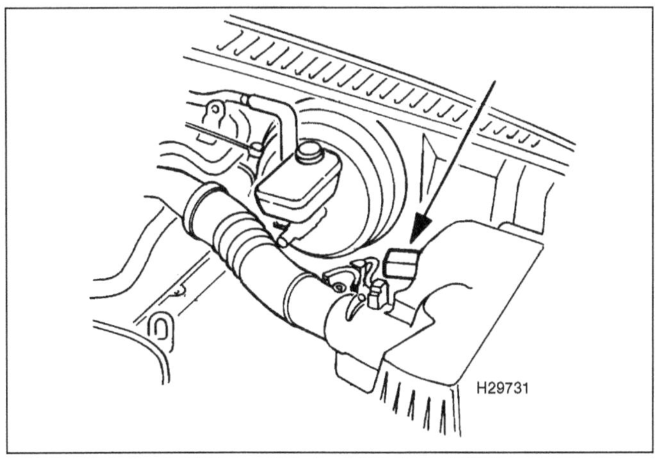

17.2 Diagnostikuttaget bakom luftflödesmätaren i motorrummet (vid pilen)

3 Hämta felkoder utan felkodsläsare - blinkkoder

Observera: *Under en del av testen kan ytterligare felkoder genereras. Se till att inga koder som genereras under test lurar diagnosen. Alla koder måste raderas när testet har genomförts.*

1 Anslut en lysdiodlampas plusledare till uttag A och minusledaren till uttag B i diagnostikuttaget **(se bild 17.3).**

Observera: *Om inte lysdioden uppför sig som den ska, vänd på anslutningarna till diagnostikuttaget.*

2 Lägg en brygga mellan uttagen C och D i diagnostikuttaget **(se bild 17.3)**.

3 Slå på tändningen. Lysdioden lyser i 3 sekunder och slocknar sedan.

4 Om styrmodulen har lagrat en eller flera felkoder, börjar lysdiodlampan blinka de 2-siffriga koderna enligt följande:

a) De två siffrorna indikeras av två serier blinkningar.

b) Den första serien blinkningar anger tiotal och den andra serien ental.

c) Tiotalet indikeras av 1,2 sekunders blinkningar. Ental indikeras med 0,5 sekunders blinkningar, åtskilda av 0,5 sekunders pauser.

d) En 1,6 sekunders paus skiljer tiotalen från entalen och de enskilda koderna skiljs åt av en 4 sekunders paus.

e) Kod "34" indikeras genom tre 1,2 sekunders blinkningar följda av en 1,6 sekunders paus och fyra 0,5 sekunders blinkningar.

5 Räkna antalet blinkningar i varje serie och registrera varje kod. Se tabellerna i slutet av kapitlet för att se vad felkoden betyder.

6 Om lysdiodlampan inte blinkar finns inga felkoder lagrade i styrmodulen.

7 Fortsätt hämta koder tills alla lagrade koder har hämtats och registrerats.

8 Slå av tändningen och ta bort bryggan och lysdiodlampan för att avsluta felkodsläsningen.

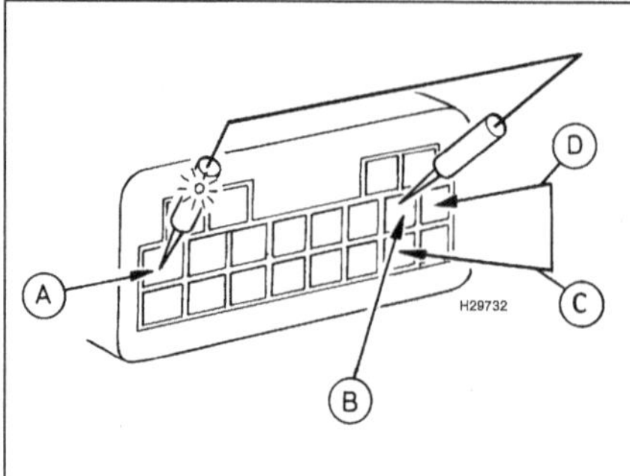

17.3 Stift för felkodshämtning i diagnostikuttag

A Lysdiodlampans plusledare
B Lysdiodlampans minusledare
C Uttag för brygga
D Uttag för brygga

4 Radera felkoder utan felkodsläsare

1 Koppla från batteriets minuspol och trampa på bromspedalen under minst 5 sekunder.

2 Anslut batteriets minuspol igen.

Observera: *Den första nackdelen med den här metoden är att frånkoppling av batteriet initierar alla styrmodulens anpassade värden. Återinlärning av lämpliga anpassade värden kräver att du startar motorn kall och kör med olika varvtal under ca. 20 - 30 minuter. Motorn ska också gå på tomgång i 10 minuter. Den andra nackdelen är att radiosäkerhetskoder, klockans inställning och andra lagrade värden går förlorade och måste programmeras in igen när batteriet återanslutits. Om det är möjligt ska du använda en felkodsläsare för att radera minnet.*

5 Självdiagnos med felkodsläsare

Observera: *Under en del av testen kan ytterligare felkoder genereras. Se till att inga koder som genereras under test lurar diagnosen.*

Alla Kia-modeller

1 Anslut en felkodsläsare till diagnostikuttaget. Använd felkodsläsaren (enligt tillverkarens instruktioner) till följande ändamål:

a) Hämta felkoder

b) Radera felkoder

2 Koder måste alltid raderas efter komponenttest eller efter reparationer där komponenter i motorstyrningssystemet demonteras eller byts ut.

6 Guide till testmetoder

1 Använd en felkodsläsare för att hämta felkoder från styrmodulen eller hämta koder manuellt enligt avsnitt 3 eller 5.

Lagrade koder

2 Om du får en eller flera felkoder, titta i felkodstabellerna i slutet av det här kapitlet för att fastställa betydelsen.

3 Om du får flera felkoder, leta efter gemensamma faktorer som t.ex. en felaktig jordanslutning eller matning.

4 Se testprocedurerna i kapitel 4 där du hittar sätt att testa de flesta komponenter och kretsar som återfinns i ett modernt motorstyrningssystem.

5 När felet har avhjälpts, radera koderna och kör motorn under olika förhållanden för att se om problemet är borta.

6 Kontrollera styrmodulen igen. Upprepa ovanstående procedurer om det fortfarande finns felkoder kvar.

7 Se kapitel 3 för mer information om hur du effektivt testar motorstyrningssystemet.

Inga koder lagrade

8 När ett driftsproblem uppstår utan att du får en felkod ligger felet utanför de parametrar som inprogrammerats i självdiagnossystemet. Se kapitel 3 för mer information om hur du effektivt kan testa motorstyrningssystemet.

9 Om problemet pekar mot en speciell komponent, se testprocedurerna i kapitel 4 där du hittar sätt att testa de flesta komponenter och kretsar som återfinns i ett modernt motorstyrningssystem.

Felkodstabeller

Kia EGi

Blink-/felkod	Beskrivning
02	Motorvarvtalsgivare
03	Cylinderidentifieringsgivare eller -krets
08	Luftflödesmätare eller -krets
09	Kylvätskans temperaturgivare eller -krets
10	Lufttemperaturgivare eller -krets
12	Gasspjällpotentiometer eller -krets
14	Atmosfärtryckgivare eller -krets
15	Syresensor eller -krets
17	Syresensor eller -krets
25	Bränsletryckregulatorns solenoidventil
26	Kolfilterventil eller -krets
34	Tomgångsventil eller -krets

Bosch Motronic M2.10.1

Blinkkod	Felkod	Beskrivning
02	047	Vevaxelns vinkelgivare eller -krets
03	008	Cylinderidentifieringsgivare eller -krets
07	229	Cylinderidentifieringsgivare eller -krets
08	007	Vane luftflödesmätare eller -krets
09	045	Kylvätskans temperaturgivare eller dess krets
11	169	Styrmodul
12	053	Gasspjällpotentiometer eller -krets
15	028	Syresensor eller -krets
17	065	Syresensor eller -krets
18	017	Insprutarventil nr 1 eller krets
19	016	Insprutarventil nr 2 eller krets
20	035	Insprutarventil nr 3 eller krets
21	034	Insprutarventil nr 4 eller krets
24	003	Bränslepumprelä eller krets
26	005	Kolfilterventil eller -krets
28	121	EGR-ventil eller -krets
34	004	Tomgångsventil eller -krets
35	103	Syresensor eller -krets
36	102	Syresensor eller -krets
37	104	Syresensor eller -krets
46	136	Luftkonditionering (A/C)
48	141	Styrmodul
48	142	Styrmodul
49	143	Styrmodul
56	22	Tomgångsventil eller -krets
57	040	Luftkonditionering (A/C)
73	009	Vevaxelns vinkelgivare eller -krets
88	154	Styrmodul
99	153	Styrmodul
99	037	Batterimatningsspänning till styrmodulen, låg spänning

Kapitel 18
Lancia

Innehåll

Bilförteckning

Modell	Motorkod	År	System
Y10 LXie och 4wd 1108 SOHC FIRE	156 C.000	1989 till 1993	Bosch Mono-Jetronic A2.2
Y10 1108ie och 4x4 SOHC kat	156 C.046	1990 till 1992	Bosch Mono-Jetronic A2.2
Y10 1108ie och 4x4 SOHC kat	156 C.046	1992 till 1994	Bosch Mono-Motronic MA1.7
Dedra 1.6ie SOHC	835 A1.000	1990 till 1994	Weber MIW Centrajet 2
Dedra 1600ie SOHC kat	835 A1.046	1990 till 1994	Bosch Mono-Jetronic A2.2
Dedra 1.8ie DOHC	835 A2.000	1990 till 1993	Weber-Marelli IAW MPi
Dedra 1.8ie DOHC kat	835 A2.046	1990 till 1994	Weber-Marelli IAW MPi
Dedra 2.0ie DOHC	835 A5.000	1990 till 1992	Weber-Marelli IAW MPi
Dedra 2.0ie DOHC kat	835 A5.045	1990 till 1994	Weber-Marelli IAW MPi
Dedra 2.0ie DOHC kat	835 A5.046	1990 till 1994	Weber-Marelli IAW MPi
Dedra 2.0ie DOHC Turbo och kat	835 A8.000	1991 till 1996	Weber-Marelli IAW MPi
Dedra 2.0ie Integrale Turbo och kat	835 A7.000	1991 till 1996	Weber-Marelli IAW MPi
Delta 2.0 16V Turbo	836.A2.000	1993 till 1997	Weber-Marelli IAW MPi
Delta 1600ie DOHC	831 B7.000	1986 till 1989	Weber-Marelli IAW MPi
Delta 1600ie DOHC	831 B7.000	1989 till 1990	Weber-Marelli IAW MPi
Delta 1600ie DOHC static	831 B7.000	1991 till 1992	Weber-Marelli IAW MPi
Delta HF Turbo och Martini 1600 DOHC	831 B3.000	1986 till 1992	Weber-Marelli IAW MPi
Delta HF Turbo DOHC kat	831 B7.046	1991 till 1993	Weber-Marelli IAW MPi
Delta HF Integrale Turbo DOHC	831 B5.000	1988 till 1989	Weber-Marelli IAW MPi
Delta HF Integrale Turbo DOHC	831 C5.000	1988 till 1989	Weber-Marelli IAW MPi
Delta HF Integrale Turbo 16V DOHC	831 D5.000	1989 till 1992	Weber-Marelli IAW MPi
Delta HF Integrale Turbo 16V och kat	831 E5.000	1991 till 1994	Weber-Marelli IAW MPi
Prisma 1600ie DOHC	831 B7.000	1986 till 1989	Weber-Marelli IAW MPi
Prisma 1600ie DOHC	831 B7.000	1989 till 1990	Weber-Marelli IAW MPi
Prisma 1600ie DOHC static	831 B7.000	1991 till 1992	Weber-Marelli IAW MPi
Scudo 1.6i	220 A2.000	1996 till 1997	Bosch Motronic 1.7
Thema FL 2000ie 16V DOHC kat	834 F1.000	1992 till 1994	Bosch Motronic M1.7
Thema FL 2000ie Turbo 16V DOHC kat	834 F2.000	1992 till 1994	Bosch Motronic M2.7
Thema FL 3000 V6 SOHC kat	834 F.000	1992 till 1994	Bosch Motronic M1.7

Självdiagnostik

1 Inledning

De vanligaste motorstyrningssystemen som används i Lancias bilar är Bosch Motronic, versionerna 1.7 och 2.7 samt Weber-Marelli IAW. Bosch Mono-Jetronic A2.2, Mono-Motronic och Weber Centrajet förekommer också. Förutom Mono-Jetronic styr Lancias motorstyrningssystem primärtändningen samt bränsle- och tomgångsfunktionerna från samma styrmodul. Mono-Jetronic-systemet styr bara bränslet och tomgången.

Självdiagnosfunktion

Varje elektronisk styrmodul har en självtestfunktion som kontinuerligt undersöker signalerna från vissa givare och aktiverare i motorn och sedan jämför signalerna med en tabell av inprogrammerade värden. Om diagnostikprogramvaran konstaterar att ett fel föreligger lagrar styrmodulen felet. Koder kan inte lagras för komponenter för vilka det inte finns någon kod, eller för tillstånd som inte täcks av programvaran.

Lancias programvara genererar inte felkodsnummer, och felkodsläsaren visar normalt felen på displayen utan referens till ett särskilt kodnummer. Fel i en eller flera kretsar eller komponenter lagras även om det inte finns några kodnummer tillgängliga. Det finns inga blinkkoder - en anpassad felkodsläsare är nödvändig för hämtning av felkoder.

Nödprogram

Systemen som behandlas i det här kapitlet har nödprogram (s.k. "linka-hem"-läge). Så snart vissa fel identifierats (alla fel initierar inte nödprogrammet) startar styrmodulen nödprogrammet och går över till ett programmerat grundvärde snarare än att gå efter givarsignaler. Detta gör att bilen tryggt kan köras till en verkstad för reparation eller test. Så snart felet avhjälpts återgår styrmodulen till normaldrift.

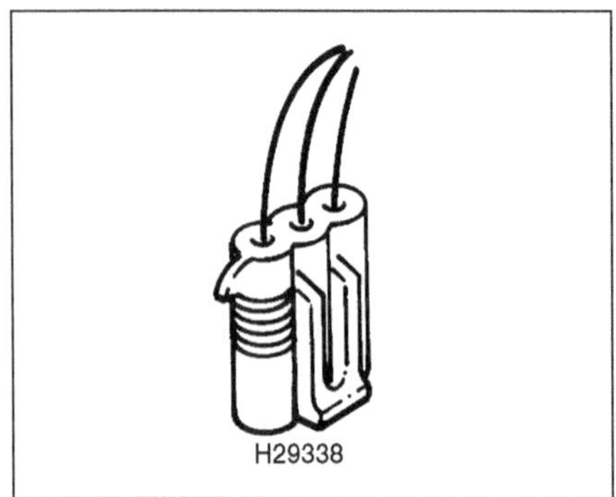

18.1 3-stifts diagnostikuttag för hämtning av felkoder från Lancias system

Anpassning

Lancias system har också en adaptiv funktion som anpassar inprogrammerade värden efter vanlig körning och tar hänsyn till motorslitage.

Självdiagnos, varningslampa

Många Lanciamodeller har en varningslampa för självdiagnos på instrumentpanelen. När du slår på tändningen tänds lampan. Så snart motorn startats slocknar lampan om diagnostikprogrammet inte känner av något systemfel. Om lampan tänds under det att motorn går har styrmodulen upptäckt ett systemfel.

2 Diagnostikuttagets placering

Observera: *Blinkkoder förekommer inte i Lancias system, och diagnostikuttaget är bara till för anslutning av en anpassad felkodsläsare.*

Bosch Motronic 1.7

Diagnostikuttaget med 3 stift **(se bild 18.1)** är placerat under passagerarsidans handskfack nära styrmodulen.

Bosch Mono-Jetronic A2.2

3-stiftskontakten sitter oftast på torpedväggen i motorrummet eller i passagerarutrymmet under handskfacket nära styrmodulen eller i mittkonsolen.

Bosch Mono-Motronic MA 1.7

3-stiftskontakten sitter vanligtvis bredvid styrmodulen på höger innerskärm i motorrummet. Annars kan den sitta nära styrmodulen under passagerarsidans handskfack eller i mittkonsolen.

Weber-Marelli MPi

3-stiftskontakten sitter oftast på torpedväggen i motorrummet eller i passagerarutrymmet under instrumentbrädan, nära styrmodulen.

Weber Centrajet

3-stiftskontakten sitter vanligtvis bredvid styrmodulen på höger innerskärm i motorrummet.

3 Hämta felkoder utan felkodsläsare

Du behöver en felkodsläsare för att visa felkoder som genererats av självdiagnossystemet i en Lancia. Även om det finns en varningslampa för självdiagnos i många Lanciabilar kan den inte användas för att visa blinkkoder.

4 Radera felkoder utan felkodsläsare

Alla system

1 Slå av tändningen och koppla bort batteriets minuspol under ca. 2 minuter.

2 Anslut batteriets minuspol igen.

Observera: *Den första nackdelen med den här metoden är att frånkoppling av batteriet initierar alla styrmodulens anpassade värden. Återinlärning av lämpliga anpassade värden kräver att du startar motorn kall och kör med olika varvtal under ca. 20 - 30 minuter. Motorn ska också gå på tomgång i 10 minuter. Den andra nackdelen är att radiosäkerhetskoder, klockans inställning och andra lagrade värden går förlorade och måste programmeras in igen när batteriet återanslutits. Om det är möjligt ska du använda en felkodsläsare för att radera minnet.*

5 Självdiagnos med felkodsläsare

Observera: *Under en del av testen kan ytterligare felkoder genereras. Se till att inga koder som genereras under test lurar diagnosen.*

Alla Lanciamodeller

1 Anslut en felkodsläsare till diagnostikuttaget. Använd felkodsläsaren (enligt tillverkarens instruktioner) till följande ändamål:

a) Visa systemfel
b) Återställ lagrade systemfel
c) Testa aktiverarna
d) Visa löpande data
e) Justera tändinställningen eller bränsleblandningen (vissa fordon)

2 Lagrade felkoder måste alltid raderas efter komponenttest eller efter reparationer där komponenter i motorstyrningssystemet demonteras eller byts ut.

6 Guide till testmetoder

1 Använd en felkodsläsare för att söka felkoder i styrmodulen.

Lagrade fel

2 Om du får flera felkoder, leta efter gemensamma faktorer som t.ex. en felaktig jordanslutning eller matning.

3 Läs igenom testprocedurerna i kapitel 4 där du hittar sätt att testa de flesta komponenter och kretsar som återfinns i ett modernt motorstyrningssystem.
4 När felet har avhjälpts, radera koderna och kör motorn under olika förhållanden för att se om problemet är borta.
5 Kontrollera den elektroniska styrmodulen en gång till. Upprepa ovanstående procedurer om fel fortfarande uppstår.
6 Se kapitel 3 för mer information om hur du effektivt testar motorstyrningssystemet.

Inga fel lagrade

7 När ett driftsproblem uppstår utan att du får en felkod ligger felet utanför de parametrar som inprogrammerats i självdiagnossystemet. Se kapitel 3 för mer information om hur du effektivt kan testa motorstyrningssystemet.
8 Om problemet pekar mot en speciell komponent, se testprocedurerna i kapitel 4 där du hittar sätt att testa de flesta komponenter och kretsar som återfinns i ett modernt motorstyrningssystem.

Feltabell

Alla Lanciamodeller

Lancias programvara genererar normalt inte felkoder. Felkodsläsaren visar normalt fel på felkodsdisplayen utan referens till något särskilt kodnummer. Fel i en eller flera av kretsarna eller komponenterna i följande lista lagras även om det inte finns några kodnummer tillgängliga.

Lista över kretsar som kontrolleras av Lancias självdiagnossystem

Anpassningsbara kontrollgränser. När gränserna nås pekar det på ett allvarligt (mekaniskt) tillstånd hos motorn.

Lufttemperaturgivare eller -krets

Batterispänningen för låg eller för hög

Vevaxelns vinkelgivare eller -krets, ingen signal

Kolfilterventil eller -krets

Kylvätskans temperaturgivare eller -krets

Elektronisk styrmodul

Fördelarens fasgivarkrets

Tändspolestyrning

Insprutarstyrning eller insprutarkrets

Knackgivare eller -krets

Syresensor eller -krets

Insugningsrörets tryckgivare eller -krets

Insugningsrörets tryckgivare, ingen överensstämmelse mellan tryckgivarsignalen och signalerna från gasspjällägesgivaren och vevaxelns vinkelgivare

Ingen överensstämmelse mellan vevaxelns vinkelgivarsignal och fördelarens fasgivarsignal eller krets

Syresensor eller -krets

Relästyrning eller -krets

Självdiagnos, varningslampa, eller -krets

Stegmotor för tomgången eller -krets

Varvräknare eller -krets

Gasspjällpotentiometer eller -krets

Kapitel 19
Land Rover

Innehåll

Bilförteckning

Modell	Motorkod	År	System
Discovery MPi 2.0 20HD DOHC 16V	M16i	1993 till 1995	Rover MEMS MPi
Discovery 2.0 MPi DOHC 16V	20T4	1995 till 1997	Rover MEMS MPi
Discovery 3.5 V8i	V8	1990 till 1992	Lucas 14CUX
Discovery 3.5 V8i kat	V8	1990 till 1995	Lucas 14CUX
Discovery 3.9i V8	V8	1995 till 1997	Lucas 14CUX
Range Rover 3.9 EFi V8	3.9L	1989 till 1996	Lucas 14CUX
Range Rover 4.0i	4.0L	1994 till 1997	Lucas 14CUX
Range Rover 4.2i kat	4.2L	1992 till 1994	Lucas 14CUX

Självdiagnostik

1 Inledning

Motorstyrningssystemen i Land Rovers bilar kommer från Lucas eller Rover. Rover MEMS styr primärtändning samt bränsle- och tomgångsfunktioner från samma styrmodul. Lucas 14CUX styr bara bränsleinsprutning och tomgångsfunktioner.

Självdiagnosfunktion

Varje styrmodul har en självtestfunktion som kontinuerligt undersöker signalerna från vissa givare och aktiverare i motorn och sedan jämför signalerna med en tabell av inprogrammerade värden. Om diagnostikprogramvaran konstaterar att ett fel föreligger lagrar styrmodulen en eller fler felkoder i styrmodulminnet. Koder kan inte lagras för komponenter för vilka det inte finns någon kod, eller för tillstånd som inte täcks av programvaran.

Lucas 14CUX genererar 2-siffriga felkoder som återhämtas med en anpassad felkodsläsare.

Rover MEMS programvara genererar inte felkodsnummer, och felkodsläsaren visar normalt felen på displayen utan referens till ett särskilt kodnummer. Fel i en eller flera kretsar eller komponenter lagras även om det inte finns några kodnummer tillgängliga.

Det går inte att hämta blinkkoder från Lucas 14CUX eller från Rover MEMS.

Nödprogram

Land Roversystem i det här kapitlet har nödprogram (s.k. "linka-hem"-läge). Så snart vissa fel identifierats (alla fel initierar inte nödprogrammet) startar styrmodulen nödprogrammet och går över till ett programmerat grundvärde snarare än att gå efter givarsignaler. Detta gör att bilen tryggt kan köras till en verkstad för reparation eller test. Så snart felet avhjälpts återgår styrmodulen till normaldrift.

Anpassning

Land Rovers system har också en adaptiv funktion som anpassar inprogrammerade värden efter vanlig körning och tar hänsyn till motorslitage.

2 Diagnostikuttagets placering

Lucas 14CUX

Diagnostikuttaget sitter antingen under förarsätet (på tidiga modeller) eller bakom panelen i förarens fotutrymme (på senare modeller) **(se bild 19.1 och 19.2)** och uttaget är endast avsett för en anpassad felkodsläsare.

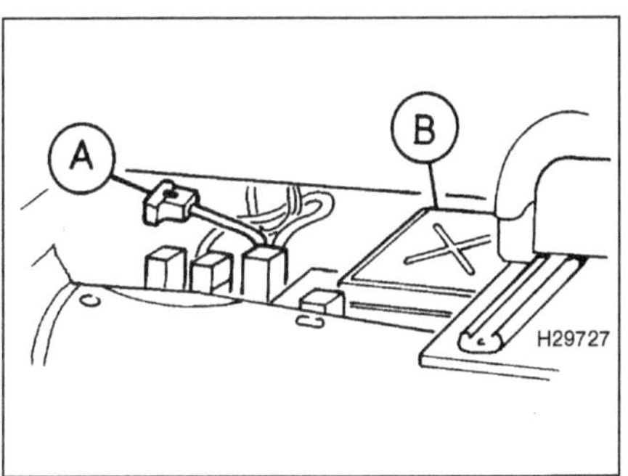

19.1 Diagnostikuttagets och styrmodulens placering, Lucas 14CUX, tidiga modeller
A Diagnostikuttag *B Styrmodul*

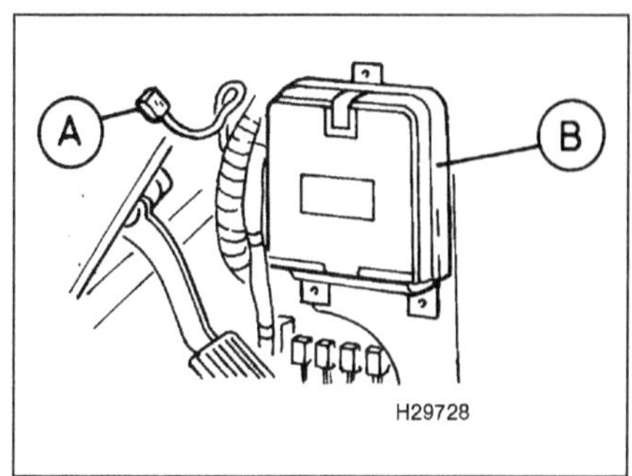

19.2 Diagnostikuttagets och styrmodulens placering, Lucas 14CUX, senare modeller
A Diagnostikuttag *B Styrmodul*

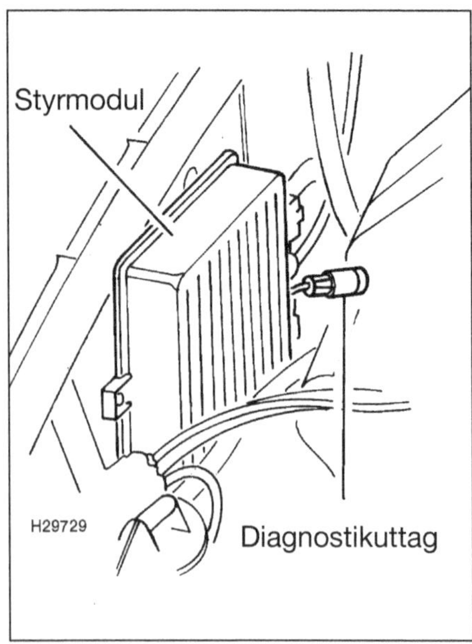

19.3 Diagnostikuttagets och styrmodulens placering, Rover MEMS

Rover MEMS

Diagnostikuttaget sitter nära styrmodulen på höger innerskärm i motorrummet **(se bild 19.3)** och är endast avsett för en anpassad felkodsläsare.

3 Hämta felkoder utan felkodsläsare

Det går inte att hämta felkoder från Lucas 14CUX eller Rover MEMS utan felkodsläsare.

4 Radera felkoder utan felkodsläsare

Det går inte att radera felkoder i Lucas 14CUX eller Rover MEMS utan felkodsläsare.

Rover MEMS har ett permanent minne som lagrar koder även om batteriet skulle kopplas från, men du behöver ändå en felkodsläsare för att radera koderna.

5 Självdiagnos med felkodsläsare

Observera: *Under en del av testen kan ytterligare felkoder genereras. Se till att inga koder som genereras under test lurar diagnosen.*

Alla modeller

1 Anslut en felkodsläsare till diagnostikuttaget. Använd felkodsläsaren (enligt tillverkarens instruktioner) till följande ändamål:

a) Visa felkoder och systemfel
a) Radera felkoder och systemfel i styrmodulen
c) Testa aktiverarna
d) Visa data
e) Justera bränsleblandningen (vissa fordon utan katalysator)

2 Lagrade fel måste alltid raderas efter komponenttest eller efter reparationer där komponenter i motorstyrningssystemet demonteras eller byts ut.

6 Guide till testmetoder

1 Använd en felkodsläsare för att söka felkoder i styrmodulen.

Lagrade koder

2 Om du får en eller flera felkoder, titta i felkodstabellerna i slutet av det här kapitlet för att fastställa betydelsen.

3 Om du får flera felkoder, leta efter gemensamma faktorer som t.ex. en felaktig jordanslutning eller matning.

4 Se testprocedurerna i kapitel 4 där du hittar sätt att testa de flesta komponenter och kretsar som återfinns i ett modernt motorstyrningssystem.

5 När felet har avhjälpts, radera koderna och kör motorn under olika förhållanden för att se om problemet är borta.

6 Kontrollera styrmodulen igen. Upprepa ovanstående procedurer om det fortfarande finns felkoder kvar.

7 Se kapitel 3 för mer information om hur du effektivt testar motorstyrningssystemet.

Inga koder lagrade

8 När ett driftsproblem uppstår utan att du får en felkod ligger felet utanför de parametrar som inprogrammerats i självdiagnossystemet. Se kapitel 3 för mer information om hur du effektivt kan testa motorstyrningssystemet.

9 Om problemet pekar mot en speciell komponent, se testprocedurerna i kapitel 4 där du hittar sätt att testa de flesta komponenter och kretsar som återfinns i ett modernt motorstyrningssystem.

Felkodstabeller

Lucas 14CUX

Felkod	Beskrivning
12	Luftflödesmätare eller -krets
14	Kylvätskans temperaturgivare eller -krets
15	Bränsletemperaturgivare eller -krets
17	Gasspjällpotentiometer eller -krets
18	Gasspjällpotentiometer eller -krets
19	Gasspjällpotentiometer eller -krets
21	Styrmodul eller -krets
25	Misständning
28	Luftläcka
29	Styrmodul, minnestest
34	Bränsleinsprutare, bank A, eller krets
36	Bränsleinsprutare, bank B, eller krets
40	Misständning, bank A eller krets
44	Syresensor A eller -krets
45	Syresensor B eller -krets
48	Tomgångsluftventil eller -krets
50	Misständning, bank B eller krets
59	Gruppfel - luftläcka eller bränsleförsörjning
68	Fordonshastighetsgivare eller -krets
69	Växelväljarkontakt eller -krets
88	Kolfilterventil eller -krets

Rover MEMS

Rover MEMS programvara genererar normalt inte felkoder. Felkodsläsaren visar normalt fel på felkodsdisplayen utan referens till något särskilt kodnummer. Fel i en eller flera av kretsarna eller komponenterna i följande lista lagras även om det inte finns några kodnummer tillgängliga.

Lista över kretsar som kontrolleras av Rover MEMS

Luftflödesmätare
Kolfilterventil
CO-motstånd
Kylvätskans temperaturgivare -krets
Bränsletryckregulator
Bränslepumprelä
Bränsletemperaturgivare
Stegmotor för tomgången
Insprutarventiler
Syresensor eller -krets
Gasspjällpotentiometer eller -krets
Fordonets hastighetsgivare

Kapitel 20
Lexus

Innehåll

Bilförteckning

Modell	Motorkod	År	System
Lexus GS300	2JZ-GE	1993 och senare	Toyota TCCS
Lexus LS400	1UZ-FE	1990 till 1993	Toyota TCCS

Självdiagnostik

1 Inledning

Motorstyrningssystemet som finns i Lexus är Toyotas TCCS-system, som styr primärtändning, bränsleinsprutning och tomgångsfunktioner från samma styrmodul.

Självdiagnosfunktion

Varje styrmodul har en självtestfunktion som kontinuerligt undersöker signalerna från vissa givare och aktiverare i motorn och sedan jämför signalerna med en tabell av inprogrammerade värden. Om diagnostikprogramvaran konstaterar att ett fel föreligger lagrar styrmodulen en eller fler felkoder i styrmodulminnet. Koder kan inte lagras för komponenter för vilka det inte finns någon kod, eller för tillstånd som inte täcks av programvaran.

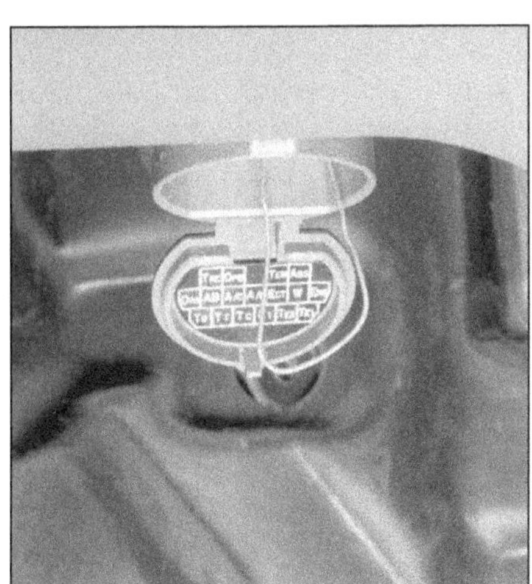

20.1 Diagnostikuttaget sitter under instrumentbrädan på förarsidan

Nödprogram

TCCS-systemet har ett nödprogram (s.k. "linka-hem"-läge). Så snart vissa fel identifierats (alla fel initierar inte nödprogrammet) startar styrmodulen nödprogrammet och går över till ett programmerat grundvärde snarare än att gå efter givarsignaler. Detta gör att bilen tryggt kan köras till en verkstad för reparation eller test. Så snart felet avhjälpts återgår styrmodulen till normaldrift.

Anpassning

TCCS-systemet har också en adaptiv funktion som anpassar inprogrammerade värden efter vanlig körning och tar hänsyn till motorslitage.

Självdiagnos, varningslampa

Lexusmodeller har en varningslampa för självdiagnos på instrumentpanelen.

2 Diagnostikuttagets placering

Diagnostikuttaget sitter under instrumentbrädan på förarsidan **(se bild 20.1)**.

3 Hämta felkoder utan felkodsläsare - blinkkoder

Observera: *Under en del av testen kan ytterligare felkoder genereras. Se till att inga koder som genereras under test lurar diagnosen. Alla koder måste raderas när testet har genomförts.*

1 Se till att motorn har nått normal arbetstemperatur och att alla strömbrytare är frånslagna och all extrautrustning är avstängd.
2 Gasspjällbrytaren måste fungera korrekt och växelväljaren vara i neutralläge innan självdiagnostestet kan påbörjas.
3 Slå på tändningen utan att starta motorn.
4 Lägg en brygga mellan uttagen TE1 och E1 i diagnostikuttaget **(se bild 20.2)**.
5 Koderna visas i varningslampan för självdiagnos. Blinkningarna för 2-siffriga felkoder visas på följande sätt:

a) De två siffrorna indikeras av två serier blinkningar.
b) Den första serien blinkningar anger tiotal och den andra serien ental.
c) Både tiotal och ental indikeras av 0,5 sekunders blinkningar åtskilda av 0,5 sekunders pauser.
d) En 1,5 sekunders paus skiljer tiotalen från entalen. Siffrorna i en kod skiljs av en 2,5 sekunders paus.
e) Kod "34" indikeras genom tre 0,5 sekunders blinkningar följda av en 1,5 sekunders paus och fyra 0,5 sekunders blinkningar.

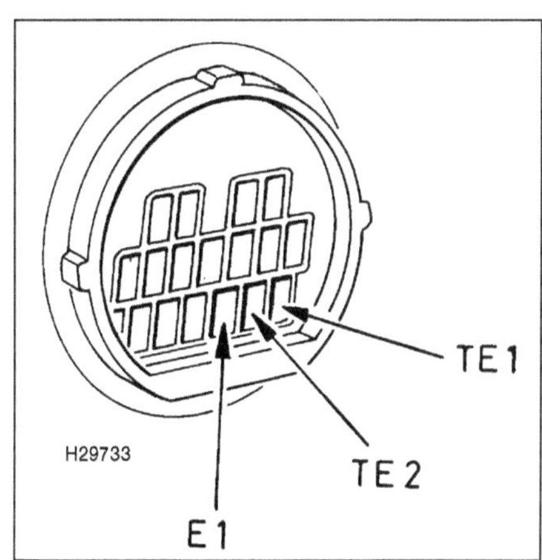

20.2 Lägg en brygga mellan uttagen TE1 och E1 i diagnostikuttaget. Detta får systemet att blinka felkoder med varningslampan för självdiagnos

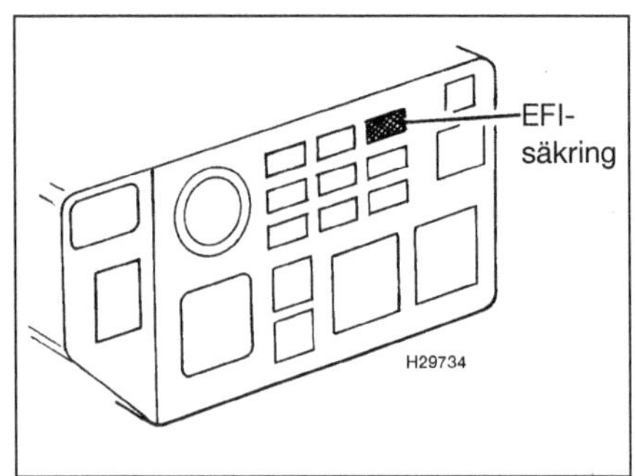

20.3 Placering av bränsleinsprutningens (EFi) säkring i säkringsboxen

6 Räkna antalet blinkningar i varje serie och registrera varje kod vartefter den sänds. Se tabellen i slutet av kapitlet för att se vad felkoden betyder.

7 Felkoder kommer att sändas i turordning och upprepas när den sista koden har visats.

8 Varningslampan slocknar när alla koder sänts och upprepar sedan sekvensen.

9 Om inga fel har upptäckts blinkar varningslampan varje halv sekund åtta gånger. Efter 3 sekunders paus upprepas sekvensen.

10 Slå av tändningen och ta bort bryggan för att avsluta felkodsläsningen.

Modeller med 2JZ-GE-motor

Observera: *Förbered på samma sätt som för felkodshämtning (se avsnitt 1 och 2). Bryggan mellan uttagen TE1 och E1 ska kopplas bort.*

11 Lägg en brygga mellan uttagen TE2 och E1 i diagnostikuttaget **(se bild 20.2)**.

12 Slå på tändningen.

Observera: *Om bryggan kopplas in efter att tändningen slagits på går inte testet i gång.*

13 Varningslampan för självdiagnos blinkar regelbundet för att indikera att systemet har gått till startläge.

14 Starta motorn och provkör bilen. Kör i en hastighet av minst 10 km/h och försök återskapa de förhållanden under vilka felet skulle kunna uppstå.

15 Stanna bilen med tändningen på.

16 Koppla bort bryggan mellan TE2 och E1 och lägg i stället bryggan mellan uttagen TE1 och E1.

17 Koderna som lagrats under provkörningen signaleras nu med varningslampan för självdiagnos. Lampans blinkande indikerar de 2-siffriga felkoderna på samma sätt som beskrivits tidigare (se punkterna 5-9).

18 Slå av tändningen och ta bort bryggan för att avsluta felkodsläsningen.

4 Radera felkoder utan felkodsläsare

Metod 1

1 Ta ut 20 A-säkringen för bränsleinsprutningen under minst 30 sekunder **(se bild 20.3)**.

2 Sätt tillbaka säkringen. Koderna ska nu vara raderade från styrmodulens minne.

Metod 2

3 Slå av tändningen och koppla bort batteriets minuspol under ca. 15 sekunder.

4 Anslut batteriets minuspol igen.

Observera: *Den första nackdelen med den här metoden är att frånkoppling av batteriet initierar alla styrmodulens anpassade värden. Återinlärning av lämpliga anpassade värden kräver att du startar motorn kall och kör med olika varvtal under ca. 20 minuter. Den andra nackdelen är att radiosäkerhetskoder och andra programmerade värden går förlorade och måste programmeras in igen när batteriet återanslutits. Använd metod 1 (eller en felkodsläsare) om möjligt.*

5 Självdiagnos med felkodsläsare

Observera: *Under en del av testen kan ytterligare felkoder genereras. Se till att inga koder som genereras under test lurar diagnosen.*

Alla Lexusmodeller

1 Innan du hämtar felkoder, se till att motorn har nått normal arbetstemperatur och att gasspjällbrytaren fungerar ordentligt (och indikerar tomgångstillståndet).

2 Anslut en felkodsläsare till diagnostikuttaget. Använd felkodsläsaren (enligt tillverkarens instruktioner) till följande ändamål:

a) Hämta felkoder
b) Radera felkoder
c) Gör justeringar
d) Visa data

3 Felkoder måste alltid raderas efter komponenttest eller efter reparationer där komponenter i motorstyrningssystemet demonteras eller byts ut.

6 Guide till testmetoder

1 Använd en felkodsläsare för att hämta felkoder från styrmodulen eller hämta koder manuellt enligt avsnitt 3 eller 5.

Lagrade koder

2 Om du får en eller flera felkoder, titta i felkodstabellen i slutet av det här kapitlet för att fastställa betydelsen.

3 Om du får flera felkoder, leta efter gemensamma faktorer som t.ex. en felaktig jordanslutning eller matning.

4 Se testprocedurerna i kapitel 4 där du hittar sätt att testa de flesta komponenter och kretsar som återfinns i ett modernt motorstyrningssystem.

5 När felet har avhjälpts, radera koderna och kör motorn under olika förhållanden för att se om problemet är borta.

6 Kontrollera styrmodulen igen. Upprepa ovanstående procedurer om det fortfarande finns felkoder kvar.

7 Se kapitel 3 för mer information om hur du effektivt testar motorstyrningssystemet.

Inga koder lagrade

8 När ett driftsproblem uppstår utan att du får en felkod ligger felet utanför de parametrar som inprogrammerats i självdiagnossystemet. Se kapitel 3 för mer information om hur du effektivt kan testa motorstyrningssystemet.

9 Om problemet pekar mot en speciell komponent, se testprocedurerna i kapitel 4 där du hittar sätt att testa de flesta komponenter och kretsar som återfinns i ett modernt motorstyrningssystem.

Felkodstabell

Alla Lexusmodeller - Toyota TCCS

Blink-/felkod	Beskrivning
12	Ingen varvtalssignal till styrmodulen när motorn dras runt
13	Varvtalsgivare signal eller krets
14	Tändningssignal 1 från förstärkaren saknas
15	Tändningssignal 2 från förstärkaren saknas
16	Växellådans styrsignal eller -krets
17	Kamaxelgivare 1 signal eller krets
18	Kamaxelgivare 2 signal eller krets
21	Syresensor eller -krets
22	Kylvätskans temperaturgivare eller -krets
24	Lufttemperaturgivare eller -krets
25	Magra avgaser
26	Feta avgaser
27	Syresensor eller -krets
28	Syresensor eller -krets
29	Syresensor eller -krets
31	Luftflödesmätare eller -krets
35	Höjdkompenseringskrets
41	Gasspjällpotentiometer eller -krets
43	Brott i kretsen för startmotorsignal
47	Givare för extra gasspjäll eller -krets
51	Neutrallägeskontakt av (växellådan inte i neutralläge) eller luftkonditioneringen på under test
52	Knackgivare eller -krets
53	Problem med knackreglering i datorn
55	Knackgivare 2 eller -krets
71	EGR-system eller -krets
99	Kontinuerligt blinkande, inga fel påträffade

Kapitel 21
Mazda

Innehåll

Bilförteckning

Modell	Motorkod	År	System
121 1.3 SOHC 16V kat	B3	1991 till 1995	Mazda EGi-S SPi
323 1.3i SOHC 16V kat	B3	1991 till 1995	Mazda EGi MPi
323 1.3i SOHC 16V	B3	1995 till 1997	Mazda EGi MPi
323 1.5i DOHC 16V	Z5	1994 till 1997	Mazda EGi MPi
323 1600i	B6	1985 till 1987	Mazda EGi MPi
323 1.6i Turbo 4x4 DOHC	B6	1986 till 1989	Mazda EGi MPi
323 1.6i SOHC 16V kat	B6	1991 till 1994	Mazda EGi MPi
323 1.6i kombi SOHC kat	B6E	1991 till 1994	Mazda EGi MPi
323 1.8i DOHC 16V kat	BP	1991 till 1994	Mazda EGi MPi
323 2.0i DOHC V6 24V	KF	1995 till 1997	Mazda EGi MPi
323 2.0i DOHC V6 24V	KF	1996 till 1997	Mazda EGi MPi
626 1.8i kat DOHC 16V	FP	1992 till 1997	Mazda EGi MPi
626 2000i (framhjulsdrift)	FE	1985 till 1987	Mazda EGi MPi
626 2.0i GT DOHC 16V	FE	1987 till 1990	Mazda EGi MPi
626 2.0i DOHC 16V	FE	1990 till 1993	Mazda EGi MPi
626 2.0i DOHC 16V kat	FE	1990 till 1995	Mazda EGi MPi
626 2.0i DOHC 16V kat	FS	1992 till 1997	Mazda EGi MPi
626 2.2i 4x4 SOHC kat	F2	1990 till 1993	Mazda EGi MPi
626 2.5i DOHC V6 kat	KL	1992 till 1997	Mazda EGi MPi
E2000	FE	1994 till 1997	Mazda EGi MPi
MX-3 1.6i SOHC 16V	B6	1991 till 1997	Mazda EGi MPi
MX-3 1.8i DOHC V6	K8	1991 till 1997	Mazda EGi MPi
MX-5 1.8i DOHC 16V	BP	1995 till 1997	Mazda EGi MPi
MX-6 2.5i V6 DOHC kat	KL	1992 till 1997	Mazda EGi MPi
Xedos 6 1.6i DOHC 16V	B6	1994 till 1997	Mazda EGi MPi
Xedos 6 2.0i DOHC 24V	KF	1992 till 1997	Mazda EGi MPi
Xedos 9 2.0i DOHC 24V	KF	1994 till 1995	Mazda EGi MPi
Xedos 9 2.5i DOHC 24V	KL	1994 till 1997	Mazda EGi MPi
RX7	RE13B	1986 till 1990	Mazda EGi MPi

Självdiagnostik

1 Inledning

Motorstyrningssystemet i Mazda är Mazdas eget EGi, som finns för både flerpunkts- och enpunktsinsprutning. Mazdas EGi-system styr primärtändning, bränsleinsprutning och tomgångsfunktioner från samma styrmodul.

Självdiagnosfunktion

Varje elektronisk styrmodul har en självtestfunktion som kontinuerligt undersöker signalerna från vissa givare och aktiverare i motorn och sedan jämför signalerna med en tabell av inprogrammerade värden. Om diagnostikprogramvaran konstaterar att ett fel föreligger lagrar styrmodulen en eller fler felkoder. Koder kan inte lagras för komponenter för vilka det inte finns någon kod, eller för tillstånd som inte täcks av programvaran.

I Mazda EGi genererar styrmodulen felkoder som kan hämtas antingen manuellt (blinkkoder) eller med en anpassad felkodsläsare. Fram till 1995 var felkoderna 2-siffriga. Efter 1995 gick Mazda i vissa modeller över till 4-siffriga felkoder. Felkodstabellerna i slutet av kapitlet omfattar både 2- och 4-siffriga koder.

Nödprogram

Mazdas system som behandlas i det här kapitlet har nödprogram (s.k. "linka-hem"-läge). Så snart vissa fel identifierats (alla fel initierar inte nödprogrammet) startar styrmodulen nödprogrammet och går över till ett programmerat grundvärde snarare än att gå efter givarsignaler. Detta gör att bilen tryggt kan köras till en verkstad för reparation eller test. Så snart felet avhjälpts återgår styrmodulen till normaldrift.

Anpassning

Mazdas system har också en adaptiv funktion som anpassar inprogrammerade värden efter vanlig körning och tar hänsyn till motorslitage.

Självdiagnos, varningslampa

De flesta av Mazdas modeller har en varningslampa för självdiagnos på instrumentpanelen.

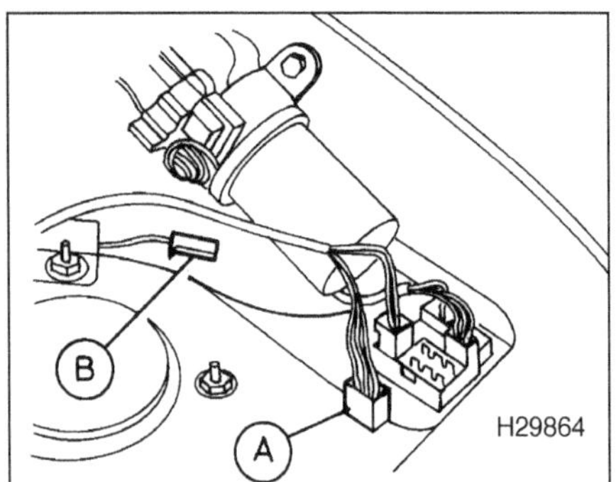

21.1 Diagnostikuttag med 6 resp. 1 stift, placerade nära vindrutetorkarmotorn

A Grön 6-stifts kontakt
B 1-stifts kontakt

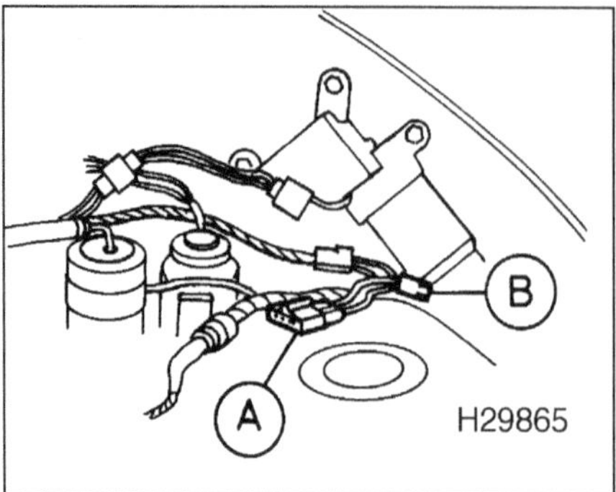

21.2 Diagnostikuttag med 6 resp. 1 stift, nära varandra på kabelhärvan

A Grön 6-stifts kontakt
B 1-stifts kontakt

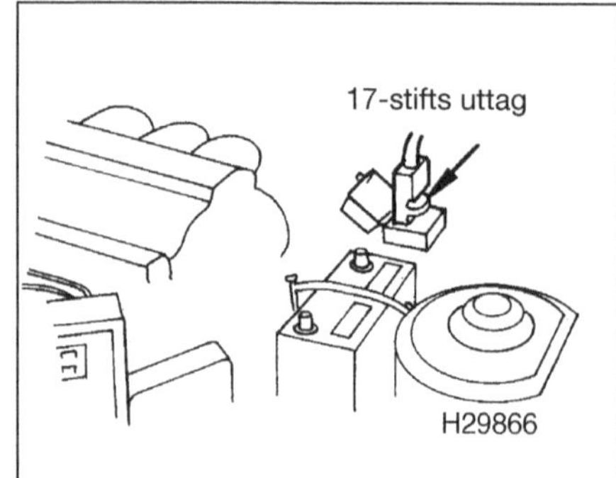

21.3 17-stifts diagnostikuttag nära batteriet

2 Diagnostikuttagets placering

På en del tidiga årsmodeller av 323 (motorkod B6, 1985) och på många 626-modeller från 1987 till 1993 (motorkoder FE, F2 och F3), finns ett grönt 6-stifts diagnostikuttag och ett 1-stiftsuttag. Dessa sitter ofta nära varandra. Mazda 121 och 323 från 1987 och framåt samt alla andra 626-modeller har ett 17-stifts diagnostikuttag.

6-stifts diagnostikuttag

6-stiftsuttaget sitter i motorrummet nära vindrutetorkarmotorn, bakom vänster fjäderben eller på vänster innerskärm **(se bild 21.1 och 21.2)**. Diagnostikuttagen på 323 av 1985 års modell sitter nära styrmodulen under instrumentbrädan på passagerarsidan.

17-stifts diagnostikuttag

Diagnostikuttaget sitter nära batteriet i motorutrymmet **(se bild 21.3)** eller nära luftflödesmätaren.

3 Hämta felkoder utan felkodsläsare - blinkkoder

Observera: *Under en del av testen kan ytterligare felkoder genereras. Se till att inga koder som genereras under test lurar diagnosen. Alla koder måste raderas när testet har genomförts.*

6-stifts diagnostikuttag

1 Hitta diagnostikuttaget och koppla en lysdiodlampa mellan stift B+ och signalstiftet **(se bild 21.4)**.

2 Hitta 1-stiftsuttaget och koppla det till jord.

3 Slå på tändningen utan att starta motorn. Lampan lyser i 3 sekunder och börjar sedan blinka felkoder. Om lampan slocknar har inga fel påträffats.

4 Lysdiodlampan visar felkoderna som 2-siffriga blinkkoder. Koderna "1" till "9" visas som en serie korta pulser 0,4 sekunder långa, med 0,4 sekunders paus mellan varje puls; således betyder 8 blinkningar kod "8".

5 Siffrorna från 10 till 76 visas genom två serier med blinkningar:

a) Den första blinkserien indikerar tiotal och den andra ental.

b) Tiotal indikeras av 1,2 sekunders blinkningar, åtskilda av en kort paus.

c) Tiotalet och entalet skiljs åt av en paus på 1,6 sekunder (ljuset är släckt under pauserna).

d) Entalen indikeras genom 0,4 sekunders blinkningar åtskilda av korta pauser.

e) Fyra långa blinkningar och en kort, till exempel, indikerar "41".

f) De enskilda koderna skiljs åt av en paus på 4 sekunder.

g) Koden upprepas med en 4-sekunders paus mellan varje kod som visas.

6 Räkna antalet blinkningar i varje serie och registrera varje kod vartefter den sänds. Se tabellerna i slutet av kapitlet för att se vad felkoden betyder.

7 Fortsätt hämta koder tills alla lagrade koder har hämtats och registrerats.

8 Slå av tändningen och ta bort lysdioden för att avsluta felkodsläsningen.

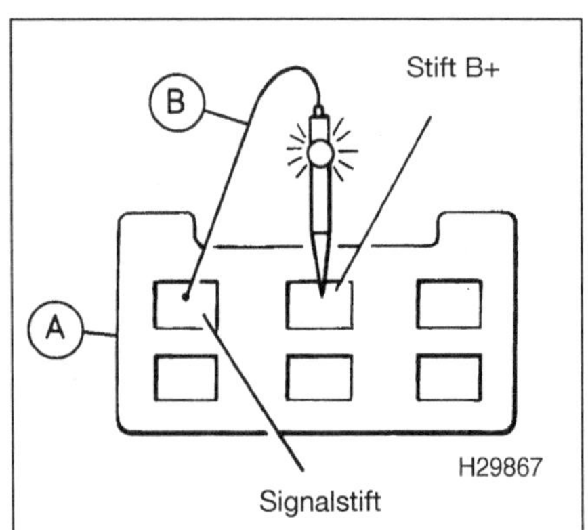

21.4 Anslut en lysdiodlampa mellan stiften A och B för att hämta blinkkoder i bilar med 6-stiftskontakt

A Grön 6-stifts kontakt
B Lysdiodlampa ansluten mellan signalstiftet och stift B+

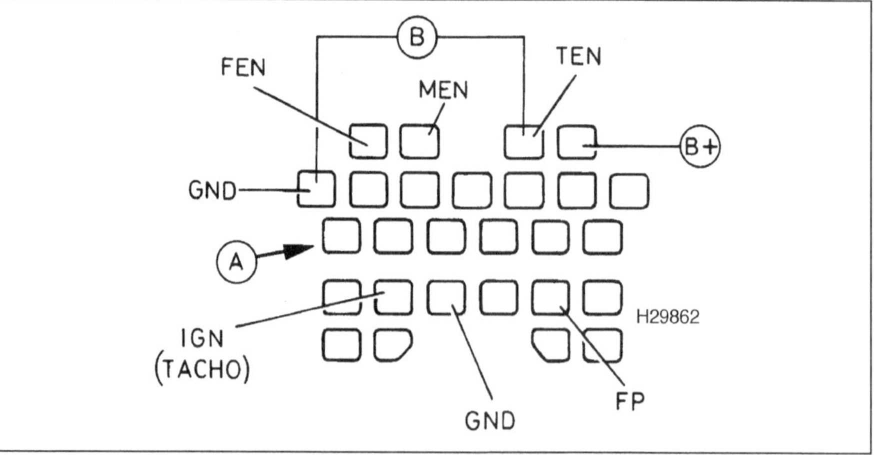

21.5 Lägg en brygga mellan stiften TEN och GND för att hämta blinkkoder med varningslampan

A 17-stifts diagnostikuttag   *B Brygga*

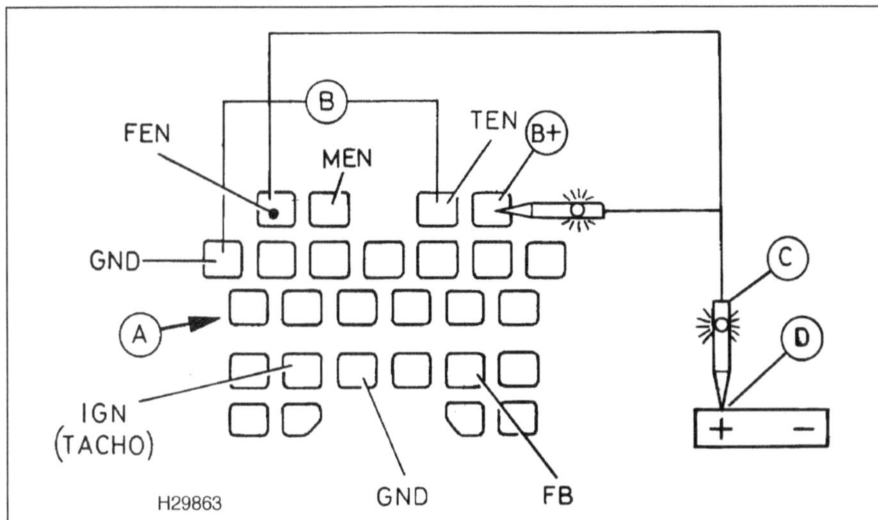

21.6 Anslut en lysdiodlampa och en brygga till rätt stift i diagnostikuttaget för att hämta blinkkoder. Plussonden måste anslutas antingen till B+-stiftet i 17-stiftsuttaget eller till batteriets pluspol

A 17-stifts diagnostikuttag
B Brygga
C Testlampa med lysdiod
D Batteriets pluspol

17-stifts diagnostikuttag

9 Lägg en brygga mellan stiften TEN och GND i diagnostikuttaget **(se bild 21.5)**. Om det inte finns någon varningslampa, anslut en lysdiodlampa **(se bild 21.6)** eller en analog voltmätare **(se bild 21.7)** mellan stiften FEN och B+ i diagnostikuttaget eller mellan FEN-stiftet och batteriets pluspol.

Observera: *Fram t.o.m. 1987 genereras felkoderna i rak räkning. Exempelvis betyder 15 blinkningar kod "15" och 5 blinkningar kod "5". Se felkodstabellen för dessa modeller.*

Modeller med varningslampa för självdiagnos eller felkodshämtning med lysdiodlampa

10 Slå på tändningen utan att starta motorn.

11 Felkoder visas med lysdiodlampan eller med varningslampan som 2-siffriga blinkkoder. Koderna "1" till "9" visas som en serie korta pulser 0,4 sekunder långa, med 0,4 sekunders paus mellan varje puls; således betyder 8 blinkningar kod "8".

12 Siffrorna från 10 till 76 visas genom två serier med blinkningar:

a) Den första blinkserien indikerar tiotal och den andra ental.

b) Tiotal indikeras av 1,2 sekunders blinkningar, åtskilda av en kort paus.

c) Tiotalet och entalet skiljs åt av en paus på 1,6 sekunder (ljuset är släckt under pauserna).

d) Entalen indikeras genom 0,4 sekunders blinkningar åtskilda av korta pauser.

e) Fyra långa blinkningar och en kort, till exempel, indikerar "41".

f) Efter 4 sekunders paus upprepas koden.

g) De enskilda koderna skiljs åt av en paus på 4 sekunder.

13 Räkna antalet blinkningar i varje serie och registrera varje kod vartefter den sänds. Se tabellerna i slutet av kapitlet för att se vad felkoden betyder.

14 Fortsätt hämta koder tills alla lagrade koder har hämtats och registrerats.

15 Slå av tändningen och ta bort bryggan och lysdiodlampan (om sådan använts) för att avsluta felkodsläsningen.

Felkodshämtning med analog voltmätare

16 Slå på tändningen utan att starta motorn.

17 felkoder visas på den analoga voltmätaren som pendlingar med nålen; antalet pendlingar indikerar felkoden.

18 Räkna antalet pendlingar i varje serie och registrera varje kod vartefter den sänds. Se tabellerna i slutet av kapitlet för att se vad felkoden betyder.

19 Fortsätt hämta koder tills alla lagrade koder har hämtats och registrerats.

20 Slå av tändningen och ta bort bryggan och voltmätaren för att avsluta felkodsläsningen.

4-siffriga felkoder

21 Vissa Mazdamodeller fr.o.m. 1995 har en 4-siffrig felkodsstruktur. Felkodstabellerna i slutet av kapitlet anger de 2- och 4-siffriga kodernas betydelse, men vid tiden för bokens tryckning vet vi inte om det går att hämta 4-siffriga koder manuellt.

4 Radera felkoder utan felkodsläsare

Metod att föredra

1 Vrid tändningsnyckeln till "ACC"-läget.

2 Ta ut BTN-säkringen på 60 A och EGi-säkringen på 30 A. Säkringsboxen sitter i motorrummet.

3 Vänta i 20 sekunder och sätt tillbaka

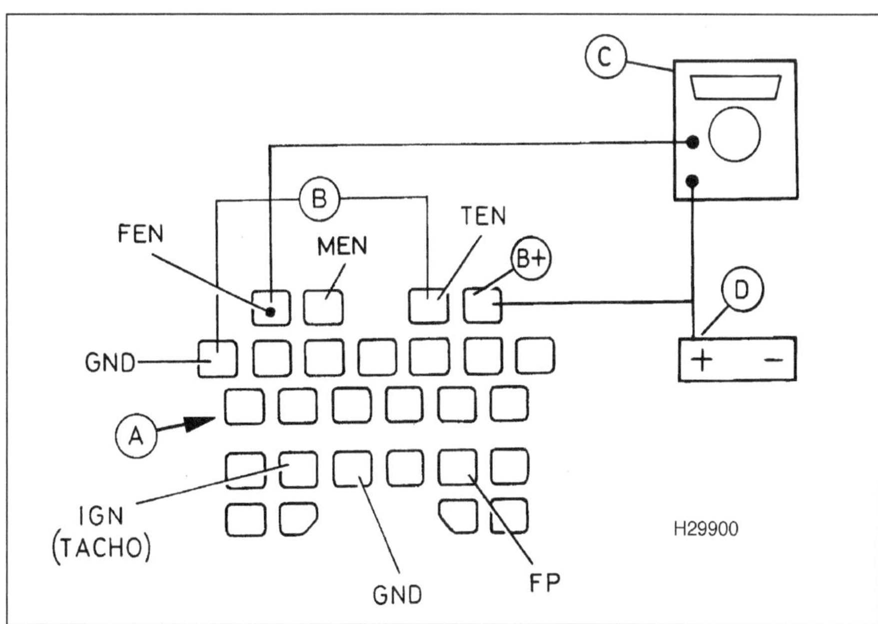

21.7 Anslut en analog voltmätare och en brygga till rätt stift i diagnostikuttaget för att hämta blinkkoder. Plussonden måste anslutas antingen till B+-stiftet i 17-stiftsuttaget eller till batteriets pluspol

A 17-stifts diagnostikuttag
B Brygga
C Analog voltmätare
D Batteriets pluspol

säkringarna. Alla felkoder ska nu vara raderade.

Alternativ metod

4 Koppla från batteriets minuspol i minst 20 sekunder.
5 Trampa bromspedalen i botten under minst 5 sekunder och släpp sedan upp den igen.
6 Anslut batteriets minuspol igen.
Observera: *Den första nackdelen med den här metoden är att frånkoppling av batteriet initierar alla styrmodulens anpassade värden. Återinlärning av lämpliga anpassade värden kräver att du startar motorn kall och kör med olika varvtal under ca. 20 minuter. Den andra nackdelen är att radiosäkerhetskoder, klockans inställning och andra lagrade värden går förlorade och måste programmeras in igen när batteriet återanslutits. Använd den rekommenderade metoden om möjligt eller radera koderna med en felkodsläsare.*

5 Självdiagnos med felkodsläsare

Observera: *Under en del av testen kan ytterligare felkoder genereras. Se till att inga koder som genereras under test lurar diagnosen.*

Alla Mazdamodeller

1 Anslut en felkodsläsare till diagnostikuttaget. Använd felkodsläsaren (enligt tillverkarens instruktioner) till följande ändamål:
a) Hämta felkoder
b) Radera felkoder
c) Kontrollera strömbrytare
d) Justera tändläge och tomgångsvarvtal
2 Felkoder måste alltid raderas efter komponenttest eller efter reparationer där komponenter i motorstyrningssystemet avlägsnas eller byts ut.

6 Guide till testmetoder

1 Använd en felkodsläsare för att hämta felkoder från styrmodulen eller (om möjligt) hämta koder manuellt enligt avsnitt 3 eller 5.

Lagrade koder

2 Om du får en eller flera felkoder, titta i felkodstabellerna i slutet av det här kapitlet för att fastställa betydelsen.
3 Om du får flera felkoder, leta efter gemensamma faktorer som t.ex. en felaktig jordanslutning eller matning.
4 Se testprocedurerna i kapitel 4 där du hittar sätt att testa de flesta komponenter och kretsar som återfinns i ett modernt motorstyrningssystem.
5 När felet har avhjälpts, radera koderna och kör motorn under olika förhållanden för att se om problemet är borta.
6 Kontrollera styrmodulen igen. Upprepa ovanstående procedurer om det fortfarande finns felkoder kvar.
7 Se kapitel 3 för mer information om hur du effektivt testar motorstyrningssystemet.

Inga koder lagrade

8 När ett driftsproblem uppstår utan att du får en felkod ligger felet utanför de parametrar som inprogrammerats i självdiagnossystemet. Se kapitel 3 för mer information om hur du effektivt kan testa motorstyrningssystemet.
9 Om problemet pekar mot en speciell komponent, se testprocedurerna i kapitel 4 där du hittar sätt att testa de flesta komponenter och kretsar som återfinns i ett modernt motorstyrningssystem.

Felkodstabeller

Mazda EGi (rak räkning, modeller t.o.m. 1987)

Blink/felkod	Beskrivning
01	Ingen tändningsreferenssignal
02	Luftflödesmätare eller -krets
03	Kylvätskans temperaturgivare eller -krets
04	Lufttemperaturgivare eller -krets
06	Gasspjällpotentiometer eller -krets
09	Atmosfärtryckgivare eller -krets
15	Lufttemperaturgivare eller -krets

Mazda EGi (1988 och senare modeller)

Blink-/felkod	4-siffrig kod	Beskrivning
1	-	Tändpuls
2	0335	Varvtalsräknarens givare eller krets, NE-signal
3	1345	Varvtalsräknarens givare eller krets, G-signal
4	-	Varvtalsräknarens givare eller krets, NE-signal
5	0325	Knackgivare eller -krets
6	-	Fordonets hastighetsgivare eller -krets
8	0100	Luftflödesmätare eller -krets
9	0115	Kylvätskans temperaturgivare eller -krets
10	0110	Lufttemperaturgivare eller -krets
12	0120	Gasspjällpotentiometer eller -krets
14	-	Styrmodul eller -krets
14	-	Atmosfärtryckgivare eller krets (alternativ kod)
15	0134	Syresensor eller -krets
16	1402	EGR-ventil eller -krets
17	1170	Syresensor eller -krets
17	1170	Återkopplingssystem eller krets (alternativ kod)
23	0154	Syresensor eller -krets
24	1173	Syresensor eller -krets
25	-	Bränsletryckregulatorns solenoidventil
26	0443	Kolfilterventil eller -krets
28	1485	EGR-systemets vakuumventil eller -krets
29	1486	EGR-systemets luftningsventil eller -krets
31	-	Tomgångsventil eller -krets
34	0505	Tomgångsventil eller -krets
35		Tomgångsventil eller -krets
35	-	Tryckregulatorventil eller krets (alternativ kod)
41	-	Solenoidventil, variabelt insugningssystem 1
46	-	Solenoidventil, variabelt insugningssystem 2
55	0715	Fordonets hastighetsgivare eller -krets
56	0710	Temperaturgivare, automatisk växellåda, eller krets
60	0750	Solenoidventil - växling 1-2, automatisk växellåda eller krets
61	0755	Solenoidventil - växling 2-3, automatisk växellåda eller krets
62	0760	Solenoidventil - växling 3-4, automatisk växellåda eller krets
63	1743	Solenoidventil - låsning, automatisk växellåda eller krets
64	1765	Solenoidventil - växling 3-2, automatisk växellåda eller krets
64	1765	Kylfläktrelä (alternativ kod)
65	1744	Låsningssolenoid, automatisk växellåda
66	0745	Ledningstrycksolenoid, automatisk växellåda
67	-	Kylfläktrelä, låg temperatur
68	-	Kylfläktrelä, hög temperatur
69	-	Kylfläktens termistor
71	1602	Körspärren, fel i kommunikation med drivpaketets styrmodul
72	1603	ID-nummer oregistrerat (körspärr)
73	1621	Kodord matchar inte (körspärr)
74	1622	ID-nummer matchar inte (körspärr)
75	1623	Fel i kodords-/ID-nummerangivning eller -läsning (körspärr)
76	1604	Kodord oregistrerat (körspärr)
	1605	Styrmodul eller -krets
	1606	Kodord matchar inte (körspärr)
	1607	ID-nummer matchar inte (körspärr)
	1608	Internkrets i drivpaketets styrmodul, felfunktion

Kapitel 22
Mercedes

Innehåll

Bilförteckning

Modell	Motorkod	År	System
C180	111.920	1993 till 1997	PMS (Siemens)
190E kat	102.962	1988 till 1993	Bosch KE3.5-Jetronic
190E 2.3 kat	102.985	1989 till 1993	Bosch KE3.5-Jetronic
190E 2.5-16 & kat	102.990	1988 till 1993	Bosch KE3.1-Jetronic
190E 2.5-16 Evolution	102.991	1989 till 1992	Bosch KE3.1-Jetronic
190E 2.6	103.942	1989 till 1993	Bosch KE3.5-Jetronic
190E 2.6 kat	103.942	1987 till 1993	Bosch KE3.5-Jetronic
C200	111.941	1994 till 1997	PMS (Siemens)
E200	111.940	1992 till 1996	PMS/Motronic 6.0/6.1
200E & TE kat	102.963	1988 till 1993	Bosch KE3.5-Jetronic
C220	111.961	1993 till 1997	HFM
E220	111.960	1992 till 1997	HFM
C230 & Kompressor	-	1995 till 1997	HFM
230E, TE & CE kat	102.982	1988 till 1993	Bosch KE3.5-Jetronic
230GE	102.980	1989 till 1991	Bosch KE3.5-Jetronic
260E & kat	103.940	1989 till 1993	Bosch KE3.5-Jetronic
260E 4-Matic & kat	103.943	1988 till 1992	Bosch KE3.5-Jetronic
260SE & kat	103.941	1988 till 1992	Bosch KE3.5-Jetronic
C280	104.941	1993 till 1997	HFM
E280 kat	104.942	1992 till 1996	HFM
S280	104.944	1993 till 1997	HFM
SL280	104.943	1993 till 1997	HFM
E300	103.985	1992 till 1995	Bosch KE3.5-Jetronic
300SE, SEL & kat	103.981	1986 till 1992	Bosch KE3.5-Jetronic
300E, TE, CE & kat	103.983	1987 till 1993	Bosch KE3.5-Jetronic
300E & kat	103.985	1988 till 1993	Bosch KE3.5-Jetronic
300E-24, TE-24 & CE-24 kat	104.980	1989 till 1993	Bosch KE5.2-Jetronic/EZ-L tändning
300TE 4-Matic & kat	103.985	1988 till 1993	Bosch KE3.5-Jetronic
300SL & kat	103.984	1989 till 1995	Bosch KE5.2-Jetronic/EZ-L tändning
300SL-24 & kat	104.981	1989 till 1995	Bosch KE5.2-Jetronic/EZ-L tändning
E320	104.992	1992 till 1997	HFM
S320	104.994	1993 till 1997	HFM
SL320	104.991	1993 till 1997	HFM
400S, SE & SEL	119.971	1991 och senare	Bosch LH4.1-Jetronic/EZ-L tändning
E420	119.975	1992 till 1995	Bosch LH4.1-Jetronic/EZ-L tändning
S420	119.971	1993 till 1997	Bosch LH4.1-Jetronic/EZ-L tändning
500E	119.974	1992 och senare	Bosch LH4.1-Jetronic/EZ-L tändning
500SL	119.972	1992 och senare	Bosch LH4.1-Jetronic/EZ-L tändning
500SE & SEL	119.970	1991 och senare	Bosch LH4.1-Jetronic/EZ-L tändning
500SEC	119.970	1992 och senare	Bosch LH4.1-Jetronic/EZ-L tändning
500SL kat	119.960	1989 till 1994	Bosch KE5.2-Jetronic/EZ-L tändning
E500	119.974	1992 till 1995	Bosch LH4.1-Jetronic/EZ-L tändning
S500	119.970	1993 till 1997	Bosch LH4.1-Jetronic/EZ-L tändning
SL500	119.972	1993 till 1997	Bosch LH4.1-Jetronic/EZ-L tändning
600SEL	120.980	1991 till 1996	Bosch LH-Jetronic/EZ-L tändning
S600 kat	120.980	1991 till 1996	Bosch LH4.1-Jetronic/EZ-L tändning
S600	120.980	1996 till 1997	Bosch LH4.1-Jetronic/EZ-L tändning
SL600	120.981	1993 till 1997	Bosch LH4.1-Jetronic/EZ-L tändning

Självdiagnostik

1 Inledning

En del Mercedesbilar har ett motorstyrningssystem som styr primärtändning, bränsle- och tomgångsfunktioner från samma styrmodul. Andra Mercedesbilar har en separat tändningsmodul som styr primärtändningen och en insprutningsmodul som styr bränsle- och tomgångsfunktioner. Alla dessa motorstyrningssystem samt tändnings- och bränslesystem har ett självdiagnossystem som kan generera felkoder.

Följande motorstyrningssystem behandlas i detta kapitel: Bosch Motronic, versionerna MP6.0 och MP6.1 samt HFM och PMS (Siemens). Dessutom behandlas bränsleinsprutningssystemen Bosch LH-Jetronic 4.1 och KE-Jetronic, versionerna 3.1, 3.5 och 5.2, samt en tändningsmodul med självdiagnos – Bosch EZ-L.

Om bilen har Bosch EZ-L tändningssystem och antingen LH-Jetronic eller KE-Jetronic bränslesystem, genereras felkoderna separat av tändnings- respektive bränslesystemen. I vissa bilar finns ett 16- eller 38-stifts diagnostikuttag för hämtning av både tändnings- och bränslesystemkoder. I andra bilar hämtas tändnings- respektive bränslesystemkoder via separata uttag. Tändnings- och bränslesystemkoder hämtas separat på andra system än Motronic, HFM och PMS.

Mercedes KE- och LH-Jetronic system kan generera två helt olika typer av felkoder: 2-siffriga felkoder och 2-siffriga arbetscykelkoder. Felkoderna liknar dem som genereras av de flesta andra system. Arbetscykelkoderna ger data om Lambdastyrningssystemet och fel som uppstått nyligen (under de senaste fyra motorkörningarna).

Bosch EZ-L tändning, Bosch Motronic, HFM- och PMS-system genererar bara felkoder.

Felkoder som hämtas med en lysdiodlampa finns angivna i felkodstabellerna i slutet av kapitlet som 2-siffriga blinkkoder. I tillägg kan felkoderna när du använder en felkodsläsare visas som antingen 2-siffriga eller 3-siffriga, och i lämpliga fall visas båda.

Arbetscykelkoder i %

Om ett fel uppstår på någon av de övervakade kretsarna under en körning av motorn (bara ett fåtal kretsar genererar arbetscykelkoder i %), startar styrmodulen en räknare, men den lagrar inte felet ännu. Om felet finns vid nästa två motorstarter, kommer styrmodulen att starta räknaren varje gång. Om felet finns kvar efter fyra på varandra följande motorstarter lagras felet i permanentminnet. Om felet försvinner innan fyra på varandra följande motorstarter återställs räknaren till 0. Om felet återuppstår börjar räknaren om från 0. Arbetscykelrutinen visar denna kod samtidigt med andra fel som finns men som ännu inte har lagrats i minnet (om felet har förekommit under mindre än 4 på varandra följande starter).

Självdiagnosfunktion

Varje elektronisk styrmodul har en självtestfunktion som kontinuerligt undersöker signalerna från vissa givare och aktiverare i motorn och sedan jämför signalerna med en tabell av inprogrammerade värden. Om diagnostikprogramvaran konstaterar att ett fel föreligger lagrar styrmodulen en eller fler felkoder. Koder kan inte lagras för komponenter för vilka det inte finns någon kod, eller för tillstånd som inte täcks av programvaran.

Nödprogram

Systemen som behandlas i det här kapitlet har nödprogram (s.k. "linka-hem"-läge). Så snart vissa fel identifierats (alla fel initierar inte nödprogrammet) startar styrmodulen nödprogrammet och går över till ett programmerat grundvärde snarare än att gå efter givarsignaler. Detta gör att bilen tryggt kan köras till en verkstad för reparation eller test. Så snart felet avhjälpts återgår styrmodulen till normaldrift.

Anpassning

Mercedessystem har också en adaptiv funktion som anpassar inprogrammerade värden efter vanlig körning och tar hänsyn till motorslitage.

Självdiagnos, varningslampa

Några Mercedesbilar har en varningslampa för självdiagnosen på instrumentpanelen. Lampan kan också användas till att visa blinkkoder.

2 Diagnostikuttagets placering

Observera: *Alla diagnostikuttag på Mercedesbilar är till för både manuell hämtning av blinkkoder och för en anpassad felkodsläsare.*

Bosch KE3.1-Jetronic

Diagnostikuttaget för 9 stift sitter i motorrummet på vänster innerskärm, nära tändningsmodulen **(se bild 22.1 och 22.2)**.

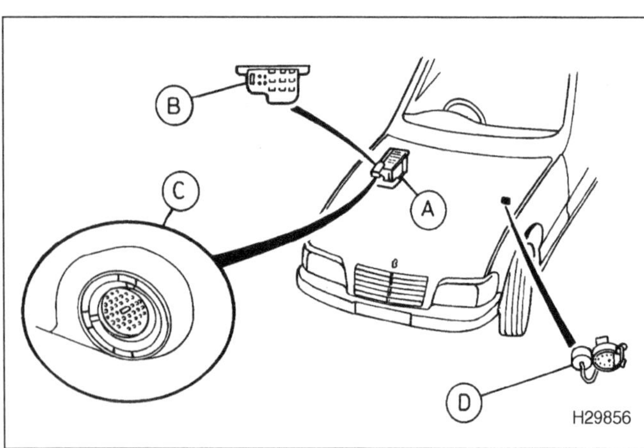

22.1 Placering av diagnostikuttag i Mercedesbilar

A Diagnostikuttagens placering
B 16-stifts diagnostikuttag (om monterat)
C 38-stifts diagnostikuttag (om monterat)
D 9-stifts diagnostikuttag (om monterat)

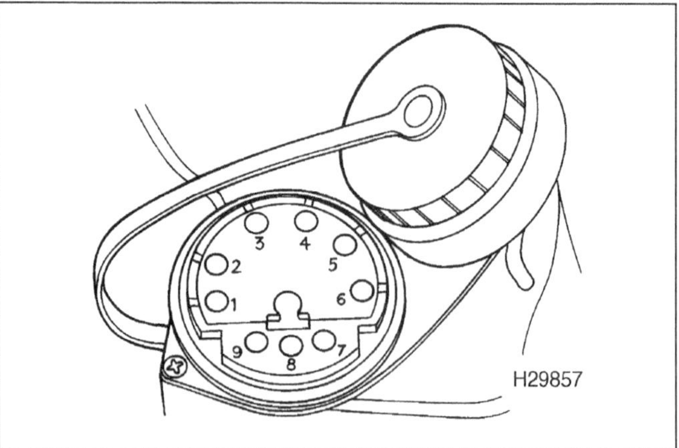

22.2 9-stifts diagnostikuttag

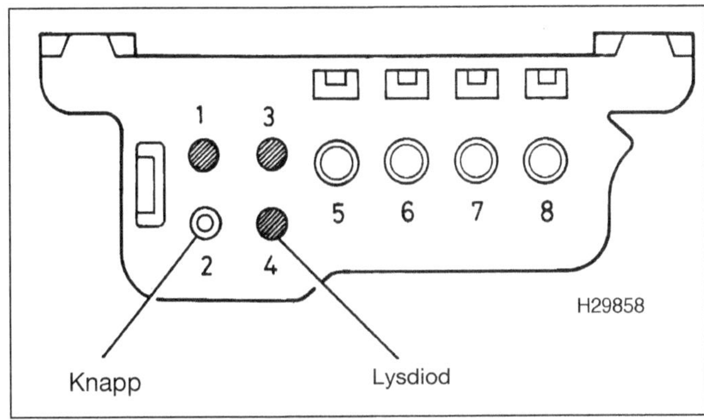

22.3 8-stifts diagnostikuttag

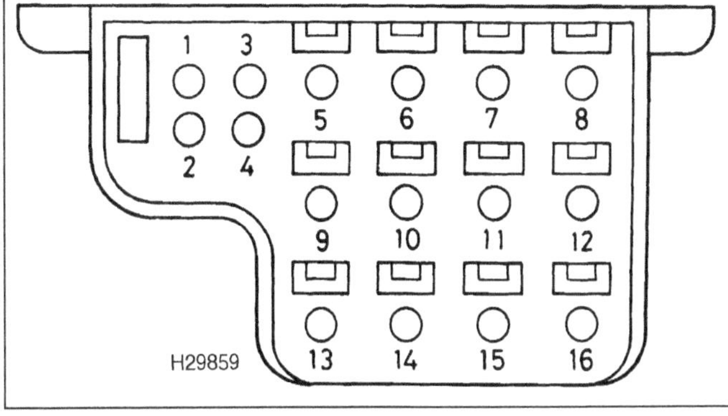

22.4 16-stifts diagnostikuttag

Bosch KE3.5-Jetronic

8-stiftskontakten sitter till höger på torpedväggen i motorrummet **(se bild 22.3)**.

Bosch KE5.2-Jetronic och EZ-L tändning

Diagnostikuttaget för 16 stift (för hämtning av 2-siffriga bränsle- och tändningssystemkoder) sitter till höger på torpedväggen i motorrummet **(se bild 22.4)**. Diagnostikuttaget med 9 stift (för att hämta syresensorns procenttal) sitter i motorrummet på vänster innerskärm.

Bosch LH4.1-Jetronic och EZ-L tändning

Diagnostikuttaget för 38 stift (för hämtning av 2-siffriga bränsle- och tändningssystemkoder) sitter i motorrummets elbox på höger sida på torpedväggen **(se bild 22.5)**. Diagnostikuttaget med 9 stift (för att hämta syresensorns procenttal) sitter i motorrummet på vänster innerskärm.

Bosch Motronic MP6.0/6.1, HFM och PMS

16- eller 38-stiftskontakten sitter till höger på torpedväggen i motorrummet.

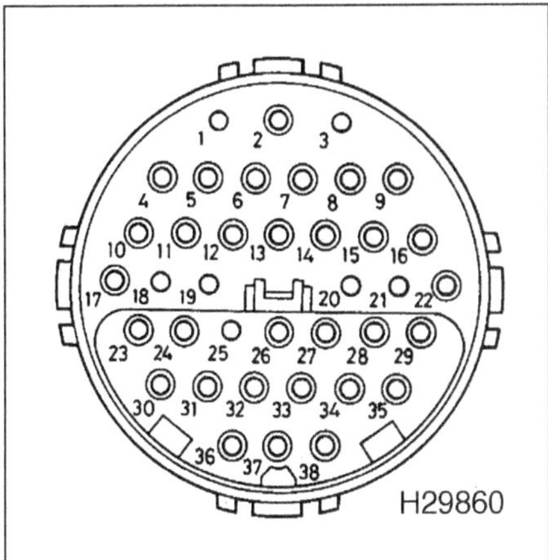

22.5 38-stifts diagnostikuttag

3 Bosch KE3.1-Jetronic, hämtning av arbetscykelkoder

Observera: *Under en del av testen kan ytterligare felkoder genereras. Se till att inga koder som genereras under test lurar diagnosen. Alla koder måste raderas när testet har genomförts.*

1 Endast arbetscykelkoder kan hämtas från KE3.1-Jetronic.

2 Fäst plussonden från en multimätare till uttag 3 på 9-stifts diagnostikuttaget. Anslut multimätarens minussond till jord och ställ in mätaren för att läsa arbetscykler **(se bild 22.6)**.

3 Slå på tändningen.

4 Mätaren ska visa de 2-siffriga arbetscykelkoderna som en procentsiffra.

5 Registrera procenttalet för arbetscykeln och jämför värdet med värdet som anges i arbetscykeltabellen i slutet av kapitlet.

6 När du slår av tändningen avslutas felkodsläsningen. Ta bort multimätarsonderna från diagnostikuttaget.

4 Bosch KE3.5-Jetronic, hämtning av arbetscykel- och blinkkoder

Observera: *Under en del av testen kan ytterligare felkoder genereras. Se till att inga koder som genereras under test lurar diagnosen. Alla koder måste raderas när testet har genomförts. Om du använder en felkodsläsare, fortsätt till avsnitt 9.*

1 Både arbetscykelkoder och 2-siffriga felkoder kan hämtas från KE3.5-Jetronic system. Arbetscykelkoderna måste hämtas innan de 2-siffriga felkoderna.

2 Anslut plussonden från en multimätare till uttag 3 på 8-stifts diagnostikuttaget. Anslut multimätarens minussond till jord och ställ in mätaren för att läsa arbetscykler **(se bild 22.7)**.

3 Starta och värm upp motorn så att kylvätskan håller minst 80°C (normal arbetstemperatur).

4 Slå av motorn och slå på tändningen.

5 Mätaren ska visa de 2-siffriga arbetscykelkoderna som en procentsiffra.

6 Registrera arbetscykeln och jämför med de ungefärliga värdena i följande tabell.

7 När du slår av tändningen avslutas felkodsläsningen. Ta bort multimätarsonderna från diagnostikuttaget.

8 Metoden att hämta 2-siffriga felkoder skiljer sig beroende på vilken typ av uttag för 8 stift du har monterat. Några 8-stiftskontakter har en lysdiod med knapp, andra inte.

9 Om diagnostikuttaget inte har lysdiod och knapp, anslut en extrabrytare mellan uttagen 3 och 1 i uttaget. Anslut en lysdiodlampa mellan batteriets pluspol och uttag 3 i diagnostikuttaget **(se bild 22.7)**.

10 Slå på tändningen.

11 Slut extrabrytaren eller tryck på knappen under minst fem sekunder och öppna sedan brytaren eller släpp knappen. Lysdioden börjar blinka efter ca. två sekunder.

12 Lysdioden visar de 2-siffriga felkoderna i rak räkning. En blinkning motsvarar ett ental, så fem blinkningar indikerar felkod "5", 22

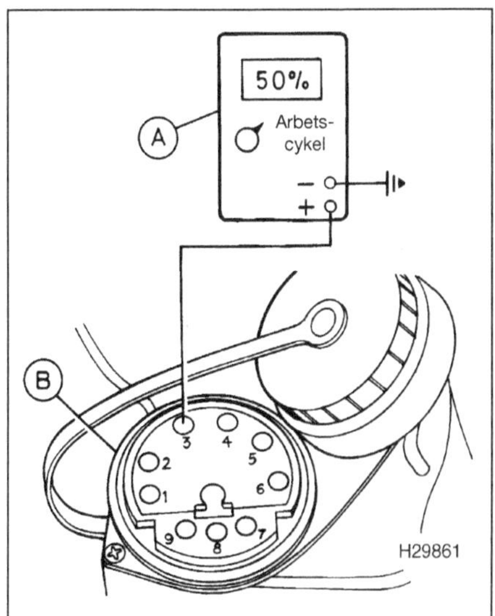

22.6 Anslut en digital multimätare (A) till 9-stifts diagnostikuttaget (B) för att hämta procentkoder

blinkningar betyder felkod "22", och så vidare. Varje blinkning varar i 0,5 sekunder och mellan varje siffra är det 1 sekunds paus.

13 Räkna antalet blinkningar och registrera koden. Se tabellerna i slutet av kapitlet för att se vad blinkkoden betyder.

14 Om kod "1" sänds finns inga lagrade felkoder.

15 Hämta påföljande koder genom att sluta extrabrytaren eller att trycka på knappen under minst fem sekunder. Öppna brytaren eller släpp knappen. Efter ca 2 sekunder börjar lysdiodlampan blinka.

16 Hämta koderna igen genom att slå av tändningen och upprepa hela proceduren från början.

17 När du slår av tändningen avslutas felkodsläsningen. Ta bort extrabrytaren och lysdiodlampan från diagnostikuttaget.

5 Bosch KE5.2-Jetronic & EZ-L tändningsmodul, hämtning av arbetscykel- och blinkkoder

Observera: *Under en del av testen kan ytterligare felkoder genereras. Se till att inga koder som genereras under test lurar diagnosen. Alla koder måste raderas när testet har genomförts. Om du använder en felkodsläsare, fortsätt till avsnitt 9.*

1 Både arbetscykelkoder och 2-siffriga felkoder kan hämtas från KE3.2-Jetronic-system. Arbetscykelkoder förekommer både med motorn avslagen (tändningen på) eller med motorn på tomgång, och de måste hämtas innan de 2-siffriga koderna hämtas. Dessutom kan EZ-L tändningssystemkoder hämtas från diagnostikuttaget.

2 Fäst plussonden från en multimätare till uttag 3 på 9-stifts diagnostikuttaget. Anslut multimätarens minussond till jord, och ställ in mätaren för att läsa arbetscykler **(se bild 22.6).**

3 Starta och värm upp motorn så att kylvätskan håller minst 80°C (normal arbetstemperatur).

4 Slå av motorn. Se till att luftkonditioneringen är avstängd och att växelväljaren (i förekommande fall) är i "P"-läge. Slå på tändningen.

5 Mätaren ska visa de 2-siffriga arbetscykelkoderna som en procentsiffra.

6 Registrera arbetscykeln. Det visade värdet är 50% om alla insignaler från givare ligger inom de förutbestämda arbetsparametrarna. Om displayen visar ett annat värde, jämför med arbetscykeltabellen i slutet av kapitlet för att fastställa orsaken.

7 Starta motorn och låt den gå på tomgång. Arbetscykeln ska fluktuera om systemet fungerar riktigt. Om värdet för arbetscykeln ligger konstant på en speciell siffra, se arbetscykelns %-kodlista för att fastställa anledningen.

8 När du slår av tändningen avslutas felkodsläsningen. Ta bort multimätarsonderna från diagnostikuttaget. Följande felkodshämtning måste ske efter hämtning av arbetscykeln.

9 Koppla in en extra brytare mellan uttagen 3 och 1 i 16-stifts diagnostikuttaget. Anslut en lysdiod mellan diagnostikuttagets uttag 16 och uttag 3 **(se bild 22.8)**.

10 Slå på tändningen.

11 Slut extrabrytaren i 2 till 4 sekunder och öppna den sedan igen. Lysdioden börjar blinka efter ca. 2 sekunder.

12 Lysdioden visar de 2-siffriga felkoderna i rak räkning. En blink motsvarar ett ental, så fem blinkningar indikerar felkod "5", 22 blinkningar betyder felkod "22", och så vidare. Varje blinkning varar i 0,5 sekunder och mellan varje siffra är det 1 sekunds paus.

13 Räkna antalet blinkningar och registrera koden. Se tabellerna i slutet av kapitlet för att se vad blinkkoden betyder.

14 Om kod "1" sänds finns inga lagrade felkoder.

15 Hämta påföljande koder genom att åter sluta extrabrytaren i minst 2 till 4 sekunder. Öppna brytaren och efter ca. 2 sekunder börjar lysdioden att blinka. När alla lagrade koder har visats upprepas de.

16 När du slår av tändningen avslutas felkodsläsningen. Ta bort extrabrytaren och lysdioden från diagnostikuttagen.

Hämtning av blinkkoder från styrmodulen (16-stiftsuttag)

17 Du kan hämta felkoder (blinkkoder) från styrmodulen på följande sätt.

18 Anslut en extrabrytare mellan uttagen 14 och 1 i diagnostikuttaget med 16 stift. Anslut en lysdiodlampa mellan diagnostikuttagets uttag 16 och 14 **(se bild 22.9)**.

19 Slå på tändningen. Metoden för att hämta koder är identisk med den som beskrivs ovan (styckena 11 till 16).

20 Hämta tändningsfelkoder genom att följa nedanstående instruktioner (Bosch EZ-L).

Bosch EZ-L tändningsmodul - hämtning av blinkkoder (16-stiftsuttag)

21 Från Bosch EZ-L tändningssystem kan du bara hämta 2-siffriga felkoder.

22 Koppla in en extra brytare mellan uttagen 8 och 1 på 16-stifts diagnostikuttaget. Anslut en lysdiod mellan diagnostikuttagets uttag 16 och 8 **(se bild 22.10)**.

23 Starta motorn och låt den gå tills den når normal arbetstemperatur.

24 Låt motorn gå på tomgång.

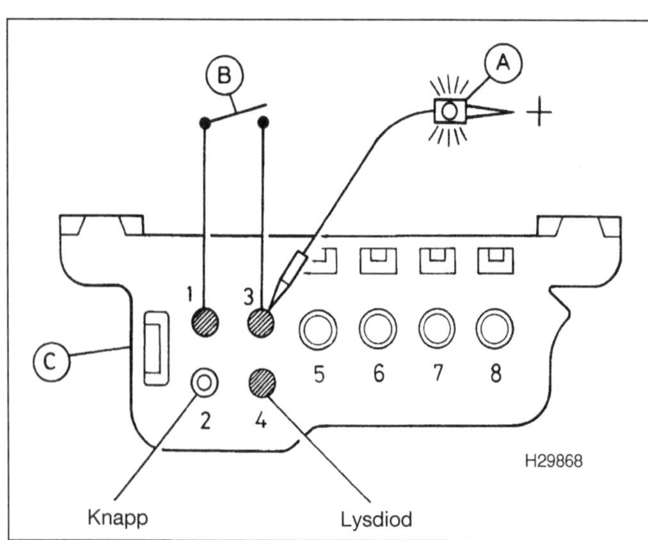

22.7 Anslut en lysdiod (A) och en extrabrytare (B) till 8-stifts diagnostikuttaget (C) för att hämta blinkkoder

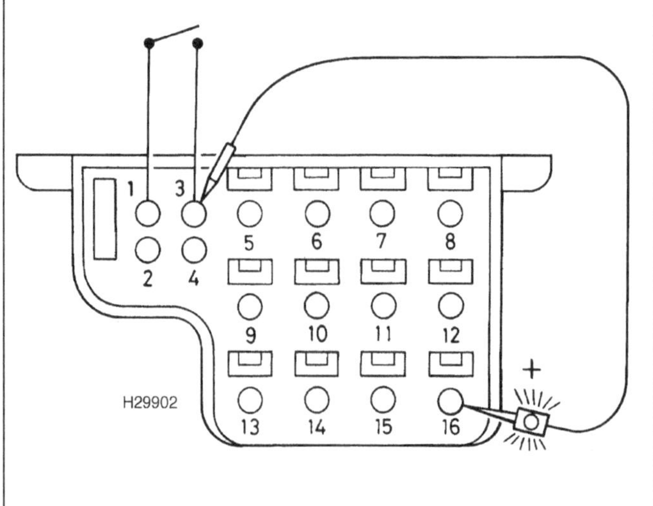

22.8 Anslut en lysdiod och en extrabrytare till 16-stifts diagnostikuttaget för att hämta blinkkoder

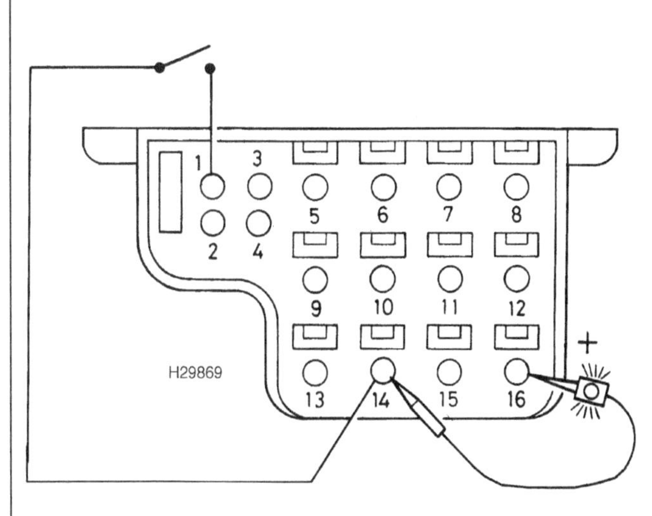

22.9 Anslut en lysdiod och en extrabrytare till 16-stifts diagnostikuttaget för att hämta blinkkoder från styrmodulen

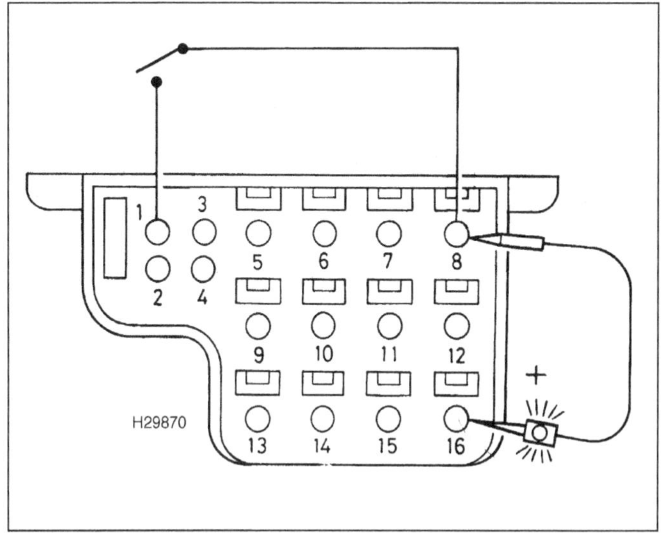

22.10 Anslut en lysdiod och en extrabrytare till 16-stifts diagnostikuttaget för att hämta tändningsblinkkoder

25 Öka varvtalet till mellan 3 100 och 3 600 varv/min under ca. 8 sekunder och låt sedan motorn gå ner på tomgång igen.

26 Lossa vakuumslangen från anslutningen på tändningsmodulen.

27 För växelväljaren från "P"-läget till "D" och sedan tillbaka till "P" igen.

28 Öka varvtalet till 5 000 varv/min under 2 sekunder och låt sedan motorn gå ner på tomgång igen.

29 Anslut vakuumslangen till anslutningen på tändningsmodulen.

30 Öka varvtalet till 2 300 varv/min och "dutta" sedan gasen i botten så att gasspjällbrytarens fullastkontakter sluts. Låt motorn gå på tomgång igen.

Observera: *Om tändningen skulle slås av måste du börja om med hämtningen av felkoderna i EZ-L-tändningssystemet.*

31 Slut extrabrytaren 2 till 4 sekunder och öppna den sedan igen. Lysdioden börjar blinka efter ca. 2 sekunder.

32 Lysdioden visar de 2-siffriga felkoderna i rak räkning. En blinkning motsvarar ett ental, så fem blinkningar indikerar felkod "5", 22 blinkningar betyder felkod "22", och så vidare. Varje blinkning varar i 0,5 sekunder och mellan varje siffra är det 1 sekunds paus.

33 Räkna antalet blinkningar och registrera koden. Se tabellerna i slutet av kapitlet för att se vad blinkkoden betyder.

34 Om kod "1" sänds finns inga lagrade felkoder.

35 Hämta påföljande koder genom att åter sluta extrabrytaren 2 till 4 sekunder. Öppna brytaren, efter ca. 2 sekunder börjar lysdioden blinka.

36 När du slår av tändningen avslutas felkodshämtningen från tändningsmodulen och alla felkoderna raderas. Felkoder lagras inte i minnet efter att tändningen har slagits av.

37 Ta bort extrabrytaren och lysdiodlampan från diagnostikuttaget.

6 Bosch LH4.1-Jetronic & EZ-L tändningsmodul, hämtning av arbetscykel- och blinkkoder

Observera: *Under en del av testen kan ytterligare felkoder genereras. Se till att inga koder som genereras under test lurar diagnosen. Alla koder måste raderas när testet har genomförts. Om du använder en felkodsläsare, fortsätt till avsnitt 9.*

1 Både arbetscykelkoder och 2-siffriga felkoder kan hämtas från LH4.1-Jetronic system. Arbetscykelkoder förekommer både när motorn är avslagen (tändningen på) och när motorn går på tomgång, och de måste hämtas innan de 2-siffriga koderna hämtas. Dessutom kan EZ-L tändningssystemkoder hämtas från 38-stifts diagnostikuttaget.

2 Fäst plussonden från en multimätare till uttag 3 på 9-stifts diagnostikuttaget. Anslut multimätarens minussond till jord, och ställ in mätaren för att läsa arbetscykler **(se bild 22.6)**.

3 Starta och värm upp motorn så att kylvätskan håller minst 80°C (normal arbetstemperatur).

4 Slå av motorn. Se till att luftkonditioneringen är avstängd och att växelväljaren (i förekommande fall) är i "P"-läge. Slå på tändningen.

5 Mätaren ska visa de 2-siffriga arbetscykelkoderna som en procentsiffra.

6 Registrera arbetscykeln. Det visade värdet är 50% om alla insignaler från givare ligger inom de förutbestämda arbetsparametrarna. Om displayen visar ett annat värde, jämför med arbetscykeltabellen i slutet av kapitlet för att fastställa orsaken.

7 Starta motorn och låt den gå på tomgång. Arbetscykeln ska fluktuera om systemet fungerar riktigt. Om värdet för arbetscykeln ligger konstant på en speciell siffra, se arbetscykelns %-kodlista för att fastställa anledningen.

8 När du slår av tändningen avslutas felkodsläsningen. Ta bort multimätarsonderna från diagnostikuttaget. Följande felkodshämtning måste ske direkt efter hämtning av arbetscykeln.

9 Koppla in en extra brytare mellan uttagen 1 och 4 på 38-stifts diagnostikuttaget. Anslut en lysdiodlampa mellan uttagen 3 och 4 **(se bild 22.11)**.

10 Slå på tändningen.

11 Slut extrabrytaren 2 till 4 sekunder och öppna den sedan igen. Lysdioden börjar blinka efter ca. 2 sekunder.

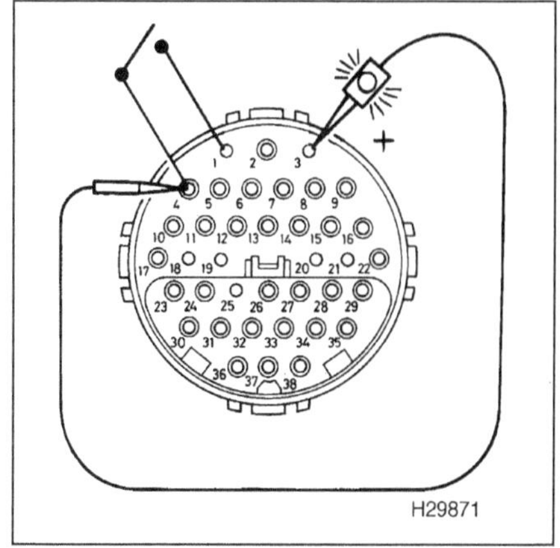

22.11 Anslut en lysdiod och en extrabrytare till 38-stifts diagnostikuttaget för att hämta blinkkoder

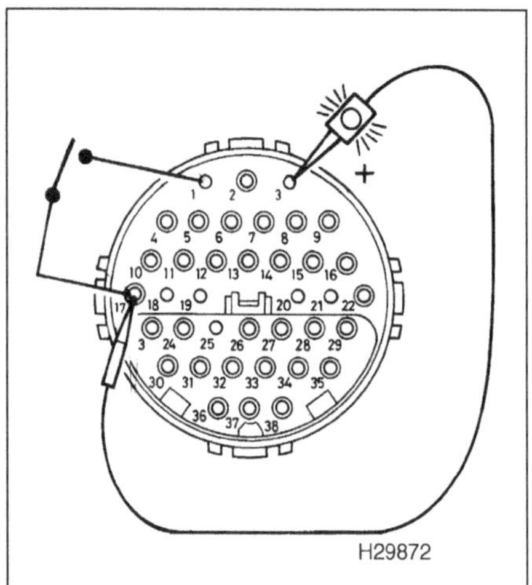

22.12 Anslut en lysdiod och en extrabrytare till 38-stifts diagnostikuttaget för att hämta tändningsblinkkoder

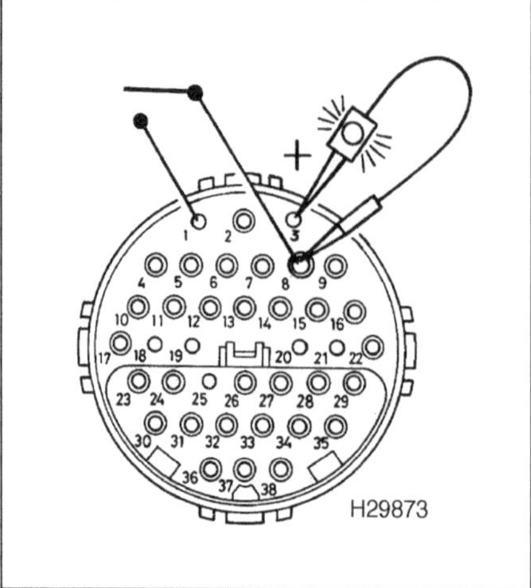

22.13 Anslut en lysdiod och en extrabrytare till 38-stifts diagnostikuttaget för att hämta blinkkoder från basmodulen

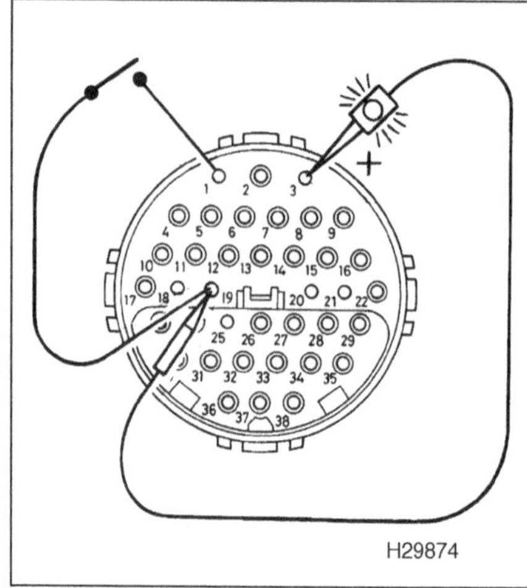

22.14 Anslut en lysdiod och en extrabrytare till 38-stifts diagnostikuttaget för att hämta blinkkoder från diagnostikmodulen

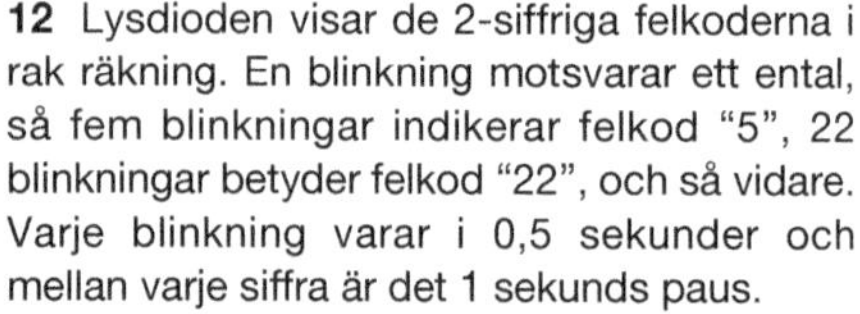

12 Lysdioden visar de 2-siffriga felkoderna i rak räkning. En blinkning motsvarar ett ental, så fem blinkningar indikerar felkod "5", 22 blinkningar betyder felkod "22", och så vidare. Varje blinkning varar i 0,5 sekunder och mellan varje siffra är det 1 sekunds paus.

13 Räkna antalet blinkningar och registrera koden. Se tabellerna i slutet av kapitlet för att se vad blinkkoden betyder.

14 Om kod "1" sänds finns inga lagrade felkoder.

15 Hämta påföljande koder genom att åter sluta extrabrytaren i minst 5 sekunder. Öppna brytaren, efter ca. 2 sekunder börjar lysdioden blinka. När alla lagrade koder har visats upprepas de.

16 När du slår av tändningen avslutas felkodsläsningen. Ta bort extrabrytaren och lysdioden från diagnostikuttagen.

Bosch EZ-L tändningsmodul, hämtning av blinkkoder (38-stiftsuttag)

17 Koppla in en extra brytare mellan uttagen 1 och 17 på 38-stifts diagnostikuttaget. Anslut en lysdiod mellan diagnostikuttagets uttag 3 och 17 **(se bild 22.12)**.

18 Slå på tändningen.

19 Slut extrabrytaren 2 till 4 sekunder och öppna den sedan igen. Lysdioden börjar blinka efter ca. två sekunder.

20 Lysdiodlampans blinkande indikerar de 2-siffriga felkoderna i rak räkning. En blinkning motsvarar ett ental, så fem blinkningar indikerar felkod "5", 22 blinkningar betyder felkod "22", och så vidare. Varje blinkning varar i 0,5 sekunder och mellan varje siffra är det 1 sekunds paus.

21 Räkna antalet blinkningar och registrera koden. Se tabellerna i slutet av kapitlet för att se vad blinkkoden betyder.

22 Om kod "1" sänds finns inga lagrade felkoder.

23 Hämta påföljande koder genom att åter sluta extrabrytaren mellan 2 och 4 sekunder. Öppna brytaren, efter ca. 2 sekunder börjar lysdioden blinka. När alla lagrade koder har visats upprepas de.

24 När du slår av tändningen avslutas felkodsläsningen. Ta bort extrabrytaren och lysdioden från diagnostikuttagen.

Basmodul, hämtning av blinkkoder (38-stifts)

25 Koppla in en extra brytare mellan uttagen 1 och 8 på 38-stifts diagnostikuttaget. Anslut en lysdiod mellan diagnostikuttagets uttag 3 och uttag 8 **(se bild 22.13)**.

26 Slå på tändningen. Metoden för att hämta koder är identisk med den för EZ-L-modulen (styckena 19 till 24).

Diagnostisk modul, hämtning av blinkkoder (38-stifts)

27 Koppla in en extra brytare mellan uttagen 1 och 19 på 38-stifts diagnostikuttaget. Anslut en lysdiodlampa mellan diagnostikuttagets uttag 3 och 19 **(se bild 22.14)**.

28 Slå på tändningen. Metoden för att hämta koder är identisk med den för EZ-L-modulen (punkt 19 till 24).

7 Bosch Motronic MP6.0/6.1 och HFM/PMS, hämtning av blinkkoder

Observera 1: *Under en del testprocedurer är det möjligt att ytterligare felkoder genereras. Se till att inga koder som genereras under test lurar diagnosen. Alla koder måste raderas när testet har genomförts. Om du använder en felkodsläsare, fortsätt till avsnitt 9.*

Observera 2: *Blinkkodnummer som du hämtar på detta sätt kan vara annorlunda än de kodnummer som visas om du använder en felkodsläsare. Se felkodstabellerna i slutet av kapitlet. Följer du dessa instruktioner - se kolumnen "Blinkkod".*

1 Du kan bara hämta 2-siffriga koder från Motronic MP6.0/6.1.

Modeller med 16-stifts diagnostikuttag

2 Koppla in en extra brytare mellan uttagen 1 och 3 på 16-stifts diagnostikuttaget. Anslut en lysdiod mellan diagnostikuttagets stift 16 (+) och stift 3 (-) enligt bilden **(se bild 22.8)**.

Modeller med 38-stifts diagnostikuttag

3 Koppla in en extra brytare mellan uttagen 1 och 4 på 38-stifts diagnostikuttaget. Anslut en lysdiod mellan diagnostikuttagets stift 3 och stift 4 **(se bild 22.11)**.

Alla modeller

4 Slå på tändningen.

5 Slut extrabrytaren 2 till 4 sekunder och öppna den sedan igen. Lysdioden börjar blinka efter ca. 2 sekunder.

6 Lysdioden visar de 2-siffriga felkoderna i rak räkning. En blinkning motsvarar ett ental, så fem blinkningar indikerar felkod "5", 22 blinkningar betyder felkod "22", och så vidare. Varje blinkning varar i 0,5 sekunder och mellan varje siffra är det 1 sekunds paus.

7 Räkna antalet blinkningar och registrera koden. Se tabellerna i slutet av kapitlet för att se vad blinkkoden betyder.

8 Om kod "1" sänds finns inga lagrade felkoder.

9 Hämta påföljande koder genom att åter sluta extrabrytaren i minst 5 sekunder. Öppna brytaren, efter ca. 2 sekunder börjar lysdioden blinka.

10 Hämta koderna igen genom att slå av tändningen och upprepa hela proceduren från början.

11 När du slår av tändningen avslutas felkodsläsningen. Ta bort extrabrytaren och lysdioden från diagnostikuttagen.

8 Radera felkoder utan felkodsläsare

Observera: *Det går inte att radera felkoderna genom att lossa batterianslutningarna. Felkodsminnet i Mercedes är permanent och behöver inget batteri för att lagra koderna.*

16-stifts Bosch EZ-L

1 När du slår av tändningen avslutas felkodshämtningen och alla felkoder raderas. Felkoder lagras inte i minnet efter att tändningen har slagits av.

Alla system utom 16-stifts Bosch EZ-L

2 Varje felkod måste raderas individuellt enligt följande instruktioner:

3 Följ proceduren för att hämta den första felkoden.

4 Radera den första felkoden genom att sluta extrabrytaren under 6 till 8 sekunder.

5 Fortsätt processen genom att hämta och radera alla koder i tur och ordning tills alla koder är raderade.

6 I vissa system är flera moduler anslutna till diagnostikuttaget. Alla koder i varje modul måste hämtas och raderas i tur och ordning tills alla koder är raderade.

7 Slå av tändningen och ta bort lysdiodlampan och extrabrytaren.

9 Självdiagnos med felkodsläsare

Observera: *Under en del av testen kan ytterligare felkoder genereras. Se till att inga koder som genereras under test lurar diagnosen.*

Alla Mercedesmodeller

1 Anslut en felkodsläsare till diagnostikuttaget. Använd felkodsläsaren (enligt tillverkarens instruktioner) till följande ändamål:

a) Hämta felkoder
b) Radera felkoder
c) Testa aktiverarna
d) Gör servicejusteringar
e) Visa data

Observera: *Alla ovanstående funktioner finns inte i alla bilar. Felkoder som måste hämtas med felkodsläsare kan vara 2- eller 3-siffriga. Se felkodstabellerna i slutet av kapitlet. Felkoder som hämtas med felkodsläsare kan vara annorlunda än de blinkkoder som hämtas manuellt.*

2 Felkoder måste alltid raderas efter komponenttest eller efter reparationer där komponenter i motorstyrningssystemet tas bort eller byts ut.

10 Guide till testmetoder

1 Använd en felkodsläsare för att hämta felkoder från styrmodulen eller hämta koder manuellt.

Lagrade koder

2 Om du får en eller flera felkoder, titta i felkodstabellerna i slutet av det här kapitlet för att fastställa betydelsen.

3 Om du får flera felkoder, leta efter gemensamma faktorer som t.ex. en felaktig jordanslutning eller matning.

4 Se testprocedurerna i kapitel 4 där du hittar sätt att testa de flesta komponenter och kretsar som återfinns i ett modernt motorstyrningssystem.

5 När felet har avhjälpts, radera koderna och kör motorn under olika förhållanden för att se om problemet är borta.

6 Kontrollera styrmodulen igen. Upprepa ovanstående procedurer om det fortfarande finns felkoder kvar.

7 Se kapitel 3 för mer information om hur du effektivt testar motorstyrningssystemet.

Inga koder lagrade

8 När ett driftsproblem uppstår utan att du får en felkod ligger felet utanför de parametrar som inprogrammerats i självdiagnossystemet. Se kapitel 3 för mer information om hur du effektivt kan testa motorstyrningssystemet.

9 Om problemet pekar mot en speciell komponent, se testprocedurerna i kapitel 4 där du hittar sätt att testa de flesta komponenter och kretsar som återfinns i ett modernt motorstyrningssystem.

Felkodstabeller

Bosch LH-Jetronic, LH4.1-Jetronic, KE3.5-Jetronic, KE5.2-Jetronic

Blink-/felkod	Beskrivning
1	Inga fel upptäckta i styrmodulen. Fortsätt med normala diagnostikmetoder
2	Kylvätskans temperaturgivare 1 eller -krets
2	Gasspjällpotentiometer eller -krets, fullast (KE5.2)
3	Kylvätskans temperaturgivare 2 eller -krets
4	Luftflödesmätare eller -krets
5	Syresensor eller -krets (KE5.2)
6	CO-potentiometer eller -krets
7	Varvtalssignal felaktig
7	Fordonets hastighetsgivare eller -krets, (LH4.1, KE5.2)
8	Kamaxelgivare eller -krets
8	Cylinderidentifierare eller -krets (LH4.1
8	Tändningssystem eller -krets (KE5.2)
8	Barometrisk tryckgivare eller -krets (KE3.5)
9	Startmotorsignal
9	Tryckaktiverare (KE5.2, KE3.5)
10	Tomgångsventil eller -krets
10	Gasspjällpotentiometer eller -krets (LH4.1, KE5.2, KE3.5)
11	Sekundärt luftpumpsystem
12	Luftflödesmätare, avbränning, eller -krets
12	Trycksignal från tändningssystemet eller krets (KE5.2)
13	Lufttemperaturgivare eller -krets
14	Fordonets hastighetsgivare eller -krets (KE5.2)
15	Katalysatoromvandlarens styrning (endast Japan)
15	EGR-ventil (LH4.1)
16	EGR-system eller -krets
17	Gasspjällbrytare, fullastkontakt
17	Tomgångsventil eller -krets
17	CAN-signal (LH4.1) – kommunikation mellan systemdatorer
17	Syresensor eller -krets (KE5.2)
18	Dataöverföring från tändningssystemet
18	CAN-signal (LH4.1) – kommunikation mellan systemdatorer
18	Tomgångsventil eller -krets (KE5.2)
20	Styrmodul
20	CAN-signal (LH4.1) – kommunikation mellan systemdatorer
21	Syresensor eller -krets

Blink-/felkod	Beskrivning
22	Syresensorvärmare eller -krets
23	Kolfilterventil eller -krets
23	Kolfilterventil eller -krets, hög spänning (LH4.1, KE5.2)
24	Vänster kamaxelstyrnings aktiverare eller -krets (119-motor)
25	Höger kamaxelstyrnings aktiverare eller -krets (119-motor)
25	Kamaxelstyrningens aktiverare eller -krets (104-motor)
25	Kallstartventil eller -krets (KE5.2)
26	Automatisk växellåda, växlingspunktrelä eller -krets
27	Insprutare eller insprutarkrets
27	Datautbyte mellan styrenheter KE och EZ (KE5.2)
28	Styrmodul
28	Kylvätsketemperaturgivare eller -krets (KE5.2)
29	Relä, 1:a växeln (LH4.1)
29	Kylvätsketemperaturgivare eller -krets (KE5.2)
30	Körspärrsystemfel (LH4.1)
31	Lufttemperaturgivare eller krets (KE5.2)
32	Motorkodnings-motstånd (motorkodplugg, KE5.2)
34	Kylvätskans temperaturgivare eller -krets (KE5.2)

Bosch LH4.1 basmodul

Blink-/felkod	Beskrivning
1	Inga fel upptäckta i styrmodulen. Fortsätt med normala diagnostikmetoder
5	Max. tillåten temperatur i modulboxen överstigen
6	Luftkonditioneringens elmagnetiska kompressorkoppling blockerad
7	Ribbad rem (poly-v) slirar
9	Spänningsmatning för styrmodul (N3/1) bruten
10	Spänningsmatning för styrmodul (N3/1) bruten
10	Spänningsmatning för bränsleinsprutare bruten (alternativ kod)
11	Spänningsmatning för styrmoduler för extrautrustning bruten
12	Spänningsmatning för ABS-styrmodulen (N30) eller ABS/ASR-styrmodulen (låsningsfria bromsar/antispinnsystem) (N30/1)
12	Styrmodulen för den automatiska differentialspärren (N30/2) störd (alternativ kod)
15	Spänningsmatning för automatväxellådans kickdown-ventil (Y3) bruten
16	Spänningsmatning för luftkonditioneringens elmagnetiska kompressorkoppling (A9K1) bruten
17	Spänningsmatning för modulboxens fläktmotor (M2/2) bruten

Bosch LH4.1 diagnostisk modul

Blink-/felkod	Beskrivning
1	Inga fel upptäckta i styrmodulen. Fortsätt med normala diagnostikmetoder
2	Syresensor eller -krets ur funktion
3	Syresensor eller -krets ur funktion
4	Sekundär luftinsprutning ur funktion
5	EGR-ventil eller -krets ur funktion
6	Tomgångsventil eller -krets ur funktion
7	Tändningssystemet defekt
8	Kylvätskans temperaturgivare, bruten eller kortsluten krets
9	Lufttemperaturgivare eller -krets, bruten eller kortsluten krets
10	Luftflödesmätare eller -krets, spänning för hög/låg
11	Varvtalssignal felaktig
12	Syresensor, bruten eller kortsluten krets
13	Kamaxelgivare eller -krets, defekt signal
14	Variabel insugningsventil eller -krets, för lågt tryck
15	Helt öppet gasspjäll, felaktig signal
16	Stängt gasspjäll, felaktig signal
17	Fel på datautbytet mellan enskilda styrmoduler
18	Justerbar kamtidsstyrventil, bruten eller kortsluten krets
19	Bränsleinsprutare bruten eller kortsluten krets eller anpassningen för avgasreningens kontrollsystem på gränsen
20	Hastighetssignal saknas
21	Kolfilterventil, bruten eller kortsluten krets
22	Kamaxelgivare eller -krets, defekt signal
23	Variabel insugningsventil eller -krets, trycket med motorn i gång för lågt
24	Startmotorns ringdrevssegment defekta
25	Knackgivare eller -krets
26	Uppväxlingsfördröjningsventil, bruten eller kortsluten krets
27	Kylvätskans temperaturgivare eller -krets
28	Kylvätskans temperaturgivare eller -krets

Bosch KE5.2 styrmodul

Blink-/felkod	Beskrivning
1	Inga fel upptäckta i styrmodulen. Fortsätt med normala diagnostikmetoder
2	Bränslepumprelä eller krets
3	Varvtalssignal avbruten
4	Syresensor eller -krets
5	Sekundär luftpumpstyrning defekt
6	Kickdown-kontaktstyrningen defekt
9	Syresensorns värmestyrning eller -krets bruten
11	Funktionssignal för luftkonditioneringens kompressor saknas
12	Luftkonditioneringens kompressorstyrning defekt
13	Luftkonditioneringens kompressorrem slirar
14	Hastighetssignal orimlig
15	Kortslutning i bränslepumpkretsen

Bosch EZ-L tändning

Blink-/felkod	Beskrivning
01	Inga fel upptäckta i styrmodulen. Fortsätt med normala diagnostikmetoder
02	Knackgivare eller -krets
03	Kylvätskans temperaturgivare eller -krets
04	Insugningsrörets tryckgivare eller -krets
05	Knackgivare eller -krets
06	Kamaxelgivare eller -krets
07	Knackgivare eller -krets
08	Automatisk växellåda
09	Automatisk växellåda
10	Datautbyte mellan KE och EZ kontrollenheter
11	Tändningsstyrning
12	Fordonets hastighetsgivare eller -krets
13	Gasspjällpotentiometer eller -krets
14	Gasspjällpotentiometer eller -krets
15	Tändningens slutfas fel
16	Tändningens slutfas fel
17	Fordonets hastighetsgivare eller -krets
18	Vevaxelns vinkelgivare eller -krets
20	Styrmodul eller -krets
21	Insugningsrörets tryckgivare eller -krets
26	Datautbyte mellan LH och EZ kontrollenheter
27	Datautbyte mellan LH och EZ kontrollenheter
34	Tändningsfel, cylinder 1

Blink-/felkod	Beskrivning
35	Tändningsfel, cylinder 5
36	Tändningsfel, cylinder 4
37	Tändningsfel, cylinder 8
38	Tändningsfel, cylinder 6
39	Tändningsfel, cylinder 3
40	Tändningsfel, cylinder 7
41	Tändningsfel, cylinder 2

Bosch Motronic 6.0/6.1

Blink-/felkod	Beskrivning
1	Inga fel upptäckta i styrmodulen. Fortsätt med normala diagnostikmetoder
2	Kylvätskans temperaturgivare eller -krets
3	Lufttemperaturgivare eller -krets
4	Insugningsrörets tryckgivare eller -krets
5	Gasspjällbrytare eller -krets
6	Gasspjällpotentiometer eller -krets
7	Gasspjällpotentiometer eller -krets
8	Tomgångsventil eller -krets
9	Syresensor eller -krets
11	Syresensor eller -krets
13	Syresensor eller -krets
14	Insprutare (4-cylindrig motor) nr 1 och 4
15	Insprutare (4-cylindrig motor) nr 2 och 3
20	Syresensor eller -krets
21	Tändningens primärkrets, cylindrarna 1 och 4
22	Tändningens primärkrets, cylindrarna 2 och 3
24	Motorvarvtalssignal eller -krets
26	Oktanväljare eller -krets
27	Varvtalssignal eller -krets
28	Fordonets hastighetsgivare eller -krets
29	Variabel insugningsventil eller -krets, förvärmningsrelä
30	Bränslepumpkrets
31	CO-potentiometer eller CO-krets
36	Kolfilterventil eller -krets
37	Automatisk växellåda
49	Styrmodul

PMS (Siemens)

Blinkkod	Felkod	Beskrivning
01	-	Inga fel upptäckta i styrmodulen. Fortsätt med normala diagnostikmetoder
02	02	Kylvätskans temperaturgivare eller dess krets
02	00	Kylvätskans temperaturgivare eller dess krets
02	01	Kylvätskans temperaturgivare eller dess krets
03	03	Lufttemperaturgivare eller -krets
03	04	Lufttemperaturgivare eller -krets
04	06	Insugningsrörets tryckgivare eller -krets
04	05	Insugningsrörets tryckgivare eller -krets
05	07	Gasspjällpotentiometer eller -krets
06	13	Gasspjällpotentiometer eller -krets
06	14	Gasspjällpotentiometer eller -krets
07	15	Tomgångsventil eller -krets
07	16	Tomgångsventil eller -krets
08	17	Tomgångsventil eller -krets
08	20	Tomgångsventil eller -krets
08	21	Tomgångsventil eller -krets
09	22	Syresensor eller -krets
09	23	Syresensor eller -krets
11	30	Syresensor eller -krets
11	32	Syresensor eller -krets
11	31	Syresensor eller -krets
13	37	Syresensor eller -krets
13	36	Syresensor eller -krets
14	42	Insprutare (4-cylindrig motor) nr 2 och 3
14	40	Insprutare (4-cylindrig motor) nr 1 och 4
14	41	Insprutare (4-cylindrig motor) nr 1 och 3
15	43	Insprutare (4-cylindrig motor) nr 2 och 4
20	54	Syresensor eller -krets
20	55	Syresensor eller -krets
20	57	Syresensor eller -krets
20	56	Syresensor eller -krets
21	64	Tändning primärkretsen - cylindrarna 1 och 4
21	62	Tändning primärkretsen - cylindrarna 1 och 4
21	63	Tändning primärkretsen - cylindrarna 1 och 4
22	65	Tändning primärkretsen - cylindrarna 2 och 3
22	67	Tändning primärkretsen - cylindrarna 2 och 3
22	66	Tändning primärkretsen - cylindrarna 2 och 3
24	73	Motorns varvtalsgivare eller krets
24	75	Motorns varvtalsgivare eller krets
26	77	Motorkodningskontakt
26	80	Motorkodningskontakt
27	81	Varvräknarkrets
27	82	Varvräknarkrets
28	83	Fordonets hastighetsgivare eller -krets
28	84	Fordonets hastighetsgivare eller -krets
29	86	Variabel insugningsventil eller -krets, förvärmningsrelä
29	85	Variabel insugningsventil eller -krets, förvärmningsrelä
30	00	Bränslepumpkrets
30	87	Bränslepumpkrets
36	A4	Kolfilterventil eller -krets
36	A3	Kolfilterventil eller -krets
37	A5	Automatisk växellåda
49	E6	Styrmodul

HFM

Blinkkod	Felkod	Beskrivning
1	-	Inga fel upptäckta i styrmodulen. Fortsätt med normala diagnostikmetoder
2	002	Kylvätskans temperaturgivare eller -krets, kortsluten krets
2	003	Kylvätskans temperaturgivare eller -krets, bruten krets
2	004	Kylvätskans temperaturgivare eller -krets, orimlig signal
2	005	Kylvätskans temperaturgivare eller -krets, lös kontakt
3	006	Lufttemperaturgivare eller -krets, kortsluten krets
3	007	Lufttemperaturgivare eller -krets, bruten krets
3	008	Lufttemperaturgivare eller -krets, lös kontakt
4	009	Luftflödesmätare eller -krets, orimligt hög signal
4	010	Luftflödesmätare eller -krets, bruten krets
5	011	Gasspjällbrytare

Blinkkod	Felkod	Beskrivning
5	012	Gasspjällbrytare, stängd
5	013	Gasspjällbrytare, lös kontakt
6	014	Gasspjällpotentiometer eller -krets, orimligt hög signal
6	015	Gasspjällpotentiometer eller -krets, orimligt låg signal
6	016	Gasspjällpotentiometer eller -krets, lös kontakt
7	017	Gasspjällpotentiometer eller -krets, orimligt hög signal
7	018	Gasspjällpotentiometer eller -krets, orimligt låg signal
7	019	Gasspjällpotentiometer eller -krets, lös kontakt
8	020	Tomgångsventil eller -krets, ventilen kan inte stänga mer
8	021	Tomgångsventil eller -krets, ventilen kan inte öppna mer
9	023	Syresensor eller -krets, spänning för hög
9	024	Syresensor eller -krets, kall eller bruten krets
9	025	Syresensor eller -krets, orimlig spänning
11	029	Syresensor eller -krets, värmarströmmen för låg
11	030	Syresensor eller -krets, värmarströmmen för hög
11	031	Syresensor eller -krets, kortslutning i värmaren
13	035	Syresensor eller -krets, blandningen mager
13	036	Syresensor eller -krets, blandningen fet
14	037	Insprutare nr 1, kortslutning
14	038	Insprutare nr 1, bruten krets/kortslutning
15	039	Insprutare nr 2, kortsluten till plus
15	040	Insprutare nr 2, bruten krets/kortsluten till jord
16	041	Insprutare nr 3, kortsluten till plus
16	042	Insprutare nr 3, bruten krets/kortsluten till plus
17	043	Insprutare nr 4, kortsluten till plus
17	044	Insprutare nr 4, bruten krets/kortsluten till plus
20	049	Syresensor eller -krets
20	050	Syresensor eller -krets
20	051	Syresensor eller -krets
20	052	Syresensor eller -krets
20	053	Syresensor eller -krets
20	054	Syresensor eller -krets
22	055	Tändspole, misständning cylinder nr 1 eller krets
22	056	Tändspole, misständning cylinder nr 4 eller krets
22	057	Tändspole eller krets, ej tillräcklig ström
23	058	Tändspole, misständning cylinder nr 2 eller krets
23	059	Tändspole, misständning cylinder nr 3 eller krets
23	060	Tändspole eller krets, ej tillräcklig ström
24	064	Vevaxelns vinkelgivare eller -krets
24	065	Vevaxelns vinkelgivare eller -krets
24	066	Vevaxelns vinkelgivare eller -krets
25	067	Kamaxelgivare eller -krets
26	068	Styrmodul
26	069	Styrmodul
27	070	Varvtalsgivare eller krets
27	071	Varvtalsgivare eller krets
28	072	Fordonets hastighetsgivare eller -krets, signalen inte igenkänd
28	073	Fordonets hastighetsgivare eller -krets, signalen orimligt hög
29	074	Variabel insugningsventil eller -krets, värmarrelä eller krets
29	075	Variabel insugningsventil eller -krets, värmarrelä eller krets
30	076	Bränslepumprelä eller krets
32	079	Knackgivare 1 eller krets
32	080	Knackgivare 2 eller krets
33	081	Tändlägesinställning, max. broms på cylinder nr 1
33	082	Tändlägesinställning, variation i cylinderns tändpunkt större än 6°
34	083	Knackgivarens styrkrets i styrmodulen
34	084	Syresensor eller -krets
36	086	Kolfilterventil eller -krets
36	087	Kolfilterventil eller -krets
37	088	Automatisk växellåda eller -krets
38	089	Kamtidsaktiveraren, kortslutning till plus
38	090	Kamtidsaktiveraren, bruten krets/kortslutning till jord
43	101	Ingen startmotorsignal, uttag 50
-	107	Kamvinkelstyrning vid tändsignal
49	110	Styrmodul, orimlig matningsspänning
49	111	Styrmodul, matningsspänning låg
50	112	Styrmodul
-	113	Styrmodul
-	114	Felaktig kodning av styrmodulen, från 01/94
-	115	Felaktig kodning av styrmodulen, från 01/94
-	116	Infraröd styrenhetsignal från 12/94
-	117	Försök att starta med det infraröda låssystemet låst, från 12/94

Bosch KE3.1-Jetronic, KE3.5-Jetronic, KE5.2-Jetronic, LH4.1-Jetronic

Arbetscykel %	Beskrivning
0%	Syresensor eller -krets
0%	Självdiagnosuttag (ej kat)
10%	Gasspjällpotentiometer eller -krets
20%	Gasspjällpotentiometer eller -krets
20%	Insprutare eller insprutarkretsar (LH4.1)
30%	Kylvätskans temperaturgivare eller -krets
40%	Luftflödesmätare eller -krets
50%	Syresensorsignal (kat)
50%	Insignaler i ordning
60%	Fordonshastighetsgivare eller -krets
60%	Kamaxelgivare eller -krets
70%	Signal för motorvarvtal
80%	Lufttemperaturgivare eller -krets
80%	Barometrisk tryckgivare eller -krets (KE3.5)
80%	Växeln i "Drive"-läge (KE5.2)
80%	CAN-signal (LH4.1) - kommunikation mellan systemdatorer
90%	Tryckaktiverare (KE5.2)
90%	Bränsletillförselns säkerhetsavstängning aktiv (LH4.1)
100%	Syresensor eller -krets
100%	Styrmodul (ej kat)

Kapitel 23
Mitsubishi

Innehåll

Bilförteckning

Modell	Motorkod	År	System
3000 GT 24V	6G72	1992 till 1997	Mitsubishi ECI-Multi- MPi
Carisma 1.6 SOHC 16V	4G92	1996 till 1997	Mitsubishi ECI-Multi- MPi
Carisma 1.8 SOHC 16V	4G93	1996 till 1997	Mitsubishi ECI-Multi- MPi
Carisma 1.8 DOHC 16V	4G93	1996 till 1997	Mitsubishi ECI-Multi- MPi
Colt 1.3i SOHC 12V kat	4G13	1992 till 1996	Mitsubishi ECI-Multi- MPi
Colt 1.3 SOHC 12V	4G13	1996 till 1997	Mitsubishi ECI-Multi- MPi
Colt 1600 GTi DOHC	4G61	1988 till 1990	Mitsubishi ECI-Multi- MPi
Colt 1.6i SOHC 16V	4G92	1992 till 1996	Mitsubishi ECI-Multi- MPi
Colt 1.6i 4x4 SOHC 16V kat	4G92	1992 till 1996	Mitsubishi ECI-Multi- MPi
Colt 1.6 SOHC 16V	4G92	1996 till 1997	Mitsubishi ECI-Multi- SEFi
Colt 1800 GTi-16V DOHC 16V	4G67	1990 till 1993	Mitsubishi ECI-Multi- MPi
Colt 1.8 GTi DOHC 16V kat	4G93	1992 till 1995	Mitsubishi ECI-Multi- MPi
Cordia 1800 Turbo	4G62T	1985 till 1989	Mitsubishi ECI-Multi- MPi
Galant 1800 SOHC 16V kat	4G93	1993 till 1997	Mitsubishi ECI-Multi- MPi
Galant Turbo	4G63T	1985 till 1988	Mitsubishi ECI-Multi- Turbo
Galant 2000 GLSi SOHC	4G63	1988 till 1993	Mitsubishi ECI-Multi- MPi
Galant 2000 GTi 16V DOHC	4G63	1988 till 1993	Mitsubishi ECI-Multi- MPi
Galant 2000 4WD DOHC	4G63	1989 till 1994	Mitsubishi ECI-Multi- MPi
Galant 2000 4WS kat DOHC	4G63	1989 till 1994	Mitsubishi ECI-Multi- MPi
Galant 2.0i SOHC 16V kat	-	1993 till 1997	Mitsubishi ECI-Multi- MPi
Galant 2.0i V6 DOHC 24V	6A12	1993 till 1997	Mitsubishi ECI-Multi- MPi
Galant Sapporo 2400	4G64	1987 till 1989	Mitsubishi ECI-Multi- MPi
Galant 2.5i V6 DOHC 24V	6G73	1993 till 1995	Mitsubishi ECI-Multi- MPi
L300 SOHC 16V	4G63	1994 till 1997	Mitsubishi ECI-Multi- MPi
Lancer 1600 GTi 16V DOHC	4G61	1988 till 1990	Mitsubishi ECI-Multi- MPi
Lancer 1.6i SOHC 16V	4G92	1992 till 1996	Mitsubishi ECI-Multi- MPi
Lancer 1.6i 4x4 SOHC 16V kat	4G92	1992 till 1996	Mitsubishi ECI-Multi- MPi
Lancer 1800 GTi DOHC 16V	4G67	1990 till 1993	Mitsubishi ECI-Multi- MPi
Lancer 1.8 GTi DOHC 16V kat	4G93	1992 till 1995	Mitsubishi ECI-Multi- MPi
Lancer 1800 4WD kat	4G37-8	1989 till 1993	Mitsubishi ECI-Multi- MPi
Shogun 3.5i V6 DOHC 24V	6G74	1994 till 1997	Mitsubishi ECI-Multi- MPi
Sigma Estate 12V	6G72	1993 till 1996	Mitsubishi ECI-Multi- MPi
Sigma Wagon 12V kat	6G72	1993 till 1996	Mitsubishi ECI-Multi- MPi
Sigma 3.0i 24V kat	6G72	1991 till 1996	Mitsubishi ECI-Multi- MPi
Space Wagon 1.8i SOHC 16V	4G93	1991 till 1997	Mitsubishi ECI-Multi- MPi
Space Wagon 2.0i DOHC 16V	4G63	1992 till 1997	Mitsubishi ECI-Multi- MPi
Starion Turbo	4G63T	1986 till 1989	Mitsubishi ECI-Multi- + Turbo
Starion 2.6 Turbo kat	G54B1	1989 till 1991	Mitsubishi ECI-Multi- + Turbo

Självdiagnostik

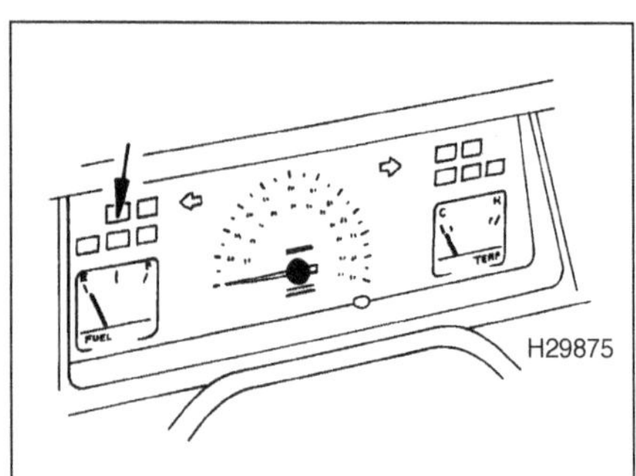

23.1 Varningslampa för självdiagnos på instrumentpanelen (vid pilen)

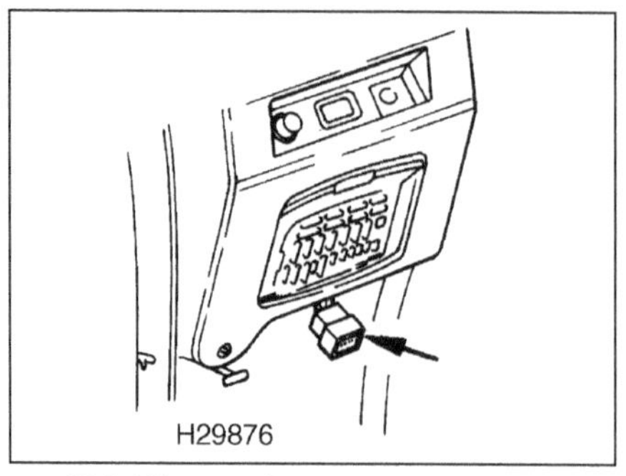

23.2 Diagnostikuttag under radion i mittkonsolen (vid pilen)

1 Inledning

Motorstyrningssystemet som finns i Mitsubishibilar är Mitsubishis eget ECI-Multi-system, som styr primärtändning, bränsle-insprutning och tomgångsfunktioner från samma styrmodul.

Självdiagnosfunktion

Styrmodulen har en självtestfunktion som kontinuerligt undersöker signalerna från vissa givare och aktiverare i motorn och sedan jämför signalerna med en tabell av inprogrammerade värden. Om diagnostik-programvaran konstaterar att ett fel föreligger lagrar styrmodulen en eller fler felkoder i styrmodulminnet. Koder kan inte lagras för komponenter för vilka det inte finns någon kod, eller för tillstånd som inte täcks av programvaran. Mitsubishisystemet genererar 2-siffriga felkoder som kan hämtas manuellt eller med felkodsläsare.

Nödprogram

Mitsubishisystemet har ett nödprogram (s.k. "linka-hem"-läge). Så snart vissa fel identi-fierats (alla fel initierar inte nödprogrammet) startar styrmodulen nödprogrammet och går över till ett programmerat grundvärde snarare än att gå efter givarsignaler. Detta gör att bilen tryggt kan köras till en verkstad för reparation eller test. Så snart felet avhjälpts återgår styrmodulen till normaldrift.

Anpassning

Mitsubishis system har också en adaptiv funktion som anpassar inprogrammerade värden efter vanlig körning och tar hänsyn till motorslitage.

Självdiagnos, varningslampa

Mitsubishis modeller har en varningslampa på instrumentpanelen **(se bild 23.1)**.

2 Diagnostikuttagets placering

Observera: *Uttaget är till för både manuell hämtning av blinkkoder och för en anpassad felkodsläsare.*

Tidiga Shogunmodeller

Diagnostikuttaget sitter under radion i kon-solen **(se bild 23.2)**

Galant 2.0 och Sapporo 2.4, Colt/Lancer, Sigma, Shogun 3.0 V6

Diagnostikuttaget sitter bredvid säkrings-boxen under instrumentbrädan **(se bild 23.3)**.

3 Hämta felkoder utan felkodsläsare

Observera: *Under en del av testen kan ytterligare felkoder genereras. Se till att inga koder som genereras under test lurar diagnosen. Alla koder måste raderas när testet har genomförts.*

Metod med analog voltmätare

1 Anslut en analog voltmätare mellan uttagen A och B i diagnostikuttaget **(se bild 23.4)**.

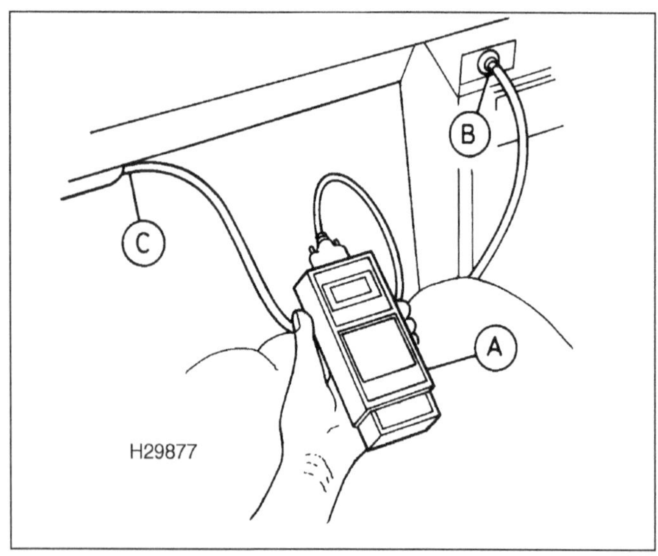

23.3 Felkodsläsare ansluten för felkodsläsning

A Felkodsläsare
B Cigarrettändaruttag för spänningsmatning
C Diagnostikuttag

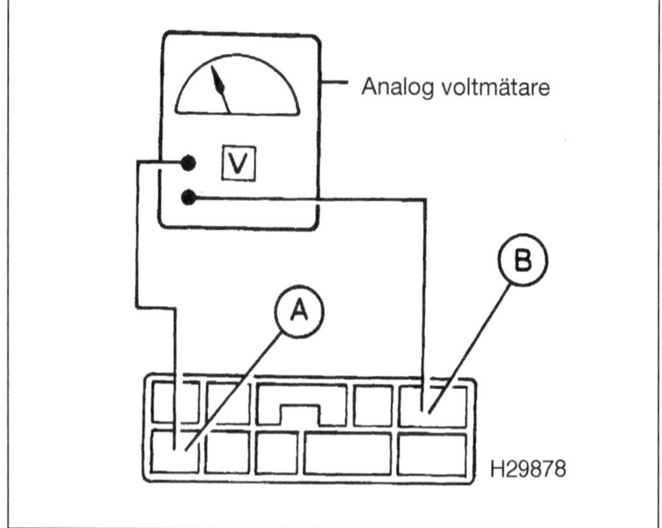

23.4 Uttagen A och B på diagnostikuttaget bryggade med en analog voltmätare

A Jordanslutning *B Diagnostikuttag*

2 Slå på tändningen. Om styrmodulen har lagrat en eller flera felkoder, börjar voltmätarnålen pendla mellan en högre och en lägre nivå. Om det inte finns några felkoder lagrade påverkas inte nålen.

Observera: *Om inte voltmätaren uppför sig som den ska, vänd på anslutningarna till diagnostikuttaget.*

a) Den första serien svep anger tiotal och den andra anger ental.

b) Voltmätarnålen aktiveras under en längre period när den sänder tiotal i koder och under en kortare period för ental.

c) Om inga fel påträffas indikerar voltmätaren regelbundna på/av pulser.

3 Räkna antalet svep i varje serie och registrera varje kod vartefter den sänds. Se tabellen i slutet av kapitlet för att se vad felkoden betyder.

4 Fortsätt hämta koder tills alla lagrade koder har hämtats och registrerats.

5 Slå av tändningen och ta bort voltmätaren för att avsluta felkodsläsningen.

Metod med lysdiodlampa

6 Anslut en lysdiodlampa mellan uttagen A och B i diagnostikuttaget **(se bild 23.5)**.

7 Slå på tändningen. Om styrmodulen har lagrat mer än ett fel blinkar lysdiodlampan för att indikera felkoden.

Observera: *Om inte lysdioden tänds som den ska, vänd på anslutningarna till diagnostikuttaget.*

a) Den första blinkserien indikerar tiotal och den andra ental.

b) Tiotal indikeras av 1,5 sekunders blinkningar åtskilda av korta pauser på 0,5 sekunder.

c) Tiotalet och entalet skiljs åt av en paus på 2 sekunder (ljuset är släckt under pauserna).

b) Ental indikeras av 0,5 sekunders blinkningar åtskilda av korta pauser på 0,5 sekunder.

e) Fyra långa blinkningar och en kort, till exempel, indikerar "41".

f) Lysdiodlampan blinkar åtta gånger med 0,5 sekunders jämna intervall om inga fel har lagrats.

8 Räkna antalet blinkningar i varje serie och registrera varje kod vartefter den sänds. Se tabellen i slutet av kapitlet för att se vad felkoden betyder.

9 Fortsätt hämta koder tills alla lagrade koder har hämtats och registrerats.

10 Slå av tändningen och ta bort lysdioden för att avsluta felkodsläsningen.

4 Radera felkoder utan felkodsläsare

1 Koppla från batteriets minuspol i minst 30 sekunder.

2 Anslut batteriets minuspol igen.

Observera: *Den första nackdelen med den här metoden är att frånkoppling av batteriet initierar alla styrmodulens anpassade värden. Återinlärning av lämpliga anpassade värden kräver att du startar motorn kall och kör med olika varvtal under ca. 20 - 30 minuter. Motorn ska också gå på tomgång i 10 minuter. Den andra nackdelen är att radiosäkerhetskoder, klockans inställning och andra lagrade värden går förlorade och måste programmeras in igen när batteriet återanslutits. Om det är möjligt ska du använda en felkodsläsare för att radera minnet.*

5 Självdiagnos med felkodsläsare

Observera: *Under en del av testen kan ytterligare felkoder genereras. Se till att inga koder som genereras under test lurar diagnosen.*

Alla Mitsubishimodeller

1 Anslut en felkodsläsare till diagnostikuttaget. Använd felkodsläsaren (enligt tillverkarens instruktioner) till följande ända-mål:

a) Hämta felkoder

b) Radera felkoder

2 Koder måste alltid raderas efter komponenttest eller efter reparationer där komponenter i motorstyrningssystemet tas bort eller byts ut.

6 Guide till testmetoder

1 Använd en felkodsläsare för att hämta felkoder från styrmodulen eller hämta koder manuellt enligt avsnitt 3 eller 5.

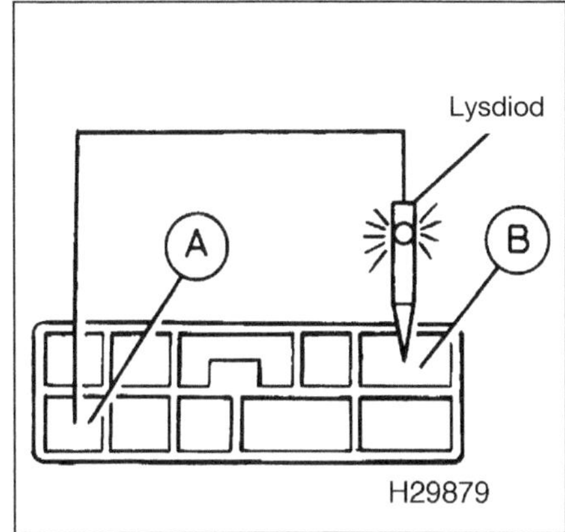

23.5 Uttagen A och B i diagnostikuttaget bryggade med en lysdiodlampa

A Jordanslutning B Diagnostikuttag

Lagrade koder

2 Om du får en eller flera felkoder, titta i felkodstabellen i slutet av det här kapitlet för att fastställa betydelsen.

3 Om du får flera felkoder, leta efter gemensamma faktorer som t.ex. en felaktig jordanslutning eller matning.

4 Se testprocedurerna i kapitel 4 där du hittar sätt att testa de flesta komponenter och kretsar som återfinns i ett modernt motorstyrningssystem.

5 När felet har avhjälpts, radera koderna och kör motorn under olika förhållanden för att se om problemet är borta.

6 Kontrollera styrmodulen igen. Upprepa ovanstående procedurer om det fortfarande finns felkoder kvar.

7 Se kapitel 3 för mer information om hur du effektivt testar motorstyrningssystemet.

Inga koder lagrade

8 När ett driftsproblem uppstår utan att du får en felkod ligger felet utanför de parametrar som inprogrammerats i självdiagnossystemet. Se kapitel 3 för mer information om hur du effektivt kan testa motorstyrningssystemet.

9 Om problemet pekar mot en speciell komponent, se testprocedurerna i kapitel 4 där du hittar sätt att testa de flesta komponenter och kretsar som återfinns i ett modernt motorstyrningssystem.

Felkodstabell på nästa sida

Felkodstabell

Mitsubishi ECI-Multi

Blink-/felkod	Beskrivning
0	Inga fel upptäckta i styrmodulen. Fortsätt med normala diagnostikmetoder
11	Syresensor eller -krets
12	Luftflödesmätare eller -krets
12	Insugningsrörets tryckgivare eller -krets (alternativ kod)
13	Lufttemperaturgivare eller -krets
14	Gasspjällägesgivare eller -krets
15	Tomgångsventil eller -krets
21	Kylvätskans temperaturgivare eller -krets
22	Vevaxelns vinkelgivare eller -krets
23	Vevaxelns vinkelgivare eller -krets (alternativ kod)
24	Fordonets hastighetsgivare eller -krets
25	Atmosfärtryckgivare eller -krets
31	Knackgivare eller -krets
32	Insugningsrörets tryckgivare eller -krets
36	Tändlägesjusteringen jordad
39	Syresensor eller -krets
41	Insprutare eller insprutarkrets
42	Bränslepump eller -krets
44	Tändspole (cylindrarna 1 och 4) eller krets
52	Tändspole (cylindrarna 2 och 5) eller krets
53	Tändspole (cylindrarna 3 och 6) eller krets
55	Tomgångsventil eller -krets
61	Automatväxellådans styrmodulkabel
62	Insugningsventilgivare eller -krets
71	Vakuumsolenoid – antispinnsystem eller -krets
72	Ventilationssolenoid – antispinnsystem eller -krets

Kapitel 24
Nissan

Innehåll

Bilförteckning

Modell	Motorkod	År	System
4x4 Pick-up 2.4i	KA24E	1992 till 1997	Nissan ECCS MPi
4WD Pick-up 2.4i kat	Z24i	1990 till 1994	Nissan ECCS SPi
4WD Wagon 3.0i kat	VG30E	1990 till 1994	Nissan ECCS MPi
100NX 2.0 SOHC 16V kat	SR20DE	1991 till 1994	Nissan ECCS MPi
200 SX 16V Turbo kat	CA18DET	1989 till 1994	Nissan ECCS MPi
200 SX DOHC 16V Turbo	SR20DET	1994 till 1997	Nissan ECCS MPi
300 C	VG30E	1984 till 1991	Nissan ECCS MPi
300 ZX	VG30E	1984 till 1990	Nissan ECCS MPi
300 ZX Turbo	VG30ET	1984 till 1990	Nissan ECCS MPi + Turbo
300 ZX Twin-Turbo kat	VG30DETT	1990 till 1995	Nissan ECCS MPi + Turbo
Almera 1.4 DOHC 16V	GA14DE	1996 till 1997	Nissan ECCS MPi
Almera 1.6 DOHC 16V	GA16DE	1996 till 1997	Nissan ECCS MPi
Almera 2.0 GTi	SR20DE	1996 till 1997	Nissan ECCS MPi
Bluebird ZX Turbo SOHC	CA18T	1986 till 1990	Nissan ECCS MPi + Turbo
Bluebird 2.0i SOHC	CA20E	1988 till 1990	Nissan ECCS MPi
Micra 1.0i DOHC 16V kat	CG10DE	1993 till 1997	Nissan ECCS MPi
Micra 1.3i DOHC 16V kat	CG13DE	1993 till 1997	Nissan ECCS MPi
Maxima & kat	VG30E	1989 till 1994	Nissan ECCS MPi
Patrol 4.2i OHV 128kW	TB42E	1992 till 1997	Nissan ECCS MPi
Prairie 2.0i SOHC kat	CA20E	1989 till 1991	Nissan ECCS MPi
Primera 1.6i	GA16DE	1994 till 1997	Nissan ECCS SPi
Primera 1.6i DOHC 16V	GA16DE	1996 till 1997	Nissan ECCS MPi
Primera 2.0 DOHC kat	SR20Di	1990 till 1995	Nissan ECCS SPi med hettrådsgivare
Primera Estate 2.0 DOHC 16V kat	SR20Di	1990 till 1996	Nissan ECCS SPi med hettrådsgivare
Primera 2.0e ZX DOHC 16V	SR20DE	1991 till 1995	Nissan ECCS MPi med hettrådsgivare
Primera 2.0e GT	SR20DE	1991 till 1995	Nissan ECCS MPi med hettrådsgivare
Primera 2.0e kat	SR20DE	1991 till 1995	Nissan ECCS MPi med hettrådsgivare
Primera 2.0i DOHC 16V	SR20DE	1994 till 1997	Nissan ECCS SPi
Primera 2.0i GT DOHC 16V	SR20DE	1994 till 1996	Nissan ECCS SPi
Primera 2.0i DOHC 16V	SR20DE	1996 till 1997	Nissan ECCS MPi
Primera 2.0i GT DOHC 16V	SR20DE	1996 till 1997	Nissan ECCS MPi
QX 2.0 DOHC 24V V6	VQ20DE	1994 till 1997	Nissan ECCS MPi
QX 3.0 DOHC 24V V6	VQ30DE	1994 till 1997	Nissan ECCS MPi
Serena 1.6i DOHC 16V	GA16DE	1993 till 1997	Nissan ECCS MPi
Serena 2.0i DOHC 16V	SR20DE	1993 till 1997	Nissan ECCS MPi
Silvia Turbo ZX	CA18ET	1984 till 1990	Nissan ECCS MPi + Turbo
Sunny 1.6i SOHC 12V kat	GA16i	1989 till 1991	Nissan ECCS SPi
Sunny ZX Kupé DOHC 16V	CA16DE	1987 till 1989	Nissan ECCS MPi
Sunny 1.8 ZX DOHC 16V kat	CA18DE	1989 till 1991	Nissan ECCS MPi
Sunny GTi-R DOHC 16V	SR20DET	1991 till 1994	Nissan ECCS MPi
Sunny 2.0 GTi DOHC 16V kat	SR20DE	1991 till 1994	Nissan ECCS MPi
Terrano II 2.4	KA24EBF	1993 till 1997	Nissan ECCS MPi
Urvan 2.4i kat	Z24i	1989 till 1994	Nissan ECCS SPi
Vanette 2.4i OHV kat	Z24i	1987 till 1994	Nissan ECCS SPi

Självdiagnostik

1 Inledning

Motorstyrningssystemet i Nissan är Nissan ECCS, som finns för både enpunkts- och flerpunktsinsprutning. Nissan ECCS styr primärtändning, bränsleinsprutning och tomgångsfunktioner från samma styrmodul.

Självdiagnosfunktion

Varje styrmodul har en självtestfunktion som kontinuerligt undersöker signalerna från vissa givare och aktiverare i motorn och sedan jämför signalerna med en tabell av inprogrammerade värden. Om diagnostikprogramvaran konstaterar att ett fel föreligger lagrar styrmodulen en eller fler felkoder i styrmodulminnet. Koder kan inte lagras för komponenter för vilka det inte finns någon kod, eller för tillstånd som inte täcks av programvaran. Nissan ECCS genererar 2-siffriga felkoder som kan hämtas manuellt eller med felkodsläsare.

Nödprogram

Systemet som behandlas i det här kapitlet har ett nödprogram (s.k. "linka-hem"-läge). Så snart vissa fel identifierats (alla fel initierar inte nödprogrammet) startar styrmodulen nödprogrammet och går över till ett programmerat grundvärde snarare än att gå efter givarsignaler. Detta gör att bilen tryggt kan köras till en verkstad för reparation eller test. Så snart felet avhjälpts återgår styrmodulen till normaldrift.

Anpassning

Nissan ECCS har också en adaptiv funktion som anpassar inprogrammerade värden efter vanlig körning och tar hänsyn till motorslitage.

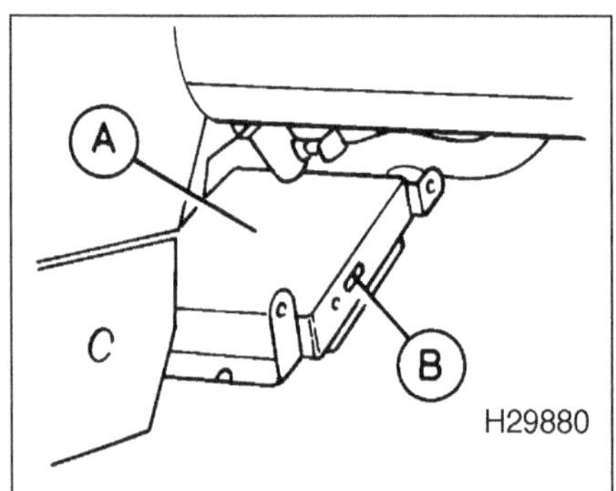

24.2 Styrmodulen (A) med lysdiod (-er) (B) sitter bakom en panel i mittkonsolen under instrumentbrädan

Den ensamma röda lysdioden, eller den röda och den gröna lysdioden sitter i kåpan bredvid lägesväljaren (efter tillämplighet)

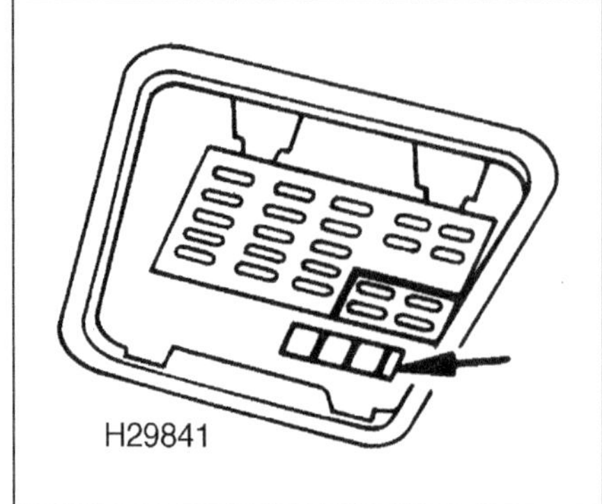

24.1 Diagnostikuttaget sitter bakom säkringsboxens lock

Självdiagnos, varningslampa

I alla Nissanmodeller sitter det antingen en ensam röd lysdiod eller en röd och en grön lysdiod i styrmodulens kåpa. Dessutom finns det en varningslampa för självdiagnos på instrumentpanelen som också kan visa felkoder. Varningslampan blinkar unisont med lysdioden på styrmodulen eller lyser med fast sken när ett fel lagras.

2 Placering av diagnostikuttag och styrmodul

Observera: *Nissans diagnostikuttag är avsett för en anpassad felkodsläsare. Blinkkoder hämtas via diagnostikuttaget eller genom att man vrider på en lägesväljare på styrmodulen.*

Diagnostikuttagets placering

Under en panel på mittkonsolen, under instrumentbrädan eller bakom säkringsboxens lucka **(se bild 24.1)**.

Placering av styrmodulen

Under instrumentbrädan på förarsidan, under förarsätet eller bakom en lucka på höger sida av mittkonsolen **(se bild 24.2)**.

3 Hämta felkoder utan felkodsläsare - blinkkoder

Observera: *Under en del av testen kan ytterligare felkoder genereras. Se till att inga koder som genereras under test lurar diagnosen. Alla koder måste raderas när testet har genomförts.*

1 Med Nissan ECCS, kan du i flera diagnoslägen hämta felkoder och annan information, beroende på modell och antalet lysdioder på styrmodulen.

En röd lysdiod på styrmodulen

2 Det finns två självdiagnostester på dessa modeller.

Observera: *Varningslampan (där sådan finns) blinkar unisont med lysdioden på styrmodulen, eller lyser med fast sken när ett fel lagras.*

Test I

3 Slå på tändningen.

4 Kontrollera att lysdioden på styrmodulen lyser. Om inte, kontrollera lysdioden.

5 Starta motorn. Lysdioden ska slockna och förbli släckt som en indikation på att inga fel påträffats. Om lysdioden tänds medan motorn går är det en indikation på ett systemfel.

6 Slå av motor och tändning.

Test II - felkodshämtning

7 Slå på tändningen.

8 Lägg en brygga mellan uttagen IGN och CHK på diagnostikuttaget **(se bild 24.3)**. Ta bort bryggan efter 2 sekunder. Eventuella felkoder visas genom lysdioden som 2-siffriga blinkkoder:

a) Den första blinkserien indikerar tiotal och den andra ental.
b) Tiotal indikeras av 0,6 sekunders blinkningar, åtskilda av en kort paus.
c) Tiotalet och entalet skiljs åt av en paus på 0,9 sekunder (ljuset är släckt under pauserna).
d) Entalen indikeras genom 0,3 sekunders blinkningar åtskilda av korta pauser.
e) Fyra långa blinkningar och en kort, till exempel, indikerar "41".
f) De enskilda koderna skiljs åt av en paus på 2,1 sekunder.
g) Koden upprepas med en 4-sekunders paus mellan varje kod som visas.

9 Räkna antalet blinkningar i varje serie och registrera varje kod vartefter den sänds. Se tabellen i slutet av kapitlet för att se vad felkoden betyder.

10 Fortsätt hämta koder tills alla lagrade koder har hämtats och registrerats.

11 Om det inte finns några fel i systemet, fortsätt med test II med motorn i gång (se punkt 12 och vidare). Alla systemfel måste repareras innan styrsystemet med sluten slinga fungerar korrekt.

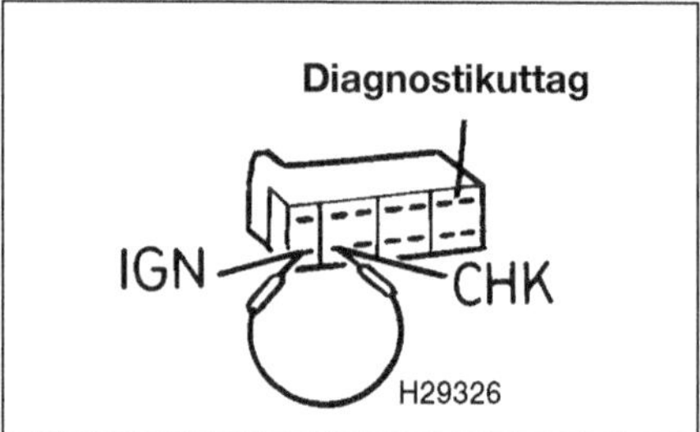

24.3 Lägg en brygga mellan uttagen IGN och CHK i diagnostikuttaget

Test II - givardiagnos med motorn i gång (kontroll av styrsystem med sluten slinga)

12 Starta motorn och låt den gå tills den når normal arbetstemperatur.

13 Öka varvtalet till 2 000 varv/min under 2 minuter.

14 Håll ögonen på varningslampan eller lysdioden: Om lysdioden blinkar ca. varannan sekund betyder det att motorn styrs med sluten slinga. Om lysdioden förblir tänd eller släckt betyder det att motorn styrs med öppen slinga:

a) Om lysdioden lyser är bränsleblandningen mager.

b) Om lysdioden är släckt är bränsleblandningen fet.

15 Varningslampan eller lysdioden visar om bränsleblandningen är mager eller fet för ögonblicket genom att vara tänd eller släckt omedelbart innan omkoppling till styrning med öppen slinga.

Röd och grön lysdiod på styrmodulen (utom 300ZX 1984 till 1990 och Silvia Turbo)

16 Det finns två självdiagnostest på dessa modeller. Det finns en lägesväljare på styrmodulen för att välja självdiagnostest **(se bild 24.4)**. Använd en skruvmejsel försiktigt för att vrida lägesväljaren efter behov under följande procedurer. Observera att oförsiktig hantering kan skada lägesväljaren.

Läge I

17 Vrid lägesväljaren helt moturs.

18 Slå på tändningen.

19 Kontrollera att de röda och gröna lysdioderna på styrmodulen lyser. Om inte, kontrollera lysdioderna.

Läge II

20 Vrid lägesväljaren helt medurs.

21 Styrmodulens röda och gröna lysdioder visar nu felkoder:

a) Den röda lysdioden visar tiotal och den gröna ental.

b) Två röda blinkningar följda av två gröna indikerar kod "22".

22 Under felkodssändning visas följande koder, även om komponenterna är hela:

a) 23

b) 24 (VG30ET)

c) 31

23 Registrera alla andra visade koder och fortsätt. Nästa del av rutinen avgör om det verkligen är något fel på komponenterna bakom koderna "23", "24" (VG30ET) och "31".

24 Tryck gaspedalen i botten och släpp sedan upp den.

25 Lysdioderna ska blinka koderna "24" (VG30ET) och "31". Om kod "23" upprepas betyder det att ett fel har upptäckts i den kretsen. Registrera alla andra visade koder och fortsätt.

26 På modeller med VG30ET-motorn: För växelväljaren från neutralläge till något av de

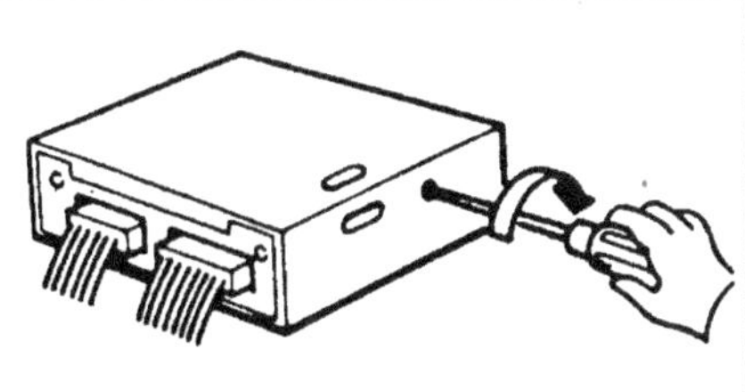

24.4 Det finns en lägesväljare på styrmodulen. Använd en skruvmejsel och vrid försiktigt lägesväljaren efter behov

andra lägena. Lysdioden ska blinka kod "31" för att visa att inget fel lagrats. Om kod "24" upprepas betyder det att ett fel har upptäckts i den kretsen. Registrera alla andra visade koder och fortsätt.

27 Starta motorn och låt den gå på tomgång.

28 Lysdioderna ska blinka kod "14" (VG30ET) och 31. Registrera alla andra koder och fortsätt.

29 På modeller med VG30ET-motor, kör bilen i minst 10 km/h. Stanna bilen men låt motorn gå. Om kod "14" upprepas betyder det att ett fel har upptäckts i den kretsen. Registrera alla andra visade koder och fortsätt.

30 Slå på och stäng av luftkonditioneringen (i förekommande fall). Lysdioderna ska blinka kod "44" för att visa att det inte finns några fel i systemet. Om det inte finns luftkonditionering på bilen sänds kod "31" i stället för "44".

31 Registrera de koder som visas och reparera respektive kretsar. Upprepa hela processen om nödvändigt.

32 Vrid lägesväljaren helt moturs.

33 Slå av motor och tändning.

Röd och grön lysdiod på styrmodulen (utom 300ZX 1984-1990 och Silvia Turbo)

34 Det finns fem självdiagnostest på dessa modeller. Det finns en lägesväljare på styrmodulen för att välja självdiagnostest. Använd en skruvmejsel försiktigt för att vrida lägesväljaren efter behov under följande procedurer. Observera att oförsiktig hantering kan skada lägesväljaren.

35 Slå på tändningen.

36 Vrid lägesväljaren helt medurs.

37 Både den röda och den gröna lysdioden börjar blinka sig genom de fem lägena, markerade med en, två, tre, fyra eller fem blinkningar.

38 Du väljer test genom att vrida lägesväljaren helt moturs direkt efter att lysdioderna har blinkat för rätt läge. Välj test III genom att vrida lägesväljaren helt moturs direkt efter att lysdioderna har blinkat tre gånger.

39 När du slår av tändningen går styrmodulen tillbaka till läge I.

40 Vrid lägesväljaren helt moturs till utgångsläget efter att självdiagnosen är utförd.

Observera: *Testen I och II gäller bara katalysatorutrustade motorer. Motorn måste ha uppnått normal arbetstemperatur och styras i sluten slinga.*

Läge I (Syresensor)

41 Vrid lägesväljaren helt moturs efter att den gröna lysdioden har blinkat en gång.

42 Kontrollera att den röda och den gröna lysdioden på styrmodulen lyser. Om inte, kontrollera lysdioderna.

43 Starta motorn. Bränslestyrningen startar i öppen slinga:

a) Den gröna lysdioden förblir tänd eller släckt.

b) Den röda lysdioden lyser bara om styrmodulen har upptäckt ett fel.

44 Efter att bränslesystemets återkopplingskrets har nått det slutna läget med idealisk bränsleblandning börjar den gröna lysdioden blinka. Om den inte gör det har ett fel uppstått i bränslesystemet:

a) Den gröna lysdioden tänds vid mager blandning och släcks vid fet blandning.

b) Den röda lysdioden lyser bara om styrmodulen har upptäckt ett fel.

Läge II (Bränsleblandningens återkoppling)

45 Vrid lägesväljaren helt moturs efter att den gröna lysdioden har blinkat två gånger.

46 Kontrollera att den gröna lysdioden lyser och att den röda är släckt. Om inte, kontrollera lysdioderna.

47 Starta motorn. Bränslestyrningen startar i öppen slinga: Båda lysdioderna (grön och röd) är antingen tända eller släckta.

48 Efter att bränslesystemets återkopplingskrets har nått det slutna läget med idealisk bränsleblandning börjar den gröna lysdioden blinka. Om den inte gör det har ett fel uppstått i bränslesystemet:

49 Den röda lysdioden tänds vid mager blandning (mer än 5% magrare) och släcks vid fet blandning (mer än 5% fetare). Så länge blandningen håller sig inom ± 5% av driftsparametrarna blinkar den röda lysdioden synkront med den gröna.

Läge III (Utmatning av felkoder)

Observera: *Felkoder lagras i styrmodulen tills startmotorn har aktiverats 50 gånger. Därefter raderas koden eller ersätts av en ny.*

50 Vrid lägesväljaren helt moturs efter att den gröna lysdioden har blinkat tre gånger.

51 Styrmodulens röda och gröna lysdiod visar nu felkoder:

a) Den röda lysdioden visar tiotal och den gröna ental.

b) Två röda blinkningar följda av två gröna indikerar kod "22".

52 Registrera alla koder som sänds. Om kod "55" sänds finns inga felkoder lagrade.

53 Du kan nu radera koderna. Se avsnitt 4.

54 Slå av tändningen.

Läge IV (Overvakning på/av)

55 Vrid lägesväljaren helt moturs efter att den gröna lysdioden har blinkat fyra gånger.
56 Den röda lysdioden ska vara släckt.
57 Starta motorn. Den röda lysdioden måste lysa medan startmotorn går. Om den inte gör det, kontrollera startmotorns signalkrets till styrmodulen.
58 Tryck ner gaspedalen. Den röda lysdioden måste lysa medan gaspedalen är nedtrampad. Om den inte tänds måste du kontrollera tomgångsbrytaren. Lysdioden växlar på och av med varje tryck på gaspedalen.
59 Lyft de drivande hjulen så att de kan rulla fritt. Följ säkerhetsinstruktionerna i början av boken.
60 Lägg i en växel och driv hjulen i över 20 km/t. Den gröna lysdioden ska tändas över 20 km/t och slockna under 20 km/t. Om den gröna lysdioden inte uppför sig som beskrivet, kontrollera hastighetsgivarens krets.
61 Slå av tändningen.

Läge V (Dynamiskt test av komponenter)

62 Slå på tändningen och starta motorn.
63 Vrid lägesväljaren helt medurs.
64 När den gröna lysdioden har blinkat fem gånger, vrid lägesväljaren helt moturs.
65 Kör motorn med olika belastning och studera lysdioderna.
66 Om lysdioderna börjar blinka, räkna antalet blinkningar för att fastställa felet. Felkoden blinkas en gång utan att lagras i minnet:

a) En röd blinkning: Fel i vevaxelns vinkelgivarkrets
b) Två gröna blinkningar: Fel i luftflödesmätarens krets
c) Tre röda blinkningar: Fel på bränslepumpkretsen
d) Fyra gröna blinkningar: Fel på tändningssystemets krets

67 Slå av motorn.

4 Radera felkoder utan felkodsläsare

1 Det finns ett antal olika metoder för att radera felkoder från styrmodulen, beroende på modell. Alla metoder beskrivs nedan.

En röd lysdiod på styrmodulen

2 Slå av tändningen.
3 Sätt systemet i läge II och hämta felkoderna enligt avsnitt 3.
4 Gör följande efter att du har genomfört test II:

a) Lägg en brygga mellan uttagen IGN och CHK.
b) Vänta i minst 2 sekunder.
c) Ta bort bryggan.
d) Slå av tändningen.

Röd och grön lysdiod på styrmodulen (300ZX 1984-1990 och Silvia Turbo).

5 Radera felkoderna från dessa modeller på följande sätt:

a) Slå på tändningen.
b) Vrid lägesväljaren helt medurs och håll den där i minst 2 sekunder.
c) Vrid lägesväljaren helt moturs och håll den där i minst 2 sekunder.
d) Slå av tändningen.

Röd och grön lysdiod på styrmodulen (utom 300ZX 1984-1990 och Silvia Turbo)

6 Sätt systemet i läge III och hämta felkoderna enligt avsnitt 3.
Observera: *Registrera alla koder innan du raderar koderna från styrmodulen genom att välja läge IV efter läge III.*

a) Vrid lägesväljaren helt medurs.
b) När lysdioden har blinkat fyra gånger, vrid lägesväljaren helt moturs för att välja läge IV.
Slå av tändningen.

Alla modeller (alternativ metod)

7 Koppla loss batteriet under 24 timmar.
Observera: *Den första nackdelen med den här metoden är att frånkoppling av batteriet initierar alla styrmodulens anpassade värden. Återinlärning av lämpliga anpassade värden kräver att du startar motorn kall och kör med olika varvtal under ca. 20 - 30 minuter. Motorn ska också gå på tomgång i 10 minuter. Den andra nackdelen är att radiosäkerhetskoder, klockans inställning och andra lagrade värden går förlorade och måste programmeras igen när batteriet återanslutits. Om det är möjligt ska du använda en felkodsläsare för att radera minnet.*
8 Felet raderas automatiskt då startmotorn har använts 50 gånger efter att felet åtgärdats. Om felet uppstår igen innan motorn startats 50 gånger nollställs räknaren och 50 nya starter måste göras innan felet automatiskt raderas ur minnet. Detta sker individuellt för varje fel, och varje kod raderas först efter 50 starter utan att samma fel har återuppstått.

5 Självdiagnos med felkodsläsare

Observera: *Under en del av testen kan ytterligare felkoder genereras. Se till att inga koder som genereras under test lurar diagnosen.*

Alla Nissanmodeller

1 Anslut en felkodsläsare till diagnostikuttaget. Använd felkodsläsaren (enligt tillverkarens instruktioner) till följande ändamål:

a) Hämta felkoder
b) Radera felkoder
c) Visa löpande data
d) Kontrollera den slutna slingans blandningsstyrning
e) Testa aktiverarna
f) Återställa den adaptiva funktionen till ursprungliga förinställda värden.
g) Göra justeringar:
 Ställa in gasspjällpotentiometern
 Ställa in tändförställningen
 Justera CO-halten (ej kat)
 Ställa in grundläggande tomgångsvarvtal
h) Ändra följande parametrar (motorn i gång):
 Tomgångsventilens arbetscykel
 Bränsleinsprutningens pulstid
 Tändlägets fördröjning
 Temperaturgivare för kylvätskan (ändra temperatur)

2 Koder måste alltid raderas efter komponenttest eller efter reparationer där komponenter i motorstyrningssystemet tas bort eller byts ut.

6 Guide till testmetoder

1 Använd en felkodsläsare för att hämta felkoder från styrmodulen eller hämta koder manuellt enligt avsnitt 3 eller 5.

Lagrade koder

2 Om du får en eller flera felkoder, titta i felkodstabellen i slutet av det här kapitlet för att fastställa betydelsen.
3 Om du får flera felkoder, leta efter gemensamma faktorer som t.ex. en felaktig jordanslutning eller matning.
4 Se testprocedurerna i kapitel 4 där du hittar sätt att testa de flesta komponenter och kretsar som återfinns i ett modernt motorstyrningssystem.
5 När felet har avhjälpts, radera koderna och kör motorn under olika förhållanden för att se om problemet är borta.
6 Kontrollera styrmodulen igen. Upprepa ovanstående procedurer om det fortfarande finns felkoder kvar.
7 Se kapitel 3 för mer information om hur du effektivt testar motorstyrningssystemet.

Inga koder lagrade

8 När ett driftsproblem uppstår utan att du får en felkod ligger felet utanför de parametrar som inprogrammerats i självdiagnossystemet. Se kapitel 3 för mer information om hur du effektivt kan testa motorstyrningssystemet.
9 Om problemet pekar mot en speciell komponent, se testprocedurerna i kapitel 4 där du hittar sätt att testa de flesta komponenter och kretsar som återfinns i ett modernt motorstyrningssystem.

Felkodstabell

Nissan ECCS

Blink-/felkod	Beskrivning
11	Vevaxelns vinkelgivare i fördelaren eller krets
11	Varvtalsgivare eller -krets
12	Luftflödesmätare eller -krets
13	Kylvätskans temperaturgivare eller -krets
14	Fordonets hastighetsgivare eller -krets
21*	Tändningssignal eller -krets
22	Bränslepump eller krets
23	Gasspjällpotentiometer, tomgång, eller -krets
24	Gasspjällpotentiometer eller -krets
24	Neutral/parkeringskontakt (alternativ kod)
25	Hjälpluftventil eller -krets
26	Turboladdningstryckgivare eller -krets
31	Luftkonditionering
31	Inga fel påträffade (bilar utan A/C), alternativ kod
31	Styrmodul, alternativ kod för GA16i- och CA18DE-motorer
32	Startmotorsignal
33	Syresensor eller -krets
34	Knackgivare eller -krets
34	Gasspjällpotentiometer eller -krets (alternativ kod)
41	Lufttemperaturgivare eller -krets
42	Bränsletemperaturgivare eller -krets
43	Gasspjällpotentiometer eller -krets
44	Inga fel upptäckta i styrmodulen. Fortsätt med normala diagnostikmetoder
51	Insprutare eller insprutarkrets
54	Automatisk växellåda, ingen signal
55	Inga fel upptäckta i styrmodulen. Fortsätt med normala diagnostikmetoder

***Observera:** *Om kod "11" och "21" visas vid samma tillfälle, kontrollera vevaxelns vinkelgivarkrets innan du kontrollerar någon annan krets.*

Kapitel 25
Peugeot

Innehåll

Bilförteckning

Modell	Motorkod	År	System
106 1.0 kat	TU9ML/Z (CDY, CDZ)	1993 till 1996	Bosch Mono-Motronic MA3.0
106 1.1	TU1M/L3/L (HDY, HDZ)	1996 till 1997	Bosch Mono-Motronic MA3.1
106 1.1i kat	TU1ML/Z (HDY, HDZ)	1991 till 1992	Bosch Mono-Jetronic A2.2
106 1.1i kat	TU1ML/Z (HDY, HDZ)	1993 till 1996	Magneti-Marelli FDG6
106 1.4	TU3JP/L3	1996 till 1997	Magneti-Marelli 1 AP
106 1.4i 8V SOHC Rallye kat	TU2J2L/Z (MFZ)	1993 till 1996	Magneti-Marelli 8P
106 1.4i	TU3J2K (K6B)	1991 till 1992	Bosch Motronic MP3.1
106 1.4i kat	TU3J2L/Z (KFZ)	1991 till 1996	Bosch Motronic MP3.1
106 1.4i kat	TU3MCL/Z (KDX)	1993 till 1996	Bosch Mono-Motronic MA3.0
106 1.6	TU5JPL/Z (NFZ)	1994 till 1996	Bosch Motronic MP5.1
106 1.6	TU5JP/L3	1996 till 1997	Bosch Motronic 5.2
106 1.6 MPi	TU5J2L/Z/K (NFY)	1994 till 1996	Magneti-Marelli 8P
205 1.1i kat	TU1ML/Z (HDZ)	1989 till 1992	Bosch Mono-Jetronic A2.2
205 1.1i kat	TU1ML/Z (HDZ)	1992 till 1996	Magneti-Marelli FDG6
205 1.4i LC kat	TU3MZ (KDZ)	1988 till 1991	Bosch Mono-Jetronic A2.2
205 1.4i HC kat	TU3ML/Z (KDY)	1991 till 1994	Bosch Mono-Jetronic A2.2
205 1.4i	TU3FM/L (KDY2)	1994 till 1996	Bosch Mono-Motronic MA3.0
205 1.6i kat	XU5M2L/Z (BDY)	1990 till 1991	Magneti-Marelli BAG5
205 1.6i och AT kat	XU5M3L/Z (BDY)	1992 till 1997	Magneti-Marelli FDG6
205 GTi 1.9 8V kat	XU9JAZ (DKZ)	1989 till 1993	Bosch Motronic 1.3
306 1.1i	TU1ML/Z (HDY, HDZ)	1993 till 1997	Magneti-Marelli FDG6
306 1.1i	TU1ML/Z (HDY, HDZ)	1993 till 1996	Bosch Mono-Motronic MA3.0
306 1.4i kat	TU3MCL/Z (KDX)	1993 till 1995	Bosch Mono-Motronic MA3.0
306 1.4i kat	TU3MCL/Z (KDX)	1994 till 1997	Magneti-Marelli FDG6
306 1.6i kat	TU5JPL/Z (NFZ)	1993 till 1997	Bosch Motronic MP5.1
306 1.8i Cabrio och kat	XU7JPL/Z (LFZ)	1993 till 1997	Magneti-Marelli 8P
306 2.0i Cabrio och kat	XU10J2CL/Z (RFX)	1994 till 1997	Magneti-Marelli 8P
306 2.0i 16V kat	XU10J4L/Z (RFY)	1994 till 1996	Bosch Motronic MP3.2
306 2.0l GT-6	XU10J4RS	1996 till 1997	Magneti-Marelli AP 10
309 1.1i kat	TU1ML/Z (HDZ)	1991 till 1994	Bosch Mono-Jetronic A2.2
309 1.4i kat	TU3MZ (KDZ)	1988 till 1991	Bosch Mono-Jetronic A2.2
309 1.4i kat	TU3ML/Z (KDY)	1991 till 1994	Bosch Mono-Jetronic A2.2
309 1.6i kat	XU5MZ (BDZ)	1989 till 1991	Magneti-Marelli BAG5
309 1.6i kat	XU5M2L/Z (BDY)	1991 till 1992	Magneti-Marelli G5
309 1.6i kat	XU5M3L/Z (BDY)	1992 till 1994	Magneti-Marelli FDG6
309 1.9 8V	XU9JA/Z (DKZ)	1988 till 1992	Bosch Motronic 1.3
309 1.9 16V DOHC	XU9J4K (D6C)	1990 till 1991	Bosch Motronic 4.1
309 1.9 16V DOHC	XU9J4K (D6C)	1991 till 1992	Bosch Motronic 1.3
309 1.9 16V kat	XU9J4L/Z (DFW)	1990 till 1992	Bosch Motronic 1.3
309 1.9 SPi kat	XU9M/Z (DDZ)	1988 till 1993	Fenix 1B

405 1.4i kat	TU3MCL/Z (KDX)	1992 till 1994	Mono Motronic MA3.0
405 1.6i kat	XU5MZ (BDZ)	1989 till 1991	Magneti-Marelli BAG5
405 1.6i kat	XU5M2L/Z (BDY)	1989 till 1991	Magneti-Marelli FDG5
405 1.6i kat	XU5M3Z (BDY)	1991 till 1992	Magneti-Marelli FDG6
405 1.6i kat	XU5M3L/Z (BDY)	1992 till 1993	Magneti-Marelli FDG6
405 1.6i kat	XU5JPL/Z (BFZ)	1989 till 1992	Bosch Motronic 1.3
405 1.6i kat	XU5JPL/Z (BFZ)	1993 till 1995	Magneti-Marelli DCM8P13
405 1.8i kat	XU7JPL/Z (LFZ)	1992 till 1997	Bosch Motronic MP5.1
405 1.9 8V kat	XU9JA/Z (DKZ)	1989 till 1992	Bosch Motronic 1.3
405 1.9 Mi16 och 4x4 16V	XU9J4K (D6C)	1988 till 1991	Bosch Motronic ML4.1
405 1.9 Mi16 och 4x4 16V	XU9J4K (D6C)	1990 till 1992	Bosch Motronic 1.3
405 1.9 Mi16 kat	XU9J4/Z (DFW)	1990 till 1992	Bosch Motronic 1.3
405 1.9i med fördelare	XU9J2K (D6D)	1990 till 1991	Bosch Motronic MP3.1
405 1.9i DIS	XU9J2K (D6D)	1991 till 1992	Bosch Motronic MP3.1
405 1.9 SPi kat	XU9M/Z (DDZ)	1989 till 1992	Fenix 1B
405 2.0i och 4x4 8V kat	XU10J2CL/Z (RFX)	1992 till 1997	Magneti-Marelli 8P
405 2.0i 16V kat	XU10J4/Z (RFY)	1992 till 1995	Bosch Motronic MP3.2
405 2.0i 16V turbo kat	XU10J4TEL/Z (RGZ)	1993 till 1995	Magneti-Marelli AP MPi
406 1.6i kat	XU5JPL3(BFZ)	1996 till 1997	Magneti-Marelli 8P
406 1.8i kat	XU7JPK(L6A)	1996 till 1997	Magneti-Marelli 8P
406 1.8 16V	XU7JP4L	1995 till 1997	Bosch Motronic MP5.1.1
406 2.0 16V	XU10J4RL	1995 till 1997	Bosch Motronic MP5.1.1
406 2.0 Turbo	XU10J2TE/L3	1996 till 1997	Bosch Motronic MP5.1.1
605 2.0i kat	XU10ML/Z (RDZ)	1989 till 1994	Magneti-Marelli G5
605 2.0i kat	XU10J2L/Z (RFZ)	1990 till 1995	Bosch Motronic MP3.1
605 2.0i 16V	XU10J4RL/Z/L3 (RFV)	1995 till 1997	Bosch Motronic MP5.1.1
605 2.0i turbo kat	XU10J2TEL/Z (RGY)	1993 till 1994	Bosch Motronic MP3.2
605 2.0i turbo	XU10J2CTEL/Z (RGX)	1995 till 1997	Bosch Motronic MP3.2
605 3.0i kat	ZPJL/Z (SFZ)	1990 till 1995	Fenix 3B
605 3.0i 24V DOHC kat	ZPJ4L/Z (SKZ)	1990 till 1994	Fenix 4
605 3.0i 24V V6	ZPJ4L/Z (UKZ)	1995 till 1997	Fenix 4
806 2.0	XU10J2CL/Z (RFU)	1995 till 1997	Magneti-Marelli 8P-22
806 2.0 Turbo	XU10J2CTEL/Z (RGX)	1995 till 1997	Bosch Motronic MP3.2
Boxer 2.0	XU10J2U (RFW)	1994 till 1997	Magneti-Marelli 8P11

Självdiagnostik

1 Inledning

Peugeots motorstyrningssystem kommer huvudsakligen från Bosch och omfattar Bosch Motronic, versionerna 1.3, 3.1, 3.2, 4.1 och 5.1. Andra förekommande system är Bosch Mono-Jetronic A2.2 och Mono-Motronic MA3.0, Fenix 1B, 3B, och 4 samt Magneti-Marelli G5, G6, och 8P.

De flesta av Peugeots motorstyrningssystem styr primärtändningen samt bränsle- och tomgångsfunktionerna från samma styrmodul. Tidiga versioner av Bosch Motronic 4.1 och 1.3 hade en hjälpluftventil som inte styrdes av styrmodulen. Bosch Mono-Jetronic bränslestyrningssystem styr bara bränsle- och tomgångsfunktioner.

Självdiagnosfunktion

Varje elektronisk styrmodul har en självtestfunktion som kontinuerligt undersöker signalerna från vissa givare och aktiverare i motorn och sedan jämför signalerna med en tabell av inprogrammerade värden. Om diagnostikprogramvaran konstaterar att ett fel föreligger lagrar styrmodulen en eller fler felkoder. Koder kan inte lagras för komponenter för vilka det inte finns någon kod, eller för tillstånd som inte täcks av programvaran. I Peugeotsystemen genererar styrmodulen 2-siffriga felkoder som kan hämtas antingen manuellt eller med en felkodsläsare.

Nödprogram

Systemen som behandlas i det här kapitlet har nödprogram (s.k. "linka-hem"-läge). Så snart vissa fel identifierats (alla fel initierar inte nödprogrammet) startar styrmodulen nödprogrammet och går över till ett programmerat grundvärde snarare än att gå efter givarsignaler. Detta gör att bilen tryggt kan köras till en verkstad för reparation eller test. Så snart felet avhjälpts återgår styrmodulen till normaldrift.

Anpassning

Peugeots system har också en adaptiv funktion som anpassar inprogrammerade värden efter vanlig körning och tar hänsyn till motorslitage.

Självdiagnos, varningslampa

De flesta av Peugeot modeller har en varningslampa för självdiagnos på instrumentpanelen. När du slår på tändningen tänds lampan. Så snart motorn startats slocknar lampan om diagnostikprogrammet inte känner av något större fel. Om lampan tänds under det att motorn går har styrmodulen upptäckt ett större fel. Observera att fel på vissa komponenter som betraktas som "mindre" fel inte får varningslampan att tändas. Varningslampan kan också fås att sända blinkkoder.

2 Diagnostikuttagets placering

Diagnostikuttaget med två stift är grönt och finns i motorutrymmet. Uttaget sitter vanligtvis på vänster eller höger innerskärm, antingen nära styrmodulen, batteriet eller kylsystemets expansionskärl. I vissa bilar finns diagnostikuttaget i reläboxen på höger eller vänster sida. Diagnostikuttaget är till för både manuell hämtning av blinkkoder och för en anpassad felkodsläsare.

Diagnostikuttaget för 30 stift som sitter i många av de nyare modellerna sitter på passagerarsidan, antingen under instrumentbrädan eller bakom en lucka på instrumentbrädan **(se bild 25.1)** . Detta uttag är bara till för anpassade felkodsläsare.

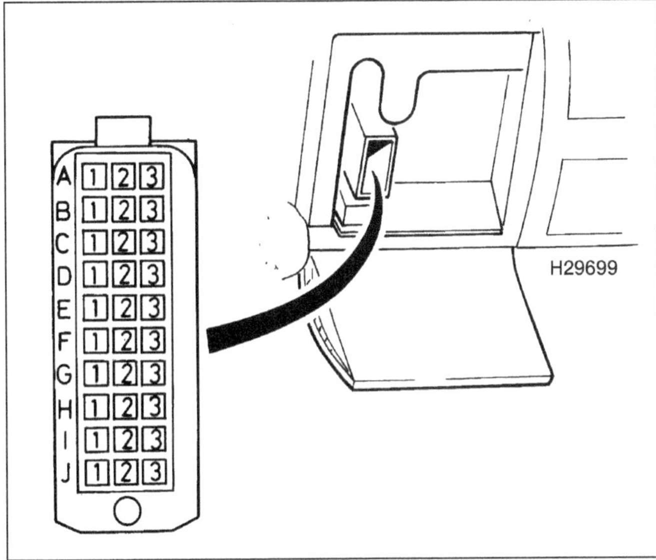

25.1 30-stifts diagnostikuttag och vanlig placering

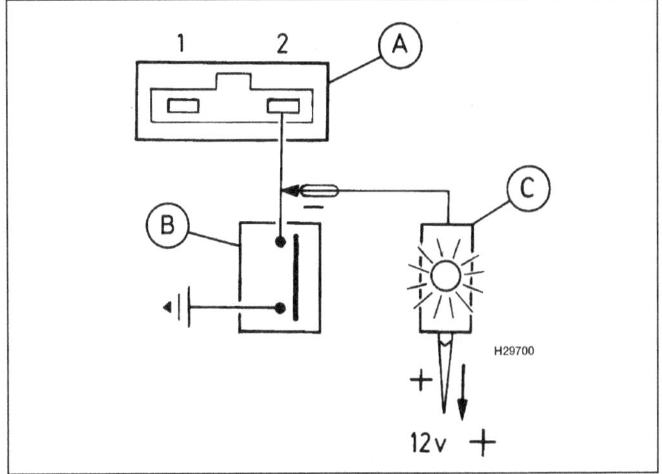

25.2 Hämta blinkkoder genom att koppla en extrabrytare och en lysdiodlampa (om ingen varningslampa finns) till stift 2 i 2-stifts diagnostikuttaget

A Diagnostikuttag B Extrabrytare C Lysdiodlampa

3 Hämta felkoder utan felkodsläsare - blinkkoder

Observera: *Under en del av testen kan ytterligare felkoder genereras. Se till att inga koder som genereras under test lurar diagnosen. Alla koder måste raderas när testet har genomförts.*

Bosch Motronic ML4.1

1 Koppla in en extra till/från-brytare på det gröna 2-stifts diagnostikuttaget **(se bild 25.2)**.

2 Slå på tändningen. Varningslampan ska tändas.

3 Slut extrabrytaren. Varningslampan slocknar.

4 Öppna brytaren efter 3 sekunder. Varningslampan börjar blinka de 2-siffriga felkoderna som följer:

a) De två siffrorna indikeras av två serier blinkningar.

b) Den första serien blinkningar anger tiotal och den andra serien ental.

c) Varje serie består av ett antal 1 sekunds blinkningar åtskilda av en paus på 1,5 sekunder.

d) Kod "13" indikeras genom en 1 sekunds blinkning, en 1,5 sekunders paus och tre 1 sekunds blinkningar. Efter 2,5 sekunders paus upprepas koden.

5 Räkna antalet blinkningar i varje serie och registrera varje kod vartefter den sänds. Se tabellerna i slutet av kapitlet för att se vad felkoden betyder.

6 Den första koden som visas blir kod "12", vilket betyder att diagnosen startats.

7 Varningslampan slocknar: vänta 3 sekunder innan du fortsätter.

8 Slut extrabrytaren i 3 sekunder.

9 Öppna brytaren. Varningslampan börjar blinka för att indikera en felkod.

10 Varningslampan slocknar: vänta 3 sekunder innan du fortsätter.

11 Upprepa testet för att hämta flera koder.

12 Fortsätt hämta koder tills kod "11" sänds. Kod "11" indikerar att inga flera koder finns lagrade.

13 Om motorn inte startar, dra runt motorn med startmotorn i fem sekunder och lämna tändningen på. Slå inte av tändningen.

14 Om kod "11" är den första kod som sänds efter "12", lagras inga fel i styrmodulen.

15 Efter att kod 11 har sänts kan hela testet göras om från början.

16 När du slår av tändningen avslutas felkodsläsningen.

Alla övriga system med grönt 2-stifts diagnostikuttag

17 Koppla in en extra till/från-brytare på det gröna 2-stifts diagnostikuttaget **(se bild 25.2)**. Om bilen inte har en varningslampa för självdiagnos, anslut en lysdiodlampa till diagnostikuttaget enligt bilden.

18 Slå på tändningen. Varningslampan eller lysdioden ska tändas.

19 Slut extrabrytaren. Lampan ska förbli tänd.

20 Öppna brytaren efter 3 sekunder. Varningslampan eller lysdioden börjar blinka de 2-siffriga felkoderna som följer:

a) De två siffrorna indikeras av två serier blinkningar.

b) Den första serien blinkningar anger tiotal och den andra serien ental.

c) Varje serie består av ett antal 1 sekunds blinkningar åtskilda av en paus på 1,5 sekunder.

d) Kod "13" indikeras genom en 1 sekunds blinkning, en 1,5 sekunders paus och tre 1 sekunds blinkningar. Efter 2,5 sekunders paus upprepas koden.

21 Räkna antalet blinkningar i varje serie och registrera varje kod. Se tabellerna i slutet av kapitlet för att se vad felkoden betyder.

22 Den första koden som visas blir kod "12", vilket betyder att diagnosen startats.

23 Vänta i tre sekunder på att varningslampan eller lysdioden ska tändas innan du fortsätter.

24 Slut extrabrytaren i 3 sekunder. Varningslampan eller lysdioden ska förbli tänd.

25 Öppna brytaren. Varningslampan eller lysdioden blinkar för att indikera nästa felkod.

26 Vänta i 3 sekunder på att varningslampan eller lysdioden ska tändas innan du fortsätter.

27 Upprepa testet för att hämta flera koder.

28 Fortsätt hämta koder tills kod "11" sänds. Kod "11" indikerar att inga flera koder finns lagrade.

29 Om motorn inte startar, dra runt motorn med startmotorn i 5 sekunder och lämna tändningen på. Slå inte av tändningen.

30 Om kod "11" är den första kod som sänds efter "12", finns inga fel lagrade i styrmodulen.

31 Efter att kod 11 har sänts kan hela testet göras om från början.

32 När du slår av tändningen avslutas felkodsläsningen.

30-stifts diagnostikuttag

33 Ingår ett 30-stifts diagnostikuttag i systemet måste du ha en anpassad felkodsläsare, för det går inte att hämta blinkkoder.

4 Radera felkoder utan felkodsläsare

Alla system med ett 2-stifts diagnostikuttag

1 Reparera alla kretsar som indikerats med felkoder.
2 Slå på tändningen.
3 Följ instruktionerna ovan tills du får kod "11" som indikation på att det inte finns flera felkoder lagrade.
4 Slut extrabrytaren i minst 10 sekunder.
5 Alla felkoder ska nu vara raderade.

Alla system (alternativ)

6 Slå av tändningen och koppla bort batteriets minuspol under ca. 2 minuter.
7 Anslut batteriets minuspol igen.
Observera: *Den första nackdelen med den här metoden är att frånkoppling av batteriet initierar alla styrmodulens anpassade värden. Återinlärning av lämpliga anpassade värden kräver att du startar motorn kall och kör med olika varvtal under ca. 20 - 30 minuter. Motorn ska också gå på tomgång i 10 minuter. Den andra nackdelen är att radiosäkerhetskoder, klockans inställning och andra lagrade värden går förlorade och måste programmeras in igen när batteriet återanslutits. Om det är möjligt bör du därför radera felkoderna manuellt (2-stifts uttag) eller använda en felkodsläsare.*

5 Test av aktiverare utan felkodsläsare

Bosch Motronic ML4.1

1 Koppla in en extra till/från-brytare på det gröna 2-stifts diagnostikuttaget **(se bild 25.2)**.
2 Slut extrabrytaren.
3 Slå på tändningen.
4 Vänta 3 sekunder och öppna sedan extrabrytaren. Varningslampan blinkar aktuell kod (se tabellen med koder för val av aktiverare i slutet av kapitlet) och insprutarkretsen aktiveras. Du ska höra insprutarsolenoiderna arbeta.

Varning: Insprutarna aktiveras så länge som kretsen är sluten och det finns en allvarlig risk för att cylindrarna fylls med bensin. Om du måste testa under mer än en sekund, koppla från bränslepumpens tillförsel (eller ta bort bränslepumpens säkring) innan du påbörjar testet.

5 Avbryt insprutartestet och fortsätt med nästa test genom att sluta extrabrytaren en gång till.
6 Vänta 3 sekunder och öppna sedan extrabrytaren. Varningslampan blinkar rätt kod (se tabellen för val av aktiverare) och nästa aktiverarkrets träder i funktion.
7 Upprepa för att testa alla aktiverare en efter en.
8 Slå av tändningen för att avsluta testet.

Alla system med 30-stifts diagnostikuttag

9 En anpassad felkodsläsare behövs för att testa aktiverarna för dessa system.

6 Självdiagnos med felkodsläsare

Observera: *Under vissa av testen kan ytterligare felkoder genereras. Se till att inga koder som genereras under test lurar diagnosen.*

Alla Peugeotmodeller

1 Anslut en felkodsläsare till diagnostikuttaget. Använd felkodsläsaren (enligt tillverkarens instruktioner) till följande ändamål:

a) Hämta felkoder
b) Radera felkoder
c) Testa aktiverarna
d) Visa data
e) Justera tändlägesinställningen eller blandningen (vissa Magneti-Marellisystem)

2 Felkoder måste alltid raderas efter komponenttest eller efter reparationer där komponenter i motorstyrningssystemet tas bort eller byts ut.

7 Guide till testmetoder

1 Använd en felkodsläsare för att hämta felkoder från styrmodulen eller (om möjligt) hämta koder manuellt enligt avsnitt 3 eller 6.

Lagrade koder

2 Om du får en eller flera felkoder, titta i felkodstabellerna i slutet av det här kapitlet för att fastställa betydelsen.
3 Om du får flera felkoder, leta efter gemensamma faktorer som t.ex. en felaktig jordanslutning eller matning.
4 Se testprocedurerna i kapitel 4 där du hittar sätt att testa de flesta komponenter och kretsar som återfinns i ett modernt motorstyrningssystem.
5 När felet har avhjälpts, radera koderna och kör motorn under olika förhållanden för att se om problemet är borta.
6 Kontrollera styrmodulen igen. Upprepa ovanstående procedurer om det fortfarande finns felkoder kvar.
7 Se kapitel 3 för mer information om hur du effektivt testar motorstyrningssystemet.

Inga koder lagrade

8 När ett driftsproblem uppstår utan att du får en felkod ligger felet utanför de parametrar som inprogrammerats i självdiagnossystemet. Se kapitel 3 för mer information om hur du effektivt kan testa motorstyrningssystemet.
9 Om problemet pekar mot en speciell komponent, se testprocedurerna i kapitel 4 där du hittar sätt att testa de flesta komponenter och kretsar som återfinns i ett modernt motorstyrningssystem.

Felkodstabeller

Felkoder - alla Peugeotmodeller

Blink-/felkod	Beskrivning
11	Slut på diagnos
12	Start av diagnos
13x	Lufttemperaturgivare eller -krets
14x	Kylvätskans temperaturgivare eller -krets
15	Bränslepumprelä, matningsfel eller bränslepumpens styrkrets
18	Turbons kylarpumpstyrning
21x	Gasspjällpotentiometer eller -krets
21x	Gasspjällbrytare, tomgångskontakt eller -krets
22	Tomgångsventil, matningsfel
23	Tomgångsventil eller -krets
25x	Variabel insugningsventil L eller krets
26x	Fordonets hastighetsgivare eller -krets
31x	Gasspjällbrytare, tomgångskontakt eller -krets
31x	Syresensor, blandningsreglering eller -krets (alternativ kod)
32	Blandningsjustering, avgas- eller insugningsläckage eller bränsletryck
33x	Luftflödesmätare eller -krets
33x	Insugningsrörets tryckgivare eller -krets (alternativ kod)
33x	Gasspjällpotentiometer eller -krets (alternativ kod, endast Mono-Jetronic)
34	Kolfilterventil eller -krets
35	Gasspjällbrytare, fullastkontakt
36	Vevaxelns vinkelgivare eller -krets
42	Insprutare eller insprutarkrets
43x	Knackgivare, knackreglering
44x	Knackgivare, knacksökning
45	Tändspolestyrning (spole 1)
46	Turbons laddningstryckventil eller -krets
47	Turbons tryckreglering
51x	Syresensor eller -krets
52	Blandningsjustering, matningsspänning, luft- eller avgasläckage
53x	Batterispänning, laddning eller batterifel
54	Styrmodul
55x	CO-potentiometer eller -krets
56	Startspärrsystem
57	Tändspole (spole 2)
58	Tändspole (spole 3)
59	Tändspole (spole 4)
61	Variabel turboreglerventil eller krets
62x	Knackgivare 2 eller -krets
63x	Syresensor eller -krets
64	Blandningsjustering B
65x	Cylinderidentifiering eller -krets
71	Insprutare 1 styrning eller insprutarkrets
72	Insprutare 2 styrning eller insprutarkrets
73	Insprutare 3 styrning eller insprutarkrets
74	Insprutare 4 styrning eller insprutarkrets
75	Insprutare 5 styrning eller insprutarkrets
76	Insprutare 6 styrning eller insprutarkrets
79x	Insugningsrörets tryckgivare eller -krets
x	Fel som normalt styr över styrmodulen till nödläge för att använda ett förinställt värde i stället för givarens.

Vissa fel betecknas som “större” fel och tänder varningslampan. Vilka fel som får varningslampan att tändas varierar från system till system och det är bäst att söka felkoder i styrmodulen om man misstänker ett fel. Koder angivna som “mindre” fel tänder inte varningslampan.

Aktiverarkod

Blink-/felkod	Beskrivning
81	Bränslepumprelä
82	Insprutare eller insprutarkrets
83	Tomgångsventil eller -krets
84	Kolfilterventil eller -krets
85	Luftkonditioneringens (A/C) kompressorrelä
91	Bränslepump eller bränslepumprelä
92	Insprutare eller insprutarkrets
93	Tomgångsventil eller -krets
94	Kolfilterventil eller -krets
95	Luftkonditioneringens (A/C) kompressorrelä

Koderna ovan visas under aktiverartestet när den aktuella kretsen har aktiverats. Alla komponenter ingår inte i alla system.

Kapitel 26
Proton

Innehåll

Bilförteckning

Modell	Motorkod	År	System
1.3 MPi 12V SOHC kat	4G13-2	1992 till 1997	ECI-Multi- MPi
1.5 MPi 12V SOHC kat	4G15-2	1992 till 1997	ECI-Multi- MPi
Persona 1.3 Compact SOHC 12V	4G13-2	1995 till 1997	ECI-Multi- SEFi
Persona 1.5 SOHC 12V	4G15	1993 till 1997	ECI-Multi- SEFi
Persona 1.5 Compact SOHC 12V	4G15	1993 till 1997	ECI-Multi- SEFi
Persona 1.6 SOHC 16V	4G92	1993 till 1997	ECI-Multi- SEFi
Persona 1.6 Compact SOHC 16V	4G92	1993 till 1997	ECI-Multi- SEFi
Persona 1.8 12V SOHC	4G93	1996 till 1997	ECI-Multi- SEFi
Persona 1.8 16V DOHC	4G93	1996 till 1997	ECI-Multi- SEFi

Självdiagnostik

1 Inledning

Protons bilar är utrustade med motorstyrningssystemet ECI som styr primärtändning, bränsleinsprutning och tomgångsfunktioner från samma styrmodul.

Självdiagnosfunktion

Styrmodulen har en självtestfunktion som kontinuerligt undersöker signalerna från vissa givare och aktiverare och sedan jämför signalerna med en tabell med inprogrammerade värden. Om diagnostikprogramvaran konstaterar att ett fel föreligger lagrar styrmodulen en eller fler felkoder i styrmodulminnet. Koder kan inte lagras för komponenter för vilka det inte finns någon kod, eller för tillstånd som inte täcks av programvaran. I ECI-systemet genererar styrmodulen 2-siffriga felkoder att hämtas antingen manuellt eller med en felkodsläsare.

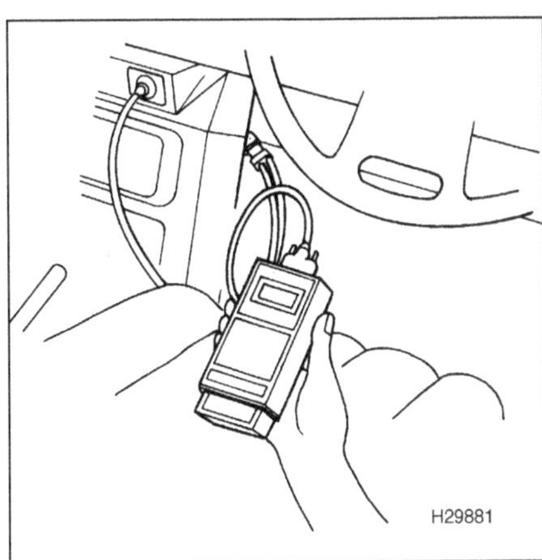

26.1 Felkodsläsare ansluten för hämtning av felkoder

Nödprogram

Systemet som behandlas i det här kapitlet har ett nödprogram (s.k. "linka-hem"-läge). Så snart vissa fel identifierats (alla fel initierar inte nödprogrammet) startar styrmodulen nödprogrammet och går över till ett programmerat grundvärde snarare än att gå efter givarsignaler. Detta gör att bilen tryggt kan köras till en verkstad för reparation eller test. Så snart felet avhjälpts återgår styrmodulen till normaldrift.

Självdiagnos, varningslampa

Protonbilar har en varningslampa för självdiagnos på instrumentpanelen.

2 Diagnostikuttagets placering

Diagnostikuttaget sitter där instrumentbräda och mittkonsol möts, på höger sida **(se bild 26.1)**.

Observera: *Du kan hämta koder från Protons diagnostikuttag både med en analog voltmätare och med en anpassad felkodsläsare.*

3 Hämta felkoder utan felkodsläsare

Observera: *Under en del av testen kan ytterligare felkoder genereras. Se till att inga koder som genereras under test lurar diagnosen. Alla koder måste raderas när testet har genomförts.*

1 Anslut en analog voltmätare mellan uttagen A och B i diagnostikuttaget **(se bild 26.2)**.

2 Slå på tändningen. Om styrmodulen har lagrat en eller flera felkoder, börjar

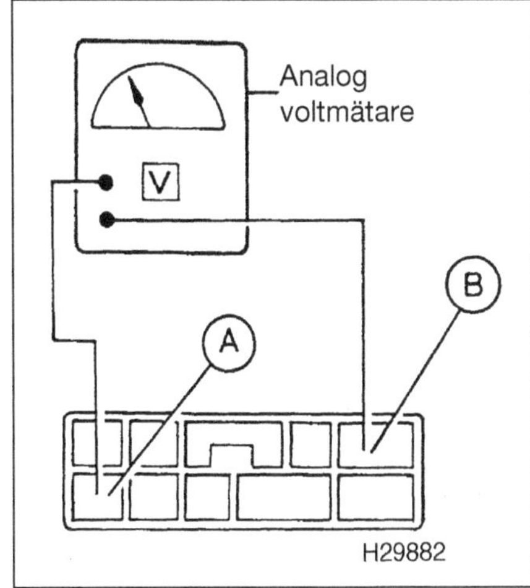

26.2 Uttagen A och B på diagnostikuttaget bryggade med en analog voltmätare

A Jordanslutning *B Diagnostikuttag*

voltmätarnålen pendla mellan en högre och en lägre nivå. Om det inte finns några felkoder lagrade påverkas inte nålen.

a) *Den första serien svep anger tiotal och den andra anger ental.*

b) *Voltmätarnålen aktiveras under en längre period när den sänder tiotal i koder, och under en kortare period för ental.*

c) *Om inga fel påträffas indikerar voltmätaren regelbundna på/av pulser.*

3 Räkna antalet svep i varje serie och registrera varje kod vartefter den sänds. Se tabellen i slutet av kapitlet för att se vad felkoden betyder.

4 Fortsätt hämta koder tills alla lagrade koder har hämtats och registrerats.

5 Slå av tändningen och ta bort voltmätaren för att avsluta felkodsläsningen.

4 Radera felkoder utan felkodsläsare

1 Slå av tändningen och koppla bort batteriets minuspol under ca. 30 sekunder.

2 Anslut batteriets minuspol igen.

Observera: *Den första nackdelen med den här metoden är att frånkoppling av batteriet initierar alla styrmodulens anpassade värden (i förekommande fall). Återinlärning av lämpliga anpassade värden kräver att du startar motorn kall och kör med olika varvtal under ca. 20 - 30 minuter. Motorn ska också gå på tomgång i 10 minuter. Den andra nackdelen är att radiosäkerhetskoder, klockans inställning och andra lagrade värden går förlorade och måste programmeras in igen när batteriet återanslutits. Om det är möjligt ska du använda en felkodsläsare för att radera minnet.*

5 Självdiagnos med felkodsläsare

Observera: *Under en del av testen kan ytterligare felkoder genereras. Se till att inga koder som genereras under test lurar diagnosen.*

Alla Protonmodeller

1 Anslut en felkodsläsare till diagnostikuttaget. Använd felkodsläsaren (enligt tillverkarens instruktioner) till följande ändamål:

a) *Hämta felkoder*

b) *Radera felkoder*

2 Felkoder måste alltid raderas efter komponenttest eller efter reparationer där komponenter i motorstyrningssystemet tas bort eller byts ut.

6 Guide till testmetoder

1 Använd en felkodsläsare för att hämta felkoder från styrmodulen eller (om möjligt) använd en analog voltmätare enligt avsnitt 3 eller 5.

Lagrade koder

2 Om du får en eller flera felkoder, titta i felkodstabellen i slutet av det här kapitlet för att fastställa betydelsen.

3 Om du får flera felkoder, leta efter gemensamma faktorer som t.ex. en felaktig jordanslutning eller matning.

4 Se testprocedurerna i kapitel 4 där du hittar sätt att testa de flesta komponenter och kretsar som återfinns i ett modernt motorstyrningssystem.

5 När felet har avhjälpts, radera koderna och kör motorn under olika förhållanden för att se om problemet är borta.

6 Kontrollera styrmodulen igen. Upprepa ovanstående procedurer om det fortfarande finns felkoder kvar.

7 Se kapitel 3 för mer information om hur du effektivt testar motorstyrningssystemet.

Inga koder lagrade

8 När ett driftsproblem uppstår utan att du får en felkod ligger felet utanför de parametrar som inprogrammerats i självdiagnossystemet. Se kapitel 3 för mer information om hur du effektivt kan testa motorstyrningssystemet.

9 Om problemet pekar mot en speciell komponent, se testprocedurerna i kapitel 4 där du hittar sätt att testa de flesta komponenter och kretsar som återfinns i ett modernt motorstyrningssystem.

Felkodstabell

ECI-Multi

Voltmätar-/felkod	Beskrivning
7	Bränslepumprelä eller krets
8	Kolfilterventil eller -krets
11	Syresensor eller -krets
13	Lufttemperaturgivare eller -krets
14	Gasspjällpotentiometer eller -krets
16	Effektförsörjning
18	Tändningsbrytare eller -krets
21	Kylvätskans temperaturgivare eller -krets
22	Vevaxelns vinkelgivare eller -krets
26	Tomgångsbrytare eller -krets
27	Servostyrningens tryckvakt eller -krets
28	Luftkonditionering (A/C) eller -krets
29	Startmotorspärr eller krets
32	Vakuumgivare eller -krets
41	Insprutare eller insprutarkrets
44	Tändlägesförställning
49	Luftkonditionering (A/C) eller -krets

Kapitel 27
Renault

Innehåll

Bilförteckning

Modell	Motorkod	År	System
5 1.4 kat	C3J700 (B/C/F407)	1986 till 1990	Renix SPi
5 1.4 kat	C3J760 (B/C/F407)	1990 till 1997	Renix SPi
5 1.7i kat	F3NG716 (B/C408)	1987 till 1991	Renix SPi
5 1.7i kat	F3NG717 (B/C409)	1987 till 1991	Renix SPi
5 1.7 kat	F3N702 (C409)	1989 till 1992	Renix MPi
9 1721 kat	F3N718(L42F/BC37F)	1986 till 1989	Renix SPi
9 1.7 kat	F3N708(L42E/C37E)	1986 till 1989	Renix MPi
11 1721 kat	F3N718(L42F/BC37F)	1986 till 1989	Renix SPi
11 1.7 kat	F3N708 L42E/C37E)	1986 till 1989	Renix MPi
19 1.4i kat	C3J710 (B/C/L532)	1990 till 1992	Renix SPi
19 1.4i kat	C3J700	1991 till 1992	Renix SPi
19 1.4 kat	E7J700 (B/C/L53A)	1991 till 1995	Bosch SPi
19 1.7i kat	F3N740 (B/C/L53B	1990 till 1992	Renix SPi
19 1.7i kat auto	F3N741 (B/C/L53B)	1990 till 1992	Renix SPi
19 1.7 DOHC 16V	F7P700(B/C/L/D53D)	1991 till 1993	Renix MPi
19 1.7 DOHC 16V kat	F7P704(B/C/L/D53D)	1991 till 1995	Renix MPi
19 1.7 DOHC 16V kat	F7P704 (X53D)	1991 till 1995	Renix MPi
19 1.7i kat	F3N746 (B/C/L53F)	1992 till 1993	Renix MPi
19 1.7i kat	F3N742(B/C/L/X53C)	1990 till 1992	Renix MPi
19 1.7i auto kat	F3N743 (X53C)	1990 till 1992	Renix MPi
19 1.8i kat och Cab	F3P704 (X53Y)	1992 till 1996	Bosch SPi
19 1.8i kat och Cab	F3P705 (X53Y)	1992 till 1995	Bosch SPi
19 1.8i kat och Cab	F3P706 (X53Y)	1992 till 1995	Bosch SPi
19 1.8i kat och Cab	F3P707 (X53Y)	1992 till 1995	Bosch SPi
19 1.8 kat	F3P700 (X538)	1992 till 1996	Renix MPi
21 1.7i kat	F3N723 (X48F)	1991 till 1995	Renix SPi
21 1.7i kat	F3N722(B/K/L/48E)	1991 till 1995	Renix MPi
21 1721 kat	F3N 726(L42F/BC37F)	1986 till 1989	Renix SPi
21 2.0 12V och 4x4 kat	J7R740 (B/L/X48R)	1991 till 1995	Renix MPi
21 2.0 kat	J7R746 (B/K/L48C)	1991 till 1995	Renix MPi
21 2.0 auto kat	J7R747 (B/K/L48C)	1991 till 1995	Renix MPi
21 2.0 och 4x4	J7R750 (B/L/K483)	1986 till 1993	Renix MPi
21 2.0 och 4x4 auto	J7R751 (K483)	1986 till 1993	Renix MPi
21 2.0 TXi 12V	J7RG754(X48Q/Y/R)	1989 till 1994	Renix MPi
21 2.0 turbo och 4x4 kat	J7R756 (L48L)	1991 till 1994	Renix MPi
21 2.0 turbo	J7R752 (L485)	1988 till 1992	Renix MPi
21 2.0 turbo 4x4	J7R752 (L485)	1991 till 1992	Renix MPi
21 2.2 kat	J7T754 (B/K/L48K)	1992 till 1995	Renix MPi
21 2.2 auto kat	J7T755 (B/K/L48K)	1992 till 1995	Renix MPi
25 2.0	J7R722 (B29H)	1986 till 1992	Renix MPi
25 2.0 auto	J7R723 (B29H)	1986 till 1992	Renix MPi
25 2.0 TXi 12V	J7RG720 (B292)	1989 till 1992	Renix MPi
25 2.0 TXi 12V auto	J7RG721 (B292)	1989 till 1993	Renix MPi
25 2.0 TXi 12V kat	J7R726 (B294)	1991 till 1993	Renix MPi
25 2.2	J7TE706 (B29E)	1984 till 1987	Renix MPi
25 2.2 auto	J7TG707 (B29E)	1984 till 1987	Renix MPi
25 2.2	J7TJ730 (B29E)	1987 till 1990	Renix MPi
25 2.2 auto	J7TK731 (B29E)	1987 till 1990	Renix MPi
25 2.2 kat	J7T732 (B29B)	1990 till 1991	Renix MPi
25 2.2 auto kat	J7T733 (B29B)	1990 till 1991	Renix MPi

Modell	Motorkod	Ar	System
25 2.5 V6 turbo	Z7UA702 (B295	1985 till 1990	Renix MPi
25 2.5 V6 turbo kat	Z7U700 (B29G)	1991 till 1993	Renix MPi
25 V6 2.9i	Z7WA700 (B293)	1989 till 1993	Renix MPi
25 V6 2.9i auto	Z7W701 (B293)	1989 till 1992	Renix MPi
25 V6 2.9i auto	Z7W709 (B293)	1992 till 1993	Renix MPi
25 V6 2.9i kat	Z7W706 (B29F)	1991 till 1992	Renix MPi
25 V6 2.9i kat auto	Z7W707 (B29F)	1991 till 1992	Renix MPi
Alpine 2.5 GTA V6 turbo	Z7UC730 (D501)	1986 till 1992	Renix MPi
Alpine 2.5 GTA V6 turbo kat	Z7U734 (D502)	1990 till 1992	Renix MPi
Alpine 2.5 V6 turbo kat	Z7X744 (D503)	1992 till 1995	Renix MPi
Chamade 1.4i kat	(B/C/L532)C31710	1990 till 1992	Renix SPi
Chamade 1.4i kat	C3J700	1991 till 1992	Renix SPi
Chamade 1.4 kat	E7J700(B/C/L53A)	1991 till 1996	Bosch SPi
Chamade 1.7i kat	F3N742 (X53C)	1990 till 1992	Renix MPi
Chamade 1.7i auto kat	F3N743 (X53C)	1990 till 1992	Renix MPi
Chamade 19 1.7i kat	F3N740	1990 till 1992	Renix SPi
Chamade 19 1.7i auto kat	F3N741 (B/C/L53B)	1990 till 1992	Renix SPi
Chamade 1.8 kat	F3P700	1992 till 1994	Renix MPi
Clio 1.2 kat	E7F700 (B/C/S57A/R)	1991 till 1997	Bosch SPi
Clio 1.2 kat	E7F706 (B/C/S57A/R)	1991 till 1995	Bosch SPi
Clio 1.2i	C3G720 (B/C/S577)	1995 till 1997	Magneti-Marelli SPi
Clio 1.4 kat	E7J718 (B/C/S57T)	1991 till 1997	Bosch SPi
Clio 1.4 auto kat	E7J719 (B/C/S57T)	1991 till 1996	Bosch SPi
Clio 1.4 kat	E7J710 (B/C/S57B/57T)	1991 till 1995	Bosch SPi
Clio 1.4 auto kat	E7J711(B/C/S57B/57T)	1991 till 1995	Bosch SPi
Clio 16V/16S	F7P-7-22 (US87)	1991 till 1997	Siemens Bendix MPi
Clio 1.8 kat	F3P710 (B/C57C)	1991 till 1997	Bosch SPi
Clio 1.8 kat	F3P714 (B/C57U)	1991 till 1994	Bosch SPi
Clio 1.8 kat	F3P712 (C579)	1993 till 1996	Renix MPi
Clio 1.8i auto	F3P755	1995 till 1997	Siemens Bendix MPi
Clio 1.8i	F3P758	1995 till 1997	Siemens Bendix MPi
Clio 1.8 16V DOHC	F7P720 (C575)	1991 till 1992	Renix MPi
Clio 1.8 16V DOHC kat	F7P722 (C57D)	1991 till 1996	Renix MPi
Clio Williams 2.0 kat	F7P	1993 till 1995	Renix MPi
Espace 2.0i TXE och 4x4	J7RE760 (J116)	1988 till 1991	Renix MPi
Espace 2.0i kat	J7R768 (J636)	1991 till 1996	Renix MPi
Espace 2.2i TXE och 4x4 kat	J7T770 (J117)	1991 till 1992	Renix MPi
Espace 2.2i och 4x4 kat	J7T772 (J/S637)	1991 till 1997	Renix MPi
Espace 2.9i V6 och 4X4 kat	Z7W712 (J638)	1991 till 1997	Renix MPi
Espace 2.9i V6 och 4X4 kat	Z7W713 (J638)	1991 till 1997	Renix MPi
Extra 1.2	C3G710	1995 till 1997	Magneti-Marelli SPi
Extra 1.4 kat	C3J760 (B/C/F407)	1990 till 1995	Renix SPi
Extra 1.4 kat	C3J762 (F407)	1992 till 1995	Renix SPi
Extra 1.4 kat	E7J720 (F40V)	1992 till 1995	Bosch SPi
Extra 1.4 kat	E7J724 (F40U)	1992 till 1997	Bosch SPi
Express 1.2	C3G710	1995 till 1997	Magneti-Marelli SPi
Express 1.4 kat	C3J762 (F407)	1992 till 1995	Renix SPi
Express 1.4 kat	E7J720 (F40V)	1992 till 1995	Bosch SPi
Express 1.4 kat	E7J724 (F40U)	1992 till 1997	Bosch SPi
Laguna 1.8i	F3P720 (B56B)	1994 till 1997	Bosch SPi
Laguna 2.0i	N7Q 700/704	1996 till 1997	Siemens Bendix SEFi
Laguna 2.0i	F3R723/722	1994 till 1997	Siemens Bendix MPi
Laguna 2.0i	F3R722	1994 till 1995	Renix MPi
Laguna 3.0i V6	Z7X760 (B56E)	1994 till 1997	Siemens MPi
Master 2.2i kat	J7T782 (RxxA)	1991 till 1993	Renix MPi
Megane 1.4	E7J764 (BAOE)	1996 till 1997	Fenix 3
Megane 1.6	K7M 702/720	1996 till 1997	Fenix 5
Megane 1.6 kupé	K7M 702/720	1996 till 1997	Fenix 5
Megane 2.0	F3R750	1996 till 1997	Fenix 5
Safrane 2.0i kat	J7R732 (B540)	1993 till 1997	Renix MPi
Safrane 2.0i auto kat	J7R733 (B540)	1993 till 1995	Renix MPi
Safrane 2.0i 12V kat	J7R734 (B542)	1993 till 1994	Renix MPi
Safrane 2.0i 12V kat	J7R735 (B542)	1993 till 1994	Renix MPi
Safrane 2.2i 12V kat	J7T760 (B543)	1993 till 1997	Renix MPi
Safrane 2.2i 12V auto kat	J7T761 (B543)	1993 till 1995	Renix MPi
Safrane 3.0i V6 kat	Z7X722 (B544)	1993 till 1997	Renix MPi
Safrane 3.0i V6 auto kat	Z7X723 (B544)	1993 till 1995	Renix MPi

Modell	Motorkod	Ar	System
Safrane Quadra 3.0i V6 kat	Z7X722 (B544)	1992 till 1994	Renix MPi
Savanna 1.7i kat	F3N722 (X48E)	1991 till 1995	Renix MPi
Savanna 1.7i kat	F3N723 (X48F)	1991 till 1995	Renix SPi
Savanna 2.0 och 4x4	J7R750 (K483)	1986 till 1993	Renix MPi
Savanna 2.0 och 4x4 auto	J7R751 (K483)	1986 till 1993	Renix MPi
Trafic 2.2i och 4x4 kat	J7T 780 (T/VxxA)	1991 till 1993	Renix MPi
Twingo 1.3	C3G (C063)	1994 till 1997	Magneti-Marelli SPi

Självdiagnostik

1 Inledning

I Renaults bilar återfinns följande motorstyrningssystem för både felrpunkts- och enpunktsinsprutning: Bendix, Fenix, Renix, Siemens och Magneti-Marelli. Alla systemen är lika i grunden och flera komponenter från de olika fabrikaten passar även de andra. Renaults motorstyrningssystem styr primärtändning samt bränsle- och tomgångsfunktioner från samma styrmodul.

Självdiagnosfunktion

Varje elektronisk styrmodul har en självtestfunktion som kontinuerligt undersöker signalerna från vissa givare och aktiverare i motorn och sedan jämför signalerna med en tabell av inprogrammerade värden. Om diagnostikprogramvaran konstaterar att ett fel föreligger lagrar styrmodulen felet. Koder kan inte lagras för komponenter för vilka det inte finns någon kod, eller för tillstånd som inte täcks av programvaran.

Renaults programvara genererar normalt inte felkoder, och felkodsläsaren visar därför att ett fel förekommer utan att ange en specifik felkod. Fel i en eller flera kretsar eller komponenter lagras även om det inte finns några kodnummer.

Nödprogram

Systemen som behandlas i det här kapitlet har nödprogram (s.k. "linka-hem"-läge). Så snart vissa fel identifierats (alla fel initierar inte nödprogrammet) startar styrmodulen nödprogrammet och går över till ett programmerat grundvärde snarare än att gå efter givarsignaler. Detta gör att bilen tryggt kan köras till en verkstad för reparation eller test. Så snart felet avhjälpts återgår styrmodulen till normaldrift.

Anpassning

Renaults system har också en adaptiv funktion som anpassar inprogrammerade värden efter vanlig körning och tar hänsyn till motorslitage.

Varningslampa för självdiagnos

Många Renaultmodeller har en varningslampa för självdiagnos på instrumentpanelen. När du slår på tändningen tänds lampan. Så snart motorn startats slocknar lampan om diagnostikprogrammet inte känner av något fel. Om lampan förblir tänd under det att motorn går har styrmodulen upptäckt ett systemfel.

2 Diagnostikuttagets placering

Diagnostikuttaget för 12 stift **(se bild 27.1)** är bara till för felkodsläsare. Uttaget sitter vanligtvis i säkrings-/reläboxen på förarsidan eller nära insugningsrörets tryckgivare i motorrummet. Renaults motorstyrningssystem genererar inte felkoder.

3 Hämta felkoder utan felkodsläsare

Eftersom blinkkoder inte genereras i Renaults självdiagnossystem går det inte att hämta felkoder utan en felkodsläsare.

4 Radera felkoder utan felkodsläsare

1 Slå av tändningen och koppla bort batteriets minuspol under ca. 2 minuter.

2 Anslut batteriets minuspol igen.

Observera: *Den första nackdelen med den här metoden är att frånkoppling av batteriet initierar alla styrmodulens anpassade värden. Återinlärning av lämpliga anpassade värden kräver att du startar motorn kall och kör med olika varvtal under ca. 20 - 30 minuter. Motorn ska också gå på tomgång i 10 minuter. Den andra nackdelen är att radiosäkerhetskoder, klockans inställning och andra lagrade värden går förlorade och måste programmeras in igen när batteriet återanslutits. Om det är möjligt ska du använda en felkodsläsare för att radera minnet.*

5 Självdiagnos med felkodsläsare

Observera: *Under en del av testen kan ytterligare felkoder genereras. Se till att inga koder som genereras under test lurar diagnosen.*

Alla Renault-modeller

1 Anslut en felkodsläsare till diagnostikuttaget. Använd felkodsläsaren (enligt tillverkarens instruktioner) till följande ändamål:

a) Visa systemfel

b) Återställning av lagrade systemfel

c) Testa aktiverarna

d) Visa löpande data

e) Justera tändinställningen eller bränsleblandningen (vissa fordon)

f) Ändra systemparametrar (vissa komponenter)

2 Felkoder måste alltid raderas efter komponenttest eller efter reparationer där komponenter i motorstyrningssystemet tas bort eller byts ut.

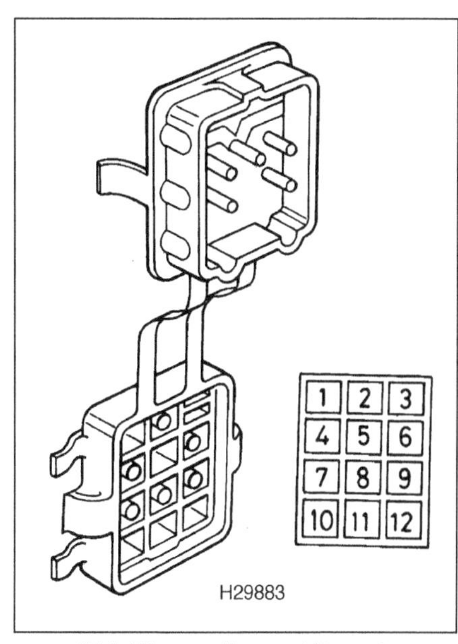

27.1 Diagnostikuttag i Renault

6 Guide till testmetoder

1 Använd en felkodsläsare för att söka fel i styrmodulen enligt avsnitt 5.

Lagrade fel

2 Om du får upp ett eller flera fel, titta i feltabellen i slutet av det här kapitlet för att fastställa betydelsen.

3 Om du får flera felkoder, leta efter gemensamma faktorer som t.ex. en felaktig jordanslutning eller matning.

4 Se testprocedurerna i kapitel 4 där du hittar sätt att testa de flesta komponenter och kretsar som återfinns i ett modernt motorstyrningssystem.

5 När felet har avhjälpts, radera koderna och kör motorn under olika förhållanden för att se om problemet är borta.

6 Kontrollera i styrmodulen om det finns fler fel. Upprepa ovanstående procedurer om det fortfarande finns lagrade fel.

7 Se kapitel 3 för mer information om hur du effektivt testar motorstyrningssystemet.

Inga fel lagrade

8 När ett driftsproblem uppstår utan att du får en felkod ligger felet utanför de parametrar som inprogrammerats i självdiagnossystemet. Se kapitel 3 för mer information om hur du effektivt kan testa motorstyrningssystemet.

9 Om problemet pekar på en speciell komponent, se kapitel 4 för beskrivningar av sätt att testa de flesta komponenter och kretsar som återfinns i ett modernt motorstyrningssystem.

Feltabell

Alla Renault-modeller

Renaults programvara genererar normalt inte felkoder. En felkodsläsare visar normalt felen på skärmen utan att referera till något kodnummer. Fel i en eller flera av kretsarna eller komponenterna i följande lagras även om det inte finns några kodnummer tillgängliga.

Förteckning över kretsar som kontrolleras av Renaults självdiagnossystem

Luftkonditionering (A/C) eller -krets
Lufttemperaturgivare eller -krets
Batterimatning till styrmodulen
Vevaxelns vinkelgivare eller -krets
CO-potentiomenter eller -krets (i förekommande fall; ej kat.)
Kylvätskans temperaturgivare eller -krets
Bränslepumpstyrning (relädrivkrets)
Uppvärmd vindruta (i förekommande fall)
Tändningssignal eller krets
Insprutare eller insprutarkrets
Tomgångsventil eller -krets
Knackgivare eller krets
Insugningsrörets tryckgivare eller -krets
Syresensor eller -krets
Servostyrning eller -krets (i förekommande fall)
Huvudrelä eller -krets
Seriell kommunikation
Gasspjällpotentiometer eller -krets
Gasspjällbrytare eller -krets
Fordonets hastighetsgivare eller -krets (i förekommande fall)

Observera: *Alla komponenter finns inte i alla bilar.*

Kapitel 28
Rover

Innehåll

Bilförteckning

Modell	Motorkod	År	System
111 1.1 SOHC	K8	1995 till 1997	Rover MEMS SPi
114 1.4 SOHC	K8	1995 till 1997	Rover MEMS SPi
200 Vi DOHC 16V	18K16	1995 till 1997	Rover MEMS MPi
214 1.4 DOHC 16V	K16	1989 till 1992	Rover MEMS SPi
214 1.4 DOHC 16V kat	K16	1990 till 1993	Rover MEMS SPi
214 1.4 DOHC 16V kat	K16	1992 till 1996	Rover MEMS MPi
214 SOHC 8V	14K8	1995 till 1997	Rover MEMS MPi
214 DOHC 16V	14K16	1995 till 1997	Rover MEMS MPi
216 SOHC 16V	D16A7	1989 till 1996	Honda PGM-Fi
216 SOHC 16V kat	D16A6	1989 till 1996	Honda PGM-Fi
216 SOHC 16V auto kat	D16Z2	1989 till 1996	Honda PGM-Fi
216 DOHC 16V	D16A9	1990 till 1994	Honda PGM-Fi
216 DOHC 16V auto	D16Z4	1990 till 1994	Honda PGM-Fi
216 DOHC 16V kat	D16A8	1990 till 1994	Honda PGM-Fi
216 DOHC 16V	16K16	1995 till 1997	Rover MEMS MPi
220 2.0 DOHC 16V kat	20M4 M16	1991 till 1994	Rover MEMS MPi
220 2.0 DOHC 16V turbo kat	20T4 T16	1992 till 1996	Rover MEMS MPi
220 2.0 DOHC 16V kat	20T4 T16	1992 till 1996	Rover MEMS MPi
414 1.4 DOHC 16V	K16	1990 till 1993	Rover MEMS SPi
414 1.4 DOHC 16V kat	K16	1990 till 1993	Rover MEMS SPi
414 1.4 DOHC 16V kat	K16	1992 till 1997	Rover MEMS MPi
414 1.4 DOHC 16V	K16	1995 till 1997	Rover MEMS MPi
416 SOHC 16V	D16A7	1989 till 1996	Honda PGM-Fi
416 SOHC 16V kat	D16A6	1989 till 1996	Honda PGM-Fi
416 SOHC 16V auto kat	D16Z2	1989 till 1996	Honda PGM-Fi
416 DOHC 16V	D16A9	1990 till 1994	Honda PGM-Fi
416 DOHC 16V auto	D16Z4	1990 till 1994	Honda PGM-Fi
416 DOHC 16V kat	D16A8	1990 till 1994	Honda PGM-Fi
416i 1.6 SOHC 16V auto	D16	1995 till 1996	Honda PGM-Fi
416 1.6 DOHC 16V	K16	1995 till 1996	Rover MEMS MPi
420 2.0 DOHC 16V kat	20M4 M16	1991 till 1994	Rover MEMS MPi
420 2.0 DOHC 16V turbo kat	20T4 T16	1992 till 1997	Rover MEMS MPi
420 2.0 DOHC 16V kat	20T4 T16	1992 till 1997	Rover MEMS MPi
618 SOHC 16V	F18A3	1995 till 1997	Honda PGM-Fi
620i SOHC 16V	F20Z2	1993 till 1997	Honda PGM-Fi
620i S SOHC 16V	F20Z1	1993 till 1997	Honda PGM-Fi
620 2.0 DOHC 16V turbo	20T4 T16	1994 till 1997	Rover MEMS MPi
623i DOHC 16V	H23A3	1993 till 1997	Honda PGM-Fi
820E SPi DOHC	20HD/M16e	1986 till 1990	Rover SPi 10CU
820SE SPi DOHC	20HD/M16e	1986 till 1990	Rover SPi 10CU
820i/Si DOHC kat	20HD-M16	1988 till 1990	Lucas MPi 11CU
820i 2.0 DOHC 16V kat	20T4	1991 till 1996	Rover MEMS MPi
820 2.0 DOHC 16V turbo kat	20T4	1992 till 1997	Rover MEMS MPi
820 DOHC 16V	20T4	1996 till 1997	Rover MEMS MPi
825 Sterling V6	KV6	1996 till 1997	Rover MEMS MPi
825i V6 SOHC 24V	V6 2.5	1986 till 1988	Honda PGM-Fi
827i V6 SOHC 24V	V6 2.7	1988 till 1991	Honda PGM-Fi
827i V6 SOHC 24V kat	V6 2.7	1988 till 1991	Honda PGM-Fi
827i V6 SOHC 24V kat	V6 2.7	1991 till 1996	Honda PGM-Fi

Modell	Motorkod	Ar	System
Kupé 1.6	16K16	1996 till 1997	Rover MEMS MPi
Kupé 1.8 16V VVC	18K16	1996 till 1997	Rover MEMS MPi
Cab 1.6	16K16	1996 till 1997	Rover MEMS MPi
Cab 1.8 16V VVC	18K16	1996 till 1997	Rover MEMS MPi
Tourer 1.6	16K16	1996 till 1997	Rover MEMS MPi
Tourer 1.8 16V VVC	18K16	1996 till 1997	Rover MEMS MPi
Metro 1.1i SOHC kat	K8	1991 till 1994	Rover MEMS SPi
Metro 1.4i SOHC	K8	1991 till 1992	Rover MEMS SPi
Metro 1.4i SOHC kat	K8	1991 till 1994	Rover MEMS SPi
Metro 1.4i GTa DOHC 16V kat	K16	1991 till 1992	Rover MEMS SPi
Metro 1.4 GTi DOHC 16V	K16	1990 till 1992	Rover MEMS SPi
Metro 1.4 GTi DOHC 16V kat	K16	1990 till 1993	Rover MEMS SPi
Metro 1.4 GTi DOHC 16V kat	K16	1991 till 1994	Rover MEMS MPi
MGF 1.8 DOHC 16V	K16	1995 till 1997	Rover MEMS 1.9 MPi
MGF 1.8 VVC DOHC 16V	K16	1995 till 1997	Rover MEMS 2J SFi
MG RV8 OHC 16V	V8 4.0	1993 till 1996	Lucas 14CUX MPi
Mini Cooper 1.3i	12A2DF75	1991 till 1996	Rover MEMS SPi
Mini Cooper 1.3i auto	12A2DF76	1991 till 1996	Rover MEMS SPi
Mini Cooper 1.3i Cab	12A2EF77	1993 till 1994	Rover MEMS SPi
Mini 1.3i	12A2EK71	1996 till 1997	Rover MEMS SPi
Mini 1.3 MPi	12A2LK70	1996 till 1997	Rover MEMS MPi
Montego 2.0 EFi kat	20HF51	1990 till 1992	Lucas MPi 11CU
Montego 2.0 EFi auto kat	20HF52	1990 till 1992	Lucas MPi 11CU
Montego 2.0 EFi	20HE36	1989 till 1992	Rover MEMS MPi
Montego 2.0 EFi auto	20HE37	1989 till 1992	Rover MEMS MPi
Sterling V6 SOHC 24V	V6 2.5	1986 till 1988	Honda PGM-Fi

Självdiagnostik

1 Inledning

Följande motorstyrningssystem förekommer i Rover Honda PGM-Fi, Rover MEMS (MPi och SPi), Lucas MPi 11CU och Rover SPi 10CU. Honda PGM-Fi, Rover MEMS och Rover SPi styr primärtändning samt bränsleinsprutning och tomgångsfunktioner från samma styrmodul. Lucas MPi (Lucas LH-Jetronic) styr endast bränsleinsprutning och tomgångsfunktioner.

Självdiagnosfunktion

Varje styrmodul har en självtestfunktion som kontinuerligt undersöker signalerna från vissa givare och aktiverare i motorn och sedan jämför signalerna med en tabell av inprogrammerade värden. Om diagnostikprogramvaran konstaterar att ett fel föreligger lagrar styrmodulen en eller fler felkoder i styrmodulminnet. Koder kan inte lagras för komponenter för vilka det inte finns någon kod, eller för tillstånd som inte täcks av programvaran.

Honda PGM-Fi

Honda PGM-Fi genererar 2-siffriga felkoder. I årsmodeller före 1992 (ca.) hämtas felkoder med lysdiod på styrmodulen och efter 1992 (ca.) med en varningslampa på instrumentpanelen. Det går inte att hämta felkoder med felkodsläsare i fordon med Honda PGM-Fi.

Övriga Roversystem

De flesta Roversystem genererar inga felkodsnummer. En felkodsläsare visar normalt felen på felkodsläsarskärmen utan att referera till något speciellt kodnummer. Fel i en eller flera kretsar eller komponenter lagras även om det inte finns några kodnummer tillgängliga.

Nödprogram

Roversystemen i det här kapitlet har nödprogram (s.k. "linka-hem"-läge). Så snart vissa fel identifierats (alla fel initierar inte nödprogrammet) startar styrmodulen nödprogrammet och går över till ett programmerat grundvärde snarare än att gå efter givarsignaler. Detta gör att bilen tryggt kan köras till en verkstad för reparation eller test. Så snart felet avhjälpts återgår styrmodulen till normaldrift.

Anpassning

Rovers system har också en adaptiv funktion som anpassar inprogrammerade värden efter vanlig körning och tar hänsyn till motorslitage.

Varningslampa för självdiagnos

De flesta av Rovers modeller före 1992 med PGM-Fi hade en varningslampa för självdiagnos på instrumentpanelen och en röd lysdiod på styrmodulen.

825 2.5i och 2.7i har en röd och en gul lysdiod, den gula är bara till för varvtalsjustering medan den röda är till för felkodshämtning. Dessa modeller har inget diagnostikuttag.

Så snart tändningen slagits på tänds varningslampan för självdiagnos för lampkontroll i några sekunder. Om varningslampan för självdiagnosen tänds medan motorn går betyder det att ett fel har identifierats i systemet. Lysdioden i felkodsläsaren blinkar för att visa en felkod medan varningslampan för självdiagnos förblir tänd. När du slår av tändningen slocknar både varningslampan och lysdioden. När du slår på tändningen igen lyser varningslampan bara om felet fortfarande finns kvar och lysdioden börjar åter att blinka felkoden. Koden lagras i minnet tills den raderats enligt instruktioner nedan.

Från 1992 fick de flesta Roverbilar med PGM-Fi ett diagnostikuttag och en varningslampa, medan lysdioden (-erna) på styrmodulen försvann. Så snart tändningen slagits på tänds varningslampan för självdiagnos för lampkontroll i några sekunder. Om varningslampan för självdiagnosen tänds medan motorn går betyder det att ett fel har identifierats i systemet. Om ett fel indikeras kan du genom att brygga uttagen i diagnostikuttaget starta självdiagnosen (se beskrivning längre fram). Styrmodulen genererar 2-siffriga felkoder som visas med varningslampan.

Bilar med Rover MEMS, Lucas MPi och Rover SPi har inte vare sig lysdioder eller varningslampa för självdiagnos.

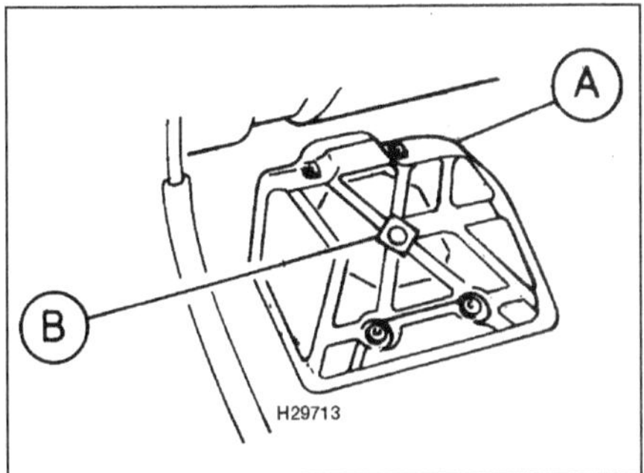

28.1 Styrmodulens placering - PGM-Fi

A Under ett metallock i passagerarens fotutrymme
B Lysdioden syns i ett hål

2 Diagnostikuttagets placering

PGM-Fi-system

Styrmodulen sitter antingen under förarsätet eller under ett metallock under mattan i passagerarsidans fotutrymme. Diagnostikuttaget (i förekommande fall) sitter under sparkpanelen eller instrumentbrädan på vänster sida **(se bild 28.1)**.

Observera: *Diagnostikuttaget är bara till för hämtning av blinkkoder. I bilar äldre än 1992 visas blinkkoderna med lysdiod på styrmodulen.*

MEMS och Lucas SPi-system

På de flesta bilar med MEMS eller Rover SPi sitter diagnostikuttaget bredvid styrmodulen. Styrmodulen sitter antingen nära batteriet eller i mitten på torpedväggen **(se bild 28.2)**.

Observera: *Diagnostikuttaget är avsett för en anpassad felkodsläsare. Det går inte att hämta felkoder från dessa bilar.*

Lucas MPi-system

På bilar med Lucas MPi sitter diagnostikuttaget nära insprutningsstyrmodulen, antingen under förarsätet eller under passagerarsätet.

3 Hämta felkoder utan felkodsläsare - blinkkoder

Observera: *Under en del av testen kan ytterligare felkoder genereras. Se till att inga koder som genereras under test lurar diagnosen. Alla koder måste raderas när testet har genomförts.*

Rover 216 och 416 med PGM-Fi (fram till 1992)

1 Slå på tändningen.

2 Studera den röda lysdioden som sitter i styrmodulens kåpa **(se bild 28.3)**:

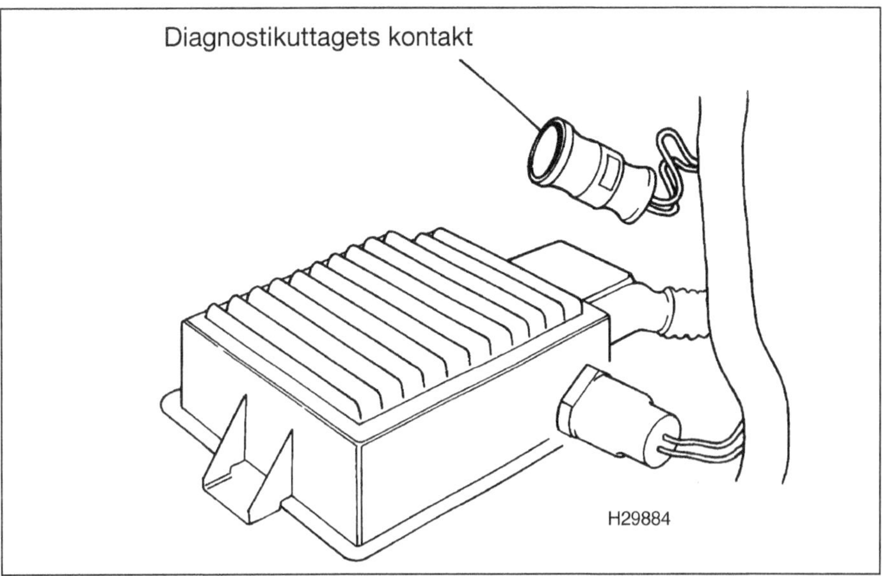

28.2 Rover MEMS - diagnostikuttaget placerat nära styrmodulen

a) Koderna blinkas i rak räkning, så 15 blinkningar betyder kod "15".

b) Lysdioden gör en paus på 2 sekunder innan den blinkar nästa kod.

c) När alla koder har sänts gör lysdioden en paus på 2 sekunder och upprepar sedan sekvensen.

3 Registrera koderna och se felkodstabellen i slutet av kapitlet för att fastställa betydelsen.

4 Om antalet blinkningar indikerar ett nummer som inte utgör någon kod kan det vara fel på styrmodulen. Kontrollera kodsignalerna flera gånger och kontrollera sedan jordning och matningsspänningarna till styrmodulen innan du byter ut den.

5 När du slår av tändningen slocknar lysdioden. Lysdioden fortsätter dock att blinka när du slår på tändningen.

6 Om felet (felen) avhjälpts kommer lysdioden att fortsätta blinka tills styrmodulens minne raderats. Metoden beskrivs i detalj i avsnitt 4.

Rover 216, 416, 620 och 623 med PGM-Fi (1992 och senare)

7 Lägg en brygga mellan de två uttagen i diagnostikuttaget.

8 Slå på tändningen.

9 Studera varningslampan för självdiagnos på instrumentpanelen. Om varningslampan förblir tänd utan att blinka är styrmodulen i back-up-läge. I detta fall ska styrmodulen tas ut och kontrolleras av ett företag som specialiserat sig på styrmoduler och att testa dem.

10 Blinkningarna sänds som en serie långa och korta blinkningar:

a) Korta blinkningar indikerar ental. Fyra korta blinkningar indikerar kod "4".

b) Långa blinkningar indikerar tiotal - fyra långa blinkningar och en kort indikerar kod "41".

11 Efter att den första koden sänts, gör

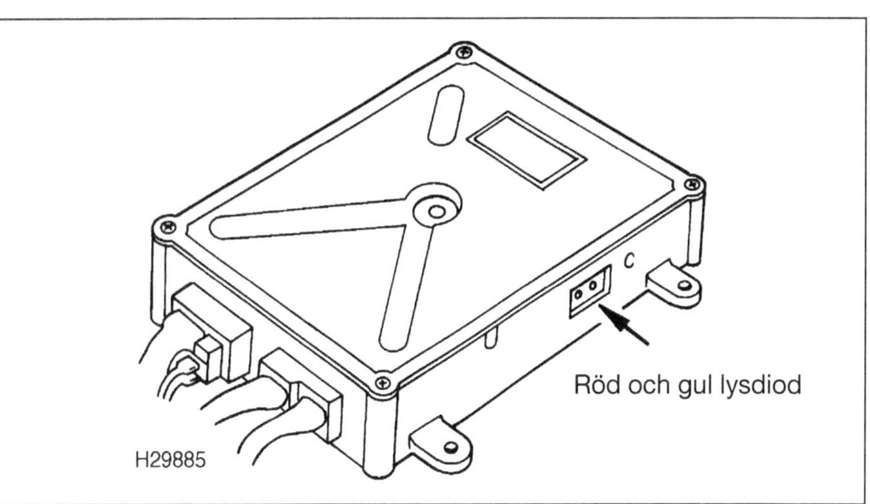

28.3 PGM-Fi styrmodul med lysdioder i kåpan

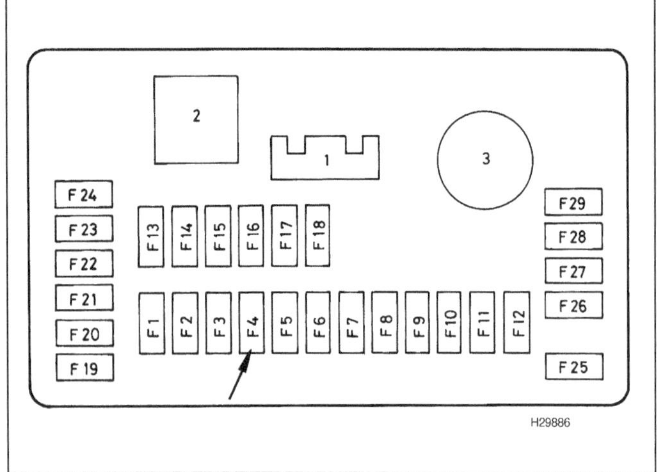

28.4 Säkring nr 4, 10 ampere

28.5 Reservsäkringens placering

varningslampan en paus innan nästa kod sänds.

12 Räkna antalet blinkningar på varningslampan, registrera koden och jämför med felkodstabellen i slutet av kapitlet för att fastställa betydelsen.

13 Varningslampan slocknar när alla koder sänts och upprepar sedan sekvensen.

14 Om antalet blinkningar indikerar ett nummer som inte utgör någon kod kan det vara fel på styrmodulen. Kontrollera kodsignalerna flera gånger och kontrollera sedan jordning och matningsspänningarna till styrmodulen innan du byter ut den.

Rover 825 2.5i och 827 2.7i med PGM-Fi

15 Slå på tändningen.

16 Studera den röda lysdioden i styrmodulens kåpa (den gula är till för varvtalsjustering).

17 Koderna blinkas i rak räkning:

a) Femton blinkningar indikerar kod "15".

b) Lysdioden gör en paus på 2 sekunder innan den blinkar nästa kod.

18 Registrera koderna. När alla koder har sänts gör lysdioden en paus på 2 sekunder och upprepar sedan sekvensen.

19 Om antalet blinkningar indikerar ett nummer som inte utgör någon kod kan det vara fel på styrmodulen. Kontrollera flera gånger och kontrollera sedan jordning och matningsspänningarna till styrmodulen innan du byter ut den.

20 När du slår av tändningen slocknar lysdioden. Lysdioden fortsätter dock att blinka när du slår på tändningen.

21 Om felet (felen) avhjälpts kommer lysdioden att fortsätta blinka tills styrmodulens minne raderats. Metoden beskrivs i detalj i avsnitt 4.

Alla övriga modeller

22 Du behöver en felkodsläsare för att kunna visa felkoder som genererats av andra självdiagnossystem än PGM-Fi.

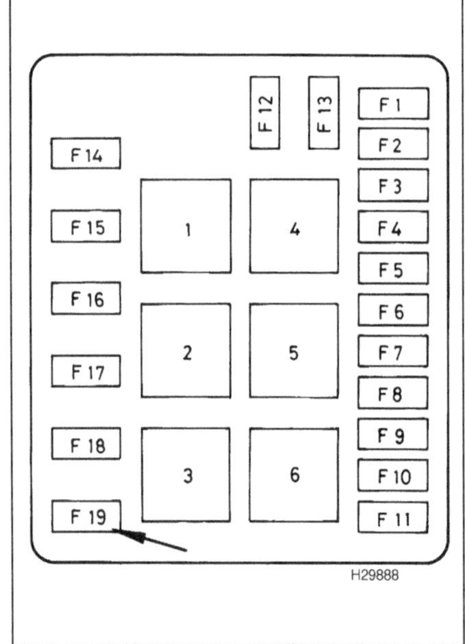

28.6 Generatorsäkringens placering

4 Radera felkoder utan felkodsläsare

Rover 216 och 416 med PGM-Fi (före 1992)

1 Radera felkoderna genom att ta ut säkring nr 4 (10 A) ur säkringsboxen under minst 10 sekunder **(se bild 28.4)**.

Rover 216, 416, 620 och 623 med PGM-Fi (1992 och senare)

2 Radera felkoderna genom att ta ut backup-säkring nr 7 (7.5 A) ur säkringsboxen under minst 30 sekunder **(se bild 28.5)**.

Rover 825 2.5i och 827 2.7i med PGM-Fi

3 Radera felkoderna genom att ta ut generatorsäkring nr 19 (10 A) ur säkringsboxen under minst 10 sekunder **(se bild 28.6)**.

Rover 820 och Montego med Lucas MPi

4 Lucas MPi har inget permanentminne. Därför räcker det med att koppla från batteriet för att radera felkoder.

Observera: *Den första nackdelen med den här metoden är att frånkoppling av batteriet initierar alla styrmodulens anpassade värden. Återinlärning av lämpliga anpassade värden kräver att du startar motorn kall och kör med olika varvtal under ca. 20 - 30 minuter. Motorn ska också gå på tomgång i 10 minuter. Den andra nackdelen är att radiosäkerhetskoder, klockans inställning och andra lagrade värden går förlorade och måste programmeras in igen när batteriet återanslutits. Om det är möjligt ska du använda en felkodsläsare för att radera fel.*

Rover 820 med Rover SPi

5 Rover SPi har inget permanentminne. Därför räcker det med att koppla från batteriet för att radera felkoder. Se anmärkningen i punkt 4 ovan. När du kopplar från batteriet raderar styrmodulen den inställda CO-blandningen och återgår till ett utgångsvärde, vilket ofta resulterar i en fet blandning. Detta kan åtgärdas genom att man återställer CO-blandningen med hjälp av en felkodsläsare. Om det är möjligt ska du använda en felkodsläsare för att radera fel.

Rover MEMS

6 Bilar med MEMS har permanentminne och det räcker därför inte med att koppla ifrån batteriet. I dessa fall måste du ha en felkodsläsare.

5 Självdiagnos med felkodsläsare

Observera: *Under en del av testen kan ytterligare felkoder genereras. Se till att inga koder som genereras under test lurar diagnosen.*

Alla Roversystem utom PGM-Fi

1 Anslut en felkodsläsare till diagnostikuttaget. Använd felkodsläsaren (enligt tillverkarens instruktioner) till följande ändamål:

a) Visa fel

b) Återställning av felkoder eller fel

c) Testa aktiverarna

d) Visa löpande data (endast Rover MEMS)

e) Göra justeringar

2 Koder måste alltid återställas efter komponenttest eller efter reparationer där komponenter i motorstyrningssystemet tas bort eller byts ut.

PGM-Fi-system

3 Det går inte att hämta felkoder med felkodsläsare i fordon med Honda PGM-Fi. Se avsnitt 3.

6 Guide till testmetoder

1 Använd en felkodsläsare för att hämta felkoder från styrmodulen eller hämta koder manuellt enligt avsnitt 3 eller 5.

Lagrade fel/koder

2 Om du får ett eller flera fel, titta i felkodstabellerna i slutet av det här kapitlet för att fastställa betydelsen.

3 Om du får flera fel eller felkoder, leta efter gemensamma faktorer som t.ex. en felaktig jordanslutning eller matning.

4 Se testprocedurerna i kapitel 4 där du hittar sätt att testa de flesta komponenter och kretsar som återfinns i ett modernt motorstyrningssystem.

5 När felet har avhjälpts, radera koderna och kör motorn under olika förhållanden för att se om problemet är borta.

6 Sök fel med hjälp av styrmodulen igen. Upprepa ovanstående procedurer om fel fortfarande uppstår.

7 Se kapitel 3 för mer information om hur du effektivt testar motorstyrningssystemet.

Inga fel/koder lagrade

8 När ett driftsproblem uppstår utan att du får en felkod ligger felet utanför de parametrar som inprogrammerats i självdiagnossystemet. Se kapitel 3 för mer information om hur du effektivt kan testa motorstyrningssystemet.

9 Om problemet pekar mot en speciell komponent, se testprocedurerna i kapitel 4 där du hittar sätt att testa de flesta komponenter och kretsar som återfinns i ett modernt motorstyrningssystem.

Felkodstabeller

Honda PGM-Fi

Blink-/felkod	Beskrivning
0	Styrmodul
1	Syresensor eller -krets (utom D16A9-motorn)
3	Insugningsrörets tryckgivare eller -krets
5	Insugningsrörets tryckgivare eller -krets
4	Vevaxelns vinkelgivare eller -krets
6	Kylvätskans temperaturgivare eller -krets
7	Gasspjällpotentiometer eller -krets
8	Övre dödpunktsgivare eller -krets
9	Cylinderidentifieringsgivare 1
10	Lufttemperaturgivare eller -krets
11	CO-potentiometer eller krets
12	EGR-system eller -krets
13	Atmosfärtryckgivare eller -krets
14	Tomgångsventil eller -krets
15	Tändsignal
16	Bränsleinsprutare eller -krets (D15B2-motor)
17	Fordonets hastighetsgivare eller -krets
18	Tändlägesinställning
19	Lock-upventil A/B för automatisk växellåda
20	Elektronisk lastgivare eller -krets
21	Spolens solenoidventil (variabel kamtid) eller krets
22	Kamtidens oljetryckvakt
30	Automatisk växellåda, signal A
31	Automatisk växellåda, signal B
41	Syresensorvärmare eller -krets (D16Z6, D16Z7, B16A2 motor)
41	Linjärflödesgivarens (syresensorn) värmare eller -krets (D15Z1 motor)
43	Bränslesystem eller krets (D16Z6, D16Z7, B16Z2 motor)
48	Linjärflödesgivarens (syresensorn) värmare eller -krets (D15Z1 motor)

Rover MEMS, Lucas MPi och Lucas SPi

Rovers programvara genererar bara begränsade felkoder, och felkodsläsaren visar därför på skärmen att ett fel förekommer utan att ange ett specifikt felkodsnummer. Fel i en eller flera av kretsarna eller komponenterna i följande lista lagras även om det inte finns några kodnummer tillgängliga. Observera att alla kretsar inte finns i alla system.

Vanliga kretsar som kontrolleras av Rover MEMS, Lucas SPi och Lucas MPi

Luftflödesmätare eller -krets
Luftkonditionering
Lufttemperaturgivare eller -krets
Generator
Batterimatning till styrmodulen
Kamaxelgivare eller -krets
Kylvätskans temperaturgivare eller -krets
Vevaxelns vinkelgivare eller -krets
Bränsletemperaturgivare/-brytare eller -krets
Uppvärmd bakruta
Insprutare
Knackgivare eller -krets
Insugningsrörets tryckgivare eller -krets
Syresensor eller -krets (endast kat)
Reläkrets
Stegmotor
Startmotor
Gasspjällpotentiometer eller -krets
Turboladdningsventil
Fordonets hastighetsgivare eller -krets

Kapitel 29
Saab

Innehåll

Bilförteckning

Modell	Motorkod	År	System
900i 16V DOHC	B202i	1989 till 1990	Lucas 14CU LH-Jetronic
900 Turbo 16V DOHC	B202 2S	1988 till 1990	Lucas 14CU LH-Jetronic
900 2.0 16V DOHC kat	B202 2L	1989 till 1993	Lucas 14CU LH1-Jetronic
900i 16V DOHC kat	B202i	1990 till 1993	Lucas 14CU LH-Jetronic
900S Turbo kat	B202i	1990 till 1993	Lucas 14CU LH-Jetronic
900 2.0i 16V DOHC	B202i	1993 till 1997	Bosch Motronic 2.10.2
900 Turbo 16V DOHC	B202i	1994 till 1997	Saab Trionic
900i 16V DOHC	B206i	1994 till 1997	Bosch Motronic 2.10.2
900i 16V DOHC	B204L	1994 till 1997	Bosch Motronic 2.10.2
900 2.3i 16V DOHC	B234i	1993 till 1997	Bosch Motronic 2.10.2
900 2.5i 24V DOHC	B258i	1993 till 1997	Bosch Motronic 2.8.1
9000i 16V kat	B202i	1988 till 1993	Bosch LH2.4-Jetronic
9000 och CD16	B202	1991 till 1993	Bosch LH2.4.2-Jetronic
9000 16V kat	B202	1988 till 1993	Bosch LH2.4-Jetronic
9000 Turbo 16	B202	1991 till 1993	Bosch LH2.4.2-Jetronic
9000 Turbo 16 kat	B202	1989 till 1993	Bosch LH2.4-Jetronic
9000 2.0i kat	B204i	1994 till 1997	Saab Trionic
9000 2.0 Turbo kat	B204S	1994 till 1997	Saab Trionic
9000 2.0 Ecopower	B202S	1992 till 1993	Bosch LH2.4-Jetronic
9000 2.0 Turbo Intercooler	B204L	1994 till 1997	Saab Trionic
9000i 2.3 kat	B234i	1990 till 1991	Bosch LH2.4.1-Jetronic
9000i 2.3 kat	B234i	1991 till 1993	Bosch LH2.4.2-Jetronic
9000 2.3i kat	B234i	1994 till 1997	Saab Trionic
9000 2.3 Turbo kat	B234L	1994 till 1997	Saab Trionic
9000 2.3 Turbo kat	B234R	1994 till 1997	Saab Trionic
9000 2.3 Turbo kat	B234R	1993	Saab Trionic
9000 2.3 Turbo kat	B234L	1991 till 1993	Bosch LH2.4-Jetronic/ Saab Direct Ignition
9000 2.3 Ecopower L/P Turbo	B234E	1994 till 1997	Saab Trionic
9000 3.0 24V DOHC	B308i	1995 till 1997	Bosch Motronic 2.8.1

Självdiagnostik

1 Inledning

Saab använder följande motorstyrningssystem: Lucas 14CU, Bosch 2.8.1 och 2.10.2, Saab Trionic och Saab Direct Ignition (med Bosch LH 2.4.1 och 2.4.2 bränsleinsprutning). Bosch Motronic styr bränsleinsprutning samt tändnings- och tomgångsfunktioner från samma styrmodul. Saab Trionic styr tändning, bränsleinsprutning, tomgång samt turboladdningstryck. Saab Direct Ignition styr enbart tändning och turboladdningstrycket. Lucas 14CU och Bosch LH bränsleinsprutningssystem styr enbart bränsleinsprutning och tomgångsfunktioner.

Självdiagnosfunktion

Varje styrmodul har en självtestfunktion som kontinuerligt undersöker signalerna från vissa givare och aktiverare i motorn och sedan jämför signalerna med en tabell av inprogrammerade värden. Om diagnostikprogramvaran konstaterar att ett fel föreligger lagrar styrmodulen en eller fler felkoder i styrmodulminnet. Koder kan inte lagras för komponenter för vilka det inte finns någon kod, eller för tillstånd som inte täcks av programvaran. Saabmodellerna genererar antingen 2- eller 5-siffriga felkoder som kan hämtas med felkodsläsare (alla system) eller manuellt med blinkkoder (alla utom Saab Trionic och Saab Direct Ignition).

Nödprogram

Systemen som behandlas i det här kapitlet har nödprogram (s.k. "linka-hem"-läge). Så snart vissa fel identifierats (alla fel initierar inte nödprogrammet) startar styrmodulen nödprogrammet och går över till ett programmerat grundvärde snarare än att gå efter givarsignaler. Detta gör att bilen tryggt kan köras till en verkstad för reparation eller test. Så snart felet avhjälpts återgår styrmodulen till normaldrift.

Anpassning

Saabs system har också en adaptiv funktion som anpassar inprogrammerade värden efter vanlig körning och tar hänsyn till motorslitage.

Självdiagnos, varningslampa

Saabs bilar har en varningslampa för självdiagnos (Check Engine) på instrumentpanelen. Vissa fel tänder lampan under normal drift och du måste kontrollera styrmodulen för att se om det finns felkoder lagrade i styrmodulens minne.

2 Diagnostikuttagets placering

Bosch Motronic och Saab Trionic

Diagnostikuttaget för 16 stift är avsett för både felkodsläsare och för manuell hämtning och sitter antingen under instrumentbrädan ovanför pedalerna på förarsidan **(se bild 29.1)** eller under passagerarsätet.

Lucas 14CU

Diagnostikuttaget för 3 stift används för både manuell hämtning och för felkodsläsare och sitter bredvid luftintaget till värmepaketet i motorrummet.

Bosch LH 2.4, 2.4.1, 2.4.2

Diagnostikuttaget är till för både felkodsläsare och för manuell hämtning av felkoder och sitter på något av följande ställen: under baksätet, i motorrummet eller framför växelväljaren.

Saab Direct Ignition och Saab Trionic

Diagnostikuttaget är svart och sitter nära styrmodulen under höger framsäte.

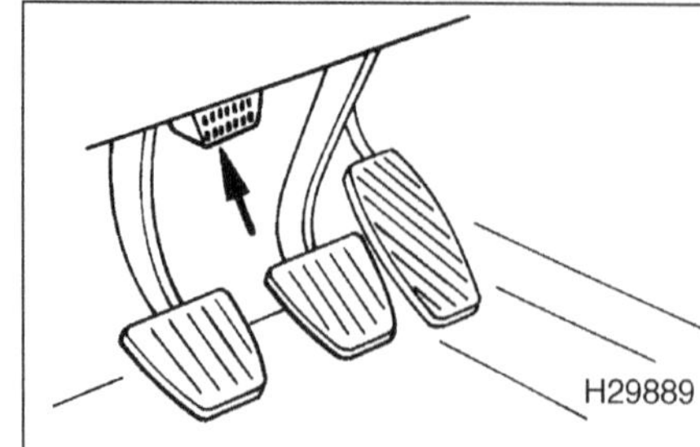

29.1 Placering av 16-stifts diagnostikuttag (vid pilen) under instrumentbrädan, ovanför pedalerna

3 Hämta felkoder utan felkodsläsare – blinkkoder

Observera: *Under en del av testen kan ytterligare felkoder genereras. Se till att inga koder som genereras under test lurar diagnosen. Alla koder måste raderas när testet har genomförts.*

Lucas 14CU

1 Koppla in en extra till/från-brytare mellan diagnostikuttaget och jord **(se bild 29.2).**

2 Slå på tändningen. Varningslampan ska tändas.

3 Slut omedelbart extrabrytaren. Varningslampan slocknar och blinkar därefter kort en gång.

4 Öppna omedelbart extrabrytaren.

5 Varningslampan börjar blinka de 5-siffriga felkoderna som följer:

a) De fem siffrorna indikeras av fem serier blinkningar.

b) Den första serien blinkningar indikerar den första siffran, den andra serien den andra siffran och så vidare tills alla fem siffrorna har blinkats.

c) Varje serie består av ett antal blinkningar, åtskilda av korta pauser. Varje heltal mellan 1 och 9 motsvaras av korta blinkningar och varje nolla motsvaras av en längre blinkning.

d) En paus skiljer de enskilda blinkserierna.

e) Kod "12232" indikeras genom en kort blinkning, en kort paus, två korta blinkningar, en kort paus, två korta blinkningar, en kort paus, tre korta blinkningar, en kort paus och två korta blinkningar. En lång blinkning visas i början och i slutet av varje kod.

6 Räkna antalet blinkningar i varje serie och registrera varje kod vartefter den sänds. Se tabellerna i slutet av kapitlet för att se vad felkoden betyder.

7 För att hämta nästa kod, slut extrabrytaren och vänta på att varningslampan ska blinka en gång.

8 Öppna omedelbart extrabrytaren och varningslampan visar nästa 5-siffriga felkod.

9 Upprepa tills alla felkoder har hämtats.

10 Om du vill återgå till den första felkoden, slut extrabrytaren och vänta tills varningslampan blinkar två gånger. Öppna därefter brytaren omedelbart. Den första koden sänds igen.

11 Fem långa blinkningar indikerar att alla felkoder har hämtats eller att det inte finns några felkoder lagrade.

12 Slå av tändningen och ta bort extrabrytaren för att avsluta felkodsläsningen.

Bosch LH 2.4, 2.4.1, 2.4.2

13 Koppla in en extra till/från-brytare mellan diagnostikuttaget och jord **(se bilderna 29.2-29.4).**

14 Slå på tändningen. Varningslampan tänds och slocknar igen.

15 Slut extrabrytaren. Varningslampan blinkar kort en gång.

16 Öppna omedelbart extrabrytaren.

17 Varningslampan visar de 5-siffriga felkoderna på samma sätt som beskrivet ovan för Lucas 14CU-systemet (se punkterna 5 till 12).

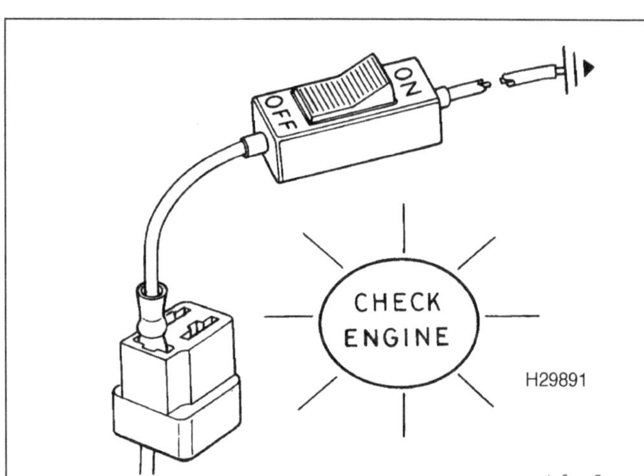

29.2 Hämtning av blinkkoder med hjälp av en extrabrytare ansluten till diagnostikuttaget – Lucas 14CU och Bosch LH

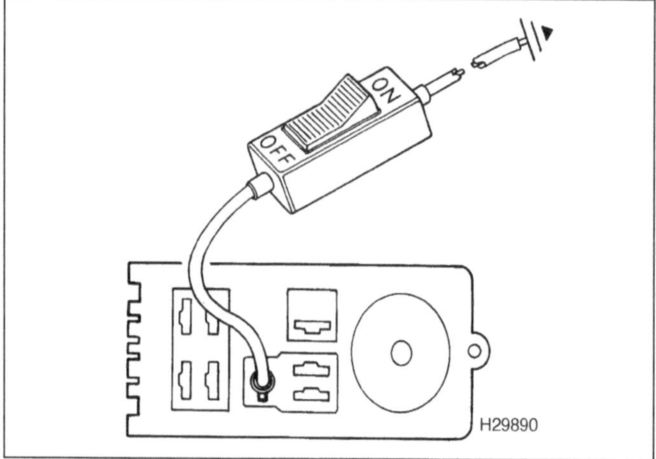

29.3 Hämtning av blinkkoder med hjälp av en extrabrytare ansluten till diagnostikuttaget – Bosch LH

Bosch Motronic 2.8.1 och 2.10.2

18 Anslut en extrabrytare mellan uttag 6 i 16-stiftsuttaget och jord.
19 Slå på tändningen.
20 Slut extrabrytaren 1 till 4 sekunder.
21 Öppna brytaren. Varningslampan tänds nu under 2,5 sekunder, slocknar och blinkar sedan för att indikerar de 2-siffriga felkoderna enligt följande:

a) De två siffrorna indikeras av två serier blinkningar.
b) Den första serien blinkningar anger tiotal och den andra serien ental.
c) En 1 sekunds blinkning följd av en 0,5 sekunders paus indikerar tiotal. Sedan kommer en 1,5 sekunders paus. Därefter kommer åter 1 sekunds blinkningar med 0,5 sekunders mellanrum som nu indikerar ental.
d) Kod nr "12" indikeras alltså av en 1 sekunds blinkning, följd av en 1,5 sekunders paus och sedan två 1 sekunds blinkningar med en 0,5 sekunders paus.
e) De enskilda koderna skiljs åt genom en 2 sekunders paus.

22 Räkna antalet blinkningar i varje serie och registrera varje kod vartefter den sänds. Se tabellerna i slutet av kapitlet för att se vad felkoden betyder.
23 Slå av tändningen och ta bort extrabrytaren för att avsluta felkodsläsningen.

Saab Trionic och Saab Direct Ignition

24 Felkoder kan bara hämtas med en anpassad felkodsläsare.

4 Radera felkoder utan felkodsläsare

Bosch LH 2.4, 2.4.1, 2.4.2

1 Hämta koder från styrmodulen enligt instruktionerna i avsnitt 3.

Observera: *Styrmodulens minne kan inte raderas innan alla felkoder har sänts och fem långa blinkningar har visats.*

2 Slut extrabrytaren och vänta på att varningslampan blinkat tre gånger. Öppna extrabrytaren. Alla felkoder har nu raderats från minnet.

Alla övriga system

3 Koppla från batteriets minuspol i fem minuter.
4 Anslut batteriets minuspol igen.

Observera: *Den första nackdelen med den här metoden är att frånkoppling av batteriet initierar alla styrmodulens anpassade värden. Återinlärning av lämpliga anpassade värden kräver att du startar motorn kall och kör med olika varvtal under ca. 20 - 30 minuter. Motorn ska också gå på tomgång i 10 minuter. Den andra nackdelen är att radiosäkerhetskoder, klockans inställning och andra lagrade värden går förlorade och måste programmeras in igen när batteriet återanslutits. Om det är möjligt ska du använda en felkodsläsare för att radera minnet.*

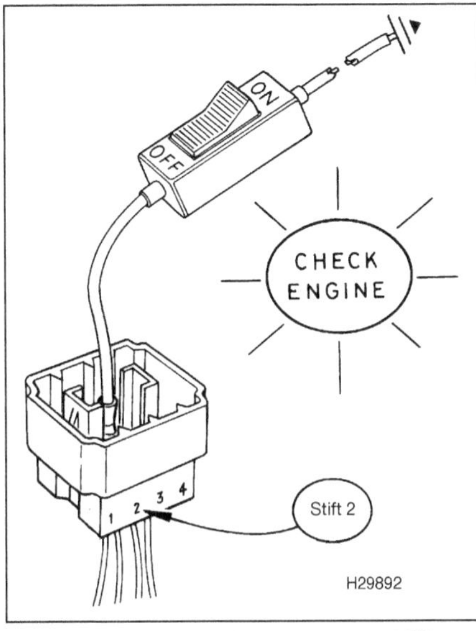

29.4 Hämtning av blinkkoder med hjälp av en extrabrytare ansluten till diagnostikuttaget - Bosch LH

5 Aktiverartest utan felkodsläsare - Bosch LH2.4

Bosch LH 2.4 (1989 Saab 900 T16 automat)

1 Koppla in en extra till/från-brytare mellan diagnostikuttaget och jord **(se bilderna 29.2-29.4).**
2 Slut extrabrytaren.
3 Slå på tändningen. Varningslampan blinkar kort en gång.
4 Öppna omedelbart extrabrytaren.
5 Varningslampan blinkar aktuell kod (se tabellen med aktiverarkoder i slutet av kapitlet) och den första komponentkretsen aktiveras. Du ska höra ljudet av att solenoiden eller komponenten aktiveras (t.ex. ett klickande eller surrande).

Varning: När du testar insprutarna finns det risk för att cylindrarna fylls med bensin. Om du måste testa under mer än en sekund, koppla från bränslepumpens tillförsel (eller ta bort bränslepumpens säkring) innan du påbörjar testet.

6 Avbryt det första testet och fortsätt med nästa komponent genom att sluta extrabrytaren en gång till.
7 Vänta tills varningslampan blinkar kort en gång och öppna då genast brytaren.
8 Varningslampan blinkar rätt kod och nästa aktiverarkrets träder i funktion.
9 Upprepa för att testa alla aktiverare en efter en.
10 Slå av tändningen för att avsluta testet.

6 Självdiagnos med felkodsläsare

Observera: *Under en del av testen kan ytterligare felkoder genereras. Se till att inga koder som genereras under test lurar diagnosen.*

Alla Saabmodeller

1 Anslut en felkodsläsare till diagnostikuttaget. Använd felkodsläsaren (enligt tillverkarens instruktioner) till följande ändamål:

a) Hämta felkoder
b) Radera felkoder
c) Testa aktiverarna
d) Visa data
e) Göra justeringar

2 Koder måste alltid raderas efter komponenttest eller efter reparationer där komponenter i motorstyrningssystemet tas bort eller byts ut.

7 Guide till testmetoder

1 Använd en felkodsläsare för att hämta felkoder från styrmodulen eller (om möjligt) hämta koder manuellt enligt avsnitt 3 eller 6.

Lagrade koder

2 Om du får en eller flera felkoder, titta i felkodstabellerna i slutet av det här kapitlet för att fastställa betydelsen.
3 Om du får flera felkoder, leta efter gemensamma faktorer som t.ex. en felaktig jordanslutning eller matning.
4 Se testprocedurerna i kapitel 4 där du hittar sätt att testa de flesta komponenter och kretsar som återfinns i ett modernt motorstyrningssystem.
5 När felet har avhjälpts, radera koderna och kör motorn under olika förhållanden för att se om problemet är borta.
6 Kontrollera styrmodulen igen. Upprepa ovanstående procedurer om det fortfarande finns felkoder kvar.
7 Se kapitel 3 för mer information om hur du effektivt testar motorstyrningssystemet.

Inga koder lagrade

8 När ett driftsproblem uppstår utan att du får en felkod ligger felet utanför de parametrar som inprogrammerats i självdiagnossystemet. Se kapitel 3 för mer information om hur du effektivt kan testa motorstyrningssystemet.
9 Om problemet pekar mot en speciell komponent, se testprocedurerna i kapitel 4 där du hittar sätt att testa de flesta komponenter och kretsar som återfinns i ett modernt motorstyrningssystem.

Felkodstabeller

Lucas 14CU

Blink-/felkod	Beskrivning
13212	Gasspjällpotentiometer eller -krets
13213	Gasspjällpotentiometer eller -krets
13214	Kylvätskans temperaturgivare eller -krets
13215	Gasspjällpotentiometer eller -krets
13221	Luftflödesmätare eller -krets
13222	Tomgångsluftstyrning
13223	Mager blandning
13224	Fet blandning
13225	Syresensor eller -krets
13231	Tändningssignal
13233	Styrmodul fel
13234	Fordonets hastighetsgivare eller -krets
13235	Ingen "Drive"-signal - automatisk växellåda eller krets

Motronic 2.10.2, 2.8.1

Blink-/felkod	Beskrivning
11	Sekundärinsprutning eller krets
12	Inga fel upptäckta i styrmodulen. Fortsätt med normala diagnostikmetoder
21	Luftflödesmätare eller -krets
31	Lufttemperaturgivare eller -krets
41	Kylvätskans temperaturgivare eller -krets
51	Gasspjällpotentiometer eller -krets
61	Syresensor cylinder 1, 3, 5 eller -krets
62	Syresensor cylinder 2, 4, 6 eller -krets
71	Syresensor cylindrarna 1, 3, 5, feta eller magra
72	Syresensor cylindrarna 2, 4, 6, feta eller magra
73	Syresensor, fet eller mager
81	Kolfilterventil eller -krets
91	Styrmodul
92	Styrmodul

Saab Trionic

Felkod	Beskrivning
P0105	Insugningsrörets tryckgivare eller -krets
P0106	Insugningsrörets tryckgivare eller -krets, låg signal
P0106	Insugningsrörets tryckgivare eller -krets, hög signal
P0108	Insugningsrörets tryckgivare eller -krets
P0110	Lufttemperaturgivare eller -krets
P0112	Lufttemperaturgivare eller -krets, låg signal
P0113	Lufttemperaturgivare eller -krets, hög signal
P0115	Kylvätskans temperaturgivare eller dess krets
P0117	Kylvätskans temperaturgivare eller -krets, låg signal
P0118	Kylvätskans temperaturgivare eller -krets, hög signal
P0120	Gasspjällpotentiometer eller -krets
P0121	Gasspjällpotentiometer eller -krets
P0122	Gasspjällpotentiometer eller -krets, låg signal
P0123	Gasspjällpotentiometer eller -krets, hög signal
P0130	Syresensor eller -krets
P0135	Syresensor eller -krets
P1130	Syresensor eller -krets, strömmen för hög
P1135	Syresensor eller -krets, strömmen för låg
P0170	Bränsle/luftblandning eller -krets
P0171	Mager blandning
P0172	Fet blandning
P1322	Motorvarvtalsgivare eller -krets
P0325	Knackgivare eller -krets
P0335	Motorvarvtalsgivare eller -krets
P0335	Vevaxelns vinkelgivare eller -krets
P0443	Kolfilterventil eller -krets
P0443	Kolfilterventil eller -krets
P1444	Kolfilterventil eller -krets, hög ström
P1445	Kolfilterventil eller -krets, låg ström
P0500	Fordonshastighetsgivare eller -krets
P0501	Fordonshastighetsgivare eller -krets
P0502	Fordonets hastighetsgivare eller -krets, felaktig signalspänning
P0505	Tomgångsventil eller -krets
P1500	Batterispänning
P0605	Styrmodul
P1651	Styrmodul
P1652	Styrmodul

Bosch LH 2.4/2.4.1/2.4.2 (blinkkoder)

Blinkkod	Beskrivning
12111	Syresensor, fel (bränsle/luftblandning på tomgång)
12112	Syresensor, fel (bränsle/luftblandning vid körning med jämn hastighet)
12113	Tomgångsventil, anpassningsfel, pulsen för låg
12114	Tomgångsventil, anpassningsfel, pulsen för hög
12211	Batterispänning, mindre än 10 V eller större än 16 V
12212	Gasspjällbrytare, tomgångskontakter
12213	Gasspjällbrytare, fullastkontakter
12214	Temperaturgivarsignal felaktig (under 90°C eller över 160°C)
12221	Ingen luftflödesmätarsignal
12222	Luftkonditioneringssystemet defekt
12223	Bränsleblandningen mager, syresensorn kortsluter till jord
12224	Fet bränsleblandning, syresensorn kortsluter till batteriet
12225	Syresensor eller -krets
12232	Spänningsmatningen till styrmodulstift 4 är lägre än 1 V
12233	Styrmodul, ROM-fel
12241	Mager blandning
12242	Hettrådsavbränningen defekt
12243	Ingen signal från fordonets hastighetsgivare
12244	Ingen "Drive"-signal (automatisk växellåda)
12245	EGR-system defekt
00000	Inga fel påträffade, eller alla fel har sänts

Bosch LH 2.4 aktiverarkoder

Observera: *Aktiverarna aktiveras i följande ordning. Lyssna noga eller, om lämpligt, känn på komponenten för att se om den har aktiverats.*

Kod	Beskrivning
Ingen visning	Bränslepumpkrets
12411	Insprutarkrets
12412	Tomgångsventil eller -krets
12413	Kolfilterventil eller -krets
12421	"Drive"-signal (automatisk växellåda). Varningslampan slocknar när växelväljaren förs från "D" till "N"
12424	Gasspjällbrytare, tomgångskontakter. Öppna gasspjället lite. Varningslampan slutar blinka när gasspjället ändras från tomgångsläget
12431	Gasspjällbrytare, fullastkontakter. Öppna gasspjället helt. Varningslampan slutar blinka när gasspjället är nästan helt öppet

Bosch LH 2.4/2.4.2 och Saab Direct Ignition (felkoder)

Felkod (permanent)	Felkod (oregelbunden)	Beskrivning
11111	-	Svarskod för OK
42241	22241	Hög spänning (1991 och senare)
42251	22251	Styrmodul, uttag 4, låg spänning
42252	22252	Signal låg, lägre än 10 V
42291	22291	Batterispänning, mindre än 10 V eller större än 16 V
42440	22440	Syresensor eller -krets, blandningen fet
42441	22441	Fet blandning, tomgång (1991 och senare)
42442	22442	Fet blandning, körning (1991 och senare)
42450	22450	Syresensor eller -krets, blandningen mager
42451	22451	Mager blandning, tomgång (1991 och senare)
42452	22452	Mager blandning, körning (1991 och senare)
42460	22460	Syresensor eller -krets
42491	22491	Tomgångsblandningen felaktig
42492	22492	Blandningen vid körning felaktig
44221	24221	Varvtalssignalen borta (1991 och senare)
44261	24261	Fordonets hastighetsgivare eller -krets (1991 och senare)
44360	24360	Vevaxelns vinkelgivare eller -krets
44460	24460	Motorlastsignal felaktig
44660	24660	Förtändningsfel (knackning eller spikning)
44661	24461	Knackgivare eller -krets
44662	24462	Förbränning, synkroniseringsfel
44671	24671	Förtändningssignal över 20 sekunder
45641	25641	Luftflödesmätare eller -krets, hög signal
45651	25651	Luftflödesmätare eller -krets, låg signal
45691	25691	Luftflödesmätare eller -krets
45723	25723	"Drive"-signal (automatisk växellåda)
45771	25771	Gasspjällpotentiometer eller -krets
45772	25772	Gasspjällpotentiometer eller -krets
46221	26221	Kylvätskans temperaturgivare eller -krets, låg signal
46271	26271	Kylvätskans temperaturgivare eller -krets, hög signal
46391	26391	EGR-system eller -krets
58121	38121	Luftflödesmätare eller -krets, ingen avbränning
58321	38321	Luftkonditioneringsventil eller krets
58322	38322	Kolfilterventil, funktion eller -krets
58371	38371	Insprutare eller insprutarkrets
58372	38372	Kolfilterventil eller -krets
58382	38382	Kolfilterventil, kortslutning eller -krets (1991 och senare)
60000	-	Internövervakning
60001	-	ROM-fel
60002	-	RAM-fel
67192	-	Styrmodul, ROM-fel

Kapitel 30
SEAT

Innehåll

Bilförteckning

Modell	Motorkod	År	System
Alhambra 2.0	ADY	1996 till 1997	Simos
Cordoba 1.4i SOHC 8V	ABD	1994 till 1997	Bosch Mono-Motronic
Cordoba 1.6i SOHC 8V	ABU	1993 till 1997	Bosch Mono-Motronic
Cordoba 1.8i SOHC 8V	ABS	1993 till 1995	Bosch Mono-Motronic
Cordoba 1.8i 16V	ADL	1994 till 1997	VAG Digifant
Cordoba 2.0i SOHC 8V	2E	1993 till 1997	VAG Digifant
Ibiza 1.05i SOHC 8V	AAU	1993 till 1997	Bosch Mono-Motronic
Ibiza 1.3i US83	AAV	1993 till 1994	Bosch Mono-Motronic
Ibiza 1.4i SOHC 8V	ABD	1994 till 1997	Bosch Mono-Motronic
Ibiza 1.6i SOHC 8V	ABU	1993 till 1997	Bosch Mono-Motronic
Ibiza 1.8i SOHC 8V	ABS	1993 till 1995	Bosch Mono-Motronic
Ibiza 1.8i 16V	ADL	1994 till 1997	VAG Digifant
Ibiza 2.0i SOHC 8V	2E	1993 till 1997	VAG Digifant
Inca 1.4i	-	1995 till 1996	Bosch Motronic MP 9.0
Inca 1.6i	-	1995 till 1996	Bosch Mono-Motronic
Toledo 1.6i kat SOHC	1F	1991 till 1997	Bosch Mono-Jetronic
Toledo 1.6i SOHC	1F	1994 till 1997	Bosch Mono-Motronic
Toledo 1.8i SOHC	RP	1991 till 1995	Bosch Mono-Jetronic
Toledo 1.8i kat SOHC	RP	1991 till 1995	Bosch Mono-Jetronic
Toledo 1.8i kat SOHC	RP	1991 till 1996	Bosch Mono-Motronic
Toledo 1.8i SOHC 8V	ABS	1994 till 1997	Bosch Mono-Motronic
Toledo 2.0i	2E	1991 till 1997	VAG Digifant

Självdiagnostik

1 Inledning

I SEATs bilar finns följande motorstyrningssystem: Bosch Motronic MP9.0, Mono-Jetronic, Mono-Motronic, VAG Digifant och Simos. Bosch Motronic MP9.0, Mono-Motronic, VAG Digifant och Simos styr primärtändning, bränsleinsprutning och tomgångsfunktioner från samma styrmodul. Mono-Jetronic-systemet styr bara bränsleinsprutningen och tomgången.

Självdiagnosfunktion

Varje elektronisk styrmodul har en självtestfunktion som kontinuerligt undersöker signalerna från vissa givare och aktiverare i motorn och sedan jämför signalerna med en tabell av inprogrammerade värden. Om diagnostikprogramvaran konstaterar att ett fel föreligger lagrar styrmodulen en eller fler felkoder. Koder kan inte lagras för komponenter för vilka det inte finns någon kod, eller för tillstånd som inte täcks av programvaran.

SEATs system kan generera 4-siffriga blinkkoder och/eller 5-siffriga felkoder.

a) *Mono-Jetronic kan bara generera 4-siffriga blinkkoder. Dessa kan hämtas via varningslampan eller genom att man använder en separat lysdiodlampa. Alternativt kan felkoderna visas på en anpassad felkodsläsare.*

b) *Senare system kan generera både 4- och 5-siffriga felkoder och här behövs en anpassad felkodsläsare. Till dessa system hör tidiga versioner av Bosch Mono-Motronic och vissa VAG Digifant (45-stifts).*

c) *De allra senaste systemen kan bara generera 5-siffriga felkoder och dessa måste hämtas med hjälp av en anpassad felkodsläsare. Hit hör Bosch Mono-Motronic MA1.2.2 (senare 45-stifts), Simos och VAG Digifant (68-stifts).*

Nödprogram

Alla SEAT-modeller i detta kapitel utom de med Bosch Mono-Jetronic har ett nödprogram (ofta kallat "linka-hem"-läge). Så snart vissa fel identifierats (alla fel initierar inte nödprogrammet) startar styrmodulen nödprogrammet och går över till ett programmerat grundvärde snarare än att gå efter givarsignaler. Detta gör att bilen tryggt kan köras till en verkstad för reparation eller test. Så snart felet avhjälpts återgår styrmodulen till normaldrift. Bosch Mono-Jetronic har inget nödprogram.

Anpassning

SEATs system har också en adaptiv funktion som anpassar inprogrammerade värden efter vanlig körning och tar hänsyn till motorslitage.

Varningslampa för självdiagnos

SEAT-bilar med Bosch Mono-Jetronic har också en varningslampa för självdiagnos på

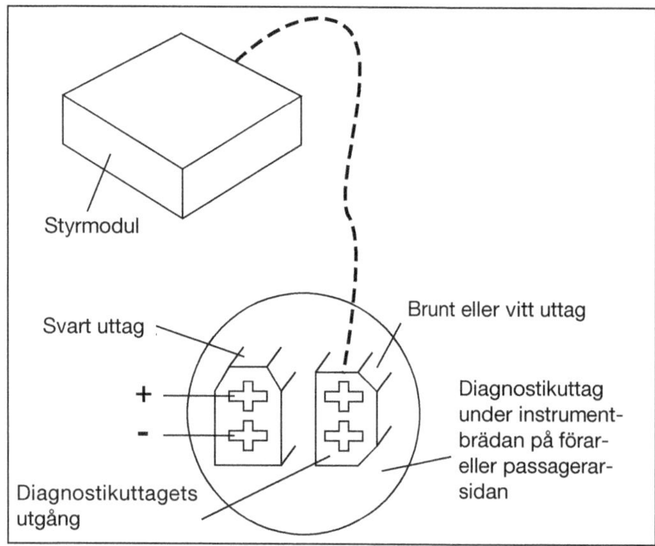

30.1 Diagnostikuttagets placering under instrumentbrädan

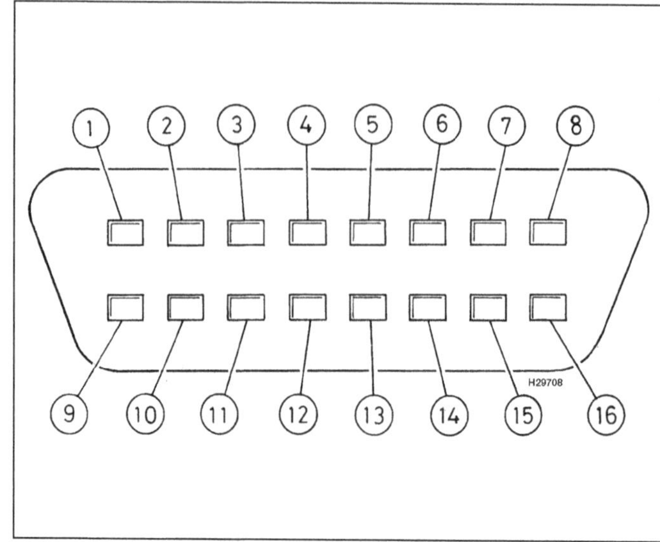

30.2 16-stifts diagnostikuttag

instrumentpanelen. Bilar med andra system än Bosch Mono-Jetronic har ingen sådan varningslampa.

2 Diagnostikuttagets placering

Bosch Mono-Jetronic och Mono-Motronic med dubbla 2-stiftsuttag

De två uttagen för självdiagnostik sitter i kupén under instrumentbrädan eller i strömbrytaruttaget bredvid strålkastarströmbrytaren på instrumentpanelen **(se bild 30.1)** och är avsedda både för att hämta blinkkoder (endast Mono-Jetronic) och för användning av felkodsläsare.

Alhambra

Diagnostikuttaget med 16 stift sitter under askkoppen i mittkonsolen och är endast avsett för användning av en felkodsläsare. Uttagsidentifiering enligt bilden **(se bild 30.2)**.

Andra system

Diagnostikuttaget med 16 stift kan sitta i kupén till höger om rattstången, eller i säkringsboxen under instrumentbrädan, ovanför pedalerna. Uttaget är endast till för användning av en anpassad felkodsläsare.

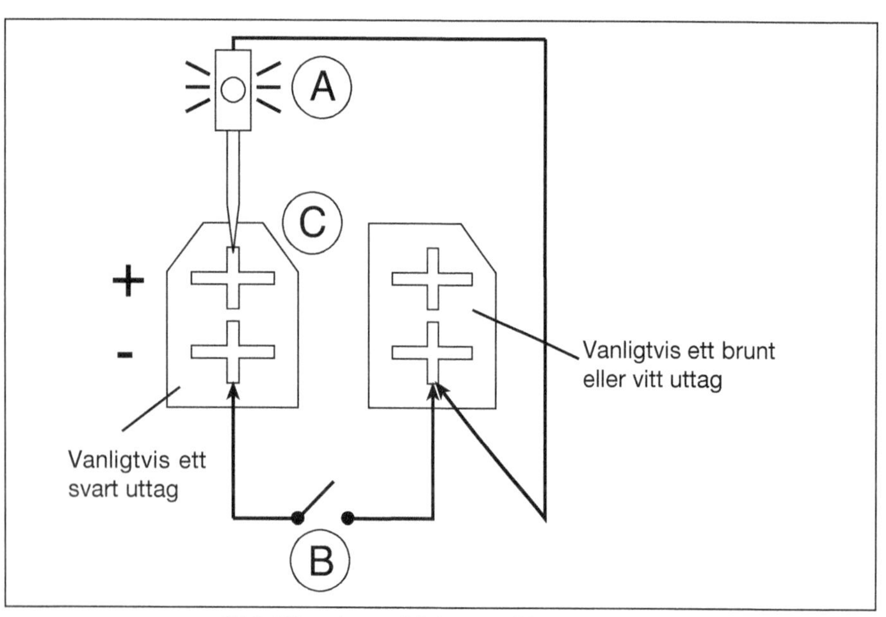

30.3 Hämtning av blinkkoder, Mono-Jetronic

A Lysdiod *B Extrabrytare* *C Diagnostikuttag*

3 Hämta felkoder utan felkodsläsare - blinkkoder

Observera: *Under en del av testen kan ytterligare felkoder genereras. Se till att inga koder som genereras under test lurar diagnosen. Alla koder måste raderas när testet har genomförts.*

Bosch Mono-Jetronic

1 Koppla in en extra till/från-brytare på de dubbla diagnostikuttagen **(se fig. 30.1)**. Om bilen inte har en varningslampa för självdiagnos på instrumentpanelen, anslut en lysdiodlampa mellan batteriets pluspol och styrmodulen **(se bild 30.3)**.

2 Starta motorn och låt den gå på tomgång tills den når normal arbetstemperatur.

Observera: *Felkoder för syresensorn kan bara hämtas efter 10 minuters provkörning.*

3 Slå av motorn och slå på tändningen.

4 Om motorn inte startar, dra runt motorn med startmotorn i minst sex sekunder och lämna tändningen på.

5 Slut extrabrytaren i minst 5 sekunder. Öppna brytaren och varningslampan eller lysdioden blinkar för att indikera felkoder enligt följande:

a) De fyra siffrorna indikeras av fyra serier blinkningar.

b) Den första serien blinkningar indikerar den första siffran, den andra serien den andra siffran och så vidare tills alla fyra siffrorna har blinkats.

c) Varje serie består av 1 eller 2 sekunders blinkningar, åtskilda av korta pauser. Varje heltal mellan 1 och 9 motsvaras av 1 sekunds blinkningar och varje nolla motsvaras av en 2 sekunders blinkning.

d) Kod "1231" indikeras genom en 1 sekunds blinkning, en kort paus, två 1 sekunds blinkningar, en kort paus, tre 1 sekunds blinkningar, en kort paus och en 1 sekunds blinkning.

e) En 2,5 sekunders paus skiljer varje serie blinkningar. Efter pausen upprepas koden.

6 Räkna antalet blinkningar i varje serie och registrera varje kod. Se tabellen i slutet av kapitlet för att se vad felkoden betyder.

7 Koden upprepas tills extrabrytaren sluts igen under minst 5 sekunder. Öppna brytaren för att visa nästa kod.

8 Fortsätt hämta koder tills kod "0000" sänds. Koden "0000" indikerar att det inte finns fler koder lagrade och den visas genom att ljuset blinkar på och av med 2,5 sekunders intervall.

9 Om kod "4444" sänds finns inga felkoder lagrade.

10 När du slår av tändningen avslutas felkodsläsningen.

Alla övriga system

11 Det finns inga blinkande koder, utan du måsta använda en anpassad felkodsläsare för att hämta felkoder.

4 Radera felkoder utan felkodsläsare

Bosch Mono-Jetronic

1 Hämta alla felkoder enligt instruktionerna i avsnitt 3 (du är klar när kod "0000" eller "4444" visas).

2 Slå av tändningen och slut extrabrytaren.

3 Slå på tändningen.

4 Vänta 5 sekunder och öppna sedan extrabrytaren. Alla felkoder ska nu vara raderade. Slå av tändningen när du är klar.

Alla system (alternativ metod)

5 Slå av tändningen och koppla bort batteriets minuspol under ca. 5 minuter.

6 Anslut batteriets minuspol igen.

Observera: *Den första nackdelen med den här metoden är att frånkoppling av batteriet initierar alla styrmodulens anpassade värden (inte Mono-Jetronic). Återinlärning av lämpliga anpassade värden kräver att du startar motorn kall och kör med olika varvtal under ca. 20 - 30 minuter. Motorn ska också gå på tomgång i 10 minuter. Den andra nackdelen är att radiosäkerhetskoder, klockans inställning och andra lagrade värden går förlorade och måste programmeras in igen när batteriet återanslutits. Om det är möjligt ska du använda en felkodsläsare för att radera minnet.*

5 Självdiagnos med felkodsläsare

Observera: *Under en del av testen kan ytterligare felkoder genereras. Se till att inga koder som genereras under test lurar diagnosen.*

Alla SEAT-modeller

1 Anslut en felkodsläsare till diagnostikuttaget. Använd felkodsläsaren (enligt tillverkarens instruktioner) till följande ändamål:

a) Hämta felkoder

b) Radera felkoder

c) Testa aktiverarna

d) Visa data

e) Justera tändinställningen eller bränsleblandningen (vissa system)

2 Felkoder måste alltid raderas efter komponenttest eller efter reparationer där komponenter i motorstyrningssystemet tas bort eller byts ut.

6 Guide till testmetoder

Felkoder i motorstyrningen

1 Använd en felkodsläsare för att hämta felkoder från styrmodulen eller (om möjligt) hämta koder manuellt enligt avsnitt 3 eller 5.

Koder lagrade i styrmodulen

2 Om du får en eller flera felkoder, titta i felkodstabellen i slutet av det här kapitlet för att fastställa betydelsen.

3 Om du får flera felkoder, leta efter gemensamma faktorer som t.ex. en felaktig jordanslutning eller matning.

4 Se kapitel 4 där du hittar sätt att testa de flesta komponenter och kretsar som finns i ett modernt motorstyrningssystem.

5 När felet har avhjälpts, radera koderna och kör motorn under olika förhållanden för att se om problemet är borta.

6 Kontrollera styrmodulen igen. Upprepa ovanstående procedurer om det fortfarande finns felkoder kvar.

7 Se kapitel 3 för mer information om hur du effektivt testar motorstyrningssystemet.

Inga koder lagrade

8 När ett driftsproblem uppstår utan att du får en felkod ligger felet utanför de parametrar som inprogrammerats i självdiagnossystemet. Se kapitel 3 för mer information om hur du effektivt kan testa motorstyrningssystemet.

9 Om problemet pekar mot en speciell komponent, se testprocedurerna i kapitel 4 där du hittar sätt att testa de flesta komponenter och kretsar som återfinns i ett modernt motorstyrningssystem.

Felkoder som inte rör motorstyrningen

10 Det finns ett antal koder som kan lagras av styrmodulen som rör luftkonditioneringen, fläktkontrollen eller automatväxellådan. Den här boken täcker motorstyrningskomponenter och diagnoser av koder som pekar på fel i andra komponenter ingår inte.

Felkodstabell på nästa sida

Felkodstabell

Alla SEAT-modeller

Blinkkod	Felkod	Beskrivning
0000	-	Slut på felkoder
4444	00000	Inga fel upptäckta i styrmodulen. Fortsätt med normala diagnostikmetoder
1111	65535	Styrmodul
1231	00281	Fordonets hastighetsgivare eller -krets
1232	00282	Gasspjällpotentiometer eller -krets, orimlig signal
2111	00513	Varvtalsgivare eller -krets
2113	00515	Halleffektgivare eller -krets
2121	00516	Gasspjällpotentiometer eller -krets
2121	00516	Tomgångsbrytare eller -krets (alternativ kod)
2122	-	Ingen signal för motorvarvtal
2142	00545	Automatisk växellåda, signal saknas
2212	00518	Gasspjällpotentiometer eller -krets
2222	00519	Insugningsrörets tryckgivare eller -krets
2231	00533	Tomgångsventil eller -krets
2232	00520	Luftflödesmätare eller -krets
2234	00532	Spänningsmatning eller -krets
2312	00522	Kylvätskans temperaturgivare eller -krets
2322	00523	Lufttemperaturgivare eller -krets
2342	00525	Syresensorvärmare eller -krets
2323	00552	Luftflödesmätare eller -krets
2341	00537	Syresensorvärmare eller -krets
2413	00561	Blandningsreglering 1
4343	01243	Insugningsrörets styrventil
4412	01247	Kolfilterventil eller -krets
4413	01249	Insprutarventil nr 1 eller krets
4414	01250	Insprutarventil nr 2 eller krets
4421	01251	Insprutarventil nr 3 eller krets
4431	-	Tomgångsventil eller -krets
-	00530	Gasspjällpotentiometer eller -krets
	00543	Max. motorvarvtal överskridet
-	00546	Defekt datakabel
-	00624	Luftkonditionering (A/C) eller -krets
-	00625	Fordonets hastighetsgivare eller -krets
-	00635	Syresensor eller -krets
-	00638	Växellådans elkontakt nr 2
-	00670	Gasspjällpotentiometer eller -krets
-	01087	Grundinställning ej färdig
-	01252	Insprutarventil nr 4 eller -krets
-	01259	Bränslepumprelä eller krets
-	01265	EGR-ventil eller -krets
-	17978	Styrmodul
-	65535	Styrmodul

Kapitel 31
Skoda

Innehåll

Bilförteckning

Modell	Motorkod	År	System
Favorit 1.3i kat	135B	1992 till 1996	Bosch Mono-Motronic MA1.2.2
Favorit 1.3i kat	136B	1994 till 1996	Bosch Mono-Motronic MA1.2.3
Foreman 1.3i kat	135B	1992 till 1996	Bosch Mono-Motronic MA1.2.2
Foreman 1.3i kat	136B	1994 till 1996	Bosch Mono-Motronic MA1.2.3
Felicia 1.3i	135B	1995 till 1997	Bosch Mono-Motronic MA1.2.2
Felicia 1.3i	136B	1995 till 1997	Bosch Mono-Motronic MA1.2.3
Freeway 1.3i	135B	1992 till 1997	Bosch Mono-Motronic MA1.2.2
Freeway 1.3i	136B	1995 till 1997	Bosch Mono-Motronic MA1.2.3

Självdiagnostik

1 Inledning

Nyare Skodabilar är utrustade med något av följande motorstyrningssystem: Bosch Mono-Motronic, versioner MA1.2.2, MA1.2.3 och Magneti-Marelli 1AV. Skodas motorstyrningssystem styr primärtändning samt bränsle- och tomgångsfunktioner från samma styrmodul.

Självdiagnosfunktion

Varje elektronisk styrmodul har en självtestfunktion som kontinuerligt undersöker signalerna från vissa givare och aktiverare i motorn och sedan jämför signalerna med en tabell av inprogrammerade värden. Om diagnostikprogramvaran konstaterar att ett fel föreligger lagrar styrmodulen en eller fler felkoder. Koder kan inte lagras för komponenter för vilka det inte finns någon kod, eller för tillstånd som inte täcks av programvaran. I Skodasystemen genererar styrmodulen 4-siffriga felkoder som kan hämtas antingen manuellt eller med en felkodsläsare.

Nödprogram

Systemen som behandlas i det här kapitlet har nödprogram (s.k. "linka-hem"-läge). Så snart vissa fel identifierats (alla fel initierar inte nödprogrammet) startar styrmodulen nödprogrammet och går över till ett programmerat grundvärde snarare än att gå efter givarsignaler. Detta gör att bilen tryggt kan köras till en verkstad för reparation eller test. Så snart felet avhjälpts återgår styrmodulen till normaldrift.

Anpassning

Skodas system har också en adaptiv funktion som anpassar inprogrammerade värden efter vanlig körning och tar hänsyn till motorslitage.

2 Diagnostikuttagets placering

Observera: *Skodamodeller med 135B-motorn har ett diagnostikuttag avsett för manuell hämtning av blinkkoder och för en anpassad felkodsläsare. Modeller med 136B- eller AAE-motorn har ett diagnostikuttag som bara kan visa felkoder på en anpassad felkodsläsare.*

Diagnostikuttaget med 5 stift sitter bak i motorutrymmet, nära kolfiltret och styrmodulen **(se bild 31.1)**.

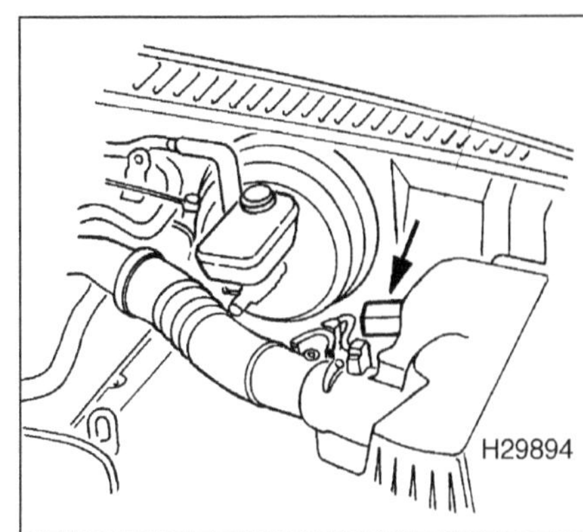

31.1 Diagnostikuttaget (vid pilen) sitter på torpedväggen i motorrummet

3 Hämta felkoder utan felkodsläsare - blinkkoder

Observera: *Under en del av testen kan ytterligare felkoder genereras. Se till att inga koder som genereras under test lurar diagnosen. Alla koder måste raderas när testet har genomförts.*

Bosch Mono-Motronic MA1.2.2

1 Anslut en extrabrytare mellan uttagen A och D i diagnostikuttaget **(se bild 31.2)**.
2 Anslut en lysdiods plussond till stift E och minussonden till stift C i diagnostikuttaget.
3 Slå på tändningen.
4 Slut extrabrytaren i 4 sekunder och öppna den sedan.
5 Lysdiodlampan börjar blinka de 4-siffriga felkoderna som följer:

a) De fyra siffrorna indikeras av fyra serier blinkningar.
b) Den första serien blinkningar indikerar den första siffran, den andra serien den andra siffran och så vidare tills alla fyra siffrorna har blinkats.
c) Varje serie består av 1 eller 2 sekunders blinkningar, åtskilda av korta pauser. Varje heltal mellan 1 och 9 motsvaras av 1 sekunds blinkningar och varje nolla motsvaras av en 2 sekunders blinkning.
d) En paus skiljer de enskilda blinkserierna.
e) Kod "1231" indikeras genom en 1 sekunds blinkning, en kort paus, två 1 sekunds blinkningar, en kort paus, tre 1 sekunds blinkningar, en kort paus och en 1 sekunds blinkning.

Observera: *Om inte lysdioden uppför sig som den ska, vänd på anslutningarna till diagnostikuttaget.*

6 Räkna antalet blinkningar i varje serie och registrera varje kod vartefter den sänds. Se tabellerna i slutet av kapitlet för att se vad felkoden betyder.
7 Hämta nästa kod genom att åter sluta extrabrytaren i 3 sekunder. Då visas nästa kod.
8 Upprepa proceduren tills kod "0000" sänds. Kod "0000" indikerar att inga flera koder finns lagrade.
9 Slå av tändningen och ta bort bryggan och lysdiodlampan för att avsluta felkodsläsningen.

Alla övriga system

10 Du behöver en felkodsläsare för att hämta felkoder i andra Skodasystem eftersom blinkkoder inte förekommer.

4 Test av aktiverare utan felkodsläsare

Bosch Mono-Motronic MA1.2.2

1 Anslut en extrabrytare mellan uttagen A och D i diagnostikuttaget **(se bild 31.2)**.
2 Anslut en lysdiods plussond till stift E och minussonden till stift C i diagnostikuttaget.
3 Slut extrabrytaren och slå på tändningen.
4 Vänta 4 sekunder och öppna sedan extrabrytaren.
5 Lysdiodlampan blinkar kod "1232", och du ska höra hur tomgångsventilen rör sig.
6 Vänta 3 sekunder och slut sedan extrabrytaren. Vänta 4 sekunder och öppna extrabrytaren för att gå till nästa aktiverare.
7 Lysdiodlampan blinkar kod "4342". Detta kan du ignorera eftersom det inte är relevant för testet av dessa bilar.
8 Vänta 3 sekunder och slut sedan extrabrytaren. Vänta 4 sekunder och öppna extrabrytaren för att gå till nästa aktiverare.
9 Lysdiodlampan blinkar "4343" och du ska då höra kolfilterventilen aktiveras (med ett klickande).
10 Avsluta aktiverartestet på följande sätt: Vänta 3 sekunder och slut extrabrytaren. Vänta 4 sekunder och öppna sedan extrabrytaren. Lysdiodlampan ska visa en kontinuerlig serie blinkningar som tecken på att aktiverartestet är klart och att felkoderna raderats från styrmodulens minne.

Alla övriga system

11 Aktiverartest utan felkodsläsare finns inte i några andra Skodasystem.

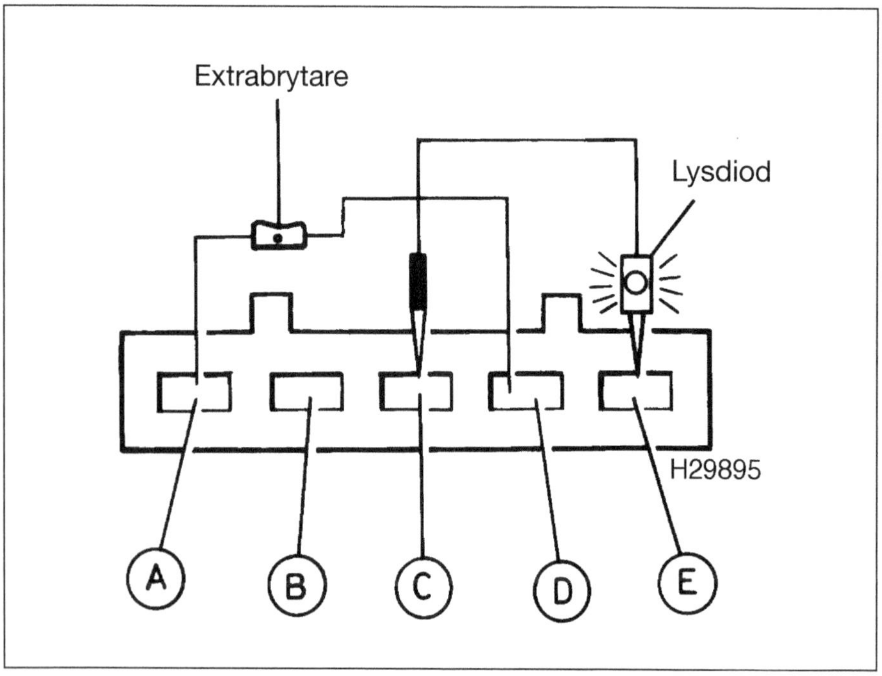

5 Radera felkoder utan felkodsläsare

Bosch Mono-Motronic MA1.2.2

1 Hämta blinkkoderna enligt instruktionerna i avsnitt 3 och avhjälp felen.
2 Genomför aktiverartestet enligt avsnitt 4. Alla felkoder raderas automatiskt när du är klar.

Alla system (alternativ metod)

3 Slå av tändningen och koppla bort batteriets minuspol under ca. 5 minuter.
4 Anslut batteriets minuspol igen.

Observera: *Den första nackdelen med den här metoden är att frånkoppling av batteriet initierar alla styrmodulens anpassade värden. Återinlärning av lämpliga anpassade värden kräver att du startar motorn kall och kör med olika varvtal under ca. 20 - 30 minuter. Motorn ska också gå på tomgång i 10 minuter. Den andra nackdelen är att radiosäkerhetskoder, klockans inställning och andra lagrade värden går förlorade och måste programmeras in igen när batteriet återanslutits. Om det är möjligt ska du använda en felkodsläsare för att radera minnet.*

31.2 Uttag för felkodshämtning i diagnostikuttag

A Uttag för brygga
B Uttag som inte används för felkodshämtning eller aktiverartest
C Uttag för lysdiodlampans minussond
D Uttag för brygga
E Uttag för lysdiodlampans plussond

6 Självdiagnos med felkodsläsare

Observera: *Under en del av testen kan ytterligare felkoder genereras. Se till att inga koder som genereras under test lurar diagnosen.*

Alla Skodamodeller

1 Anslut en felkodsläsare till diagnostikuttaget. Använd felkodsläsaren (enligt tillverkarens instruktioner) till följande ändamål:

a) Hämta felkoder

b) Radera felkoder

c) Testa aktiverarna

2 Felkoder måste alltid raderas efter komponenttest eller efter reparationer där komponenter i motorstyrningssystemet tas bort eller byts ut.

7 Guide till testmetoder

1 Använd en felkodsläsare för att hämta felkoder från styrmodulen eller (om möjligt) hämta koder manuellt enligt avsnitt 3 eller 5.

Lagrade koder

2 Om du får en eller flera felkoder, titta i felkodstabellerna i slutet av det här kapitlet för att fastställa betydelsen.

3 Om du får flera felkoder, leta efter gemensamma faktorer som t.ex. en felaktig jordanslutning eller matning.

4 Se testprocedurerna i kapitel 4 där du hittar sätt att testa de flesta komponenter och kretsar som återfinns i ett modernt motorstyrningssystem.

5 När felet har avhjälpts, radera koderna och kör motorn under olika förhållanden för att se om problemet är borta.

6 Kontrollera styrmodulen igen. Upprepa ovanstående procedurer om det fortfarande finns felkoder kvar.

7 Se kapitel 3 för mer information om hur du effektivt testar motorstyrningssystemet.

Inga koder lagrade

8 När ett driftsproblem uppstår utan att du får en felkod ligger felet utanför de parametrar som inprogrammerats i självdiagnossystemet. Se kapitel 3 för mer information om hur du effektivt kan testa motorstyrningssystemet.

9 Om problemet pekar mot en speciell komponent, se testprocedurerna i kapitel 4 där du hittar sätt att testa de flesta komponenter och kretsar som återfinns i ett modernt motorstyrningssystem.

Felkodstabeller

Bosch Mono-Motronic

Blinkkod	Felkod	Beskrivning
1111	65535	Styrmodul
2113	00515	Halleffektgivare eller -krets
2121	00156	Gasspjällpotentiometer eller -krets
2212	00518	Gasspjällpotentiometer eller -krets
2312	00522	Kylvätskans temperaturgivare eller -krets
2322	00523	Lufttemperaturgivare eller -krets
2341	00537	Syresensor eller -krets
2342	00525	Syresensor eller -krets
2343	00558	Syresensor eller -krets
2413	00561	Syresensor eller -krets
4431	01253	Tomgångsventil eller -krets

Aktiverarkoder för Bosch Mono-Motronic MA1.2.2

Koderna nedan visas under aktiverartestet när den aktuella kretsen har aktiverats.

Blink-/felkod	Beskrivning
1232	Tomgångsventil eller -krets
4342	(Ej tillämpligt)
4343	Kolfilterventil

Kapitel 32
Subaru

Innehåll

Bilförteckning

Modell	Motorkod	År	System
1.8 Turbo Kupé 4x4	EA82	1986 till 1989	Subaru MPFi + Turbo
Impreza 1.6i SOHC 16V	-	1993 till 1997	Subaru MPFi
Impreza 1.8i SOHC 16V	-	1993 till 1997	Subaru MPFi
Impreza 2.0 Turbo DOHC 16V	-	1994 till 1997	Subaru MPFi
Impreza 2.0i 16V	-	1996 till 1997	Subaru MPFi
Justy (J12) 1.2i kat	-	1992 till 1997	Subaru MPFi
Legacy 1.8i SOHC 16V	AY/EJ18	1991 till 1993	Subaru SPFi
Legacy 2.0 SOHC 16V kat	AY/EJ20EN	1991 till 1996	Subaru MPFi
Legacy 2.0 4 Cam Turbo DOHC 16V	AY/EJ20-GN	1991 till 1994	Subaru MPFi
Legacy 2.2 & kat	EJ22	1989 till 1997	Subaru MPFi
L-serien Kupé 1.8	EA82	1988 till 1990	Subaru MPFi
L-serien Turbo 4x4	EA82	1985 till 1989	Subaru MPFi + Turbo
SVX DOHC 24V	-	1992 till 1997	Subaru MPFi
Vivio SOHC 8V	-	1992 till 1996	Subaru MPFi
XT Turbo Kupé	EA82	1985 till 1989	Subaru MPFi + Turbo
XT Turbo Kupé	EA82	1989 till 1991	Subaru MPFi + Turbo

Självdiagnostik

1 Inledning

Motorstyrningssystemet som finns i Subaru är Subarus MPFi eller SPFi-system, som styr primärtändning, bränsleinsprutning och tomgångsfunktioner från samma styrmodul. MPFi har flerpunktsinsprutning medan SPFi har enpunktsinsprutning.

Självdiagnosfunktion

Subarus styrmoduler har en självtestfunktion som kontinuerligt undersöker signalerna från vissa givare och aktiverare i motorn och sedan jämför signalerna med en tabell av inprogrammerade värden. Om diagnostikprogramvaran konstaterar att ett fel föreligger lagrar styrmodulen en eller fler felkoder i styrmodulminnet. Koder kan inte lagras för komponenter för vilka det inte finns någon kod, eller för tillstånd som inte täcks av programvaran. I Subarusystemen genererar styrmodulen 2-siffriga felkoder som kan hämtas antingen manuellt eller med en felkodsläsare.

Nödprogram

Subarusystemet har ett nödprogram (s.k. "linka-hem"-läge). Så snart vissa fel identifierats (alla fel initierar inte nödprogrammet) startar styrmodulen nödprogrammet och går över till ett programmerat grundvärde snarare än att gå efter givarsignaler. Detta gör att bilen tryggt kan köras till en verkstad för reparation eller test. Så snart felet avhjälpts återgår styrmodulen till normaldrift.

Varningslampa för självdiagnos

Subarus modeller har en varningslampa för självdiagnos på instrumentpanelen. Dessutom kan lysdioden i styrmodulens kåpa också visa felkoder.

2 Diagnostikuttagets placering

1 Subaru använder två olika slags diagnostikuttag.

2 Dubbla diagnostikuttag sitter längsmed styrmodulen under rattstången, innanför panelen **(se bild 32.1)**. Testkontakten är grön och kontakten till minnet är svart. De dubbla uttagen är till för hämtning av blinkkoder.

3 Det sitter ett 9-stifts diagnostikuttag nära styrmodulen under instrumentbrädan på förarsidan. Det här uttaget är avsett för en anpassad felkodsläsare.

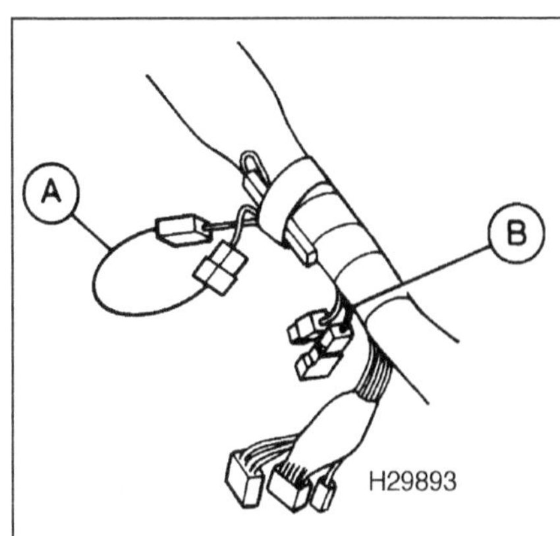

32.1 De gröna testkontakterna och de svarta minneskontakterna sitter längs med styrmodulen under rattstången

A Grön kontakt
B Svart kontakt

3 Hämta felkoder utan felkodsläsare – blinkkoder

Observera: *Under en del av testet kan ytterligare felkoder genereras. Se till att inga koder som genereras under test lurar diagnosen. Alla koder måste raderas när testet har genomförts.*

1 Koderna visas sedan genom att varningslampan på instrumentpanelen och lysdioden på styrmodulen blinkar. Subaru MPFi har fyra test som använder kombina-tioner av varningslampan och lysdiodlampan för att visa olika fel. Varje test startas med tändningen på och motorn antingen i gång eller stillastående.

U-test (start- och drivkomponenter)

2 Slå på tändningen. Om det inte finns några fel lagrade i styrmodulen tänds varningslampan utan att blinka och lysdioden visar fordonets specifikationskod (skillnad på modeller med katalysator och modeller utan).

3 Om felkoder har lagrats tänds varningslampan och lysdioden blinkar för att visa felkoden. I det här testet kan vissa 2-siffriga felkoder visas som relaterar till start- och drivkomponenter.

a) *De två siffrorna indikeras av två serier blinkningar.*

b) *Den första serien blinkningar anger tiotal och den andra serien ental.*

c) *Tiotalet indikeras av 1,2 sekunders blinkningar åtskilda av 0,3 sekunders pauser. Entalen indikeras genom 0,2 sekunders blinkningar åtskilda av 0,3 sekunders pauser.*

d) *Kod nr "12" indikeras alltså av en 1,2 sekunders blinkning, följd av en 1,8 sekunders paus och sedan två 0,2 sekunders blinkningar.*

e) *De enskilda koderna skiljs av en 1,8 sekunders paus.*

f) *Om två eller flera koder har lagrats visas koderna i sekvens med de lägsta kodnumren först.*

4 Räkna antalet blinkningar i varje serie och registrera varje kod. Se tabellen i slutet av kapitlet för att se vad felkoden betyder.

5 Starta motorn och låt den gå på tomgång. Om systemet arbetar med sluten slinga ska varningslampan slockna och lysdioden blinka för att indikera syresensorns växling. Om det finns lagrade fel ska varningslampan förbli tänd.

Minnestest (mindre och oregelbundna fel)

6 Koppla ihop de svarta minneskontakterna (hona och hane).

7 Slå på tändningen.

8 Om det inte finns några fel lagrade i styrmodulen visar lysdioden fordonets specifikationskod (skillnad på modeller med katalysator och modeller utan) och varningslampan blinkar regelbundet.

9 Om felkoder har lagrats blinkar både varningslampan för feldiagnos och lysdioden för att visa felkoden. Se information om U-testet (punkt 3 ovan) för en beskrivning av vad blinkningarna betyder.

10 Räkna antalet blinkningar i varje serie och registrera varje kod. Se tabellen i slutet av kapitlet för att se vad felkoden betyder.

11 Starta motorn och låt den gå på tomgång. Om det inte finns lagrade felkoder blinkar både varningslampan och lysdioden för att visa fordonets specifikationskod.

12 Om felkoder har lagrats blinkar både varningslampan för feldiagnos och lysdioden för att visa felkoden. Se information om U-testet (punkt 3 ovan) för en beskrivning av vad blinkningarna betyder.

13 Räkna antalet blinkningar i varje serie och registrera varje kod. Se tabellen i slutet av kapitlet för att se vad felkoden betyder.

14 Slå av tändningen och koppla loss de svarta minneskontakterna för att avsluta felkodshämtningen.

D-test (större fel och systemtest)

15 Starta motorn och låt den gå tills den når normal arbetstemperatur. Stanna motorn.

16 Se till att de två svarta minneskontakterna är frånkopplade. Koppla ihop de två gröna testkontakterna (hona och hane) som sitter längs med styrmodulen.

17 Slå på tändningen.

18 Lysdiodlampan visar fordonets specifikationskod (skillnad på modeller med katalysator och modeller utan) och varningslampan förblir tänd.

19 Tryck gaspedalen i botten. Släpp upp pedalen halvvägs och håll den där i två sekunder. Släpp upp pedalen så att den går tillbaka i tomgångsläge.

20 Slå på och av ekonomibrytaren.

21 Starta motorn. Om det finns lagrade felkoder blinkar både varningslampan för självdiagnos och lysdioden för att visa felkoden.

22 Om felkoder har lagrats blinkar både varningslampan för självdiagnos och lysdioden för att visa felkoden. Se information om U-testet (punkt 3 ovan) för en beskrivning av vad blinkningarna betyder.

23 Räkna antalet blinkningar i varje serie och registrera varje kod. Se tabellen i slutet av kapitlet för att se vad felkoden betyder.

24 Kör fordonet i minst 12 km/tim i minst en minut och använd alla växlarna framåt (manuell växellåda) under tiden. Stanna bilen och lägg växeln i neutralläge med motorn på.

25 Öka varvtalet till minst 2 000 varv/min i över 40 sekunder. Om det finns lagrade felkoder blinkar både varningslampan för självdiagnos och lysdioden för att visa felkoden. Varningslampan blinkar regelbundet om inga fel har påträffats.

26 Om felkoder har lagrats blinkar både varningslampan för självdiagnos och lysdioden för att visa felkoden. Se information om U-testet (punkt 3 ovan) för en beskrivning av vad blinkningarna betyder.

27 Räkna antalet blinkningar i varje serie och registrera varje kod. Se tabellen i slutet av kapitlet för att se vad felkoden betyder.

28 Slå av tändningen och koppla loss de gröna testkontakterna för att avsluta felkodshämtningen.

4 Radera felkoder utan felkodsläsare

Minnesradering

1 Starta motorn och låt den gå tills den når normal arbetstemperatur. Stanna motorn.

2 Anslut både de gröna testkontakterna och de svarta minneskontakterna (hona och hane).

3 Slå på tändningen.

4 Lysdioden i styrmodulens kåpa visar fordonets specifikationskod (skillnad på modeller med katalysator och modeller utan) och varningslampan förblir tänd.

5 Tryck gaspedalen i botten. Släpp upp pedalen halvvägs och håll den där i två sekunder. Släpp upp pedalen så att den går tillbaka i tomgångsläge.

6 Slå på och av ekonomibrytaren.

7 Starta motorn. Om det finns lagrade felkoder blinkar både varningslampan för självdiagnos och lysdioden för att visa felkoden.

8 Kör fordonet i minst 12 km/tim i minst en minut och använd alla växlarna framåt (manuell växellåda) under tiden. Stanna bilen och lägg växeln i neutralläge med motorn på.

9 Öka varvtalet till minst 2 000 varv/min i över 40 sekunder. Om det finns lagrade felkoder blinkar både varningslampan för självdiagnos och lysdioden för att visa felkoden. Om inga fel påträffats blinkar varningslampan (men inte lysdioden) regelbundet och alla koder kommer nu att raderas från minnet.

10 Slå av motor och tändning. Koppla loss test- och minneskontakterna. Raderingen är nu klar.

5 Självdiagnos med felkodsläsare

Observera: *Under en del av testen kan ytterligare felkoder genereras. Se till att inga koder som genereras under test lurar diagnosen.*

Alla Subarumodeller

1 Anslut en felkodsläsare till diagnostikuttaget för 9 stift. Använd felkodsläsaren (enligt tillverkarens instruktioner) för att:

a) Hämta felkoder

b) Radera felkoder

2 Felkoder måste alltid raderas efter komponenttest eller efter reparationer där komponenter i motorstyrningssystemet tas bort eller byts ut.

6 Guide till testmetoder

1 Använd en felkodsläsare för att hämta felkoder från styrmodulen eller hämta koder manuellt enligt avsnitt 3 eller 5.

Lagrade koder

2 Om du får en eller flera felkoder, titta i felkodstabellen i slutet av det här kapitlet för att fastställa betydelsen.

3 Om du får flera felkoder, leta efter gemensamma faktorer som t.ex. en felaktig jordanslutning eller matning.

4 Se testprocedurerna i kapitel 4 där du hittar sätt att testa de flesta komponenter och kretsar som återfinns i ett modernt motorstyrningssystem.

5 När felet har avhjälpts, radera koderna och kör motorn under olika förhållanden för att se om problemet är borta.

6 Kontrollera styrmodulen igen. Upprepa ovanstående procedurer om det fortfarande finns felkoder kvar.

7 Se kapitel 3 för mer information om hur du effektivt testar motorstyrningssystemet.

Inga koder lagrade

8 När ett driftsproblem uppstår utan att du får en felkod ligger felet utanför de parametrar som inprogrammerats i självdiagnossystemet. Se kapitel 3 för mer information om hur du effektivt kan testa motorstyrningssystemet.

9 Om problemet pekar mot en speciell komponent, se testprocedurerna i kapitel 4 där du hittar sätt att testa de flesta komponenter och kretsar som återfinns i ett modernt motorstyrningssystem.

Felkodstabell

Subaru MPFi

Blink-/felkod	Beskrivning
11	Vevaxelns vinkelgivare eller -krets
12	Tändningslås
13	Kamaxelgivare eller -krets
14	Insprutarventil nr 1 eller insprutarkrets
15	Insprutarventil nr 2 eller insprutarkrets
16	Insprutarventil nr 3 eller insprutarkrets
17	Insprutarventil nr 4 eller insprutarkrets
18	Insprutarventil nr 5 eller insprutarkrets
19	Insprutarventil nr 6 eller insprutarkrets
21	Kylvätskans temperaturgivare eller -krets
22	Knackgivare 1 eller -krets
23	Luftflödesmätare eller -krets
23	Insugningsrörets tryckgivare eller -krets
24	Tomgångsventil eller -krets
26	Lufttemperaturgivare eller -krets
28	Knackgivare 2 eller -krets
29	Vevaxelns vinkelgivare eller -krets
31	Gasspjällpotentiometer eller -krets
32	Syresensor 1 eller -krets
33	Fordonets hastighetsgivare eller -krets
35	Kolfilterventil eller -krets
37	Syresensor 2 eller -krets
38	Vridmomentkontroll eller -krets
41	Syresensor, inlärning
42	Gasspjällbrytare eller -krets
43	Effektbrytare eller -krets
44	Turbons övertrycksventil eller -krets
45	Turbons tryckgivarventil eller krets
47	Ekonomibrytare eller -krets
49	Luftflödesmätare eller -krets
51	Startmotorspärr eller krets
52	Parkeringsbrytare eller -krets
62	Elektrisk last
63	Fläktbrytare eller -krets

Kapitel 33
Suzuki

Innehåll

Bilförteckning

Modell	**Motorkod**	**År**	**System**
Alto 1.0	G10B	1997	Suzuki EPi-MPi
Baleno 1.3	G13BB	1995 till 1997	Suzuki EPi-MPi
Baleno 1.6	G16B	1995 till 1997	Suzuki EPi-MPi
Baleno 1.8	J18A	1996 till 1997	Suzuki EPi-MPi
Cappuccino DOHC 12V	F6A	1993 till 1996	Suzuki EPi-MPi
Swift 1.0i kat SOHC 6V	G10A	1991 till 1997	Suzuki EPi-SPi
Swift GTi DOHC 16V	-	1986 till 1989	Suzuki EPi-MPi
Swift SF 413 GTi DOHC	G13B	1988 till 1992	Suzuki EPi-MPi
Swift SF 413 DOHC kat	G13B	1988 till 1992	Suzuki EPi-MPi
Swift 1.3i DOHC 16V	G13B	1992 till 1995	Suzuki EPi-MPi
Swift Cabrio DOHC kat	G13B	1992 till 1995	Suzuki EPi-MPi
Swift 1.3i kat SOHC 8V	G13BA	1992 till 1997	Suzuki EPi-SPi
Swift SF 416i SOHC 16V	G16B	1989 till 1992	Suzuki EPi-SPi
Swift SF 416i 4x4 SOHC	G16B	1989 till 1992	Suzuki EPi-SPi
Swift SF 416i 4x4 kat	G16B	1989 till 1992	Suzuki EPi-SPi
Vitara EFi SOHC 16V	-	1991 till 1997	Suzuki EPi-MPi
Vitara Sport SPi SOHC	-	1994 till 1997	Suzuki EPi-SPi
Vitara 2.0 V6	-	1995 till 1997	Suzuki EPi-MPi
X-90 1.6	G16B	1996 till 1997	Suzuki EPi-MPi

Självdiagnostik

1 Inledning

Suzukis modeller är utrustade med motorstyrningssystemen Suzuki EPi-MPi eller EPi-SPi som båda styr primärtändning, bränsleinsprutning och tomgångsfunktioner från samma styrmodul.

Självdiagnosfunktion

Varje styrmodul har en självtestfunktion som kontinuerligt undersöker signalerna från vissa givare och aktiverare i motorn och sedan jämför signalerna med en tabell av inprogrammerade värden. Om diagnostikprogramvaran konstaterar att ett fel föreligger lagrar styrmodulen en eller fler felkoder i styrmodulminnet. Koder kan inte lagras för komponenter för vilka det inte finns någon kod, eller för tillstånd som inte täcks av programvaran. I Suzukisystemen genererar styrmodulen 2-siffriga felkoder att hämtas antingen manuellt som blinkkoder eller med en anpassad felkodsläsare.

Nödprogram

Suzukistemen har ett nödprogram (s.k. "linkahem"-läge). Så snart vissa fel identifierats (alla fel initierar inte nödprogrammet) startar styrmodulen nödprogrammet och går över till ett programmerat grundvärde snarare än att gå efter givarsignaler. Detta gör att bilen tryggt kan köras till en verkstad för reparation eller test. Så snart felet avhjälpts återgår styrmodulen till normaldrift.

Självdiagnos, varningslampa

Suzukibilar har en varningslampa för självdiagnos på instrumentpanelen som också används till att visa blinkkoder.

2 Diagnostikuttagets placering

Swift 1.3

Diagnostikuttaget sitter antingen i säkringsboxen under instrumentbrädan **(se bild 33.1)** eller bredvid batteriet i motorrummet **(se bild 33.2)**. Uttaget är till för manuell hämtning av blinkkoder och för en anpassad felkodsläsare.

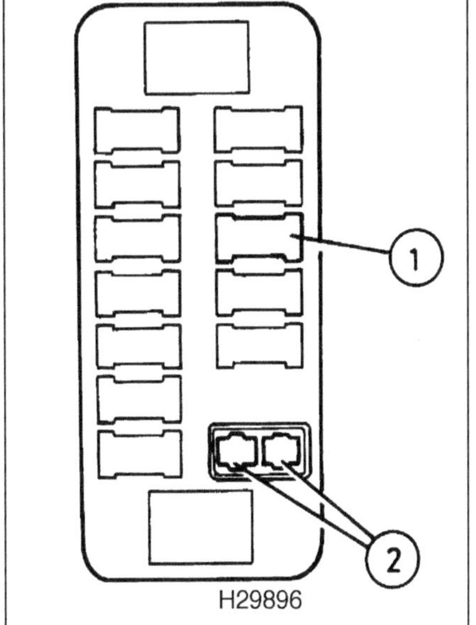

33.1 Diagnostikuttaget sitter i säkringsboxen under instrumentbrädan på passagerarsidan

1 Säkringsbox 2 Diagnostikuttag

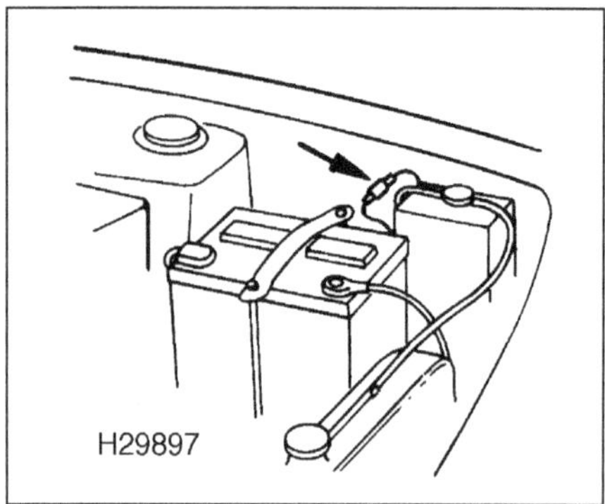

33.2 Diagnostikuttaget sitter nära batteriet i motorrummet

Swift GTi 1986 till 1989 och Vitara 1.6i

Diagnostikuttaget sitter bredvid batteriet i motorrummet **(se bild 33.2)**. Uttaget är till för manuell hämtning av blinkkoder och för en anpassad felkodsläsare.

3 Hämta felkoder utan felkodsläsare – blinkkoder

Observera: *Under en del av testen kan ytterligare felkoder genereras. Se till att inga koder som genereras under test lurar diagnosen. Alla koder måste raderas när testet har genomförts.*

Swift GTi 1986 till 1991

1 Slå på tändningen utan att starta motorn.

2 Lossa de två halvorna av uttaget. Tryck gaspedalen i botten och släpp sedan upp den inom 10 sekunder. Om motorn inte vill starta, dra runt den i 3-5 sekunder. Låt tändningen vara på för att inte förlora felkoderna.

3 Koderna visas i varningslampan för självdiagnos på instrumentpanelen. Blinkningarna för 2-siffriga felkoder visas på följande sätt:

a) De två siffrorna indikeras av två serier blinkningar.

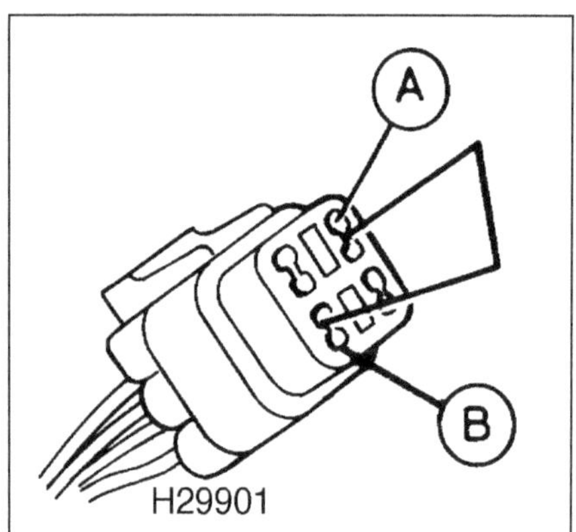

33.3 Lägg en brygga mellan uttagen A och B i diagnostikuttaget

b) Den första serien blinkningar anger tiotal och den andra serien ental.

c) Tiotalet indikeras av 0,3 sekunders blinkningar, åtskilda av korta pauser. Entalen indikeras också genom 0,3 sekunders blinkningar åtskilda av korta pauser.

d) En 1 sekunds paus skiljer tiotalen från entalen

e) Kod "42" indikeras genom fyra 0,3 sekunders blinkningar, en 1 sekunds paus och sedan två 0,3 sekunders blinkningar.

f) De enskilda koderna skiljs åt genom en 3 sekunders paus.

4 Räkna antalet blinkningar i varje serie och registrera varje kod vartefter den sänds. Se tabellen i slutet av kapitlet för att se vad felkoden betyder.

5 Varje blinkkod upprepas tre gånger och följs av nästa kod i sekvensen.

6 Kod "12" kommer att sändas om inga fel finns lagrade.

7 Slå av tändningen och koppla ihop de två halvorna av uttaget för att avsluta felkodshämtningen.

Swift 1.0l och 1.3i

8 Slå på tändningen utan att starta motorn.

9 Anslut en reservsäkring till diagnostikuttaget i säkringsboxen **(se bild 33.1)**. Om motorn inta vill starta, dra runt den i 3-5 sekunder. Låt tändningen vara på för att inte förlora felkoderna.

10 Koderna visas i varningslampan för självdiagnos på instrumentpanelen. Blinkningarna för 2-siffriga felkoder visas på följande sätt:

a) De två siffrorna indikeras av två serier blinkningar.

b) Den första serien blinkningar anger tiotal och den andra serien ental.

c) Tiotalet indikeras av 0,3 sekunders blinkningar, åtskilda av korta pauser. Entalen indikeras också genom 0,3 sekunders blinkningar åtskilda av korta pauser.

d) En 1 sekunds paus skiljer tiotalen från entalen

e) Kod "42" indikeras genom fyra 0,3 sekunders blinkningar, en 1 sekunds paus och sedan två 0,3 sekunders blinkningar.

f) De enskilda koderna skiljs åt genom en 3 sekunders paus.

11 Räkna antalet blinkningar i varje serie och registrera varje kod vartefter den sänds. Se tabellen i slutet av kapitlet för att se vad felkoden betyder.

12 Varje blinkkod upprepas tre gånger och följs av nästa kod i sekvensen.

13 Kod "12" kommer att sändas om inga fel finns lagrade.

14 Slå av tändningen och ta bort säkringen från uttaget för att avsluta felkodshämtningen.

Vitara 1.6i

15 Slå på tändningen utan att starta motorn.

16 Lägg en brygga mellan uttagen A och B i diagnostikuttaget **(se bild 33.3)**. Om motorn inta vill starta, dra runt den i 3-5 sekunder. Låt tändningen vara på för att inte förlora felkoderna.

17 Koderna visas med varningslampan för självdiagnos på instrumentpanelen. Blinkningarna för 2-siffriga felkoder visas på följande sätt:

a) De två siffrorna indikeras av två serier blinkningar.

b) Den första serien blinkningar anger tiotal och den andra serien ental.

c) Tiotalet indikeras av 0,3 sekunders blinkningar, åtskilda av korta pauser. Entalen indikeras också genom 0,3 sekunders blinkningar åtskilda av korta pauser.

d) En 0,6 sekunders paus skiljer tiotalen från entalen.

e) Kod "42" indikeras genom fyra 0,3 sekunders blinkningar, en 0,6 sekunders paus och sedan två 0,3 sekunders blinkningar.

f) De enskilda koderna skiljs åt genom en 3 sekunders paus.

18 Räkna antalet blinkningar i varje serie och registrera varje kod vartefter den sänds. Se tabellen i slutet av kapitlet för att se vad felkoden betyder.

19 Varje blinkkod upprepas tre gånger och följs av nästa kod i sekvensen.

20 Kod "12" kommer att sändas om inga fel finns lagrade.

21 Slå av tändningen och ta bort bryggan för att avsluta felkodsläsningen.

4 Radera felkoder utan felkodsläsare

1 Koppla från batteriets jordningskabel under minst 30 sekunder.

2 Anslut batteriets jordningskabel igen.

Observera: *Den första nackdelen med den här metoden är att frånkoppling av batteriet initierar alla styrmodulens anpassade värden. Återinlärning av lämpliga anpassade värden kräver att du startar motorn kall och kör med olika varvtal under ca. 20 - 30 minuter. Motorn ska också gå på tomgång i 10 minuter. Den andra nackdelen är att radiosäkerhetskoder, klockans inställning och andra lagrade värden går förlorade och måste programmeras in igen när batteriet återanslutits. Om det är möjligt ska du använda en felkodsläsare för att radera minnet.*

5 Självdiagnos med felkodsläsare

Observera: *Under en del av testen kan ytterligare felkoder genereras. Se till att inga koder som genereras under test lurar diagnosen.*

Alla Suzukimodeller

1 Anslut en felkodsläsare till diagnostikuttaget. Använd felkodsläsaren (enligt tillverkarens instruktioner) till följande ändamål:

a) Hämta felkoder

b) Radera felkoder

2 Koder måste alltid raderas efter komponenttest eller efter reparationer där komponenter i motorstyrningssystemet tas bort eller byts ut.

6 Guide till testmetoder

1 Använd en felkodsläsare för att hämta felkoder från styrmodulen eller hämta koder manuellt enligt avsnitt 3 eller 5.

Lagrade koder

2 Om du får en eller flera felkoder, titta i felkodstabellen i slutet av det här kapitlet för att fastställa betydelsen.

3 Om du får flera felkoder, leta efter gemensamma faktorer som t.ex. en felaktig jordanslutning eller matning.

4 Se testprocedurerna i kapitel 4 där du hittar sätt att testa de flesta komponenter och kretsar som återfinns i ett modernt motorstyrningssystem.

5 När felet har avhjälpts, radera koderna och kör motorn under olika förhållanden för att se om problemet är borta.

6 Kontrollera styrmodulen igen. Upprepa ovanstående procedurer om det fortfarande finns felkoder kvar.

7 Se kapitel 3 för mer information om hur du effektivt testar motorstyrningssystemet.

Inga koder lagrade

8 När ett driftsproblem uppstår utan att du får en felkod ligger felet utanför de parametrar som inprogrammerats i självdiagnossystemet. Se kapitel 3 för mer information om hur du effektivt kan testa motorstyrningssystemet.

9 Om problemet pekar mot en speciell komponent, se testprocedurerna i kapitel 4 där du hittar sätt att testa de flesta komponenter och kretsar som återfinns i ett modernt motorstyrningssystem.

Felkodstabell

Suzuki EPi-MPi och EPi-SPi

Blink-/felkod	Beskrivning
12	Inga fel upptäckta i styrmodulen. Fortsätt med normala diagnostikmetoder
13	Syresensor eller -krets
14	Kylvätskans temperaturgivare eller -krets
15	Kylvätskans temperaturgivare eller -krets
21	Gasspjällpotentiometer eller -krets
22	Gasspjällpotentiometer eller -krets
23	Lufttemperaturgivare eller -krets
24	Fordonets hastighetsgivare eller -krets
25	Lufttemperaturgivare eller -krets
31	Insugningsrörets tryckgivare eller -krets
32	Insugningsrörets tryckgivare eller -krets
33	Luftflödesmätare eller -krets
34	Luftflödesmätare eller -krets
41	Tändningssignal eller krets
42	Vevaxelns vinkelgivare eller -krets
44	Tomgångsbrytare eller -krets
45	Tomgångsbrytare eller -krets

Kapitel 34
Toyota

Innehåll

Bilförteckning

Modell	Motorkod	År	System
Camry 2.0i OHC	3S-FE	1987 till 1991	Toyota TCCS/MAP eller AFS
Camry 2.0i OHC 4WD	3S-FE	1988 till 1989	Toyota TCCS/MAP eller AFS
Camry 2.2i 16V DOHC kat	5S-FE	1991 till 1996	Toyota TCCS/AFS, TDCL
Camry 2.2 16V DOHC	5S-FE	1997	Toyota TCCS
Camry 2.5i V6 OHC kat	2VZ-FE	1989 till 1991	Toyota TCCS/AFS
Camry 3.0i V6 24V DOHC kat	3VZ-FE	1991 till 1996	Toyota TCCS/AFS, TDCL
Camry 3.0 V6 DOHC	1MZ-FE	1997	Toyota TCCS
Carina E 1.6i 16V DOHC	4A-FE	1992 till 1997	Toyota TCCS/MAP
Carina E 1.6i 16V DOHC kat	4A-FE	1992 till 1996	Toyota TCCS/MAP, TDCL
Carina E 1.8 16V DOHC	7A-FE	1995 till 1997	Toyota TCCS MPi
Carina II 1.8i OHC	1S-E	1986 till 1988	Toyota TCCS
Carina II 2.0i OHC & kat	3S-FE	1988 till 1992	Toyota TCCS/AFS, TDCL
Carina E 2.0i DOHC kat	3S-FE	1992 till 1997	Toyota TCCS/MAP, TDCL
Carina E 2.0i DOHC kat	3S-GE	1992 till 1995	Toyota TCCS/MAP, TDCL
Celica 1.8i 16V DOHC	7A-FE	1995 till 1997	Toyota TCCS
Celica 2.0 16V DOHC & kat	3S-GE	1990 till 1994	Toyota TCCS/MAP, TDCL
Celica 2.0i 16V DOHC	3S-GE	1994 till 1997	Toyota TCCS
Celica 2.0 16V DOHC	3S-GEL	1985 till 1990	Toyota TCCS/AFS
Celica 2.0 GT-4 turbo 16V kat	3S-GTE	1988 till 1990	Toyota TCCS/AFS
Celica 2.0 GT-4 turbo 16V kat	3S-GTE	1990 till 1993	Toyota TCCS/AFS, TCDL
Celica 2.2i 16V DOHC kat	5S-FE	1991 till 1994	Toyota TCCS/MAP
Celica Supra 2.8i DOHC kat	5M-GE	1984 till 1986	Toyota TCCS
Corolla 1.3i OHC kat	2E-E	1990 till 1992	Toyota TCCS/MAP
Corolla 1.3i 16V DOHC kat	4E-FE	1992 till 1997	Toyota TCCS/MAP, TDCL
Corolla 1.6 GT OHC	4A-GEL	1985 till 1987	Toyota TCCS/MAP
Corolla 1.6 GT Coupé OHC	4A-GE	1984 till 1987	Toyota TCCS/MAP
Corolla 1.6 GTi OHC & kat	4A-GE	1987 till 1989	Toyota TCCS/MAP eller AFS
Corolla 1.6 GTi OHC	4A-GE	1989 till 1992	Toyota TCCS/AFS, TDCL
Corolla 1.6 GTi OHC kat	4A-GE	1989 till 1992	Toyota TCCS/MAP eller AFS, TCDL
Corolla 1.6i och 4x4 OHC kat	4A-FE	1989 till 1992	Toyota TCCS/MAP eller AFS, TDCL
Corolla 1.6i 16V DOHC kat	4A-FE	1992 till 1997	Toyota TCCS/MAP, TDCL
Corolla 1.8i 16V DOHC kat	7A-FE	1993 till 1995	Toyota TCCS/MAP
Hi-Ace 2.4i OHC	2RZ-E	1989 till 1994	Toyota TCCS/MAP
Hi-Ace 2.4i 4x4 OHC	2RZ-E	1989 till 1996	Toyota TCCS/MAP
Land Cruiser Colorado	5VZ-FE	1996 till 1997	Toyota TCCS
Land Cruiser 4.5	1FZ-FE	1995 till 1997	Toyota TCCS
MR2 1.6 OHC	4A-GEL	1984 till 1990	Toyota TCCS/MAP
MR2 2.0 16V DOHC GT kat	3S-GE	1990 till 1997	Toyota TCCS/MAP, TDCL
MR2 2.0 16V DOHC kat	3S-FE	1990 till 1994	Toyota TCCS/AFS, TDCL
Paseo 1.5	5E-FE	1996 till 1997	Toyota TCCS
Picnic 2.0 16V DOHC	3S-FE	1997	Toyota TCCS
Previa 2.4i 16V DOHC kat	2TZ-FE	1990 till 1997	Toyota TCCS/AFS, TDCL
RAV 4 2.0i 16V DOHC	3S-FE	1994 till 1997	Toyota TCCS
Starlet 1.3i 12V SOHC	2E-E	1993 till 1996	Toyota TCCS
Starlet 1.3 16V DOHC	4E-FE	1996 till 1997	Toyota TCCS
Supra 3.0i 24V DOHC	7M-GE	1986 till 1993	Toyota TCCS, TCDL
Supra 3.0i 24V DOHC kat	7M-GE	1986 till 1993	Toyota TCCS/AFS, TDCL
Supra 3.0i Turbo DOHC DIS kat	7M-GTE	1989 till 1993	Toyota DIS/MAP
Supra 3.0i Turbo DOHC DIS kat	2JZ-GTE	1993 till 1994	Toyota DIS/MAP
Tarago 2.4i 16V DOHC kat	2TZ-FE	1990 till 1997	Toyota TCCS/AFS
4-Runner 3.0i 4wd V6 SOHC 12V kat	3VZ-E	1991 till 1995	Toyota TCCS/AFS, TDCL

Observera: *I den här bilförteckningen har vi så långt möjligt identifierat vilka modeller som har en luftflödesmätare (AFS) respektive tryckgivare för insugningsrör (MAP) och vilka som har en datakommunikationslänk (TDCL).*

Självdiagnostik

1 Inledning

Det första motorstyrningssystemet som installerades i Toyotabilar var Toyotas EFI, ett analogt system som bara kontrollerade bränsleinsprutningen.

Det första datorstyrda systemet för Toyota hette TCCS och infördes 1983. 1990 hade TCCS ersatt alla tidiga EFi-system. Toyota TCCS styr primärtändning, bränsleinsprutning och tomgångsfunktioner från samma styrmodul. Toyota refererar ibland till tidiga versioner av TCCS som EFi, vilket kan orsaka viss förvirring i identifieringen av de olika systemen. De tidiga EFi-systemen hade dock ingen självdiagnosfunktion.

De första versionerna av TCCS hade ett 2-stifts diagnostikuttag som senare ersattes av ett flerstiftsuttag. Runt 1989 införde Toyota i tillägg till flerstiftsuttaget en egen datakommunikationslänk som möjliggjorde en komplett självdiagnos med felkodsläsare. Från 1983 till 1987 sändes felkoder i rak räkning (4A-GE och 3S-FE motorer med tryckgivare i insugningsröret). Från 1988 ungefär kunde dessa motorer vara utrustade med antingen tryckgivare eller luftflödesmätare och felkoderna sändes i båda fallen som 2-siffriga koder. Alla modeller med TCCS-systemet genererar 2-siffriga koder oberoende av om bilen har en luftflödesmätare eller en tryckgivare i insugningsröret.

Självdiagnosfunktion

Varje styrmodul har en självtestfunktion som kontinuerligt undersöker signalerna från vissa givare och aktiverare i motorn och sedan jämför signalerna med en tabell av inprogrammerade värden. Om diagnostikprogramvaran konstaterar att ett fel föreligger lagrar styrmodulen en eller fler felkoder i styrmodulminnet. Koder kan inte lagras för komponenter för vilka det inte finns någon kod, eller för tillstånd som inte täcks av programvaran.

Nödprogram

Toyotas TCCS-system som beskrivs i det här kapitlet har ett nödprogram (s.k. "linka-hem"-läge). Så snart vissa fel identifierats (alla fel initierar inte nödprogrammet) startar styrmodulen nödprogrammet och går över till ett programmerat grundvärde snarare än att gå efter givarsignaler. Detta gör att bilen tryggt kan köras till en verkstad för reparation eller test. Så snart felet avhjälpts återgår styrmodulen till normaldrift.

Anpassning

Toyotas system har också en adaptiv funktion som anpassar inprogrammerade värden efter vanlig körning och tar hänsyn till motorslitage.

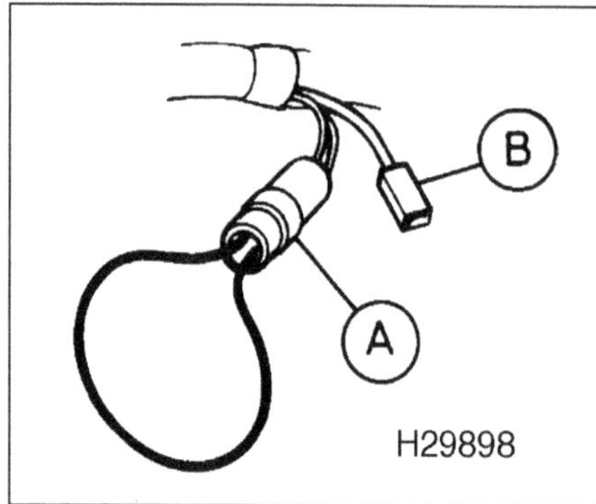

34.1 Diagnostikuttaget med 2 stift och 1-stiftskontakten ligger tillsammans i kabelhärvan

A 2-stifts diagnostikuttag (med brygga ansluten)
B 1-stiftskontakt

Varningslampa för självdiagnos

Alla Toyotabilar med TCCS har en varningslampa för självdiagnos på instrumentpanelen. Så fort du slår på tändningen tänds varningslampan för glödlampskontroll. Efter att motorn startats ska lampan slockna. Om varningslampan för självdiagnosen tänds medan motorn går betyder det att ett fel har identifierats i systemet. Om ett fel indikeras kan du genom att brygga stiften i diagnostikuttaget starta självdiagnosen (se beskrivning längre fram). Varningslampan tänds inte för alla felkoder.

2 Diagnostikuttagets placering

5M-GE och 6M-GE-motorer

De allra första modellerna med TCCS hade ett 2-stiftsuttag och ett 1-stiftsuttag som satt tillsammans i kabelhärvan **(se bild 34.1)**. Uttagen med 2 resp. 1 stift är placerade antingen nära vindrutetorkarmotorn eller nära fördelaren.

4A-GE motorer (1983 till 1987) och 3S-FE motorer (1986 till 1988)

Modeller med 4A-GE och 3S-FE (med tryckgivare) har antingen ett 2-stiftsuttag och ett 1-stiftsuttag som sitter tillsammans i kabelhärvan **(se bild 34.1)** eller ett flerstifts diagnostikuttag **(se bild 34.2)**. Uttagen med 2 resp. 1 stift är placerade antingen nära vindrutetorkarmotorn eller nära fördelaren. Flerstiftsuttaget sitter vanligtvis nära batteriet. Alla modeller med flerstiftsuttag har också en tryckgivare för insugningsröret.

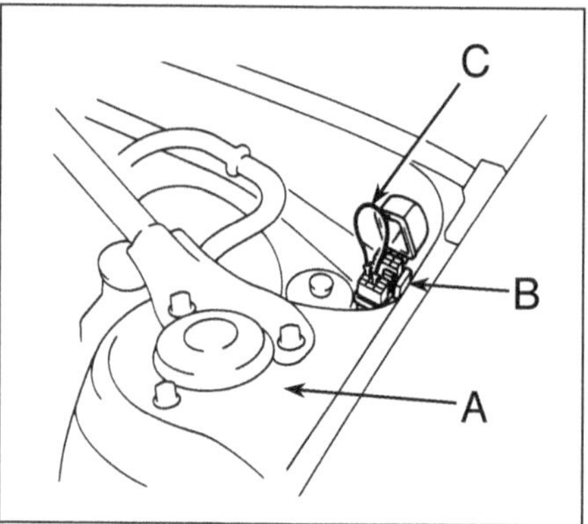

34.2 Vanlig placering av flerstifts diagnostikuttag

A Vänster fjäderben
B Flerstifts diagnostikuttag
C Brygga

Alla Toyotamotorer från 1988

Senare fick alla Toyotamodeller ett flerstifts diagnostikuttag **(se bild 34.2)**. Detta uttag används i de flesta modeller även idag. Uttaget sitter vanligtvis nära batteriet. På Previamodeller sitter uttaget på sidan av passagerarsätet.

Nyare Toyota TCCS med datakommunikationslänk

Toyotamodeller efter 1989/90 fick en datakommunikationslänk i tillägg till diagnostikuttaget. Kontakten till datakommunikationslänken sitter under instrumentbrädan, antingen på passagerarsidan eller på förarens sida **(se bild 34.3)**.

Observera: *Datakommunikationslänken är till för att sända felkoder till en anpassad felkodsläsare. Det går också att hämta blinkkoder från bilar med datakommunikationslänk.*

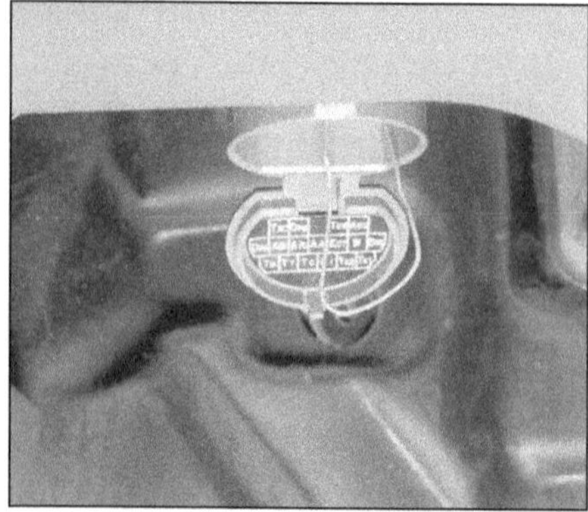

34.3 Datakommunikationslänkens kontakt sitter under instrumentbrädan på förarsidan

3 Hämta felkoder utan felkodsläsare - blinkkoder

Observera 1: *Under en del testprocedurer är det möjligt att ytterligare felkoder genereras. Se till att inga koder som genereras under test lurar diagnosen. Alla koder måste raderas när testet har genomförts.*

Observera 2: *Innan du hämtar felkoder, se till att motorn har nått normal arbetstemperatur och att gasspjällbrytaren fungerar ordentligt (och indikerar tomgångstillståndet).*

5M-GE och 6M-GE motorer

1 Anslut en voltmätare mellan 1-stiftsuttaget och jord.
2 Slå på tändningen utan att starta motorn.
3 Lägg en brygga mellan uttagen i 2-stiftsuttaget **(se bild 34.1)**.
4 Voltmätarnålen ska visa 5 V under två sekunder och sedan gå ner till 2,5 V. Koderna visas som svep mellan 2,5 V och 5 V eller mellan 2,5 V och 0 V enligt följande:

a) De två siffrorna indikeras av två serier svep.
b) Den första serien svep anger tiotal och den andra anger ental.
c) Tiotalet anges med svep mellan 2,5 V och 5 V. Varje svep varar i 0,6 sekunder.
c) Entalet anges med svep mellan 2,5 V och 0 V. Varje svep varar i 0,6 sekunder.
e) En 1 sekunds paus skiljer tiotalen från entalen.
f) Till exempel visas koden "32" genom tre svep mellan 2,5 V och 5 V följda av en 1 sekunds paus och sedan två svep mellan 2,5 V och 0 V.
g) Nålen visar sedan 2,5 V, gör en paus på 2 sekunder och sänder sedan nästa kod.

5 Räkna antalet svep i varje serie och registrera varje kod vartefter den sänds. Se tabellerna i slutet av kapitlet för att se vad felkoden betyder.
6 Felkoder kommer att sändas i turordning och upprepas när den sista koden har visats.
7 Om inga felkoder finns lagrade pendlar nålen kontinuerligt mellan 2,5 och 5 V.
8 Slå av tändningen och ta bort bryggan och voltmätaren för att avsluta felkodsläsningen.

4A-GE motorer (1983 till 1987) och 3S-FE motorer (1986 till 1988) med 2-stiftsuttag

9 Slå på tändningen utan att starta motorn.
10 Lägg en brygga mellan uttagen i 2-stiftsuttaget **(se bild 34.1)**.
11 Koderna visas i varningslampan för självdiagnos på instrumentpanelen. Blinkningarna kommer i rak följd.

a) Om en felkod har lagrats blinkar varningslampan för självdiagnos med 0,5 sekunders intervaller.
b) Det går 1,5 sekunder mellan varje blinkning.

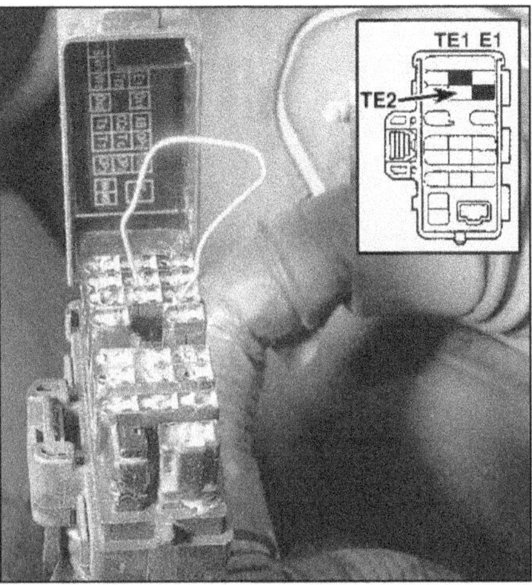

34.4 Lägg en brygga mellan uttagen TE1 (eller T1) och E1 i diagnostikuttaget. Detta får systemet att blinka felkoder med varningslampan för självdiagnos

c) Sändningen av de enskilda koderna åtskiljs av en 2,5 sekunders paus.
d) Kod "4" indikeras med fyra 0,5 sekunders blinkningar, med en paus på 1,5 sekunder mellan varje blinkning.
e) Koderna sänds i turordning. Efter att den högsta koden har sänts (från 1 till 11) blir det en paus på 4,5 sekunder innan sekvensen upprepas.

12 Räkna antalet blinkningar och registrera varje kod vartefter den sänds. Se tabellerna i slutet av kapitlet för att se vad felkoden betyder.
13 Felkoder kommer att sändas i turordning och upprepas när den sista koden har visats.
14 Varningslampan för självdiagnos blinkar med 0,3 sekunders jämna intervall om inga fel har lagrats.
15 Slå av tändningen och ta bort bryggan för att avsluta felkodsläsningen.

Alla Toyotamodeller med flerstiftsuttag utan datakommunikationslänk

16 Slå på tändningen utan att starta motorn.
17 Lägg en brygga mellan uttagen TE1 och E1 i flerstiftsuttaget **(se bild 34.4 och 34.5)**.
Observera: *Uttaget TE1 identifieras ibland som T eller T1.*

4A-GE motorer (1983 till 1987) och 3S-FE motorer (1986 till 1988) tryckgivare för insugningsröret

18 Koderna visas i varningslampan för självdiagnos på instrumentpanelen. Blinkningarna kommer i rak följd.

a) Om en felkod har lagrats blinkar varningslampan för självdiagnos med 0,5 sekunders intervaller.
b) Det går 1,5 sekunder mellan varje blinkning.
c) Sändningen av de enskilda koderna åtskiljs av en 2,5 sekunders paus.
d) Kod "4" indikeras med fyra 0,5 sekunders blinkningar, med en paus på 1,5 sekunder mellan varje blinkning.
e) Koderna sänds i turordning. Efter att den högsta koden har sänts (från 1 till 11) blir det en paus på 4,5 sekunder innan sekvensen upprepas.

19 Räkna antalet blinkningar och registrera varje kod vartefter den sänds. Se tabellerna i slutet av kapitlet för att se vad felkoden betyder.
20 Felkoder kommer att sändas i turordning och upprepas när den sista koden har visats.
21 Varningslampan för självdiagnos blinkar med 0,3 sekunders jämna intervall om inga fel har lagrats.
22 Slå av tändningen och ta bort bryggan för att avsluta felkodsläsningen.

Alla övriga modeller

23 Koderna visas i varningslampan för självdiagnos. Blinkningarna för 2-siffriga felkoder visas på följande sätt:

a) De två siffrorna indikeras av två serier blinkningar.
b) Den första serien blinkningar anger tiotal och den andra serien ental.
c) Tiotalet indikeras av 0,5 sekunders blinkningar åtskilda av 0,5 sekunders pauser. Ental indikeras med 0,5 sekunders blinkningar, åtskilda av 0,5 sekunders pauser.
d) En 1,5 sekunders paus skiljer tiotalen från entalen. Siffrorna i en kod skiljs av en 2,5 sekunders paus.
e) Kod "34" indikeras genom tre 0,5 sekunders blinkningar följda av en 1,5 sekunders paus och fyra 0,5 sekunders blinkningar.

24 Räkna antalet blinkningar i varje serie och registrera varje kod vartefter den sänds. Se tabellerna i slutet av kapitlet för att se vad felkoden betyder.

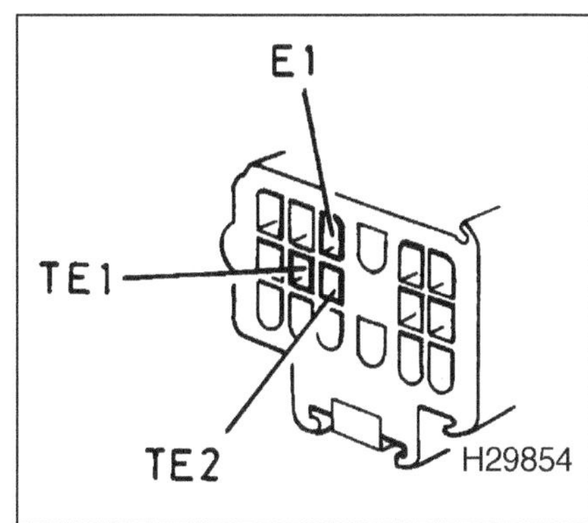

34.5 Annan (tidig) typ av diagnostikuttag - lägg en brygga mellan uttagen TE1 (eller T1) och E1

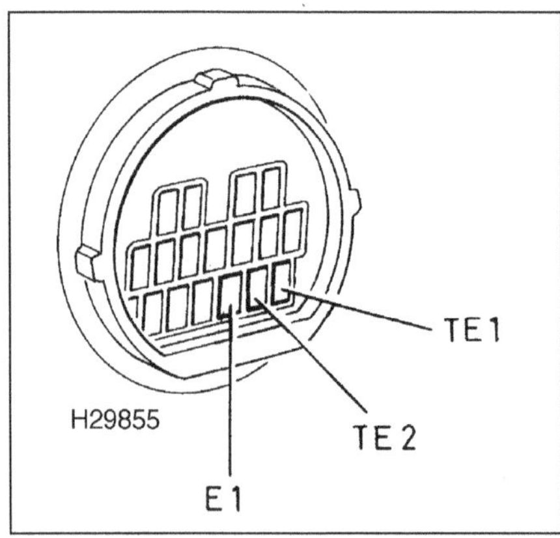

34.6 Datakommunikationslänkens kontaktutformning för felkodsläsare

Uttagsnumren är samma som de i flerstifts diagnostikuttaget och den här kontakten kan också användas för att hämta blinkkoder

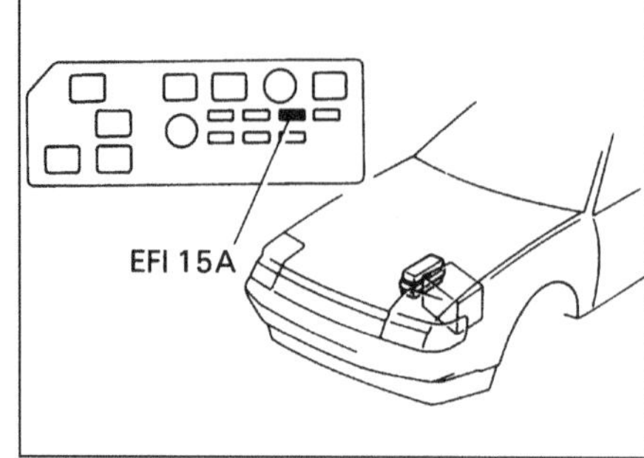

34.7 EFI-säkringen i säkringsboxen bakom vänster strålkastare

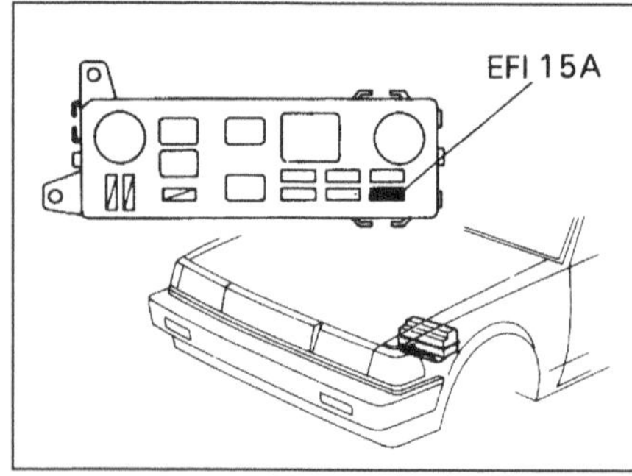

34.8 EFI-säkringen i säkringsboxen bakom vänster strålkastare (5M-GE/6M-GE)

25 Felkoder kommer att sändas i turordning och upprepas när den sista koden har visats.

26 Varningslampan slocknar när alla koder sänts och upprepar sedan sekvensen.

27 Om inga fel har upptäckts blinkar varningslampan varje halv sekund åtta gånger. Efter 3 sekunders paus upprepas sekvensen.

28 Slå av tändningen och ta bort bryggan för att avsluta felkodsläsningen.

Toyotamodeller med TCCS och datakommunikationslänk

Observera: *Om bilen har en datakommunikationslänk kan felkodshämtningen ske via länken eller via diagnostikuttaget. Om länken används, följ instruktionerna ovan och använd uttagen TE1 och E1 i datakommunikationslänkens kontakt i stället för i diagnostikuttaget.*

Ytterligare test

29 Se till att förberedelserna enligt Observera 2 i början av avsnittet är gjorda och att bryggan mellan TE1 och E1 tagits bort **(se bild 34.4 och 34.5)**.

30 Lägg en brygga mellan uttagen TE2 och E1 i diagnostikuttaget **(se bild 34.6)**.

31 Slå på tändningen.

Observera: *Om bryggan kopplas in efter att tändningen slagits på går inte testet i gång.*

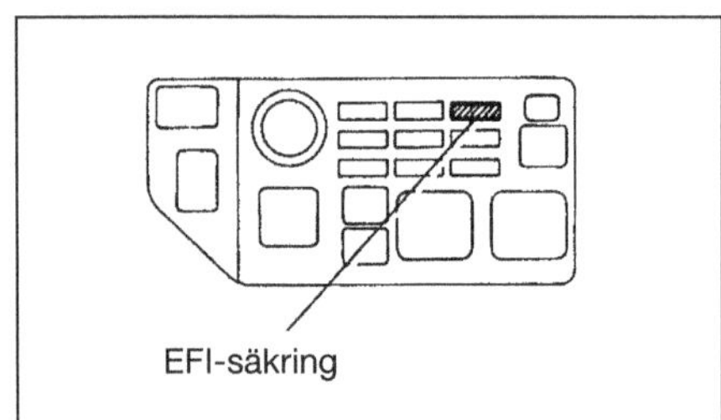

34.9 EFI-säkringen i säkringsboxen

32 Varningslampan för självdiagnos blinkar regelbundet för att indikera att systemet har gått till startläge.

33 Starta motorn och provkör bilen. Kör i en hastighet av minst 10 km/tim och försök återskapa de förhållanden under vilka felet skulle kunna uppstå.

34 Stanna bilen med tändningen på.

35 Koppla bort bryggan mellan TE2 och E1 och lägg i stället bryggan mellan uttagen TE1 och E1.

36 Koderna som lagrats under provkörningen signaleras nu med varningslampan för självdiagnos. Blinkningarna för 2-siffriga felkoder visas på följande sätt:

a) De två siffrorna indikeras av två serier blinkningar.

b) Den första serien blinkningar anger tiotal och den andra serien ental.

c) Tiotalet indikeras av 0,5 sekunders blinkningar åtskilda av 0,5 sekunders pauser. Ental indikeras med 0,5 sekunders blinkningar, åtskilda av 0,5 sekunders pauser.

d) En 1,5 sekunders paus skiljer tiotalen från entalen. Siffrorna i en kod skiljs av en 2,5 sekunders paus.

e) Kod "34" indikeras genom tre 0,5 sekunders blinkningar följda av en 1,5 sekunders paus och fyra 0,5 sekunders blinkningar.

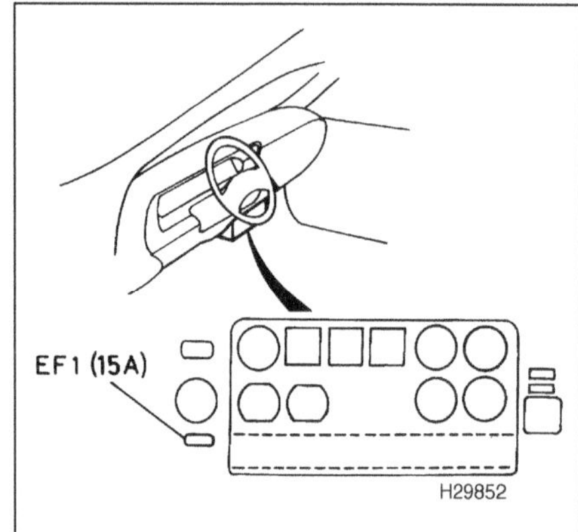

34.10 EFI-säkringen i säkringsboxen under instrumentbrädan på förarsidan

37 Räkna antalet blinkningar i varje serie och registrera varje kod vartefter den sänds. Se tabellerna i slutet av kapitlet för att se vad felkoden betyder.

38 Felkoder kommer att sändas i turordning och upprepas när den sista koden har visats.

39 Varningslampan slocknar när alla koder sänts och upprepar sedan sekvensen.

40 Om inga fel har upptäckts blinkar varningslampan varje halv sekund åtta gånger. Efter 3 sekunders paus upprepas sekvensen.

41 Slå av tändningen och ta bort bryggan för att avsluta felkodsläsningen.

4 Radera felkoder utan felkodsläsare

Metod 1

1 Ta ut EFi-säkringen (15 A) från säkringsboxen under minst 30 sekunder **(se bilderna 34.7 till 34.10)**.

Observera: *Säkringsboxens utseende varierar beroende på modell och säkringarna sitter ofta på olika ställen. Bilderna är inte uttömmande men visar de vanligaste placeringarna och varianterna.*

Ytterligare säkringar som kan tas ut

2S-E och 1S-E motorer

2 Ta ut B-säkringen för styrmodulen (7,5 A) under minst 10 sekunder **(se bild 34.11)**.

4A-GE-motorer

3 Ta ut 7,5 A-säkringen AM2 under minst 10 sekunder **(se bild 34.12)**. Säkringsboxen sitter antingen i motorrummet på vänster sida mellan fjäderbenet och strålkastaren, under instrumentbrädan i kupén på förarsidan eller på vänster sida i bagageutrymmet.

5M-GE och 6M-GE motorer

4 Ta ut STOP-säkringen under minst 10 sekunder **(se bild 34.13)**.

Metod 2

5 Slå av tändningen och koppla bort batteriets minuspol under ca. 15 sekunder.

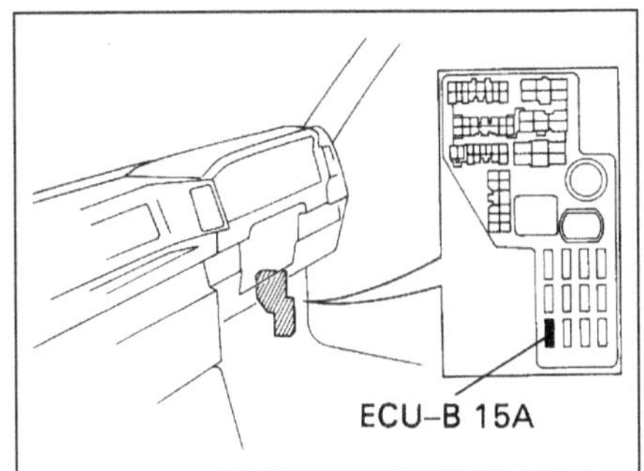

34.11 B-säkringen för styrmodulen i säkringsboxen som sitter på panelen i fotutrymmet på förarsidan

6 Anslut batteriets minuspol igen.

Observera: *Den första nackdelen med den här metoden är att frånkoppling av batteriet initierar alla styrmodulens anpassade värden. Återinlärning av lämpliga anpassade värden kräver att du startar motorn kall och kör med olika varvtal under ca. 20 - 30 minuter. Motorn ska också gå på tomgång i 10 minuter. Den andra nackdelen är att radiosäkerhetskoder, klockans inställning och andra lagrade värden går förlorade och måste programmeras in igen när batteriet återanslutits. Om det är möjligt ska du använda en felkodsläsare för att radera minnet.*

5 Självdiagnos med felkodsläsare

Observera 1: *Under en del testprocedurer är det möjligt att ytterligare felkoder genereras. Se till att inga koder som genereras under test lurar diagnosen.*

Observera 2: *Innan du hämtar felkoder, se till att motorn har nått normal arbetstemperatur och att gasspjällbrytaren fungerar ordentligt (och indikerar tomgångstillståndet).*

Alla Toyotamodeller

1 Anslut en felkodsläsare till diagnostikuttaget. Använd felkodsläsaren (enligt tillverkarens instruktioner) till följande ändamål:

a) Hämta felkoder

b) Radera felkoder

c) Göra justeringar

d) Visa data

2 Felkoder måste alltid raderas efter komponenttest eller efter reparationer där komponenter i motorstyrningssystemet tas bort eller byts ut.

6 Guide till testmetoder

1 Använd en felkodsläsare för att hämta felkoder från styrmodulen eller hämta koder manuellt enligt avsnitt 3 eller 5.

Lagrade koder

2 Om du får en eller flera felkoder, titta i felkodstabellerna i slutet av det här kapitlet för att fastställa betydelsen.

3 Om du får flera felkoder, leta efter gemensamma faktorer som t.ex. en felaktig jordanslutning eller matning.

4 Se testprocedurerna i kapitel 4 där du hittar sätt att testa de flesta komponenter och kretsar som återfinns i ett modernt motorstyrningssystem.

5 När felet har avhjälpts, radera koderna och kör motorn under olika förhållanden för att se om problemet är borta.

6 Kontrollera styrmodulen igen. Upprepa ovanstående procedurer om det fortfarande finns felkoder kvar.

7 Se kapitel 3 för mer information om hur du effektivt testar motorstyrningssystemet.

Inga koder lagrade

8 När ett driftsproblem uppstår utan att du får en felkod ligger felet utanför de parametrar

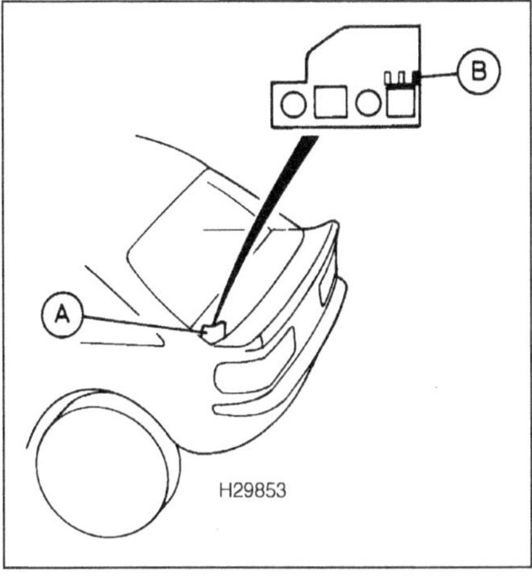

34.12 AM2-säkringen (B) i säkringsboxen (A) på vänster sida i bagageutrymmet (MR2)

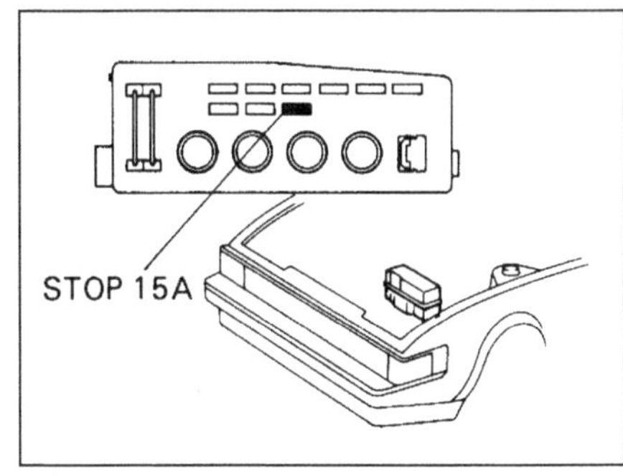

34.13 STOP-säkringen i säkringsboxen bakom vänster strålkastare (5M-GE/6M-GE)

som inprogrammerats i självdiagnossystemet. Se kapitel 3 för mer information om hur du effektivt kan testa motorstyrningssystemet.

9 Om problemet pekar mot en speciell komponent, se testprocedurerna i kapitel 4 där du hittar sätt att testa de flesta komponenter och kretsar som återfinns i ett modernt motorstyrningssystem.

Felkodstabeller på nästa sida

Felkodstabeller

Toyota TCCS felkoder (System med tryckgivare för insugningsröret)

Blink-/felkod	Beskrivning
1	Systemet i ordning
2	Insugningsrörets tryckgivare eller -krets
3	Tändningssignal från förstärkare
4	Kylvätskans temperaturgivare eller -krets
6	Varvtalsgivare eller -krets, ingen varvtalssignal eller övre dödpunktssignal
7	Gasspjällpotentiometer eller -krets
8	Lufttemperaturgivare eller -krets
9	Fordonets hastighetsgivare eller -krets
10	Vevsignal eller krets
11	Luftkonditionering (A/C) eller -krets

Toyota TCCS felkoder (2-siffriga)

Blink-/felkod	Beskrivning
12	Varvtalsgivare, signal eller krets
13	Varvtalsgivare, signal eller krets
14	Tändningssignal från förstärkare
16	Temperaturgivare för kylvätskan, styrsignal eller -krets
21	Syresensor eller -krets, signalen minskar
22	Kylvätskans temperaturgivare eller -krets
24	Lufttemperaturgivare eller -krets
25	Syresensor, mager blandning eller -krets
26	Syresensor, fet blandning eller -krets
27	Syresensor eller -krets
28	Syresensor eller -krets
31	Luftflödesmätare (i förekommande fall) eller -krets
31	Insugningsrörets tryckgivare (i förekommande fall) eller -krets (alternativ kod)
32	Vane luftflödesmätare eller -krets
34	Turbotrycksignal eller -krets
35	Turbotrycksignal eller -krets
41	Gasspjällpotentiometer eller -krets
42	Fordonshastighetsgivare eller -krets
43	Vevsignal eller krets
47	Gasspjällpotentiometer eller -krets
51	Luftkonditionering (A/C) eller -krets
52	Knackgivare eller -krets
53	Knackreglering eller -krets
54	Turbo intercooler, signal eller krets
55	Knackgivare (V6) eller -krets

Observera: *Koderna "16", "42", "43" och "51" lagras inte av styrmodulen och finns bara med så länge tändningen är på. Så snart tändningen slås av raderas dessa koder.*

Kapitel 35
Vauxhall/Opel

Innehåll

Bilförteckning

Modell	Motorkod	År	System
Astra-F 1.4i kat	C14NZ	1990 till 1996	GM-Multec CFi-he
Astra-F 1.4i kat	C14SE	1991 till 1997	GM-Multec MPi
Astra-F 1.4i kat	C14SE	1993 till 1994	GM-Multec MPi-DIS
Astra 1.4i kat	C14NZ	1990 till 1993	GM-Multec ZE CFi
Astra-F 1.4i	X14NZ	1997	GM-Multec CFi
Astra-F 1.4i 16V	X14XE	1996 till 1997	GM-Multec-S MPi
Astra-F 1.6 kat	C16NZ	1990 till 1995	GM-Multec CFi
Astra Van 1.6i kat	C16NZ	1991 till 1994	GM-Multec CFi
Astra-F 1.6i kat	C16SE	1992 till 1997	GM-Multec MPi
Astra-F 1.6i	X16SZ	1993 till 1996	GM-Multec CFi
Astra-F 1.6i kat	C16SE	1992 till 1994	GM-Multec MPi
Astra 1.6 kat	C16NZ	1987 till 1993	GM-Multec ZE CFi
Astra-F 1.6i kat	C16NZ	1991 till 1995	GM-Multec ZE CFi
Astra-F 1.6i	X16SZR	1996 till 1997	GM-Multec CFi
Astra-F 1.6i 16V	X16XEL	1995 till 1997	GM-Multec-S
Astra-F 1.8i kat	C18NZ	1991 till 1994	GM-Multec CFi
Astra-F 1.8i 16V	C18XE	1995 och senare	Simtec 56.1
Astra-F 1.8i 16V	C18XEL	1995 till 1996	Simtec 56.1
Astra-F 1.8i 16V	C18XE	1993 till 1995	Simtec 56
Astra-F 2.0i 16V	X20XEV	1995 till 1996	Simtec 56.1
Astra-F 2.0i kat	C20NE	1991 till 1995	Bosch Motronic 1.5.2
Astra-F 2.0i kat	C20XE	1991 till 1993	Bosch Motronic 2.5
Astra-F 2.0i kat	C20XE	1993 till 1997	Bosch Motronic 2.8
Astra 1.8i	18SE	1987 till 1991	Bosch EZ61 tändning
Astra 1.8i	18E	1984 till 1987	GM-Multec ZE CFi
Astra-F 1.8i 16V	X18XE	1996 till 1997	Simtec 56.5
Astra GTE 2.0	20NE	1987 till 1990	Bosch Motronic ML4.1
Astra GTE 2.0	20SEH	1987 till 1990	Bosch Motronic ML4.1
Astra 2.0i	20SEH	1990 till 1993	Bosch Motronic 1.5
Astra 2.0i kat	C20NE	1991 till 1995	Bosch Motronic 1.5
Astra 2.0i 16V DOHC	20XEJ	1988 till 1991	Bosch Motronic 2.5
Astra 2.0i 16V DOHC kat	C20XE	1990 till 1995	Bosch Motronic 2.5
Astra-F 2.0i 16V DOHC	-	1993 och senare	Bosch Motronic 2.5
Belmont 1.4i kat	C14NZ	1990 till 1993	GM-Multec CFi
Belmont 1.6 kat	C16NZ	1987 till 1993	GM-Multec ZE CFi
Belmont 1.8i	18E	1984 till 1987	GM-Multec ZE CFi
Belmont 1.8i	18SE	1987 till 1991	Bosch EZ61 tändning
Belmont 1.8i kat	C18NZ	1990 till 1992	GM-Multec CFi
Calibra 2.0i 16V	X20XEV	1995 till 1996	Simtec 56.1
Calibra 2.0i 16V	X20XEV	1997	Simtec 56.5
Calibra 2.0i SOHC och 4x4 kat	C20NE	1990 till 1996	Bosch Motronic 1.5
Calibra 2.0i 16V 4x4 DOHC kat	C20XE	1990 till 1993	Bosch Motronic 2.5
Calibra 2.0i 16V 4x4 DOHC kat	C20XE	1993 och senare	Bosch Motronic 2.8
Calibra 2.5i 24V	C25XE	1993 till 1996	Bosch Motronic 2.8
Calibra 2.5i	X25XE	1997	Bosch Motronic 2.8
Carlton 2.0i	20SE	1987 till 1990	Bosch Motronic ML4.1
Carlton 2.0i SOHC	20SE	1990 till 1994	Bosch Motronic 1.5
Carlton 2.0i SOHC kat	C20NEJ	1990 till 1993	Bosch Motronic 1.5
Carlton 2.4i CIH kat	C24NE	1990 till 1993	Bosch Motronic 1.5
Carlton 2.6i CIH kat	C26NE	1990 till 1994	Bosch Motronic 1.5

Modell	Motorkod	Ar	System
Carlton 3.0i CIH kat	C30NE	1990 till 1994	Bosch Motronic 1.5
Carlton 24V DOHC 24V kat	C30SE	1989 till 1994	Bosch Motronic 1.5
Carlton 24V Estate DOHC 24V kat	C30SEJ	1990 till 1994	Bosch Motronic 1.5
Cavalier 1.6i kat	C16NZ	1990 till 1993	GM-Multec CFi
Cavalier 1.6i kat	C16NZ2	1993 till 1994	GM-Multec CFi
Cavalier 1.6i 7 kat	E16NZ	1988 till 1995	GM-Multec ZE CFi
Cavalier 1.6i E-Drive	X16XZ	1993 till 1995	GM-Multec ZE CFi
Cavalier 1.6i	C16NZ	1995 och senare	GM-Multec CFi
Cavalier 1.6i	C16NZ2	1995 och senare	GM-Multec CFi
Cavalier 1.8i kat	C18NZ	1990 till 1995	GM-Multec CFi
Cavalier 2.0	20NE	1987 till 1988	Bosch Motronic ML4.1
Cavalier SRi 130	20SEH	1987 till 1988	Bosch Motronic ML4.1
Cavalier 2.0 SRi	20SEH	1988 till 1990	Bosch Motronic ML4.1
Cavalier 2.0i SOHC	20NE	1990 till 1993	Bosch Motronic 1.5
Cavalier 2.0i SRi SOHC	20SEH	1990 till 1993	Bosch Motronic 1.5
Cavalier 2.0i 4x4 SOHC	20SEH	1990 till 1993	Bosch Motronic 1.5
Cavalier 2.0i kat SOHC	C20NE	1990 till 1993	Bosch Motronic 1.5
Cavalier 2.0i 16V DOHC	20XEJ	1989 till 1991	Bosch Motronic 2.5
Cavalier 2.0 16V	C20XE	1989 till 1995	Bosch Motronic 2.5
Cavalier 2.0i 16V	X20XEV	1995	Simtec 56.1
Cavalier Turbo kat	C20LET	1993 till 1995	Bosch Motronic 2.7
Cavalier 2.5i 24V	C25XE	1993 till 1995	Bosch Motronic 2.8
Corsa 1.2i kat	X12SZ	1993 till 1996	GM-Multec CFi
Corsa 1.2i kat	C12NZ	1990 till 1994	GM-Multec CFi
Corsa-B och Combo 1.2i	C12NZ	1993 till 1997	GM-Multec CFi
Corsa-B 1.2i E-Drive	X12SZ	1993 till 1997	Multec ZE CFi
Corsa 1.4i kat	C14NZ	1990 till 1993	GM-Multec CFi
Corsa-B 1.4i och Van	C14NZ	1993 till 1997	GM-Multec ZE CFi
Corsa 1.4i kat	C14SE	1993 till 1994	GM-Multec MPi
Corsa-B 1.4i och Van	C14NZ	1993 till 1996	GM-Multec CFi
Corsa-B 1.4i 16V	X14XE	1995 till 1997	GM-Multec XS
Corsa-B och Combo 1.4i	X14SZ	1996 till 1997	GM-Multec CFi
Corsa 1.4i kat	C14SE	1992 till 1993	GM-Multec MPi
Corsa 1.6i kat	C16NZ	1990 till 1992	GM-Multec CFi
Corsa 1.6i kat	C16SE	1992 till 1993	GM-Multec MPi
Corsa 1.6i kat	C16SE	1993 till 1994	GM-Multec MPi
Corsa-A 1.6i SPi kat	C16NZ	1988 till 1991	GM-Multec ZE CFi
Corsa-B 1.6 GSi	C16XE	1993 till 1995	GM-Multec MPi
Corsa 1.6 MPi kat	C16SEI	1990 till 1992	Bosch Motronic 1.5
Corsa-B 1.6i	X16XE	1995 till 1997	GM-Multec XS
Frontera 2.0i kat SOHC	C20NE	1991 till 1995	Bosch Motronic 1.5
Frontera 2.0i	X20SE	1995 till 1997	Bosch Motronic 1.5.4
Frontera 2.2i	X22XE	1995 till 1997	Bosch Motronic 1.5.4
Frontera 2.4i kat CIH	C24NE	1991 till 1995	Bosch Motronic 1.5
Kadett-E 1.4i kat	C14NZ	1990 till 1993	GM-Multec CFi
Kadett-E 1.6 kat	C16NZ	1990 till 1993	GM-Multec CFi
Kadett-E 1.8i kat	C18NZ	1990 till 1991	GM-Multec CFi
Kadett 2.0i	20NE	1987 till 1990	Bosch Motronic ML4.1
Kadett 2.0i	20SEH	1987 till 1990	Bosch Motronic ML4.1
Kadett GSi 8V 2.0i SOHC	20SEH	1990 till 1993	Bosch Motronic 1.5
Kadett 2.0i kat SOHC	C20NE	1990 till 1993	Bosch Motronic 1.5
Kadett 2.0i 16V DOHC	C20XEJ	1990 till 1991	Bosch Motronic 2.5
Kadett 2.0i 16V DOHC kat	C20XE	1990 till 1992	Bosch Motronic 2.5
Kadett 1.6 kat	C16NZ	1987 till 1993	Multec ZE CFi
Nova 1.2i kat	C12NZ	1990 till 1994	GM-Multec CFi
Nova 1.4i kat	C14NZ	1990 till 1993	GM-Multec CFi
Nova 1.4i kat	C14SE	1992 till 1993	GM-Multec MPi
Nova 1.6i kat	C16NZ	1990 till 1992	GM-Multec CFi
Nova 1.6i kat	C16SE	1992 till 1993	GM-Multec MPi
Nova 1.6i kat	C16SE	1993 till 1994	GM-Multec MPi
Nova 1.6 MPi kat	C16SEI	1990 till 1992	Bosch Motronic 1.5
Omega-B 2.01	X20SE	1994 till 1997	Bosch Motronic 1.5.4
Omega 2.0i	20SE	1987 till 1990	Bosch Motronic ML4.1
Omega 2.0i SOHC	20SE	1990 till 1993	Bosch Motronic 1.5
Omega 2.0i SOHC kat	C20NE	1990 till 1993	Bosch Motronic 1.5
Omega 2.0i SOHC kat	C20NEJ	1990 till 1993	Bosch Motronic 1.5
Omega-B 2.0i 16V	X20XEV	1994 till 1996	Simtec 56.1

Modell	Motorkod	Ar	System
Omega-B 2.0i 16V	X20XEV	1997	Simtec 56.5
Omega 2.4i CIH kat	C24NE	1990 till 1993	Bosch Motronic 1.5
Omega 2.5i	X25XE	1994 till 1997	Bosch Motronic 2.8.1
Omega 2.6i CIH kat	C26NE	1990 till 1993	Bosch Motronic 1.5
Omega 3.0i	X30XE	1994 till 1997	Bosch Motronic 2.8.1
Omega 3.0i CIH kat	C30NE	1990 till 1994	Bosch Motronic 1.5
Omega 24V DOHC kat	C30SE	1989 till 1994	Bosch Motronic 1.5
Omega 24V DOHC kombi kat	C30SEJ	1990 till 1994	Bosch Motronic 1.5
Senator 2.6i CIH kat	C26NE	1990 till 1993	Bosch Motronic 1.5
Senator 3.0i CIH kat	C30NE	1990 till 1994	Bosch Motronic 1.5
Senator 24V DOHC kat	C30SE	1989 till 1994	Bosch Motronic 1.5
Senator 24V DOHC kombi kat	C30SEJ	1990 till 1992	Bosch Motronic 1.5
Tigra 1.4i 16V	X14XE	1994 till 1997	GM-Multec MPi
Tigra 1.6i	X16XE	1994 till 1997	GM-Multec MPi
Vectra 1.6i kat	C16NZ	1990 till 1993	GM-Multec CFi
Vectra 1.6i kat	C16NZ2	1993 till 1994	GM-Multec CFi
Vectra 1.6i & kat	E16NZ	1988 till 1995	GM-Multec ZE CFi
Vectra-A 1.6i E-Drive	X16XZ	1993 till 1995	GM-Multec ZE CFi
Vectra-B 1.6i	X16SZR	1995 till 1997	GM-Multec SPi
Vectra-B 1.6i 16V	X16XEL	1995 till 1997	GM-Multec-S SEFi
Vectra 1.8i kat	C18NZ	1990 till 1994	GM-Multec CFi
Vectra-B 1.8i 16V	X18XE	1995 till 1997	Simtec 56.5
Vectra-B 2.0i 16V	X20XEV	1995 till 1997	Simtec 56.5
Vectra 2.0i	20SEH	1987 till 1990	Bosch Motronic ML4.1
Vectra 2.0i kat	C20NE	1991 till 1992	Bosch Motronic 1.5
Vectra 2.0 SOHC	20NE	1990 till 1993	Bosch Motronic 1.5
Vectra 2.0i och 4x4 SOHC	20SEH	1990 till 1993	Bosch Motronic 1.5
Vectra 2.0i SOHC kat	-	1990 till 1993	Bosch Motronic 1.5
Vectra GSi 200016V DOHC	-	1989 till 1991	Bosch Motronic 2.5
Vectra 2.0 16V 4x4 DOHC kat	C20XE	1989 till 1992	Bosch Motronic 2.5
Vectra-A 2.0i 16V	X20XEV	1995	Simtec 56.1
Vectra-A Turbo kat	C20LET	1993 till 1995	Bosch Motronic 2.7
Vectra-A 2.5i 24V	C25XE	1993 till 1995	Bosch Motronic 2.8
Vectra-B 2.5i V6	X25XE	1995 till 1997	Bosch Motronic 2.8.3

Självdiagnostik

1 Inledning

Motorstyrningssystemen som används av Vauxhall kommer huvudsakligen från Bosch eller GM-Multec och omfattar Bosch Motronic och GM Multec MPi och SPi. Även Simtec, Bosch EZ-Plus och Ecotronic förekommer.

Bosch Motronic, GM-Multec och Simtec styr primärtändning, bränsleinsprutning och tomgångsfunktioner från samma styrmodul. EZ-Plus styr enbart tändningen. Ecotronic är ett förgasarbaserat system där motorstyrningssystemet styr tändning, bränsleinsprutning och tomgångsvarvtal.

Självdiagnosfunktion

Varje elektronisk styrmodul har en självtestfunktion som kontinuerligt undersöker signalerna från vissa givare och aktiverare i motorn och sedan jämför signalerna med en tabell av inprogrammerade värden. Om diagnostikprogramvaran konstaterar att ett fel föreligger lagrar styrmodulen en eller fler felkoder i styrmodulminnet. Koder kan inte lagras för komponenter för vilka det inte finns någon kod, eller för tillstånd som inte täcks av programvaran. Felkoderna är 2- eller 3-siffriga och kan hämtas antingen med felkodsläsare eller manuellt med blinkkoder.

Nödprogram

Bosch Motronic, GM-Multec och Simtec har ett nödprogram (ofta kallat "linka-hem"-läge). Så snart vissa fel identifierats (alla fel initierar inte nödprogrammet) startar styrmodulen nödprogrammet och går över till ett programmerat grundvärde snarare än att gå efter givarsignaler. Detta gör att bilen tryggt kan köras till en verkstad för reparation eller test. Så snart felet avhjälpts återgår styrmodulen till normaldrift. Ecotronic och EZ-Plus har inget nödprogram.

Anpassning

Vauxhalls system har också en adaptiv funktion som anpassar inprogrammerade värden efter vanlig körning och tar hänsyn till motorslitage. Ecotronic och EZ-Plus har dock ingen sådan funktion.

Varningslampa för självdiagnos

Vauxhallbilar med med motorstyrningssystem har vanligtvis en varningslampa för självdiagnos på instrumentpanelen.

2 Diagnostikuttagets placering

10-stifts diagnostikuttag

Diagnostikuttaget sitter antingen under instrumentbrädan i säkringsboxen i passagerarutrymmet eller på torpedväggen i motorrummet **(se bild 35.1 och 35.2)**. I Frontera-modeller sitter diagnostikuttaget bakom höger strålkastare.

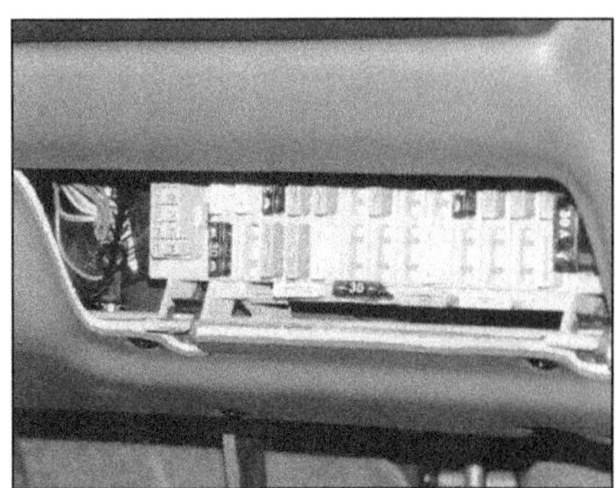

35.1 Diagnostikuttag i säkringsboxen under instrumentbrädan på passagerarsidan

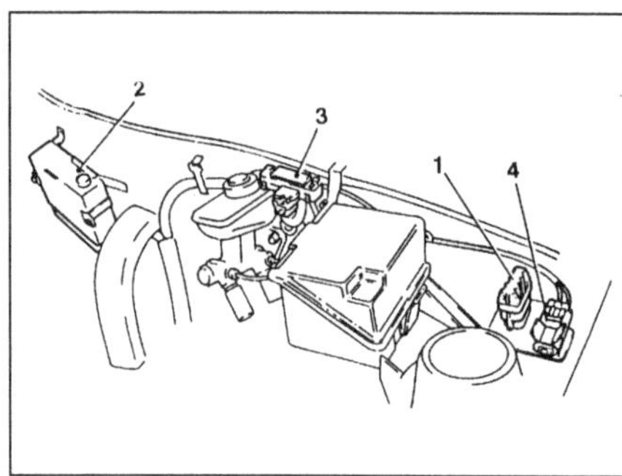

35.2 Diagnostikuttag på torpedväggen (Bosch EZ-Plus)

1 Diagnostikuttag
2 Styrmodul
3 Tryckgivare för insugningsröret
4 Oktanplugg

Observera: *GMs 10-stifts diagnostikuttag är till för att sända felkoder till en anpassad felkodsläsare, men det går också att hämta blinkkoder manuellt.*

16-stifts diagnostikuttag

Från och med 1995 sitter det i vissa modeller ett 16-stifts diagnostikuttag centralt under instrumentbrädan. Här kan du hämta felkoder med en anpassad felkodsläsare. Det går också att hämta blinkkoder från 16-stiftsuttaget.

3 Hämta felkoder utan felkodsläsare - blinkkoder

Observera: *Under en del av testen kan ytterligare felkoder genereras. Se till att inga koder som genereras under test lurar diagnosen. Alla koder måste raderas när testet har genomförts.*

10-stifts diagnostikuttag

1 Lägg en brygga mellan uttagen A och B i diagnostikuttaget **(se bild 35.3)**.

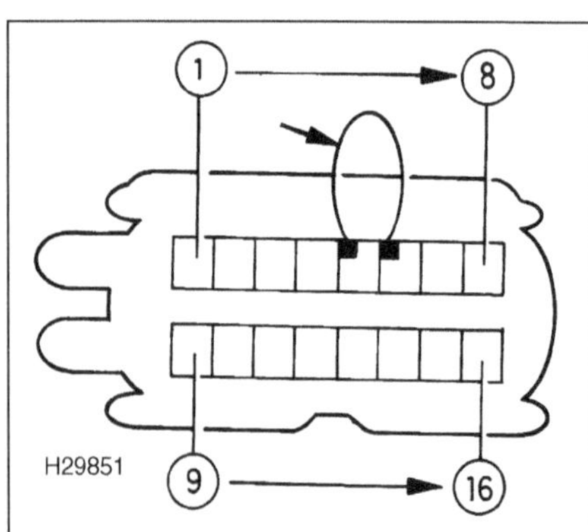

35.4 16-stifts diagnostikuttag - starta hämtning av blinkkoder genom att lägga en brygga mellan uttagen 5 och 6 i diagnostikuttaget. Läs av kodsignalen från varningslampan för självdiagnos

2 Koderna visas i varningslampan för självdiagnos. Blinkningarna indikerar felkoderna på följande sätt:

a) De två siffrorna indikeras av två serier blinkningar.

b) Den första serien blinkningar anger tiotal och den andra serien ental.

c) Tiotalet indikeras av 1 sekunds blinkningar, åtskilda av korta pauser. Ental indikeras med 1 sekunds blinkningar, åtskilda av korta pauser.

d) En kort paus skiljer tiotalen från entalen. De enskilda koderna skiljs åt genom en lite längre paus.

e) Kod "42" indikeras genom fyra 1 sekunds blinkningar, en paus och sedan två 1 sekunds blinkningar.

3 Räkna antalet blinkningar i varje serie och registrera varje kod vartefter den sänds. Se tabellerna i slutet av kapitlet för att se vad felkoden betyder.

4 Den första koden som visas blir kod "12", vilket betyder att kodgivningen startats. Ignorera koden.

5 Varje blinkkod upprepas tre gånger och följs av nästa kod i sekvensen.

6 Slå av tändningen och ta bort bryggan för att avsluta felkodsläsningen.

16-stifts diagnostikuttag

7 Lägg en brygga mellan stiften 5 och 6 i diagnostikuttaget **(se bild 35.4)**.

8 Koderna visas i varningslampan för självdiagnos. Lampans blinkande indikerar felkoderna på samma sätt som beskrivits för uttagen för 10 stift (se avsnitt 2).

9 Räkna antalet blinkningar i varje serie och registrera varje kod vartefter den sänds. Se tabellerna i slutet av kapitlet för att se vad felkoden betyder.

10 Den första koden som visas blir kod "12", vilket betyder att kodgivningen startats. Ignorera koden.

11 Varje blinkkod upprepas tre gånger och följs av nästa kod i sekvensen.

12 Slå av tändningen och ta bort bryggan för att avsluta felkodsläsningen.

Slutning av syresensorn

13 Lägg en brygga mellan uttagen A och B i diagnostikuttaget och kör motorn.

C14NZ-motorer till februari 1991

14 Om syresensorn inte har nått arbetstemperatur och inte sluter fortsätter varningslampan att lysa.

C12NZ- och C14NZ-motorer senare än februari 1991

15 Om syresensorn inte har nått arbetstemperaturen och inte sluter börjar varningslampan blinka med 2,5 blinkningar/sekund (2,5 Hz).

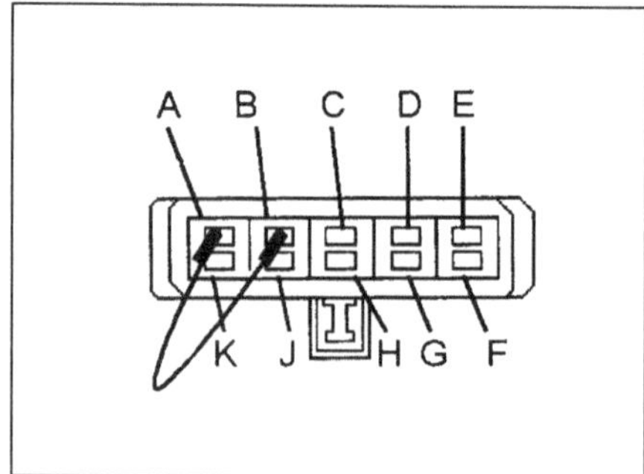

35.3 10-stifts diagnostikuttag - starta hämtning av blinkkoder genom att lägga en brygga mellan uttagen A och B i diagnostikuttaget. Läs av kodsignalen från varningslampan för självdiagnos

4 Radera felkoder utan felkodsläsare

Alla modeller

1 Slå av tändningen och koppla bort batteriets minuspol under ca. 5 minuter.

2 Anslut batteriets minuspol igen.

Observera: *Den första nackdelen med den här metoden är att frånkoppling av batteriet initierar alla styrmodulens anpassade värden. Återinlärning av lämpliga anpassade värden kräver att du startar motorn kall och kör med olika varvtal under ca. 20 - 30 minuter. Motorn ska också gå på tomgång i 10 minuter. Den andra nackdelen är att radiosäkerhetskoder, klockans inställning och andra lagrade värden går förlorade och måste programmeras in igen när batteriet återanslutits. Om det är möjligt ska du använda en felkodsläsare för att radera minnet.*

5 Självdiagnos med felkodsläsare

Observera: *Under en del av testen kan ytterligare felkoder genereras. Se till att inga koder som genereras under test lurar diagnosen.*

Alla Vauxhall/Opelmodeller

1 Anslut en felkodsläsare till diagnostikuttaget. Använd felkodsläsaren (enligt tillverkarens instruktioner) till följande ändamål:

a) Hämta felkoder

b) Radera felkoder

c) Testa aktiverarna

d) Visa data

2 Felkoder måste alltid raderas efter komponenttest eller efter reparationer där komponenter i motorstyrningssystemet tas bort eller byts ut.

6 Guide till testmetoder

1 Använd en felkodsläsare för att hämta felkoder från styrmodulen eller hämta koder manuellt enligt instruktionerna ovan.

Lagrade koder

2 Om du får en eller flera felkoder, titta i felkodstabellerna i slutet av det här kapitlet för att fastställa betydelsen.

3 Om du får flera felkoder, leta efter gemensamma faktorer som t.ex. en felaktig jordanslutning eller matning.

4 Se testprocedurerna i kapitel 4 där du hittar sätt att testa de flesta komponenter och kretsar som återfinns i ett modernt motorstyrningssystem.

5 När felet har avhjälpts, radera koderna och kör motorn under olika förhållanden för att se om problemet är borta.

6 Kontrollera styrmodulen igen. Upprepa ovanstående procedurer om det fortfarande finns felkoder kvar.

7 Se kapitel 3 för mer information om hur du effektivt testar motorstyrningssystemet.

Inga koder lagrade

8 När ett driftsproblem uppstår utan att du erhåller en felkod ligger felet utanför de parametrar som inprogrammerats i självdiagnossystemet. Se kapitel 3 för ytterligare information om hur du effektivt kan testa motorstyrningssystemet.

9 Om problemet pekar mot en speciell komponent, se testprocedurerna i kapitel 4 där du hittar sätt att testa de flesta komponenter och kretsar som återfinns i ett modernt motorstyrningssystem.

Felkodstabeller

Bosch Motronic, GM Multec och Simtec

Blink-/felkod	Beskrivning
12	Start av diagnos
13	Syresensor eller -krets, ingen spänningsändring/avbrott i kretsen
14	Kylvätskans temperaturgivare eller -krets, spänning för låg
15	Kylvätskans temperaturgivare eller -krets, spänning för hög
16	Knackgivare eller -krets, ingen spänningsändring (Bosch Motronic, Simtec)
17	Knackgivare 2 eller -krets, ingen spänningsändring (Bosch Motronic, GM Multec)
18	Knackregleringsenhet eller -krets, ingen signal: styrmodulfel (Bosch Motronic, GM Multec)
19	Varvtalsgivare eller -krets, avbruten signal
21	Gasspjällpotentiometer eller -krets, spänning för hög
22	Gasspjällpotentiometer eller -krets, spänning för låg
23	Knackregleringsenhet eller -krets (Bosch Motronic, Simtec)
24	Fordonets hastighetsgivare eller -krets
25	Insprutare nr 1 eller insprutarkrets, hög spänning
26	Insprutare nr 2 eller insprutarkrets, hög spänning (Bosch Motronic, Simtec)
27	Insprutare nr 3 eller insprutarkrets, hög spänning (Bosch Motronic, Simtec)
28	Insprutare nr 4 eller insprutarkrets, hög spänning (Bosch Motronic, Simtec)
28	Bränslepumprelä, kontakter eller -krets (GM Multec)
29	Bränslepumprelä eller -krets, låg spänning (GM Multec)
29	Insprutare nr 5 eller insprutarkrets, hög spänning (Bosch Motronic)
31	Varvtalsgivare eller -krets, ingen signal (Bosch Motronic)
32	Insprutare nr 6 eller insprutarkrets, hög spänning (Bosch Motronic)
32	Bränslepumprelä eller -krets, hög spänning (GM Multec)
33	Insugningsrörets tryckgivare eller -krets, hög spänning (GM Multec, Bosch Motronic)
33	Ventilkrets för EGR-systemet (Simtec)
34	Ventilkrets för EGR-systemet, hög spänning (Simtec, Bosch Motronic)
34	Insugningsrörets tryckgivare eller -krets, låg spänning (GM Multec)
35	Tomgångsventil eller -krets; svag eller ingen tomgångsstyrning (GM Multec, Bosch Motronic)
37	Självdiagnos för motorn, låg spänning (Bosch Motronic, Simtec)
38	Syresensor eller -krets, låg spänning (1990 och senare) (Bosch Motronic, Simtec)
39	Syresensor eller -krets, hög spänning (1990 och senare) (Bosch Motronic, Simtec)
41	Fordonets hastighetsgivare eller krets, låg spänning (Bosch Motronic)
41	Förstärkarstyrsignal, cylindrar. 2 och 3 eller krets, hög spänning (GM Multec)
41	Förstärkarstyrsignal, cylindrar. 1 och 4 eller krets, hög spänning (GM Multec)
42	Primärtändning med fördelare eller -krets, hög spänning (GM Multec)
42	Fordonets hastighetsgivare eller krets, hög spänning (Bosch Motronic)
44	Syresensor eller -krets, för mager blandning
45	Syresensor eller -krets, för fet blandning
46	Förstärkare, brytarlöst tändningssystem, styrsignal (A+B) eller krets, hög spänning (GM Multec)
46	Luftpumprelä eller -krets (Simtec)
47	Luftpumprelä eller -krets, låg spänning (Bosch Motronic, Simtec)
48	Batterispänning för låg (Bosch Motronic, Simtec)
49	Batterispänning för hög
51	PROM-fel eller krets (Bosch Motronic)
51	Styrmodul defekt (koppla från och sedan till styrmodulen och sök felkoder igen) (GM Multec)
52	Varningslampa för självdiagnos, styrsignal, hög spänning (Bosch Motronic, Simtec)
53	Bränslepumprelä eller -krets, låg spänning (Bosch Motronic, Simtec)
54	Bränslepumprelä eller -krets, hög spänning (Bosch Motronic, Simtec)
55	Styrmodul defekt
56	Tomgångsventil eller -krets, kortslutning till jord (Bosch Motronic, Simtec)
57	Tomgångsventil eller -krets, avbrott (Bosch Motronic, Simtec)
59	Insugningsrörsventil eller krets, låg spänning (Bosch Motronic)
61	Bränsletankens luftningsventil eller -krets, låg spänning (Bosch Motronic, Simtec)
62	Bränsletankens luftningsventil eller -krets, hög spänning (Bosch Motronic, Simtec)

Blink-/felkod	Beskrivning
63	Insugningsrörsventil eller krets, hög spänning (Bosch Motronic)
63	Förstärkarstyrsignal, cylindrarna 2 och 3 låg spänning (GM Multec)
64	Förstärkarstyrsignal, cylindrarna 1 och 4 låg spänning (GM Multec)
64	Primärtändning med fördelare eller -krets, låg spänning (GM Multec)
65	CO-potentiometer eller -krets, låg spänning (Bosch Motronic)
66	CO-potentiometer eller -krets, hög spänning (Bosch Motronic)
67	Gasspjällbrytare, tomgångskontakt (Bosch Motronic)
67	Luftflödesmätare eller -krets (GM Multec)
69	Lufttemperaturgivare eller -krets, låg spänning (Bosch Motronic, Simtec)
69	Luftflödesmätare eller -krets (GM Multec)
71	Lufttemperaturgivare eller -krets, spänning för hög
72	Gasspjällbrytare, fullastkontakt (Bosch Motronic)
72	Förstärkare, brytarlöst tändningssystem, styrsignal (A+B) eller krets (GM Multec)
73	Luftflödesmätare eller -krets, låg spänning (Bosch Motronic, Simtec)
74	Luftflödesmätare eller -krets, hög spänning (Bosch Motronic, Simtec)
75	Växellådskontakt, låg spänning
76	Momentkontroll, automatisk växellåda, eller -krets
79	Antispinnsystemets kontrollenhet (Bosch Motronic)
81	Insprutare nr 1 eller Insprutarkrets, låg spänning
82	Insprutare nr 2 eller Insprutarkrets, låg spänning (Bosch Motronic, Simtec)
83	Insprutare nr 3 eller Insprutarkrets, låg spänning (Bosch Motronic, Simtec)
84	Insprutare nr 4 eller Insprutarkrets, låg spänning (Bosch Motronic, Simtec)
85	Insprutare nr 5 eller Insprutarkrets, låg spänning (Bosch Motronic)
86	Insprutare nr 6 eller Insprutarkrets, låg spänning (Bosch Motronic)
87	Luftkonditioneringens (A/C) stängningsrelä eller -krets, låg spänning (Bosch Motronic, Simtec)
88	Luftkonditioneringens (A/C) stängningsrelä eller -krets, hög spänning (Bosch Motronic, Simtec)
89	Syresensor eller -krets, låg spänning (Bosch Motronic)
91	Syresensor eller -krets, hög spänning (Bosch Motronic, Simtec)
92	Kamaxelgivare eller -krets (Simtec)
93	Halleffektgivare eller -krets, låg spänning (Bosch Motronic)
93*	Quaddrivenhet (i styrmodulen) (GM Multec)
94	Halleffektgivare eller -krets, hög spänning (Bosch Motronic)
95	Varmstartsventil, låg spänning (Bosch Motronic)
96	Varmstartsventil, hög spänning (Bosch Motronic)
97	Antispinnsystemets kontrollenhet eller -krets, felaktig signal (Bosch Motronic)
98	Syresensor eller -krets, ledningsbrott (Bosch Motronic, Simtec)
99	Okänd kod
113	Turbons laddningstryckventil eller -krets (Bosch Motronic)
114	Tomgångsladdningstryck över högre gräns (Bosch Motronic)
115	Fullt laddningstryck under lägre gräns (Bosch Motronic)
116	Laddningstryck över högre gräns (Bosch Motronic)
117	Övertrycksventil eller -krets, låg spänning (Bosch Motronic)
118	Övertrycksventil eller -krets, hög spänning (Bosch Motronic)
121	Syresensor 2 eller -krets, magra avgaser (Bosch Motronic)
122	Syresensor 2 eller -krets, feta avgaser (Bosch Motronic)
123	Insugningsrörsventil 1 (Bosch Motronic)
124	Insugningsrörsventil 2 (Bosch Motronic)
132	EGR-systemets luftningsventil eller -krets (Bosch Motronic)
133	Insugningsrörsventil 2 eller -krets, hög spänning (Bosch Motronic)
133	Insugningsrörsventil 2 eller -krets, låg spänning (Bosch Motronic)
134	EGR-ventil 2 eller -krets, låg spänning (Bosch Motronic)
134	Insugningsrörsventil 2 eller -krets, hög spänning (Bosch Motronic)
135	Varningslampa för självdiagnos, låg spänning (Bosch Motronic)
136	Styrmodul (Bosch Motronic)
137	Styrmodulbox, hög temperatur (Bosch Motronic)

***Observera:** *Om kod "93" "Quad drivenhet" indikeras kan felet ligga i en av följande tre kretsar:*

a) Varningslampans krets
b) Luftkonditioneringskretsen
c) Varvtalssignal till styrmodulen för den automatiska växellådan

Om Quaddrivenheten är aktiverad testar felkodsläsaren kretsarna och anger vilken det är fel på.

Bosch EZ-Plus och Ecotronic

Blink-/Felkod	Beskrivning
31	Ingen varvtalsgivarsignal
33	Insugningsrörets tryckgivare eller -krets, hög spänning
34	Insugningsrörets tryckgivare eller -krets, låg spänning
36	Oktankodningskrets
42	Ingen tändinställningssignal
46	Oljetemperaturkrets, låg spänning
47	Oljetemperaturkrets, hög spänning
48	Batterispänning för låg
49	Batterispänning för hög
55	Styrmodul defekt
56	Tomgångsventil eller -krets, hög spänning
57	Tomgångsventil eller -krets, låg spänning
67	Tomgångsbrytare eller -krets, låg spänning
68	Tomgångsbrytare eller -krets, hög spänning
72	Fullastbrytare, låg spänning
75	Momentkontroll, låg spänning
76	Kontinuerlig momentkontroll eller -krets
95	Motorlast, insignal, låg spänning
98	Positiv temperaturkoefficient, signal, låg spänning
99	Positiv temperaturkoefficient, signal, hög spänning

Kapitel 36
Volkswagen

Innehåll

Bilförteckning

Modell	Motorkod	År	System
Caddy Pick-up	AEE	1997	Magneti-Marelli 1AV
Caravelle 2.0i och kat	AAC	1991 till 1997	VAG Digifant
Caravelle 2.0i kat	AAC	1994 till 1995	VAG Digifant
Caravelle 2.5i	ACU	1994 till 1997	VAG Digifant
Caravelle 2.8	AES	1996 till 1997	Bosch Motronic
Corrado 1.8i (G60 supercharger) kat	PG	1992 till 1993	VAG
Corrado 2.0 16V	9A	1992 till 1996	Bosch KE-Motronic 1.2
Corrado 2.0 8V	ADY	1994 till 1996	Simos
Corrado VR6	ABV	1992 till 1996	Bosch Motronic 2.9
Corrado 2.0i kat	2E	1993 till 1994	VAG Digifant
Golf 1.3i kat	AAV	1991 till 1992	Bosch Mono-Motronic 1.2.1
Golf 1.4i kat	ABD	1991 till 1995	Bosch Mono-Motronic 1.2.3R
Golf 1.4i	AEX	1995 till 1997	Bosch Motronic MP9.0
Golf 1.6i kat	ABU	1993 till 1995	Bosch Mono-Motronic 1.2.3
Golf 1.6i kat	AEA	1994 till 1995	Bosch Mono-Motronic 1.3
Golf 1.6i	AEK	1994 till 1995	Bosch Motronic
Golf 1.6i 8V	AEE	1995 till 1997	Magneti-Marelli 1AV
Golf 1.6 8V	AFT	1996 till 1997	Simos 4S2
Golf 1.8i	GX	1984 till 1992	Bosch KE-Jetronic
Golf 1.8i kat	GX	1984 till 1992	Bosch KE-Jetronic
Golf 16V kat	PL	1986 till 1992	Bosch KE-Jetronic
Golf Syncro 2.9	ABV	1994 till 1997	Bosch Motronic 2.9 MPi
Golf 1.8i kat	AAM	1992 till 1997	Bosch Mono-Motronic 1.2.3
Golf 1.8i kat	ABS	1992 till 1994	Bosch Mono-Motronic 1.2.2
Golf 1.8i och 4x4	ADZ	1994 till 1997	Bosch Mono-Motronic
Golf 1.8i kat	RP	1987 till 1992	Bosch Mono-Jetronic A2.2
Golf 2.0i kat	2E	1991 till 1995	VAG Digifant
Golf 2.0i 16V kat	ABF	1992 till 1997	VAG Digifant
Golf 2.0i	ADY	1994 till 1997	Simos
Golf 2.0	AGG	1996 till 1997	Simos 4S MPi
Golf VR6	AAA	1992 till 1996	Bosch Motronic 2.7
Jetta 16V kat	PL	1986 till 1992	Bosch KE-Jetronic
Jetta 1.8i kat	RP	1987 till 1992	Bosch Mono-Jetronic A2.2
Jetta 1.8i	GX	1986 till 1992	Bosch KE-Jetronic
Jetta 1.8i kat	GX	1986 till 1992	Bosch KE-Jetronic
LT 2.3	AGL	1997	Bosch Motronic
Passat 1.6i kat	1F	1988 till 1990	Bosch Mono-Jetronic
Passat 16V kat	9A	1988 till 1993	Bosch KE1.2-Motronic
Passat 1.6i	AEK	1994 till 1996	Bosch M2.9 Motronic
Passat 1.8 kat	JN	1984 till 1988	Bosch KE-Jetronic
Passat 1.8i och kat	RP	1988 till 1991	Bosch Mono-Jetronic A2.2
Passat 1.8i	RP	1990 till 1991	Bosch Mono-Motronic 1.2.1
Passat 1.8i och kat	RP	1990 till 1991	Bosch Mono-Motronic 1.2.1
Passat 1.8i kat	AAM	1990 till 1992	Bosch Mono-Motronic 1.2.1
Passat 1.8i kat	AAM	1992 till 1994	Bosch Mono-Motronic 1.2.3
Passat 1.8i kat	AAM	1993 till 1994	Bosch Mono-Motronic 1.2.3
Passat 1.8i kat	AAM	1994 till 1995	Bosch Mono-Motronic 1.3
Passat 1.8i	ABS	1991 till 1993	Bosch Mono-Motronic 1.2.1
Passat 1.8i	AAM	1993 till 1996	Bosch Mono-Motronic 1.2.1
Passat 1.8i	ABS	1991 till 1992	Bosch Mono-Motronic 1.2.1

Modell	Motorkod	Ar	System
Passat 1.8i	ABS	1992 till 1994	Bosch Mono-Motronic 1.2.3
Passat 1.8i kat	ABS	1992 till 1994	Bosch Mono-Motronic 1.2.3
Passat 1.8i kat	ADZ	1994 till 1997	Bosch Mono-Motronic 1.2.3
Passat 2.0 och Syncro	ADY	1994 till 1996	Simos
Passat 2.0i	AGG	1995 till 1997	Simos
Passat VR6	AAA	1991 till 1993	Bosch Motronic M2.7/2.9
Passat 2.0i och 4 x 4 kat	2E	1992 till 1994	VAG Digifant
Passat 2.0i kat	ABF	1994 till 1995	VAG Digifant
Passat 2.8 VR6	AAA	1993 till 1996	Bosch Motronic M2.7/2.9
Passat 2.9 Syncro	ABV	1994 till 1996	Bosch Motronic M2.9
Polo 1.05i kat	AAK	1989 till 1990	Bosch Mono-Jetronic A2.2
Polo 1.0i kat	AEV	1994 till 1997	Bosch Mono-Motronic 1.2.3
Polo 1.05i kat	AAU	1990 till 1993	Bosch Mono-Motronic 1.2.1
Polo 1.05i kat	AAU	1993 till 1994	Bosch Mono-Motronic 1.2.3
Polo 1.3i kat	AAV	1991 till 1994	Bosch Mono-Motronic 1.2.3
Polo 1.3i kat	ADX	1994 till 1995	Bosch Mono-Motronic 1.3
Polo Classic/Caddy 1.4	AEX	1996 till 1997	Bosch Motronic MP9.0 MPi
Polo Classic/Caddy 1.6	1F	1996 till 1997	Bosch Mono-Motronic
Polo 1.4 8V 44kW	AEX	1995 till 1997	Bosch Motronic MP9.0
Polo 1.4 16V	AFH	1996 till 1997	Magneti-Marelli 1AV
Polo 1.6i 8V	AEE	1995 till 1997	Magneti-Marelli 1AV
Polo Classic 1.6 8V	AFT	1996 till 1997	Simos MPi
Polo 1.6i kat	AEA	1994 till 1996	Bosch Mono-Motronic 1.3
Santana 1.8 kat	JN	1984 till 1988	Bosch KE-Jetronic
Sharan 2.0	ADY	1995 till 1997	Simos
Sharan 2.8	AAA	1995 till 1997	Bosch Motronic 3.8.1
Transporter 2.0i och kat	AAC	1991 till 1997	VAG Digifant
Transporter 2.5i kat	AAF	1991 till 1995	VAG Digifant
Transporter 2.5i kat	ACU	1994 till 1997	VAG Digifant
Transporter 2.8	AES	1996 till 1997	Bosch Motronic
Vento 1.4i kat	ABD	1992 till 1995	Bosch Mono-Motronic 1.2.3R
Vento 1.4i	AEX	1995 till 1997	Bosch Motronic MP9.0
Vento 1.6i 8V	AEE	1995 till 1997	Magneti-Marelli 1AV
Vento 1.6i kat	ABU	1993 till 1994	Bosch Mono-Motronic 1.2.3
Vento 1.6i kat	AEA	1994 till 1995	Bosch Mono-Motronic 1.3
Vento 1.6i	AEK	1994 till 1995	Bosch Motronic
Vento 1.8i kat	AAM	1992 till 1997	Bosch Mono-Motronic 1.2.3
Vento 1.8i kat	ABS	1992 till 1994	Bosch Mono-Motronic 1.2.2
Vento 1.8i och 4x4	ADZ	1994 till 1997	Bosch Mono-Motronic
Vento 2.0i	ADY	1994 till 1997	Simos
Vento VR6	AAA	1992 till 1997	Bosch Motronic 2.7/2.9
Vento 2.0i kat	2E	1992 till 1994	VAG Digifant

Självdiagnostik

1 Inledning

De flesta motorstyrningssystemen i VW-bilar kommer från Bosch och omfattar Bosch Motronic, versionerna 2.7 och 2.9, Mono-Jetronic, Mono-Motronic 1.2.1, 1.2.3, 1.3, KE-Motronic 1.1, 1.2, och KE-Jetronic. VW använder även egna system: Simos 4S, Digifant och VAG MPi. Dessutom används Magneti-Marelli 1AV som är identiskt med Bosch Motronic MP9.0.

Följande av VWs motorstyrningssystem styr primärtändning samt bränsle- och tomgångsfunktioner från samma styrmodul: Bosch Motronic 2.7, 2.9, Mono-Motronic, KE-Motronic, Simos, VAG Digifant och VAG MPi. Mono-Jetronic och KE-Jetronic styr bara bränsle- och tomgångsfunktioner.

VWs system kan generera två typer av felkoder, 4-siffriga blinkkoder och 5-siffriga felkoder. Utvecklingen av VW-systemen gör att det förekommer tre sätt att läsa felkoder. Övergången mellan de olika systemen är inte alltid helt klar.

a) *En del tidiga system genererar bara 4-siffriga blinkkoder som kan hämtas med varningslampa (i förekommande fall), lysdiodlampa eller en anpassad felkodsläsare. Till dessa system hör Mono-Jetronic, Mono-Motronic 1.2.1 (35-stifts), VAG Digifant (38-stifts).*

b) *Senare system kan generera både 4-siffriga blinkkoder och 5-siffriga felkoder. De 4-siffriga blinkkoderna genereras via varningslampan (där sådan finns) eller genom en lysdiod, medan du behöver en anpassad felkodsläsare för att hämta 5-siffriga koder. Till dessa system hör Bosch Motronic 2.7, KE-Jetronic, KE-Motronic, Mono-Motronic (tidiga 45-stifts) och vissa VAG Digifant (45-stifts).*

c) *De allra senaste systemen kan bara generera 5-siffriga felkoder som måste hämtas med hjälp av en anpassad felkodsläsare. Till dessa system hör Bosch Motronic 2.9, Mono-Motronic MA1.2.2 (senare 45-stifts), Simos, VAG Digifant (68-stifts) samt VAG MPi (68-stifts).*

Självdiagnosfunktion

Varje elektronisk styrmodul har en självtestfunktion som kontinuerligt undersöker signalerna från vissa givare och aktiverare i motorn och sedan jämför signalerna med en tabell av inprogrammerade värden. Om diagnostikprogramvaran konstaterar att ett fel föreligger lagrar styrmodulen en eller fler felkoder. Koder kan inte lagras för komponenter för vilka det inte finns någon kod, eller för tillstånd som inte täcks av programvaran.

Nödprogram

Systemen som behandlas i det här kapitlet har nödprogram (s.k. "linka-hem"-läge). Så snart vissa fel identifierats (alla fel initierar inte nödprogrammet) startar styrmodulen nödprogrammet och går över till ett programmerat grundvärde snarare än att gå efter givarsignaler. Detta gör att bilen tryggt kan köras till en verkstad för reparation eller test. Så snart felet avhjälpts återgår styrmodulen till normaldrift.

Anpassning

VW-systemen har också en adaptiv funktion som anpassar inprogrammerade värden efter vanlig körning och tar hänsyn till motorslitage. Det gäller dock inte Mono-Jetronic.

Varningslampa för självdiagnos

Vissa modeller har en varningslampa för självdiagnos på instrumentpanelen.

2 Diagnostikuttagets placering

Observera: *VAGs diagnostikuttag är till för att sända felkoder till en anpassad felkodsläsare. Du kan även hämta felkoder manuellt i Mono-Jetronic, KE-Jetronic, KE-Motronic 1.1 och 1.2 samt Mono-Motronic 1.2.1 och 1.1.2. Från och med 1995 sitter det i vissa modeller ett 16-stifts diagnostikuttag endast avsett för en anpassad felkodsläsare. Det går inte att hämta blinkkoder från bilar med 16-stiftsuttaget eller modeller med de dubbla 2-stiftsuttagen (om ej annat anges).*

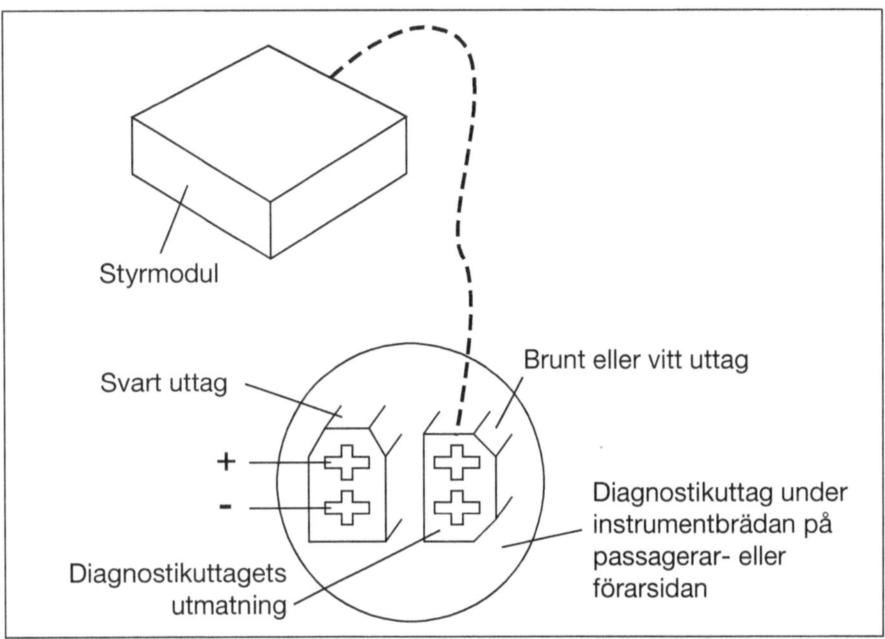

36.1 Placering av diagnostikuttag under instrumentbrädan

Bosch Mono-Jetronic (VW Polo)

I fotutrymmet på passagerarsidan **(se bild 36.1)**

Bosch Mono-Jetronic (VW Golf och Jetta)

1-stiftsuttag nära tändspolen med gul eller röd/vit ledning.

Bosch Mono-Jetronic (VW Passat till 3/89)

1-stiftsuttag nära tändspolen med gul/svart ledning **(se bild 36.2)**

Bosch Mono-Jetronic (VW Passat från 4/89)

Dubbla 2-stiftsuttag nära växelspaken **(se bild 36.2)**

Bosch Mono-Motronic

I fotutrymmet på passagerarsidan **(se bild 36.1)**, eller bakom ett lock under värme- och ventilationsreglagen **(se bild 36.3)**.

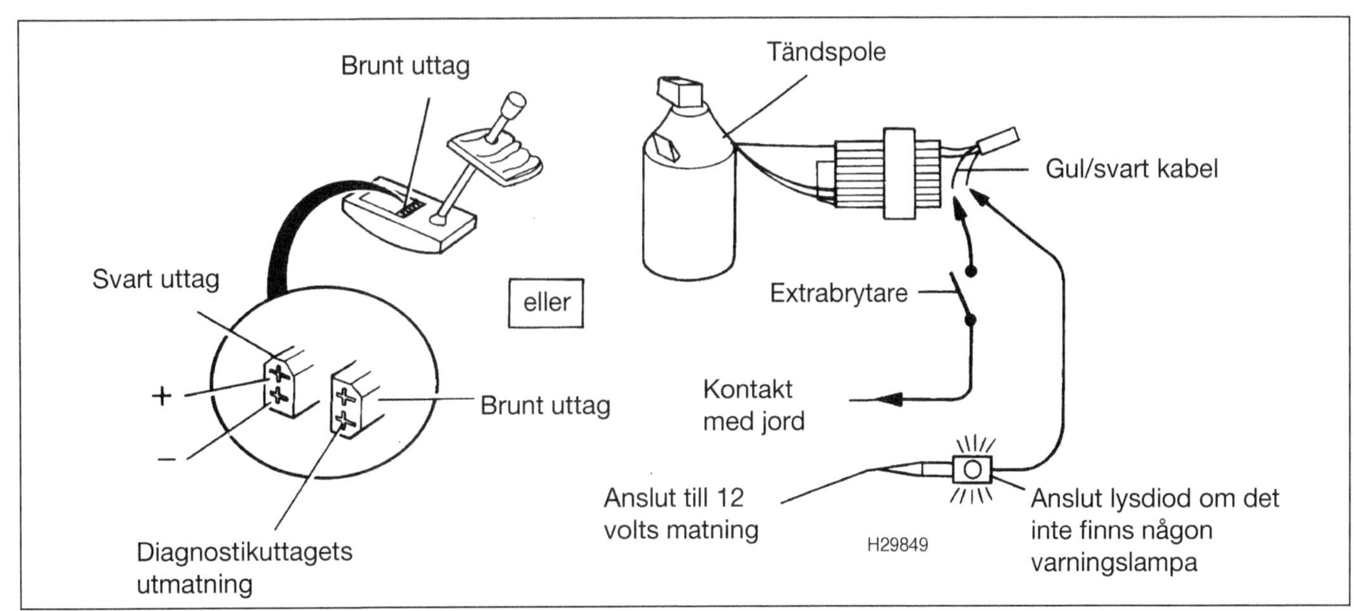

36.2 Placering av diagnostikuttagen och hämtning av 1-stiftskoder – Passat

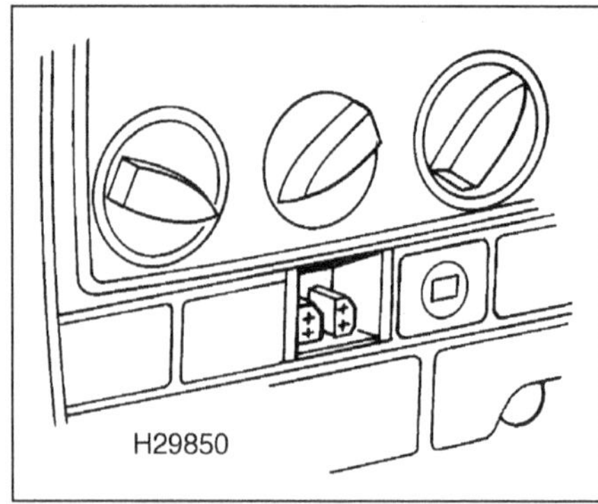

36.3 Placering av diagnostikuttaget bakom en lucka under värme- och ventilationsreglagen

VAG Digifant, Motronic 2.7/2.9

Dubbla 2-stiftsuttag i fotutrymmet på passagerarsidan, bakom en lucka under värme- och ventilationsreglagen, i vänster elbox på torpedväggen eller nära växelspaken (Passat) **(se bild 36.1 till 36.3).**

Bosch KE-Jetronic, KE-Motronic 1.1

Dubbla 2-stiftsuttag under ett lock ovanför pedalerna i förarens fotutrymme.

Bosch KE-Motronic 1.1 och 1.2

Dubbla 2-stiftsuttag under ett lock ovanför pedalerna i förarens fotutrymme. Alternativt tre 2-stiftsuttag under ett lock ovanför pedalerna i förarens fotutrymme, i motorutrymmets säkringsbox nära torpedväggen eller nära växelspaken (Passat).

16-stifts diagnostikuttag (Bosch Mono-Motronic, Motronic MP9.0 och Magneti-Marelli 1AV, 68-stifts Digifant)

Nära värme- och ventilationsreglagen på instrumentbrädan, bredvid askkoppen.

16-stifts diagnostikuttag (andra modeller)

Uttaget sitter under ett lock bredvid askkoppen i konsolen för baksätespassagerarna **(se bild 36.4)** eller i den undre delen av instrumentbrädan till höger om rattstången.

3 Hämta felkoder utan felkodsläsare - blinkkoder

Observera: *Under vissa testprocedurer är det möjligt att ytterligare felkoder genereras. Se till att inga koder som genereras under test lurar diagnosen. Alla koder måste raderas när testet har genomförts.*

Bosch Mono-Jetronic, KE-Jetronic samt KE-Motronic 1.1 och 1.2

1 Anslut en extrabrytare till 1-stiftsuttaget **(se bild 36.2)**, det dubbla 2-stiftsuttaget eller trippel-2-sitftsuttaget **(se bild 36.5 och 36.6)**. Om bilen inte har en varningslampa för självdiagnos på instrumentpanelen, anslut en lysdiod mellan batteriets pluspol och diagnostikuttaget enligt bilden.

2 Starta motorn och låt den gå på tomgång tills den når normal arbetstemperatur.

Observera: *Felkoder för syresensorn kan bara hämtas efter 10 minuters provkörning.*

3 Slå av motorn och slå på tändningen.

4 Om motorn inte startar, dra runt motorn med startmotorn i minst sex sekunder och lämna tändningen på.

5 Slut extrabrytaren i minst 5 sekunder och öppna den sedan igen. Varningslampan börjar blinka de 4-siffriga felkoderna som följer:

a) De fyra siffrorna indikeras av fyra serier blinkningar.

b) Den första serien blinkningar indikerar den första siffran, den andra serien den andra siffran och så vidare tills alla fyra siffrorna har blinkats.

c) Varje serie består av 1 eller 2 sekunders blinkningar, åtskilda av korta pauser. Varje heltal mellan 1 och 9 motsvaras av 1 sekunds blinkningar och varje nolla motsvaras av en 2 sekunders blinkning.

d) En 2,5 sekunders paus skiljer varje serie blinkningar.

e) Kod "1231" indikeras genom en 1 sekunds blinkning, en kort paus, två 1 sekunds blinkningar, en kort paus, tre 1 sekunds blinkningar, en kort paus och en 1 sekunds blinkning. Efter 2,5 sekunders paus upprepas koden.

6 Räkna antalet blinkningar i varje serie och registrera varje kod. Se tabellen i slutet av kapitlet för att se vad felkoden betyder.

7 Koden upprepas tills extrabrytaren sluts under minst 5 sekunder. Öppna brytaren för att visa nästa kod.

8 Fortsätt hämta koder tills kod "0000" sänds. Koden "0000" indikerar att det inte finns fler koder lagrade och den visas genom att ljuset blinkar på och av med 2,5 sekunders intervall.

9 Om kod "4444" sänds finns inga lagrade felkoder.

10 Slå av tändningen och ta bort extrabrytaren och lysdioden för att avsluta felkodsläsningen.

Bosch Mono-Motronic (35-stifts version 1.2.1 och 45-stifts version 1.2.2)

11 Anslut en extrabrytare till det dubbla 2-stiftsuttaget **(se bild 36.7)**. Om bilen inte har en varningslampa för självdiagnos på instrumentpanelen, anslut en lysdiodlampa mellan batteriets pluspol och styrmodulens stift nr 33 (35-stifts) eller nr 4 (45-stifts styrmodul).

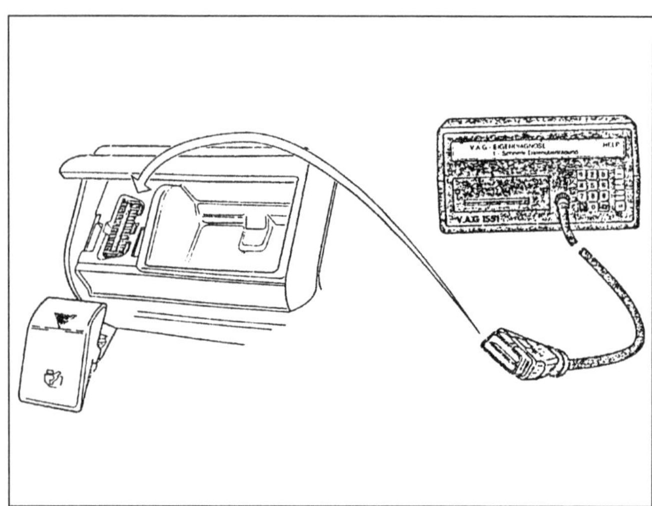

36.4 Diagnostikuttaget med 16 stift finns som regel under en lucka bredvid askkoppen i baksätespassagerarnas konsol

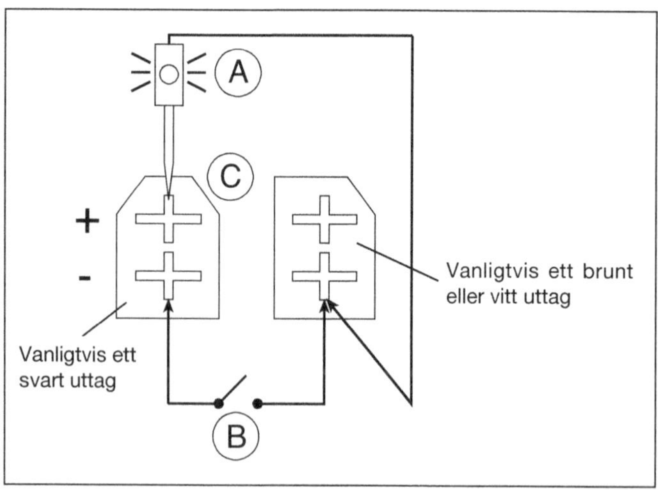

36.5 Hämtning av blinkkoder - dubbla 2-stifts diagnostikuttag

A Lysdiod *B Extrabrytare* *C Diagnostikuttag*

A
Vanligtvis ett brunt eller vitt uttag
Vanligtvis ett blått uttag
+
-
Vanligtvis ett svart uttag
C
B

36.6 **Hämtning av blinkkoder – tre 2-stifts diagnostikuttag**

A Lysdiod *B Extrabrytare* *C Diagnostikuttag*

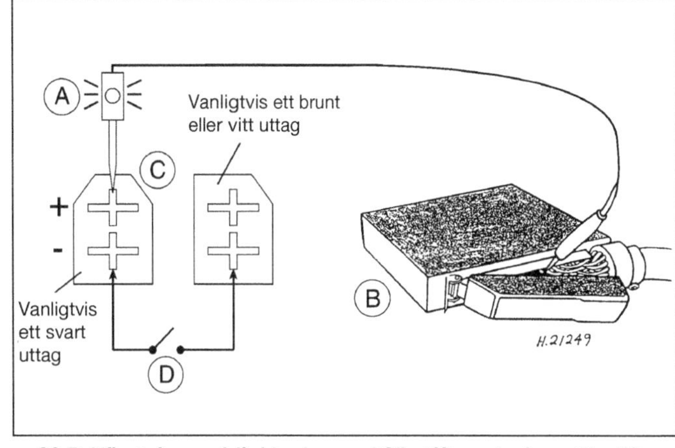

36.7 **Hämtning av blinkkoder med 35-stifts och vissa 45-stifts Mono-Motronic system (se texten)**

A Lysdiod *C Diagnostikuttag*
B Styrmodul *D Extrabrytare*

Observera: *Det kan bli nödvändigt att lossa bakstycket på styrmodulens kontakter så att lysdiodens minussond kan sättas mot styrmodulens stift med kontakten ansluten.*

12 Starta motorn och låt den komma upp i normal arbetstemperatur.

Observera: *Felkoder för syresensorn kan bara hämtas efter 10 minuters provkörning.*

13 Slå av motorn och slå på tändningen.

14 Om motorn inte startar, dra runt den med startmotorn i minst sex sekunder och lämna tändningen på.

15 Slut extrabrytaren i minst 5 sekunder och öppna den sedan igen.

16 Varningslampan börjar blinka de 4-siffriga felkoderna som följer:

a) De fyra siffrorna indikeras av fyra serier blinkningar.

b) Den första serien blinkningar indikerar den första siffran, den andra serien den andra siffran och så vidare tills alla fyra siffrorna har blinkats.

c) Varje serie består av 1 eller 2 sekunders blinkningar, åtskilda av korta pauser. Varje heltal mellan 1 och 9 motsvaras av 1 sekunds blinkningar och varje nolla motsvaras av en 2 sekunders blinkning.

d) En 2,5 sekunders paus skiljer varje serie blinkningar.

e) Kod "1231" indikeras genom en 1 sekunds blinkning, en kort paus, två 1 sekunds blinkningar, en kort paus, tre 1 sekunds blinkningar, en kort paus och en 1 sekunds blinkning. Efter 2,5 sekunders paus upprepas koden.

17 Räkna antalet blinkningar i varje serie och registrera varje kod. Se tabellen i slutet av kapitlet för att se vad felkoden betyder.

18 Koden upprepas tills extrabrytaren sluts under minst 5 sekunder. Öppna brytaren för att visa nästa kod.

19 Fortsätt hämta koder tills kod "0000" sänds. Koden "0000" indikerar att det inte finns fler koder lagrade och den visas genom att ljuset blinkar på och av med 2,5 sekunders intervall.

20 Om kod "4444" sänds lagras inga felkoder.

21 Slå av tändningen och ta bort extrabrytaren och lysdioden för att avsluta felkodsläsningen.

System med 16-stifts diagnostikuttag eller 68-stifts kontakt till styrmodulen

22 Det finns inga blinkkoder, utan du måsta använda en anpassad felkodsläsare för att hämta felkoder.

4 Radera felkoder utan felkodsläsare

Bosch Mono-Jetronic, Mono-Motronic, KE-Jetronic och KE-Motronic

1 Följ proceduren som beskrivs i avsnitt 3 för att hämta felkoder.

2 Slå av tändningen och slut extrabrytaren.

3 Slå på tändningen.

4 Öppna extrabrytaren efter 5 sekunder. Felkoderna ska nu vara raderade.

5 Slå av tändningen när du är klar.

Radera felkoder "2341" eller "2343" (syresensor)

6 Slå av tändningen. Dra ut kontakten ur styrmodulen under minst 30 sekunder - se "Observera:" nedan.

Varning: Se varning nr 3 (i referensavsnittet i slutet av boken) innan du kopplar loss styrmodulens kontakt.

Alla system (alternativ metod)

7 Slå av tändningen och koppla bort batteriets minuspol under ca. 5 minuter.

8 Anslut batteriets minuspol igen.

Observera: *Den första nackdelen med den här metoden är att du genom att koppla från batteriet (eller styrmodulens kontakt) återinitierar alla styrmodulens adaptiva värden (utom för Mono-Jetronic-system). Återinlärning av lämpliga anpassade värden kräver att du startar motorn kall och kör med olika varvtal under ca. 20 - 30 minuter. Motorn ska också gå på tomgång i 10 minuter. Den andra nackdelen är att radiosäkerhetskoder, klockans inställning och andra lagrade värden går förlorade och måste programmeras in igen när batteriet återanslutits. Om det är möjligt ska du använda en felkodsläsare för att radera minnet.*

5 Självdiagnos med felkodsläsare

Observera: *Under en del av testen kan ytterligare felkoder genereras. Se till att inga koder som genereras under test lurar diagnosen.*

Alla Volkswagen-modeller

1 Anslut en felkodsläsare till diagnostikuttaget. Använd felkodsläsaren (enligt tillverkarens instruktioner) till följande ändamål:

a) Hämta felkoder

b) Radera felkoder

c) Testa aktiverarna

d) Visa data

e) Göra servicejusteringar

2 Felkodsläsaren kan visa både 4-siffriga blinkkoder och/eller 5-siffriga felkoder. Se respektive kolumn i felkodstabellen i slutet av kapitlet.

3 Koder måste alltid raderas efter komponenttest eller efter reparationer där komponenter i motorstyrningssystemet tas bort eller byts ut.

6 Guide till testmetoder

1 Använd en felkodsläsare för att hämta felkoder från styrmodulen eller hämta koder manuellt enligt avsnitt 3 eller 5.

Lagrade koder

2 Om du får en eller flera felkoder, titta i felkodstabellen i slutet av det här kapitlet för att fastställa betydelsen.

3 Om du får flera felkoder, leta efter gemensamma faktorer som t.ex. en felaktig jordanslutning eller matning.

4 Se testprocedurerna i kapitel 4 där du hittar sätt att testa de flesta komponenter och kretsar som återfinns i ett modernt motorstyrningssystem.

5 När felet har avhjälpts, radera koderna och kör motorn under olika förhållanden för att se om problemet är borta.

6 Kontrollera styrmodulen igen. Upprepa ovanstående procedurer om det fortfarande finns felkoder kvar.

7 Se kapitel 3 för mer information om hur du effektivt testar motorstyrningssystemet.

Inga koder lagrade

8 När ett driftsproblem uppstår utan att du får en felkod ligger felet utanför de parametrar som inprogrammerats i självdiagnossystemet. Se kapitel 3 för mer information om hur du effektivt kan testa motorstyrningssystemet.

9 Om problemet pekar mot en speciell komponent, se testprocedurerna i kapitel 4 där du hittar sätt att testa de flesta komponenter och kretsar som återfinns i ett modernt motorstyrningssystem.

Felkodstabell

Alla Volkswagen-modeller

Observera: *Liknande koder genereras av varje system, även om några av koderna kan ha andra betydelser beroende på vilket system och vilka komponenter som monterats. Till exempel kan en kod indikera en luftflödesmätare eller en tryckgivare för insugningsröret, beroende på vilken av komponenterna som monterats. När en kod med en alternativ betydelse genereras är ursprungsbetydelsen ofta självklar.*

Blinkkod	Felkod	Beskrivning
4444	00000	Inga fel upptäckta i den elektroniska styrmodulen. Fortsätt med normala diagnostikmetoder
0000	-	Slut på felkoder
1111	65535	Internt fel – elektronisk styrmodul
1231	00281	Fordonets hastighetsgivare eller -krets
1232	00282	Gasspjällpotentiometer eller-krets
1232	00282	Stegmotor för tomgång eller krets (alternativ kod)
2111	00513	Motorns varvtalsgivare eller -krets
2112	00514	Övre dödpunktsgivare eller -krets
2112	00514	Vevaxelns givare
2113*	00515	Halleffektgivare eller -krets
2114	00535	Fördelare
2121	00516	Tomgångskontakter för stegmotorn för tomgångsvarvtal
2121	00516	Fel på tändinställningsventilens krets (alternativ kod)
2122	-	Ingen signal för motorvarvtal
2123	00517	Gasspjällbrytare, fullastbrytare
2141	00535	Knackreglering 1 (elektronisk styrmodul)
2142	00524	Knackgivare eller -krets
2142	00545	Signal för automatisk växellåda saknas (alternativ kod)
2143	00536	Knackreglering 2 (elektronisk styrmodul)
2144	00540	Knackgivare 2 eller -krets
2212	00518	Fel på gasspjällpotentiometer eller -krets
2214	00543	Max. motorvarvtal överskridet
2222	00519	Insugningsrörets tryckgivare eller -krets
2223	00528	Atmosfärstryckgivare eller -krets
2224	00544	Turbons maximala laddningstryck överskridet
2231	00533	Tomgångsstyrning
2232	00520	Vane luftflödesmätare eller -krets
2232	00520	Luftflödesmätare eller -krets (alternativ kod)
2233	00531	Vane luftflödesmätare eller -krets
2233	00531	Luftflödesmätare eller -krets (alternativ kod)
2234	00532	Fel matningsspänning
2242	00521	CO-potentiometer eller krets
2312	00522	Kylvätskans temperaturgivare eller -krets
2314	00545	Elektrisk anslutning motor/växellåda
2322	00523	Lufttemperaturgivare eller -krets
2323	00522	Vane luftflödesmätare
2323	00522	Luftflödesmätare (alternativ kod)
2324	00553	Vane luftflödesmätare
2324	00553	Luftflödesmätare (alternativ kod)
2341	00537	Syresensorn ur funktion
2342	00525	Syresensor eller -krets
2343	00558	Bränsleblandningsjustering, mager
2344	00559	Bränsleblandningsjustering, fet
2413	00561	Gränser för blandningsjustering
4332	00750	Styrmodul
4343	01243	Kolfilterventil eller -krets
4411	01244	Insprutare nr 1 eller insprutarkretsen
4412	01247	Insprutare nr 2 eller insprutarkretsen
4413	01249	Insprutare nr 3 eller insprutarkretsen
4414	01250	Insprutare nr 4 eller insprutarkretsen
4421	01251	Insprutare nr 5 eller insprutarkretsen
4431	01253	Tomgångsventil eller -krets
4442	01254	Turbons laddningstryckventil eller -krets
-	00527	Temperatur i insugningsröret
-	00530	Gasspjällpotentiometer eller -krets
	00532	Fel matningsspänning
	00543	Max. motorvarvtal överskridet
-	00549	Konsumtionssignal
	00545	Elektrisk anslutning motor/växellåda
-	00554	Syresensorstyrning 2

Blinkkod	Felkod	Beskrivning
-	00555	Syresensor eller -krets
-	00560	EGR-ventil eller -krets
	00561	Blandningsreglering 1
-	00575	Insugningsrörets tryckgivare eller -krets
-	00577	Knackreglering cylinder 1 eller krets
-	00578	Knackreglering cylinder 2 eller krets
-	00579	Knackreglering cylinder 3 eller krets
-	00580	Knackreglering cylinder 4 eller krets
-	00581	Knackreglering cylinder 5 eller krets
-	00582	Knackreglering cylinder 6 eller krets
	00585	EGR-systemets temperaturgivare eller -krets
-	00586	EGR-ventil eller -krets
-	00609	Förstärkare 1 eller förstärkarkrets
-	00610	Förstärkare 2 eller förstärkarkrets
-	00611	Förstärkare 3 eller förstärkarkrets
-	00624	Luftkonditionering (A/C)
-	00625	Fordonets hastighetsgivare eller -krets
-	00635	Syresensorvärmare eller -krets
-	00640	Syresensor eller -krets
-	00670	Stegmotor för tomgång, potentiometer eller krets
-	00689	Överskott på luft i insugningsröret
-	00750	Varningslampa för självdiagnos
-	01025	Varningslampa för självdiagnos
-	01087	Grundinställning ej färdig
-	01088	Blandningsjustering 2
-	01119	Igenkänningssignal för växel
-	01120	Kamaxelinställning
-	01165	Gasspjällpotentiometer eller -krets
-	01182	Höjdanpassning
-	01235	Sekundär luftventil
-	01242	Elektronisk styrmodul eller -krets
	01247	Kolfilterventil eller -krets
-	01252	Insprutarventil nr 4 eller -krets
-	01257	Tomgångsventil eller -krets
-	01259	Bränslepumprelä eller krets
-	01262	Turbons laddningstryckventil eller -krets
-	01264	Sekundär luftpump
-	01265	EGR-ventil eller -krets
-	16486	Luftflödesmätare eller -krets, låg signal
-	16487	Luftflödesmätare eller -krets, hög signal
-	16496	Lufttemperaturgivare eller -krets, låg signal
-	16497	Lufttemperaturgivare eller -krets, hög signal
-	16500	Kylvätskans temperaturgivare -krets
-	16501	Kylvätskans temperaturgivare eller -krets, låg signal
-	16502	Kylvätskans temperaturgivare eller -krets, hög signal
-	16504	Gasspjällpotentiometer eller -krets
-	16505	Gasspjällpotentiometer eller -krets, orimlig signal
-	16506	Gasspjällpotentiometer eller -krets, låg signal
-	16507	Gasspjällpotentiometer eller -krets, hög signal
-	16514	Syresensor eller -krets
-	16515	Syresensor eller -krets
-	16516	Syresensor eller -krets, hög signal
-	16518	Syresensor eller -krets
-	16519	Syresensor eller -krets
-	16534	Syresensor eller -krets
-	16535	Syresensor eller -krets
-	16536	Syresensor eller -krets, hög signal
-	16538	Syresensor eller -krets
-	16554	Insprutarbank 1
-	16555	Insprutarbank 1, bränsleblandning för mager
-	16556	Insprutarbank 1, bränsleblandning för fet
-	16557	Insprutarbank 2
-	16558	Insprutarbank 2, bränsleblandning för mager
-	16559	Insprutarbank 2, bränsleblandning för fet
-	16684	Misständning
-	16685	Cylinder nr 1 misständer
-	16686	Cylinder nr 2 misständer
-	16687	Cylinder nr 3 misständer
-	16688	Cylinder nr 4 misständer
-	16689	Cylinder nr 5 misständer
-	16690	Cylinder nr 6 misständer
-	16691	Cylinder nr 7 misständer
-	16692	Cylinder nr 8 misständer
-	16705	Varvtalsgivare eller -krets
-	16706	Varvtalsgivare eller -krets
-	16711	Knackgivare 1, signal, eller -krets, låg signal
-	16716	Knackgivare 2, signal, eller -krets, låg signal
-	16721	Vevaxelns vinkelgivare eller -krets
-	16785	Avgaser
-	16786	Avgaser
-	16885	Fordonets hastighetsgivare eller -krets
-	16989	Styrmodul
-	17509	Syresensor eller -krets
-	17514	Syresensor eller -krets
-	17540	Syresensor eller -krets
-	17541	Syresensor eller -krets
-	17609	Insprutarventil nr 1 eller insprutarkrets
-	17610	Insprutarventil nr 4 eller insprutarkrets
-	17611	Insprutarventil nr 3 eller insprutarkrets
-	17612	Insprutarventil nr 4 eller insprutarkrets
-	17613	Insprutarventil nr 5 eller insprutarkrets
-	17614	Insprutarventil nr 6 eller insprutarkrets
-	17615	Insprutarventil nr 7 eller insprutarkrets
-	17616	Insprutarventil nr 8 eller insprutarkrets
-	17621	Insprutarventil nr 1 eller insprutarkrets
-	17622	Insprutarventil nr 2 eller insprutarkrets
-	17623	Insprutarventil nr 3 eller insprutarkrets
-	17624	Insprutarventil nr 4 eller insprutarkrets
-	17625	Insprutarventil nr 5 eller insprutarkrets
-	17626	Insprutarventil nr 6 eller insprutarkrets
-	17627	Cylinder nr 7 misständer
-	17628	Cylinder nr 8 misständer
-	17733	Knackreglering cylinder 1 eller -krets
-	17734	Knackreglering cylinder 2 eller -krets
-	17735	Knackreglering cylinder 3 eller -krets
-	17736	Knackreglering cylinder 4 eller -krets
-	17737	Knackreglering cylinder 5 eller -krets
-	17738	Knackreglering cylinder 6 eller -krets
-	17739	Knackreglering cylinder 7 eller -krets
-	17740	Knackreglering cylinder 8 eller -krets
-	17747	Vevaxelns vinkelgivare och fordonets hastighetsgivare omkastade
-	17749	Tändspänning 1, kortslutning till jord
-	17751	Tändspänning 2, kortslutning till jord
-	17753	Tändspänning 3, kortslutning till jord

Blinkkod	Felkod	Beskrivning
-	17799	Kamaxelgivare eller -krets
-	17800	Kamaxelgivare eller -krets
-	17801	Tändspänning 1
-	17802	Tändspänning 2
-	17803	Tändspänning 3
-	17808	EGR-ventil eller -krets
-	17810	EGR-ventil eller -krets
-	17815	EGR-ventil eller -krets, för låg signal
-	17816	EGR-ventil eller -krets, för hög signal
-	17817	Kolfilterventil eller -krets
-	17818	Kolfilterventil eller -krets
-	17908	Bränslepumprelä eller krets
-	17910	Bränslepumprelä eller krets
-	17912	Insugningssystem
-	17913	Gasspjällbrytare eller -krets
-	17914	Gasspjällbrytare eller -krets
-	17915	Tomgångsventil eller -krets
-	17916	Tomgångsventil eller -krets
-	17917	Tomgångsventil eller -krets
-	17918	Tomgångsventil eller -krets
-	17919	Insugningsrörventil eller -krets
-	17920	Insugningsrörventil eller -krets
-	17966	Gasspjälldrivning
-	17978	Elektronisk körspärr
-	18008	Spänningsmatning
-	18010	Batteri
-	18020	Elektronisk styrmodul felkodad

***Observera:** *Felkodsnummer 2113 visas alltid när tändningen slås på och motorn stoppas i system med en Halleffektgivare som primärutlösare.*

Kapitel 37
Volvo

Innehåll

Bilförteckning

Modell	Motorkod	År	System
240 2.0i kat	B200F	1991 till 1993	Bosch LH2.4-Jetronic
240 2.3 kat	B230F	1984 till 1991	Bosch LH2.4-Jetronic
240 2.3i kat	B230F	1989 till 1993	Bosch LH2.4-Jetronic
240 2.3i kat	B230FD	1993 till 1994	Bosch LH2.4-Jetronic
400 1.7i SOHC	B18ED-104	1986 till 1990	Fenix 1 eller 3.2
400 1.7i SOHC kat	B18ES-105	1986 till 1990	Fenix 1 eller 3.2
400 1.7i SOHC 8V	B18EP-115	1990 till 1994	Fenix 3B
400 1.7i SOHC 8V kat	B18FP-115	1990 till 1995	Fenix 3B
400 1.8i SOHC kat	B18U-103	1992 till 1997	Fenix 3BF SPi
400 1.8i SOHC kat	B18U-103	1996 till 1997	Fenix 3BF SPi
400 2.0i SOHC 8V kat	B20F-116/118	1993 till 1996	Fenix 3B MPi
400 2.0i SOHC 8V kat	B20F-208/209	1994 till 1997	Fenix 3B MPi
440 1.6i SOHC 8V	B16F-109	1991 till 1997	Fenix 3B MPi
460 1.6i SOHC 8V	B16F-109	1991 till 1997	Fenix 3B MPi
740 2.0 kat	B200F	1990 till 1992	Bosch LH2.4-Jetronic
740 2.3i 16V kat	B234F	1989 till 1991	Bosch LH2.4-Jetronic
740 2.3 Turbo kat	B230FT	1985 till 1989	Bosch LH2.4-Jetronic
740 2.3 Turbo kat	B230FT	1990 till 1992	Bosch LH2.4-Jetronic
760 2.3 Turbo kat	B230FT	1985 till 1989	Bosch LH2.4-Jetronic
760 2.3 Turbo kat	B230FT	1990 till 1991	Bosch LH2.4-Jetronic
850 2.0i 20V	B5204S	1992 till 1997	Bosch LH3.2-Jetronic
850 2.5i 20V	B5254S	1992 till 1997	Bosch LH3.2-Jetronic
850 2.0 20V Turbo	B5204T	1994 till 1997	Bosch Motronic M4.3 SEFI
850 T5 DOHC 20V	B5234T	1994 till 1997	Bosch Motronic M4.3 SEFI
850 T-5R	B5234T-5	1994 till 1997	Bosch Motronic M4.3 SEFI
850R	B5234T-5	1994 till 1997	Bosch Motronic M4.3 SEFI
850 2.0i 10V SOHC	B5202S	1995 till 1997	Fenix 5.2 SEFI
850 2.5i 10V SOHC	B5252S	1993 till 1997	Fenix 5.2 SEFI
900 2.3i LPT Turbo	B230FK	1995 till 1997	Bosch LH2.4-Jetronic
940 2.0i kat	B200F	1990 till 1996	Bosch LH2.4-Jetronic
940 2.3i	B230F	1992 till 1994	Bosch LH2.4-Jetronic
940 2.0i Turbo kat	B200FT	1990 till 1996	Bosch LH2.4-Jetronic

Självdiagnostik

1 Inledning

Vissa Volvomodeller har motorstyrningssystem som styr primärtändning, bränsle- och tomgångsfunktioner från samma styrmodul. Andra Volvomodeller har ett separat tändningssystem som styr primärtändningen och ett insprutningssystem som styr bränsle- och tomgångsfunktioner. Alla dessa motorstyrningssystem samt tändnings- och bränslesystem har ett självdiagnossystem som kan generera felkoder.

Motorstyrningssystemen som behandlas i det här kapitlet är Bosch Motronic M4.3 och Fenix 3B eller 5.2. Bränsleinsprutningssystemen är Bosch LH2.4-Jetronic och LH3.2-Jetronic. Tändningssystemen med självdiagnosfunktion som behandlas är Bosch EZ116-K och EZ129-K samt Bendix Rex-1. Volvobilar med Bosch LH2.4-Jetronic har normalt Bosch EZ116-K eller Bendix Rex-1 tändning medan de modeller som har LH3.2-Jetronic insprutning har tändningssystemet Bosch EZ129-K.

Volvobilar har en diagnosenhet med lysdiod, testknapp, testledare och sex uttag för felkodshämtning. När testledaren har

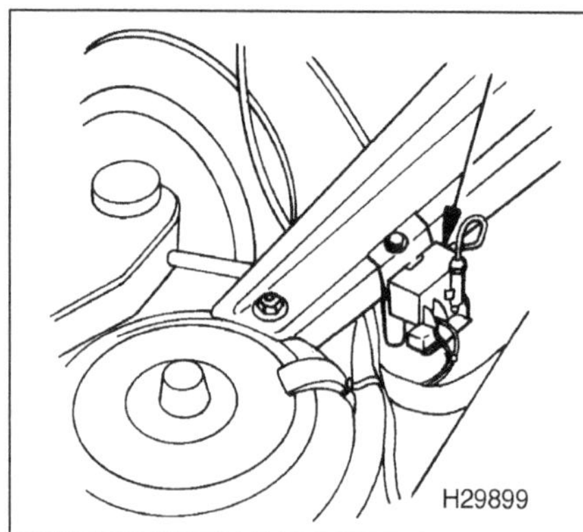

37.1 Diagnosenheten sitter framför vänster fjäderben i motorrummet

anslutits till rätt uttag kan ett antal test genomföras som omfattar hämtning av felkoder, radering av felkoder och test av olika motorstyrningskomponenter. Där bilen har Bosch EZ-K-tändning och LH-Jetronic bränslesystem genererar tändnings- och bränslesystemen felkoder separat. Dessa kan hämtas genom att man ansluter testledaren till rätt uttag på diagnosenheten.

Självdiagnosfunktion

Varje styrmodul har en självtestfunktion som kontinuerligt undersöker signalerna från vissa givare och aktiverare i motorn och sedan jämför signalerna med en tabell av inprogrammerade värden. Om diagnostikprogramvaran konstaterar att ett fel föreligger lagrar styrmodulen en eller fler felkoder i styrmodulminnet. Koder kan inte lagras för komponenter för vilka det inte finns någon kod, eller för tillstånd som inte täcks av programvaran.

Nödprogram

Systemen som behandlas i det här kapitlet har nödprogram (s.k. "linka-hem"-läge). Så snart vissa fel identifierats (alla fel initierar inte nödprogrammet) startar styrmodulen nödprogrammet och går över till ett programmerat grundvärde snarare än att gå efter givarsignaler. Detta gör att bilen tryggt kan köras till en verkstad för reparation eller test. Så snart felet avhjälpts återgår styrmodulen till normaldrift.

Anpassning

Volvos system har också en adaptiv funktion som anpassar inprogrammerade värden efter vanlig körning och tar hänsyn till motorslitage.

Varningslampa för självdiagnos

De flesta Volvomodeller har en varningslampa för självdiagnos på instrumentpanelen.

2 Placering av diagnosenhet eller diagnostikuttag

Bosch EZ116-K tändning och LH2.4-Jetronic

Diagnosenheten sitter framför vänster fjäderben i motorrummet **(se bild 37.1)**.

Bosch EZ-129K tändning och LH3.2-Jetronic

Dessa bilar kan ha två diagnosenheter. Enhet "A" används för felkodshämtning i motorstyrningen. Den sitter bakom höger strålkastare framför kontrollboxen **(se bild 37.2)**.

Bosch Motronic 4.3, Fenix 3B och 5.2

Där det finns två diagnosenheter används enhet "A" för hämtning av felkoder i motorstyrningen. Den sitter bakom höger strålkastare framför kontrollboxen **(se bild 37.2)**.

Bilar byggda efter 1995 har vanligtvis ett 16-stifts diagnostikuttag placerat på mittkonsolen bakom en panel och ovanför växelväljaren **(se bild 37.3)**.

3 Bosch LH2.4-Jetronic - test utan felkodsläsare

Observera 1: *Under vissa testprocedurer är det möjligt att ytterligare felkoder genereras. Se till att inga koder som genereras under test lurar diagnosen. Alla koder måste raderas när testet har genomförts.*

Observera 2: *I förekommande fall, använd diagnosenhet "A" för följande test (se bild 37.6). Starta inte motorn om inte testet kräver det.*

Test 1 (hämta blinkkoder)

1 Anslut testledaren till uttag 2 i diagnosenheten **(se bild 37.4)**.

2 Slå på tändningen utan att starta motorn.

3 Tryck på testknappen en gång och håll den intryckt mellan 1 och 3 sekunder.

4 Efter ett uppehåll på 3,5 sekunder börjar lysdioden på självdiagnosenheten att blinka för att visa varje tresiffrig kod enligt följande:

a) De tre siffrorna indikeras av tre serier blinkningar.

b) Den första serien blinkningar indikerar den första siffran, den andra serien den andra siffran och den tredje serien den tredje siffran.

c) Varje serie indikeras av 0,5 sekunders blinkningar, åtskilda av 0,5 sekunders pauser.

d) En 3,5 sekunders paus skiljer varje serie blinkningar.

e) Kod "142" indikeras genom en 0,5 sekunders blinkning följd av en 3,5 sekunders paus, fyra 0,5 sekunders blinkningar, ytterligare en 3,5 sekunders paus och slutligen två 0,5 sekunders blinkningar.

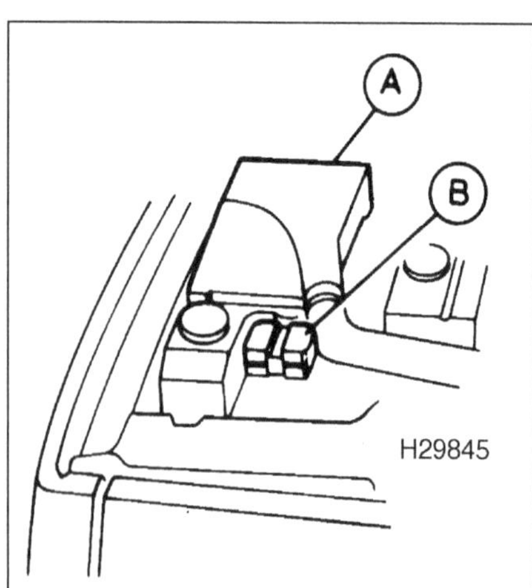

37.2 Styrmodulen och diagnosenheten sitter bakom höger strålkastare framför kontrollboxen i motorrummet

A Kontrollboxen innehåller styrmodulerna för tändning, bränsleinsprutning och automatisk växellåda
B Diagnosenhet

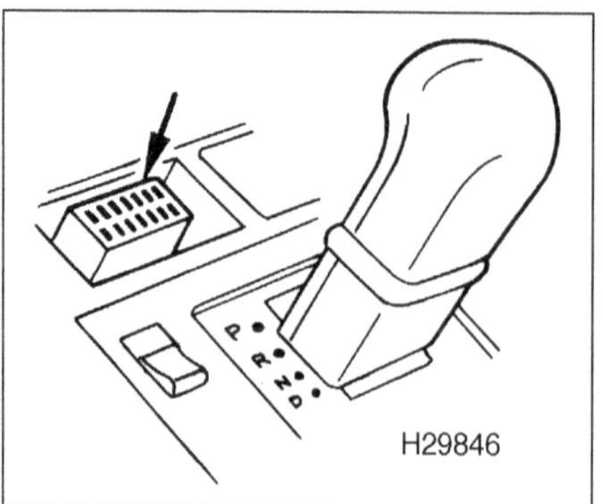

37.3 Diagnostikuttaget med 16 stift (vid pilen) sitter ovanför växelväljaren på mittkonsolen

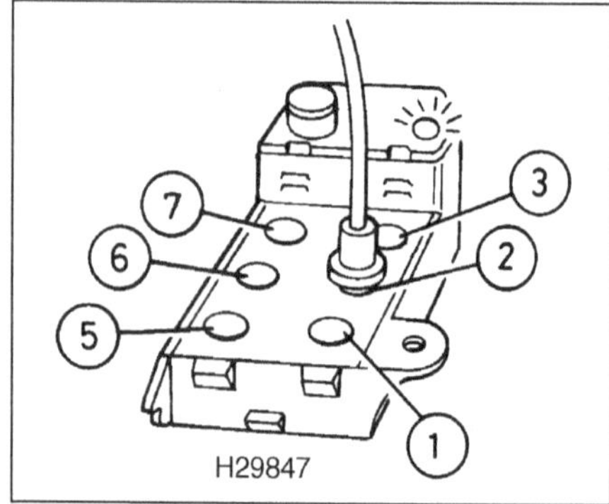

37.4 Hämtning av bränsleinsprutningskoder med testledaren ansluten till uttag 2

5 Räkna antalet blinkningar i varje serie och registrera varje kod vartefter den sänds. Se tabellerna i slutet av kapitlet för att se vad felkoden betyder.
6 Varje kod visas en gång av lysdioden.
7 Hämta påföljande kod genom att åter trycka på testknappen mellan 1 och 3 sekunder. Koden visas efter en paus på 3,5 sekunder. Alla lagrade felkoder sänds i turordning.
Observera: *I tidiga versioner av Bosch LH 2.4 kan bara de tre senast lagrade koderna hämtas samtidigt. Innan andra koder kan hämtas måste felen som orsakat de första felen avhjälpas och felkoderna för dessa raderas ur minnet enligt beskrivning senare. I senare versioner av Bosch LH 2.4 gäller inte denna begränsning och alla lagrade koder kan hämtas samtidigt.*
8 Upprepa proceduren och fortsätt hämta koder helt tills alla koder sänts.
9 Om inga koder lagrats blinkar lysdioden kod "111".
10 Slå av tändningen för att avsluta test 1.

Test 2 (givarsignaler till styrmodulen)

11 Anslut testledaren till uttag 2 i diagnosenheten.
12 Slå på tändningen utan att starta motorn.
13 Tryck på testknappen två gånger för att gå till test 2. Korrekt metod är som följer:
- *a) Tryck på testknappen i 1 till 3 sekunder.*
- *b) Vänta 1 till 2 sekunder.*
- *c) Tryck på testknappen i 1 till 3 sekunder.*

14 Lysdioden blinkar kontinuerligt med ca. 6 blinkningar per sekund för att indikera att diagnosenheten är i läge för test 2.
15 Testa givarna och observera lysdiodens beteende enligt följande:
- *a) Efter varje testrutin blinkar lysdioden en bekräftelsekod. Om inte lysdioden visar en bekräftelsekod tyder det på en defekt komponent, anslutning eller brytare.*
- *b) Efter att ha visat en bekräftelsekod återgår lysdioden till att blinka 6 gånger per sekund.*
- *c) Upprepa varje test om så behövs.*

16 Öppna gasspjället halvvägs. Lysdioden visar bekräftelsekoden "332" för att indikera att tomgångsbrytaren har öppnat.
17 Öppna gasspjället helt. Om fullastbrytaren har slutit visar lysdioden bekräftelsekod "333".
18 Starta motorn eller, om den inte startar, dra runt den i 10 sekunder och lämna tändningen på. Om styrmodulen får en tillfredsställande signal från vevaxelns vinkelgivare, visar lysdioden bekräftelsekod "331".
19 Se till att handbromsen är ordentligt åtdragen. För växelväljaren till "D"-läget och sedan tillbaka till "P"-läget. Om styrmodulen får en tillfredsställande signal från växellägesbrytaren visar lysdioden bekräftelsekod "124".
20 Slå på luftkonditioneringsbrytaren. Om styrmodulen får en tillfredsställande signal från luftkonditioneringens brytare visar lysdioden kod "114". Om styrmodulen får en tillfredsställande signal från luftkonditioneringens kompressor visar lysdioden även kod "134".
21 Slå av tändningen för att avsluta test 2.

Test 3 (aktivera valda aktiverare)

22 Anslut testledaren till uttag 2 i diagnosenheten.
23 Slå på tändningen utan att starta motorn.
24 Tryck på testknappen tre gånger för att gå till test 3. Korrekt metod är som följer:
- *a) Tryck på testknappen i 1 till 3 sekunder.*
- *b) Vänta 1 till 2 sekunder.*
- *c) Tryck på testknappen i 1 till 3 sekunder.*
- *d) Vänta i 1 till 2 sekunder.*
- *e) Tryck på testknappen i 1 till 3 sekunder.*

25 Styrmodulen aktiverar automatiskt var och en av aktiverarna på listan nedan, den ena efter den andra. Lyssna noga eller, om lämpligt, känn på komponenten för att se om den har aktiverats. Lysdioden blinkar samtidigt med den hörbara funktionen hos aktiveraren.

Varning: Insprutarna aktiveras under det här testet, och det finns en allvarlig risk för att cylindrarna fylls med bensin. Därför är det klokt att koppla från tillförseln till bränslepumpen (eller ta bort bränslepumpssäkringen) innan testet påbörjas. Slå av tändningen när som helst för att avsluta test 3.

Aktiverarlista

- *1) Fläkten på halv hastighet*
- *2) Fläkten på full hastighet*
- *3) Insprutarventiler*
- *4) Tomgångsventilen*
- *5 Kolfilterventil*
- *6) Kallstartventil*

26 Slå av tändningen för att avsluta test 3.

4 Bosch EZ-116K och Bendix Rex-1 tändningssystem – test utan felkodsläsare

Observera 1: *Under vissa testprocedurer är det möjligt att ytterligare felkoder genereras. Se till att inga koder som genereras under test lurar diagnosen. Alla koder måste raderas när testet har genomförts.*

Observera 2: *Starta inte motorn om inte testrutinen kräver det.*

Test 1 (hämta blinkkoder)

1 Anslut testledaren till uttag 6 i diagnosenheten. **(se bild 37.5)**.
2 Slå på tändningen utan att starta motorn.
3 Tryck på testknappen en gång och håll den intryckt mellan 1 och 3 sekunder.
4 Efter ett uppehåll på 3,5 sekunder börjar lysdioden på självdiagnosenheten att blinka för att visa varje tresiffrig kod enligt följande:

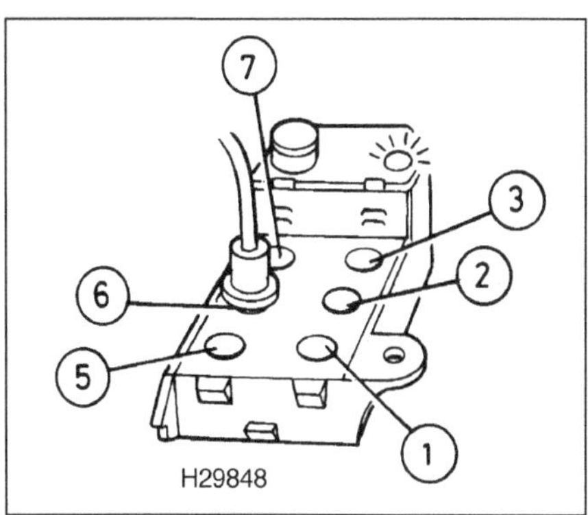

37.5 Hämtning av tändningskoder med testledaren ansluten till uttag 6

- *a) De tre siffrorna indikeras av tre serier blinkningar.*
- *b) Den första serien blinkningar indikerar den första siffran, den andra serien den andra siffran och den tredje serien den tredje siffran.*
- *c) Varje serie indikeras av 0,5 sekunders blinkningar, åtskilda av 0,5 sekunders pauser.*
- *d) En 3,5 sekunders paus skiljer varje serie blinkningar.*
- *e) Kod "142" indikeras genom en 0,5 sekunders blinkning följd av en 3,5 sekunders paus, fyra 0,5 sekunders blinkningar, ytterligare en 3,5 sekunders paus och slutligen två 0,5 sekunders blinkningar.*

5 Räkna antalet blinkningar i varje serie och registrera varje kod vartefter den sänds. Se tabellerna i slutet av kapitlet för att se vad felkoden betyder.
6 Varje kod visas en gång av lysdioden.
7 Hämta påföljande kod genom att åter trycka på testknappen mellan 1 och 3 sekunder. Koden visas efter en paus på 3,5 sekunder. Alla lagrade felkoder sänds i turordning.
Observera: *I EZ-116K system kan bara de sista fem lagrade koderna hämtas på en gång. Innan andra koder kan hämtas måste felen som orsakat de första felen avhjälpas och felkoderna för dessa raderas ur minnet enligt beskrivning senare.*
8 Upprepa proceduren och fortsätt hämta koder helt tills alla koder sänts.
9 Om inga koder lagrats blinkar lysdioden kod "111".
10 Slå av tändningen för att avsluta test 1.

Test 2 (givarsignaler till styrmodulen)

11 Anslut testledaren till uttag 6 i diagnosenheten.
12 Slå på tändningen utan att starta motorn.
13 Tryck på testknappen två gånger för att gå till test 2. Korrekt metod är som följer:
- *a) Tryck på testknappen i 1 till 3 sekunder.*
- *b) Vänta 1 till 2 sekunder.*
- *c) Tryck på testknappen i 1 till 3 sekunder.*

14 Lysdioden blinkar kontinuerligt med ca. 6 blinkningar per sekund för att indikera att diagnostikenheten är i läge för test 2.

15 Testa givarna och observera lysdiodens beteende enligt följande:

a) Efter varje testrutin blinkar lysdioden en bekräftelsekod. Om inte lysdioden visar en bekräftelsekod tyder det på en felaktig komponent, anslutning eller brytare.

b) Efter att ha visat en bekräftelsekod återgår lysdioden till att blinka 6 gånger per sekund.

c) Upprepa varje test om nödvändigt.

16 Öppna gasspjället helt. Om fullastbrytaren har slutit visar lysdioden bekräftelsekod "334". Släpp gasen.

17 Starta motorn eller, om den inte startar, dra runt den i 10 sekunder och lämna tändningen på. Om styrmodulen får en tillfredsställande signal från vevaxelns vinkelgivare, visar lysdioden bekräftelsekod "141".

18 Slå av motorn.

19 Om testet måste göras om, slå på tändningen och upprepa proceduren från och med punkt 13.

5 Bosch LH3.2-Jetronic – test utan felkodsläsare

Observera 1: *Under en del testprocedurer är det möjligt att ytterligare felkoder genereras. Se till att inga koder som genereras under test lurar diagnosen. Alla koder måste raderas när testet har genomförts.*

Observera 2: *Starta inte motorn om inte testet kräver det.*

Test 1 (hämta blinkkoder)

1 Anslut testledaren till uttag 2 i diagnosenheten. **(se bild 37.6)**.

2 Slå på tändningen utan att starta motorn.

3 Tryck på testknappen en gång och håll den intryckt mellan 1 och 3 sekunder.

4 Efter ett uppehåll på 3,5 sekunder börjar lysdioden på självdiagnosenheten att blinka för att visa varje tresiffrig kod enligt följande:

a) De tre siffrorna indikeras av tre serier blinkningar.

b) Den första serien blinkningar indikerar den första siffran, den andra serien den andra siffran och den tredje serien den tredje siffran.

c) Varje serie indikeras av 0,5 sekunders blinkningar, åtskilda av 0,5 sekunders pauser.

d) En 3,5 sekunders paus skiljer varje serie blinkningar.

e) Kod "142" indikeras genom en 0,5 sekunders blinkning följd av en 3,5 sekunders paus, fyra 0,5 sekunders blinkningar, ytterligare en 3,5 sekunders paus och slutligen två 0,5 sekunders blinkningar.

5 Räkna antalet blinkningar i varje serie och registrera varje kod vartefter den sänds. Se tabellerna i slutet av kapitlet för att se vad felkoden betyder.

6 Varje kod visas en gång av lysdioden.

7 Hämta påföljande kod genom att åter trycka på testknappen mellan 1 och 3 sekunder. Koden visas efter en paus på 3,5 sekunder. Alla lagrade felkoder sänds i turordning.

Observera: *I Bosch LH 3.2-system kan bara de sista fem lagrade koderna hämtas på en gång. Innan andra koder kan hämtas måste felen som orsakat de första felen avhjälpas och felkoderna för dessa raderas ur minnet enligt beskrivning senare.*

8 Upprepa proceduren och fortsätt hämta koder helt tills alla koder sänts.

9 Om inga koder lagrats blinkar lysdioden kod "111".

10 Slå av tändningen för att avsluta test 1.

Test 2 (givarsignaler till styrmodulen)

11 Anslut testledaren till uttag 2 i diagnosenheten.

12 Slå på tändningen utan att starta motorn.

13 Tryck på testknappen två gånger för att gå till test 2. Korrekt metod som följer:

a) Tryck på testknappen i 1 till 3 sekunder.

b) Vänta 1 till 2 sekunder.

c) Tryck på testknappen i 1 till 3 sekunder.

14 Lysdioden blinkar kontinuerligt med ca. 6 blinkningar per sekund för att indikera att diagnostikenheten är i läge för test 2.

15 Testa givarna och observera lysdiodens beteende enligt följande:

a) Efter varje testrutin blinkar lysdioden en bekräftelsekod. Om inte lysdioden visar en bekräftelsekod tyder det på en felaktig komponent, anslutning eller brytare.

b) Efter att ha visat en bekräftelsekod återgår lysdioden till att blinka 6 gånger per sekund.

c) Upprepa varje test om så behövs.

16 Öppna gasspjället halvvägs. Lysdioden visar bekräftelsekoden "332" för att indikera att tomgångsbrytaren har öppnat.

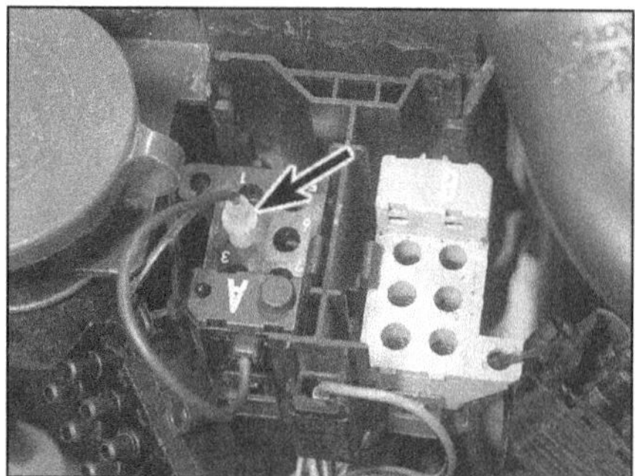

37.6 Där det finns dubbla diagnosenheter, använd enhet "A" för felkodshämtning. Testledaren (vid pilen) är ansluten till uttag 2 för hämtning av felkoder för bränsleinsprutning

17 Öppna gasspjället helt. Om fullastbrytaren har slutit visar lysdioden bekräftelsekod "333".

18 Starta motorn eller, om den inte startar, dra runt den i 10 sekunder och lämna tändningen på. Om styrmodulen får en tillfredsställande signal från vevaxelns vinkelgivare, visar lysdioden bekräftelsekod "331".

19 Se till att handbromsen är ordentligt åtdragen. För växelväljaren till "D"-läget och sedan tillbaka till "P"-läget. Om styrmodulen får en tillfredsställande signal från växellägesbrytaren visar lysdioden bekräftelsekod "124".

20 Slå på luftkonditioneringsbrytaren. Om styrmodulen får en tillfredsställande signal från luftkonditioneringens brytare visar lysdioden kod "114". Om styrmodulen får en tillfredsställande signal från luftkonditioneringens kompressor visar lysdioden även kod "134".

21 Slå av tändningen för att avsluta test 2.

Test 3 (aktivera valda aktiverare)

22 Anslut testledaren till uttag 2 i diagnosenheten.

23 Slå på tändningen utan att starta motorn.

24 Tryck på testknappen tre gånger för att gå till test 3. Korrekt metod är som följer:

a) Tryck på testknappen i 1 till 3 sekunder.

b) Vänta 1 till 2 sekunder.

c) Tryck på testknappen i 1 till 3 sekunder.

d) Vänta i 1 till 2 sekunder.

e) Tryck på testknappen i 1 till 3 sekunder.

25 Styrmodulen aktiverar automatiskt insprutarna och tomgångsventilen, den ena efter den andra, med flera sekunders paus mellan varje aktiverare. Lyssna noga eller, om lämpligt, känn på komponenten för att se om den har aktiverats. Lysdioden blinkar samtidigt med den hörbara funktionen hos aktiveraren.

Varning: Insprutarna aktiveras i 5 eller 10 sekunder under den här testrutinen, och det finns en allvarlig risk för att cylindrarna fylls med bensin. Därför är det klokt att koppla från tillförseln till bränslepumpen (eller ta bort bränslepumpssäkringen) innan testet påbörjas. Slå av tändningen när som helst för att avsluta test 3.

26 Testsekvensen upprepas två gånger innan proceduren avslutas automatiskt.

27 Slå av tändningen för att avsluta test 3.

6 Bosch EZ-129K tändningssystem – test utan felkodsläsare

Observera 1: *Under en del testprocedurer är det möjligt att ytterligare felkoder genereras. Se till att inga koder som genereras under test lurar diagnosen. Alla koder måste raderas när testet har genomförts.*

Observera 2: *Starta inte motorn om inte testrutinen kräver det.*

Test 1 (hämta blinkkoder)

1 Anslut testledaren till uttag 6 i diagnosenheten.
2 Slå på tändningen utan att starta motorn.
3 Tryck på testknappen en gång och håll den intryckt mellan 1 och 3 sekunder.
4 Efter ett uppehåll på 3,5 sekunder börjar lysdioden på självdiagnosenheten att blinka för att visa varje tresiffrig kod enligt följande:

a) De tre siffrorna indikeras av tre serier blinkningar.
b) Den första serien blinkningar indikerar den första siffran, den andra serien den andra siffran och den tredje serien den tredje siffran.
c) Varje serie indikeras av 0,5 sekunders blinkningar, åtskilda av 0,5 sekunders pauser.
d) En 3,5 sekunders paus skiljer varje serie blinkningar.
e) Kod "142" indikeras genom en 0,5 sekunders blinkning följd av en 3,5 sekunders paus, fyra 0,5 sekunders blinkningar, ytterligare en 3,5 sekunders paus och slutligen två 0,5 sekunders blinkningar.

5 Räkna antalet blinkningar i varje serie och registrera varje kod vartefter den sänds. Se tabellerna i slutet av kapitlet för att se vad felkoden betyder.
6 Varje kod visas en gång av lysdioden.
7 Hämta påföljande kod genom att åter trycka på testknappen mellan 1 och 3 sekunder. Koden visas efter en paus på 3,5 sekunder. Alla lagrade felkoder sänds i turordning.

Observera: *I EZ-129K-system kan bara de sista fem lagrade koderna hämtas på en gång. Innan andra koder kan hämtas måste de första felen åtgärdas och felkoderna för dessa raderas ur minnet enligt beskrivning längre fram.*

8 Upprepa proceduren och fortsätt hämta koder helt tills alla koder sänts.
9 Om inga koder lagrats blinkar lysdioden kod "111".
10 Slå av tändningen för att avsluta test 1.

Test 2 (givarsignaler till styrmodulen)

11 Anslut testledaren till uttag 6 i diagnosenheten.
12 Slå på tändningen utan att starta motorn.
13 Tryck på testknappen två gånger för att gå till test 2. Korrekt metod är som följer:

a) Tryck på testknappen i 1 till 3 sekunder.
b) Vänta 1 till 2 sekunder.
c) Tryck på testknappen i 1 till 3 sekunder.

14 Lysdioden blinkar kontinuerligt med ca. 6 blinkningar per sekund för att indikera att diagnostikenheten är i läge för test 2.
15 Testa givarna och observera lysdiodens beteende enligt följande:

a) Efter varje testrutin blinkar lysdioden en bekräftelsekod. Om inte lysdioden visar en bekräftelsekod tyder det på en felaktig komponent, anslutning eller brytare.
b) Efter att ha visat en bekräftelsekod återgår lysdioden till att blinka 6 gånger per sekund.
c) Upprepa varje test om så behövs.

16 Öppna gasspjället helt. Om fullastbrytaren har slutit visar lysdioden bekräftelsekod "344".
17 Rulla bilen ungefär en meter för att få en signal från hastighetsgivaren. Om styrmodulen får en tillfredsställande signal från fordonets hastighetsgivare, visar lysdioden bekräftelsekod "343".
18 Starta motorn eller, om den inte startar, dra runt den i 10 sekunder och lämna tändningen på. Om styrmodulen får en tillfredsställande signal från cylinderidentifieringsgivaren, visar lysdioden bekräftelsekod "342".
19 Efter att kod "342" har slocknat visar lysdioden bekräftelsekoden "141" för att indikera att styrmodulen har fått en tillfredsställande signal från vevaxelns vinkelgivare.
20 Slå av tändningen för att avsluta test 2.

Test 3 (aktivera valda aktiverare)

21 Anslut testledaren till uttag 6 i diagnosenheten.
22 Slå på tändningen utan att starta motorn.
23 Tryck på testknappen tre gånger för att gå till test 3. Korrekt metod är som följer:

a) Tryck på testknappen i 1 till 3 sekunder.
b) Vänta 1 till 2 sekunder.
c) Tryck på testknappen i 1 till 3 sekunder.
d) Vänta i 1 till 2 sekunder.
e) Tryck på testknappen i 1 till 3 sekunder.

24 Styrmodulen aktiverar automatiskt var och en av aktiverarna på aktuell lista nedan, den ena efter den andra. Lyssna noga eller, om lämpligt, känn på komponenten för att se om den har aktiverats. Lysdioden blinkar samtidigt med den hörbara funktionen hos aktiveraren.

Aktiverarlista för bilar med chassinummer före 30700

1) Fläkten på halv hastighet
2) Fläkten på full hastighet
3) Variabel insugningsgivare
4) Varvräknare (för varvtal upp till 1 500 varv/min)

Aktiverarlista för bilar med chassinummer fr.o.m 30700

1) Variabel insugningsgivare
2) Fläkten på halv hastighet
3) Avgasregulator
4) Varvräknare (för varvtal upp till 1 500 varv/min)

25 Testsekvensen upprepas två gånger innan proceduren avslutas automatiskt.
26 Slå av tändningen för att avsluta test 3.

7 Fenix 3B - test utan felkodsläsare

Observera 1: *Under en del testprocedurer är det möjligt att ytterligare felkoder genereras. Se till att inga koder som genereras under test lurar diagnosen. Alla koder måste raderas när testet har genomförts.*

Observera 2: *Starta inte motorn om inte testrutinen kräver det.*

Test 1 (hämta blinkkoder)

1 Anslut testledaren till uttag 2 i diagnosenheten.
2 Slå på tändningen utan att starta motorn.
3 Tryck på testknappen en gång och håll den intryckt mellan 1 och 3 sekunder.
4 Efter ett uppehåll på 3,5 sekunder börjar lysdioden på självdiagnosenheten att blinka för att visa varje tresiffrig kod enligt följande:

a) De tre siffrorna indikeras av tre serier blinkningar.
b) Den första serien blinkningar indikerar den första siffran, den andra serien den andra siffran och den tredje serien den tredje siffran.
c) Varje serie indikeras av 0,5 sekunders blinkningar, åtskilda av 0,5 sekunders pauser.
d) En 3,5 sekunders paus skiljer varje serie blinkningar.
e) Kod "142" indikeras genom en 0,5 sekunders blinkning följd av en 3,5 sekunders paus, fyra 0,5 sekunders blinkningar, ytterligare en 3,5 sekunders paus och slutligen två 0,5 sekunders blinkningar.

5 Räkna antalet blinkningar i varje serie och registrera varje kod vartefter den sänds. Se tabellerna i slutet av kapitlet för att se vad felkoden betyder.
6 Varje kod visas en gång av lysdioden.
7 Hämta påföljande kod genom att åter trycka på testknappen mellan 1 och 3 sekunder. Koden visas efter en paus på 3,5 sekunder. Alla lagrade felkoder sänds i turordning.

Observera: *I tidiga versioner av Fenix 3B kan bara de tre senast lagrade koderna hämtas samtidigt. Innan andra koder kan hämtas måste felen som orsakat de första felen avhjälpas och felkoderna för dessa raderas ur minnet enligt beskrivning senare. I senare versioner av Fenix 3B gäller inte denna begränsning och alla lagrade koder kan hämtas samtidigt.*

8 Upprepa proceduren och fortsätt hämta koder helt tills alla koder sänts.

9 Om inga koder lagrats blinkar lysdioden kod "111".

10 Slå av tändningen för att avsluta test 1.

Test 2 (givarsignaler till styrmodulen)

Observera: *På modeller med B18U-motorn måste du alltid genomföra test 2 om gasvajern har demonterats och monterats.*

11 Anslut testledaren till uttag 2 på diagnosenheten.

12 Slå på tändningen utan att starta motorn.

13 Tryck på testknappen två gånger för att gå till test 2. Korrekt metod är som följer:

a) Tryck på testknappen i 1 till 3 sekunder.

b) Vänta 1 till 2 sekunder.

c) Tryck på testknappen i 1 till 3 sekunder.

14 Lysdioden blinkar kontinuerligt med ca. 6 blinkningar per sekund för att indikera att diagnostikenheten är i läge för test 2.

15 Testa givarna och observera lysdiodens beteende enligt följande:

a) Efter varje testrutin blinkar lysdioden en bekräftelsekod. Om inte lysdioden visar en bekräftelsekod tyder det på en defekt komponent, anslutning eller brytare.

b) Efter att ha visat en bekräftelsekod återgår lysdioden till att blinka 6 gånger per sekund.

c) Upprepa varje test om så behövs.

16 Starta motorn eller, om den inte startar, dra runt den i 10 sekunder och lämna tändningen på. Om styrmodulen får en tillfredsställande signal från vevaxelns vinkelgivare, visar lysdioden bekräftelsekod "141".

17 Se till att handbromsen är ordentligt åtdragen. För växelväljaren till "D"-läget och sedan tillbaka till "P"-läget. Om styrmodulen får en tillfredsställande signal från växellägesbrytaren visar lysdioden bekräftelsekod "124".

18 Slå på luftkonditioneringen. Om styrmodulen får en tillfredsställande signal från luftkonditioneringens brytare visar lysdioden kod "114".

19 Slå av tändningen för att avsluta test 2.

Test 3 (aktivera valda aktiverare)

20 Anslut testledaren till uttag 2 i diagnosenheten.

21 Slå på tändningen utan att starta motorn.

22 Tryck på testknappen tre gånger för att gå till test 3. Korrekt metod som följer:

a) Tryck på testknappen i 1 till 3 sekunder.

b) Vänta 1 till 2 sekunder.

c) Tryck på testknappen i 1 till 3 sekunder.

d) Vänta i 1 till 2 sekunder.

e) Tryck på testknappen i 1 till 3 sekunder.

23 Styrmodulen aktiverar automatiskt var och en av aktiverarna på listan nedan, med flera sekunders uppehåll mellan varje. Lyssna noga eller, om lämpligt, känn på komponenten för att se om den har aktiverats. Lysdioden blinkar samtidigt med den hörbara funktionen hos aktiveraren.

Varning: Insprutarna aktiveras i 5 eller 10 sekunder under den här testrutinen, och det finns en allvarlig risk för att cylindrarna fylls med bensin. Därför är det klokt att koppla från tillförseln till bränslepumpen (eller ta bort bränslepumpssäkringen) innan testet påbörjas. Slå av tändningen när som helst för att avsluta test 3.

Aktiverarlista

1) Insprutare

2) Tomgångsventil

3) EVAP-ventil

4) Luftkonditioneringskrets

5 Huvudrelä

6) Hjälprelä

7) Vattenpump

24 Testsekvensen upprepas två gånger innan proceduren avslutas automatiskt.

25 Slå av tändningen för att avsluta test 3.

8 Fenix 5.2 – test utan felkodsläsare

Observera 1: *Under en del testprocedurer är det möjligt att ytterligare felkoder genereras. Se till att inga koder som genereras under test lurar diagnosen. Alla koder måste raderas när testet har genomförts.*

Observera 2: *Starta inte motorn om inte testrutinen kräver det.*

Test 1 (hämta blinkkoder)

1 Anslut testledaren till uttag 2 i diagnosenheten.

2 Slå på tändningen utan att starta motorn.

3 Tryck på testknappen en gång och håll den intryckt mellan 1 och 3 sekunder.

4 Efter ett uppehåll på 3,5 sekunder börjar lysdioden på självdiagnosenheten att blinka för att visa varje tresiffrig kod enligt följande:

a) De tre siffrorna indikeras av tre serier blinkningar.

b) Den första serien blinkningar indikerar den första siffran, den andra serien den andra siffran och den tredje serien den tredje siffran.

c) Varje serie indikeras av 0,5 sekunders blinkningar, åtskilda av 0,5 sekunders pauser.

d) En 3,5 sekunders paus skiljer varje serie blinkningar.

e) Kod "142" indikeras genom en 0,5 sekunders blinkning följd av en 3,5 sekunders paus, fyra 0,5 sekunders blinkningar, ytterligare en 3,5 sekunders paus och slutligen två 0,5 sekunders blinkningar.

5 Räkna antalet blinkningar i varje serie och registrera varje kod vartefter den sänds. Se tabellerna i slutet av kapitlet för att se vad felkoden betyder.

6 Varje kod visas en gång av lysdioden.

7 Hämta påföljande kod genom att åter trycka på testknappen mellan 1 och 3 sekunder. Koden visas efter en paus på 3,5 sekunder. Alla lagrade felkoder sänds i turordning.

Observera: *I tidiga versioner av Fenix 5.2 kan bara de tre senast lagrade koderna hämtas samtidigt. Innan andra koder kan hämtas måste felen som orsakat de första felen avhjälpas och felkoderna för dessa raderas ur minnet enligt beskrivning senare. I senare versioner av Fenix 5.2 gäller inte denna begränsning och alla lagrade koder kan hämtas samtidigt.*

8 Upprepa proceduren och fortsätt hämta koder helt tills alla koder sänts.

9 Om inga koder lagrats blinkar lysdioden kod "111".

10 Slå av tändningen för att avsluta test 1.

Test 2 (givarsignaler till styrmodulen)

11 Anslut testledaren till uttag 2 i diagnosenheten.

12 Slå på tändningen utan att starta motorn.

13 Tryck på testknappen två gånger för att gå till test 2. Korrekt metod är som följer:

a) Tryck på testknappen i 1 till 3 sekunder.

b) Vänta 1 till 2 sekunder.

c) Tryck på testknappen i 1 till 3 sekunder.

14 Lysdioden blinkar kontinuerligt med ca. 6 blinkningar per sekund för att indikera att diagnostikenheten är i läge för test 2.

15 Testa givarna och observera lysdiodens beteende enligt följande:

a) Efter varje testrutin blinkar lysdioden en bekräftelsekod. Om inte lysdioden visar en bekräftelsekod tyder det på en defekt komponent, anslutning eller brytare.

b) Efter att ha visat en bekräftelsekod återgår lysdioden till att blinka 6 gånger per sekund.

c) Upprepa varje test om nödvändigt.

16 Öppna gasspjället helt. Lysdioden visar bekräftelsekoden "333" för att indikera att gasspjället är i fullastläge.

17 Släpp gasen. Lysdioden visar bekräftelsekoden "332" för att indikera att gasspjället är i tomgångsläge.

18 Starta motorn, låt den gå på tomgång och se till att handbromsen är ordentligt åtdragen.

19 För växelväljaren till "D"-läget och sedan tillbaka till "P"-läget. Om styrmodulen får en tillfredsställande signal från växellägesbrytaren visar lysdioden bekräftelsekod "124".

20 Slå på luftkonditioneringsbrytaren. Om styrmodulen får en tillfredsställande signal från luftkonditioneringens brytare visar lysdioden kod "114".

21 Slå av tändningen för att avsluta test 2.

Test 3 (automatiskt aktiverartest)

22 Anslut testledaren till uttag 2 i diagnosenheten.
23 Slå på tändningen utan att starta motorn.
24 Tryck på testknappen tre gånger för att gå till test 3. Korrekt metod är som följer:

a) Tryck på testknappen i 1 till 3 sekunder.
b) Vänta 1 till 2 sekunder.
c) Tryck på testknappen i 1 till 3 sekunder.
d) Vänta i 1 till 2 sekunder.
e) Tryck på testknappen i 1 till 3 sekunder.

25 Styrmodulen aktiverar automatiskt var och en av aktiverarna på listan nedan, med flera sekunders uppehåll mellan varje. Lyssna noga eller, om lämpligt, känn på komponenten för att se om den har aktiverats. Lysdioden blinkar samtidigt med den hörbara funktionen hos aktiveraren.

Varning: Insprutarna aktiveras i 5 eller 10 sekunder under den här testrutinen, och det finns en allvarlig risk för att cylindrarna fylls med bensin. Därför är det klokt att koppla från tillförseln till bränslepumpen (eller ta bort bränslepumpssäkringen) innan testet påbörjas. Slå av tändningen när som helst för att avsluta test 3.

Aktiverarlista

1) EGR-ventil
2) Luftpump
3) Ventil, variabel insugning
4) Motorkylarfläkt (låg hastighet)
5) Motorkylarfläkt (hög hastighet)
6) Insprutarventil nr 1
7) Insprutarventil nr 2
8) Insprutarventil nr 3
9) Insprutarventil nr 4
10 Insprutarventil nr 5
11) A/C-pump
12) Huvudinsprutningsrelä
13) Bränslepumprelä
14) Fläkt, styrmodulbox

26 Testsekvensen upprepas två gånger innan proceduren avslutas automatiskt.
27 Slå av tändningen för att avsluta test 3.

Test 4 (manuellt aktiverartest)

28 Anslut testledaren till uttag 2 i diagnosenheten.
29 Slå på tändningen utan att starta motorn.
30 Tryck på testknappen fyra gånger för att gå till test 4. Korrekt metod är som följer:

a) Tryck på testknappen i 1 till 3 sekunder.
b) Vänta 1 till 2 sekunder.
c) Tryck på testknappen i 1 till 3 sekunder.
d) Vänta i 1 till 2 sekunder.
e) Tryck på testknappen i 1 till 3 sekunder.
f) Vänta 1 till 2 sekunder.
g) Tryck på testknappen i 1 till 3 sekunder.

31 Lysdioden tänds och väntar på att du ska ange en 3-siffrig kod.
32 Välj en komponent från aktiverarlistan nedan och ange motsvarande 3-siffriga kod enligt följande:

a) Tryck på testknappen det antal gånger som motsvarar första siffran i koden. Lysdioden slocknar när du knappar in den första siffran. Efter ett par sekunder tänds lysdioden igen, färdig för den andra siffran.
a) Tryck på testknappen det antal gånger som motsvarar andra siffran i koden. Lysdioden slocknar när du knappar in den andra siffran. Efter ett par sekunder tänds lysdioden igen, färdig för den tredje siffran.
a) Tryck på testknappen det antal gånger som motsvarar tredje siffran i koden. Lysdioden slocknar när du knappar in den tredje siffran.

33 Testa till exempel tomgångsventilen (aktiverarkod "223"). Tryck på knappen två gånger och vänta på att lysdioden släcks och sedan tänds igen. Tryck på knappen två gånger igen och vänta på att lysdioden släcks och sedan tänds igen. Tryck på knappen tre gånger och tomgångsventilen aktiveras. Lyssna noga eller, om lämpligt, känn på ventilen för att se om den har aktiverats. Lysdioden blinkar samtidigt med den hörbara funktionen hos ventilen.

Varning: Om du testar insprutarna, kom ihåg att de aktiveras under 5-10 sekunder vardera under testet och det finns en allvarlig risk för att cylindrarna fylls med bensin. Därför är det klokt att koppla från tillförseln till bränslepumpen (eller ta bort bränslepumpssäkringen) innan du testar insprutarna. Slå av tändningen när som helst för att avsluta test 4.

Koder och aktiverare

115 Insprutarventil nr 1
125 Insprutarventil nr 2
135 Insprutarventil nr 3
145 Insprutarventil nr 4
155 Insprutarventil nr 5
222 Huvudinsprutningsrelä
223 Tomgångsventil
235 EGR-ventil
342 A/C-pump
343 Bränslepumprelä
442 Luftpump
514 Motorkylarfläkt (låg hastighet)
515 Motorkylarfläkt (hög hastighet)
523 Fläkt, styrmodulbox

34 Slå av tändningen för att avsluta test 4.

9 Motronic 4.3 - test utan felkodsläsare

Observera 1: *Under en del testprocedurer är det möjligt att ytterligare felkoder genereras. Se till att inga koder som genereras under test lurar diagnosen. Alla koder måste raderas när testet har genomförts.*

Observera 2: *Starta inte motorn om inte testrutinen kräver det.*

Test 1 (hämta blinkkoder)

1 Anslut testledaren till uttag 2 i diagnosenheten.
2 Slå på tändningen utan att starta motorn.
3 Tryck på testknappen en gång och håll den intryckt mellan 1 och 3 sekunder.
4 Efter ett uppehåll på 3,5 sekunder börjar lysdioden på självdiagnosenheten att blinka för att visa varje tresiffrig kod enligt följande:

a) De tre siffrorna indikeras av tre serier blinkningar.
b) Den första serien blinkningar indikerar den första siffran, den andra serien den andra siffran och den tredje serien den tredje siffran.
c) Varje serie indikeras av 0,5 sekunders blinkningar, åtskilda av 0,5 sekunders pauser.
d) En 3,5 sekunders paus skiljer varje serie blinkningar.
e) Kod "142" indikeras genom en 0,5 sekunders blinkning följd av en 3,5 sekunders paus, fyra 0,5 sekunders blinkningar, ytterligare en 3,5 sekunders paus och slutligen två 0,5 sekunders blinkningar.

5 Räkna antalet blinkningar i varje serie och registrera varje kod vartefter den sänds. Se tabellerna i slutet av kapitlet för att se vad felkoden betyder.
6 Varje kod visas en gång av lysdioden.
7 Hämta påföljande kod genom att åter trycka på testknappen mellan 1 och 3 sekunder. Koden visas efter en paus på 3,5 sekunder. Alla lagrade felkoder sänds i turordning.

Observera: *Beroende på version av Motronic 4.3 kan bara de 18 eller 28 senast lagrade koderna hämtas samtidigt. Innan andra koder kan hämtas måste felen som orsakat de första felen avhjälpas och felkoderna för dessa raderas ur minnet enligt beskrivning senare.*

8 Upprepa proceduren och fortsätt hämta koder helt tills alla koder sänts.
9 Om inga koder lagrats blinkar lysdioden kod "111".
10 Slå av tändningen för att avsluta test 1.

Test 2 (givarsignaler till styrmodulen)

11 Anslut testledaren till uttag 2 i diagnosenheten.
12 Slå på tändningen utan att starta motorn.
13 Tryck på testknappen två gånger för att gå till test 2. Korrekt metod är som följer:

a) Tryck på testknappen i 1 till 3 sekunder.
b) Vänta 1 till 2 sekunder.
c) Tryck på testknappen i 1 till 3 sekunder.

14 Lysdioden blinkar kontinuerligt med ca. 6 blinkningar per sekund för att indikera att diagnostikenheten är i läge för test 2.

15 Testa givarna och observera lysdiodens beteende enligt följande:

a) *Efter varje testrutin blinkar lysdioden en bekräftelsekod. Om inte lysdioden visar en bekräftelsekod tyder det på en felaktig komponent, anslutning eller brytare.*

b) *Efter att ha visat en bekräftelsekod återgår lysdioden till att blinka 6 gånger per sekund.*

c) *Upprepa varje test om så behövs.*

16 Öppna gasspjället helt. Lysdioden visar bekräftelsekoden "333" för att indikera att gasspjället är i fullastläge.

17 Släpp gasen. Lysdioden visar bekräftelsekoden "332" för att indikera att gasspjället är i tomgångsläge.

18 Starta motorn, låt den gå på tomgång och se till att handbromsen är ordentligt åtdragen.

19 För växelväljaren till "D"-läget och sedan tillbaka till "P"-läget. Om styrmodulen får en tillfredsställande signal från växellägesbrytaren visar lysdioden bekräftelsekod "124".

20 Låt motorn gå på tomgång. Slå på luftkonditioneringen. Om styrmodulen får en tillfredsställande signal från luftkonditioneringens brytare visar lysdioden kod "114". Luftkonditioneringskompressorn aktiveras och lysdioden indikerar bekräftelsekod "134".

22 Slå av tändningen för att avsluta test 2.

Test 3 (aktiverartest)

23 Anslut testledaren till uttag 2 i diagnosenheten.

24 Slå på tändningen utan att starta motorn.

25 Tryck på testknappen tre gånger för att gå till test 3. Korrekt metod är som följer:

a) *Tryck på testknappen i 1 till 3 sekunder.*

b) *Vänta 1 till 2 sekunder.*

c) *Tryck på testknappen i 1 till 3 sekunder.*

d) *Vänta i 1 till 2 sekunder.*

e) *Tryck på testknappen i 1 till 3 sekunder.*

26 Styrmodulen aktiverar automatiskt var och en av aktiverarna på listan nedan, med flera sekunders uppehåll mellan varje. Lyssna noga eller, om lämpligt, känn på komponenten för att se om den har aktiverats. Lysdioden blinkar samtidigt med den hörbara funktionen hos aktiveraren.

Varning: Insprutarna aktiveras i 5 eller 10 sekunder under den här testrutinen, och det finns en allvarlig risk för att cylindrarna fylls med bensin. Därför är det klokt att koppla från tillförseln till bränslepumpen (eller ta bort bränslepumpssäkringen) innan testet påbörjas. Slå av tändningen när som helst för att avsluta test 3.

Aktiverarlista

1) *Motorkylarfläkt (låg hastighet)*
2) *Motorkylarfläkt (hög hastighet)*
3) *Insprutarventiler*
4) *Tomgångsventil*
5) *A/C-pump*

Modeller fram till 1994

6) *A/C-kompressor.*

Modeller från och med 1995:

7) *EGR-ventil*
8) *Luftpump*
9) *A/C-kompressor*
10) *Varvtalsgivarsignal (1 500 varv/min)*

27 Testsekvensen upprepas två gånger innan proceduren avslutas automatiskt.

28 Slå av tändningen för att avsluta test 3.

10 Radera felkoder utan felkodsläsare

1 Anslut testledaren till aktuellt uttag för systemet som testas.

2 Slå på tändningen utan att starta motorn.

3 Hämta alla blinkkoder från styrmodulen enligt instruktionerna ovan.

Observera: *Styrmodulens minne kan raderas först när alla koder har visats minst en gång och den först visade koden har upprepats.*

4 Efter att alla koder har visats, tryck på testknappen under minst 5 sekunder och släpp den sedan.

5 Vänta på att lysdioden ska tändas (efter en paus på 3-10 sekunder).

6 Tryck på testknappen en andra gång under minst 5 sekunder.

7 Lysdioden ska slockna och koderna ska nu vara raderade från styrmodulens minne.

8 Upprepa kodhämtningsproceduren. Tryck på testknappen en gång under 1-3 sekunder. Lysdioden ska visa kod "111", vilket indikerar att det inte finns några fel lagrade i styrmodulens minne:

11 Självdiagnos med felkodsläsare

Observera: *Under en del av testen kan ytterligare felkoder genereras. Se till att inga koder som genereras under test lurar diagnosen.*

Alla Volvomodeller

1 Anslut en felkodsläsare till diagnosenheten. Använd felkodsläsaren (enligt tillverkarens instruktioner) till följande ändamål:

a) *Hämta felkoder*

b) *Radera felkoder*

c) *Testa givarsignaler*

d) *Testa aktiverare (automatiskt)*

e *Testa aktiverare (manuellt)*

Observera: *Alla test går inte att genomföra på alla Volvobilar.*

2 Koder måste alltid raderas efter komponenttest eller efter reparationer där komponenter i motorstyrningssystemet tas bort eller byts ut.

12 Guide till testmetoder

1 Använd en felkodsläsare för att hämta felkoder från styrmodulen eller hämta koder manuellt enligt instruktioner ovan.

Lagrade koder

2 Om du får en eller flera felkoder, titta i felkodstabellerna i slutet av det här kapitlet för att fastställa betydelsen.

3 Om du får flera felkoder, leta efter gemensamma faktorer som t.ex. en felaktig jordanslutning eller matning.

4 Se testprocedurerna i kapitel 4 där du hittar sätt att testa de flesta komponenter och kretsar som återfinns i ett modernt motorstyrningssystem.

5 När felet har avhjälpts, radera koderna och kör motorn under olika förhållanden för att se om problemet är borta.

6 Kontrollera styrmodulen igen. Upprepa ovanstående procedurer om det fortfarande finns felkoder kvar.

7 Se kapitel 3 för mer information om hur du effektivt testar motorstyrningssystemet.

Inga koder lagrade

8 När ett driftsproblem uppstår utan att du får en felkod ligger felet utanför de parametrar som inprogrammerats i självdiagnossystemet. Se kapitel 3 för mer information om hur du effektivt kan testa motorstyrningssystemet.

9 Om problemet pekar mot en speciell komponent, se testprocedurerna i kapitel 4 där du hittar sätt att testa de flesta komponenter och kretsar som återfinns i ett modernt motorstyrningssystem.

Felkodstabeller

Fenix 3B, Fenix 5.2, Bosch Motronic 4.3 och Bosch LH3.2-Jetronic

Blink-/felkod	Beskrivning
111	Inga fel upptäckta i styrmodulen. Fortsätt med normala diagnostikmetoder
112	Styrmodul
113	Insprutare eller insprutarkrets
113	Syresensor eller -krets (alternativ kod)
115	Insprutare 1 eller insprutarkrets (850-modellerna)
121	Luftflödesmätarsignal eller -krets
122	Lufttemperaturgivare eller -krets
123	Kylvätskans temperaturgivare eller -krets
125	Insprutare 2 eller insprutarkrets (850-modellerna)
131	Varvtalsgivare signal eller krets
132	Batterispänningen för låg eller för hög
133	Kylvätskans temperaturgivare eller -krets
135	Insprutare 3 eller insprutarkrets (850-modellerna)
143	Knackgivare eller -krets
144	Ingen eller felaktig lastsignal
145	Insprutare 4 eller insprutarkrets (850-modellerna)
152	Luftpumpventil eller krets
154	Läckage i EGR-systemet (Fenix 5.2)
155	Insprutare 5 eller insprutarkrets (850-modellerna)
211	CO-potentiometer eller -krets
212	Syresensor, signal eller -krets
214	Varvtalsgivare, signal eller krets
221	Syresensorstyrning eller -krets
222	Reläspole
223	Tomgångsventil eller -krets
225	Luftkonditioneringens (A/C) tryckgivare eller -krets
231	Syresensorstyrning eller -krets, blandningen fet
232	Syresensorstyrning eller -krets, blandningen fet vid tomgång
233	Långtids tomgångsluft
235	EGR-signal eller krets
241	Fel i EGR-system eller -krets (Fenix 5.2)
243	Gasspjällpotentiometer eller -krets
244	Knackgivare eller -krets
311	Fordonets hastighetsgivarsignal eller krets
313	Kolfilterventil eller -krets
314	Kamaxelgivarsignal eller krets
323	Varningslampa för självdiagnos
324	Hjälpvattenpumpsrelä eller -krets
342	Luftkonditioneringsrelä (A/C)
343	Bränslepumprelä eller -krets
411	Gasspjällgivare eller -krets
412	Fullgassignal eller -krets
413	EGR-systemets temperaturgivare eller -krets (Fenix 5.2)
432	Styrmodul
432	Temperatur över 95°C
433	Bakre knackgivare, signal eller krets
442	Luftpumprelä, signal eller krets
511	Syresensorstyrning eller -krets, blandningen mager vid tomgång
512	Syresensorstyrning eller -krets, vid mager tomgångsgräns
513	Temperatur över 90°C
514	Kylarfläkt
515	Kylarfläkt
521	Syresensor eller -krets
523	Styrmodul
524	Växellådans momentstyrning
535	Turboreglering (Fenix 5.2)

Bosch LH2.4-Jetronic

Blink-/felkod	Beskrivning
111	Inga fel upptäckta i styrmodulen. Fortsätt med normala diagnostikmetoder
112	Styrmodul fel
113	Bränsleblandningen på kort sikt för mager
121	Insugningsrörets tryckgivare, ingen eller felaktig
123	Kylvätskans temperaturgivare, ingen eller felaktig signal
132	Batterispänningen för låg eller för hög
133	Tomgångsjustering eller kortslutning av gasspjällbrytare
212	Syresensor, ingen eller felaktig signal, eller -krets
213	Fullgasjustering eller kortslutning av gasspjällbrytare eller krets
221	Bränsleblandningen på lång sikt för mager
223	Tomgångsventil, ingen eller felaktig signal eller krets
231	Bränsleblandningen på lång sikt för fet
232	Bränsleblandningen på lång sikt för mager
233	Tomgångsventil stängd, kontrollera läckage
311	Fordonets hastighetsgivare, ingen signal, eller -krets
312	Ingen signal från förändrad blandning pga. knackning
321	Luftflödesmätare eller -krets
322	Luftflödesmätare eller -krets
344	Avgastemperaturstyrning eller krets
411	Gasspjällpotentiometer, ingen signal, eller -krets
511	Bränsleblandningen på lång sikt för fet
512	Bränsleblandningen på kort sikt för fet

Vanligt förekommande förkortningar och tekniska termer

A

AATS (Ambient Air Temperature Sensor) Givare för den omgivande luftens temperatur, lufttemperaturgivare

AAV (Auxiliary Air Valve) Hjälpluftventil

A/C (Air conditioning) Luftkonditionering

AC (Alternating Current) Växelström. En elektrisk ström som först flyter i en riktning och sedan i den motsatta. Växelström alstras av en växelströmsgenerator eller en pulsgenerator. Växelström måste likriktas innan den kan användas i laddningssystemet. Växelström från en pulsgenerator omvandlas till likström av en A-D omvandlare (analog-till-digital omvandlare).

ACAV (Variable Acoustic Characteristic Induction) Citroën-/Peugeotterm som betyder variabelt insugningsljud. Se *"Variabelt insugningssystem (VIS)"*

ACC (Air Conditioning Compressor Clutch) Fords term som betyder luftkonditioneringens kompressorkoppling

ACS (Air Conditioning Switch) Fords term som betyder luftkonditioneringens strömbrytare

ACT (Air Charge Temperature) Fords term för insugningsluftens temperatur. Avser vanligen en separat givare till skillnad mot den som är integrerad i luftflödesmätaren.

ACW (Anti Clock Wise) Motsols

Adaptivt system Ett elektroniskt motorstyrningssystemsom kan lära in optimal inställning för varje tillämpning betecknas som adaptivt.

ADC (Analogue to Digital Converter) A-D omvandlare

AEI (Allumage Electronique Integrale) (Renix) Ett elektroniskt tändningssystem som sitter i många Renaultbilar.

AFM (Air Flow Meter) Luftflödesmätare, Se "AFS"

AFR (Air Fuel Ratio) Bränsleblandning. Förhållandet mellan luft och bränsle, räknat i vikt, i en finfördelad laddning: idealet är 14,7 gram luft till 1,0 gram bränsle. Idealisk blandning för fullständig förbränning är alltså 14,7:1 och styrmodulen försöker (via syresensorn) upprätthålla denna blandning så nära som möjligt ("Lambdafönstret"), se "Bränsleblandnings-/Lambdadiagram". Bränsleblandningen i förgasarsystem varierar med insugsluftens temperatur och täthet. Detta gör en precis styrning till en praktisk omöjlighet. Däremot använder elektroniska insprutningssystem ett antal givare för att övervaka alla de förhållanden som påverkar blandningen. Detta möjliggör en mycket precis styrning av blandnings-förhållandet.

Bränsleblandnings-/Lambdadiagram
Idealisk bränsleblandning: = 14,7:1 (viktförhållande)

Bränsleblandning	Lambda
0,7	10,29
0,8	11,76
0,9	13,23
0,97	14,26) Lambda-
1,0	14,70) "fönstret"
1,03	15,14)
1,1	16,17
1,2	17,64
1,3	19,11

AFS (Air Flow Sensor) Luftflödesgivare. En givare som mäter volymen på den luft som sugs in i motorn och sänder denna information till styrmodulen i form av en elektrisk signal. Luftflödesmätarens signal bestämmer den belastningsfaktor som styrmodulen använder för att hitta korrekt insprutaröppningstid. Vanliga typer av luftflödesmätare är hettråds och hetfilms samt den mekaniska klafftypen.

Aktiverardrivning Se även *"Drivning"*, *"Relädrivning"*, *"Styrsignal"* och *"Slutsteg"*.

Aktiverare En enhet som styrs av styrmodulen. Exempel är insprutare, tomgångsventil etc.

ALDL (Assembly Line Diagnostic Link) Monteringsbandets diagnostiklänk. Beteckningen på den seriella dataport som i huvudsak används på fordon från General Motors.

ALT Alternator (Fords term) Även kallad växelströmsgenerator

Alternator (eller växelströmsgenerator) En strömalstrande enhet som används av fordonets laddningssystem.

Ammeter Amperemätare. Ett instrument som mäter ström i enheten ampere.

Amp Förkortning för ampere. En enhet som betecknar strömflöde.

Amp Förkortning för amplifier (på svenska, förstärkare)

Amplitud Fyrkants vågform: Skillnaden mellan högsta och lägsta spänning.
Växelströms vågform: Skillnaden mellan noll och antingen maximal eller minimal strömtopp ("positiv" eller "negativ" amplitud). Den positiva amplituden är troligtvis något större än den negativa i vågformer från vevaxelns vinkelgivare.

Analog signal En kontinuerlig signal som kan ändras med en oändligt liten faktor. Varje givare som uppfyller det kravet kan kallas för en analog givare. I typfallet mäts en analog signal av ett instrument som använder en nål för att progressivt svepa över en fast skala. Varje ändring i signalen gör att nålen flyttar sig motsvarande sträcka. Ett exempel är gasspjällpotentiometern. När gasspjället öppnar eller stänger ökar och minskar spänningen i den signal som sänds till styrmodulen.

API (American Petroleum Institute) Amerikanska petroleuminstitutet Avser ett organ som anger en världsomfattande standard för motorers smörjmedel.

APS (Atmospheric Pressure Sensor) En givare som avger en signal till styrmodulen för att indikera aktuellt atmosfärstryck. Signalen varierar med trycket.

Arbetscykel Den tidsperiod i procent eller millisekunder (ms) som en komponent är påslagen eller magnetiserad. Genom att koppla kamvinkelmätaren mellan matning och jord på aktiverare som tändspole, insprutare, tomgångsventil eller vilken annan omkopplingsbar enhet som helst kan en arbetscykel avläsas. Genom att jämföra avläsningen med kända arbetsparametrar kan det avgöras om enheten fungerar korrekt. Se avsnittet om vila för mer information.

ASR (Anti-Skid Regulation) Antispinnkontroll som används av Mercedes.

ASV (Air Switching Valve) Luftomkopplingsventil En vakuumomkopplingsventil, ofta förekommande i japanska fordon.

Asynkron Avser vanligen ett insprutningssystem som inte är synkroniserat med tändningen. Asynkrona pulser kan inträffa med en fastställd intervall eller vara intermittenta.

AT (Automatic Transmission) Automatväxellåda

ATA (Automatic Transmission Actuator) Fords term för växelväljare

ATDC (After Top Dead Centre) Efter övre dödpunkt, svensk förkortning är EÖD. När kolven nått ÖD och sjunker igen. Avser backat tändläge ELLER mått på ventilöppning.

Atmosfärtryck Vikten av atmosfären över en given yta. Vid havsnivå är atmosfärtrycket 14,7 psi absolut eller 102 kPa. Se tryckomvandlingstabellen under *"Tryck"*.

ATR (Automatic Transmission Relay) Fords term för automatväxellådans relä.

ATS (Air Temperature Sensor) Lufttemperaturgivare. En termistor som ändrar motstånd efter temperaturen. Därigenom kan styrmodulen beräkna temperaturen utifrån givarens signalspänning. Temperaturgivare kan arbeta med antingen negativ eller positiv temperaturkoefficient (NTC eller PTC).

Avkoksning Annan term för sotning.

Avgaser Brända och oförbrända gaser som släpps ut efter förbränning.

Avgasrening Anordningar som används för att styra och minimera giftiga ångors utsläpp.

B

Backat tändläge Motsats till förställning. Tändningen sker EFTER optimalt ögonblick. Kan även användas för att beteckna ett tändläge efter övre dödpunkt (EÖD). När man minskar förtändningen kan man säga att man backar tändningen. När man t.ex. justerar tändningen för att gå på oblyad bensin är det vanligt att backa tändningen.

Baksondering En metod att läsa av spänning på ett kontaktstift i en elektronisk komponent eller givare. Kontakten måste vara ansluten. Isoleringsdamasken ska skalas bakåt. Voltmätarens positiva sond ska anslutas till relevant stift – med påslagen tändning. **Observera:** *I denna bok visar kontaktillustrationerna kabelhärvans kontakt framifrån. Vid baksondering av kontakten, eller när givarens anslutning studeras, är stiftens positioner omvända (visade "bakifrån").*

Baktryck Ej önskat extra tryck i avgassystemet på en gående motor. Orsakas av ett delvis igensatt avgassystem och resulterar i förlust av kraft och effektivitet.

Ballastmotstånd En strömkompenserande enhet som ändrar strömflödet i direkt proportion till motståndets temperatur. När det används i ett tändsystems primärkrets fyller det två funktioner:

1) Genom att ge korrekt strömstyrka till en lågmotstånds primärspole arbetar spolen svalare under alla arbetsförhållanden.

2) När full 12 V matning introduceras i spolen vid motorstart via en förbigång blir spolens utmatning större, vilket underlättar starten.

Ballastmotstånd användes huvudsakligen i konventionella brytarsystem för att delvis kompensera för vissa av dessa systems brister. Ett antal tidiga elektroniska system, som inte var av typen konstant energi använde ett ballastmotstånd för styrning av strömmen. Ballastmotstånd kan även påträffas i andra kretsar där strömkompensering krävs. Ett exempel är bränslepumpskretsen i Lucas LH, monterat på vissa fordon och i spänningsmatningen till insprutarsolenoiden i vissa tidiga system.

Bankad eller samtidig insprutning Insprutarna kopplade i parallellkretsar. I vissa fyrcylindriga motorer kan de fyra insprutarna vara ihopkopplade så att alla öppnar samtidigt. I andra fyrcylindriga system är de fyra insprutarna kopplade parvis i två bankar. Men alla fyra kan fortfarande utlösas samtidigt. I en sexcylindrig motor kan insprutarna vara kopplade i två bankar om tre var, i en åttacylindrig två bankar om vardera fyra och i en tolvcylindrig motor i fyra bankar om vardera tre.

Bar En måttenhet för tryck. En Bar är i det närmaste atmosfärtrycket på havsnivå. Se tryckomvandlingstabellen under *"Tryck"*.

Barometertryck Lika med atmosfärtrycket, vid havsnivå är atmosfärtrycket 100 kPa. Se tryckomvandlingstabellen under *"MAP"*.

Batteri En förvaringsenhet för elektrisk energi i kemisk form.

BBDC (Before Bottom Dead Centre) Före nedre dödpunkt, svensk förkortning är FND.

BDC (Bottom Dead Centre) Nedre dödpunkt, ND. Kolvens absolut lägsta läge.

Bensin Ett kolvätebaserat bränsle som består av en blandning av kol och väte i olika föreningar.

BHP (Brake Horse Power) Hästkrafter, hkr. Mått på en motors styrka.

Blandningsjustering Detta är en fininställningsenhet och i allmänhet är endast en liten justering av tomgångens CO-halt möjlig. När gasspjället väl lämnar tomgångsstoppet beror mängden insprutat bränsle endast på insprutarens öppningstid. I regel saknar katalysatorförsedda motorer CO-justeringsmöjlighet. I de fall justering av CO-halten är möjlig används i nuläget två metoder.

1) En luftskruv som förändrar flödet i tomgångskanalen i luftflödesmätaren. När skruven rörs ändras den luftström som påverkar mätklaffen, vilket även ändrar tomgångsläget. Det förändrade läget ger en ny signal till styrmodulen som ändrar tomgångsblandningen i enlighet med signalen. Denna typ förekommer vanligen på äldre bilmodeller.

2) En potentiometer med variabelt motstånd. När justeringsskruven vrids, förändras motståndet vilket ger en ändrad signal till styrmodulen. Denna givare kan vara placerad på styrmodulen, luftflödesmätaren eller på innerskärmen.

Blandningsskruv En skruv som reglerar bränsle- eller luftflödet genom en kanal eller öppning med mätning.

Blinkkoder Felkoder av den långsamma typen, som kan matas ut till instrumentbrädans varningslampa eller en lysdiod.

Bly Ingår i ett tillsatsmedel, tetraetylbly, som används i bensin för att motverka knack och förtändning (oktanhöjare). Blyet smörjer även motorns ventiler och ventilsäten. Blyfri bensin har blivit standard och även blyad bensin innehåller mycket lägre halter än förr i tiden.

Bly är ett giftigt ämne som progressivt och oåterkalleligt sänker blodets kapacitet att transportera syre. Det fungerar som ett cellgift för blod, benmärg och nervceller. Bly förorenar även katalysatorer och sätter igen celler, vilket minskar effektiviteten.

Blyfri bensin Ett bränsle av kolväteblandningar utan tillsats av bly. Även oblyad bensin innehåller en ytterst liten mängd naturligt bly, som vanligtvis inte avlägsnas vid raffineringen. Denna blymängd saknar betydelse vad gäller utsläpp och är för liten för att påverka katalysatorn.

BOB (Break Out Box) Kopplingslåda med ett antal kontakter som gör det möjligt att komma åt styrmodulens in- och utsignaler utan att mäta direkt på styrmodulens kontakter.

BOO (Brake On/Off switch) Fords term för bromsljuskontakt.

BPC (Boost Pressure Control solenoid – turbo) Fords term för laddningstryckets solenoidventil.

BPSV (Boost Pressure Solenoid Valve – turbo) Laddningstryckets solenoidventil.

Bruten krets Ett avbrott i en elektrisk krets som förhindrar strömflödet.

Brygga En elektrisk ledning som används tillfälligt för att brygga en komponent eller ett uttag i en kontakt.

BTDC (Before Top Dead Centre) Före övre dödpunkt, FÖD. Stigande kolv före övre gränsen för slaget. Anger förställd tändning ELLER ett mått för ventilrörelse.

C

°C (Celsius) Temperaturmått Se *"Temperaturomvandlingstabell"*.

CANP (CANister Purge solenoid valve) Kolfiltrets rensventil

CARB (California Air Resources Board) Myndighet som utfärdar standarder för utsläppsnivåer.

CAS (Crank Angle Sensor) Vevaxelns vinkelgivare. Den fungerar enligt samma princip som en induktiv permanentmagnetpickup. Ett antal tänder eller stift av stål är utplacerade med jämna mellanrum i ytterkanten på svänghjulet eller vevaxeln. I typfallet finns ett stift varje 10° - totalt 36 för 360°. En eller flera kan vara avlägsnade vid ÖD, ND eller på ett känt avstånd från någon av punkterna. Svänghjulet blir därmed en reluktor.

En permanentmagnets induktiva signalgenerator är monterad nära svänghjulet. När svänghjulet roterar alstras en växelströms vågform som informerar styrmodulen om varvtal och vevaxelposition. Även om de flesta moderna system använder en vevaxelgivare har en del äldre system två givare, en för varvtal och en för position. Vågformen från de olika typerna är något olika.

CB (Contact Breaker points) Brytarspetsar. Strömbrytare som slår på och stänger av primärströmmen för att inducera tändning. Används i bilar med konventionella tändsystem.

CCO (Clutch Converter lock-up solenoid) Fords term för momentomvandlarens låssolenoid.

CEL (Check Engine Light) Varningslampa för självdiagnos.

Celsius Se °C.

CFCOSV (Carbon Filter Cut-off Solenoid Valve) Kolfiltrets avstängningsventil. Denna ventil är ofta monterad på fordon från Peugeot och Citroën. Den aktiveras av tändningslåset och samarbetar med kolfilterventilen. När tändningen stängs av stängs denna ventil och behåller därmed avdunstningarna i systemet.

CFCV (Carbon Filter Control Valve) Kolfilterventil. Mekaniskt styrd ventil som används av avdunstningsregleringen för att reglera återanvändningen av ångor från kolfiltret.

CFi (Central Fuel injection) Ford/Vauxhall-term för enpunktsinsprutning.

CFSV (Carbon Filter Solenoid Valve) Kolfiltersolenoidventil. Elektriskt styrd solenoidventil som används av avdunstningsregleringen till att reglera återanvändningen av ångor från kolfiltret. Kallas ibland även rensventil.

CID (Cylinder IDentification) Fords term för den fasgivare som anger ÖD för cylinder 1.

CIH (Cam In Head) Kamaxel i topplocket. En kamaxel placerad i topplocket. Skiljer sig från överliggande kamaxel genom att korta stötstänger öppnar ventilerna.

CIS (Continuous Injection System) Kontinuerligt insprutning. Ett bränsleinsprutningssystem från Bosch där insprutarna sprutar konstant när motorn går. Ett annat namn för Bosch K-Jetronic.

CMH eller CMHP (Cold Mixture Heater Plate) Värmare för kall blandning. Se *"Insugningsrörets värmare"*.

CMP (CaMshaft Position sensor) Kamaxelns positionsgivare.

CO (Koloxid) Koloxid bildas vid partiell förbränning av bränsle på grund av syrebrist. En låg halt CO anger hur bra blandningsförhållandet är. En hög CO-halt i avgaserna indikerar en fet blandning, igensatt luftfilter, igensatt vevhusventilation eller vakuumläcka, eller till och med ett läckage i avgassystemet. Utsläpp av CO (och HC) minskar när belastningen (temperaturen) stiger för att göra motorn mer effektiv.

CO är en mycket giftig, smaklös, färglös och luktlös gas. Den är en allvarlig hälsorisk i tät trafik och i halvt eller helt inneslutna utrymmen (t.ex. verkstäder och garage). En koncentration på 0,3% kan vara dödlig om den inandas kontinuerligt under 30 minuter. CO tas upp av de röda blodkropparna på bekostnad av syre och orsakar kvävning. Efter vikt svarar CO för omkring 47% av luftföroreningarna men anses ha liten effekt på miljön.

En molekyl CO består av en kolatom och en syreatom och mäts i volymprocent. CO-halten är omvänt proportionerlig till bränsleblandningen, ju mindre bränsle, desto lägre CO-halt.

CO_2 (Koldioxid) CO_2 är vad en effektiv motor avger. Med låga halter CO och HC är halten CO_2 i avgaserna troligen 13 till 15%. Under 8% CO_2 indikerar fel bränsleblandning, misständning eller avgasläckage. Halten CO_2 är direkt i proportion till bränsleblandningen men omvänt proportionell till CO-halten. Ju mindre bränsle, desto högre halt CO_2. Vid varvtal överstigande 2 000 varv/min är halten 1 - 2% högre än vid tomgång i och med att motorns effektivitet ökar.

En molekyl CO_2 består av en kolatom och två syreatomer. CO_2 är kemiskt stabilt och reagerar inte så enkelt med andra ämnen. Ämnet är inte giftigt och produceras av alla djur som andas, inklusive fiskar. Syre andas in och CO_2 andas ut med en koncentration på cirka 5%. CO_2 tas upp av alla gröna växter i en process som kallas fotosyntes, som bara inträffar i dagsljus och som producerar syre (O_2) som går ut i atmosfären.

Alla former av förbränning producerar CO_2 och bidraget från fordon sägs vara mindre än hälften av det från industri och hem. Bidraget från människor och djur är inte betydande. En hög koncentration CO_2 är som att placera en filt över atmosfären, vilket förhindrar värmeförlust genom strålning. I nuläget produceras mer CO_2 än vad som konsumeras och de krympande regnskogarna är en annan betydande faktor. I takt med skogskrympandet absorberas CO_2 i allt mindre omfattning och den förhöjda halten i atmosfären påstås bidra till global uppvärmning och den så kallade "växthuseffekten", vilket i längden kan få katastrofala följder. När det gäller bilar är det enda sättet att producera mindre CO_2 att förbränna mindre bensin, eller ingen alls. Detta innebär en effektiv motor med god driftsekonomi (en magerbrännande motor), en dieselmotor med god ekonomi, eller en bil utan förbränningsmotor, dvs. en elektrisk motor. Men elbilar kräver elektricitet och elektricitet framställs i kraftverk och kraftverk producerar också CO_2.

CPS (Crankshaft Position Sensor) Se *"CAS"*. Fords term för vevaxelns vinkelgivare.

CPU (Central processing unit) Centralprocessor. Annat uttryck för styrmodul.

CTS (Coolant Temperature Sensor) Kylvätskans temperaturgivare. En termistor som ändrar motstånd efter temperaturen. När temperaturen ändras så ändras motståndet, vilket låter styrmodulen beräkna kylvätskans temperatur från den spänning som läses av på givarens signalledning. Givaren kan ha antingen negativ eller positiv temperaturkoefficient (NTC eller PTC).

CVH (Compound Valve angle Head) Fords term för en topplockskonfiguration. Topplock med ventilerna placerade i två plan i en V-konfiguration.

CW (clockwise) Medsols.

Cylinderbalans Se *"Effektbalans"*.

Cylinderbidrag En metod att jämföra varje cylinders relativa uteffekt, utan att avlägsna gnistan som vid vanlig effektbalansering. Accelerationstiden mellan varje par gnistor jämförs. En mindre effektiv cylinder har kortare accelerationstid jämfört med övriga cylindrar. Denna metod är mycket säkrare på katalysatorförsedda fordon.

Datastream När felkodsläsaren har avkodat ett fel kan en förfrågan till Datastream (endast vissa system) ge ett snabbt besked om var felet kan ligga. Dessa data kan ta sig olika former men är i grunden elektriska data som

spänning, frekvens, viloperiod eller pulsduration, temperatur etc. som kommer från de olika givarna och aktiverarna. Tyvärr är sådana data inte tillgängliga i alla system.

Eftersom data är i realtid kan olika tester utföras och låta givarens eller aktiverarens reaktion utvärderas. Aktivering av tomgångsventilen, reläer och insprutare via styrmodulen är en utmärkt metod att testa aktiverarnas effektivitet och sammanhörande kretsar.

DC (Direct Current) Likström. En elektrisk strömkälla som bara flyter i ena riktningen.

DC - ISC Fords term för gasspjällplattans styrmotor

DEI (DE-Ice switch) Fords term för avisningskontakt

Detonation Se *"Knack"*.

Diagnostikuttag Kontakt för att ansluta en felkodsläsare för felkodshämtning. På vissa uttag går det att lägga en bryga för att hämta långsamma koder eller blinkkoder.

Dieselmotor En bränsleinsprutad motor som använder den höga temperatur som alstras vid kompressionen till att antända laddningen.

Differentialtryck Se *"Tryckskillnad"*.

Digital signal En digital signal består av en kod som har två tillstånd, av och på. Enkelt uttryckt består signalen av en serie digitala pulser där frekvensen, pulsbredden eller pulsantalet används till att indikera ett specifikt värde.

Eftersom styrmodulen arbetar digitalt måste alla analoga signaler passera genom en omvandlare innan de tas emot av styrmodulen i digitalt format. En digital signal från en digital givare behöver inte omvandlas, vilket gör att den behandlas mycket snabbare av styrmodulen.

DIN Internationell standard som används i bilindustrin.

Diod En transistor som medger strömflöde endast i en riktning.

DIS (Direct Ignition System) Fördelarlös tändning. Ett tändsystem där fördelare inte används.

DIS (Digital Idle Stabiliser) Digital tomgångsstabilisering

DME (Digital Motor Electronics) Digital motorelektronik. Övergripande term som ofta används för att beskriva motorstyrningssystemet Bosch Motronic EMS. Termen används i synnerhet av BMW.

DMM (Digital Multi-Meter) Digital multimätare. Ett instrument som är konstruerat för användning inom fordonsteknik, som kan mäta spänning, strömstyrka och motstånd, och ibland även andra funktioner som vila, arbetscykel, frekvens, varvtal etc.

DOHC (Double Over Head Camshaft) Dubbla överliggande kamaxlar En uppsättning med två kamaxlar som är monterade i topplocket. Funktionen liknar den enkla överliggande kamaxeln, men här manövrerar den ena kammen insugsventilerna och den andra avgasventilerna. Detta förhöjer effektiviteten för ventilernas arbete och ger därmed en effektivare motor.

DPFE (Delta Pressure Feedback Electronic system) Fords term för tryckåterkopplingselektronik. En av styrmodulen styrd ventil som reglerar avgasflödet till EGR-ventilen.

Drivning (aktiverare) Se även "Relädrivning", "Styrsignal" och "Slutsteg". Systemets aktiverare matas med spänning antingen från tändningslåset eller ett av insprutningssystemets reläer. Jordning sker via styrmodulens jordstift. När styrmodulen aktiverar komponenten jordar den tillämpligt stift genom att fullborda kretsen internt under den tid som behövs. I allmänhet inträffar jordning först sedan styrmodulen mottagit en eller flera signaler från relevanta givare och antingen kallat upp sammanhörande kartor eller beräknat korrekt tillslagstid för aktiveraren.

Denna signal kan kallas drivning, slutsteg eller styrsignal. I denna bok används i regel styrsignal, utom för reläer där drivning används. Exempel på komponenter som styrsignaler går till är: insprutare, tomgångsventil, kolfilterventil m.m.

DTR (Distributor) Fords term för fördelare.

DVM (Digital VoltMeter) Digital voltmätare.

Dynamisk testning Testande av en enhet som arbetar under belastning, till skillnad från statisk testning.

Dynamiskt spänningsfall I fordon med elektronisk tändning betecknar dynamiskt spänningsfall spänningsfallet över primärkretsen från spolens jordanslutning via förstärkarens slutsteg. Likvärdigt med fördelarmotståndet eller fördelarens spänningsfall i brytarspetssystem. Detta mätvärde kan endast avläsas när motorn dras runt eller går, eftersom ström måste flyta genom kretsen innan den kan mätas. Det är inte alla digitala multimätare som har kapacitet att avläsa denna krets.

E

EACV (Electronic Air Control Valve) Honda/Rover-term för luftregleringsventil

EAI (Electronic Advance Ignition) GMs term för elektronisk tändförställning

EBCV (Electronic Air Bleed Control Valve) Elektronisk avluftningsventil

EC (European Community) Europeiska unionen, EU

ECM (Electronic Control Module) Elektronisk styrmodul, i löpande text kallad styrmodul En datoriserad styrenhet som hämtar in och sammanställer information från olika givare och beräknar en utmatning. Kan användas för styrning av tändläge, insprutaröppningstider, öppning av tomgångsventilen etc. Andra beteckningar kan vara CPU, ECU eller PCM.

ECOTEC (Emission Consumption Optimised TECnology) GM-term som betecknar den senaste motorserien.

ECR (Electric Choke Resistor) Fords term för elektriskt choke-motstånd.

ECT (Engine Coolant Temperature) Fords term för kylvätskans temperaturgivare.

ECU (Electronic Control Unit) Se *"ECM"*.

EDF (Electro Drive Fan) Fords term för eldriven fläkt.

EDIS (Electronic Distributorless Ignition System) Fords term för fördelarlös tändning.

EDIS-4 eller EDIS-6 betecknar EDIS för fyr- eller sexcylindriga motorer.

EDM (EDIS Diagnostics Monitor Signal) Fords term för självdiagnostikens signal.

EEC (Electronic Engine Control) Fords term för elektronisk motorstyrning.

EEC IV eller EEC V (Electronic Engine Control 4th/5th generation) Fords term för fjärde/femte generationens elektroniska motorstyrning.

Effektbalans Om en motor ska kunna avge maximal effekt måste varje cylinder bidra lika mycket till arbetsbelastningen. Genom att spärra gnistan till en cylinder i taget och notera varvtalsfallet går det att mäta den andel varje cylinder bidrar med. Om en svag cylinder kopplas ur sjunker varvtalet mindre än om en stark kopplas ur.

EFi (Electronic Fuel injection) Elektronisk bränsleinsprutning. Ett system för bränsleinsprutning där insprutarna styrs av en styrmodul.

EGOS (Exhaust Gas Oxygen Sensor) Se *"Syresensor"*.

EGR (Exhaust Gas Recirculation) Avgasåterföring. En metod för återförande av en liten mängd avgaser till luftintaget. Detta sänker den maximala förbränningstemperaturen, vilket minskar utsläppen av kväveoxider (NO_x).

EHPR (Electro-Hydraulic Pressure Regulator) Fords term för tryckregulator

EI (Electronic Ignition) Elektronisk tändning Ett tändsystem som använder en magnetisk givare och transistorer till att koppla om tändspolens negativa anslutning.

Ej flyktigt minne Minne i en styrmodul som behåller information – även om batteriet kopplas ur.

Ej portat vakuum En vakuumkälla placerad på gasspjällventilens insugsrörssida. En vakuumsignal avges oavsett gasspjällventilens position.

ELCD (Evaporative Loss Control Device)

ELD (Electronic Load Detector) Elektronisk lastgivare.

Elektrod En elektrisk ledare.

Elektrodavstånd Tändstiftets elektroder kan oftast justeras så att det gap gnistan ska överbrygga är exakt. Många av de senaste modellerna med katalysatorer har flerjordsstift där elektrodavståndet är förinställt och inte kan justeras.

Elektrolyt En lösning av svavelsyra och vatten som används i batterier av typen bly/syra. Kemisk reaktion mellan syra och batteriplattor alstrar spänning och ström.

Elektronisk "karta" Se *"Karta för tändläge eller insprutning"*.

EMR (Engine Management Relay) Fords term för motorstyrningsrelä.

EMS (Engine Management System) Motorstyrningssystem. Ett motorstyrningssystem är i grunden ett elektroniskt system där tändning och bränslematning styrs av en eller flera styrmoduler. Fördelaren, i förekommande fall, används enbart till att leda högspänning till rätt tändstift i rätt tändföljd. När separata styrmoduler används för tändning och bränsleförsörjning arbetar inte de två enheterna självständigt men det finns anslutningar mellan dem så att de kan kommunicera. En tändningsmodul signalerar till insprutningsmodulen att inleda insprutningen.

ENR (ENgine run Relay) Fords term för motorgångsrelä.

EPT (Electronic Pressure Transducer) Fords term för elektronisk tryckgivare.

ERIC (Electronically Regulated Ignition & Carburettor) Rovers term för elektroniskt styrsystem för förgasarmotorer.

ESA (Electronic Spark Advance) Toyotas term för elektronisk tändförställning-

ESC (Electronic Spark Control) Fords term för elektronisk gniststyrning.

ESC II Fords term för andra generationens gniststyrning.

EST (Electronic Spark Timing) GMs term för elektronisk inställning av gnistan.

ETV (automatic transmission component) Fords term för komponent i automatväxellådan.

EVAP (EVAPorative emission control systems) Fords term för avdunstningsreglering.

EVR (Electronic Vacuum Regulator) Fords term för elektronisk vakuumreglering.

F

Fahrenheit Temperaturskala, främst använd i engelsktalande länder.

FCR (Fault Code Reader) Felkodsläsare En enhet som kan anslutas till fordonets seriella port (diagnostikporten) för utfrågning av styrmodulen. Felkoder och Datastream-information kan sedan avläsas. I vissa fall kan fordonets aktiverare styras från felkodsläsaren. En felkodsläsare kallas ibland för scanner. I de fall justeringar av tändning och insprutning är möjliga, exempelvis vissa Ford och Rover, kan dessa justeringar ibland endast utföras med en felkodsläsare. Felkodsläsaren måste sätta systemet i "Serviceläge" eftersom ändrade inställningar annars inte accepteras av systemet.

Koderna kan vara snabba eller långsamma och vissa styrmoduler kan mata ut båda typerna. Långsamma felkoder kan avläsas med en lysdiod medan snabba koder kräver en digital felkodsläsare. Framtida styrmoduler kommer troligtvis att använda snabba koder.

Felkoder Elektronik används i en allt ökande omfattning i moderna fordon och kan styra funktioner som kraftöverföring, fjädring, automatväxellåda, ABS-bromsar, luftkonditionering och mycket annat utöver tändning och bränsleinsprutning.

Motorstyrningssystemen i de flesta moderna fordon har kapacitet för självdiagnos av givare och de aktiverare som har gränssnitt mot fordonets dator(er). Ett fel i en komponentkrets loggar en felkod i styrmodulens minne.

Koderna kan beskrivas som "snabba" eller "långsamma" och vissa styrmoduler kan sända båda. Långsamma koder kan uppfattas av en lysdiod, en varningslampa på instrumentpanelen eller till och med av en analog voltmätare (där koderna visas med svep med nålen). Vanligtvis visas långsamma koder som blinkningar som sedan måste tolkas med hjälp av en felkodstabell.

För att uppfatta snabba koder behövs en felkodsläsare. Detta blir förmodligen allt vanligare.

Om en passande felkodsläsare ansluts till den seriella porten i fordonets kabelhärva kan snabba och långsamma koder avläsas från fordonets dator i form av tre- eller fyrsiffriga koder.

Fi (Fuel injection) Bränsleinsprutning.

Finfördelning av bränsle Omvandling av bränslestråle till fin spray, för att erhålla korrekt blandning av luft och bränsle. Ger förbättrad förbränning och minskar utsläpp.

FIR (Fuel Injection Relay) Fords term för bränsleinsprutningens relä.

Fjärrstart En anordning som manövrerar startmotorns solenoid direkt från motorrummet, vilket ger effektivare kontroll över motorns ruckning.

FLW (Fuse Link Wire) Fords term för säkringskabel.

Flerpunktsinsprutning Se *"MPi"*.

Flödestakt Anger den bränslevolym som pumpas under en given period vid testning av bränslesystemets utmatning.

FO (Fuel Octane) Fords term för oktantal.

FP (Fuel Pump) Bränslepump.

FPR (Fuel Pump Relay) Fords term för bränslepumpens relä.

Frekvens Pulsfrekvens. Mäts vanligen i Hz.

FRS (Fuel Restrictor Solenoid) Rovers term för bränslebegränsarsolenoiden.

FRTS (Fuel Rail Temperature Sensor) Bränslerörets temperaturgivare. En givare som mäter bränsletemperaturen i bränsleröret.

FSOR (Fuel Shut-Off Relay) Fords term för bränsleavstängningens relä.

FSOS (Fuel Shut Off Solenoid) Fords term för bränsleavstängningens solenoid.

FT (Fuel Temperature sensor) Bränsletemperaturgivare.

FTS (Fuel Temperature Switch) Bränsletemperaturkontakt.

FTVV (Fuel Tank Vent Valve) Bränsletanksventilationens ventil. En solenoidventil för reglering av avdunstningar i fordon från GM.

Fyrkants vågform En vågform som illustrerar av- och påslagning av en krets. Den högre spänningslinjen vid matningsspänningen och den lägre vid jordpotentialen. Övergångarna är raka och avståndet mellan övergångarna definierar tiden för av respektive på.

Förbränning Vid förbränningen kombineras syre med kol och bildar koldioxid (CO_2) och väte vilket bildar vatten (H_2O). Om luft och bränsle homogeniserats innan förbränningen och all bensin förbränts fullständigt skulle den idealiska motorn suga in en perfekt bränsleblandning och avge koldioxid (CO_2) och vatten (H_2O). För varje liter bensin en motor konsumerar bildas en liter vatten. När motorn håller normal arbetstemperatur släpps detta vatten ut som ånga.

Tyvärr existerar inte denna idealiska motor. Av ett antal orsaker uppstår ofullständig förbränning till en viss grad, även i de mest effektiva motorer. Förutom CO_2 och H_2O innehåller avgaserna varierande halter CO, HC, O_2 och NO_x. Vissa av dessa gaser är ofarliga, som CO_2, H_2O och O_2, medan andra, dvs. HC, CO och NO_x förorenar atmosfären. En mindre effektiv motor avger större volymer av de mer skadliga föroreningarna. Regelbunden justering och gasanalys bör reducera utsläppen till acceptabla nivåer. Men, ju effektivare motor, dess mer CO_2 släpps ut.

Fördelare En komponent som fördelar sekundärspänningen till rätt tändstift i rätt följd. Den hyser även brytarspetsarna i en konventionell tändning samt reluktorn och statorn i vissa elektroniska system. Fördelaren roterar med samma hastighet som kamaxeln, dvs. halva vevaxelns varvtal. Fördelaren kan ofta ruckas för justering av tändläget och fördelar högspänningen till rätt tändstift i tändföljden.

Fördelarkam Placerad i fördelaren finns den på fördelaraxeln och har lika många nockar som motorn har cylindrar.

Fördelarlock Ett isolerat lock med ett centralt torn och en cirkelformig serie anslutningar, en per cylinder. Sekundärpulsen går från spolen till tornet och levereras i tändföljd till vardera anslutningen av rotorn.

Föroreningar Se *"Utsläpp"*.

Förregelmotorer Motorer som saknar avgasrening i någon form.

Förställning av tändläget Motsats till backat tändläge. Tändningen kommer för tidigt. Kan även användas för att beteckna ett tändläge före övre dödpunkt (FÖD). När motorns varvtal ökar måste förbränningen dock inledas tidigare så att en korrekt synkroniserad maximal nedåtgående kraft utövas på kolven i arbetstakten. När tändningen justeras till ett större antal grader FÖD "förställer" man tändningen.

Förtändning För tidig antändning av den komprimerade bränsleblandningen innan korrekt antändning från tändstiftet eller övre dödpunkt. Orsakas vanligen av för hög förbränningstemperatur.

Gasanalyserare En anordning som tar prov på gaserna i avgasröret så att innehållet kan analyseras.

Gasspjällbrytare Gasspjällbrytaren informerar styrmodulen om att motorn går på tomgång. En andra brytare kan indikera vidöppet gasspjäll. Extra bränsleberikning kan ges vid tomgång och full gas. På vissa modeller är gasspjällbrytaren justerbar. Vissa system använder både brytare och potentiometer, men de flesta använder antingen den ena eller den andra typen.

Gasspjälldämpare En anordning som låter gasspjället stänga långsamt i stället för plötsligt, vilket förhindrar avlägsnandet av bränsledroppar från insugsröret tack vare det hårda vakuum som råder vid inbromsning. Dessa droppar skulle annars släppas ut som HC, bidra till föroreningar och öka bränsleförbrukningen.

Gasspjällets potentiometer Potentiometern skickar en variabel spänning som signal till styrmodulen som indikerar (beroende på system) gasspjällets position från tomgång till fullast, belastning och grad av gasspjällöppning. På vissa modeller är den justerbar. Dessutom kan potentiometern användas tillsammans med en gasspjällbrytare. I så fall anger brytaren tomgångsläge (och möjligen fullastläge) och en ej justerbar potentiometer anger då endast öppningsgraden.

Gasspjällventil En ventil som reglerar volymen på luftflödet in i motorn. Även kallad trottelventil, trottelplatta eller trottelskiva.

Gasspjällventilplacerare, eller trottelventilplacerare, VAG-term. Se *"Stegmotor"*.

Generator En alternator eller dynamo som alstrar spänning och ström. Se även *"Alternator"*.

Givare En anordning som kan mäta t.ex temperatur, position, luftflöde, tryck etc. och skickar denna information till styrmodulen i form av en spänning eller ström som kan behandlas av styrmodulen.

Glödtändning Ett feltillstånd där en bensinmotor fortsätter att gå sedan tändningen slagits av. Orsakas ofta av heta punkter i cylindern eller sotavlagringar som fortsätter att glöda så att bränsleblandningen antänds. Kan ibland åtgärdas med sotning.

GM (General Motors) Europeiska tillverkare av Opel och Vauxhall. Moderbolaget är baserat i USA.

GND (ground) Jord, amerikansk term. Se även *"Jord"*.

Gnistduration Den tid gnistan överbryggar tändstiftets elektroder. Visas som en gnistlinje på ett oscilloskop.

Gnistförställning Se *"Förställning av tändläge"*.

Gnistlinje Se *"Gnistduration"*. Även kallat brinntid.

Gnistskydd Ett hölje i fördelaren som förhindrar att sekundära bryggor påverkar primärtändningen. Sitter ofta under rotorarmen.

Gniststyrning Tändlägesförställning med hjälp av elektronik eller termostat.

Grad 1/360 av en cirkel.

Halleffektgenerator En typ av pulsgenerator som avger en svag digital signal för utlösning av tändspolen.

Halleffektkontaktens (HES) funktion. En konstant matning på 12 V leds genom fördelarens Halleffektkontakt. Mitt emot Hallkontakten sitter en magnet vars fält gör att Hallkontakten skickar en svag spänning till förstärkaren. På fördelaraxeln finns ett rotorblad med lika många urtag som motorn har cylindrar. När rotorn passerar mellan Hallkontakten och magneten, öppnas och sluts kontakten. När urtagen passerar kontakten skickas en spänning ut till förstärkaren. När den massiva delen av skivan finns mellan kontakten och magneten stängs spänningen av eftersom magnetfältet böjs. Antalet spänningspulser som sänds per en fyrtaktsmotors arbetscykel är lika med antalet urtag i bladet.

HC (High compression) Högkomprimerad (motor).

HC (Hydrocarbons) Kolväten. I typfallet 15% väte och 85% kol (bensin är i det närmaste rena kolväteföreningar). HC är en generell term som betecknar ej förbränt bränsle och delvis förbränt bränsle. HC mäts i PPM, delar per miljon (parts per million).

Det förekommer många olika kolväten i avgaserna och de är generellt kapabla att orsaka allvarliga skador på ögon, näsa och lungor. Vid blandning med kväveoxider (NO_x) i närvaro av starkt solsken bildas fotokemisk smog. HC-utsläpp anses bidra till regnskogarnas krympande.

Vid förbränning reagerar väteatomer med O_2 molekyler och bildar H_2O. Kolatomer reagerar med O_2 molekyler och bildar CO_2. Höga HC-halter i avgaserna indikerar problem med tändningen som exempelvis defekta tändstift eller tändkablar, fel tändläge, vakuumläckage, fel bränsleblandning eller mekaniska motorfel. Faktum är att allt som sänker motorns effektivitet ökar halten ej förbrända kolväten i avgaserna.

När bränsleblandningen magrar ökar HC-utsläppen beroende på mager misständning. Detta är anledningen till varför ett svärtat avgasrör ofta beror på för mager tomgångsblandning. Noggrann utformning av förbränningskammare kan bemästra detta problem.

HCS (High Compression Swirl) Fords term för virvelverkan.

HEDF (High speed Electro Drive Fan) Fords term för elektrisk höghastighetsfläkt.

HEGOG (Heated Exhaust Gas Oxygen sensor Ground) Fords term för jordningen av den uppvärmda syresensorn Se HEGOS.

HEGOS el. HEGO (Heated Exhaust Gas Oxygen Sensor) Uppvärmd syresensor.

HES (Hall Effect Switch) (el. Sensor). Halleffektkontakt (el. Halleffektgivare).

Hetfilms luftflödesgivare Funktionen är mycket lik hettrådsgivarens.

Hettrådsgivare En typ av luftflödesmätare där motståndet i en elektriskt uppvärmd ledning mäts. Hettrådstypen är ett alltmer populärt alternativ till mätare av klafftyp och insugsrörstryckgivare. Detta därför att luftens volym, temperatur och täthet på alla höjder över havet kan mätas mer precist än med andra system.

Luftflödesmätaren är placerad i luftintagets trumma mellan luftfiltret och motorn. En låda med elektronik är placerad över luftflödesmätarhuset. En spänning på 5 eller 12 V, det varierar mellan systemen, matas till luftflödesmätaren.

Luft passerar luftflödesmätaren på väg in i motorn. En liten kvantitet dras in i en förbigångskanal med två ledningar. Dessa kallas givartråden och kompenseringstråden. En svag spänning matas till kompenseringen, som inte värms upp. När luft passerar tråden ändras motstånd och spänning, vilket låter luftflödesmätaren avgöra insugsluftens temperatur. Givartråden värms upp till 100° C över kompenseringstråden. Luft som passerar givartråden sänker trådens temperatur, vilket ändrar trådens ström och motstånd. Mer ström sänds genom givartråden för att hålla den 100° C varmare än kompenseringstråden. En utspänning (signal) som är proportionerlig till strömmen i givartråden sänds till styrmodulen.

Denna spänning står i direkt proportion till volym, temperatur och densitet för insugsluften. Hettrådssystemet ger därmed kompensering för höjden över havet, så att styrmodulen kan beräkna korrekt bränsleblandning under nästan alla förhållanden.

Hg Kemisk symbol för kvicksilver.

HLG (Hall effect generator) Halleffektgenerator.

HT (High tension) Högspänning Ett högt volttal som induceras i tändspolens sekundärlindning.

HT lead (High Tension lead) Tändkabel En kabeltyp som används för fördelning av sekundärspänning till fördelarlocket och tändstiften.

Huvudtändkabel Den kabel som bär sekundärspänningen från spolen till fördelarlocket.

Hybrid Alla halvledarmoduler som är tätt packade och inkapslade i harts.

Hz (Hertz) Frekvens i cykler per sekund.

Hårda fel Avser generellt fel som loggats av styrmodulens självdiagnos. Felen förekommer vanligen vid testögonblicket.

I

IA (Idle Adjust) Fords term för tomgångsjustering.

IBR (Injector Ballast Resistor) Fords term för insprutarens ballastmotstånd.

ID (Identification) Identitet.

IDM (Ignition Diagnostics Monitor signal) Fords term för diagnostiksignal.

IGC (Ignition coil) Fords term för tändspole.

Igensatt utblås En blockering i avgasröret orsakar baktryck och dåliga prestanda. Kan uppstå med katalysatorförsedda fordon där katalysatorn överhettat och börjat smälta, vilket sätter igen avgassystemet.

IGf (Ignition confirmation signal) Toyotas term för bekräftelsesignal för tändning.

IGN (Ignition switch) Fords term för tändningslås.

IGt (Ignition trigger signal) Toyotas term för tändutlösningssignal från styrmodulen.

IIA (Integrated Ignition Assembly) Toyotas term för integrerat tändsystem Tändmodulen integrerad med fördelaren.

IMA (Idle Mixture Adjuster) Hondas och Rovers term för tomgångsblandningens justerare.

IMCV (Inlet Manifold Changeover Valve) Insugningsrörsventil (se *"VIS"*).

Impedans Motståndet till strömflöde. Används ofta för att beskriva en voltmätares motstånd. Ett minimum på 10 megaohm impedans rekommenderas för instrument som ska mäta upp elektroniska kretsar.

IMPH (Inlet Manifold Pre-Heater) Se *"Insugningsrörets värmare"*.

Induktiv (permanentmagnet) pickup Pickupen är av typen permanent magnet och innefattar en induktiv lindning runt ett polstycke. Den är vanligen fastsatt i fördelaren och utstrålar ett magnetfält. De två vanligaste typerna i dagligt bruk är pickupben och ringspole.

Reluktorn, eller utlösarskivan, är monterad på den roterande fördelaraxeln med lika många utlösarklackar som motorn har cylindrar. När den roterande klacken passerar pickupen alstras en svag växelspänning som är starkast då pickupen och klacken är i linje. Denna spänning är den utlösande tändningssignalen och sänds till förstärkaren, som i sin tur utlöser spolen.

Insprutare (elektronisk bränsleinsprutning) Insprutaren är en solenoidmanövrerad ventil som avger en exakt mängd bränsle i enlighet med den öppningstid styrmodulen signalerar. Ett finmaskigt filter förhindrar att skräp skadar den precisa funktionen. Men gummin och lacker kan med tiden byggas upp på filtret på insprutarens tapp och därmed minska bränsleflödet. Igensatta insprutare är ett allvarligt problem i många insprutningssystem.

Insprutarigensättning Uppbyggnad av avlagringar på insprutarens interna filter eller på insprutarspetsen så att flödet minskar eller störs - vilket leder till felfunktion i insprutaren.

Insprutningssystem Se *"MPi"* och *"SPi"*.

Inst. panel Instrumentpanelen på fordonets instrumentbräda.

Insugningsrörets värmare Värmare av insugningsröret finns i många enpunkts insprutningssystem och vissa förgasarmotorer. Den arbetar vanligen enligt principen positiv temperaturkoefficient.

Värmarens spänning matas ofta via en termobrytare eller ett relä när kylvätskan är kall. När kylvätsketemperaturen stiger över en förinställd nivå bryter termobrytaren eller reläet kretsen. Brytaren är vanligen placerad i en kylvätskeslang eller i insugningsrörets kylvätskekanal.

Insugningssystem De komponenter som ansvarar för intag av bränsle/luftblandningen, dvs. luftfiltret, förgasaren (i förekommande fall), insugningsröret och insugningsventilerna. Se *"Variabelt insugningssystem"*.

IS (Inertia switch) Tröghetsbrytare

ISC (Idle speed control) Se *"ISCV"* - Fords term för tomgångsventil.

ISC - BPA (Idle Speed Control - By-Pass Air solenoid) Fords term för förbigångsventil.

ISCV (Idle Speed Control Valve)
Tomgångsventil Ett spjäll eller en roterande ventil som styrmodulen aktiverar för att upprätthålla korrekt tomgångsvarvtal oavsett belastning och temperatur. Tomgångsventilen används även till att höja varvtalet vid varmkörning. Tidiga versioner av tomgångsventiler kan vara justerbara, men generellt gäller detta inte för senare versioner.

Tomgångsventilen innehåller en elektromagnet som öppnar en förbigångsport, vilket låter lite luft ledas förbi gasspjällplattan. Denna luft kan ledas genom en slang eller port i insugsröret. Tomgångsventilen är monterad på plats vilket låter luften passera genom den. När temperaturen sjunker eller belastningen ökar kör styrmodulen i längre perioder (ökar pulsbredden) och ventilen öppnas ytterligare för att släppa mer luft förbi gasspjället.

Detta leder till högre tomgångsvarvtal med kall motor eller att varvtalet bara sjunker lite eller inte alls när motorn är varm.

Tidiga Bosch-system använder en tomgångsventil, ansluten till en elmotor, som kan roteras med- eller motsols via två motsatta kretsar. Motorn matas med spänning och har två jordvägar via styrmodulen. När den ena används roterar motorn åt ena hållet, när den andra används går motorn i andra riktningen. Styrmodulen placerar ventilen i önskat läge genom att variera den tid de olika kretsarna är jordade. En arbetscykel för varje krets kan avläsas på vardera jordstiftet på tomgångsventilen eller motsvarande stift på styrmodulen. Den vågform som kan avläsas på vardera stiftet med ett oscilloskop är av fyrkantsvågtyp. Denna ventiltyp känns igen på att den har tre ledningar i sin kontakt (12 V matningsspänning och två jordledningar).

Senare Bosch-system använder en solenoid som arbetar mot ett starkt fjädertryck. Solenoiden matas med spänning och har en jordväg via styrmodulen. När solenoiden jordas trycker den undan fjädern vilket öppnar tomgångsventilen. Om solenoiden havererar stängs den automatiskt, men även när den är stängd passerar en liten mängd luft vilket ger en (låg) grundläggande tomgång. Formen i ett oscilloskop är av fyrkantsvågtyp.

Ju längre tid styrmodulen håller tomgångsventilen öppen, desto mer öppnar den. Styrmodulen pulsar ventilen ett antal gånger per sekund (ungefärlig frekvens 110) och genom att variera den tid kretsen är sluten placeras tomgångsventilen i önskat läge. En arbetscykel kan avläsas på tomgångsventilens jordstift eller motsvarande stift på styrmodulen.

Ford använder en mycket snarlik tomgångsventil. Dock är formen i ett oscilloskop sågtandsvåg.

ISO (International Standards Organisation). Organisation som utarbetar standarder.

Isolator Ett material som inte leder spänning och därför används till att förhindra elektriskt läckage.

ISSM (Idle Speed Stepper Motor) Stegmotor för tomgången.

ITS (Idle Tracking Switch) Fords term för tomgångsbrytare.

IV PWR (Ignition Voltage POWer) Fords term för tändspänning.

J

J1930 SAE standard för förkortningar beskrivande elektriska och elektroniska komponenter.

Jord En väg för strömmen tillbaka till källan.

Jordsond Ett verktyg för spårande av strömläckor. Används ofta vid test av isoleringsfel i sekundärkretsen.

K

KA PWR (Keep Alive PoWeR) Fords term för underhållseffekt

KAM (Keep Alive Memory) Fords term för ett dynamiskt minne i styrmodulen till EEC IV. Detta minne sparar "mjuka" fel och fordonets tomgångsinställningar.

Kamdrivning En rem eller kedja som ansluter vevaxeln med kamaxeln/kamaxlarna.

Kamvinkel Antal grader av en rotation under vilken en enhet är påslagen. Används normalt i samband med brytarspetsar och avser det gradantal fördelarkammen roterar medan spetsarna är stängda (vilar mot varandra). Se även *"Arbetscykel"* och *"Vila"*.

Kamvinkelmätare Ett instrument för mätning av kamvinkel.

Kamvinkelvariation Skillnaden i kamvinkel mellan två olika varvtal. Avser normalt brytarspetsförsedda fördelare.

Karta för tändläge eller insprutning
Elektronisk tändlägesförställning eller insprutaröppningstid som styrs av styr-modulen från en "karta" i styrmodulens minne. En tvådimensionell karta innehåller inställningar för ett antal variationer av motorns belastning och varvtal. En tredimensionell karta tar även upp temperatur. Tändläge och insprutaröppningstid sparas vanligen på skilda kartor i styrmodulens minne.

Katalysator Sedan årsmodell 1989 har alla nya bilar som sålts i Sverige uppfyllt lagkravet på att vara försedda med en katalytisk avgasrenare. En katalysator är något som befrämjar en reaktion utan att själv påverkas av den. Katalysatorn består av ett hölje i rostfritt stål som innehåller en keramisk monolit försedd med ett nätverk av kanaler kallade celler.

KCM (Knock Control Module) Fords term för knackregleringsmodul.

KDS (Kick-Down Switch) Fords term för kickdown-kontakt.

KEM (KE-Jetronic Module) Fords term för bränsletillförselmodul.

Keramiskt block Isoleringsblock som används vid konstruktionen av vissa typer av ballastmotstånd.

Klack Den del av en brytarspets som berör fördelarkammen. När kamnocken berör klacken öppnas brytarspetsarna för att utlösa tändning.

Knack Spontan explosion av kvarvarande bränsleblandning i förbränningskammaren när endast en del brunnit kontrollerat. Ett direkt resultat av för hög temperatur i förbränningskammaren. Även kallat detonation.

Knacktröskeln Det ögonblick i en motors arbete när knackning är omedelbart förestående.

KNK (Knock signal) Fords term för knacksignal från knackgivaren

KOHMS (Kiloohm) Ett mått på motstånd som är lika med 1 000 ohm. Många digitala multimätare och motoranalysinstrument avger värden i kiloohm.

Kolfilterventil Se *"CFCV"* eller *"CFSV"*.

Kompression Laddningen av en maximal luftmängd i en minimal volym.

Kompressionsprovare En tolk som mäter en motors kompressionstryck, vanligen graderad i bar eller psi.

Kondensator En enhet som kan lagra en elektrisk laddning. Den absorberar elektricitet genom att erbjuda en alternativ ledningsväg.

Konstant energi Användningen av hög primärström begränsad till ett givet värde för effektiv elektronisk tändfunktion.

Konstantenergifunktion (elektronisk tändning). Elektronisk tändning som använder en spole med lägre primärmotstånd, ger en ökad primärström, vilket ger en högre utmatning från spolen. Tillsammans med högre spolenergi ger detta en gnista med längre brinntid, vilket låter en magrare blandning antändas, med åtföljande förbättring av driftsekonomi och mindre utsläpp. Förbättrad pålitlighet, bättre styrning av tändläget och längre perioder mellan service är andra fördelar i förhållande till konventionella brytarsystem. Praktiskt taget alla moderna typer av elektronisk tändning använder variabel vilande strömbegränsning med konstant energi.

Kontakt Ett kontaktdon i kabelhärvan. Används ofta till att ansluta en givare eller aktiverare till kabelhärvan. I denna bok visar bilder på kontakter stiften i kabelhärvedelen av kontakten. När en sond ansluts till kontakten bakifrån (eller komponentkontaktens stift studeras) är stiftpositionerna omvända.

Konventionella tändsystem Ett system som använder brytarspetsar och kondensator för att inducera gnista. På senare år allmänt ersatt av elektronisk tändning.

Korrigerad CO-halt En beräkning som tar hänsyn till felaktig förbränning. Om den korrigerade halten och den avlästa är mycket olika har motorn ett förbränningsproblem.

Korrosion Nedbrytning av en komponent genom kemisk påverkan. Givares stift och kontakter är särskilt utsatta för detta fenomen som vanligtvis ger sig uttryck i en vit eller grön avlagring på metallkontakter.

Korrosionshämmare Kemikalier som förhindrar korrosion. Används ofta för att förhindra korrosion i kylarens kanaler.

Kortslutning Kortslutning till jord eller kortsluten krets. När elektricitet går till jord och tar en kortare väg tillbaka till kraftkällan. Eftersom mycket stora strömstyrkor förekommer kan tillståndet orsaka en elektrisk brand. Kortslutning orsakas ofta av bristande isolering. Det kan bero på att en kabels isolering har skavts av eller smält, och då kan ledaren komma i kontakt med jord.

Kpa (KiloPascal) Internationell standard för mått på tryck och vakuum, Se omräkningstabellerna.

Krets En elektrisk väg genom vilken ström kan flöda och som börjar och slutar vid strömkällan. En krets är INTE fullständig annat än om strömmen kan återvända till källan. I moderna system flödar strömmen från batteriets pluspol, via ledningar eller kablar och omkopplare till belastningen (t.ex. startmotorn). Returen sker via jord (vanligtvis genom karossen eller komponentens infästning) till batteriets minuspol.

Krävd spänning Minsta sekundärspänning för överbryggning av rotorgap och tändstiftens elektrodavstånd.

KS (Knock Sensor) Knackgivare En givare som avger en svag elektrisk signal när den upptäcker knack. När styrmodulen får en knacksignal backas tändläget temporärt för att hindra knack. Vissa system med knackgivare kan upptäcka knack i enskilda cylindrar. I så fall backas tändläget endast för den cylindern.

KV kilovolt En måttenhet för sekundärspänning, lika med 1 000 volt.

Kväve En gas som utgör nära 80% av luftens kemiska sammansättning.

Kväveoxider Se NO_x.

Kylfläns En komponent som sprider ut höga arbetstemperaturer vilket sänker komponentens temperatur.

Kylsystem Den energi som alstras av förbränningen genererar enorma mängder hetta. Cirka 25% av denna hetta driver hjulen. Ytterligare 50% släpps ut med avgaserna, vilket lämnar 25% kvar. Kylsystemets funktion är att avleda detta värmeöverskott.

Alla vätskekylda motorer ska använda en blandning av frostskydd och vatten kallad kylarvätska. Det är vanligen 40-50% volymprocent, vilket ger skydd ner till cirka -40°C. Om rent vatten används påverkas temperaturklassningen på samtliga termiska motorgivare, vilket kan leda till fel bränsledosering i system med elektronisk förgasare eller bränsleinsprutning.

Kylvätska En blandning av vatten, frostskydd och korrosionshämmare för att medge effektivt arbete av kylsystemet.

L

Laddluftskylare En anordning för nedkylning av den laddluft som turboaggregatet matar till motorn. Svalare luft är tätare än het, vilket gör att en större massa luft kan tryckas in i motorn. Ju större luftmassa som kan omsättas av motorn, desto fler hästkrafter producerar motorn.

LAF (Linear Air Flow sensor) Hondas term för luftflödesgivare Digital syresensor.

Lambda Grekiskt ord för den "stoikiometriska symbolen". När motorn arbetar blandas bränsle och luft som dras in i varje cylinder. Den bränsleblandning vid vilken förbränning sker mest effektivt kallas den "stoikiometriska punkten". Det är vid den stoikiometriska punkten HC och CO är lägst och CO_2 högst. Blandningsförhållandet är 14,7:1 räknat på vikt och detta betecknas som Lambda = 1 vilket är det grekiska ordet för korrekt.

En katalysatorutrustad motor försöker hålla bränsleblandningen mellan Lambda 0,97 och 1,03.

Även om Lambda = 1 inte är optimum för bränsleförbrukning har vi redan slagit fast att det är den bästa kompromissen för att använda katalysator för oxidering av CO, HC och NO_x. Således, om motorns bränsleblandning kan hållas inom "fönstret" 0,97 till 1,03 blir resultatet att motorns utsläpp höjer katalysatorns effektivitet till cirka 95%. Ju lägre utsläpp från motorn, desto mindre arbete för katalysatorn och desto större effekt. Dessutom håller katalysatorn längre om motorns utsläpp minimeras. Se också *"AFR"* (bränsleblandning).

Lambdasond Se *"OS" (syresensor)*. En givare som övervakar avgasernas syrehalt och skickar en spänningssignal till styrmodulen. Styrmodulen justerar då bränslemängden i ett försök att hålla bränsleblandningen så nära idealet som möjligt.

Lb/in2 (Pounds per Square Inch) Skrivs även PSI. Ett imperiemått på tryck. Se omvandlingstabellen under *"Tryck"*.

LDT (Light Duty Truck) Lätt lastbil Se *"Utsläppsstandarder"*. Avser utsläppsstandarden US88 LDT för kommersiella fordon.

LED (Light Emitting Diode) Lysdiod.

Ledare Ett material som leder ström effektivt. En bra ledare beror på använt material, längd, tvärsnittsyta och temperatur.

LHS (Left Hand Side) Vänster sida, sett från förarsätet.

Linka-hem Se *"LOS"*.

Ljusbåge Ej avsiktlig elektrisk överbryggning.

LOS (Limited Operating Strategy) Nödprogram. Kallas ibland "Linka hem" och är ett reservsystem som låter bilen köras till verkstad om ett fel uppstår. Vissa nödprogram är så sofistikerade att föraren utifrån bilens uppförande inte kan avgöra att ett fel uppstått. När systemet upptäcker att en givare avger värden utanför normala parametrar använder styrmodulen ett ersättningsvärde som låter motorn fortsätta att gå. Ersättningsvärdet är vanligen för en varm motor, vilket gör att motorn kan vara svårstartad och gå orent när den är kall.

Instrumentpanelens varningslampa (om monterad) kan tändas för att ange att ett fel uppstått.

Vissa system (exempelvis Fords) kan även komma att fixera tändläget till en förbestämd vinkel (utan förställning) och låter bränslepumpen gå kontinuerligt.

LT (Low Tension) Lågspänning. Den primära tändningskretsen.

Luft Luft är en blandning av kväve (79%), syre (20%), koldioxid (0,04%) och ädelgaser (0,06%).

Luftflödesmätare av klafftyp När luft dras genom givaren öppnas klaffen som är ansluten till en potentiometer, vars motstånd varierar med klaffens position. En signalspänning som varierar med klaffens position sänds därmed till styrmodulen, som med utgångspunkt från signalen beräknar en insprutaröppningstid som relaterar till den faktiska volym luft som sugs in i motorn. Luftens täthet tas inte med i beräkningen vilket gör denna typ av luftflödesgivare mindre precis än typerna hettråd och hetfilm. Denna givare är ett exempel på treledningsgivare.

LUS (Lock-Up Solenoid) Fords term för låssolenoiden (i automatväxellådans koppling).

Långsamma koder Felkoder som matas ut av en styrmodul och som är långsamma nog att visas av en lysdiod eller på instrumentbrädans varningslampa. Vissa system kan visa långsamma koder på en analog voltmätare som svep med nålen.

M

Ma milliampere

MAF (Mass Air Flow sensor) Luftmängdsmätare, annan term för luftflödesmätare av hettrådstyp

Magnet Ett ämne som har förmågan att attrahera järn.

Magnetfält Området runt en magnet är fyllt med osynliga linjer av magnetisk energi.

MAP (Manifold Absolute Pressure sensor) Insugsrörets tryckgivare. Detta är ett billigt och mindre precist alternativ till luftflödesmätare. Givaren mäter insugsrörets tryck och skickar en signal till styrmodulen. Enheten kan vara placerad i motorrummet eller internt i styrmodulen. Tryckgivaren används i både flerpunkts och enpunkts insprutningssystem men är speciellt vanlig i enpunkts system. Insugsrörets absoluta tryck beräknas enligt formeln: Atmosfärtryck minus vakuum = Insugsrörets absoluta tryck. Se tabellen nedan över insugsrörstryck.

I de fall insugsröret är av den "våta" typen (enpunktsinsprutning) kommer tryckförändringarna i insugsröret att leda till att bränsle kommer in i vakuumslangen, där det med tiden når tryckgivaren. Installation av en bränslefälla (vätskefrånskiljare) och noggrann dragning av vakuumslangen försvårar intrånget av bränsle. Men när bränsle förr eller senare når fram till givaren kan membranet i den påverkas negativt. Om insugsrörets tryckgivare är en separat enhet är ett byte relativt billigt.

Det förekommer två typer av insugsrörstryckgivare. Äldre fordon använder en analog givare där den utgående spänningen är proportionell till belastningen. Ett nytt system som blir allt mer populärt är den digitala typen. Digitala tryckgivare skickar en fyrkantsvågform som en frekvens. När belastningen ökar stiger frekvensen (tiden i ms mellan pulserna blir kortare). En styrmodul reagerar mycket snabbare på digitala signaler eftersom dessa inte behöver passera en digitalomvandlare.

Tabell över insugsrörstryck

Observera: *Atmosfärstryck - Vakuum = MAP*

Förhållande	Tryck	Vakuum	Tryckgivare (MAP)
Motor avstängd/tändning på	*1,0 ± 0,1*	*Noll*	*1,0 ± 0,1*
Tomgång	*1,0 ± 0,1*	*0,72 till 0,45*	*0,28 till 0,55*
Hög belastn. (helt öppet gasspjäll)	*1,0 ± 0,1*	*Noll*	*1,0 ± 0,1*
Retardation	*1,0 ± 0,1*	*0,80 till 0,75*	*0,20 till 0,25*

Samtliga enheter är bar och de är typexempel, inte definitiva. Se vakuum- och tryckomvandlingstabellerna för konvertering till/från andra enheter.

Max. Förkortning av maximal.

Membran Ett tunt ark av gummi som förflyttas av vakuum för att aktivera en mekanisk enhet.

MEMS (Modular Engine Management System) En typ av elektronisk motorstyrning som tillverkas av Rover.

MH (Manifold Heater) Se *"Insugningsrörets värmare"*.

MHR (Manifold Heater Relay) Reläet till insugningsrörets värmare.

Mjuka fel Avser generellt tillfälligt uppkommande fel som loggas av styrmodulens självdiagnos. Dessa fel är ofta inte närvarande vid avläsningstillfället, men har loggats någon gång i det förflutna.

MKV Mercedes term för motorkodningsplugg.

MLUS (automatic transmission lock-up solenoid) Fords term för låsningsventil för automatisk växellåda.

Molekyl Den minsta enhet en kemisk substans kan delas i.

Motorbromsning Stängande av gasspjället så att motorns varvtal sjunker till tomgång.

Motorgivare Se *"Givare"*.

Motronic En typ av elektronisk motorstyrning som tillverkas av Bosch. Motronic innebär oftast flerpunktsinprutning medan Mono-Motronic är en version för enpunktsinsprutning. Hos BMW kallar man ofta Motronic "DME" (Digital Motor Electronics).

MPi (Multi-Point injection) Flerpunktsinsprutning. En insprutare per cylinder. Kan utlösas i bankar (samtidigt) eller sekventiellt.

Flerpunktsinsprutning – samtidig
Detta är den vanligast förekommande typen av elektronisk bränsleinsprutning i nuvarande bruk. Ett antal insprutare är parallellkopplade till en bank med en enda anslutning till styrmodulen. I de fall motorn har mer än en insprutarbank har varje bank sin egen anslutning till styrmodulen.

I en fyrcylindrig motor är alla insprutarna i en bank eller i två banker om två insprutare. I en sexcylindrig motor är insprutarna placerade i två bankar om tre vardera, i en åttacylindrig motor är de kopplade i två bankar om fyra, kallade vänster och höger bank. I en tolvcylindrig motor är det fyra bankar om vardera tre. Två effektmotstånd styr två bankar var.

Insprutarna utlöses av en referenssignal som kan komma från tändsystemet eller som en puls från vevaxelns vinkelgivare. Normalt utlöses insprutarna två gånger under motorns arbetscykel. Halva det krävda bränslet sprutas in på den stängda insugsventilens baksida i väntan på att den ska öppna, andra halvan sprutas in när ventilen öppnar i insugstakten. När ventilen öppnat sugs den in i cylindern på vanligt vis.

Detta system är ganska effektivt och fungerar i regel bra. Det är även billigare att utveckla än ett sekventiellt system, vilket gör det mycket populärt bland biltillverkare.

Flerpunktsinsprutning – sekventiell
Med tiden kommer dock troligen både enpunkts och samtidiga flerpunkts insprutningssystem att efterträdas av sekventiella flerpunktssystem där insprutarna öppnar i tändföljd. Utsläpp kan i betydande grad reduceras med denna typ, speciellt om motorn lider av ett mekaniskt problem eller tändningsstörningar. Sekventiella system använder samma givare som andra insprutningssystem. Det finns dessutom en extra givare för cylinderidentitet. I vissa fall är den en Halleffektutlösare placerad i fördelaren.

ms (millisekund) 1/1000 sekund (0,001 s).

MSTS-h (Microprocessor Spark Timing System – HES ignition) GMs term för elektronisk tändning med Halleffektgivare.

MSTS-i (Microprocessor Spark Timing System – inductive ignition) GMs term för elektronisk tändning med induktiv utlösare.

MT (Manual Transmission) Manuell växellåda.

Multimätare Se *"DMM"*.

mV (millivolt) 1 millivolt = 1/1000 volt (0,001 V)

MY (Model Year) Årsmodell De flesta fordonstillverkare börjar tillverka en ny årsmodell månaderna innan innevarande kalenderår avslutas. Det faktiska datum tillverkningen inleds kallas vanligen årsmodelldatum, vilket vanligen är följande år. Exempelvis skulle en bil tillverkad efter augusti eller september 1997 kallas för "1998 års modell".

N

nbv (nominal battery voltage) Normal batterispänning. Nominellt 12 V, men den faktiska spänningen varierar med motorns arbetsförhållanden:

a) Avstängd motor: 12 - 13 V.
b) Runddragning: 9,0 - 12,0 V.
c) Motorn igång: 13,8 - 14,8 V.

NDS (Neutral Drive Switch) Fords term för frilägeskontakt.

Ne Toyotas term för varvtalssignal från pickupspolen.

NEEC (New European Economic Community)

Newton (N) En internationell måttenhet för kraft som är oberoende av gravitation. Enheten introducerades därför att gravitationen varierar i olika delar av världen. En Newton är den kraft som krävs för att accelerera en massa på 1 kg med 1 meter per sekundkvadrat. Newtonenheten kraft betecknas med N/m^2 och kallas Pascal. Denna enhet är mycket liten och mäts i MPa (1 000 000 Pascal) eller kPa (1 000 Pascal). Se även Pascal.

NO_x (Kväveoxider) NO_x är en grupp giftiga gaser som bildas vid höga temperaturer (över 1 300°C) och hög kompression. Det finns flera olika kväveoxider (dvs. NO, NO_2, NO_3 etc.) och de har den gemensamma beteckningen "NO_x" där N står för en kväveatom och O_x för valfritt antal syreatomer.

Kväveinnehållet i luften går oförändrat genom förbränningsprocessen till dess att hög temperatur (över 1 300°C) och högt tryck uppstår. Under dessa villkor reagerar kväve och syre och bildar kvävemonoxid (NO). De förhållanden då kväveoxider bildas är vid vidöppet gasspjäll, acceleration och hög marschfart. När NO reagerar med HC i närvaro av starkt solsken bildas NO_2 (kvävedioxid), ozon (O_3) och NO_3 (kvävenitrat). NO_2 är en ljusbrun gas som vanligen kallas "smog". Olyckligtvis når utsläppen av kväveoxider sin höjd vid Lambda = 1, den så kallade perfekta förbränningspunkten.

Dieselmotorn, som avger låga halter CO och HC, har stora problem vad gäller NO_x. Detta beror på de höga temperaturer och tryck en dieselmotor arbetar med.

NO_x orsakar irritationer i ögon och luftvägar samt symptom på förgiftning. Inandning under långa tidsperioder orsakar skador på lungorna.

Ett sätt att reglera NO_x-utsläppen är att återföra en liten mängd avgaser till förbränningskammaren. Detta sänker förbränningstemperaturen (och effekten) genom att de inerta avgaserna återcirkuleras.

NTC (Negative Temperature Co-efficient) Negativ temperaturkoefficient. En termistor vars motstånd sjunker med stigande temperatur.

Närsidan Den sida på bilen som är närmast vägkanten – oavsett om bilen är vänster- eller högerstyrd.

O

O_2 (syre) En oskadlig gas som finns i atmosfären (21%) och som krävs för förbränning.

O_2 består av två syreatomer och mäts i volymprocent. En liten mängd syre (1 - 2%) blir över vid korrekt förbränning. För mycket eller för litet indikerar fel bränsleblandning, tändningsfel, mekaniska problem eller avgasläcka.

Den mängd O_2 som blåses ut i avgasröret är vad som blivit över vid förbränningen och är en bra indikator på bränsleblandningens korrekthet – så länge som motorn fungerar korrekt.

OA (Octane Adjuster) Oktanväljare. En anordning för fininställning av tändläget efter skiftande oktantal.

OAI (Octane Adjust Input) Fords term för oktanväljarens indata.

OBD (On-Board Diagnosis) Självdiagnos.

OBD I och OBD II Standard för OBD i USA.

OBDE (OBD Europe) Planerad standard för OBD att genomföras i Europa till år 2000.

Oblyad bensin Se *"Blyfri bensin"*.

OHC (Over Head Camshaft) Överliggande kamaxel.

Ohm En enhet för motstånd mot strömflöde i en krets.

Ohmmätare Ett instrument som mäter motstånd i ohm.

Ohms Lag
Volt = Amp X Ohm (V = I X R)
Amp = Volt/Ohm (I = V / R)
Ohm = Volt/Amp (R = V / I)
Även:
Effekt (Watt) = Volt x Amp

Oktantal Nivå på bränslets motståndskraft mot knackningar. Ju högre oktantal, dess större motståndskraft.

Omvandlingstabeller Se *"Tryckomvandlingstabell"*, *"Vakuumomvandlingstabell"* och *"Temperaturomvandlingstabell"*.

Optisk fördelare Alternativ vevaxelvinkelgivare som använder lysdioder. Används huvudsakligen i fordon från Japan och andra länder i Fjärran Östern.

OS (Oxygen Sensor) Syresensor. Se även *"Lambda"*.

En syresensor är en keramisk enhet placerad i grenröret på katalysatorns motorsida och mäter syrehalten i avgaserna.

I princip består syresensorn av två porösa platinaelektroder. Ytterytans elektrod exponeras för avgaserna och är täckt med en porös keramik. Innerytans elektrod exponeras för omgivningsluften.

Skillnaden i syrehalt vid de två elektroderna alstrar en spänningssignal till styrmodulen. Denna spänning är omvänt proportionell till syrehalten. Det syre som återstår efter förbränningen är en utmärkt indikator på om blandningen är fet eller mager. Syresensorn mäter över- eller underskottet på luft i bränsleblandningen och skickar en signal till styrmodulen som nästan omedelbart justerar insprutaröppningstiden (inom 50 ms). Via elektronisk styrning så att blandningen ligger i "Lambdafönstret" (Lambda = 0,97 till 1,03) kan under de flesta arbetsförhållanden en i det närmaste perfekt förbränning uppnås. Detta ger katalysatorn mindre arbete, så att den håller längre och avger mindre utsläpp.

Spänningen i syresensorkretsen är ganska låg och växlar mellan 100 mV (mager blandning) och 1,0 V (fet blandning). Signalen tar sig i praktiken formen av en omkopplare och växlar mellan mager och fet i en takt på cirka 1 Hz.

Denna givare har många olika beteckningar, de vanligaste är Lambdasond och syresensor.

Oscilloskop En höghastighetsvoltmätare som grafiskt illustrerar spänningsändringar mot tid. Används för studerande av vågformer för signaler till eller från tändning, generator, motorgivare och aktiverare.

OTS (Oil Temperature Sensor) Oljetemperaturgivare

OVP (Over Voltage Protection) Fords term för strömtoppsskydd.

Oxidering En kemisk förändring i en smörjolja orsakad av förbränning, värme och syre. Syreatomer förenas med andra kemiska föreningar, vanligtvis genom förbränning. I motorstyrningstermer händer detta i katalysatorn. Koloxid (CO) ombildas till koldioxid (CO_2) och obrända kolväten (HC) ombildas till vatten (H2O) och koldioxid (CO_2).

P

P/N (Park Neutral switch) Startspärr. En kontakt som bryter strömmen till startmotorn, vilket förhindrar start av motorn om växelväljaren står i parkerings- eller neutralläge.

PA (Pressure Atmospheric) Hondas och Rovers term för lufttryck.

Parad Ett oscilloskopmönster med alla cylindrar visade på rad.

PAS (Power Assisted Steering) Servostyrning.

Pascal Internationell standard för mått på tryck och vakuum. Se omvandlingstabellerna under *"Tryck"* och *"Vakuum"*. Se även *"Newton"*.

PCM (Powertrain Control Module) Annan term för styrmodul (ECM, ECU eller CPU).

PCS (Pressure Control Switch) Fords term för tryckvakt.

PCV (Positive Crankcase Ventilation) Vevhusventilation. Ett styrsystem för återföring av vevhusgaser (oljegaser) till intaget för förbränning.

Permanentmagnet En magnet som alltid har ett magnetfält.

Pickup Se även *"Induktiv pickup"*. Används som utlösare i elektroniska system. Pickupen alstrar en svag spänning som signalerar till styrmodulen eller förstärkaren att utlösa tändspolen. Pickupen består vanligen av en permanent magnet fixerad i fördelaren eller på svänghjulet. När en reluktor roterar i magnetfältet ges utlösningssignalen vid strömtoppen.

Pickupens luftgap Spelet mellan reluktorn och pickupen, det är ofta justerbart.

PIM (MAP sensor signal) Hondas/Toyotas term för insugsrörstryckgivarens signal.

PIP (Profile Ignition Pick-up) Fords term för grundtändlägessignal.

Polaritet Ett positivt eller negativt tillstånd med avseende på två elektriska poler.

Portat vakuum En vakuumkälla placerad framför gasspjällventilen. Ventilen måste öppnas innan en vakuumsignal kan avges.

Pot (Potentiometer) Ett variabelt motstånd.

PPM (Parts Per Million) Måttenhet för oförbrända kolväten.

Primärkrets Den lågspänningskrets som krävs för att inleda tändningsförloppet. Komponenterna som ingår i kretsen är tändningslås, ballastmotstånd, tändspole, fördelare, förstärkare, brytarspetsar och kondensator, fördelarlock och rotor, induktiv pickup, vinkelgivare för vevaxeln samt de ledningar som krävs mellan dessa kompo-nenter. Alla komponenter ingår inte i alla system.

Primärlindningar De yttre lindningarna av relativt grov tråd i en tändspole, genom vilka primärströmmen flödar.

Primäromkoppling Den signal från primärtändningen som utlöser sekundärtändningen.

Problemkoder Annan term för felkoder.

PROM (Programmable Read Only Memory) Programmerbart läsminne.

PS (Phase Sensor) Fords term för cylinderidentitetsgivare.

PSA Industrigruppen Citroën och Peugeot.

PSI (Pounds per Square Inch) Ett imperiemått för tryck, Se tryckomvandlingstabellen.

PSPS (Power Steering Pressure Switch) Fords term för servostyrningens tryckkontakt.

PTC (Positive Temperature Co-efficient) Positiv temperaturkoefficient. En termistor vars motstånd stiger med stigande temperatur.

PU (inductive pick-up coil) Induktiv pickupspole.

PUA (PUlse Air solenoid) Fords term för pulsluftsolenoid.

Puls En digital signal aktiverad av styrmodulen.

Pulsbredd Den tidsperiod under vilken elektroniska komponenter är "på" (matade med ström). Perioden mäts vanligen i ms.

Pulsduration Den tidsperiod en insprutare hålls öppen. Kan mätas i ms eller av en kamvinkelmätare som en arbetscykel.

Pulsgenerator Pulsgeneratorn är en utlösare för tändning. Den sänder en korrekt synkroniserad signal till förstärkaren som sedan utlöser tändspolen. Exempel på pulsgeneratorer är:

1) *En induktiv permanentmagnetpickup placerad i fördelaren.*
2) *En induktiv permanentmagnet placerad bredvid svänghjulet (vevaxelns vinkelgivare).*
3) *En Halleffektutlösare placerad i fördelaren.*

PVS (Ported Vacuum Switch (valve)) Portad vakuumomkopplare.

Q

Quad drivmodul GMs term. Om Quaddrivmodulen är aktiverad testar felkodsläsaren följande kretsar och meddelar vilken som är defekt:

a) *Kretsen för varningslampan*
b) *Luftkonditioneringskretsen*
c) *Varvtalssignalen till automatväxellådan*

R

RAM (Random Access Memory) Datorterm

Raster Visning av alla cylindrar på ett oscilloskop, under varandra i tändföljd, början med cylinder 1. Ordningen kan vara uppifrån eller nerifrån beroende på oscilloskop.

Referensspänning Vid normal motorgång kan batterispänningen variera från 9,5 V (runddragning) till 14,5 V (vid gång). För att minska effekten på givarna (som styrmodulen då skulle behöva kompensera för) matar många styrmoduler en konstant spänning, kallad referensspänning, på 5,0 V.

REG Regulator

Reluktor En metallrotor med en serie spetsar, lika många som motorn har cylindrar.

Relä En elektromagnetisk omkopplarsolenoid som styrs av en shuntspole. En svag ström aktiverar shuntlindningen som utövar magnetisk kraft för att stänga reläkontakten. Reläer används ofta när en lågspänningskrets krävs för att koppla samman en eller flera kretsar som arbetar med högre spänning. Relästiftens numrering följer i regel DIN-standarden, som de flesta (men inte alla) europeiska biltillverkare följer.

Typiska relästiftsnumreringar enligt DIN standard:

- *30* *Matning direkt från batteriets pluspol.*
- *31* *Jordretur direkt till batteriet.*
- *85* *Reläjord för magnetiseringen. Kan vara ansluten direkt till jord eller jordas via styrmodulen.*
- *85b* *Reläjord för utmatning. Kan vara ansluten direkt till jord eller jordas via styrmodulen.*
- *86* *Magnetiseringsmatning. Kan komma från batteriets pluspol eller tändningslåset.*
- *87* *Utmatning från första reläet eller första relälindningen. Detta stift försörjer ofta andra reläets stift 86 och ger spänning till styrmodulen, insprutare och tomgångsventil.*

87b *Utmatning från andra reläet eller andra relälindningen. Matar ofta spänning till bränslepumpen och syresensorn.*

Reläer - Elektroniska bränsleinsprutningssystem Ett systemrelä kan användas till att styra hela insprutningssystemet. I så fall har reläet dubbla kontakter. Alternativt används två eller flera reläer för styrning av systemet.

Relädrivning Systemreläerna matas med spänning från antingen batteriet, tändningslåset eller ett annat relä. Jord ansluts till en styrmoduljord. När styrmodulen aktiverar reläet jordas relevant stift internt i styrmodulen så lång tid som behövs. I allmänhet jordas reläet endast efter det att styrmodulen tagit emot en förbestämd givarsignal.

Beroende på relä kan indatasignalen avges när tändningen slås på eller motorn dras runt (vevaxelvinkelgivarsignal). När styrmodulen tar emot signalen jordas reläkretsen. Signalen kan kallas drivning, slutsteg eller styrsignal. I denna bok används huvudsakligen styrsignal. Exempel på aktiverare som styrs med styrsignal är insprutare, tomgångsventil, kolfilterventil etc.

REMCO (Remote adjustment for CO-pot) Fords term för fjärrjustering av CO-potentiometern.

Renix En typ av elektronisk motorstyrning som i huvudsak används av Renault och Volvo.

Rensventil Se *"CFSV"*.

Res. Förkortning av resistens (motstånd)

Resistens (motstånd) Motstånd mot strömflöde.

Retur Term som betecknar jordreturvägen till styrmodulen, i typfallet för en givare eller ett relä där direkt jordning inte föreligger. Styrmodulen utför jordningen internt till ett direkt jordat stift. Med denna metod minskas antalet jordpunkter till karossen i stor utsträckning.

RFI (Radio Frequency Interference) Radiostörningar. Styrmodulen är känslig för störningar. Utstrålning på radiobanden kan utgöra ett problem om nivån är hög nog och detta kan uppstå från källor som en defekt sekundärkrets eller generator. För hög störningsnivå kan påverka styrfunktionerna i systemet, speciellt i de fall tändning och bränsletillförsel hanteras av samma styrmodul.

RHS (Right Hand Side) Höger sida, sett från förarsätet.

Ringspole En typ av signalgenerator som använder en lindad trådmagnet ansluten till en statorplatta. Plattan inkluderar ett antal magnetiska upprättstående armar, en per cylinder, liksom en per reluktorarm.

RMS (Root Mean Square) Likströmsekvivalent. Växelströmsekvivalent till likström. Kan beräknas från växelströmmens amplitud med formeln:

Växelströmmens amplitud x 0,707 = RMS

ROM (Read Only Memory) Datorterm.

Rotor Roterande del av komponent, exempelvis en rotorarm eller en elektromagnet i en växelströmsgenerator.

Rotorarm Rotorn är en elektrisk kontakt, monterad på fördelaraxeln så att den pekar direkt på korrekt fördelarlocksanslutning när ett tändstift ska tändas.

Rotorregister Uppriktningen av rotorspetsen mot fördelarlocksanslutningen. När registret är felinriktat ger det förstorade luftgapet hög tändspänning.

Rotors luftgap Avståndet mellan rotorns spets och fördelarlockets anslutning.

RPM (Revolutions Per Minute) Varv/minut Ett mått på motorns hastighet.

RSS (Remote Starter Switch) Fjärrstartknapp

Runddragning Motorn dras runt med hjälp av startmotorn. Betyder oftast att motorn bara ska dras runt, inte startas.

S

SAE (Society of Automotive Engineers) Sällskapet definierar standarder för fordonsteknik. Se även *"J1930"*.

Samtidig insprutning Se *"MPi"*. Ett insprutningssystem där alla insprutare öppnar samtidigt.

SAW (Spark Advance Word) Fords term för den modifierade tändsignal som skickas från styrmodulen i EEC IV till EDIS-modulen.

Scanner Amerikansk term för felkodsläsare, Se *"Felkodsläsare"*.

SD (Self Diagnosis) Självdiagnos

SEFI (Sequential Electronic Fuel Injection) Fords term för sekventiell insprutning (se nedan)

Sekundärkrets Den högspänningskrets som används till att fördela sekundärspänningen till tändstiften. Här ingår tändspolen, tändkablarna, fördelarlocket och rotorarmen (i förekommande fall) och själva tändstiften.

Sekundärlindningar Tändspolens högspänningslindningar.

Sekundärspänning Tändspolens utmatning.

Sekventiell insprutning Bränsleinsprutningssystem där insprutarna aktiveras i tändföljd, i stället för samtidigt (enpunktsinsprutning). Detta ger bättre effektivitet och mindre utsläpp, men den extra kostnaden gör att systemet vanligtvis bara används i högeffektsmotorer. Se även *"MPi"*.

Sensor Se *"Givare"*.

Seriell dataport Den seriella porten är en utmatningsenhet från styrmodulen. Det innebär att signaler har behandlats och fel eller värden matas ut som en kodad digital signal.

SG (Signal Generator) Signalgenerator Fördelarens pickupspole.

Signalgenerator Se *"Pulsgenerator"*.

Signalspänning En varierande spänning som sänds till styrmodulen av en givare så att styrmodulen kan upptäcka belastning eller temperatur.

Sinusoid En sinuskurva, exempelvis från vevaxelvinkelgivaren, där amplituden på den positiva delen av vågen är i stort likvärdig med den negativa. Icke sinusoida kurvor är t.ex sågtands och fyrkants vågformer.

Självdiagnos av seriella data Se Felkoder.

Skop Förkortning av oscilloskop, Se *"Oscilloskop"*.

Skärm Isolering runt en kabel som minskar effekterna av radiostörningar.

Slutsteg Se *"Drivning"*, *"Relädrivning"* och *"Styrsignal"*.

Smog Så kallad "fotokemisk smog". Bildas av kolväten och kväveoxider som förenas i starkt solsken. Ett speciellt problem i biltäta och soliga klimat som Kalifornien, USA.

Snabba koder Digitala felkoder som matas ut av en styrmodul så snabbt att de inte kan visas av en lysdiod eller varningslampa. En digital felkodsläsare krävs för att läsa av snabba koder.

SOHC (Single Over Head Camshaft) Enkel överliggande kamaxel En roterande kamaxel som styr öppning och stängning av insugs- och avgasventilerna. Kamaxeln är monterad ovanför ventilerna i topplocket och påverkar ventilerna direkt.

Solenoid En elektrisk anordning som utför ett mekaniskt arbete när den magnetiseras.

Sondering En metod att avläsa spänning från kontaktstift på en elektronisk komponent eller givare. Kontakten ska dras ur och voltmätarens positiva ledare ska sondera relevant stift.

Sotning Demontering av topplocket för avskrapande av sotavlagringar på topplocket, ventilerna och kolvtopparna.

SP (Sensor Phase) Fords term för givarfas.

SPi (Single Point injection) Enpunkts bränsleinsprutning Kallas ibland även gasspjällhusinsprutning. Enpunktssystem har blivit alltmer populära på senare år. De kostar mindre och använder samma givare som flerpunktssystem. En insprutare, vanligen strömstyrd, sprutar in bränsle i insugsröret ungefär som en förgasare.

Även om insprutningen är mer precis blir problemen med uppvärmning av insugsröret kritiska, och varmkörningsperioden måste styras noga om inte körbarheten ska försämras. Därtill är insugsröret av den våta typen (det finns bränsle i det). Ett flerpunktssystem kallas torrt därför att bränslet sprutas in i insugsventilernas portar, därmed finns enbart luft i insugsröret.

SPOUT (Spark Out) Fords term för den modifierade tändlägessignalen från styrmodulen till tändmodulen.

Spänning Elektriskt tryck.

Spänningsfall Spänningsfallet är den spänning som spenderas när en ström flyter genom ett motstånd. Ju större motstånd, desto större spänningsfall. Det totala spänningsfallet i någon fordonselektrisk krets ska inte överstiga 10%.

Spänningsregulator En anordning som begränsar den spänning en generator matar ut.

Spänningsreserv Tändsystemet måste avge tillräcklig sekundärspänning för att överbrygga rotorgapet och tändstiftens elektrodavstånd under normala arbetsförhållanden. Dessutom måste en tillräcklig reserv med spolspänning finnas för att möta de ökade kraven på tändsystemet under förhållanden som hård acceleration eller höga varvtal. Om det någon gång under motorns arbete inträffar att spolreserven understiger den spänning som krävs av tändningen kommer misständningar och effektförlust att uppstå. En låg spänningsreserv kan bero på dåliga komponenter (tändstift, tändkablar etc.) eller dåliga anslutningar i primärkretsen.

SSV (Spool Solenoid Valve) Ventil som styr kamtiderna på vissa Hondamodeller.

STA (Starter Motor Signal) Toyotas term för startmotorsignal.

STAR (Self Test Automatic Readout (electronic FCR test)) Fords term för felkodsläsare. Ford scanner eller felkodsläsare.

Startmotor En elektrisk motor som drar runt motorn till starthastighet.

Startspärr Se *"P/N Startspärr"*.

Statisk tändning Denna term används ofta av europeiska biltillverkare för att beskriva ett fördelarlöst tändsystem (direkttändning). Namnet kommer av att det inte finns några rörliga delar.

Stator Används i elektroniska tändsystem och växelströmsgeneratorer. När den roterande reluktorn och den fasta statorn är mitt emot varandra induceras en växelspänning.

STC (Self-Test Connector) Fords term för diagnostikkontakten Se *"Diagnostikuttag"*.

Stegmotor Stegmotorer används normalt för att styra tomgången. De finns i flera varianter. Här beskrivs de två vanligaste:

1) *En motor används till att manövrera en ventil som öppnar och stänger en luftförbigångskanal i insugsröret.*
2) *En motor används till att indexera gasspjällplattan ett visst antal steg, vilket släpper mer eller mindre luft genom öppningen.*

Vanligen matas motorn med normal batterispänning från bränslesystemets relä. Motorns lindningar är anslutna till fyra jordvägar. Genom att styra motorn med en kombination av jordningar kan styrmodulen stega motorn till korrekt läge.

STI (Self-test Input) Fords term för självdiagnostikens indata.

STO (Self-test Output) Fords term för självdiagnostikens utdata.

Stoikiometrisk kvot Den idealiska bränsle-/luftblandningen för effektivaste förbränning kallas stoikiometrisk kvot. Vid denna kvot är halterna av kolväten och koloxid som lägst samt CO_2 som högst. Viktförhållandet mellan luft och bränsle för denna kvot är cirka 14,7:1, dvs. 14,7 kilo luft till 1 kilo bränsle.

Stryprör En begränsning i förgasarhalsen som resulterar i ett snabbare luftflöde.

Ström Elektronflödet genom en ledare, mäts i ampere.

Strömstyrd eller pulsmodulerad insprutning Se *"MPi"*.

Styrning med sluten slinga En motor med syresensor betecknas som en motor med sluten styrslinga. Detta därför att motorn styrs mot den kemiskt ideala bränsleblandningen av en återkopplingskrets.

Styrning med öppen slinga När en motor med Lambdastyrning arbetar utanför denna, arbetar den med "öppen slinga". Detta kan inträffa vid acceleration, med full gas eller vid varmkörning. I vissa system även när nödprogrammet kallas upp. När styrningen är med öppen slinga medges en fetare bränsleblandning för att förhindra tvekan och dåliga köregenskaper.

Styrsignal Se även *"Relädrivning"*, *"Drivning"* och *"Slutsteg"*.

Störningsskydd Minskande av störningar på radio- och TV-band orsakade av tändsystemets högspänningssida. Typiska metoder är radiokondensatorer eller motstånd i sekundärkretsen.

SVC (Service Connector) Fords term för omkopplare för justering av oktantal och tomgång, ibland för att möjliggöra körning på blyfri bensin

Svänghjulsgivare Se *"CAS"*.

Synkroniserad Avser vanligen en insprutningspuls som är synkroniserad med tändsystemet. Insprutaren öppnas en förbestämd tidpunkt innan tändningen utförs.

Syresensorns värmare Eftersom sensorn inte arbetar effektivt under 300° C har många ett värmeelement för snabb uppvärmning.

Systemöversikt En term som betecknar den tekniska beskrivningen av hur ett system fungerar.

Säkring En liten komponent som innehåller ett metallspån och som placeras i en krets. Säkringen smälter för att bryta kretsen vid en bestämd strömstyrka, så att kretsen skyddas mot överbelastning.

Säkringskabel (även kallad säkringslänk) Ett skydd för en högbelastningskrets som bränner av om kretsen överbelastas.

T

Tacho (Tachometer) Varvräknare

TAD (Thermactor Air Diverter vacuum solenoid valve) Fords term för en luftavvikande vakuumventil

TBH (Throttle Body Heater) Gasspjällhusvärmare En anordning som fungerar med positiv temperaturkoefficient och som snabbt värmer upp gasspjällområdet vilket förhindrar isbildning när motorn arbetar under kalla och fuktiga förhållanden.

TBI (Throttle Body Injection) Gasspjällhusinsprutning Se *"SPi"*.

TBV (Turbo Boost Valve) Turboövertrycksventil.

TCATS (Turbo Charge Air Temperature Sensor) Givare för turbons laddluftstemperatur.

TDC (Top Dead Centre) Övre dödpunkt (ÖD). Kolvens position vid slagets högsta punkt.

TDCL (Toyota Diagnostic Communication Link) Diagnostisk kommunikationslänk. Används till avläsning av felkoder på vissa fordon från Toyota.

Temp Förkortning av temperatur.

Temperaturomvandlingstabell

°C	värde	°F
-17,8	0	32
-17,2	1	33,8
-15	5	41,0
-12,2	10	50,0
-9,4	15	59,0
-6,7	20	68,0
-3,9	25	77,0
-1,1	30	86,0
0	32	89,6
4,4	40	104,4
7,2	45	113,0
10,0	50	122,0
12,8	55	131,0
15,6	60	140,0
18,3	65	149,0
21,1	70	158,0
23,8	75	166,6
26,7	80	176,0
29,4	85	185,0
32,2	90	194,0
35,0	95	203,0
37,8	100	212,0
40	105	221
43	110	230
46	115	239
49	120	248
52	125	257
54	130	266
57	135	275
60	140	284
63	145	293
66	150	302
68	155	311
71	160	320
74	165	329
77	170	338
79	175	347
82	180	356
85	185	365
88	190	374
91	195	383
93	200	392
96	205	401
99	210	410
102	215	419
149	300	572
204	400	752
260	500	932
316	600	1 112
371	700	1 292
427	800	1 472
482	900	1 652
538	1 000	1 832
743	1 370	2 500
1 206	2 202	4 000

Omräkningsformler:
(°C x 1,8) + 32 = °F
(°F - 32) x 0,56 = °C

Termistor En temperaturstyrd potentiometer.

TFI (Thick Film Ignition) Tjockfilmständning. Fords term för tändningsmodul.

THA (Air Temperature Sensor) Toyotas term. Se *"ATS"*.

THS 3/4 (Transmission Hydraulic Switch (3rd/4th gear solenoid)) Fords term för växlingssolenoiden mellan tredje och fjärde steget i en automatväxellåda.

THW Toyotas term för kylvätsketemperaturgivare. Se *"CTS"*.

TN Mercedes term för varvtalssignal.

Tomgångshöjare (term i Fjärran Östern) Varje mekaniskt eller elektroniskt system som används till att höja tomgången efter belastning eller temperatur kan betecknas som en tomgångshöjare.

Tomgångsstyrning Tomgångsstyrningens enheter aktiveras av styrmodulen och kallas därför aktiverare till skillnad från givarna. I de flesta moderna motorer hålls tomgångsvarvet konstant oavsett motorns belastning och temperatur. När villkoren för tomgång ändras eller en temperaturbelastning eller elektrisk belastning uppstår, aktiverar styrmodulen tomgångsventilen eller stegmotorn (beroende på system) för att upprätthålla korrekt tomgång, oavsett belastning. Detta förhindrar dålig tomgång eller tjuvstopp med tunga elektriska belastningar och mager bränsleblandning. Vissa versioner av tomgångsventilen eller stegmotorn kan vara justerbara, men detta gäller generellt endast tidiga versioner.

Tomgångsvarvtalets justering (elektroniska bränsleinsprutningssystem) De flesta moderna fordon har en helt automatisk tomgångsreglering som saknar justeringsmöjligheter. I de fall justering är möjlig utförs denna vanligen med en justerskruv för luftförbigång. Om skruven vrids ena vägen minskar luftflödet och därmed tomgångsvarvtalet. Åt andra hållet ökar luftströmmen och därmed tomgångsvarvtalet.

Även om de flesta senare system använder en tomgångsventil eller stegmotor som styrs av styrmodulen till att styra varvtalet när motorn belastas kan vissa, i regel tidiga, versioner vara justerbara. Generellt sett är detta bara möjligt i tidiga versioner.

TP (Throttle Plate) Gasspjällplatta. Se *"Gasspjällventil"*.

TPS (Throttle Potentiometer Sensor) Se *"Gasspjällets potentiometer"*.

Transduktor En anordning som omvandlar tryck eller vakuum till en elektrisk signal. Exempelvis kan insugsrörets undertryck ledas till en transduktor som omvandlar detta till en elektrisk signal för belastning.

Transistor En elektronisk omkopplare.

Treledningsgivare Treledningsgivare har en referensmatning på 5,0 V, en jordanslutning (oftast via styrmodulen) och en signalledning. Signalledningen sänder en variabel spänning till styrmodulen. De två vanligaste formerna av utmatning är från motståndsspår med löpare respektive transduktor. Exempel inkluderar luftflödesmätare och gasspjällpotentiometer (löpare) och insugsrörets tryckgivare (transduktor).

Trottel Gasspjäll.

Trottelplatta Se *"Gasspjällplatta"*.
Trottelventilplacerare Se *"Gasspjällventilplacerare"*.

Tryckomvandlingstabell

bar	lb/in2	KPa
0,1	1,45	10
0,2	2,90	20
0,3	4,35	30
0,4	5,80	40
0,5	7,25	50
1,0	14,50	100
1,02	14,75	102 *
1,1	15,95	110
1,2	17,40	120
1,3	18,85	130
1,4	20,30	140
1,5	21,75	150
1,6	23,20	160
1,7	24,65	170
1,8	26,10	180
1,9	27,55	190
2,0	29,00	200
3,0	43,50	300
4,0	58,00	400
5,0	72,50	500

** Ungefärligt lufttryck vid havsnivå.*

Tryckregulator Bränslepumpen matar bränsle med ett tryck som överstiger det krävda systemtrycket. Ett fjäderbelastat membran släpper ut övertrycket så att överskottsbränslet kan returneras till tanken i returröret.

Tryckskillnad Den metod med vilken luft dras genom en förgasare in i motorn. Fysikaliska lagar anger att luft strömmar från ett högre tryck (atmosfäriskt) till ett lägre (orsakat av kolvens nedåtgående rörelse).

TS (Throttle Switch) Se *"Gasspjällbrytare"*.

TSS (Throttle Stop Screw) Gasspjällstoppskruv.

TSS (Turbo Speed Sensor) Turbohastighetsgivare.

TTS (Thermo Time Switch) Termotidsbrytare. En omkopplare som styrs av tid och temperatur.

Turboaggregat En avgasdriven kompressor som komprimerar intagsluften för att öka effekten för en given slagvolym.

TVS (Thermal Vacuum Switch) Termovakuumbrytare. Används för styrning av vakuum efter motorns temperatur. Används huvudsakligen i förgasarsystem.

TVSV (Thermostatic Vacuum Switching Valve) Termostatstyrd vakuumomkopplingsventil. Se *"VSV"*.

Tvåledningsgivare Tvåledningsgivare har en jordledning och en matningsledning med 5,0 V referensspänning i en krets som börjar och slutar i styrmodulen. Matningsledningen fungerar även som signalledning på följande sätt: När matning och jord är anslutna till givaren gör givarens motstånd att matningsspänningen varierar. Exempel, i en tvåledningsgivare för kylarvätskans temperatur kommer matningsspänningen på 5 V att reduceras (i typfallet) till mellan 2 och 3V om motorn är kall (20° C) och till under 1 V när motorn är varmkörd (80° C). De flesta temperaturgivare är tvåledningsgivare.

Tändare (tändningsmodul (förstärkare)) Term som används av biltillverkare i Fjärran Östern för att beskriva tändningens förstärkare.

Tändföljd Den turordning cylindrarna ges gnista.

Tändinställningslampa Ett stroboskop som används vid kontroll och inställning av tändläget.

Tändinställningsmärken Två märken eller ett märke och en skala som indikerar ÖD eller tändläget när de är i linje med varandra. Dessa märken kan finnas på kamdrivningskåpan och främre remskivan eller på svänghjulet och är synliga genom en inspektionslucka.

Tändlinje Den faktiska tändspänningen, som den visas på ett oscilloskop.

Tändläge Korrekt tidpunkt för antändning av den komprimerade bränsleblandningen så att maximal nedåtriktad kraft utövas på kolven.

Tändlägeskurva Progressiv ökning av tändlägets förställning i takt med ökande varvtal. Kurvan fastställs av tillverkaren och kan fungera mekaniskt eller elektroniskt. Den kan kontrolleras med stroboskop över varvtalsområdet. En precis tändlägeskurva, anpassad till motorn, förbättrar både driftsekonomi och effektuttag.

Tändningslås En av/på-brytare som ger ström till primärkretsen. När brytaren är stängd och modulen slås på flyter ström genom primärkretsen och tillbaka till batteriet via chassits och motorns jordar.

Tändningsmodul Term som används för att beskriva tändningens förstärkare.

Tändspole En anordning som omvandlar låg batterispänning till den högspänning som krävs för att överbrygga rotorns gap och tändstiftens elektrodavstånd.

Tändspänning Den sekundärspänning som krävs för att överbrygga gapen i rotorn och mellan elektroderna i tändstiftet.

Tändstift En anordning som är inskruvad i topplocket för att antända den komprimerade blandningen av bränsle och luft.

Tändstiftets elektroder
1) *Den centrala staven genom tändstiftets isolator.*
2) *Den jordstav som är fastsvetsad på höljet.*

UCL (Upper Cylinder Lubricant) Smörjmedel för cylindrars överdel, även kallat toppolja.

UESC (Universal Electronic Spark Control (module)) Fords term för elektronisk styrmodul.

Utlösare Se *"Pulsgenerator"*.

Utlösarhjul Se *"Reluktor"*.

Utsläpp Förorening av atmosfären av ångor från avgassystem, vevhusventilation och avdunstning.

Utsläppsstandarder
US 79: Denna standard infördes i USA år 1979 och har sedermera efterträtts av US83. Fordonet måste ha en styrd trevägskatalysator med syresensor.
US 83: Detta är den striktaste av aktuella europeiska standarder och infördes i USA år 1983. Fordonet måste ha en styrd trevägskatalysator med syresensor och avdunstningsreglering.
US 88 LDT (Light Duty Truck): US 88 Lätt lastbil: Denna standard ställer samma krav som US83. Kommersiella fordon över en viss vikt hamnar i denna kategori.
NEEC 5:e tillägget: Detta är en europeisk standard för avgasrening och fordon med minst ett av följande system uppfyller standarden: Oreglerad katalysator, pulsluftsystem eller EGR.
15.04: Detta är inte en standard utan en kategori som tillämpas på fordon som inte uppfyller någon särskild avgasreningsstandard. Fordon utan katalysator, EGR, pulsluftsystem eller avdunstningsreglering placeras i denna kategori.

VAF (Vane Air Flow) Fords term, avser en speciell typ av luftflödesmätare. Se *"Luftflödesmätare av klafftyp"*.

Vakuum Ett negativt tryck eller ett tryck understigande atmosfärtrycket. Mäts i millibar eller millimeter kvicksilver. Ett perfekt vakuum existerar i ett utrymme som är helt tomt. Det innehåller inga atomer eller molekyler och saknar därmed tryck. I praktiken kan ett perfekt vakuum inte uppnås.

Ett vakuum uppstår i insugsröret i en fyrtakts bensinmotor därför att en sjunkande kolv kontinuerligt försöker dra in mer luft i sin cylinder med en större hastighet än vad luftflödet genom den delvis stängda gasspjällventilen medger. Vakuumets nivå beror på motorns varvtal och gasspjällets öppning. Lägsta avläsningarna (minsta undertrycket) ges när motorn är fullt belastad (vidöppet gasspjäll) och högsta avläsningarna (största undertrycket) när gasspjället stängs med högt motorvarvtal (motorbromsning).

Vakuumklocka En klocka som används för uppmätning av undertrycket i motorns insugssystem.

Vakuumomvandlingstabell

Tum.Hg	mm.Hg	KPa	millibar
0,5	12,75	1,7	17
1,0	25,395	3,386	33,86
2,0	51,00	6,8	68
3,0	76,50	10,2	102
4,0	102,00	13,6	136
5,0	127,50	17,0	170
6,0	153,00	20,4	204
7,0	178,50	23,8	238
8,0	204,00	27,2	272
9,0	229,50	30,5	305
10,0	255,00	34,0	340
11,0	280,50	37,3	370
12,0	306,00	40,8	408
13,0	331,50	44,2	442
14,0	357,00	47,6	476
15,0	382,50	51,0	510
16,0	408,00	54,0	544
17,0	433,50	57,8	578 *
18,0	459,00	61,2	612 *
19,0	484,50	64,6	646 *
20,0	510,00	68,0	680 *
21,0	535,50	71,4	714 *
22,0	561,00	74,8	748
23,0	586,50	78,2	782
24,0	612,00	81,6	816
25,0	637,50	85,0	850
26,0	663,00	88,4	884
27,0	688,50	91,8	918
28,0	714,00	95,2	952

29,0	739,50	98,6	986
29,53	750,00	100,0	1000
30,0	765,00	102,0	1020

** normal motors arbetsområde vid tomgång*

Variabelt insugningssystem Ett styrsystem där styrmodulen styr luftflödet genom insugningsröret för att förbättra vridmoment och effekt vid olika varvtal och laster.

Varningslampa för självdiagnos Varningslampa på instrumentpanelen som varnar för fel i motorstyrningssystemet. I vissa system kan varningslampan sända blinkkoder för de lagrade felkoderna.

Varvräknare En anordning som anger motorns hastighet i varv/min.

Varvräknarstyrt relä Ett relä som kräver en hastighetssignal från tändningen innan det kan aktiveras.

VAT (Vane Air Temperature sensor) Fords term för luftflödesmätarens temperaturgivare.

Vb batt (+) Toyotas term för spänning från styrmodulen.

Vc Toyotas term för luftflödesmätarens referensspänning.

Vcc PIM (MAP-givarens) referensspänning till insugsrörets tryckgivare, Toyotas term.

Ventilsynkronisering Tidpunkterna för ventilers öppnande och stängande i relation till kolvens och vevaxelns position.

Vevhusventilation När kolvarna går upp och ner flyttas luften omkring i vevhuset och korrekt ventilation krävs om övertryck ska kunna undvikas i vevhuset.

Vf Återkopplingsspänning.

Vicktest Låt motorn gå. Vicka eller knacka försiktigt på den misstänkta kontakten, eller värm upp eller kyl ner den försiktigt. Om motorn då misständer eller på annat sätt fungerar illa kan kontakten vara en misstänkt glappkontakt.

Vila Traditionellt definieras vilovinkeln som det antal grader en fördelare roterar med stängda brytarspetsar. Men numera måste vi överväga en vidare betydelse av "vila". En bra definition på vilovinkel skulle vara den tid eller rotationsperiod en enhet går igenom när den är belagd med spänning.

Vila kan därmed mätas som rotationsgrader, tid av eller på, i procent av en händelses totaltid eller tid av/på i ms. Allt som behövs är en lämplig mätare. Vanligen anges vila i grader, men om vi använder endera % eller ms är det mer vanligt att kalla det för arbetscykel.

Använd följande formel vid omvandling av vilovinkel till viloprocent och tvärtom:

Vilo° x (CYL/360) x 100 = Vilo%
dvs. 45° x (4/360) x 100 = 50%

(Vilo%/100) x (360/CYL) = Vilo°
dvs. (50%/100) x (360/4) = 45°

VIN (Vehicle Identification Number) Chassinummer. Ett serienummer som identifierar bilen. Numret innehåller ofta kodbokstäver för modell och tillverkningsår.

VIS (Variable Induction System) Se *"Variabelt insugningssystem"*.

VM (Vehicle Manufacturer) Fordonstillverkare.

Volt En enhet för elektriskt tryck.

Voltmätare Ett instrument som används till att mäta en krets spänning i volt.

Volymskruv Se *"Blandningsskruv"*.

VRS (Variable Reluctance Sensor) Fords term för variabel reluktansgivare.

Vs Variabel signal från luftflödesmätaren till styrmodulen, Toyotas term.

VSS (Vehicle Speed Sensor) Fordonets hastighetsgivare. En givare som mäter fordonets hastighet på vägen.

VSTP (Vacuum Solenoid Throttle Plate) Fords term för vakuumsolenoidstyrd gasspjällventil.

VSV (Vacuum Switching Valve) Vakuumomkopplingsventil, term använd främst av japanska biltillverkare

VTEC (Variable Valve Timing and Electronic Control) Variabla kamtider och elektronisk styrning, Hondas term.

Värmetal Gäller tändstift, det arbetstemperaturområde där tändstiftet arbetar säkert och effektivt.

Väte Luktlös högexplosiv gas. Utgör 2/3 av vattens kemiska beståndsdelar.

WAC (Wide-open A/C throttle Cut-off) Avstängning av luftkonditioneringen vid vidöppet gasspjäll.

Watt Enhet för elektrisk kraft. 746 watt är lika med en mekanisk hästkraft.

WCS (Wastegate Control Solenoid) Fords term för övertrycksventilens styrsolenoid.

WOT (Wide Open Throttle) Vidöppet gasspjäll. Gasspjällets position när det är helt öppet. Många elektroniska bränsleinsprutningar avger mer bränsle när detta villkor är uppfyllt.

Yttre påverkan En påverkan som inte direkt kan hänföras till en given komponent, men som kan inverka på den komponentens funktion.

Återcykling Bakåtblåsning av vevhusgaser beroende på igensatt vevhusventilation.

Överläggning Ett visningsmönster på ett oscilloskop där alla cylinderspår ligger ovanpå varandra. Skillnader mellan de olika cylindrarna visas som utstick.

Varningar: Föreskrifter vid arbete på elektroniska kretsar

1 ***Den elektroniska tändningens högspänningsdel skapar en hög sekundärspänning. Försiktighet måste iakttagas så att ingen kroppsdel berör en spänningsförande högspänningsdel. Chock eller personskador kan orsakas av att högspänning jordas genom kroppen. ARBETA EJ på fordonselektroniska system om du har hjärtfel eller någon form av pacemaker för hjärtat. En pacemakers funktion kan även påverkas av radiostörningar från exempelvis växelströmsgeneratorn.***

2 ***Styrmodulen och andra elektroniska komponenter kan lätt skadas av en bruten högspänningskrets. När högspänning stöter på ett gap den inte kan överbrygga letar den efter en annan väg. Denna kan gå via styrmodulen och känsliga komponenter som transistorer kan skadas. Därtill kan falska elektriska signaler från högspänningsdelen eller andra radiokällor (generatorn) störa styrmodulens funktioner.***

3 ***MYCKET VIKTIGT:***

Undvik skador på styrmodulen eller förstärkaren genom att slå av tändningen innan kontakterna till dessa enheter dras ut. Det är i allmänhet säkert att dra ur kontakterna till andra givare, aktiverare och komponenter med tändningen påslagen, eller till och med när motorn är igång.

4 *Många moderna radioapparater har en stöldskyddskod som säkerhetsåtgärd. Radion tappar kodningen och de förvalda stationerna när batteriet kopplas ur. Skaffa koden från bilens förra ägare innan batteriet kopplas från.*

5 *Vid spänningsavläsningar i kontakter och plintar rekommenderas starkt att tunna sonder används. Det kan vara fördelaktigt att använda ett gem eller liknande på stiftet och ansluta voltmätaren till gemet. Var noga med att inte kortsluta gemen. Ett antal styrmoduler har guldpläterade stift i kontakten. Var extra noga med att inte avlägsna pläteringen genom hårdhänt sondering. Stick heller inte in för grova verktyg i uttagen, för då kan stiftet brytas när kontakten sätts i på nytt.*

6 *ANVÄND INTE en analog voltmätare, digital voltmätare eller en lysdiodlampa med en impedans understigande 10 megaohm för avläsning av en styrmodul eller luftflödesmätare med styrmodulen i samma krets.*

7 *I syfte att förhindra skador på en digital multimätare eller fordonets elektroniska system ska lämpligt mätområde väljas INNAN instrumentets sonder ansluts till fordonet.*

8 *Vid motståndsprovning med ohmmätare, kontrollera alltid att tändningen är frånslagen och att kretsen är utan någon form av matning. Motståndsprov ska INTE utföras på styrmodulens stift. Känsliga komponenter kan skadas och resultaten är ändå meningslösa.*

9 *När batterikablarna lossas är det god praxis att lossa jordkabeln först, innan strömkabeln rubbas. Detta förhindrar strömtoppar som kan skada elektroniska komponenter.*

10 *Använd avsäkrade startkablar vid starthjälp till fordon med en styrmodul. Om oskyddade kablar används och fordonets jord är dålig kan en strömtopp förstöra styrmodulen. Det finns dock avledare att koppla in.*

11 *När ett batteri är urladdat är det bästa sättet alltid att ladda batteriet (eller byta om defekt) innan startförsök görs. Styrmodulen är utsatt för risker från dåliga komponenter som batteri, startmotor, batterikablar och jordkablar.*

12 *Använd helst inte en snabbladdare och tillåt inte laddningsspänningar över 16 V vid försök att starta motorn. Batterikablarna måste kopplas från innan en snabbladdare kan användas för laddning av batteriet.*

13 *Alla insprutningssystem arbetar med högt tryck. Ha alltid en brandsläckare nära till hands och följ alla skyddsföreskrifter. Innan bränsleanslutningar öppnas är det klokt att tryckutjämna bränslesystemet. På de flesta bilar kan du göra detta genom at koppla från matningen till bränslepumpen (eller ta bort bränslepumpens säkring) och sedan köra motorn tills den stannar. Även om detta skulle utjämna trycket ska du ändå vidta åtgärder för den eventualitet att det plötsligt skulle komma en bränslestråle. Det kommer trots tryckutjämningen fortfarande att finnas bränsle i bränslerör och -komponenter, så vidta åtgärder mot spill.*

14 *Ett antal diagnostiska procedurer som runddragning av motorn och effektbalans kan resultera i att oförbränt bränsle kommer in i avgassystemet, vilket är potentiellt skadligt för katalysatorförsedda fordon. Varje sådan test måste slutföras snabbt och de får inte upprepas om skador på katalysatorn ska kunna undvikas. Utför därför inte upprepade runddragningar eller effektbalansprov med katalysatorutrustade fordon. Kör alltid motorn på snabb tomgång i minst 30 sekunder mellan testerna för att rensa avgassystemet från bränslerester. Om motorn inte kan köras måste katalysatorn demonteras innan långvarig runddragning utförs. Om detta råd inte följs kan bensinen i katalysatorn explodera när avgastemperaturen når en viss nivå.*

15 *Katalysatorskador kan uppstå när temperaturen i katalysatorn överstiger 900° C. När oförbränt bränsle kommer in i katalysatorn, på grund av att motorn inte fungerar korrekt eller misständer, kan katalysatortemperaturen lätt överstiga gränsen 900° C, vilket gör att den börjar smälta. Förutom att katalysatorn förstörs orsakar den nedsmälta katalysatorn vanligtvis igensättningar i avgassystemet vilket leder till effektförlust.*

16 *Koppla ur alla styrmoduler samt generator och batteri när svetsning utförs på fordonet.*

17 *Styrmodulen får inte utsättas för temperaturer över 80° C. Om fordonet ska ställas i en ugn efter lackering måste styrmodulen tas bort från bilen och placeras på en säker plats.*

18 *Där så är möjligt, koppla ur både tändning och bränsletillförsel innan kompressionsprov utförs. Ovanstående råd angående katalysatorer ska också efterföljas.*

19 *Följande förebyggande åtgärder måste vidtas vid arbete på fordon med elektronisk tändning av Halleffekttyp:*

a) Koppla inte ett störningsskydd eller en kondensator till tändspolens negativa stift.

b) Om det elektroniska tändsystemet är misstänkt ska kontakterna mellan Halleffektgivaren och fördelaren och förstärkaren dras ur innan bilen bogseras.

c) Vid testande runddragning av motorn, exempelvis kompressionsprov, ska Halleffektgivarens kontakt på fördelaren dras ur.

d) Alla övriga föreskrifter enligt ovan ska också efterföljas.

20 *Kör inte bränslepumpen eller koppla förbi reläet om tanken är tom. Pumpen eller pumparna kan överhettas och skadas.*

21 *Vissa moderna fordon har numera extra krockskydd i form av en krockkudde i ratten och/eller på passagerarsidan. Extrem försiktighet måste utövas vid reparation av komponenter nära ledningarna till, eller själva komponenterna, i krockskyddet. I vissa fordon är krockskyddets ledningar dragna under instrumentbrädan i kupén och relaterade komponenter finns i ratten, i och under instrumentbrädan och bredvid vissa komponenter som används av fordonets motorstyrning. Varje skada på krockskyddets ledningar måste repareras genom att hela kabelhärvan byts. Felaktig demontering eller störande av krockskyddets komponenter eller ledningar kan leda till att skyddet inte fungerar, eller utlöses oavsiktligt. Underlåtenhet att följa dessa föreskrifter kan leda till oavsiktlig utlösning av krockskyddet och allvarliga personskador. Dessutom måste krockskyddet repareras och underhållas enligt tillverkarens anvisningar. Varje rubbning av systemet kan leda till att krockskyddet inte löser ut i ett nödläge och lämnar därmed dem som färdas i bilen utan detta skydd.*

22 *Turboaggregat genererar mycket höga temperaturer. För säkerhets skull ska du låta turboaggregatet svalna innan du testar det eller gör justeringar.*

Printed in the United States
By Bookmasters